Wolfgang Müller

DTP-Praxis mit PageMaker 5

Wolfgang Müller

DTP-Praxis mit PageMaker 5

Gedruckt auf säurefreiem Papier

ISBN-13: 978-3-528-05354-3   e-ISBN-13: 978-3-322-83564-2
DOI: 10.1007/978-3-322-83564-2

Inhaltsverzeichnis

Kapitel 1
Vorbereitungen für das Arbeiten mit PageMaker 5.0

1 Vorbereitungen für das Arbeiten mit PageMaker 5.0

Im ersten Kapitel dieses Buches werden vorbereitende Maßnahmen erklärt, die nach dem Kauf von PageMaker bis zum Herstellen der Arbeitsbereitschaft erforderlich sind. Im Schwerpunkt handelt es sich um die Installation der Software, wobei hier auf einige Besonderheiten hingewiesen wird. Wer PageMaker schon installiert hat, kann diesen Abschnitt zwar überschlagen und mit Kapitel 2 fortfahren, aber vielleicht erhalten Sie trotzdem den einen oder anderen Tip zur Installation.

Zum Lieferumfang des vorliegenden Buches gehört eine Arbeitsdiskette, auf der Übungsdateien gespeichert sind, die im Rahmen praktischer Beispiele benötigt werden. Aus Gründen der Speicherkapazität der Diskette sind diese Dateien gepackt. Legen Sie diesen Datenträger in das Laufwerk A: bzw. B:, und schalten Sie auf der DOS-Ebene auf dieses Laufwerk um. Rufen Sie anschließend die Batchdatei INSTALL.BAT auf, in der alle erforderlichen Befehle für das Entpacken der Übungsdateien enthalten sind.

Übungsdiskette

INSTALL ⏎

Im Laufwerk C: wird das Verzeichnis \PM5BUCH angelegt, in dem die Übungsdateien ausgepackt werden. Die Diskette kann nach dem Installieren wieder aus dem Laufwerk herausgenommen werden.

1.1 Anlegen von Sicherungskopien

Bevor mit der Installation von PageMaker begonnen wird, ist das Anfertigen von Sicherungskopien von den Programmdisketten zu empfehlen. Dadurch wird sichergestellt, daß nicht aus irgendwelchen Gründen die Originaldisketten Schaden nehmen und somit unbrauchbar werden. Dies gilt natürlich nicht nur ausschließlich für den Umgang mit den PageMaker-Disketten, sondern für jede andere Software auch. Lizenzbedingungen werden nicht verletzt,

solange die Disketten ausschließlich zum Zweck der Sicherung für den eigenen Bedarf kopiert werden.

Halten Sie für das Kopieren eine entsprechende Anzahl Disketten bereit, die auch das gleiche Format wie die Originaldisketten aufweisen müssen, damit eine 1:1-Kopie erfolgen kann. Beschriften Sie die für die Kopien vorgesehenen Disketten genau wie die Originale und numerieren Sie diese, damit später nichts durcheinandergerät. Aus praktischer Erfahrung heraus ist es besser, die Originaldisketten mit einem Schreibschutz zu versehen, damit beim Kopieren der Inhalt einer Diskette nicht versehentlich auf eine andere Originaldiskette kopiert wird.

Abbildung 1.1.:
Schreibschutz
einer 3,5"-
Diskette

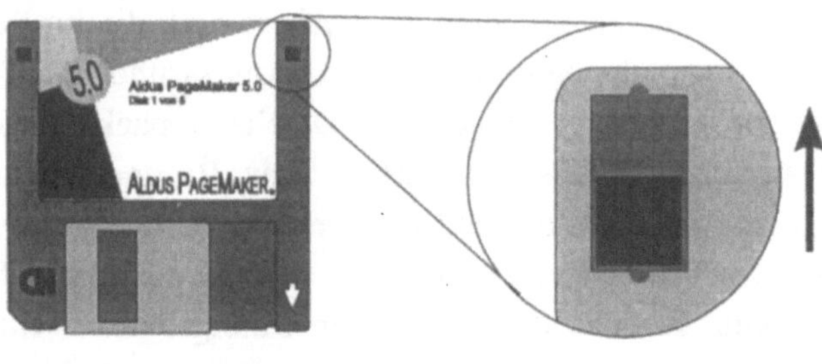

Abbildung 1.2.:
Schreibschutz
einer 5,25"-
Diskette

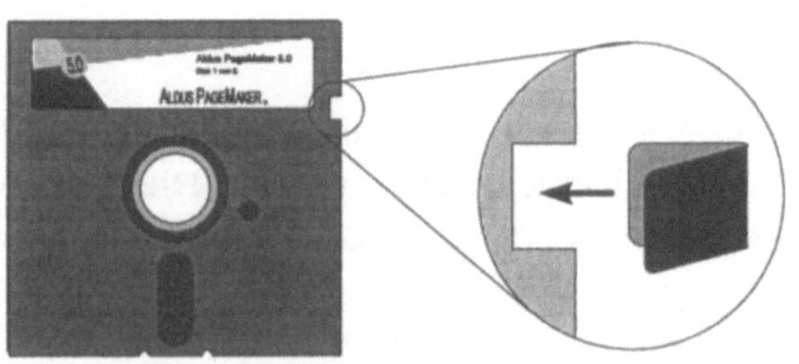

Haben Sie 3,5-Zoll-Disketten, wird der Schreibschutzschieber nach oben geschoben, so daß die Kerbe freigesetzt ist. Bei 5,25-Zoll-Disketten muß die Schreibschutzkerbe mit einem Aufkleber verschlossen werden.

Windows starten

Da die grafische Benutzeroberfläche Windows sowieso benötigt wird, bietet sich das Kopieren im Datei-Manager an. Starten Sie zunächst Windows durch Eingabe des Befehls *win* auf der DOS-Ebene.

win ⏎

Nach einem kurzen Moment steht der Programm-Manager von Windows zur Verfügung. In der Hauptgruppe befindet sich das Programmsymbol für den Datei-Manager, dem Dienstleistungsprogramm von Windows.

Klicken Sie dieses Symbol doppelt an, um den Datei-Manager als Fenster zu öffnen. Sollte der Doppelklick nicht klappen, kann die Doppelklickgeschwindigkeit in der Systemsteuerung (Maus) individuell eingestellt werden. Lesen Sie ggf. in Ihrem Windows-Handbuch nach, wie hier zu verfahren ist.

Datei-Manager

Im Datei-Manager wird entweder durch Anklicken mit der linken Maustaste oder mit der Tastenkombination ⟨Alt⟩⟨T⟩ das Menü *Datenträger* geöffnet. Die erste Funktion in diesem Pull-down-Menü, *Datenträger kopieren...*, erlaubt das Herstellen von Duplikaten von Disketten. Die Funktion entspricht dem DOS-Befehl *Diskcopy*.

Disketten kopieren

Die Disketten, auf die die Kopien geschrieben werden sollen, müssen unbedingt das gleiche Format wie die Originaldisketten aufweisen. Eine Kopie von zum Beispiel 3,5" auf 5,25" oder von Double Density auf High Density ist mit diesem Befehl nicht möglich.

Der Aufruf der Funktion *Datenträger kopieren...* erfolgt durch einfaches Anklicken mit der linken Maustaste oder durch Drücken der Taste ⟨K⟩. Dieser Buchstabe ist unterstrichen und verfügt somit über den Status einer Schnelltaste. Die Kombination mit der Taste ⟨Alt⟩ kann an dieser Stelle entfallen, weil das Menü bereits aktiv ist.

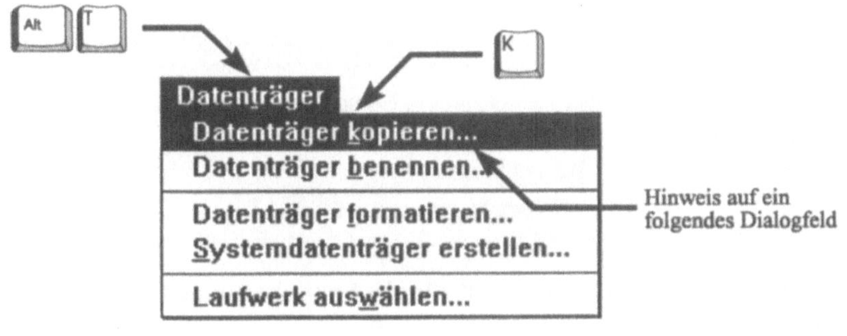

Abbildung 1.3.: Menü *Datenträger* im Datei-Manager von Windows

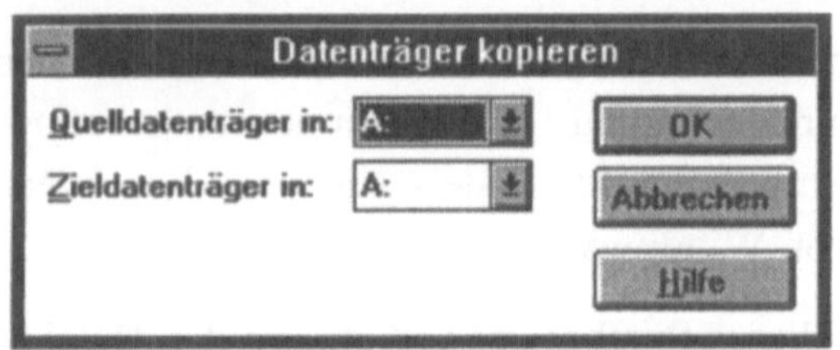

Abbildung 1.4.:
Dialogfeld zum
Kopieren von
Disketten

In zwei Drop-down-Listen (Auswahllisten) werden die Laufwerke ausgewählt, in denen sich die Quelldiskette (Original) und die Zieldiskette (Kopie) befinden. Solche Listen lassen sich durch Mausklick auf die kleine Schaltfläche rechts neben dem Listenfeld auf- und wieder zuklappen. Meistens handelt es sich bei Quelle und Ziel um das gleiche Laufwerk. Die Laufwerksbestimmung ist einerseits von den Disketten abhängig (3,5" oder 5,25") und andererseits vom Aufbau der Hardware. Verfügen Sie über zwei Laufwerke, ist das obere immer das Laufwerk A:.

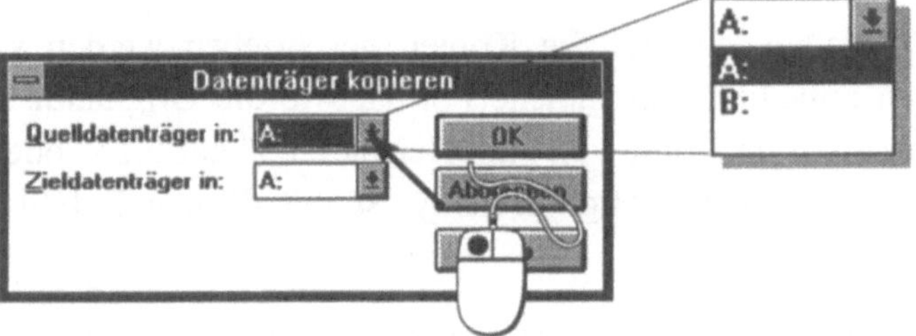

Abbildung 1.5.:
Laufwerks-
auswahl im
Dialogfeld zum
Kopieren von
Disketten

Nach der Auswahl der betreffenden Laufwerke wird der Kopiervorgang durch Anklicken der Schaltfläche [OK] oder durch Drücken der Taste ⏎ gestartet. Bevor aber Windows den Auftrag ausführt, wird mit einer Sicherheitsabfrage darauf aufmerksam gemacht, daß etwaige Daten auf der Zieldiskette (Kopie) restlos und unwiederbringlich verlorengehen.

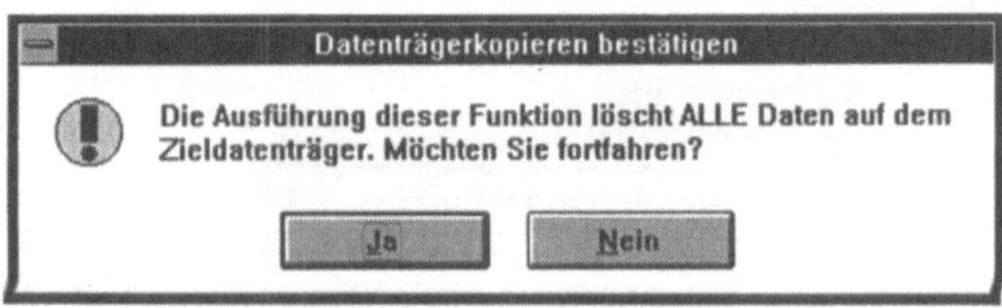

Abbildung 1.6.:
Sicherheits-
abfrage vor dem
Beginn eines
Kopiervorgangs

Dieses Informationsfenster ist durch Anklicken einer der beiden Schaltflächen zu bestätigen. Die Beschriftung dieser Buttons macht deutlich, daß hier eine Entscheidung zu treffen ist. Wird die Schaltfläche [Ja] angeklickt, führt Windows das Kopieren aus. Sind Sie nicht sicher, ob sich auf den Zieldisketten keine Daten befinden, die nicht gelöscht werden dürfen, sollten Sie die Schaltfläche [Nein] anklicken. Der Kopiervorgang wird dadurch abgebrochen, so daß Sie Ihre Disketten zuvor prüfen können und ggf. andere für das Kopieren der PageMaker-Disketten nehmen.

Nach einer positiven Bestätigung fordert Sie Windows auf, die Originaldiskette in das gewählte Laufwerk einzulegen. Diese Meldung wird grundsätzlich ausgegeben, auch wenn sich dieser Datenträger bereits im Laufwerk befindet.

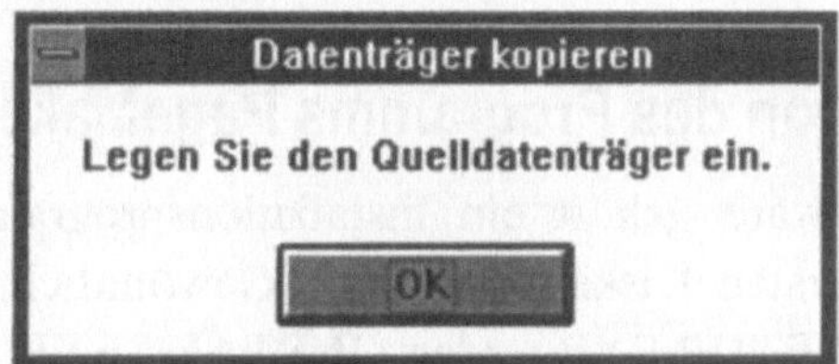

Abbildung 1.7.:
Aufforderung
zum Einlegen der
Originaldiskette

Diese Aufforderung kann nur durch Anklicken der Schaltfläche [OK] bzw. durch Drücken der Taste ⏎ bestätigt werden. Danach beginnt das Einlesen der Daten von der Originaldiskette.

Abbildung 1.8.:
Info-Fenster
während des
Kopierens

Während der Kopiervorgang einer Diskette läuft, meldet Windows den Fortgang des Kopierens in Prozent, wobei sich der Prozentwert auf das gesamte Kopieren einer Diskette bezieht, also Lesen und Schreiben. Steht ein ausreichend großer Arbeitsspeicher zur Verfügung, der zudem durch ein virtuelles Laufwerk ergänzt wird, kann auch der Inhalt einer HD-Diskette vollständig eingelesen werden, so daß erst nach einer Bearbeitung von 50 % (vollständiges Einlesen) die Aufforderung zum Diskettenwechsel ausgegeben wird.

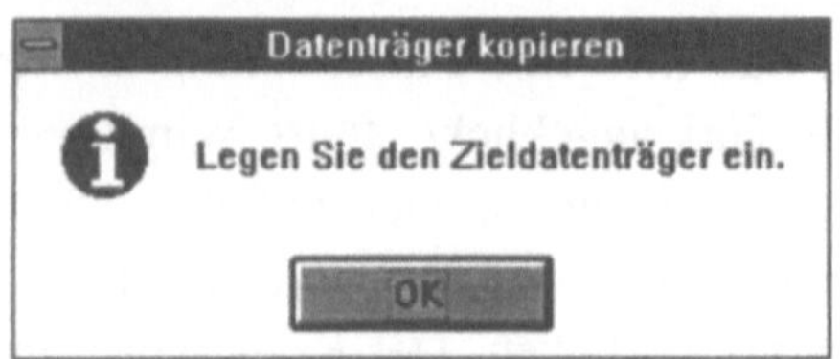

Wechseln Sie die Disketten und bestätigen Sie anschließend diese Meldung durch Anklicken der Schaltfläche [OK] oder durch Drücken der Taste ⏎.

Sind auf diese Weise alle Disketten kopiert, sollten die Originaldisketten zur Seite gelegt werden. Es empfiehlt sich, grundsätzlich mit den Kopien zu arbeiten.

1.2 Installation des Programms PageMaker

Zu jeder Software gehört ein Installationsprogramm, das sich stets auf der ersten Diskette befindet. Gewöhnlich heißen diese Programme SETUP.EXE oder INSTALL.EXE. PageMaker weicht hier vom Standard ab, denn das Installationsprogramm ist unter dem Dateinamen ALDSETUP.EXE gespeichert. Die drei vorangestellten Buchstaben kürzen den Namen des Software-Herstellers ab: **Ald**us. Bei Programmen, die unter der Benutzeroberfläche Windows laufen, muß Windows auch für die Ausführung des Installationsprogramms zur Verfügung stehen.

Vor Beginn der Installation kann es zwei Ausgangssituationen geben: die Vorgängerversion PageMaker 4.0 ist vorhanden oder nicht vorhanden. Im ersteren Fall stellt sich die Frage, ob es Konflikte mit der alten Programmversion geben kann. Haben Sie sich bei der Installation von PageMaker 4.0 in bezug auf den Namen des Programmverzeichnisses an den Installationsvorschlag gehalten und werden Sie dieses bei der bevorstehenden Installation der neuen Version ebenfalls tun, wird es zwei Verzeichnisse geben. PageMaker 4.0 ist im Verzeichnis ...\PM4 gespeichert, während für die neue Version das Verzeichnis ...\PM5 angelegt wird. In einem solchen Fall sollte die alte Version nach erfolgreicher Installation von PageMaker 5.0 gelöscht werden.

Hatten Sie sich bei der Installation von PageMaker 4.0 für ein individuelles Verzeichnis entschieden und wollen Sie dieses beibehalten, empfehle ich das vorherige Löschen des alten Programms. Dadurch wird gewährleistet, daß Programmdateien, die mit gleichem Namen nicht mehr existieren und somit nicht überschrieben werden, vom Datenträger verschwinden und nicht wertvolle Speicherkapazität belasten.

Die Installation von PageMaker auf eine Festplatte beginnt mit dem Aufruf des Installationsprogramms. Hierzu können zwei Methoden angewendet werden. Eine dieser Methoden ist der Aufruf über die Funktion *Ausführen...* im Menü *Datei* von Windows. Dieser Befehl steht sowohl im Datei-Manager als auch im Programm-Manager zur Verfügung. Nach dem Aufruf öffnet sich ein Dialogfeld, in dem der Name des Installationsprogramms gemeinsam mit dem entsprechenden Laufwerksbuchstaben (A: oder B:) einzutragen ist. Der Backslash (nach links geneigter Schrägstrich als Trennzeichen zwischen Laufwerk und Dateiname) wird mit der Tastenkombination ⌨AltGr⌨B geschrieben.

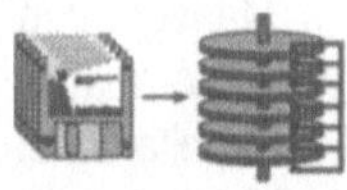

Abbildung 1.10.: Dialogfeld zum manuellen Starten von Programmen in Windows

Normalerweise ist der Backslash ein zwingend erforderliches Trennzeichen zwischen Unterverzeichnissen oder zwischen Pfad- und Dateiangaben. An dieser Stelle erlaubt Windows aber auch das Weglassen dieses Zeichens, so daß die Eingabe *a:aldsetup* ebenfalls zum Start des Installationsprogramms führt. Die Groß- und Kleinschreibung spielt keine Rolle. Nach dem Anklicken der Schaltfläche [OK] oder durch Drücken der Taste ⏎ beginnt die Installation.

Die alternative Methode zum Starten des Installationsprogramms ist der Aufruf mittels Auswahl der Installationsdatei im Laufwerksfenster des Datei-Managers von Windows. Wurde die erste Programmdiskette ins Laufwerk eingelegt und im Datei-Manager auf das betreffende Laufwerk umgeschaltet, kann die Startdatei

ALDSETUP.EXE durch Anklicken mit der linken Maustaste oder mit den Richtungstasten ausgewählt werden.

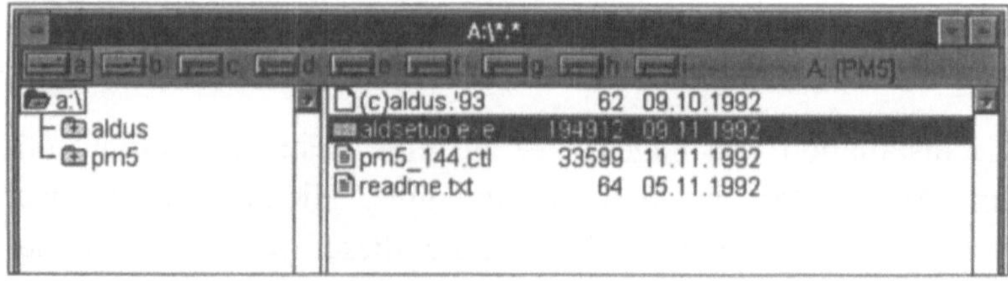

Diese Datei wird nach ihrer Auswahl durch Drücken der Taste ⏎ aufgerufen. Ansonsten führt ein Doppelklick auf den Dateinamen zum gleichen Ergebnis.

Nach dem Start des Installationsprogramms fragt PageMaker zunächst die Methode bzw. den Umfang der Installation ab.

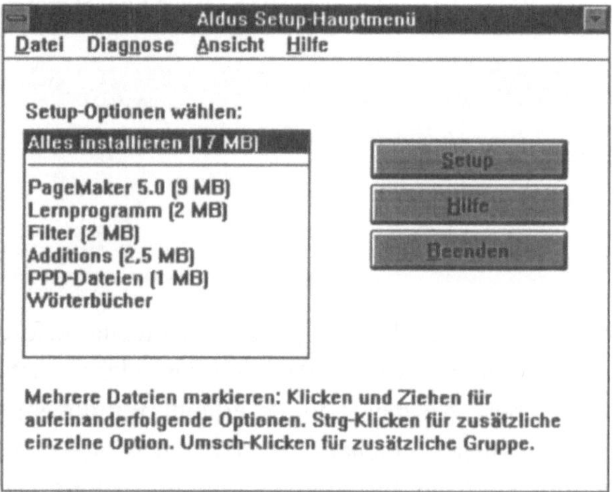

In einer Auswahlliste steht als erste Option *Alles installieren* zur Verfügung. Wird diese Methode gewählt, wird PageMaker vollständig installiert, wofür ein Speicherplatz von 17 MByte auf der Festplatte zur Verfügung stehen muß.

Besser ist es, einzelne Programm-Module auszuwählen, so daß eine individuelle Installation möglich wird. Dadurch ist gewährleistet, daß zum Beispiel die erforderlichen Filter wirklich zur Verfügung stehen und unnötige Filter ignoriert werden. Die Auswahl einzelner Module erfolgt durch Anklicken mit der linken

Maustaste bei gedrückter ⌷Strg⌷ - Taste. Werden mehrere Module ausgewählt, die aufeinanderfolgend aufgelistet sind, reicht das normale Anklicken des ersten Moduls und anschließend das Anklicken des letzten Moduls in Verbindung mit der ⌷⇧⌷ - Taste. Im einzelnen stellt PageMaker folgende Module zur Verfügung:

* PageMaker 5.0 (9 MB)

  Dieses Modul muß bei einer Erstinstallation immer ausgewählt werden, sofern eine individuelle Installation erfolgt. Es werden alle Dateien installiert, die für das Arbeiten mit PageMaker zwingend erforderlich sind.

* Lernprogramm (2 MB)

  Hierbei handelt es sich um ein Lernprogramm und um Dateien, die vom Lernprogramm benötigt werden. Eine Installation ist nicht unbedingt erforderlich.

* Filter (2 MB)

  Mit diesem Modul werden Im- und Exportfilter installiert. Welche speziellen Filter installiert werden, wird im Rahmen einer laufenden Installation festgelegt.

* Additions (2,5 MB)

  Hierbei handelt es sich um Programmzusätze, die in PageMaker als Menüfunktionen zur Verfügung stehen. Eine Installation ist zu empfehlen, weil alle Zusätze interessant sind und die Arbeit mit PageMaker in vielerlei Hinsicht vereinfachen und bestimmte Arbeitsschritte erst ermöglichen.

* PPD-Dateien (1 MB)

  Hinter diesem Modul verbergen sich einige Druckertreiber für Postscript-Drucker. Es sind jeweils die neuesten Treiberversionen, so daß eine existierende Windows-Installation aktualisiert werden kann.

* Wörterbücher

  PageMaker stellt in der deutschen Version je ein Wörterbuch für englische und für deutsche Texte zur Verfügung. Bei der Installation kann entschieden werden, ob nur eins dieser beiden Wörterbücher zu installieren ist oder beide.

Nach Auswahl der Module und deren Bestätigung durch Anklicken der Schaltfläche [Setup] oder durch Drücken der Taste
⏎ wird in einem neuen Dialogfeld der Pfad für die Installation
abgefragt.

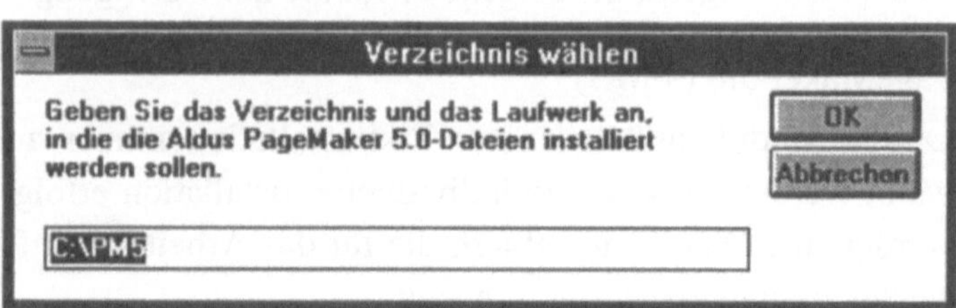

Abbildung 1.13.:
Abfragefenster
für den Pfad der
Installation

Vorgeschlagen wird das Festplattenlaufwerk C: und der Ver-
zeichnisname PM5. Der Eintrag ist markiert, so daß eine abweichende Eingabe unmittelbar erfolgen kann. Der Vorschlag
wird gelöscht, sobald ein neues Zeichen über die Tastatur eingegeben wird. Stellen Sie sicher, daß auf dem ausgewählten
Laufwerk ausreichend Speicherplatz für alle ausgewählten Module zur Verfügung steht. Ist der Pfad korrekt, wird durch
Drücken der Taste ⏎ oder durch Anklicken der Schaltfläche
[OK] die Installation fortgesetzt.

Anschließend sind aus einer Liste die erforderlichen Filter für das
spätere Importieren oder Exportieren von Daten auszuwählen.

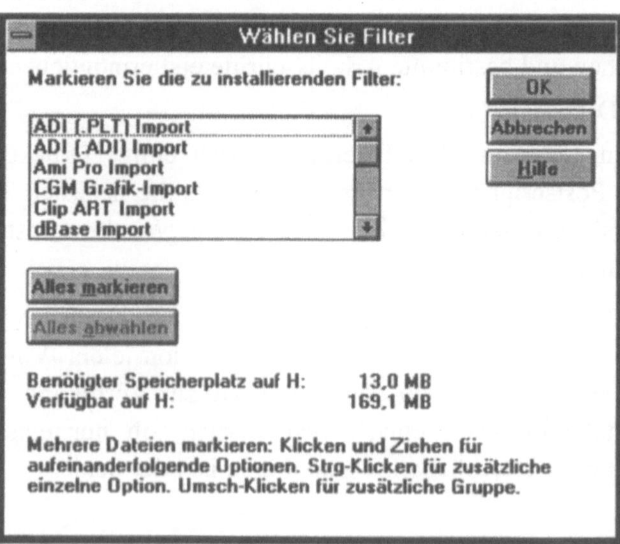

Abbildung 1.14.:
Dialogfeld zur
Filter-Auswahl

Eine Auswahl erfolgt auf die gleiche Weise, wie bereits beim Beginn der Installation einzelne Module markiert wurden. Sollen alle Filter ausgewählt werden, was nicht praktikabel ist, kann die Schaltfläche [Select all] angeklickt werden.

Welche Filter ausgewählt werden, ist von der Software abhängig, mit der Texte oder Grafiken für die spätere Weiterverarbeitung in PageMaker vorbereitet werden. Dadurch kann an dieser Stelle kein Rezept für eine Selektion gegeben werden. Ich kann lediglich empfehlen, die nachstehend aufgeführten Filter zu installieren, weil diese pauschal benötigt werden, um das Leistungsspektrum von PageMaker weitgehend auszunutzen.

- CGM Grafik-Import
- ClipART Import
- EPS Import
- Excel Tabellen-Import
- Excel Diagramm-Import
- Microsoft Word Import
- PageMaker Satzdatei (.PM5)-Import
- PageMaker Textabschnitt-Import
- PageMaker Mustervorlagen (.PT5)-Import
- Kodak PhotoCD (.PCD) Import (CD-Laufwerk erforderlich)
- ZSoft Format (.PCX) Import
- Rich Text Format (RTF) Import
- TabellenEditor Import
- Reiner Text Import
- Time Stamp Import
- Twain Bild-Import (wenn Scanner angeschlossen)
- Windows Metafile Import
- Word für Windows 2.0 Import
- ASCII Text Export
- Rich Text Format (RTF) Export

Auf der Begleitdiskette sind Textdateien gespeichert, die im weiteren Verlauf des Buches zu Übungszwecken benötigt werden. Diese Dateien stehen in den Formaten »Word für Windows 2.0« und »Word für DOS 6.0« zur Verfügung. Deshalb sollte einer dieser Importfilter installiert werden.

Im nächsten Schritt werden Zusatzprogramme angeboten, die unter dem Begriff Additions verwaltet werden.

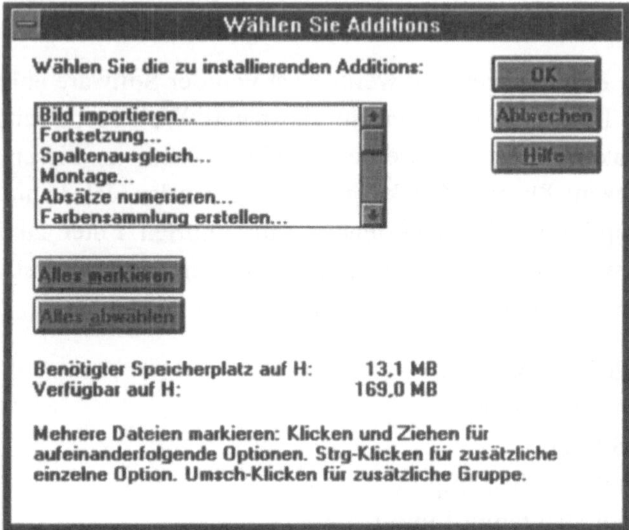

Abbildung 1.15.: Dialogfeld zur Auswahl von Additions

Alle Additions sind für die praktische Arbeit sehr nützlich und stellen in bezug auf die Leistungsfähigkeit von PageMaker einen Zugewinn da. Deshalb sollten ausnahmslos alle Additions ausgewählt werden, was Sie durch einfaches Anklicken der Schaltfläche [Alles markieren] erreichen.

Als nächstes blendet das Installationsprogramm ein Hinweisfenster zur Verwendung von Postscriptdruckern ein. Es bezieht sich auf die spätere Auswahl einer PPD-Datei (Postscript Printer Dialog).

Abbildung 1.16.: Infofenster

Lesen Sie sich diesen Text durch und bestätigen Sie das Fenster durch Anklicken der Schaltfläche [OK].

Im nächsten Schritt wird ausgewählt, welcher Postscript-Drucker am PC angeschlossen ist und für eine spätere Druckausgabe verwendet wird.

Postscript-
Druckertreiber

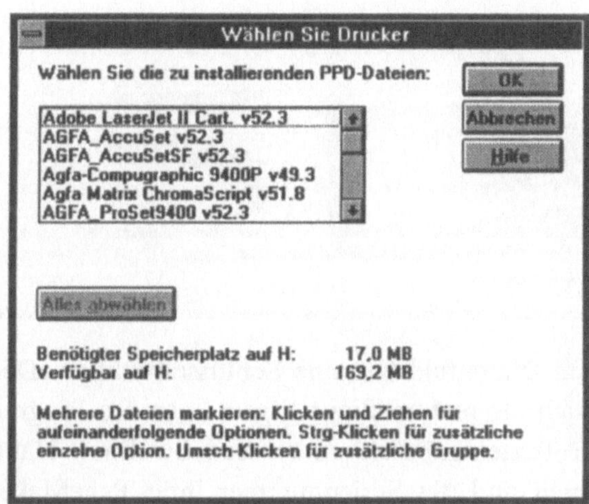

Abbildung 1.17.:
Dialogfeld zur
Auswahl eines
Postscript-
Druckers

Normalerweise ist die Installation von Druckertreibern unter Windows auszuführen. PageMaker stellt jedoch eigene Druckertreiber zur Verfügung, die teilweise aktueller sind, als die gegenwärtig unter Windows 3.1 vorhandenen Treiber. Wird mit einem Laserdrucker gearbeitet, sollte deshalb eine entsprechende Auswahl aus der Liste erfolgen. Ansonsten greift PageMaker natürlich wie jedes andere Windowsprogramm auf den oder die Drucker zurück, die unter Windows verwaltet werden.

Sollten Sie keinen Postscriptdrucker einsetzen und zu Beginn versehentlich das Modul PPD-Dateien ausgewählt haben, dann bestätigen Sie jetzt den Dialog einfach ohne zuvor eine Auswahl getroffen zu haben.

Im Anschluß an die Auswahl eines Postscripttreibers erwartet das Installationsprogramm die Entscheidung, welches Wörterbuch zu installieren ist. Sie können hier ein einzelnes auswählen oder beide.

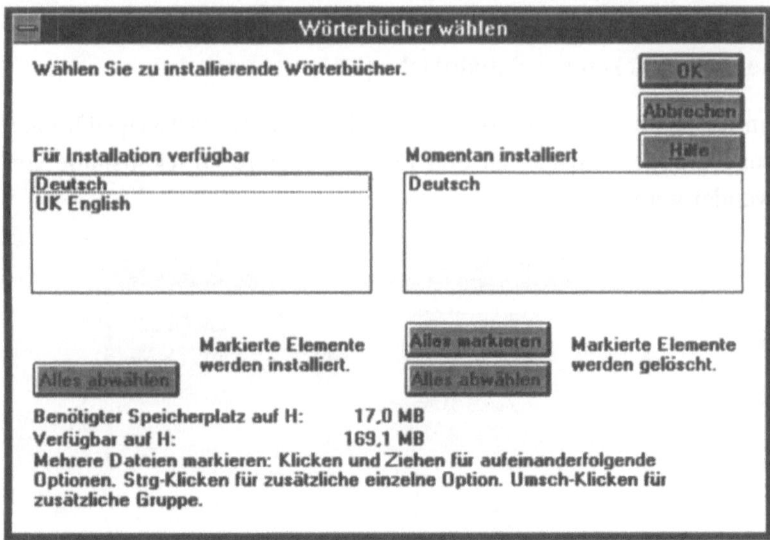

Personalisierung

Das nächste Dialogfeld hat eine Schlüsselfunktion. Der Anwender muß sich als rechtmäßiger Eigentümer des Programms ausweisen. In Texteingabefeldern müssen Sie Ihren Namen, Ihren Firmennamen und die Seriennummer Ihrer PageMaker-Version eintragen. Die Seriennummer finden Sie in Ihrem Kundenpaß, der zum Lieferumfang von PageMaker 5.0 gehört. Geben Sie diese Nummer genauso ein, wie sie im Paß abgedruckt ist, jedoch ohne das Nationalitätszeichen D.

Die Eingabezeile für den Firmennamen darf frei bleiben. Wurde bei der Eingabe der Seriennummer versehentlich eine falsche Ziffer getippt, wird PageMaker nach der Bestätigung des Dialogs mit einer Fehlermeldung antworten, die lediglich zur Kenntnis zu nehmen ist. Durch Anklicken der Schaltfläche [Weiter] oder durch Drücken der Taste ⏎ wird das Fenster geschlossen und ins vorherige Dialogfeld zurückgeschaltet..

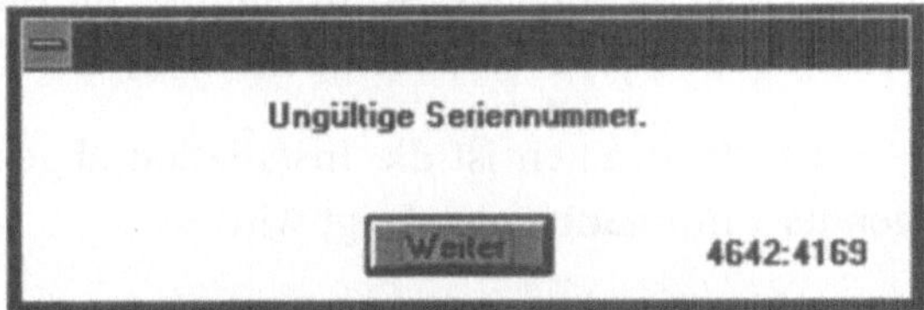

Abbildung 1.20.: Fehlermeldung nach Eingabe einer falschen Seriennummer

Korrigieren Sie in einem solchen Fall Ihre Eingabe und bestätigen Sie erneut den Dialog durch Anklicken der Schaltfläche [OK] bzw. durch Drücken der Taste ⏎.

Die Personalisierung ist die letzte Abfrage, die das Installationsprogramm stellt. Danach wird mit der eigentlichen Installation begonnen. In einem Info-Fenster wird der Fortschritt angezeigt.

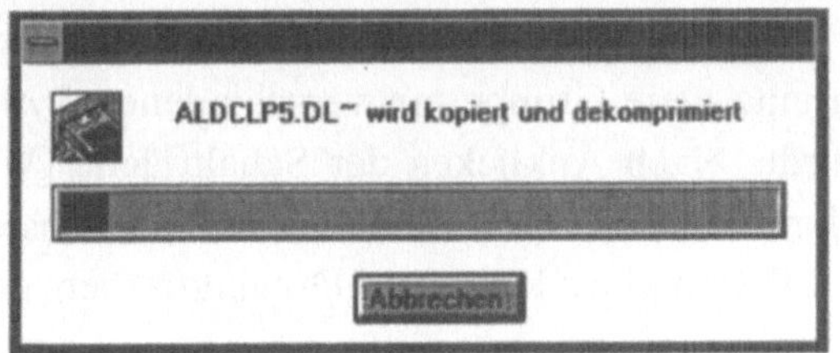

Abbildung 1.21.: Meldung über den Fortschritt der Installation

Wurden alle Dateien einer Diskette auf die Festplatte übertragen, fordert das Installationsprogramm zum Diskettenwechsel auf, wobei die Nummer der nächsten Diskette angezeigt wird.

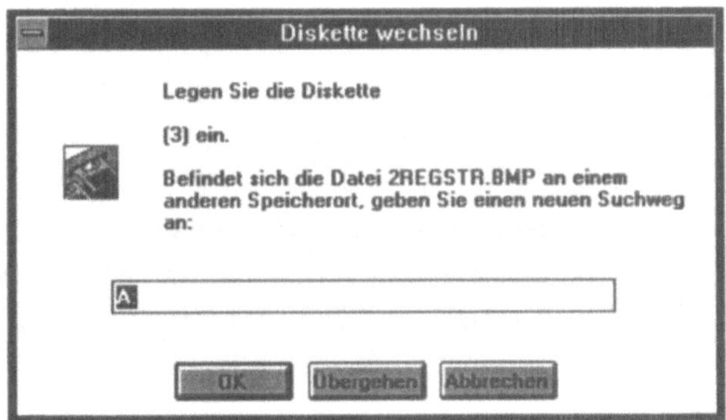

Abbildung 1.22.: Aufforderung zum Diskettenwechsel während der Installation

Wird eine falsche Diskette in das Laufwerk eingelegt, reagiert das Installationsprogramm mit einer akustischen Warnung und fordert mit dem gleichen Fenster nochmals zum Diskettenwechsel auf.

Sollte sich aus irgendwelchen Gründen das Laufwerk ändern, in dem die nächste Diskette eingelegt wird, dann ist im Eingabefeld eine entsprechende Korrektur vorzunehmen.

Nach etwa 15 bis 20 Minuten ist die Installation abgeschlossen, was mit folgender Information angezeigt wird.

Abbildung 1.23.:
Abschluß-
meldung der
Installation

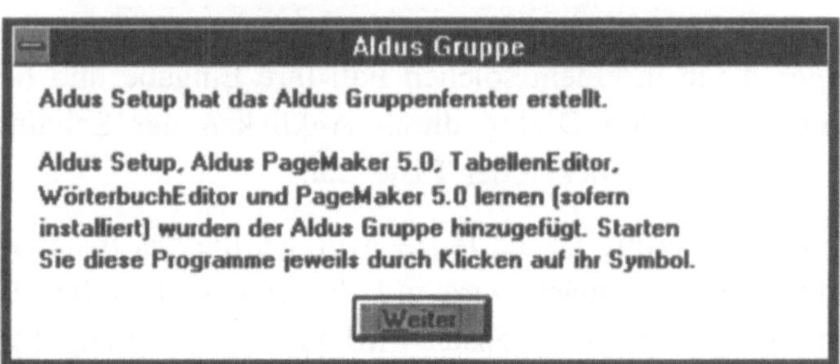

Aus dieser Meldung geht hervor, daß im Programm-Manager automatisch eine neue Gruppe mit verschiedenen Symbolen eingerichtet wurde. Nach Anklicken der Schaltfläche [Weiter] oder durch Drücken von ⏎ wird in einem weiteren Fenster ein Hinweis zur Installation eines Postscript-Druckertreibers gegeben.

Abbildung 1.24.:
Infofenster zur
Treiberinstallation

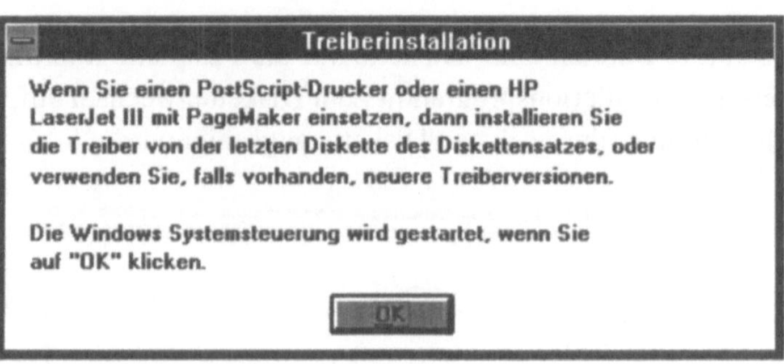

Nach Bestätigung dieses Fensters wird automatisch die Druckerauswahl in der Systemsteuerung von Windows geöffnet. Wählen Sie dort einen neuen Druckertreiber von der letzten Installationsdiskette von PageMaker aus oder brechen Sie die Funktion ab. Noch einmal wird eine Schlußmeldung ausgegeben.

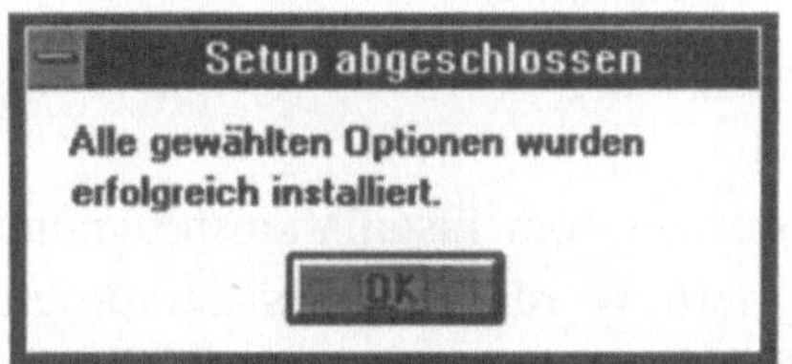

Abbildung 1.25.: Schlußmeldung der Installation

PageMaker gibt anschließend nochmals ein Infofenster aus, das Sie wiederum durch Anklicken der Schaltfläche [OK] ausblenden können.

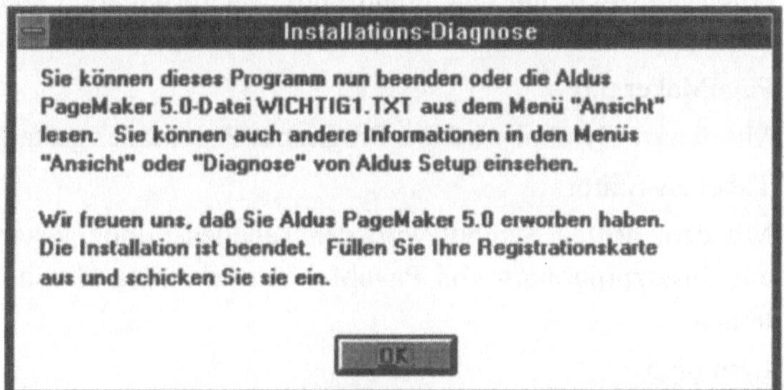

Abbildung 1.26.: Infofenster nach der Installation

Danach werden Sie in das Auswahlmenü des Installationsprogramms zurückgeführt. Klicken Sie dort die Schaltfläche [Beenden] an, um das Installationsprogramm zu verlassen.

Es ist denkbar, daß nicht alle Installationsdisketten benötigt werden. Das hängt davon ab, welche Module, Filter und Drucker Sie während der Installation ausgewählt haben.

Im Programm-Manager von Windows wird automatisch eine eigene Programmgruppe mit dem Titel ALDUS angelegt. Dies erfolgt allerdings nur dann, wenn beim Aufruf des Installationsprogramms der Programm-Manager geöffnet war. Erfolgte der Start des Installationsprogramms aus dem Datei-Manager heraus, entfällt das Anlegen der Programmgruppe ALDUS, so daß dieser Arbeitsschritt anschließend manuell auszuführen ist.

Programmgruppe

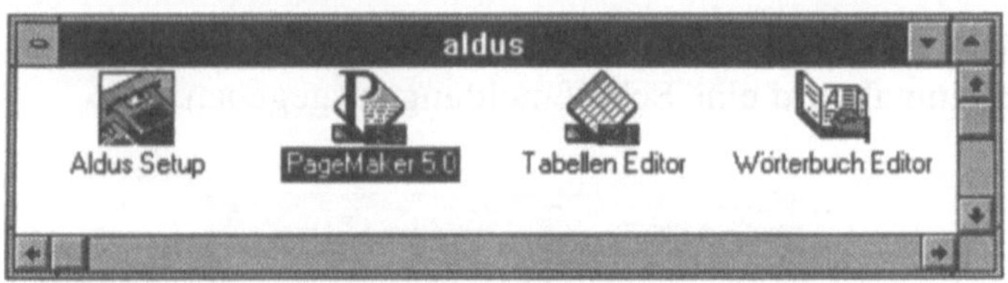

Vier Symbole werden vom Installationsprogramm in das Gruppenfenster integriert. Wurde auch das Lernprogramm installiert, wird es ein fünftes Symbol geben.

- Aldus Setup

  Mit diesem Symbol läßt sich später das Installationsprogram erneut aufrufen, um eine ergänzende Nachinstallation auszuführen.

- PageMaker 5.0

  Mit diesem Symbol wird das Programm PageMaker gestartet.

- Tabellen-Editor

  Mit dem dritten Symbol wird der Tabellen-Editor gestartet, ein Zusatzprogramm von PageMaker zum Anlegen von Tabellen.

- Lern pm5

  Das Symbol für den Aufruf des Lernprogramms steht nur dann zur Verfügung, wenn zu Beginn der Installation das Modul »Lernprogramm« ausgewählt wurde.

- Wörterbuch Editor

  Hierbei handelt es sich um ein Zusatzprogramm, das die Bearbeitung von Wörterbüchern ermöglicht.

1.3 Nachinstallationen

Zu Beginn der Erstinstallation wurden Sie in einem Dialogfeld gefragt, welche Programm-Module von PageMaker installiert werden sollen. Hatten Sie dort auf ein oder mehrere Module verzichtet, lassen sich diese jederzeit nachinstallieren. Hierzu wird in der Programm-Gruppe *Aldus* im Programm-Manager von Windows das Installationsprogramm *Aldus Setup* aufgerufen. Es handelt sich um das gleiche Installationsprogramm, das schon bei der Erstinstallation verwendet wurde. Diesmal wird es jedoch von der Festplatte gestartet. Wählen Sie das nachzuinstallierende Modul aus und folgen Sie den Anweisungen, bis die Nachinstallation abgeschlossen ist.

Im Rahmen der Installation von PageMaker werden automatisch Informationen in der Datei WIN.INI eingetragen. Außerdem wird eine Initialisierungsdatei mit dem Dateinamen ALDUS.INI im Verzeichnis ...\DEUTSCH angelegt. Im einzelnen werden folgende Einträge vorgenommen:

WIN.INI

[Extensions]

CTL=ALDSETUP.EXE ^.CTL

PM5=PM5.EXE ^.PM5

PT5=PM5.EXE ^.PT5

[Aldus]

AldusDirectory=C:\PM5

NetAldusDirectory=NONE

PM5LangDir=DEUTSCH

Einträge in der
Datei WIN.INI

[PageMaker5]

Templates=C:\PM5\DEUTSCH\VORLAGEN

PPD4=C:\PM5\DEUTSCH\PPD4

MAXIMIZE=1

LernPM5=C:\PM5\LERNPM5

PM5Defaults=C:\PM5\DEUTSCH\PM5.CNF

Einträge in der
Datei ALDUS.INI

Die hier genannten Pfade sind nur ein Beispiel und müssen nicht mit den Einträgen in Ihren Dateien übereinstimmen. Dies ist abhängig von der Festlegung des Programmverzeichnisses am Anfang der Installation.

Später werden Sie erfahren, daß in PageMaker Hilfslinien eingesetzt werden können, die die Montage von Texten und Bildern erleichtern. Bei manchen Monitoren kann es sein, daß diese Hilfslinien schlecht oder garnicht zu sehen sind. Sollten Sie dies feststellen, dann läßt sich der Fehler durch folgende manuelle

Eintragung in der Datei ALDUS.INI in der Rubrik [PageMaker5] beheben.

RULERGUIDERGB=128 128 255

Diese Eintragung bewirkt, daß ab dem nächsten Aufruf von PageMaker solche Hilfslinien in der Farbe Schwarz auf dem Monitor dargestellt werden.

<table>
<tr><td>Eintrag in der Datei AUTOEXEC.BAT</td><td>

In der Datei AUTOEXEC.BAT wird lediglich der Suchpfad um das Programmverzeichnis von PageMaker erweitert.

PATH=C:\PM5;...

Die hier angegebene Laufwerksbezeichnung C: im Pfad des Programmverzeichnisses ist nur ein Beispiel. Sollten Sie PageMaker in einem anderen Laufwerk installiert haben, wird natürlich ein entsprechend anderer Laufwerksbuchstabe eingetragen.

</td></tr>
</table>

1.4 Von PageMaker 4.0 auf 5.0 aktualisieren

Grundsätzlich ist es möglich, beide PageMaker-Versionen parallel auf der Festplatte zu installieren und mit beiden Programmen zu arbeiten. Dies sollte am Anfang vielleicht auch praktiziert werden, bis alle Dateien, die mit der älteren Programmversion angelegt wurden, in das PageMaker 5.0-Format konvertiert sind. Achten Sie in einem solchen Fall bei der Installation darauf, daß Sie für PageMaker 5.0 nicht den gleichen Verzeichnisnamen auswählen wie für PageMaker 4.0. Wird mit den Vorschlägen gearbeitet, kann es keine Konfliktsituation geben, weil für Page-Maker 4.0 das Programmverzeichnis ...\PM4 angelegt wurde, während PageMaker 5.0 im Verzeichnis ...\PM5 gespeichert wird.

Benötigen Sie die ältere Version von PageMaker nicht mehr, dann löschen Sie die entsprechenden Dateien auf Ihrer Festplatte. Denken Sie daran, daß die Programme unter Windows auch an verschiedenen Stellen Einträge verwalten, die beim Löschen der Dateien nicht automatisch entfernt werden. Leider gibt es keine

De-Installationsprogramme, die solche Einträge löschen, so daß hier manuell vorgegangen werden muß.

Löschen Sie zunächst die alten Programmsymbole im Programm-Manager von Windows. Haben Sie ursprünglich den Gruppennamen Aldus beibehalten, finden Sie in dieser Gruppe die entsprechenden Symbole. Wählen Sie die zu löschenden Symbole einzeln aus und drücken Sie die Taste Entf.

Wechseln Sie anschließend in den Datei-Manager von Windows und löschen Sie dort folgende Dateien:

im Verzeichnis ...\ALDUS\DEUTSCH

    PM4.CNF
    PM4.HLP
    PM4RES.RSL

im Verzeichnis ...\ALDUS\DEUTSCH\SETUP

    PM412.LOG oder PM4720.LOG
    ALDSETRS.RSL
    PM412.BAK oder PM4720.BAK
    PM412.CTL oder PM4720.CTL

Entfernen Sie dann in der Datei WIN.INI folgende Einträge:

    pm4=pm4.exe ^.pm4
    pt4=pm4.exe ^.pt4
    PM4LangDir=DEUTSCH

Aus der Datei ALDUS.INI ist der Abschnitt [PageMaker 4] zu löschen.

Kapitel 2
Erste Schritte

2 Erste Schritte

In diesem Kapitel werden Grundlagenkenntnisse vermittelt, die für den Umgang mit PageMaker wichtig sind. Es beginnt mit den Methoden des Programmstarts und führt über das Kennenlernen der Bedieneroberfläche und der Dateiverwaltung bis zum Umgang mit den PageMaker-Werkzeugen. Schon hier bietet das Programm gegenüber seiner Vorgängerversion interessante Veränderungen, so daß auch Umsteiger Neues kennenlernen werden.

Sollten Sie das erste Kapitel überschlagen haben, möchte ich zunächst gern eine Information wiederholen, die für die weitere Arbeit wichtig ist. Auf der Begleitdiskette sind Textdateien gespeichert, mit denen im Rahmen praktischer Übungen gearbeitet werden kann. Diese Texte sind mit dem Textverarbeitungsprogramm WinWord 2.0 geschrieben. Aus diesem Grunde wird in PageMaker der Importfilter *Word für Windows 2.0 Import* benötigt. Die Dateien existieren aber auch im Form des Programms *Word 6.0*. Sollten Sie einen der entsprechenden Filter nicht installiert haben, starten Sie bitte durch Anklicken des Symbols *Aldus Setup* im Programm-Manager von Windows das Installationsprogramm von PageMaker und installieren Sie einen der beiden Filter nach. Lesen Sie hierzu ggf. im Abschnitt 1.3 nach.

2.1 Programmstart

Wichtig für den Aufruf des Programms PageMaker ist der Eintrag des Programmverzeichnisses im Suchpfad in der Konfigurationsdatei AUTOEXEC.BAT. Hinter dem DOS-Befehl *Path* werden alle Verzeichnisse aufgelistet, in denen das Betriebssystem nach dem Aufruf eines Programms nach den erforderlichen Dateien suchen soll. Die einzelnen Pfade werden durch Semikola voneinander getrennt.

```
Path=C:;C:\DOS;C:\Windows;C:\PM5
```

Das Installationsprogramm von PageMaker ergänzt in der Datei AUTOEXEC.BAT automatisch den Suchpfad, sofern dieser Schritt bei der Installation nicht ausdrücklich untersagt wurde (siehe Kapitel zur Installation von PageMaker). Nachdem das

System neu gestartet wurde und somit die Befehle der Datei AUTOEXEC.BAT ausgeführt sind, ist die aktualisierte Systemvariable PATH aktiv und PageMaker kann aus beliebigen Verzeichnissen heraus aufgerufen werden.

Für den Programmstart stehen verschiedene Methoden zur Verfügung:

Aufruf auf der
DOS-Ebene

Wird der Befehl zum Aufruf von PageMaker auf der Betriebssystemebene in die Befehlszeile eingetragen, muß der Aufruf der grafischen Benutzeroberfläche Windows vorgeschaltet werden. Der Eintrag hinter dem Systemprompt (z. B. C:\>) ist wie folgt vorzunehmen:

WIN PM5 ⏎

Die Groß- und Kleinschreibung spielt keine Rolle. Wichtig ist aber, daß zwischen den Einträgen WIN und PM5 mit der ⎵ -Taste ein Leerzeichen gesetzt wird. Die Befehlseingabe wird mit ⏎ bestätigt und somit zur Ausführung freigegeben. Entfällt der vorgeschaltete Aufruf von Windows, kann PageMaker nicht gestartet werden. Auf der Betriebssystemebene wird in einem solchen Fall ein Hinweistext ausgegeben, aus dem die richtigen Schritte für den Programmstart hervorgehen. Zur Fehlerbehandlung reicht es aus, den Befehl in richtiger Form noch einmal einzugeben und mit ⏎ zu bestätigen.

Erweiterter
Programmstart

PageMaker erlaubt einen Programmstart mit gleichzeitigem Öffnen eines gespeicherten Dokuments. Für das Gelingen ist es natürlich entscheidend, den Namen des zu öffnenden Dokuments zu kennen. PageMaker-Dateien sind an ihren Erweiterungen PM5 oder PT5 erkennbar. Worin der Unterschied zwischen diesen beiden Dateiformen besteht, wird im Rahmen der Funktion *Speichern unter...* erklärt. Der Befehlsaufruf für einen solchen Programmstart könnte wie folgt aussehen:

WIN PM5 DATEI.PM5 ⏎

oder

WIN PM5 DATEI.PT5 ⏎

Die dreistellige Dateierweiterung PM5 oder PT5 darf in der Befehlszeile entfallen. PageMaker wird dann bevorzugt Dateien mit der Erweiterung PM5 öffnen, falls der angegebene Dateiname im aktuellen Verzeichnis sowohl als PM5 als auch als PT5 vorhanden ist.

Befindet sich die aufzurufende Datei nicht im aktuellen Verzeichnis, ist der Dateiname einschließlich Pfad anzugeben. Zum Beispiel:

WIN PM5 C:\PMDAT\DATEI.PM5 ⏎

oder

WIN PM5 C:\PMDAT\DATEI.PT5 ⏎

Aufruf im
Programm-
Manager

Das Installationsprogramm hat im Programm-Manager der grafischen Benutzeroberfläche Windows ein Gruppenfenster mit dem Namen ALDUS angelegt. In diesem Fenster befindet sich ein Symbol, das mit dem Programmnamen *Aldus PageMaker 5.0* unterschrieben ist. Wird dieses Symbol zweimal kurz hintereinander mit der linken Maustaste angeklickt, wird das Programm PageMaker von der Festplatte in den Arbeitsspeicher übertragen.

Für ungeübte Anwender ist es am Anfang etwas schwierig, den richtigen Takt für den Doppelklick mit der Maus zu finden. Bevor hier Frust einsetzt, kann das gewünschte Ergebnis auch mit einem einfachen Mausklick erzielt werden, dem ein Tastendruck auf ⏎ folgt. Die Doppelklickfrequenz läßt sich in der Systemsteuerung von Windows einstellen. Lesen Sie hierzu in Ihrem Windows-Handbuch nach.

Ansonsten ist es auch möglich, völlig ohne Maus auszukommen. Allerdings ist die Vorgehensweise über die Tastatur nicht so komfortabel und bedingt mehrere Arbeitsschritte. Zunächst ist über das Pull-down-Menü *Fenster* die Programmgruppe ALDUS zu öffnen. Nachdem das Menü mit [Alt][F] aufgeklappt wurde, ist zu ermitteln, unter welcher Nummer das betreffende Fenster verwaltet wird. Die entsprechende Zifferntaste wird einfach gedrückt, zum Beispiel [3]. Daraufhin öffnet sich das gewählte Fenster. Mit den Richtungstasten läßt sich jetzt die Markierung eines

Symbols verschieben. Ist der Eintrag *PageMaker 5.0* farbig hinterlegt, wird mit ⏎ der Programmstart ausgeführt.

Dies ist die einzige Stelle, an der die Tastaturbedienung wenig Hindernisse bietet. Wie in allen anderen grafischen Programmen auch, kann bei der Arbeit mit PageMaker auf eine Maus nicht verzichtet werden. Ziemlich alle Funktionen lassen sich zwar über die Tastatur realisieren, aber auf Kosten der Schnelligkeit und der Bequemlichkeit. Manches ist ohne Maus sogar recht kompliziert, wenn nicht sogar unmöglich.

Aufruf im Datei-Manager

Auch der Datei-Manager von Windows erlaubt einen Programmstart von PageMaker. Hierzu wird der Markierungsbalken innerhalb einer Baumstruktur auf die PageMaker-Datei bewegt (PM5 oder PT5), mit der gearbeitet werden soll. Nach der Bestätigung mit ⏎ wird PageMaker geladen und gleichzeitig das ausgewählte Dokument geöffnet.

Natürlich kann auch das Programmverzeichnis von PageMaker ausgewählt und dort der Markierungsbalken auf die Programmdatei PM5.EXE geführt werden. In diesem Fall wird PageMaker ohne Dokument geladen.

2.2 Beenden einer Arbeitssitzung

Das Beenden einer Arbeitssitzung mit einer Software hat niemals durch einfaches Ausschalten des Computers zu erfolgen, sondern grundsätzlich über eine der dafür vorgesehenen Funktionen. Dies ist gewissermaßen ein ungeschriebenes Gesetz, das jeder Anwender respektieren sollte, sofern er das Risiko von Datenverlusten auf ein Minimum reduzieren möchte.

Menübedienung

Bei Windows-Anwendungen oder bei Software, deren Bedieneroberfläche der SAA-Norm entspricht (Standard Anwender Architektur), befindet sich eine solche Option im Pull-down-Menü *Datei*. Das Menü wird entweder durch Mausklick auf den Eintrag in der Menüleiste am oberen Monitorrand oder durch Drücken der Tastenkombination ⌥D aufgeklappt. Als letzter Eintrag in der Liste der Funktionen ist der Befehl *Beenden* zu finden, der wieder durch Mausklick oder durch Drücken der Taste E ausgeführt wird. Es ist auch denkbar, den Markierungsbalken mit der

Richtungstaste ⊡ auf den Befehl *Beenden* zu bewegen und anschließend durch Drücken der Taste ⏎ zu bestätigen.

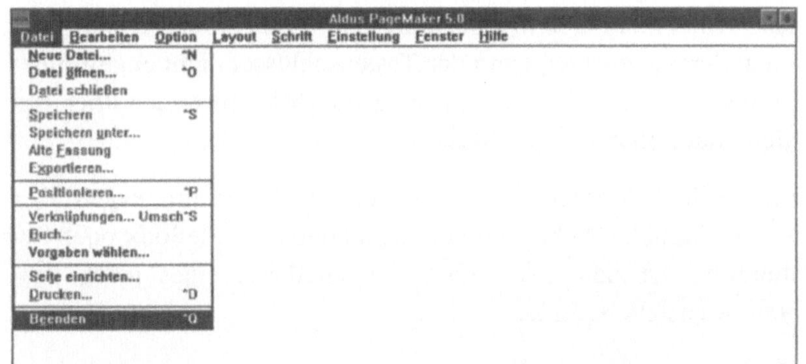

Abbildung 2.1.: Menü Datei mit ausgewählter Funktion Beenden

Sollte sich ein neues oder verändertes Dokument im Arbeitsspeicher befinden, wird das Beenden des Programms nicht unmittelbar ausgeführt, sondern zuvor eine Sicherheitsabfrage ausgegeben, die durch Anklicken der Schaltfläche [Ja] (Speichern und beenden) oder [Nein] (nicht speichern und beenden) zu beantworten ist. Wird die Schaltfläche [Abbrechen] angeklickt, wird die Aktion erfolglos abgebrochen, d. h. PageMaker bleibt geöffnet.

Sicherheitsabfrage

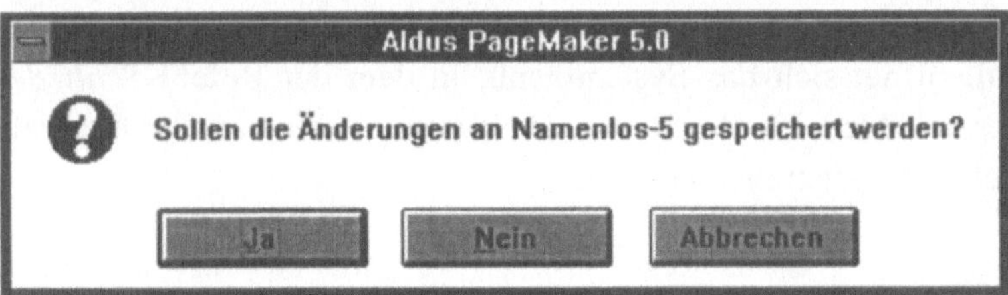

Abbildung 2.2.: Sicherheitsabfrage vor dem Beenden einer Arbeitssitzung

Soll die Beantwortung mit der Tastatur erfolgen, reicht für [Ja] das Drücken der Taste ⏎. Um mit [Nein] zu antworten, muß zunächst mit einmaligem Tastendruck auf die Tabulatortaste ⇄ die Schaltfläche [Nein] aktiviert werden. Anschließend wird durch Drücken der Taste ⏎ die Entscheidung bestätigt. Alternativ lassen sich auch die Tastenkombinationen ⟨Alt⟩⟨J⟩ (Ja) bzw. ⟨Alt⟩⟨N⟩ (Nein) anwenden. Zum Abbruch genügt das Drücken der Taste ⟨Esc⟩. Welche der Schaltflächen gegenwärtig aktiv und somit mit der Taste ⏎ gleichzusetzen ist, ist an einer Einrahmung zu erkennen.

Schnelltaste   Der schnellste Weg zum Beenden einer Arbeitssitzung ist die Anwendung der Tastenkombination ⟨Alt⟩⟨F4⟩, die in allen SAA-genormten Programmen die gleiche Funktion hat. Der Weg über das Menü ist dadurch nicht erforderlich. Ist das Menü *Datei* (oder ein anderes) geöffnet, kann der Tastenschlüssel nicht angewendet werden. Zur Zeit ist nur ein Weg möglich: entweder über das Menü oder über Tastenschlüssel.

Schließbox   Eine weitere Methode zum Beenden der Arbeit mit PageMaker ist das doppelte Anklicken der sogenannten Schließbox oder Systembox, die sich links neben der Titelleiste eines jeden Programmfensters befindet.

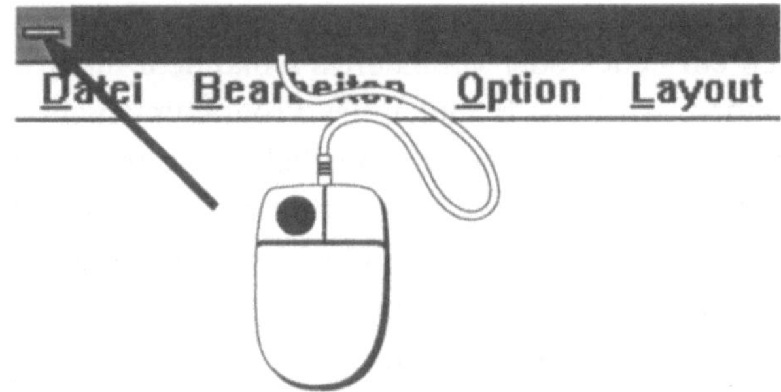

Abbildung 2.3.: Beenden einer Arbeitssitzung durch Doppelklick auf die Systembox

Sollte der Doppelklick mit der linken Maustaste nicht klappen, genügt zunächst auch das einfache Anklicken. In einem solchen Fall öffnet sich das Systemmenü, in dem der Befehl *Schließen* auszuwählen ist. Auch mit der Tastenkombination ⟨Alt⟩⟨Leer⟩ läßt sich das Systemmenü öffnen.

Abbildung 2.4.: Geöffnetes Systemmenü mit ausgewählter Funktion Schliessen

Nach dem Schließen von PageMaker wird grundsätzlich an Windows zurückgegeben, egal auf welche Weise das Programm zuvor aufgerufen wurde. Um zur Betriebssystemebene zurückzukehren, muß Windows ebenfalls geschlossen werden. Hierzu stehen die gleichen Methoden zur Verfügung, die auch im Programm PageMaker zum Beenden der Arbeitssitzung geführt haben.

2.3 Einrichten einer neuen Datei

Nach dem Aufruf von PageMaker meldet sich die Software lediglich als Programmfenster auf der Benutzeroberfläche Windows.

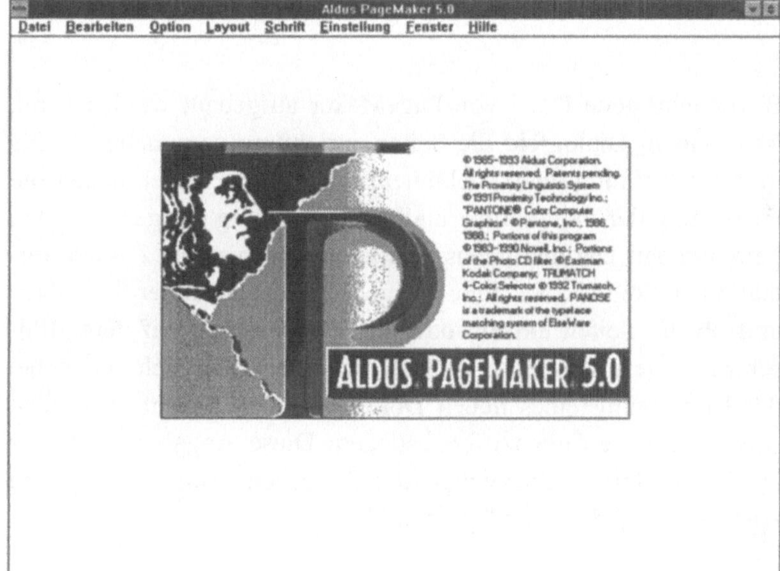

Abbildung 2.5.: Programmfenster von PageMaker mit Titelbild

Neben der Titelleiste des Fensters ist nur noch das Element der Menüleiste zu sehen. Ansonsten bleibt der Bildschirm leer, solange keine neue Datei angelegt oder ein gespeichertes Dokument geöffnet wird.

Neue Datei

Das Titelbild des Programms wird nach kurzer Zeit automatisch ausgeblendet. Um die Arbeit mit PageMaker aufnehmen zu können, muß entweder ein gespeichertes Dokument geöffnet oder eine neue Datei angelegt werden. Um letzteres auszuführen wird der Befehl *Neue Datei...* im Menü *Datei* aufgerufen. Hierzu wird durch Anklicken des Begriffs *Datei* in der Menüleiste das Pulldown-Menü aufgeklappt und anschließend durch Anklicken des Befehls *Neue Datei...* das Anlegen eines leeren und namenlosen

Dokuments ausgelöst. Anstelle der Menübedienung kann auch die Tastenkombination ⟨Strg⟩⟨N⟩ angewendet werden.

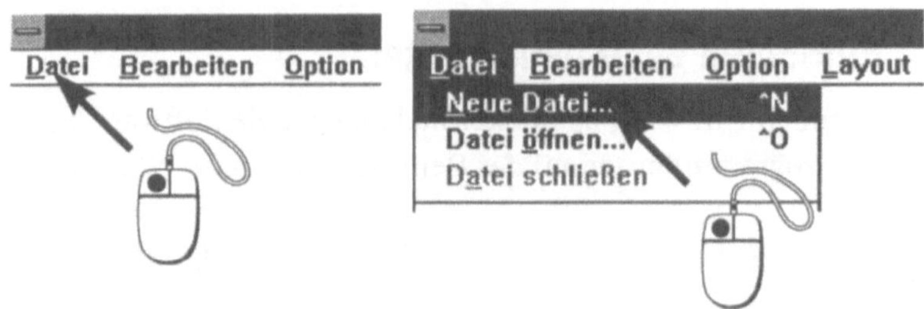

Bevor eine neue Datei von PageMaker aufgebaut werden kann, ist in einem Dialogfeld die Seiteneinrichtung vorzunehmen. Die Seiteneinrichtung eines Dokuments umfaßt im wesentlichen die Festlegung der Papiergröße und die Einstellung der gewünschten Seitenränder. Darüberhinaus sind noch verschiedene Zusatzinformationen möglich, wie zum Beispiel das Festlegen der Seitenlage und ob die Seiten einzeln oder als Doppelseiten auf dem Bildschirm angezeigt werden sollen. Außerdem läßt sich schon bei der Einrichtung eines neuen Dokuments die Anzahl der Seiten sowie die erste Seitenziffer festlegen. Diese Angaben sind aber an dieser Stelle nicht zwingend erforderlich, weil nachträgliche Änderungen jederzeit möglich sind.

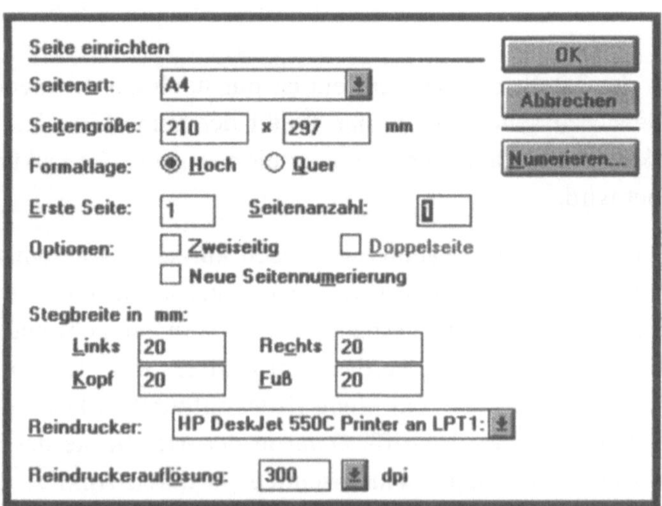

Seitenart:

Unter Seitenart hält PageMaker eine Auswahlliste der gängigen Seitenformate bereit. Rechts neben dem Eingabefeld befindet sich eine kleine Schaltfläche, in der ein nach unten zeigender Pfeil abgebildet ist. Wird diese Schaltfläche angeklickt, öffnet sich eine Auswahlliste, die offiziell als »Drop-down-Liste« bezeichnet wird.

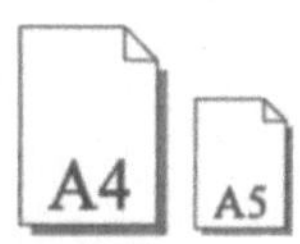

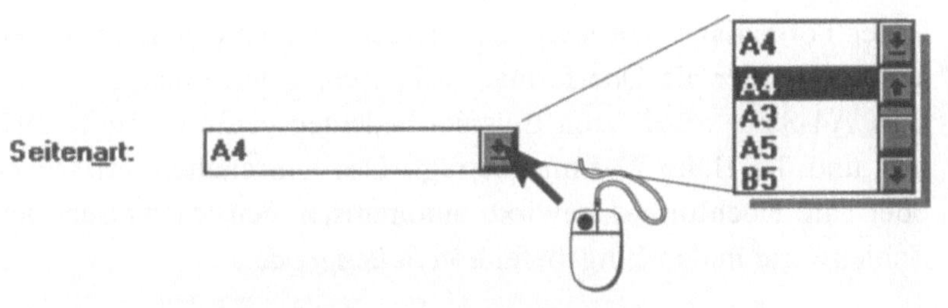

Abbildung 2.8.: Auswahlfeld für Seitenarten im Dialogfeld Seiteneinrichtung

Folgende Seitenarten stehen zur Verfügung:

> A4: 210 x 297 mm
>
> A3: 297 x 420 mm
>
> A5: 148 x 210 mm
>
> B5: 176 x 250 mm
>
> US-Brief: 215,9 x 279,4 mm
>
> US-lang: 215,9 x 355,6 mm
>
> Tabloid: 279,4 x 431,8 mm

Darüberhinaus enthält die Auswahlliste den Eintrag *Benutzerdefiniert*, der eine individuelle Seitengröße erlaubt, die von den Standardwerten beliebig abweichen kann. Wird diese Einstellung gewählt, muß parallel in den Eingabefeldern *Seitengröße* je ein Maß für die Breite und für die Höhe angegeben werden.

Seitengröße:

In unmittelbarer Beziehung zur Seitenart ist die Seitengröße zu sehen. Je nach Auswahl einer Standardseitenart trägt PageMaker automatisch die entsprechenden Abmessungen in die Eingabefelder ein, und zwar in der Reihenfolge Breite x Höhe. Die Werte verstehen sich jeweils in der voreingestellten Maßeinheit, die als

Text rechts neben dem zweiten Eingabefeld eingetragen ist. Das Einstellen der Maßeinheit wird in Abschnitt 2.13 erklärt.

Da die Maßeinheit mit der Seitenart verknüpft ist, erübrigt sich eine Eintragung. Lediglich bei der Auswahl *Benutzerdefiniert* erwartet PageMaker die individuelle Festlegung der Seitenbreite und der Seitenhöhe, ebenfalls in der voreingestellten Maßeinheit.

Formatlage:

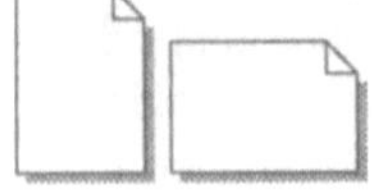

Unter Formatlage läßt sich das gewählte Seitenformat entweder als Hoch- oder als Querformat definieren. Querformat bei einer DIN A4-Seite würde zum Beispiel bedeuten, daß die Breite 297 mm und die Höhe 210 mm beträgt. Das Umschalten auf Quer- oder auf Hochformat bewirkt automatisch den Austausch der Zahlenwerte in den Eingabefeldern *Seitengröße*.

Erste Seite:

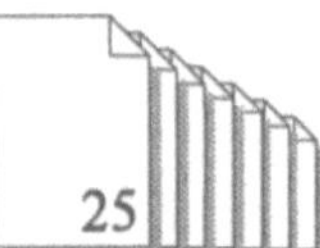

Das Eingabefeld *Erste Seite* bezieht sich auf die Paginierung, also die Numerierung der Dokumentseiten. Standardmäßig ist in diesem Feld die Ziffer »1« eingetragen, so daß die Seitennumerierung ab dem Wert »1« aufsteigend gezählt wird. Wird hier ein abweichender Wert eingetragen, zum Beispiel »25«, bekommt die erste Seite des Dokuments die Seitenzahl 25 und alle weiteren Seiten fortlaufend aufsteigend. Das Eingabefeld läßt ausschließlich Zahlenwerte zu.

Seitenanzahl:

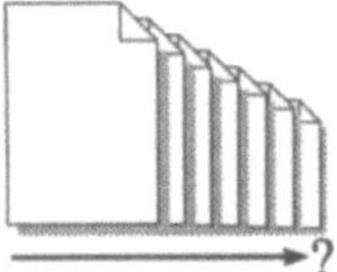

Im benachbarten Eingabefeld *Seitenanzahl* wird die Anzahl der benötigten Seiten festgelegt. Hierbei handelt es sich ebenfalls um ein numerisches Feld, das also lediglich Zahlenwerte als Eingabe akzeptiert. Zulässig sind Seitenzahlen von 1 bis 999, wobei in der Praxis die Anzahl der Seiten möglichst gering gehalten werden sollte. Schon bei einer zweistelligen Anzahl von Seiten ist die Wahrscheinlichkeit groß, daß die Speicherkapazität einer HD-Diskette nicht mehr ausreicht, um das Dokument aufzunehmen. In einem solchen Fall leidet natürlich auch die Verarbeitungsgeschwindigkeit des Dokuments, was sich besonders bei 286er Prozessoren auswirkt, aber auch schon bei langsam getakteten 386er Computern. Aus diesem Grunde ist es besser, ein längeres

Dokument in mehrere Dateien aufzuteilen, die sich miteinander verknüpfen lassen. Somit bleibt eine Zusammengehörigkeit erhalten, was sich bei der Paginierung (Seitennumerierung) und anderen Funktionen vorteilhaft auswirkt. Im Kapitel »Leichter Umgang mit langen Publikationen« wird erklärt, wie in solchen Fällen verfahren wird.

Da beim Einrichten einer neuen Datei davon ausgegangen wird, daß mit den Standardwerten der Seiteneinrichtung gearbeitet werden soll, ist das Eingabefeld für die Anzahl der Seiten aktiv, obwohl es nicht an erster Position im Dialogfeld angeordnet ist. Die Vorgabe »1« ist markiert, so daß ein neuer Eintrag den Vorschlag automatisch überschreibt. Diese Technik erspart das Löschen alter Einträge. Wurde die Markierung mit der Cursorsteuerung aufgehoben, arbeitet PageMaker nicht mehr im Überschreibmodus, sondern im Einfügemodus.

Optionen Zweiseitig:

Wird ein Dokument später zweiseitig ausgedruckt, also Vorder- und Rückseite einer Seite bedruckt, ist die Option *Zweiseitig* empfehlenswert. Dadurch läßt sich das Layout für Seiten mit ungerader Paginierung (rechts) und Seiten mit gerader Seitenzahl (links) unterschiedlich festlegen. Wird ein solches Dokument später gebunden, ist es zum Beispiel erforderlich, jeweils an der Innenseite einen Bundsteg zu definieren, der für einen größeren Innenrand sorgt.

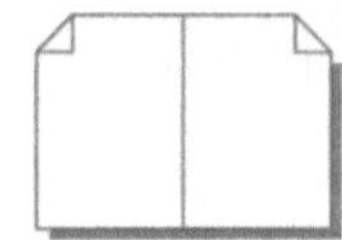

Doppelseite:

Die Option *Doppelseite* kann ergänzend zur vorausgehenden Option aktiviert werden. Sie bewirkt, daß auf dem Monitor jeweils zwei gegenüberliegende Seiten dargestellt werden. Ansonsten zeigt PageMaker immer nur eine Seite an.

Neue Seitennumerierung:

Wird diese Option aktiviert, numeriert PageMaker die Dokumentseiten ab der Ziffer, die im Eingabefeld *Erste Seite* angegeben ist. Bedeutung bekommt diese Option erst, wenn mehrere Dateien miteinander verknüpft werden. In einem solchen Fall kann PageMaker die Seiten über alle Dateien hinweg fortlaufend

numerieren, unabhängig von der Eintragung unter *Erste Seite*. Soll diese Automatik ignoriert werden, ist die Option *Neue Seitennumerierung* zu aktivieren.

Stegbreite:

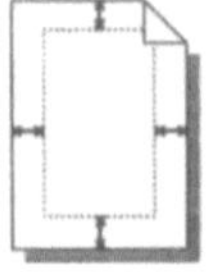

Unter Stegbreite sind die Seitenränder gemeint, deren Größe den Satzspiegel der Dokumentseiten bestimmen. Der Satzspiegel ist der Bereich einer Seite, der bedruckt wird. Vier Seitenränder sind jeweils in der voreingestellten Maßeinheit zu definieren.

Links (Bund)	Linker bzw. innere Seitenrand
Rechts (Außen)	Rechter bzw. äußere Seitenrand
Kopf	Oberer Seitenrand
Fuß	Unterer Seitenrand

Berechnungsgrundlage ist immer das gewählte Seitenformat. Werden zum Beispiel bei einer DIN-A4-Seite der rechte und linke Seitenrand mit jeweils 20 mm festgelegt (Standardwert gemäß DIN-Norm 5008), ergibt sich eine Satzspiegelbreite von 170 mm.

Wird ein Eingabefeld für die Stegbreite aktiviert, ist der vorgeschlagene Eintrag markiert und wird bei Neueingabe überschrieben. Durch Drücken der Tabulatortaste ⭾ wird in das jeweils benachbarte Eingabefeld gesprungen. Wird mit der Maus in ein Eingabefeld geklickt, muß ein Doppelklick angewendet werden, um den jeweiligen Eintrag gleichzeitig zu markieren.

Reindrucker:

Die bisherigen Auswahl- und Eingabefelder im Dialogfeld *Seiteneinrichtung* haben sich gegenüber der Vorgängerversion von PageMaker nicht verändert. Neu hinzugekommen ist allerdings das Auswahlfeld *Reindrucker*. Hierbei handelt es sich wieder um eine Drop-down-Liste, die sich durch Anklicken der kleinen Schaltfläche rechts neben dem Feld aufklappen läßt. In der Auswahlliste sind alle Drucker aufgeführt, die unter Windows vorhanden sind. Vorgeschlagen wird immer der Drucker, der in der Systemsteuerung von Windows zum Standarddrucker erklärt wurde. Wird ein anderer Drucker ausgewählt, behält PageMaker diese Einstellung während einer Arbeitssitzung bei, bis wieder ein anderer Drucker ausgewählt wird.

Reindruckerauflösung:

Die letzte Einstellmöglichkeit bezieht sich auf die Druckauflösung. In einer Auswahlliste lassen sich verschiedene Auflösungen in der Maßeinheit dpi (dots per inch; Bildpunkte pro Zoll) einstellen. Der einzustellende Wert steht in enger Abhängigkeit zur Leistungsfähigkeit des ausgewählten Druckers. Kann zum Beispiel der Drucker maximal eine Auflösung von 300 dpi drucken, nützt ein hier eingestellter höherer Wert nichts. Ein niedrigerer Wert als die höchste Leistungsgrenze bringt zwar eine schlechtere Druckqualität, beschleunigt aber den Druckvorgang. Für einen Konzeptausdruck zum Korrekturlesen ließe sich zum Beispiel durchaus auf eine hohe Druckqualität verzichten, was letztendlich auch Tinte, Toner oder Farbbänder spart.

Jedes Dialogfeld verfügt grundsätzlich über zwei Schaltflächen, mit denen der Dialog beendet werden kann. Hierbei handelt es sich um die Schaltfächen [OK] und [Abbrechen], die sich meistens in der rechten oberen Ecke eines Dialogfeldes befinden. Wird die Schaltfläche [OK] angeklickt, führt PageMaker den jeweiligen Befehl mit den Einstellungen im Dialogfeld aus. Die Schaltfläche [Abbrechen] hingegen bricht den Befehl ergebnislos ab. Etwaige Veränderungen im Dialogfeld werden ignoriert und alle ursprünglichen Einstellungen beibehalten.

Schaltflächen

Im Fall der Seiteneinrichtung gibt es noch eine dritte Schaltfläche mit der Beschriftung [Numerieren...]. In einem Dialogfeld läßt sich die Form der Seitennumerierung definieren.

Numerierungsart

Seitennumerierung

Format:
- ⦿ Arabische Ziffer   1, 2, 3, ...
- ○ Römische Ziffer, groß   I, II, III, ...
- ○ Römische Ziffer, klein   i, ii, iii, ...
- ○ Großbuchstaben   A, B, C, ... AA, BB, CC, ...
- ○ Kleinbuchstaben   a, b, c, ... aa, bb, cc, ...

Inhaltsverzeichnis-/Indexpräfix:

[OK] [Abbrechen]

Abbildung 2.9.: Dialogfeld zur Auswahl einer Gestaltungsform für die Paginierung

Standardmäßig werden die Seitenzahlen bei Bedarf in arabischen Ziffern gedruckt (1, 2, 3 usw.). Alternativ lassen sie sich in römischen Ziffern oder in Buchstabenform ausgeben. Bei den beiden alternativen Möglichkeiten steht jeweils die Groß- und Kleinschreibung zur Auswahl.

Inhaltsverzeichnis-/Indexpräfix Wird ein umfangreiches Dokument in mehrere Dateien aufgeteilt und später auch getrennt gebunden, läßt sich in diesem Eingabefeld ein Präfix, also sozusagen eine Vornumerierung, für das gemeinsame Inhaltsverzeichnis festlegen. Es wäre zum Beispiel denkbar, die Seitenzahlen im Inhaltsverzeichnis mit einer vorangestellten römischen Ziffer zu versehen, die eine Aussage auf den jeweiligen Band trifft (I / 46). Im Kapitel »Leichter Umgang mit langen Publikationen« wird auf dieses Thema noch einmal eingegangen und anhand einer praktischen Übung verdeutlicht.

Wird im Dialogfeld *Seitennumerierung* die Schaltfläche [OK] angeklickt, werden Änderungen für das anzulegende Dokument übernommen. PageMaker gibt an das vorherige Dialogfeld zurück, das seinerseits durch Anklicken der Schaltfläche [OK] zu bestätigen ist, damit das neue Dokument aufgebaut werden kann. Sind im vorherigen Dialogfeld keine Änderungen mehr auszuführen, erlaubt PageMaker auch das Bestätigen beider Dialogfelder in einem Arbeitsschritt. Das Anklicken einer Schaltfläche im untergeordneten Dialogfeld wird diesmal bei gedrückter [Alt] - Taste vorgenommen. Zum Beispiel bewirkt die Kombination [Alt][OK] das positive Beenden aller offenen Dialoge.

Seiteneinrichtung nachträglich ändern Alle Einträge im Dialogfeld *Seite einrichten...* oder im Dialogfeld *Seitennumerierung* lassen sich nachträglich für bereits angelegte Dokumente ändern. Für diesen Zweck hält PageMaker im Pulldown-Menü *Datei* die Funktion *Seite einrichten...* bereit. Nach dem Aufruf öffnet sich das gleiche Dialogfeld, wie gerade kennengelernt. Die Vorgaben entsprechen jetzt allerdings den Bedingungen, die PageMaker im aktuellen Dokument vorfindet.

2.4 Bedienungselemente des Dokumentfensters

Sobald die Schaltfläche [OK] im Dialogfeld Seite einrichten angeklickt wird, baut PageMaker ein Dokumentfenster auf und
richtet eine oder mehrere Seiten mit den gewählten Maßen und
Merkmalen ein. Das Fenster verfügt über eine eigene Titelleiste,
in der zunächst der Eintrag »Namenlos-1« steht. Später wird stattdessen der noch zu vergebene Dateiname eingetragen sein.

Mitten auf dem Monitor stellt PageMaker eine Seite grafisch dar,
die genau den äußeren Maßen entspricht, die zuvor als Seitenformat festgelegt wurden. Innerhalb dieser Seite wird ein Rahmen
aus einer gepunkteten Linie dargestellt, der den Satzspiegel definiert. Die Maße zwischen dieser Linie und den jeweiligen
Außenrändern sind die Werte, die als Stegbreite festgelegt
wurden. Die dargestellte Seite wird als Arbeitsfläche bezeichnet,
während der umliegende Bildschirmbereich die Montagefläche
ist.

Arbeits- und
Montagefläche

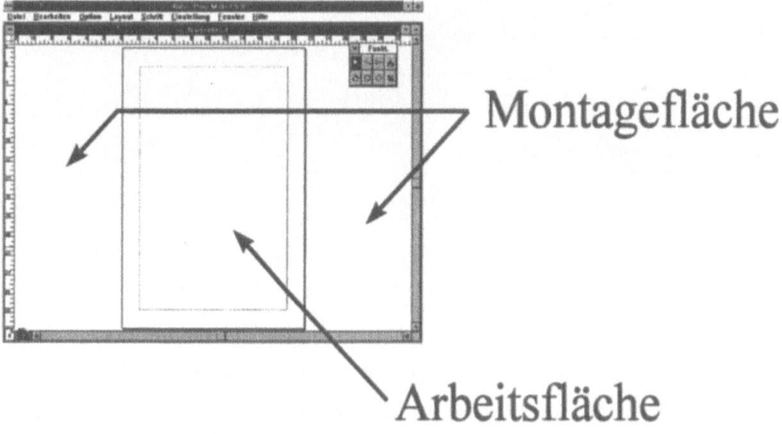

Abbildung 2.10.:
Dokumentfenster
von PageMaker
mit einseitiger
Seitenansicht

In der unteren linken Ecke des Bildschirms befinden sich kleine
Seitensymbole für jede einzelne Dokumentseite. Sie enthalten je-
weils eine Ziffer, die die fortlaufende Paginierung darstellt. Eine
Ecke jeder Seite ist als »Eselsohr« dargestellt, woran erkennbar
ist, ob es sich um eine rechte oder um eine linke Seite handelt.
Die abgeknickte Ecke befindet sich immer außen, so daß sich bei

Seitensymbole

einer rechten Seite (ungerade Seitenzahlen) das »Eselsohr« in der rechten oberen Ecke befindet.

Das erste oder die ersten beiden Seitensymbole sind etwas abgesetzt und tragen statt der Paginierung die Buchstaben »L« oder »R«. Hierbei handelt es sich um die sogenannten Stammseiten oder Musterseiten. Sie werden benötigt, um zum Beispiel Kopf- oder Fußzeilen zu definieren, die sich automatisch auf allen Dokumentseiten wiederholen sollen und sich dort nicht verändern lassen.

Abbildung 2.11.:
Seitensymbole im
Dokumentfenster
von PageMaker

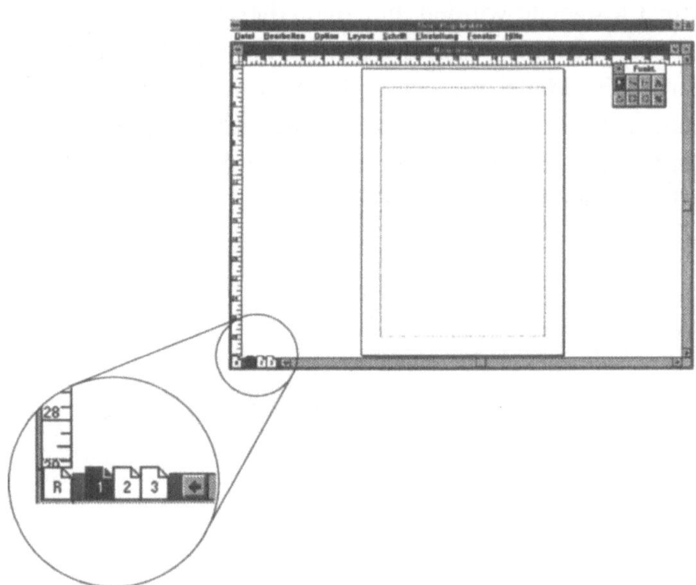

Seitenwechsel   Die Seite, die sich gegenwärtig als Arbeitsfläche auf dem Monitor befindet, ist unter den Seitensymbolen invertiert dargestellt. Gedacht sind die Seitensymbole für den schnellen Seitenwechsel mit der Maus. Verfügt das Dokument beispielsweise über zehn Seiten, läßt sich durch einfaches Anklicken mit der linken Maustaste auf das Seitensymbol »4« die Seite 4 als Arbeitsfläche auf den Monitor holen. Ansonsten erfolgt der Seitenwechsel mit der Funktion *Seite anzeigen...* im Pull-down-Menü *Layout*. Im folgenden Dialogfeld wird neben der Option *Seite* die gewünschte Seitenzahl eingetragen und durch Drücken der Taste ⏎ oder durch Anklicken der Schaltfläche [OK] bestätigt. Soll auf die

Stammseiten gewechselt werden, ist eine der darüberliegenden Optionen im Dialogfeld *Seite anzeigen* zu aktivieren. Eine weitere Methode ist die Anwendung von Funktionstasten. Die Taste F12 wechselt zu nächsten Seite, die Taste F11 zur vorherigen Seite.

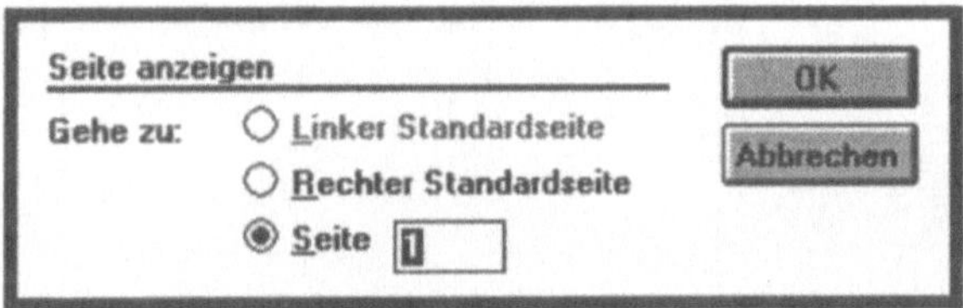

Abbildung 2.12.: Dialogfeld zum Wechseln auf eine andere Seite

Oben rechts im Dokumentfenster befindet sich die Funktionenbox, vielfach auch als Toolbox (Werkzeugkiste) bezeichnet. Sie enthält die wesentlichen Werkzeuge, die für die Text- und Bildbehandlung erforderlich sind. Die Bedeutung der einzelnen Elemente wird ausführlich am Ende dieses Kapitels beschrieben und in einer praktischen Übung ausprobiert.

Funktionenbox

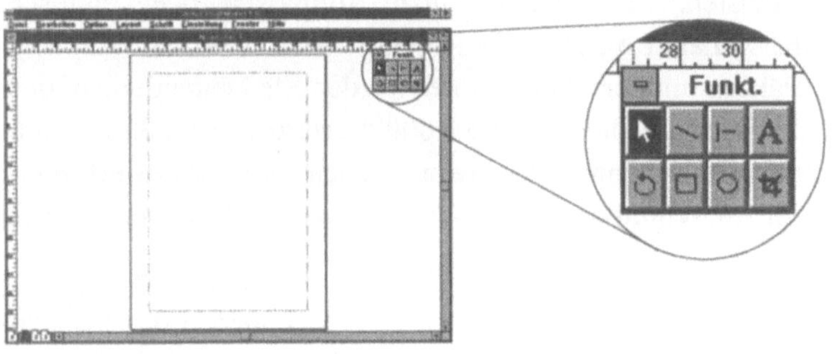

Abbildung 2.13.: Funktionenbox im Dokumentfenster von PageMaker

Wichtige Bestandteile eines Dokumentfensters sind die Lineale unterhalb der Titelleiste und am linken Monitorrand. Diese beiden Lineale sind für die Text- und Bildmontage bedeutungsvoll und sollten deshalb - schon fast zwingend - eingeblendet sein. Sind sie gegenwärtig auf dem Bildschirm nicht zu sehen, werden sie mit der Funktion *Lineale und Hilfslinien* im Pull-down-Menü *Layout* oder mit Strg R eingeblendet. Die gleiche Funktion wird auch zum Ausblenden dieser Elemente benutzt.

Lineale

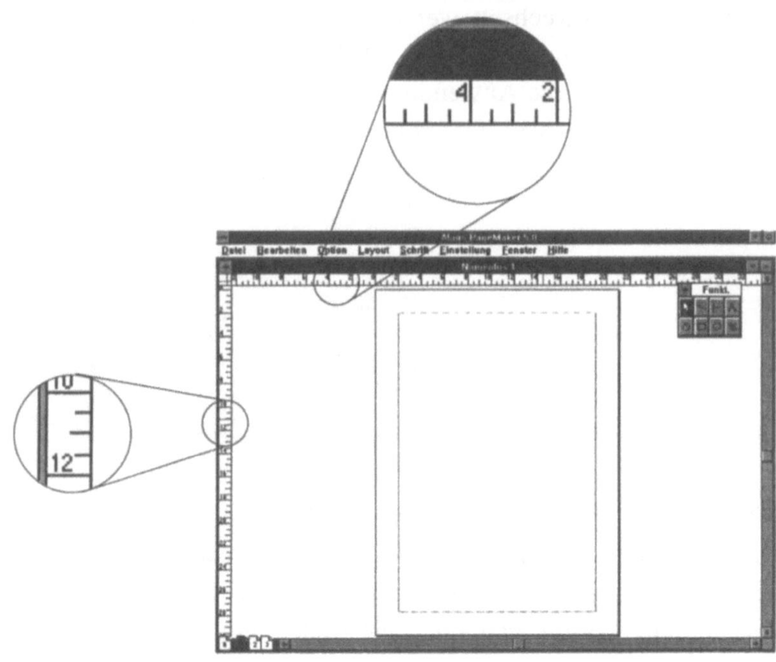

Abbildung 2.14.:
Horizontales und
vertikales Lineal
im Dokument-
fenster von
PageMaker

Bildlaufleisten   Den Linealen jeweils gegenüber angeordnet befinden sich die
Bildlaufleisten, die mitunter auch Rollbalken oder englisch
Scrollbar genannt werden. Sie dienen, wie unter Windows üblich,
dem Blättern mit der Maus. Später werden Sie kennenlernen, daß
sich die Arbeitsfläche um bis zu 800 % vergrößern läßt, um präzise arbeiten zu können. In einem solchen Fall wird es erforderlich, den Ausschnitt der Arbeits- oder Montagefläche verschieben
zu können.

Aber auch in der Normalgröße ist das Verschieben des Fenster-
ausschnitts möglich, weil die Montagefläche viel größer ist, als
das Fenster anzeigen kann. Um den vollen Umfang der Montagefläche zu sehen, läßt sich das Monitorbild mit der Funktion *Ansicht - Montagefläche* im Menü *Layout* verkleinern. Das Zurückschalten auf die Normalgröße erfolgt im gleichen Menü mit der
Funktion *Ansicht - Ganze Seite* oder mit der Tastenkombination
Strg W.

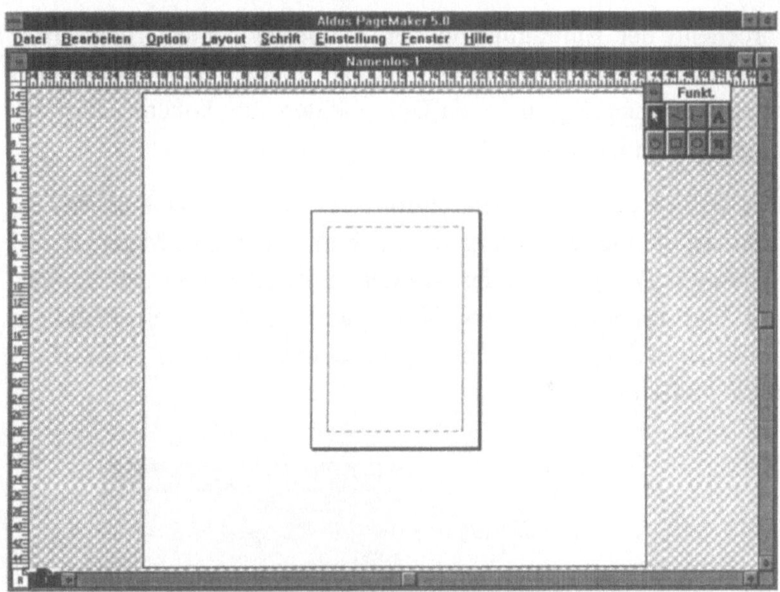

Abbildung 2.15.: Bildschirmdarstellung mit vollständig angezeigter Montagefläche

Rechts neben der Titelleiste des Dokumentfensters befinden sich zwei Schaltflächen, die ebenfalls von Windows her bekannt sind. Jedes Fenster verfügt über diese Schaltflächen, die auch stets die gleichen Funktionen erfüllen.

Symbol- und Vollbildbox

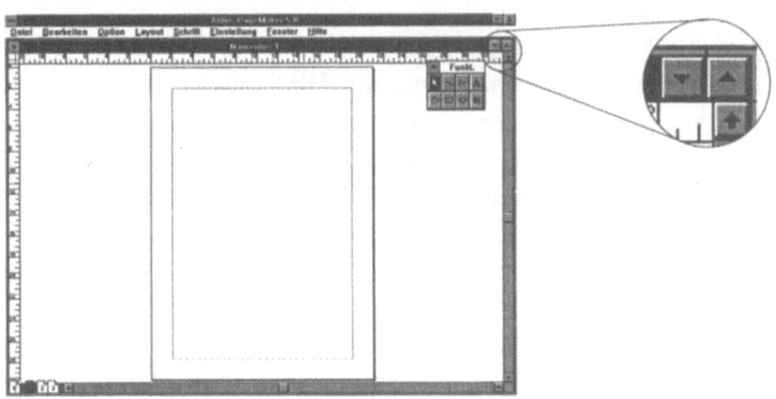

Abbildung 2.16.: Symbol- und Vollbildbox eines Dokumentfensters

Wird die linke dieser beiden Schaltflächen angeklickt (▼), wird das Dokumentfenster auf Symbolgröße verkleinert. Das Dokumentsymbol wird mit dem jeweiligen Dateinamen unterschrieben, damit eine spätere Identifizierung möglich ist. Sollte es noch keinen Dateinamen geben, wird der Begriff »Namenlos-1« ent-

sprechend der Eintragung in der Titelleiste benutzt. Die Ziffer »1« stellt lediglich eine laufende Numerierung dar, so daß je nach Anzahl der angelegten neuen Dokumenten eine höhere Ziffer angegeben sein kann.

Das Öffnen eines auf Symbolgröße verkleinerten Dokuments erfolgt auf die gleiche Weise, wie auch im Programm-Manager von Windows Symbole aktiviert werden. Entweder wird ein Doppelklick auf das gewünschte Symbol angewendet, oder es erfolgt ein einfacher Klick, gefolgt vom Anklicken des Befehls *Wiederherstellen* oder *Vollbild*.

Abbildung 2.17.: Methoden zum Öffnen eines auf Symbol verkleinerten Dokumentfensters

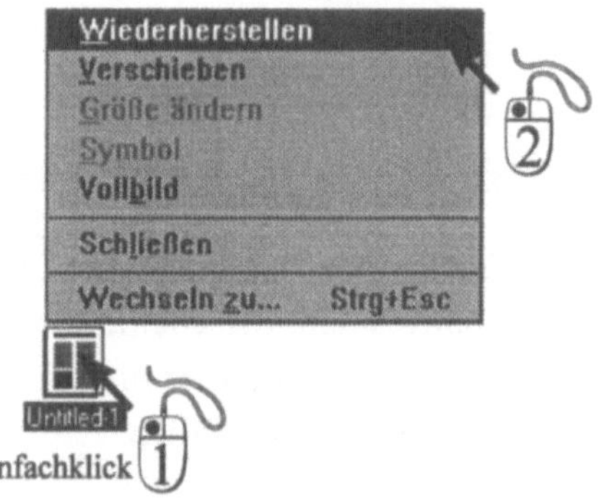

Vollbild

Wird die Funktion *Vollbild* gewählt, wird das Dokumentfenster etwas größer als normal dargestellt. Hier entwickelt PageMaker allerdings gegenüber der sonst unter Windows üblichen Arbeitsweise gewissermaßen ein Eigenleben. Normalerweise wird ein auf Vollbild geschaltetes Dokumentfenster auf volle Monitorgröße gebracht, so daß sich Programm- und Dokumentfenster überlagern. Das führt dazu, daß beide Titelleisten zu einer Einheit verschmelzen. Bei PageMaker bleibt das Dokumentfenster hingegen etwas kleiner als das Programmfenster. Dadurch behält das Dokumentfenster seine eigene Titelleiste.

Soll ein normalgroßes Fenster auf Vollbild geschaltet werden, ist die Schaltfläche ganz rechts neben der Titelleiste (▲) anzuklicken. Sobald das Fenster im Vollbildmodus aufgebaut ist, verändert sich diese Schaltfläche. Anstelle eines nach oben zeigenden Dreiecks befinden sich jetzt zwei Symbole in der Schaltfläche, die jeweils in die Gegenrichtung zeigen (◆). Nochmaliges Anklicken dieser Schaltfläche bewirkt ein Wiederherstellen der ursprünglichen Fenstergröße.

Ähnlich wie bei einem Programmfenster verfügt auch ein Dokumentfenster über eine System- oder Schließbox, die sich links neben der Titelleiste befindet. Ein Doppelklick auf diese Schaltfläche bewirkt das Schließen des betreffenden Dokumentfensters. Sollte das Dokument ungespeicherte Änderungen enthalten, wird PageMaker zuvor eine Sicherheitsabfrage ausgeben, die wunschgemäß zu beantworten ist. Wird die Systembox nur einmal angeklickt, öffnet sich ein Menü, in dem außer dem Befehl *Schließen* noch weitere Funktionen zur globalen Bearbeitung des Fensters enthalten sind, unter anderen der Befehl *Symbol*, der das Fenster ebenfalls auf Symbolgröße verkleinert. Bei den Funktionen in diesem Menü handelt es sich nicht um spezielle PageMaker-Befehle, so daß auf weitere Erklärungen an dieser Stelle verzichtet wird. Schlagen Sie bitte in Ihrem Windows-Handbuch nach, um weitere Informationen zu diesem Thema zu erhalten.

System- oder
Schließbox

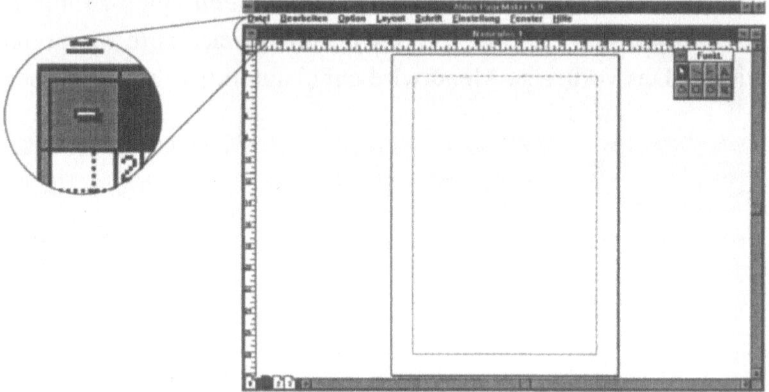

Abbildung 2.18.:
System- oder
Schließbox eines
Fensters

Damit sind alle Bedienungselemente erklärt, so daß die Arbeit mit PageMaker beginnen kann. Zunächst werden Sie einige grundlegende Funktionen kennenlernen, wie zum Beispiel das Speichern und Schließen von Dokumenten.

2.5 Handhabung der Menüs und Dialogfelder

Menüs

Die Menüleiste am oberen Monitorrand enthält einige Hauptbegriffe, denen weitere Funktionen untergeordnet sind. Für die Auswahl eines dieser Menüs bietet PageMaker, respektive Windows, verschiedene Möglichkeiten. Die einfachste und schnellste Methode ist das Anklicken einer Option mit der linken Maustaste.

Für die Tastaturbedienung ist jeweils eine Taste für den Aufruf eines Menüs vorgesehen, die in Kombination mit ⟨Alt⟩ zu drücken ist. Welches alphanumerische Zeichen jeweils das richtige ist, geht aus der Menüleiste selber hervor. Jeder Eintrag enthält ein unterstrichenes Zeichen. Beim Menü *Datei* ist es beispielsweise das Zeichen »D«. Der Aufruf erfolgt also mit der Tastenkombination ⟨Alt⟩⟨D⟩.

Die Taste ⟨Alt⟩ darf auch allein gedrückt werden, um lediglich in die Befehlsebene des Programms zu gelangen. Der erste Eintrag in der Menüleiste ist dann markiert. Mit der Cursorsteuerung läßt sich die Markierung auf das gewünschte Menü bewegen und dieses mit ⟨↵⟩ öffnen. Auch bei geöffnetem Menü läßt sich mit den Richtungstasten ⟨→⟩ oder ⟨←⟩ das jeweils benachbarte Menü aktivieren. Das vorherige Menü wird dabei automatisch geschlossen.

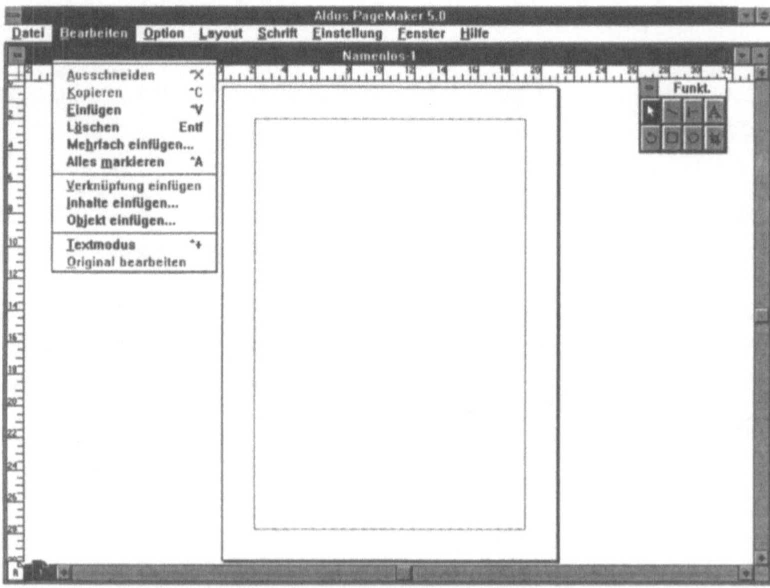

Nach der Auswahl eines Menüpunktes, egal auf welche Weise, wird ein sogenanntes Pull-down-Menü geöffnet, das weitere Funktionen zu dem gewählten Oberbegriff enthält. Die Auswahlmöglichkeiten einer dieser Optionen entspricht der bereits beschriebenen Vorgehensweisen. Der einzige Unterschied ist bei der Bewegung des Markierungsbalkens zu suchen. Während in der Menüleiste lediglich eine horizontale Bewegung mit den Richtungstasten ⮕ oder ⬅ möglich ist, wird in einem Pull-down-Menü die Markierung mit den Tasten ⬆ oder ⬇ vertikal verschoben.

Einige Einträge in den Pull-down-Menüs sind abgeblendet und lassen sich dadurch nicht aufrufen. Welche das sind, ist von dem jeweiligen Betriebsszustand abhängig. PageMaker entscheidet, ob bestimmte Funktionen beim Aufruf eines Menüs ausführbar sind und blendet nur diese ein. Wird zum Beispiel unmittelbar nach dem Programmstart das Menü *Datei* geöffnet, sind die Funktionen zum Speichern eines Dokuments abgeblendet, weil gegenwärtig noch kein Dokument existiert, das gespeichert werden kann.

Funktionen, die häufig benötigt werden, lassen sich auch unabhängig vom Menü mittels Schnelltasten aufrufen. In den Pull-down-Menüs sind die entsprechenden Tasten neben den betreffenden Optionen als Information eingetragen. Vor den Zeichen steht jeweils ein Dehnungszeichen (^) als Symbol für die [Strg] - Taste. Das bedeutet, die Schnelltasten sind in Kombination mit [Strg] anzuwenden. Das Beenden des Programms ließe sich also mit der Tastenkombination [Strg][Q] erzielen, wobei der Buchstabe »Q« von dem englischen Begriff »Quitt« abgeleitet ist.

Manche Funktionen in den Pull-down-Menüs haben eine sogenannte Schalterfunktion, d. h. mit ihrer Auswahl wird lediglich ein Zustand hergestellt oder abgestellt. Erkennbar sind diese Optionen im aktiven Zustand durch ein Häkchen (✓) vor dem jeweiligen Eintrag im Pull-down-Menü.

Hinter den meisten Optionen in den Pull-down-Menüs sind drei Punkte eingetragen. Diese Punkte signalisieren, daß nach Aufruf der Befehl nicht unmittelbar ausgeführt, sondern ein Dialogfeld geöffnet wird. In solchen Dialogfeldern lassen sich Einträge vor

Dialogfelder

nehmen und Entscheidungen treffen, die die Ausführung der gewählten Funktion in individuelle Richtungen lenkt.

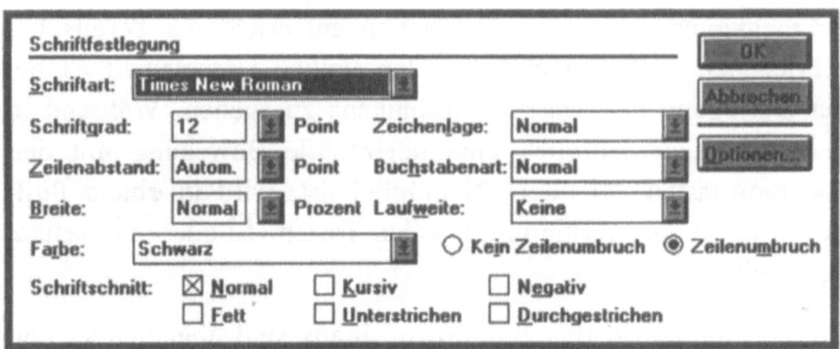

Auch die Optionen in einem Dialogfeld enthalten jeweils ein unterstrichenes Zeichen, das in Verbindung mit der Taste ⎇ die entsprechende Funktion aktiviert. Oftmals kann eine Auswahl auch ohne ⎇, also mit dem unterstrichenen Zeichen allein, erzielt werden. Es ist allerdings besser, sich die Vorgehensweise in Verbindung mit ⎇ anzugewöhnen. In vielen Dialogfeldern gibt es Texteingabefelder, die meistens automatisch nach Einblenden des Dialogfeldes aktiv sind. Wird jetzt eine Taste ohne ⎇ gedrückt, trägt PageMaker dieses Zeichen in das aktive Eingabefeld ein und springt nicht zu der eigentlich gewünschten Option.

Auch in Dialogfeldern ist die Benutzung der Maus die einfachste Methode, um gezielte Auswahlen zu treffen.

Zur Vollständigkeit muß auch die Tabulatortaste ⇆ genannt werden, mit der ebenfalls Bewegungen in einem Dialogfeld möglich sind. Mit jedem Tastendruck wird das jeweils benachbarte Optionsfeld in Schreibrichtung aktiviert. Wird die Tabulatortaste in Verbindung mit der Umschalttaste ⇧ gedrückt, erfolgt ein Rücksprung zum vorherigen Feld.

In Dialogfenstern werden unterschiedliche Feldtypen vorgefunden:

Name: [   ]

Eingabefelder erlauben Einträge über die Tastatur, zum Beispiel beim Speichern die Vergabe eines Dateinamens. Manche Eingabefelder sind so ausgelegt, daß sie ausschließlich die Eingabe von Ziffern akzeptieren.

Öffnen: ⦿ U̲riginal ◯ K̲opie

Optionsfelder sind an runden Schaltern erkennbar, von denen einer einen schwarzen Punkt enthält. Diese Option ist gegenwärtig aktiv. Wird eine alternative Option ausgewählt, wird der Punkt in den entsprechenden Kreis verschoben. Es ist immer nur eine Auswahl möglich.

In wenigen Fällen werden solche Optionen auch als Symbol dargestellt. Eine ausgewählte Option wird dann nicht durch einen schwarzen Punkt kenntlich gemacht, sondern durch invertierte Darstellung des entsprechenden Symbols.

Optionen: ☒ Z̲weiseitig   ☐ D̲oppelseite
     ☐ Neue Seitennu̲merierung

Artverwandt mit Optionsfeldern sind Kontrollfelder, denen anstelle von Kreisen eckige Schalter vorangestellt sind. Diese Optionen sind als Parameter (Befehlszusätze) anzusehen, von denen mehrere gleichzeitig ausgewählt werden dürfen. Aktiv ist ein solcher Parameter, wenn in dem jeweiligen eckigen Feld ein X eingetragen ist.

Wenn es um die Auswahl von Dateien oder Verzeichnissen geht, werden die zur Verfügung stehenden Möglichkeiten meistens in Listenfeldern vorgeschlagen. Nach der Aktivierung eines solchen Feldes läßt sich mit den Richtungstasten ⬇ oder ⬆ ein Markierungsbalken bewegen und somit eine Auswahl treffen. Das einfache Anklicken mit der Maus auf einen Eintrag führt ebenfalls zum Ziel.

Ist die Liste länger als ausgegeben werden kann, verfügen Listenfelder automatisch über einen Rollbalken, der mit der Maus bedient wird. Wurde der gewünschte Eintrag gefunden und mar-

Rechte Randspalte:

Optionsfelder

Kontrollfelder

Verzeichnislisten

kiert, wird dieser meistens in ein verknüpftes Eingabefeld kopiert.

Drop-down-Listen

Eine besondere Form eines Listenfelds stellen Drop-down-Listen (Auswahllisten) dar. Sie bieten ebenfalls eine Vorschlagsliste an, die aber verborgen ist. Mit den Richtungstasten ⬇ oder ⬆ werden der Reihe nach alle Einträge der Liste abgerufen. Die verborgene Liste läßt sich aber auch aufklappen, in dem nach Aktivierung eines solchen Feldes die Tastenkombination ⒜⬇ gedrückt wird. Mit der Maus erfolgt das Aufklappen durch Anklicken des kleinen Pfeiles rechts neben dem Feld. Nochmaliges Anklicken oder Drücken der Tastenkombination ⒜⬆ schließt die Liste wieder. Wird das Dialogfeld anschließend verlassen, ist das vorherige Schließen einer geöffneten Drop-down-Liste nicht erforderlich.

Schaltflächen

Mit Schaltflächen wird die weitere Befehlsbehandlung gesteuert. Jedes Dialogfeld verfügt über die Schaltflächen [OK] für die Ausführung eines Befehls und [Abbrechen] für den ergebnislosen Abbruch des Befehls. [OK] ist gleichbedeutend mit der Taste ⏎ und [Abbrechen] mit ⒠. Einige Dialogfelder verfügen über weitere Schaltflächen, die Funktionen entsprechend ihrer Beschriftung ausführen, zum Beispiel [Hilfe] für den Aufruf der Hilfefunktion.

Befehlsabbruch

Soll eine ausgewählte Funktion doch nicht ausgeführt werden, kann die Befehlsebene jederzeit mit ⒠ verlassen werden. Etwaige Änderungen in Dialogfeldern werden in einem solchen Fall nicht berücksichtigt, sondern der ursprüngliche Zustand beibehalten.

2.6 Speichern eines Dokuments

Der wohl wichtigste Arbeitsschritt im Umgang mit einer Software, der nicht oft genug wiederholt werden kann, ist das Speichern eines Dokuments auf einem dauerhaften Datenträger. Unterbleibt die Datensicherung, befindet sich das Dokument, an dem gerade gearbeitet wird, in der aktuellen Fassung ausschließlich im flüchtigen Arbeitsspeicher (RAM). Ein Stromausfall oder ein Systemabsturz hätte in einem solchen Fall fatale Folgen. Der Arbeitsaufwand von Stunden wird unwiederbringlich verloren sein.

Um Datenverlust zu vermeiden, ist ein Dokument unbedingt auf der Festplatte oder einer Diskette unter einem Dateinamen zu speichern. Im Falle von grafischen Programmen wird in den meisten Fällen die Festplatte der einzige Datenträger sein, der die Dateien aufgrund des Speicherplatzbedarfs aufnehmen kann. Übersteigt eine Dateigröße die Kapazität einer Diskette, muß ein Komprimierprogramm eingesetzt werden, um eine Datensicherung auf Diskette ausführen zu können.

Die Funktionen zum Speichern befinden sich bei PageMaker wie bei allen anderen Windows-Programmen im Pull-down-Menü *Datei*. Dort stehen die allgemein bekannten Funktionen *Speichern* und *Speichern unter...* zur Verfügung.

Wird ein Dokument erstmals gespeichert, ist die Funktion *Speichern unter...* anzuwenden, weil noch kein Dateiname existiert. Die drei Punkte hinter dem Befehlsnamen signalisieren ein Dialogfeld, in dem die Eingabe eines Dateinamens ermöglicht wird. (*Speichern unter* einem noch festzulegenden oder zu ändernden Dateinamen).

Speichern unter...

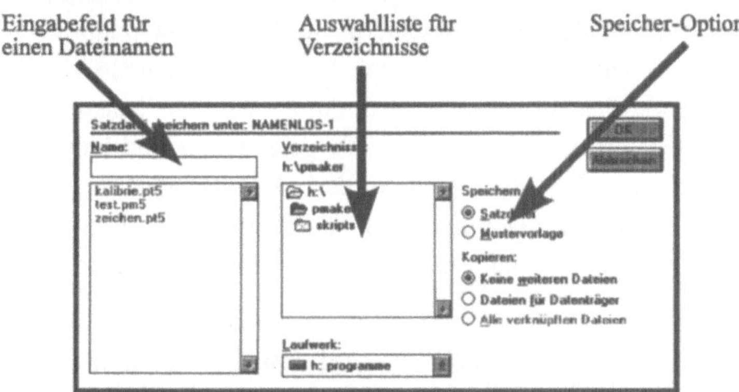

Abbildung 2.21.: Dialogfeld zum Speichern einer neuen Datei

Die Vergabe eines Dateinamens unter Berücksichtigung der üblichen DOS-Konventionen (nicht mehr als acht alphanumerische Zeichen, keine Sonderzeichen) erfolgt im Eingabefeld *Name* des

Dialogfeldes. Die Eingabe der dreistelligen Dateierweiterung darf entfallen. PageMaker fügt in einem solchen Fall die Standard-erweiterung PM5 oder PT5 dem Dateinamen hinzu. Die Schalt-fläche [OK] bleibt bis zur Eintragung eines Dateinamens deaktiv.

Speicherpfad

Rechts neben dem Eingabefeld für den Dateinamen zeigt Page-Maker den gegenwärtig aktuellen Pfad an. Soll in einem abwei-chenden Verzeichnis oder Laufwerk gespeichert werden, kann ein Wechsel der Einstellung über das darunter angeordnete Li-stenfeld erfolgen. Für die Wahl eines anderen Laufwerks steht eine eigene Drop-down-Liste unterhalb der Verzeichnisliste zur Verfügung.

Speichern als Satzdatei oder Mustervorlage

Im Dialogfeld *Speichern unter...* ist neben der Vergabe eines Dateinamens die Entscheidung zu treffen, ob das Dokument als Satzdatei oder als Mustervorlage zu speichern ist. Standardmäßig schlägt PageMaker die Option Satzdatei vor. Hierbei handelt es sich um normale Dokumente, die jederzeit veränderbar sind und unter gleichem Namen zurückgespeichert werden können. Solche Dateien erhalten die Erweiterung PM5.

Dateien, die als Mustervorlagen gespeichert werden, bekommen einen besonderen Status. Der Inhalt solcher Dateien wird als Mu-ster für neue Satzdateien verwendet. Sind zum Beispiel diverse Dokumente mit gleichem Layout vorgesehen, ließe sich die Ar-beit durch Anlegen einer Mustervorlage, die das erforderliche Layout enthält, deutlich erleichtern. Außerdem ist dadurch ge-währleistet, daß nicht versehentlich in den betreffenden Dateien abweichende Gestaltungen vorgenommen werden. Mustervorla-gen werden mit der Erweiterung PT5 gespeichert und beim Öff-nen standardmäßig als Kopie in den Arbeitsspeicher geladen (siehe »Öffnen eines Dokuments«), so daß ein Überschreiben auf dem Datenträger nur dann möglich ist, wenn es ausdrücklich ge-fordert wird.

Kopieren

Drei Optionen unter dem Oberbegriff *Kopieren* steuern die Be-handlung verknüpfter Dateien. Da in einem PageMaker-Doku-ment Texte und Bilder montiert werden, die meistens mit anderer Software angelegt wurden, wird es diverse Quelldateien geben, auf die PageMaker beim Ausdruck eventuell zurückgreifen muß. Solange diese Dateien im gleichen Verzeichnis gespeichert sind, wie das PageMaker-Dokument, gibt es keine Probleme. Anders sieht es aus, wenn das PageMaker-Dokument und die Quelldateien in unterschiedlichen Verzeichnissen oder Laufwerken gespeichert sind.

Keine weiteren Dateien

> ist die Standardeinstellung. Es wird ausschließlich die aktuelle PageMaker-Datei gespeichert. Quelldateien bleiben in ihrem eigenen Verzeichnis zurück.

Dateien für Datenträger

> speichert automatisch alle Quelldateien, die PageMaker beim späteren Ausdruck benötigt, im Verzeichnis der PageMaker-Datei mit ab. Das bedeutet, die betreffenden Dateien werden kopiert, was natürlich ausreichend Speicherkapazität im Zielverzeichnis voraussetzt. Ist dies nicht der Fall, wird es zu einer Fehlermeldung kommen.

Alle verknüpften Dateien

> heißt, daß beim Speichern der PageMaker-Datei in einem abweichenden Verzeichnis alle mit der aktuellen Datei verbundenen Dokumente kopiert werden. Gemeint sind Dokumente, die mit der Funktion *Buch* verbunden sind. Diese Funktion wird im Kapitel »Leichter Umgang mit langen Publikationen« ausführlich erklärt.

Wurde ein Dokument schon einmal gespeichert und soll beim erneuten Speichern der Dateiname beibehalten und auch das Verzeichnis nicht gewechselt werden, darf die Funktion *Speichern* angewendet werden. Die aktuelle Datei wird dann unter gleichem Namen im gleichen Verzeichnis erneut gespeichert, so daß auch die bis zu diesem Zeitpunkt durchgeführten Änderungen erhalten bleiben. Der Aufruf dieser Funktion kann auch mit dem Tastenschlüssel [Strg] [S] erfolgen.

Speichern

Wird diese Funktion bei einem neuen Dokument versehentlich angewendet, führt PageMaker automatisch die Funktion *Speichern unter...* aus.

Speicherverfahren

Für den eigentlichen Speichervorgang bietet PageMaker zwei unterschiedliche Verfahren an, die im Dialogfeld *Vorgaben wählen...* (Menü *Datei*) eingestellt werden.

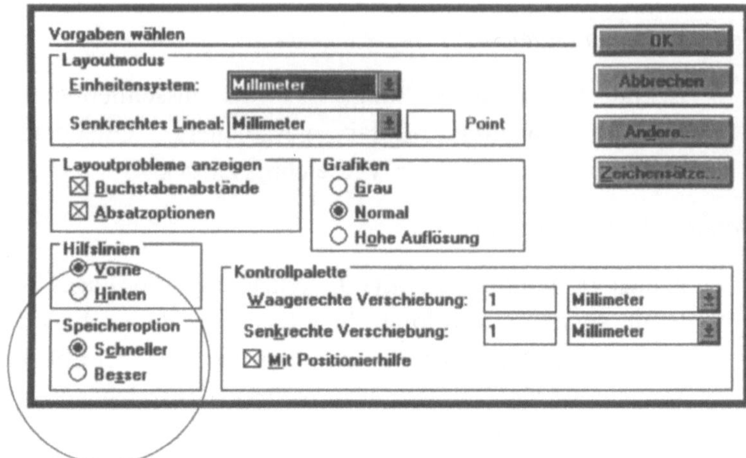

Abbildung 2.22.: Dialogfeld zum Einstellen von globalen Vorgaben

Speicheroption Schneller

In der Optionsgruppe *Speicheroption* kann zwischen den Optionen *Schneller* und *Besser* ausgewählt werden. Aus Gründen der Speichergeschwindigkeit ist es zu empfehlen, die Standardoption *Schneller* beizubehalten. Beim wiederholten Speichern wird die Datei auf dem Datenträger nicht überschrieben, sondern es werden lediglich die seit der letzten Speicherung ausgeführten Änderungen hinzugefügt. Der Speichervorgang vollzieht sich dadurch schneller, was sich namentlich bei komplexen Dateien auswirkt.

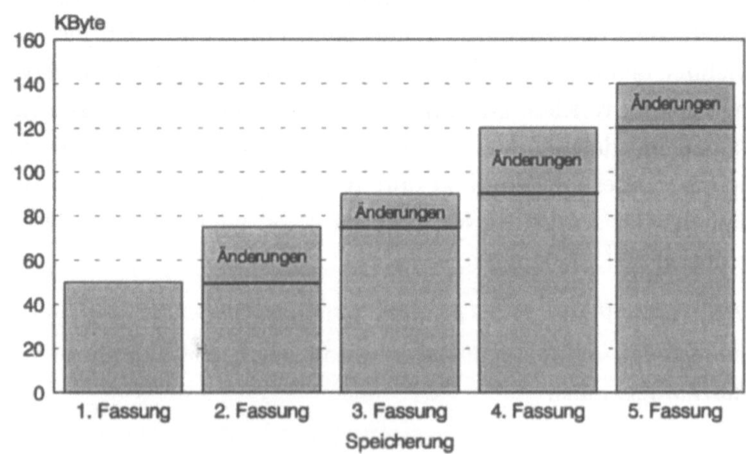

Abbildung 2.23.: Grafische Darstellung des Speicherverfahrens »Schneller«

Allerdings hat dieses Verfahren auch einen kleinen Nachteil. Das Dokument belegt unnötig viel Speicherplatz, weil nicht berücksichtigt wird, daß viele Änderungen ältere Fassungen aufheben. Um bei diesem Verfahren nicht unnötig viel Speicherkapazität zu verschenken, sollte es zur Gewohnheit werden, ein fertiges Dokument abschließend noch einmal mit der Funktion *Speichern unter...* zu speichern. Der existierende Dateiname wird im Dialogfeld vorgeschlagen und kann durch Drücken der Taste ⏎ oder durch Anklicken der Schaltfläche [OK] bestätigt werden. Die Datei wird jetzt in der letzten Fassung völlig neu gespeichert und überschreibt die bereits gespeicherte Version. Dadurch wird das Dokument in bezug auf Speicherplatzbelegung kleiner, in manchen Fällen sogar deutlich kleiner.

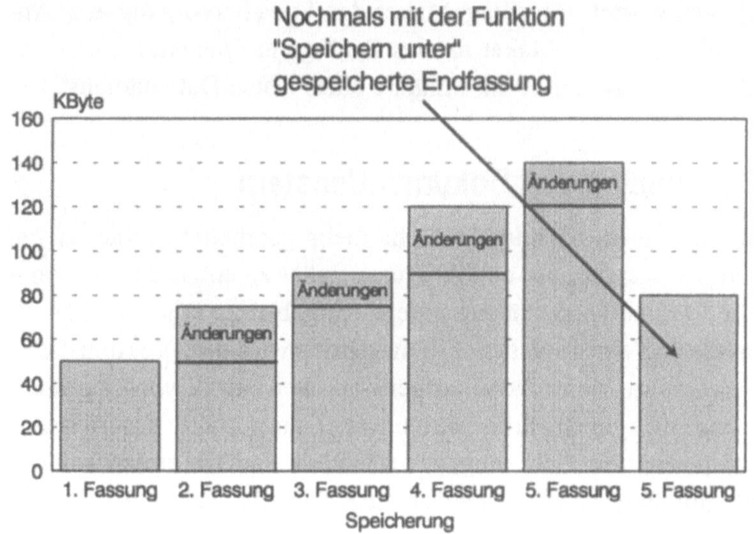

Abbildung 2.24.: Speicherverfahren "Schneller" mit Gegenüberstellung der letzten mit der Funktion »Speichern unter« gespeicherten Fassung

Die alternative Speicheroption *Besser* überschreibt bei wiederholten Speichervorgängen die jeweils ältere Fassung der betreffenden Datei. Dadurch wird das alleinige Hinzufügen der Änderungen verhindert, was den Speicherbedarf ständig auf dem absoluten Minimum hält. Das Speichern dauert dadurch zwar länger, kann aber den Vorteil haben, daß es bei nahezu erschöpfter Plattenkapazität zu keinen oder weniger Schwierigkeiten kommt.

Speicheroption Besser

Wird die Funktion *Speichern unter* angewendet und ein bereits existierender Dateiname bewußt oder versehentlich vergeben, gibt PageMaker vor dem Überschreiben der betreffenden Datei eine Sicherheitsabfrage aus, die auf diese Situation aufmerksam macht.

Abbildung 2.25.:
Sicherheits-
abfrage beim
Speichern unter
einem bereits
existierenden
Dateinamens

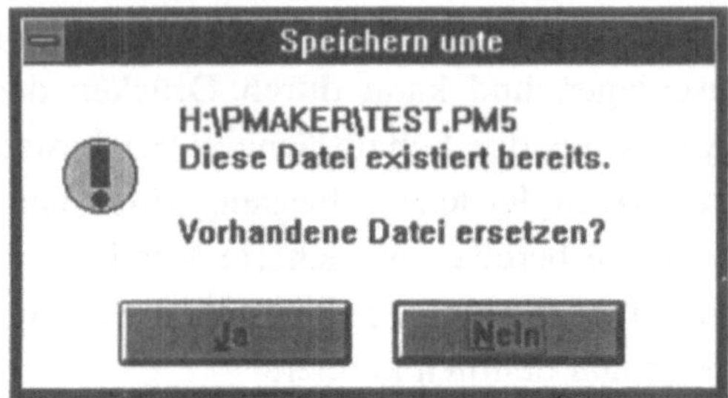

Wird diese Sicherheitsabfrage durch Anklicken der Schaltfläche [Ja] beantwortet, führt PageMaker den Speichervorgang aus. Andernfalls gibt PageMaker an das Dialogfeld *Speichern unter* zurück und erwartet dort die Eingabe eines neuen Dateinamens.

2.7 Schließen von Dokumentfenstern

Wird an einem Dokument nicht mehr gearbeitet, sollte es geschlossen werden, um den Arbeitsspeicher zu entlasten und somit mehr Speicherkapazität für andere Aufgaben zu erhalten. Für die Ausführung eines solchen Arbeitsschritts wird die Funktion *Datei Schließen* im Menü *Datei* aufgerufen. Der Befehl wird unmittelbar auf die gegenwärtig aktive Datei ausgeführt, sofern keine ungespeicherten Änderungen vorhanden sind. In einem solchen Fall gibt PageMaker zunächst eine Sicherheitsabfrage aus, die wunschgemäß zu beantworten ist.

Abbildung 2.26.:
Sicherheits-
abfrage vor dem
Schließen einer
ungespeicherten
Datei

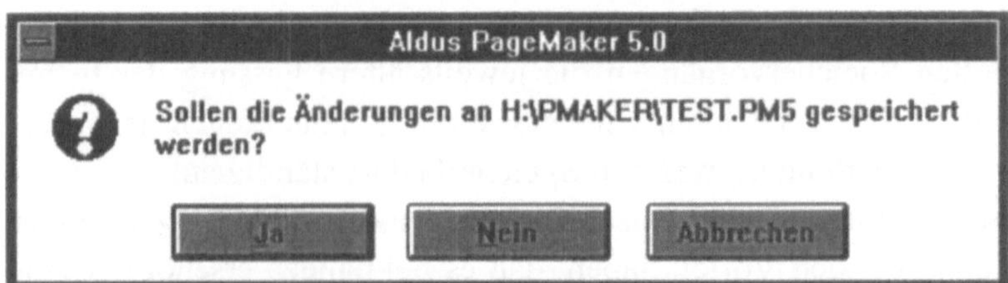

Erst nach einer positiven [Ja] oder negativen [Nein] Entscheidung wird der Befehl ausgeführt, wobei das Anklicken der Schaltfläche [Ja] ein automatisches Ausführen der Funktion *Speichern* oder *Speichern unter* auslöst. Wird die Schaltfläche [Abbrechen] angeklickt, bricht PageMaker die aufgerufene Funktion ab, so daß die betreffende Datei im Arbeitsspeicher verbleibt und als Fenster weiterhin zur Verfügung steht.

2.8 Öffnen von Dokumenten

Zum Öffnen eines auf einem Datenträger gespeicherten Dokuments wird die Funktion *Datei öffnen...* im Pull-down-Menü *Datei* aufgerufen oder der Tastenschlüssel ⌨Strg⌨O⌨ (Open) angewendet. Im anschließenden Dialogfeld wird der Name der zu öffnenden Datei entweder im Eingabefeld *Name* über die Tastatur eingetragen, oder die Datei wird im verknüpften Listenfeld ausgewählt.

Öffnen von Satzdateien

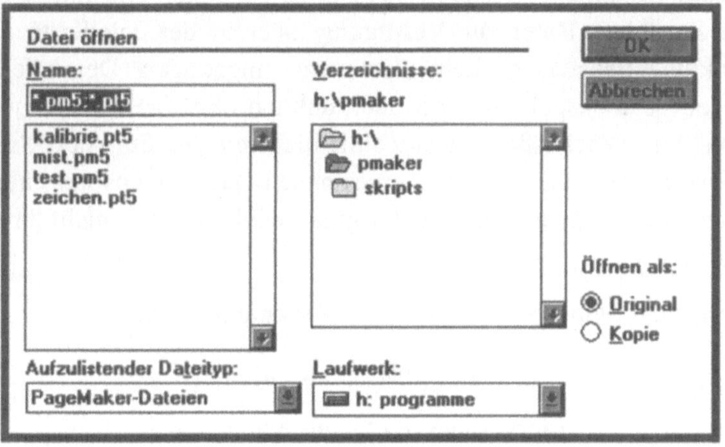

Abbildung 2.27.: Dialogfeld zur Auswahl einer zu öffnenden Datei

Im letzteren Fall führen verschiedene Methoden zum Ziel. Ein Doppelklick auf einen Dateinamen öffnet die ausgewählte Datei, ohne zusätzlich die Schaltfläche [OK] anklicken zu müssen. Ein einfaches Anklicken bewirkt hingegen, daß der betreffende Dateiname lediglich in das verknüpfte Eingabefeld übertragen wird. Zur Ausführung der Funktion muß die Schaltfläche [OK] angeklickt werden, die solange abgeblendet bleibt, bis durch Auswahl oder Eintrag ein Dateiname im Eingabefeld *Name* enthalten ist.

Wer über die Tastatur vorgehen möchte, muß zunächst mit der Tabulatortaste ⭾ in das Listenfeld der Dateinamen wechseln und anschließend mit den Richtungstasten ⬇ oder ⬆ einen Markierungsbalken auf den gewünschten Eintrag bewegen. Dort angekommen wird das Öffnen der ausgewählten Datei durch Drücken der Taste ⏎ ausgeführt.

Öffnen als
Original oder als
Kopie

Optional stehen die Möglichkeiten offen, die ausgewählte Datei als Original oder als Kopie zu öffnen. Wird die Option *Original* gewählt, öffnet PageMaker das Dokument unter seinem Dateinamen und erlaubt das Zurückspeichern unter gleichen Namen im gleichen Verzeichnis, also mit der Funktion *Speichern*.

Wird ein Dokument als *Kopie* geöffnet, legt PageMaker ein neues Dokument an und kopiert den Inhalt der ausgewählten Datei in dieses Dokument. Dadurch steht zwar der komplette Inhalt der ausgewählten Datei zur Verfügung, aber in der Titelleiste des Dokumentfensters ist kein Dateiname eingetragen. Demzufolge ist ein Zurückspeichern mit der Funktion *Speichern* nicht möglich. Die Datei läßt sich ausschließlich mit der Funktion *Speichern unter...* nach Vergabe eines neuen Dateinamens auf einem Datenträger speichern. Das Original wird dadurch nicht überschrieben.

Folgender Standard wird von PageMaker angeboten:

Satzdatei (PM5): als Original

Mustervorlage (PT5): als Kopie

Kompatibilität

PageMaker 5.0 ist zu 100 % mit der älteren Version 4.0 kompatibel. Versionsumsteiger können also mit Dokumenten weiterarbeiten, die mit PageMaker 4.0 erstellt wurden, ohne Daten- oder Gestaltungsverluste in Kauf nehmen zu müssen. Das Öffnen einer älteren Datei unterscheidet sich kaum vom Öffnen eines mit PageMaker 5.0 angelegten Dokuments. Im Dialogfeld wird lediglich im Eingabefeld *Name* die Vorgabe »*.PM5;*.PT5« gegen den Eintrage »*.PM4;*.PT4« ersetzt. Dies können Sie manuell ausführen oder aber durch Auswahl der Option *Ältere Page-Maker-Dateien* in der Drop-down-Liste *Aufzulistender Dateityp.* Nach Bestätigung dieser Änderung durch Drücken der Taste ⏎ oder durch Anklicken der Schaltfläche [OK] werden in der Auswahlliste ausschließlich die Dateien angezeigt, die von der Vorgängerversion von PageMaker stammen. Die weitere Vorgehensweise entspricht dem normalen Öffnen von Dateien. Eine kleine Besonderheit ist aber noch zu erwähnen. Eine Datei, die mit PageMaker 4.0 erstellt wurde, läßt sich ausschließlich als Kopie öffnen. Die betreffende Datei wird während des Öffnens in das neue Format konvertiert und kann nur mit der Funktion *Speichern unter* erneut zurückgespeichert werden.

Dateien, die mit PageMaker 5.0 angelegt werden, lassen sich nicht mit der älteren Version weiterbearbeiten. Eine Konvertierungsmöglichkeit von der Version 5.0 auf 4.0 ist nicht vorgesehen, was aufgrund vieler neuer Funktionen auch zu Konfliktsituationen führen würde.

2.9 Umgang mit mehreren Dokumentfenstern

Anders als bei älteren PageMaker-Versionen können jetzt mehrere Dokumente gleichzeitig im Arbeitsspeicher verwaltet werden. Dadurch wird es möglich, auf bequeme Weise an mehreren Dokumenten parallel zu arbeiten, was bei einer Aufteilung einer langen Publikation in mehrere Dateien durchaus praktikabel ist. Die Anzahl der möglichen offenen Dokumentfenster ist von der Kapazität des Arbeitsspeichers abhängig. Ist die Aufnahmfähigkeit des Speichers erschöpft, gibt PageMaker folgenden Hinweis aus.

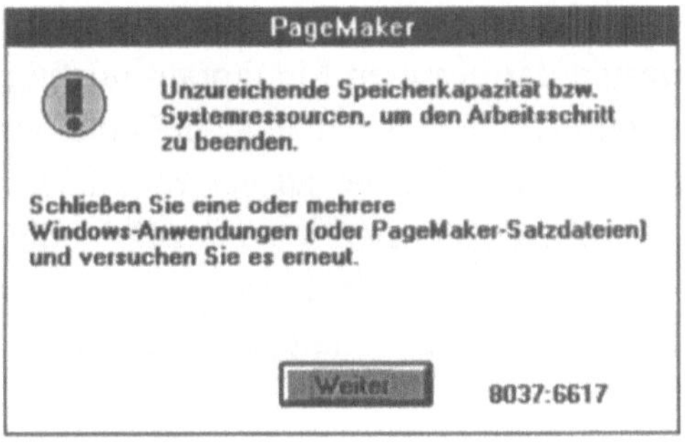

Abbildung 2.28.: Hinweis beim Überschreiten der höchstzulässigen Anzahl Fenster

Übungsbeispiel

Legen Sie sich mit der Funktion *Neue Datei...* im Menü *Datei* vier Dokumente an, damit Sie die folgenden Schritte direkt nachvollziehen können.

Beim Anlegen oder Öffnen diverser Dateien werden die Fenster überlappend angeordnet. Das bedeutet, daß jede einzelne Titelleiste sichtbar bleibt. Das hat den Vorzug, daß durch einfaches Anklicken einer Titelleiste das betreffende Fenster als aktives Arbeitsfenster in den Vordergrund geholt wird. Doch damit ist dieser Vorteil schon wieder verspielt, denn das nach vorne geholte Fenster deckt kleinere Fenster vollständig ab. Das Umschalten in ein anderes Dokumentfenster wird deshalb besser über das Menü *Fenster* ausgeführt.

Abbildung 2.29.: Bildschirmdarstellung bei vier neu angelegten Dateien

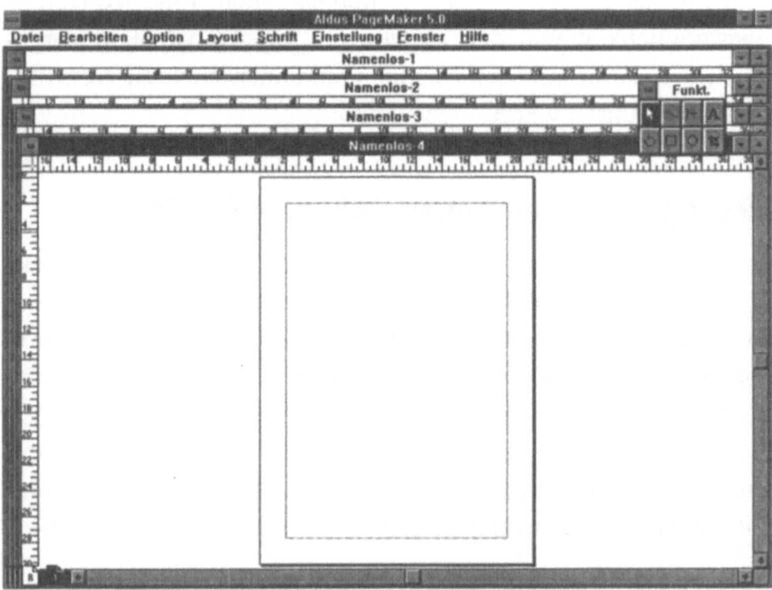

Vollbild

Da die Fenster immer kleiner werden, sollten die Dokumentfenster zu Gunsten der besseren Monitorausnutzung auf Vollbild geschaltet werden. Anders als bei anderen Windowsprogrammen genügt es nicht, nur ein Fenster zu vergrößern. Bei PageMaker müssen alle geöffneten Fenster separat auf Vollbild geschaltet werden. Hierzu wird die dafür vorgesehene Schaltfläche ganz rechts neben der jeweiligen Titelleiste angeklickt. Im Vollbild modus kann ein Wechsel in ein anderes Fenster ebenfalls nur noch über das Menü *Fenster* vorgenommen werden.

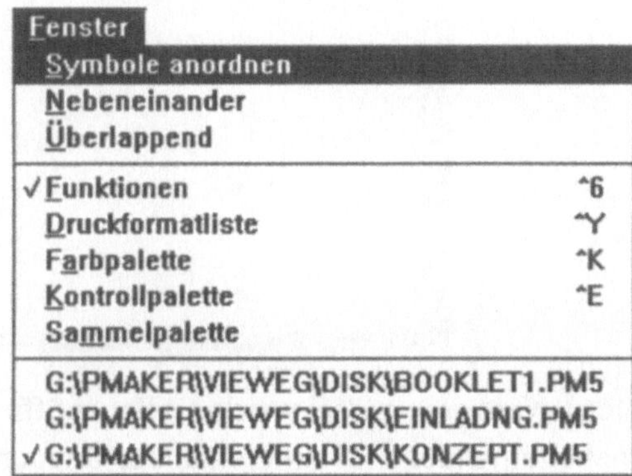

Abbildung 2.30.: Menü Fenster mit einer Liste aller geöffneten Dokumente

Im Menü *Fenster* werden automatisch alle geöffneten Dokumente namentlich verwaltet. Die Dateinamen im unteren Teil des Pull-down-Menüs verfügen über den Status einer Funktion. Das bedeutet, die Namen lassen sich wie normale Befehle auswählen und ausführen. Als Ergebnis bringt PageMaker die ausgewählte Datei als aktives Fenster in den Vordergrund und setzt das bis dahin aktive Dokumentfenster in den Hintergrund.

Fensterwechsel

Abgesehen von der Vollbilddarstellung bietet PageMaker im Menü *Fenster* zwei Varianten für die Anordnung geöffneter Dokumentfenster auf dem Monitor an.

Anordnung der Dokumentfenster

Fenster - Nebeneinander

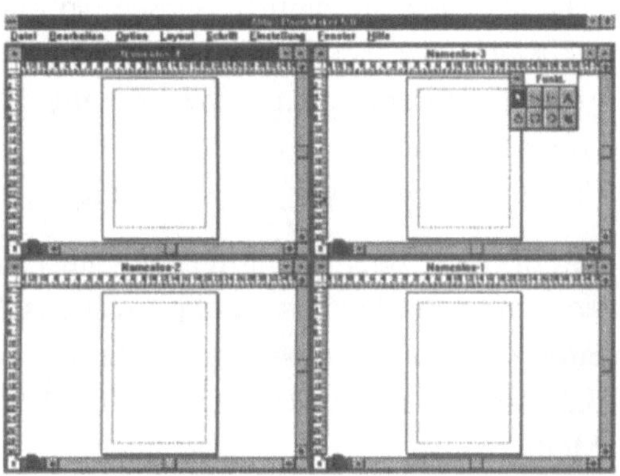

Abbildung 2.31.: Gegenüberstellung der Anordnungsmöglichkeiten von Dokumentfenstern

Fenster -
Überlappend

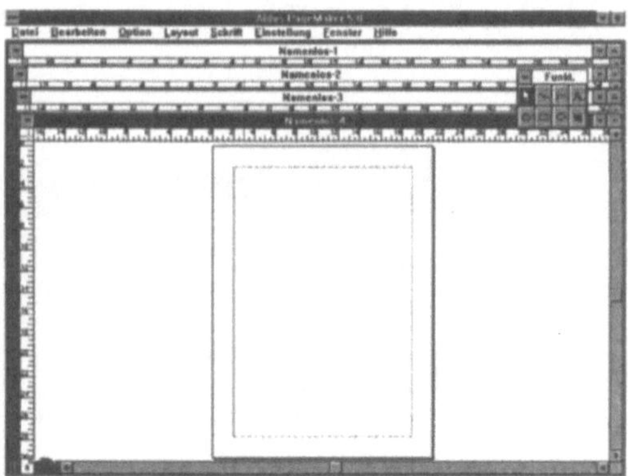

Mit dem Befehl *Nebeneinander* werden alle geöffneten Dokumentfenster nebeneinander und untereinander angeordnet. Jedes Fenster ist natürlich entsprechend klein, so daß ein komfortables Arbeiten kaum noch möglich ist.

Diese Art Darstellung dient deshalb in erster Linie dazu, sich einen Überblick über die geöffneten Dateien zu verschaffen. Die alternative Anordnung *Überlappend* bewirkt ein überlagertes Anordnen der Fenster, so daß nur die Titelleisten der einzelnen Fenster sichtbar bleiben.

2.10 Umgang mit mehreren Programmfenstern

Multitasking

Daß unter Windows mehrere Programmfenster gleichzeitig geöffnet sein können, dürfte wohl bekannt sein. Gerade bei der Arbeit mit einer Software wie PageMaker wird dies mit großer Wahrscheinlichkeit ausgenutzt werden, so daß sich außer PageMaker vielleicht ein Textverarbeitungsprogramm und ein Grafikprogramm während einer Arbeitssitzung im Arbeitsspeicher befinden. Aus diesem Grunde möchte ich kurz auf die Windows-Funktion *Multitasking* eingehen, die hier bedeutungsvoll ist.

Multitasking übernimmt in bezug auf Programmfenster die Funktion des Umschaltens, ähnlich wie das Menü *Fenster* innerhalb eines Programms zwischen Dokumentfenstern umschaltet. Für das Anwenden der Multitasking-Funktion bietet Windows zwei Methoden an.

Wird die Systembox eines Programmfensters angeklickt oder die Tastenkombination ⟨Alt⟩⟨Leer⟩ angewendet, öffnet sich ein Systemmenü, in dem die Funktion *Wechseln zu...* enthalten ist. Diese Funktion bringt das Dialogfeld des Taskmanagers auf den Bildschirm, das eine Liste aller gegenwärtig geöffneten Programmfenster enthält. Demzufolge wird der Inhalt Ihrer Taskliste nicht der folgenden Abbildung entsprechen und von Fall zu Fall unterschiedlich sein.

Taskmanager

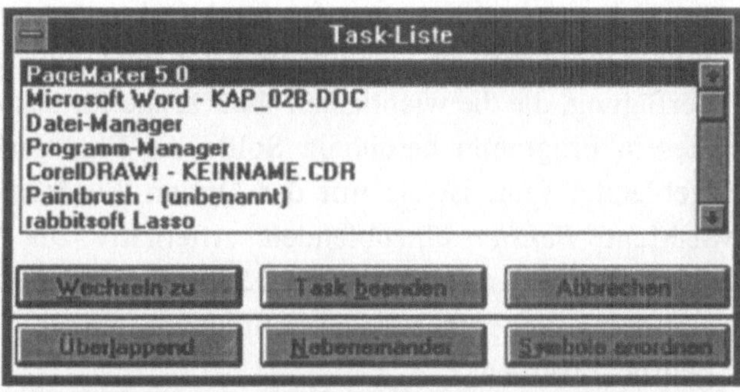

Abbildung 2.32.: Beispiel einer Taskliste von Windows 3.1

Das gegenwärtig aktive Programm wird in der Taskliste an erster Position geführt und ist markiert. Mit den Richtungstasten ⟨↓⟩ und ⟨↑⟩ läßt sich der Markierungsbalken verschieben und somit ein anderes Programm auswählen. Wird die Auswahl durch Drücken der Taste ⟨↵⟩ bestätigt, bringt Windows das ausgewählte Programm in den Vordergrund. Das gleiche Ergebnis wird auch durch einen Doppelklick auf den gewünschten Programmnamen erzielt. Einfaches Anklicken gefolgt vom Anklicken der Schaltfläche [Wechseln zu] kann ebenfalls angewendet werden.

Die zweite Methode des Umschaltens zwischen geöffneten Programmen ist die Anwendung der Tastenkombination ⟨Alt⟩⟨↹⟩. Die Taste ⟨Alt⟩ wird festgehalten, während die Tabulatortaste ⟨↹⟩ mehrmals kurz gedrückt werden kann. Mit jedem Tastendruck (die ⟨Alt⟩ - Taste bleibt festgehalten) wird in der Reihenfolge der Taskliste ein anderes Programm vorgeschlagen.

Schnelles Umschalten

Abbildung 2.33.: Programmvorschlag bei der Anwendung von Multitasking

Wird auch die Taste ⟨Alt⟩ losgelassen, holt Windows das zuletzt vorgeschlagene Programm als aktives Fenster in den Vordergrund, so daß es für eine Bearbeitung zur Verfügung steht. Das bis dahin aktive Programm tritt in den Hintergrund, ohne daß es dadurch zu Datenverlusten kommt.

2.11 Arbeiten mit den Werkzeugen der Funktionenbox

Nachdem eine Datei geöffnet oder ein neues Dokument angelegt wurde, stellt PageMaker im Dokumentfenster eine Funktionenbox zur Verfügung, die die wichtigsten Werkzeuge für das Arbeiten mit diesem Programm bereithält. Sollte die Funktionenbox nicht eingeblendet sein, ist sie mit der Option *Funktionen* im Pull-down-Menü *Fenster* einzublenden. Alternativ zur Menübedienung kann der Tastenschlüssel ⟨Strg⟩⟨6⟩ angewendet werden. Es muß allerdings die Ziffer »6« im Schreibmaschinenblock der Tastatur gedrückt werden.

Funktionenbox verschieben

Die Funktionenbox wird grundsätzlich in der rechten oberen Ecke des Dokumentfenster angelegt. Sollte sie an dieser Position die Arbeit behindern, läßt sie sich auf einfache Weise verschieben. Der Mauszeiger wird in die Titelleiste der Funktionenbox bewegt und dann bei gedrückter linker Maustaste die Box an eine neue Position verschoben.

Abbildung 2.34.: Verschieben der Funktionenbox

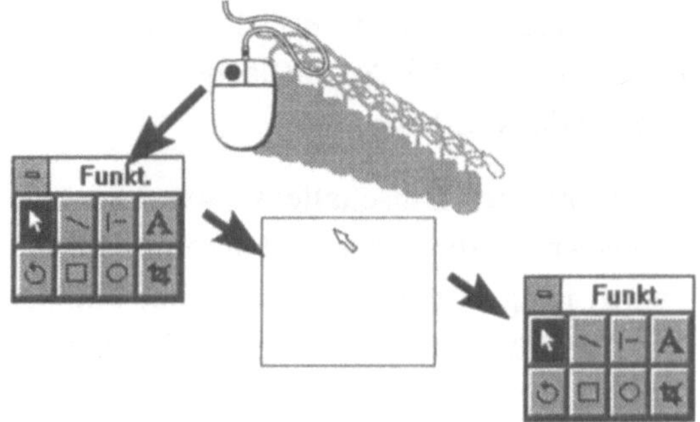

Solange die Maustaste gedrückt bleibt, wird lediglich ein Rahmen auf dem Monitor bewegt. Die Funktionenbox bleibt an ihrer ursprünglichen Position zurück. Nach Loslassen der Maustaste stellt PageMaker die Funktionenbox an die erreichte Position.

Die Funktionenbox enthält acht Werkzeuge, die entweder durch Mausklick oder mit einer Funktionstastenkombination ausgewählt werden können. Das jeweils angeklickte oder durch Tastenkombination ausgewählte Werkzeug ist markiert.

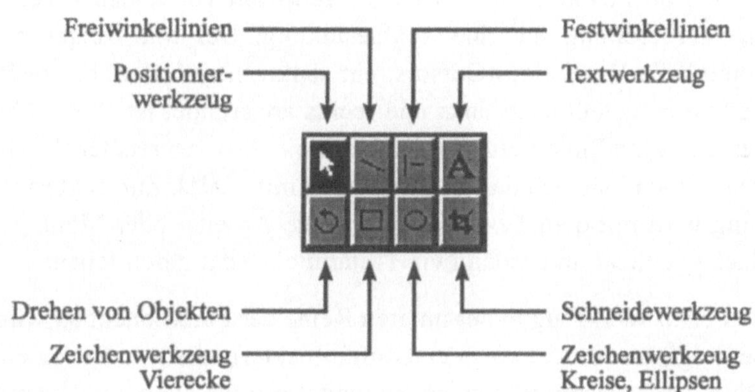

Abbildung 2.35.: Bedeutung der Werkzeuge der Funktionenbox

Das Positionierwerkzeug ist zugleich das wichtigste Werkzeug. Es wird für das Verschieben von Text- und Bildobjekten benötigt, sowie für das Aktivieren einzelner Elemente, um diese bearbeiten zu können. Der Mauszeiger ist ein nach links geneigter Pfeil. Über die Tastatur wird dieses Werkzeug mit der Funktionstaste (F9) ausgewählt. Um ein Objekt mit diesem Werkzeug auf der Arbeits- oder Montagefläche zu verschieben, muß das Element angeklickt und die Maus bei gedrückter linker Maustaste verschoben werden.

Mit dem Werkzeug *Freiwinkellinien* lassen sich gerade Linien in beliebigen Winkeln zeichnen. Der Mauszeiger nimmt die Form eines Kreuzes an. Eine Linie wird gezeichnet, indem bei gedrückter linker Maustaste über die Arbeits- oder Montagefläche gezogen wird. Zur Auswahl über die Tastatur ist die Tastenkombination (⇧)(F2) anzuwenden.

Das Werkzeug *Festwinkellinien* erlaubt ausschließlich das Zeichnen von senkrechten, waagerechten oder 45°-Linien. Vielfach

wird für dieses Werkzeug der Begriff *Orthogonale Linien* (recht-winkelige Linien) benutzt. Der Mauszeiger hat ebenfalls die Form eines Kreuzes. Das Zeichnen einer solchen Linie erfolgt auf die gleiche Weise, wie das Zeichnen von Freiwinkellinien. Die Linien werden dabei nicht exakt an die Mausbewegung angepaßt, sondern in 45°-Ausrichtung gezogen. Ausgewählt wird dieses Werkzeug bei Tastaturbedienung mit ⇧ F3.

Das Textwerkzeug der Funktionenbox erlaubt das Erfassen von Texten im Layoutmodus oder das Markieren vorhandener Texte als Vorbereitung für eine Textgestaltung. Der Mauszeiger bekommt die Form eines Cursors, ein senkrechter Strich, der oben und unten geteilt nach links und rechts abgerundet ist. Auf Höhe der Textgrundlinie befindet sich ein kleiner, waagerechter Strich. Auswählen läßt sich das Textwerkzeug mit ⇧ F4. Zur Texterfassung wird mit dem Textwerkzeug in die Arbeits- oder Montagefläche geklickt und sodann via Tastatur ein Text geschrieben.

Das erste Werkzeug in der unteren Reihe der Funktionenbox wird benötigt, um ein Text- oder Grafikobjekt zu drehen. Bevor ein Objekt mit diesem Werkzeug bearbeitet werden kann, muß es mit dem Positionierwerkzeug angeklickt, also aktiviert sein. Der Mauszeiger bekommt die Form eines kleinen Kreises, von dem acht kurze Linien in 45°-Einteilung ausgehen. Mit diesem Mauszeiger wird innerhalb oder außerhalb des markierten Objekts angeklickt und die linke Maustaste festgehalten. Der Anklickpunkt ist der Drehpunkt. Durch Ziehen der Maus wird das Element beliebig gedreht. Über die Tastatur wird dieses Werkzeug mit der Tastenkombination Strg F5 ausgewählt.

Nach Auswahl der Rechteckfunktion wird der Mauszeiger als Kreuz dargestellt. Zur Auswahl wird die Tastenkombination ⇧ F6 gedrückt. Der Mauszeiger wird zur Startposition geführt und ab dort bei gedrückter linker Maustaste diagonal über den Monitor bis zur Zielposition geführt. Nach Loslassen der Maustaste wird auf der zurückgelegten Strecke ein Rechteck aufgebaut. Halten Sie während des Ziehens mit der Maus die ⇧ - Taste fest, zeichnet PageMaker ein Quadrat.

Die Kreisfunktion ermöglicht das Zeichnen von Kreisen oder Ellipsen. Wie bei allen anderen grafischen Werkzeugen hat auch hier der Mauszeiger die Kreuzform. Zur Auswahl wird die Tastenkombination ⇧F7 angewendet. Wie beim Zeichnen eines Vierecks wird die Maus bei gedrückter linker Maustaste von der Startposition bis zur Zielposition geführt. Erfolgt das Ziehen bei gedrückter ⇧ - Taste, zeichnet PageMaker einen Kreis.

Das letzte Werkzeug wird ausschließlich für die Bildbearbeitung benötigt. Die äußeren Abmessungen eines importierten Bildes lassen sich hiermit verkleinern, ohne dabei das Motiv in seiner Größe zu verändern. Das bedeutet, nicht relevante Bildausschnitte können »abgeschnitten« werden. Der Mauszeiger bekommt nach der Auswahl dieses Werkzeugs eine Form, die dem Symbol auf der Schaltfläche entspricht. Über die Tastatur wird die Schneidefunktion mit ⇧F8 ausgewählt.

2.12 Ändern der Arbeitsfläche

Als letzte Vorbereitung vor dem praktischen Arbeiten sind noch zwei Funktionen zu erklären, die für den Umgang mit der Arbeitsfläche wichtig sind. Gemeint sind Größenveränderungen der Arbeitsfläche und das Verschieben des Monitorausschnitts.

Gewöhnlich läßt sich ein Dokument nur grob montieren und bearbeiten, wenn auf dem Monitor eine vollständige Seite dargestellt wird. Um genauer arbeiten zu können, ist es unumgänglich, Ausschnitte der Seite auf dem Monitor zu vergrößern, um Text- und Bildelemente präzise zu positionieren. Die Funktionen für die Vergrößerungen befinden sich im Pull-down-Menü *Layout* und dort im Untermenü *Ansicht*. Folgende Möglichkeiten stehen zur Verfügung:

Vergrößern und Verkleinern

Ganze Seite:	Strg W	Normalbild
Verkleinerung auf 25 %:	Strg 0	
Verkleinerung auf 50 %:	Strg 5	
Verkleinerung auf 75 %:	Strg 7	
Originalgröße:	Strg 1	
Vergrößerung auf 200 %:	Strg 2	
Vergrößerung auf 400 %:	Strg 4	

Bei der Option *Verkleinerung auf 50 %* handelt es sich genau genommen auch um eine Vergrößerung der Monitordarstellung. PageMaker bezieht sich aber auf die Originalgröße, also die Seitengröße des Ausdrucks.

Bei der Einstellung *Originalgröße* versucht PageMaker, die Seite in tatsächlicher Größe darzustellen. Es ist aber nur eine Annäherung möglich, weil hier eine starke Abhängigkeit zur Art des Monitors die Darstellung beeinflußt.

Die wichtigsten Vergrößerungen lassen sich auch mit der Maus auf bequeme Weise herstellen. Wird die rechte Maustaste gedrückt, vergrößert PageMaker das Monitorbild auf Originalgröße. Als Bildausschnitt wird der Bereich der Seite gezeigt, auf dem sich während des Mausklicks der Mauszeiger befand. Nochmaliges Drücken der rechten Maustaste bewirkt das Zurückschalten auf die Einstellung *Ganze Seite*. Die Vergrößerung auf 200 % wird mit der Kombination ⬆ + rechte Maustaste erreicht. Wird in der Vergrößerung 200 % oder 400 % die rechte Maustaste gedrückt, verkleinert PageMaker die Seitendarstellung auf Originalgröße. Nochmaliges Anklicken der rechten Maustaste schaltet auf die Normalbilddarstellung zurück.

Bis zu 800 % vergrößern

Werden die Tasten Strg und Leer gemeinsam gedrückt und festgehalten, bekommt der Mauszeiger die Form einer Lupe, in der ein Pluszeichen abgebildet ist. Wird mit diesem Mauszeiger ein Seitenbereich bei gedrückter linker Maustaste eingerahmt, vergrößert PageMaker nach Loslassen aller Tasten diesen Bereich auf volle Fenstergröße. Der Vergrößerungsfaktor kann dabei bis zu 800 % betragen.

Bildausschnitt verschieben

Da im vergrößerten Modus nur ein Teil einer Seite gezeigt werden kann, ist eine Funktion zum Verschieben des Monitorbildes erforderlich. Hierfür können natürlich die vertikalen und horizontalen Bildlaufleisten bedient werden, aber bequemer und feinfühliger geht es mit folgender Methode: Bei gedrückter Alt - und linker Maustaste läßt sich der Monitorausschnitt durch die Mausbewegung beliebig verschieben. Der Mauszeiger hat währenddessen die Form einer Hand. Bei dieser Vorgehensweise ist es möglich, den Ausschnitt auch diagonal zu verschieben, was mit den Bildlaufleisten nicht realisierbar ist.

Wichtig ist, daß zuerst die ⟨Alt⟩ - Taste gedrückt und festgehalten wird. In der Praxis ist es häufig zu beobachten, daß bei der Anwendung von Tastenkombinationen nach der *Achtung-Fertig-Los*-Methode vorgegangen wird, d. h. es wird versucht, beide Tasten zeitgleich zu drücken. Das funktioniert nur selten. Meistens wird der Impuls der zweiten Taste um 100stel Sekunden früher zum Computer übertragen und somit ein ungewolltes Ergebnis erzielt.

Deshalb gilt grundsätzlich für alle Tastenkombinationen: Zuerst in aller Ruhe die erste Taste drücken und festhalten. Im zweiten Schritt die zweite Taste kurz drücken und beide wieder loslassen.

Ein weiterer, beliebter Fehler ist der, daß auch die zweite Taste über einen längeren Zeitraum hinweg festgehalten wird. Dadurch tritt die Wiederholfunktion der Tastatur in Kraft, die entsprechend oft die Wirkung der gedrückten zweiten Taste wiederholt.

Beim Verschieben des Monitorausschnitts mit der Tastenkombination ⟨Alt⟩ + linke Maustaste kann die ⟨⇧⟩ - Taste als dritte Taste ebenfalls festgehalten werden, also ⟨Alt⟩⟨⇧⟩ + linke Maustaste. In diesem Fall läßt sich der Monitorausschnitt ausschließlich horizontal oder vertikal bewegen. Die Laufrichtung ist abhängig von der ersten Bewegungsrichtung der Maus.

2.13 Voreinstellungen

Im Rahmen der Seiteneinrichtung wurde bisher vorausgesetzt, daß die Maßeinheit Millimeter und die Seitengröße DIN-A4 standardmäßig angeboten werden. Es könnte aber sein, daß Sie abweichende Vorgaben vorfinden, bzw. mit den Einstellungen nicht zufrieden sind. Um hier individuelle Änderungen vornehmen zu können, müssen zunächst alle Dokumentfenster geschlossen werden. Nur dann lassen sich dauerhafte Änderungen von Voreinstellungen ausführen. Ist diese Maßnahme erledigt, wird das Menü *Datei* geöffnet, in dem jetzt nur drei Befehle eingeblendet sind. Von Bedeutung sind die beiden Funktionen *Vorgaben wählen...* und *Seite einrichten...*

Vorgaben wählen

Die gewünschte Maßeinheit läßt sich im Dialogfeld *Vorgaben wählen* voreinstellen. Im Feld *Layoutmodus* stehen zwei Auswahllisten getrennt für das horizontale und für das vertikale Lineal zur Verfügung. Zur Auswahl stehen neben Millimeter auch die englische Maßeinheit »Zoll«, »Dezimalzoll« sowie »Pica« und »Ciceros«, für die sich ein professioneller Setzer oder Layouter entscheiden wird.

Abbildung 2.36.:
Dialogfeld
Vorgaben wählen

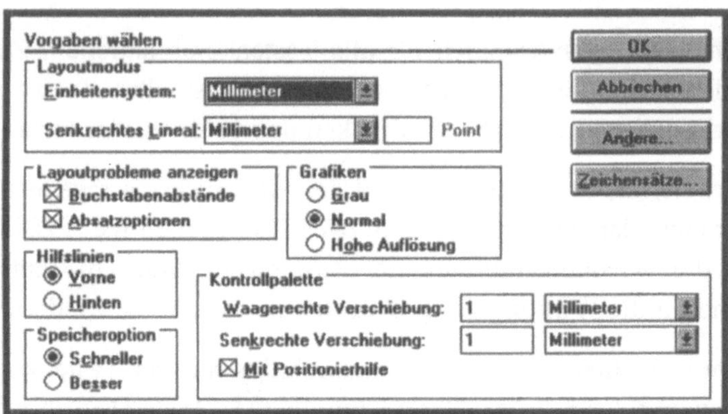

Seite einrichten

Wird die Funktion *Seite einrichten...* im Menü *Datei* ausgewählt, öffnet sich das gleiche Dialogfeld wie unter der Funktion *Neue Datei...* im gleichen Menü.

Abbildung 2.37.:
Dialogfeld *Seite einrichten*

Diesmal werden die Einstellungen jedoch nicht nur für ein Dokument ausschließlich übernommen, sondern pauschal als Vorgabe für alle künftig anzulegenden Dateien. Natürlich lassen sich später immer noch dokumentbezogene Abweichungen vornehmen.

Da Sie die einzelnen Felder in diesem Dialogfeld bereits beim Einrichten einer neuen Datei kennengelernt haben, erübrigen sich nähere Erklärungen an dieser Stelle.

Um den Umgang mit den Werkzeugen der Funktionenbox trainieren zu können, ist im Übungsverzeichnis die Datei TOOL-BOX.PT5 gespeichert.

Übungsbeispiel

- Öffnen Sie die Mustervorlage TOOLBOX.PT5 aus Ihrem Übungsverzeichnis. Akzeptieren Sie den Optionsvorschlag, die Datei als Kopie zu öffnen.
- Um leichter arbeiten zu können, ist eine Vergrößerung auf Originalgröße zu empfehlen.
- Verschieben Sie den Monitorausschnitt so, daß Sie immer eine Aufgabenstellung vollständig sehen können.
- Wählen Sie das jeweilige Symbol in der Funktionenbox, klicken Sie an der Pfeilspitze *Start* an und führen Sie die jeweils beschriebenen Arbeitsschritte aus.

Wenn der praktische Umgang mit den Werkzeugen noch nicht gleich auf Anhieb klappt, ist das kein Grund zum Verzweifeln. Da das Übungsdokument als Kopie geladen wurde, läßt es sich beliebig oft neu öffnen, um den Umgang nochmals zu trainieren. Da die Werkzeuge sehr häufig benötigt werden, wird sich die Routine entsprechend schnell einstellen.

1. Wie wird ein neues Dokument angelegt?

Übungsfragen

2. Wie wird ein gespeichertes Dokument geladen?
3. Wie wird ein Dokument gespeichert, das noch keinen Dateinamen hat?

4. Was verstehen Sie unter einer Satzdatei und einer Mustervorlage?

5. Nennen Sie die wichtigsten Layoutmerkmale, die beim Anlegen eines neuen Dokuments festzulegen sind.

6. Welcher Bereich im Dokumentfenster wird als Arbeitsfläche und welcher als Montagefläche bezeichnet?

7. Auf welche Weise läßt sich die Arbeitsfläche vergrößern, so daß nur ein Ausschnitt der Seite im Dokumentfenster zu sehen ist?

Kapitel 3
Textbearbeitung

3 Textbearbeitung

In PageMaker lassen sich nicht nur mit fremder Software geschriebene Texte importieren, sondern auch direkt Texte erfassen. Kurze Texte lassen sich unmittelbar auf der Arbeitsfläche eingegeben. Für längere Texte steht ein eigener Texteditor zur Verfügung, der eine ebenso komfortable Texterfassung erlaubt, wie es von Textverarbeitungsprogrammen her gewohnt ist. Dabei stehen alle wichtigen Funktionen zur Verfügung, die für eine praxisgerechte Textbearbeitung erwartet werden. Dazu gehören zum Beispiel schnelles Bewegen innerhalb eines Textes, Korrektur mit einer Rechtschreibkontrolle, Textgestaltung, schnelles Auffinden von Textstellen und schnelles Austauschen bestimmter Wörter.

Die Textbearbeitung in einem Programm wie PageMaker ist ein fast unerschöpfliches Thema. Hier geht es nicht nur darum, einen Text zu schreiben und mit einigen Gestaltungsmerkmalen in eine ansprechende Form zu bringen, sondern auch um typografische Belange. Deshalb werde ich im Rahmen dieses Kapitels einige Male einem Schriftsetzer über die Schulter sehen, wobei hier nicht eine Person gemeint ist, sondern der Berufsstand. PageMaker ist ein Programm, mit dem Druckerzeugnisse hergestellt werden. Und genau hier gilt es, in bezug auf den Schriftsatz einige ästhetische Regeln zu beachten, um ein professionell aussehendes Schriftstück zu erhalten. In diesem Zusammenhang ist es wichtig, etwas über Schriftenlehre zu erfahren, der Typografie, wie es in der Fachwelt heißt. Ohne Kenntnisse auf diesem Gebiet ist es kaum oder nur schwer möglich, Schriftstücke herzustellen, die zwei wichtige Kriterien erfüllen. Einerseits sollen Publikationen schön aussehen und andererseits das Lesen ohne Anstrengungen ermöglichen. Beides steht in enger Beziehung und ist stark vom persönlichen Geschmack des Einzelnen abhängig. Da stellt sich die Frage, ob Ästhetik im typografischen Bereich überhaupt erlernbar ist. Die Antwort heißt eindeutig Ja, denn Typografen stellen ihre jahrzehntelange Erfahrung zur Verfügung. Aus dieser Erfahrung lassen sich zwar keine zwingenden Lehrsätze ableiten, aber immerhin lohnende Anregungen und Empfehlungen.

Was die Arbeit mit PageMaker anbelangt, werden Sie in diesem Kapitel sehen, wie mit kurzen und langen Texten umgegangen wird und welche Bearbeitungsmöglichkeiten im Texteditor und im Layoutmodus genutzt werden können. Am Ende dieses Kapitels können Sie nicht nur mit Texten aller Art in PageMaker umgehen, sondern kennen darüber hinaus auch ästhetische Grundregeln der Typografie, so daß Sie in der Lage sind, anspruchsvoll gestaltete Texte mit PageMaker zu publizieren.

3.1 Desktop Publishing

Zunächst möchte ich auf den Begriff Desktop Publishing (DTP) eingehen, von dem heutzutage immer mehr gesprochen wird. Gerade im Zusammenhang mit PageMaker ist der Begriff DTP mittlerweile zu einem Schlagwort geworden. »Desktop Publishing« heißt wörtlich übersetzt »Schreibtisch Herausgabe«. Das bedeutet, die Arbeiten eines Schriftsetzers verlagern sich auf die Schreibtische der Computer-Anwender. Einschlägige Software, wie zum Beispiel PageMaker, ermöglicht jedem Anwender die Text- und Bildmontage bis zum druckreifen Dokument.

Genau genommen handelt es sich hier aber nicht nur ausschließlich um den Arbeitsbereich eines Schriftsetzers, mit dem ein Computer-Anwender konfrontiert wird. Der PC-Anwender muß sich darüber hinaus mit den Aufgaben eines Redakteurs, eines Layouters und denen eines Grafikers auseinandersetzen. Darüber hinaus gehören auch Kenntnisse über Drucktechniken dazu, denn PageMaker ist mittlerweile auch schon ein Werkzeug für das Publizieren von Großauflagen geworden, die in einem Druckereibetrieb gedruckt werden.

Häufige Werbeaussagen sind also stark untertrieben, wenn es heißt, für die Anwendung von DTP reiche ein PC, ein leistungsstarker Drucker und einschlägige Software aus. Dies sind zwar wichtige Werkzeuge, aber eben nur Werkzeuge. Für ihren erfolgreichen Einsatz gehört neben der Fähigkeit, die Software bedienen zu können, auch einschlägiges Fachwissen aus den Bereichen der Typografie und der Layoutgestaltung.

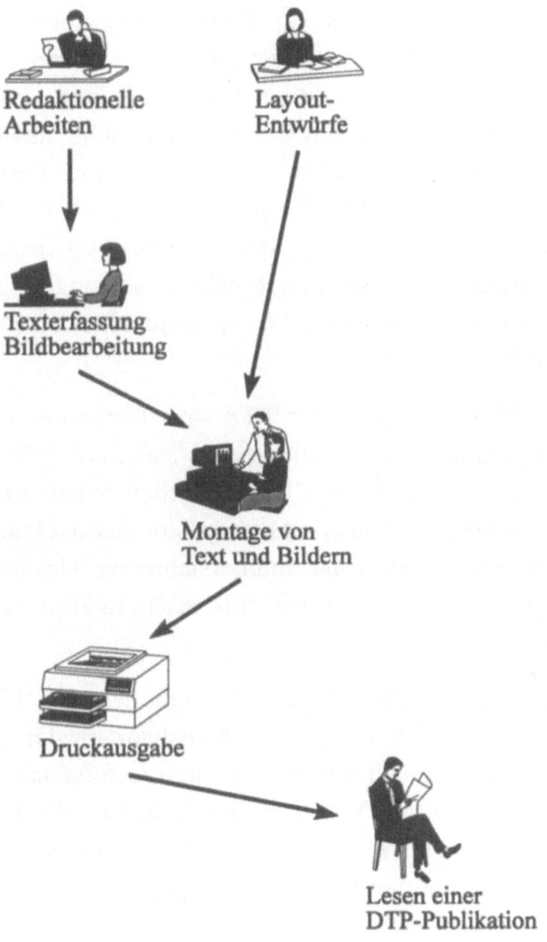

Abbildung 3.1.: Stationen eines DTP-Arbeitsablaufs

Der Leser einer DTP-Publikation ist zwar an der Herstellung nicht beteiligt, dennoch ist er ein wichtiges Glied in der Kette einer DTP-Anwendung. Schließlich soll er später die Drucksache lesen, und zwar ohne Anstrengungen. Der Leser muß auf einen Blick erkennen können, um was es geht, also was die Publikation aussagen will. Das Lesen längerer Texte darf ihm keine Mühe bereiten. Der Text muß also eine gute Lesbarkeit aufweisen, eine Anforderung, die durch Typografie lösbar ist.

Mit DTP-Software öffnen sich zwar sehr interessante und umfangreiche Möglichkeiten für jedermann, aber die Profis der

DTP-Anwendung

Branche werden trotzdem ihre Daseinsberechtigung behalten. Für professionelle Gestaltung und Drucktechniken ist es immer noch besser, das Know-how qualifizierter Setzer und Layouter zu nutzen, die ihr Fachwissen in Publikationen einbringen, die ebenfalls mit PageMaker oder einem vergleichbaren Programm erstellt werden. PageMaker ist ein DTP-Programm, das längst in Setzereien Einzug gehalten hat. Das heißt nicht, das der DTP-Heimwerker auf der Strecke bleibt. Es sollte aber niemals vergessen werden, daß DTP-Programme lediglich ein Werkzeug sind. Dieses Buch soll nun helfen, dem PC-Anwender das Werkzeug »Desktop Publishing« näher zu bringen, und viele kleine Hürden auf dem Weg zu einer ansprechenden Publikation zu beseitigen.

Unter der globalen Überschrift DTP sind Typografie (Schriftenlehre), Gestaltung von Graphiken und ästhetische Gestaltungsfragen wichtige Bestandteile. Ziel einer jeden Arbeit muß es sein, ein äußerlich ansprechendes und vor allem aussagekräftiges Dokument zu entwerfen. Eine unübersichtliche Gestaltung sagt nichts aus und wird deshalb meistens auch ungelesen in den Papierkorb geworfen.

Wysiwyg — Im Rahmen von Desktop Publishing mit dem PC fällt immer häufiger der Begriff Wysiwyg, ein Kunstwort in der Computersprache. Es handelt sich um die Abkürzung folgender Aussage: What You See Is What You Get. Das bedeutet: Die Darstellung auf dem Monitor entspricht der des späteren Ausdrucks. Gerade im Bereich DTP hat diese Zielsetzung eine überdurchschnittliche Bedeutung bekommen, namentlich bei der Darstellung von Schriftzeichen. Speziell bei großen Schriftgraden kommt es häufig vor, daß sich die Darstellung eines Schriftzeichens auf dem Bildschirm von der auf dem Papier deutlich unterscheidet. Dieses Problem wird seit Windows 3.1 mit den sogenannten True-Type-Schriften minimiert. Diese Schriften lassen sich frei skalieren, also beliebig in der Größe verändern, und die Bildschirmausgabe entspricht weitgehend dem Wysiwyg-Prinzip.

An dieser Stelle schon ein erster Erfahrungswert bzw. die Weitergabe einer Aussage eines Schriftsetzers. Wer seine PageMaker-Publikation von einem Druckereibetrieb drucken lassen möchte, sollte besser mit Adobe-Schriften arbeiten, weil diese eine bessere Qualität aufweisen. Nach Aussage von Schriftsetzern, die mit DTP-Programmen arbeiten, ist eine hochauflösende Druckausgabe von True-Type-Schriften häufig nicht ganz zufriedenstellend.

3.2 Typografie

Die Typografie (Schriftenlehre) ist ein interessantes und weitreichendes Thema, Stoff genug, um darüber ein eigenes Buch zu verfassen. Im Prinzip handelt das ganze Kapitel von der Schriftenlehre, aber an dieser Stelle soll auf globale Dinge der Typografie eingegangen werden, was im Rahmen von Desktop Publishing wissenswert bzw. notwendig ist. Die Typografie befaßt sich mit der Gestaltung von Schriftzeichen. Vielfach wird der Begriff »Layout« als Synonym für Typografie genannt. Aber hier muß genau differenziert werden. Während Typografie eben nur die Gestaltung von Schriftzeichen umfaßt, ist unter Layoutgestaltung die Einrichtung von Seiten gemeint, also die Verteilung von Text und Bild auf einer Seite.

Gewöhnlich wird von alphanumerischen Zeichen gesprochen, wenn Buchstaben und Ziffern gemeint sind, und ganz einfach von Sonderzeichen, wenn von Punkt, Komma, Fragezeichen usw. die Rede ist. Ein Schriftsetzer hingegen unterteilt Schriftzeichen in spezielle Gruppen:

Schriftgruppen

Versalien	A B C D E F G H I J K L M N O P Q R S T U V ...
Gemeine	a b c d e f g h i j k l m n o p q r s t u v w x y z
Ligaturen	ch ck ff fi ß
Akzente	é è ê
Ziffern	1 2 3 4 5 6 7 8 9 0
Punkturen	. , - : ; ! ? ( ) " » « &

Versalien, also Großbuchstaben, werden auch als Majuskel bezeichnet, während Kleinbuchstaben neben Gemeine auch den Namen Minuskel haben. Bei den Ligaturen handelt es sich um Schriftzeichen, die eng zusammengehören und deshalb satztechnisch »verschmolzen« werden. Bei manchen Schriftarten berühren sich die Ligaturen sogar.

Zeichenbreite

Der Platzbedarf einzelner Zeichen hat großen Einfluß auf das gesamte Schriftbild und die daraus resultierende Lesbarkeit eines Textes. Bei einer normalen Schreibmaschinenschrift wird jedem Zeichen der gleiche Platz zugestanden, während die Zeichen einer Proportionalschrift nur soviel Platz einnehmen, wie sie tatsächlich benötigen. Der Unterschied ist auch von Laien bei jedem Schriftstück sofort zu erkennen. Die folgende Abbildung zeigt den Unterschied zwischen einer normalen Schreibmaschinenschrift und einer Proportionalschrift anhand der Buchstaben »i« und »m«, die sich in ihrer tatsächlichen Breite extrem unterscheiden.

Abbildung 3.2.:
Zeichenabstände

Nicht proportional

Porportional

Schriftfamilien

Trotz der Vielfalt verschiedener Schriftarten lassen sich diese in nur drei Familien unterteilen: Serifenschriften, serifenlose Schriften und dekorative Schriften. Serifen sind kleine Endstriche zur Begrenzung der Schriftzeichen, die die Lesbarkeit eines Textes fördern. Sie verhindern, daß einzelne Schriftzeichen zu dicht aneinandergeraten und stellen für das Auge leitende Punkte dar. Wissenschaftlich erwiesen ist, daß Serifenschriften leichter zu identifizieren sind, was die Lesbarkeit langer Texte fördert. Geübte Leser erfaßen beim Lesen nicht einzelne Zeichen, sondern ganze Wörter.

Abbildung 3.3.:
Gegenüberstellung einer Serifenschrift und einer serifenlosen Schrift

Serifenschrift

serifenlose Schrift

Eine klassische Serifenschrift ist die »Times Roman«, die in Zeitungen, Zeitschriften und im Buchdruck verwendet wird. Diese Schrift gehört auch zum Lieferumfang von Windows 3.1, wird dort allerdings unter dem Namen »Times New Roman« verwaltet. Die Texte dieses Buches sind in dieser Schrift gesetzt. Die verbreitetste serifenlose Schrift ist die »Helvetica«, die überwiegend für Überschriften eingesetzt wird. Serifenlose Schriften tragen häufig den Namenszusatz »Sanserif«. Auch die »Helvetica« gehört als True-Type-Schrift zum Lieferumfang von Windows 3.1 und hat hier den Namen »Arial«. Die Kapitelüberschriften dieses Buches und die Marginaltexte sind in der Schrift »Arial Narrow« gesetzt, deren Schriftzeichen im Vergleich zu der normalen »Arial« etwas schmaler sind.

Schriftprobe der Schrift Arial
Schriftprobe der Schrift Arial Narrow

Die dritte Schriftgruppe umfaßt die dekorativen Schriften, also künstlerisch gestaltete Schriften, die zum Beispiel für Einladungen oder Urkunden angewendet werden können.

Dekorative Schrift

Das soll erst einmal genügen, damit der theoretische Einstieg in dieses Kapitel nicht zu lang wird. Im weiteren Verlauf werde ich im Rahmen bestimmter Arbeiten immer wieder auf die Typografie und auf das ungeschriebene Gesetz der ästhetischen Regeln zurückkommen. Aber jetzt sollen erst einmal die wichtigsten Elemente und Funktionen für eine Textbearbeitung in PageMaker vorgestellt werden.

3.3 Texterfassung im Layout

Vor der Texterfassung auf der Arbeitsfläche des Layouts ist in der Funktionenbox das Textwerkzeug auszuwählen. Hierfür wird entweder das Symbol »A« mit der Maus angeklickt oder die Tastenkombination ⇧ F4 angewendet. In der Funktionenbox ist anschließend das Symbol für das Textwerkzeug invertiert dargestellt, und der Mauszeiger hat die Form eines Textcursors erhalten.

Abbildung 3.4.:
Textwerkzeug
und Form des
Mauszeigers

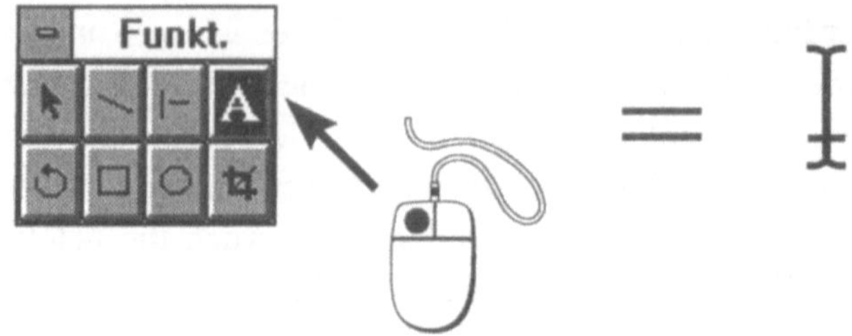

Jetzt ist grob zu entscheiden, an welcher Position der zu erfassende Text beginnen soll. An diese Stelle wird der Mauszeiger bewegt und dort einmal mit der linken Maustaste angeklickt. Mit dem Mausklick wird ein senkrechter Strich als Schreibmarke gesetzt. Wurde innerhalb des Satzsspiegels (gepunkteter Rahmen innerhalb der Seite) angeklickt, springt die Schreibmarke an den linken Satzspiegelrand. Außerhalb des Satzspiegels oder auf der Montagefläche entsteht der Cursor genau an der Position, an der mit der Maus angeklickt wurde.

Alle Texte, und später auch Bilder, die auf der Montagefläche, also außerhalb der Seite, angeordnet werden, bleiben beim Ausdrucken unberücksichtigt. Gedruckt werden nur die Elemente, die sich auf der Arbeitsfläche befinden.

Nachdem der blinkende Cursor entstanden ist, läßt sich Text über die Tastatur schreiben. Allerdings wird dieser Text nicht lesbar sein, weil die Seitengröße in der ganzseitigen Darstellung zu klein ist. Deshalb sollte bei der Texterfassung mindestens die Option *Verkleinerung auf 75%* im Untermenü *Layout - Ansicht* ausgewählt werden. Besser wäre noch, auf Originalgröße zu schalten.

Übungsbeispiel

- Legen Sie ein neues Dokument an. Akzeptieren Sie bei der Seiteneinrichtung die Vorgaben, die PageMaker standardmäßig vorsieht.

- Wählen Sie in der Funktionenbox das Textwerkzeug aus und klicken Sie innerhalb des Satzspiegels an einer beliebigen Position an.

- Vergrößern Sie sich den Arbeitsbereich, in dem der Cursor blinkt, auf Originalgröße. Zur Erinnerung: Drücken Sie einfach die rechte Maustaste.

Das Monitorbild sollte jetzt der folgenden Abbildung entsprechen.

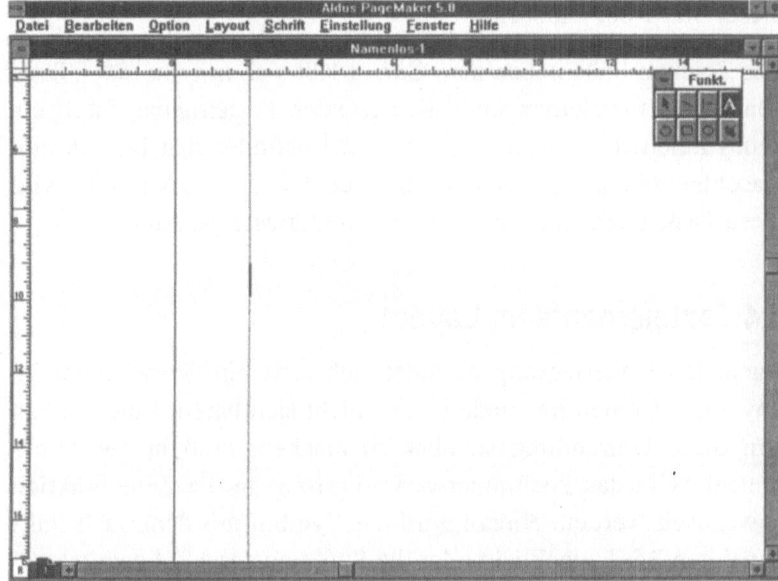

Abbildung 3.5.: Seitenausschnitt bei Vergrößerung auf Originalgröße und gesetztem Textcursor

* Beginnen Sie jetzt mit der Texterfassung. Schreiben Sie folgenden kurzen Satz:

Übungsbeispiel

Das ist mein erster Text, den ich in PageMaker schreibe.

Ist der zu erfassende Text länger als eine Zeile, macht PageMaker einen automatischen Zeilenumbruch. Das Wort, das nicht mehr in die Zeile paßt, wird während der Texterfassung in die nächste Zeile transportiert. Hierbei kann es sich auch um Silben handeln, wenn die automatische Silbentrennung eingeschaltet ist. Auf die Silbentrennung wird später in diesem Kapitel eingegangen.

Während der Eingabe von Zeichen mit dem Textwerkzeug wird der Cursor mit jedem Zeichen um eine Position nach rechts bewegt. Soll er zurückbewegt werden, um eine Korrektur ausführen zu können, ist die Richtungstaste ⬅ anzuwenden. Mit jedem Tastendruck wird die Schreibmarke um ein Zeichen nach links versetzt. Analog dazu bewegt sich der Cursor mit der Taste ➡ um jeweils eine Position nach rechts.

Tippfehler korrigieren

Schneller geht es auch hier mit der Maus. Der Mauszeiger wird einfach hinter ein fehlerhaftes Zeichen bewegt und dort einmal mit der linken Maustaste angeklickt. Sofort befindet sich an dieser Stelle der Cursor.

Das Zeichen links neben dem Cursor läßt sich mit der ⬅ - Taste (Backspace) entfernen und mit normaler Texteingabe durch ein neues Zeichen ersetzen. Die Taste ⬅ befindet sich im Schreibmaschinenblock der Tastatur, über der ↵ - Taste. Mitunter wird diese Taste auch Rücktaste oder Korrekturtaste genannt.

3.4 Textelemente im Layout

Nach der Texterfassung befindet sich jetzt ein Textelement im Layout, das einen imaginären, also nicht sichtbaren, Rahmen hat. Um diese Umrandung sichtbar zu machen, muß in der Funktionenbox in das Positionierwerkzeug bzw. in die Zeigefunktion gewechselt werden. Hierzu wird das Symbol mit dem nach links geneigten Pfeil angeklickt oder die Funktionstaste F9 gedrückt.

Abbildung 3.6.:
Angeklicktes
Textelement mit
eingeblendetem
Textrahmen

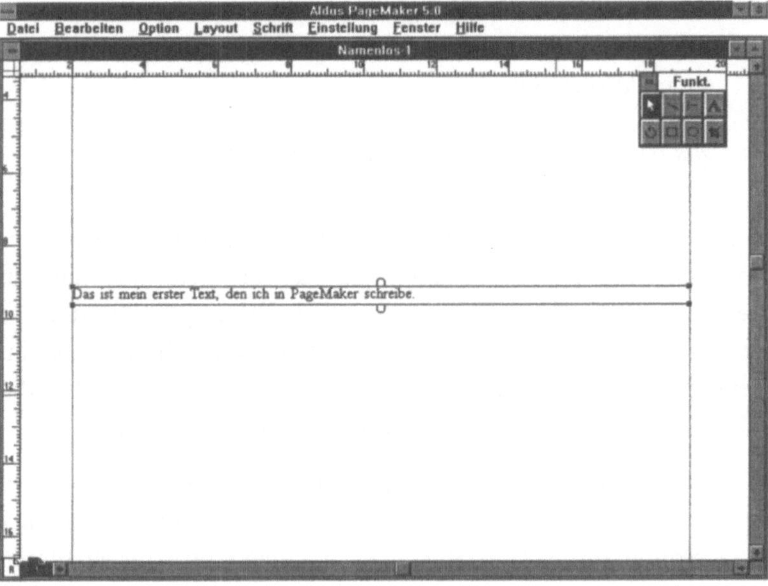

Wird die Pfeilspitze des Mauszeigers in die Textzeile bewegt und dort einmal mit der linken Maustaste angeklickt, entsteht jeweils eine Begrenzungslinie über und unter dem Text. Um das Textelement in voller Breite sehen zu können, sollte jetzt die *Verkleinerung auf 75 %* eingeschaltet werden. Eventuell muß der Bildausschnitt horizontal etwas verschoben werden, um Anfang und Ende des Textelements sehen zu können. Das Verschieben funktioniert am einfachsten mit der Maus, bei gedrückter ⌈Alt⌋ - Taste und linker Maustaste.

Der Textrahmen besteht aus mehreren Komponenten, die alle eine bestimmte Bedeutung in bezug auf die Bearbeitung des Textelements haben.

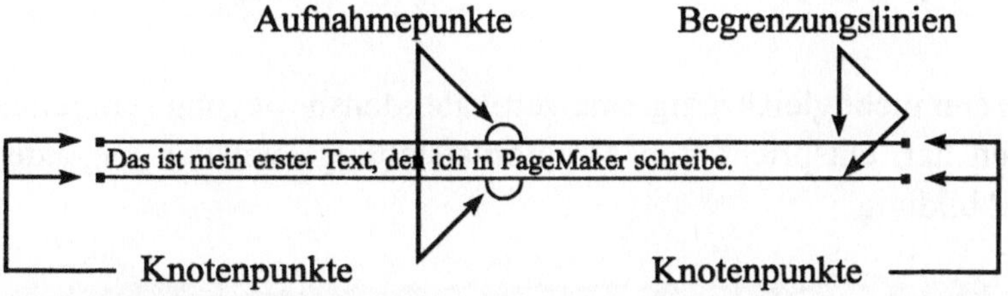

Aufnahmepunkte   Begrenzungslinien

Das ist mein erster Text, den ich in PageMaker schreibe.

Knotenpunkte   Knotenpunkte

Die obere und untere Begrenzungslinie symbolisiert den horizontalen Anfang und das Ende des Textelements. Bei der späteren Montage des Layouts helfen diese Linien bei der Feinpositionierung.

Jeweils in der Mitte der Begrenzungslinien sind Anfasser angeordnet, die wie Henkel aussehen. Bei längeren Texten, die über eine Seite oder eine Spalte hinausgehen, bekommen diese Anfasser eine Bedeutung. Mit ihrer Hilfe lassen sich Texte aufnehmen und auf einer anderen Seite einfügen.

An den Enden der Begrenzungslinien befinden sich Knotenpunkte oder Eckpunkte, mit denen sich die Breite eines Textelements verändern läßt.

Textblöcke dieser Art sind in den Beispielen dieses Buches reichlich zu bearbeiten. Trotzdem sollte mit dem folgenden Übungsbeispiel der Umgang schon einmal trainiert werden.

* Sollten die Begrenzungslinien des selbst erfaßten Textes nicht mehr zu sehen sein, klicken Sie bitte einmal mit dem Positionierwerkzeug in die Textzeile.

Bedeutung des
Textrahmens

Abbildung 3.7.:
Textelement mit
Rahmen

Übungsbeispiel

- Führen Sie den Mauszeiger auf den rechten oberen oder unteren Knotenpunkt und schieben Sie diesen bei gedrückter linker Maustaste waagerecht nach links, bis Sie vor dem »P« von dem Wort »PageMaker« angekommen sind.

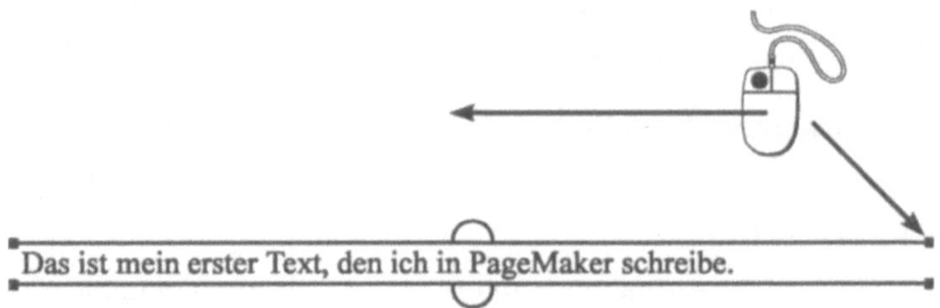

Abbildung 3.8.:
Breitenänderung
eines Textblocks

Wenn nicht gleichzeitig eine vertikale Mausbewegung stattgefunden hat, entspricht Ihre Monitordarstellung jetzt der folgenden Abbildung.

Abbildung 3.9.:
Horizontal
zusammen-
geschobener
Textblock auf der
Arbeitsfläche

Ein Teil des Textes ist jetzt scheinbar verschwunden. Dafür ist im unteren Aufnahmepunkt ein auf der Spitze stehendes Dreieck entstanden. Diese symbolisierte Pfeilspitze sagt aus, daß mehr Text vorhanden ist, als gegenwärtig in diesem Textrahmen gezeigt werden kann. Der vollständige Text wird erst wieder sichtbar, wenn die untere Begrenzungslinie in Pfeilrichtung aufgezogen wird. Hierzu wird der Mauszeiger in den unteren bewegt und bei gedrückter Maustaste die Maus nach unten gezogen. Dabei darf ruhig eine größere Entfernung zurückgelegt werden. Sobald die Maustaste losgelassen wird, springt die Begrenzungslinie bis unter die letzte Textzeile zurück.

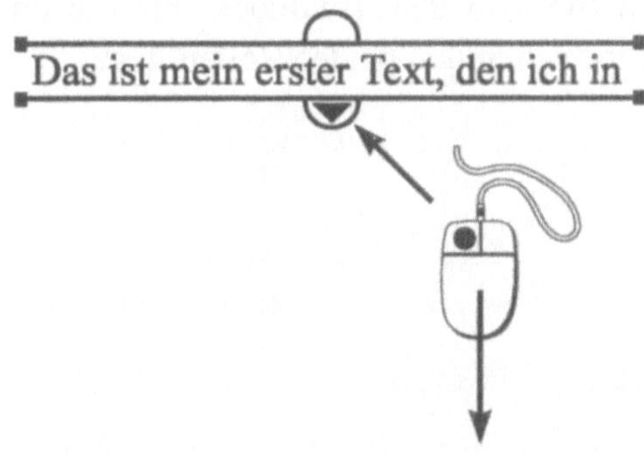

Abbildung 3.10.:
Aufziehen eines
Textblocks

* Ziehen Sie den Textblock nach unten auf, so daß der vollständige Text wieder zu lesen ist, jetzt als Zweizeiler. Auf dem Monitor muß anschließend folgendes Bild zu sehen sein.

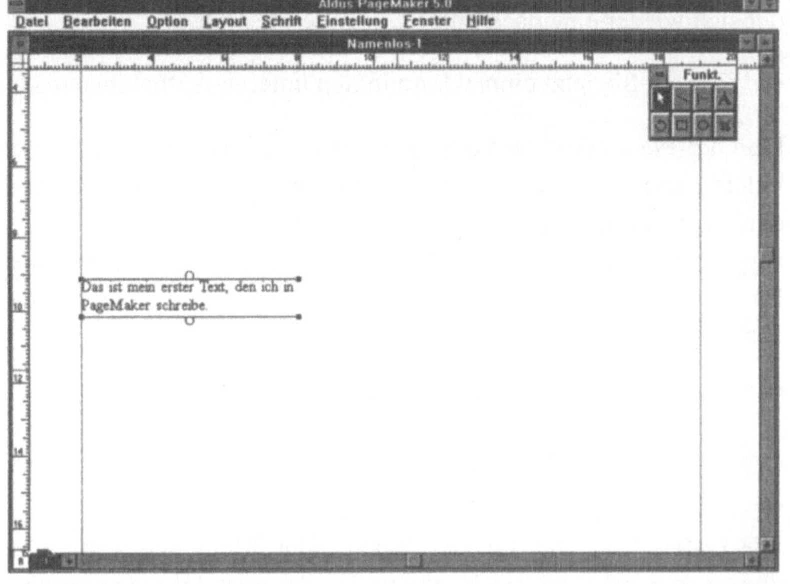

Abbildung 3.11.:
Darstellung eines
zweizeiligen Text-
blocks

Das nächste Übungsbeispiel soll demonstrieren, wie ein Textblock geteilt wird, ohne die Zusammengehörigkeit des Textes zu verletzen. Der Platzbedarf erzwingt mitunter eine Teilung. Für die weitere Textbearbeitung kann es dabei aber relevant sein, die

Textelement
teilen

entstandenen Textblöcke weiterhin als eine Einheit verwalten zu können.

• Klicken Sie bitte in den unteren Anfasser, und halten Sie die Maustaste fest. Schieben Sie die Maus diesmal nach oben, verkleinern Sie also den Textblock, bis die untere Begrenzungslinie zwischen den beiden Zeilen liegt.

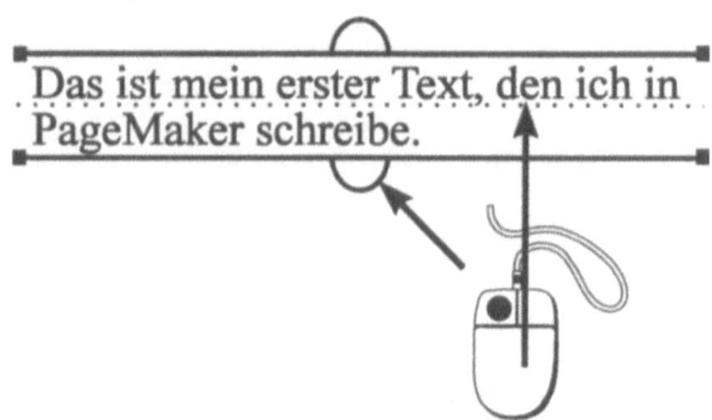

Nachdem die Maustaste losgelassen wurde, ist nur noch die erste Zeile des Textes zu lesen und im unteren Aufnahmepunkt befindet sich wieder eine nach unten zeigende Pfeilspitze.

• Klicken Sie jetzt einmal kurz in den unteren Aufnahmepunkt.

Durch diese Aktion wird der verborgene Text aufgenommen und »klebt« jetzt am Mauszeiger, der gleichzeitig seine Form verändert. Er sieht aus wie eine kleine Textseite. Sollte sich im Mauszeiger anstelle symbolisierter Textzeilen eine geschwungene Linie mit einer Pfeilspitze befinden, ist der automatische Textanschluß eingeschaltet.

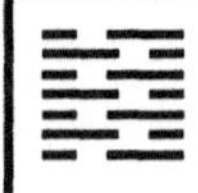 

Die Unterschiede der beiden Textanschluß-Methoden werden in diesem Kapitel ausführlich erklärt. Zunächst ist der automatische Textanschluß nicht von Bedeutung, so daß dieser Modus ausgeschaltet werden kann. Hierzu wird der Mauszeiger (in der jetzigen Form) auf das Menü *Layout* geführt und dort einmal angeklickt. In der Menüleiste erhält der Mauszeiger automatisch seine alte Form zurück, ohne dabei den Text zu verlieren. Natürlich darf das Menü auch mit ⌐Alt⌐⌐L⌐ aufgeklappt werden. Auch bei dieser Vorgehensweise ändert sich die Darstellung des Mauszeigers. In dem Menü wird die Funktion *Autom. Textanschluß* durch Anklicken oder durch Drücken der Taste ⌐U⌐ ausgeschaltet.

* Führen Sie jetzt den Mauszeiger (Seitensymbol) auf eine beliebige Position innerhalb des Layouts und klicken Sie einmal kurz an.

Der bis dahin verborgene Text wird als eigenständiger Textblock an der angeklickten Position ausgegeben. Die Verknüpfung zum ursprünglichen Textelement ist anhand des oberen Aufnahmepunktes zu erkennen, der ein Pluszeichen enthält.

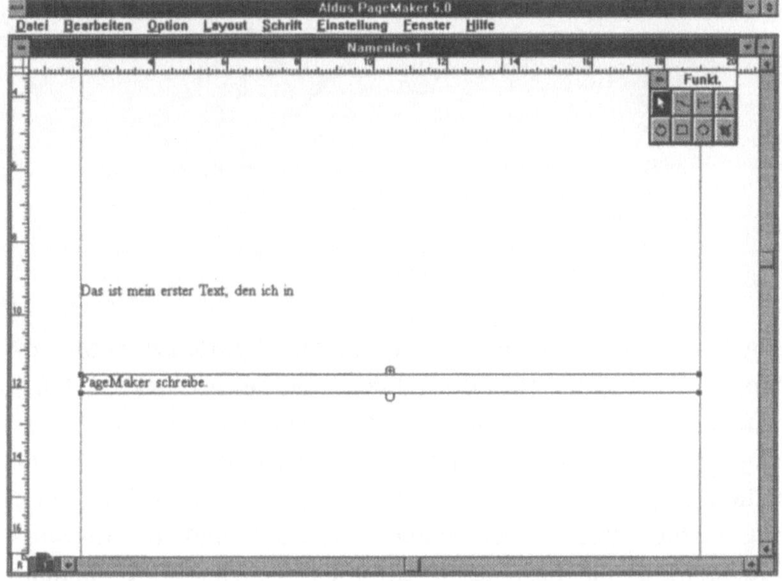

Abbildung 3.14.: Geteiltes Textelement

Auch der ursprüngliche Textblock sieht jetzt etwas anders aus, wenn er mit dem Positionierwerkzeug angeklickt wird. Im unteren Aufnahmepunkt ist ebenfalls ein Pluszeichen (+) enthalten, anstelle des bisher kennengelernten Dreiecks. Das bedeutet, daß der Fortsetzungstext an einer anderen Position im Dokument ausgegeben wurde. Das Dreieck hingegen sagt lediglich aus, daß weiterer Text vorhanden ist, dieser aber im Dokument nicht eingefügt wurde. Soll ein geteilter Textblock wieder zu einer Einheit verschmolzen werden, ist lediglich der untere Anfasser (Pluszeichen) nach unten aufzuziehen.

Textelement verschieben

Bei der Montage eines Dokuments wird es meistens erforderlich sein, die Position eines Textelements zu verändern. Voraussetzung für das Verschieben eines Objekts ist das vorherige Aktivieren. Im Falle eines Textes müssen also die Begrenzungslinien zu sehen sein.

Um ein Textelement auf der Arbeits- oder Montagefläche zu verschieben wird der Mauszeiger zwischen die beiden Begrenzungslinien des zu bewegenden Elements geführt und bei gedrückter linker Maustaste das Objekt verschoben. Ist die neue Position erreicht, wird die Maustaste wieder losgelassen.

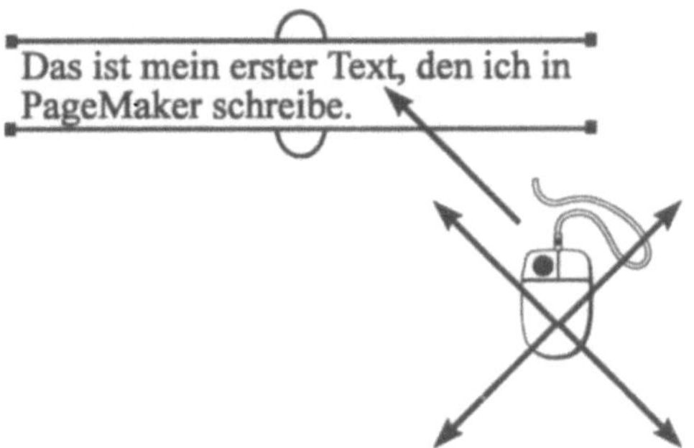

Abbildung 3.15.: Verschieben eines Textblocks mit der Maus

PageMaker bietet für das Verschieben von Objekten zwei Methoden an. Wird das Element angeklickt und bei gedrückter Maustaste die Maus zunächst noch nicht bewegt, bekommt der Mauszeiger die Form einer Sanduhr. Immer, wenn dieses Symbol anstelle des gewohnten Mauszeigers gezeigt wird, ist das Programm mit internen Rechenoperationen beschäftigt, und die Tastaturbedienung ist für diesen Zeitraum unterbrochen. Ist die Sanduhr wieder verschwunden, läßt sich das Element bewegen. Der Text bleibt während der Mausbewegung sichtbar. Bei der alternativen Methode ist nach Anklicken des zu verschiebenen Objekts sofort die Maus zu bewegen. Es wird also nicht abgewartet, bis die Sanduhr ausgeblendet wird, bzw. deren Erscheinen abgewartet. Der Text bleibt bei diesem Verfahren nicht sichtbar, sondern es wird lediglich ein geschlossener Rahmen transportiert. Erst nach Loslassen der Maus wird der Inhalt des Objekts wieder sichtbar.

Vorteil der letztgenannten Methode ist die Geschwindigkeit, mit der sich ein Element an eine neue Position verschieben läßt. Da das Bild während des Verschiebens nicht ständig neu aufgebaut werden muß, bleiben dem Programm eine Vielzahl von Rechenoperationen erspart, was sich in Geschwindigkeit umsetzt. Spürbar wirkt sich dies bei umfangreichen grafischen Elementen aus.

- Verschieben Sie das Textelement auf Ihrem Bildschirm auf neue Positionen. Probieren Sie dabei beide Methoden aus.

Übungsbeispiel

Mitunter kann es effektvoll sein, einzelne Textobjekte zu drehen. PageMaker 5.0 erlaubt eine Rotation in 1/10-Schritten. Voraussetzung ist auch hier das vorherige Anklicken des zu rotierenden Textes mit dem Positionierwerkzeug, so daß die Begrenzungslinien zu sehen sind. Anschließend wird in der Funktionenbox das Werkzeug zum Drehen von Objekten angeklickt, oder es wird die Tastenkombination ⬆️ F5 gedrückt.

Textelemente drehen

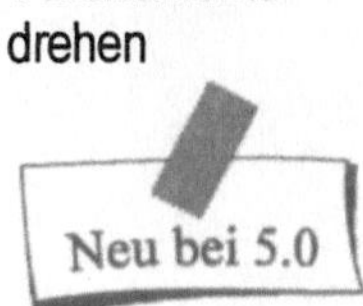

Abbildung 3.16.: Mauszeiger nach Auswahl des Werkzeugs zum Drehen von Objekten

Anschließend wird das Objekt an der Stelle angeklickt, die den Drehpunkt bilden soll. Dieser Drehpunkt kann an einer beliebigen Stelle angesiedelt werden, also auch außerhalb des Objekts. Nach dem Anklicken wird die linke Maustaste festgehalten und etwas vom Drehpunkt weggezogen, um einen »Hebel« zu bekommen. Die Maustaste bleibt weiterhin gedrückt, während die Maus kreisförmig um das Objekt herumbewegt wird.

Das Objekt wird solange gedreht, bis die Maustaste an einer erreichten Position losgelassen wird. Da der Bildaufbau eines gedrehten Objekts langsamer vollzogen wird, kann der Vorgang des Drehens etwas Zeit in Anspruch nehmen.

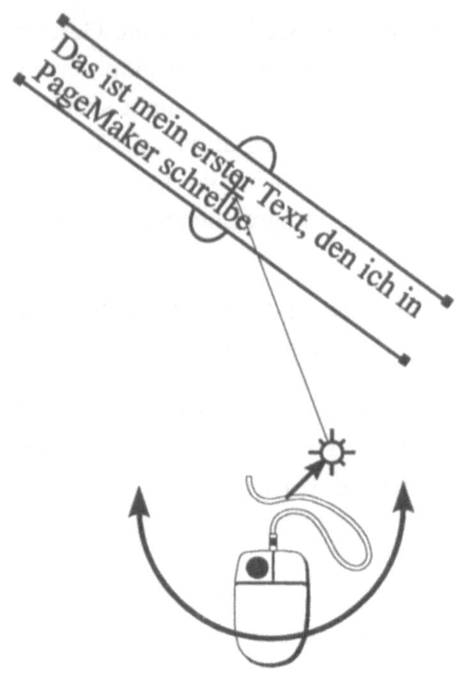

Der Text bleibt in jedem Rotationswinkel bearbeitbar, so daß Textänderungen weiterhin vorgenommen werden können.

Gedrehten Text geradestellen

Ein gedrehtes Textobjekt läßt sich unabhängig vom Rotationswinkel jederzeit in die normale Lage zurücksetzen. Hierzu wird das betreffende Objekt mit dem Positionierwerkzeug angeklickt und im Menü *Einstellung* die Funktion *Verwandlung löschen* aufgerufen. Der Textblock wird sofort wieder im 0°-Winkel angezeigt.

3.5 Arbeiten im Texteditor

Texterfassung

Da die Erfassung längerer Texte im Layoutmodus unkomfortabel ist, steht ein eigener Texteditor zur Verfügung, der die wichtigsten Anforderungen an ein Textverarbeitungsprogramm erfüllt. Zum Umschalten vom Layout- in den Textmodus wird im Pulldown-Menü *Bearbeiten* die Funktion *Textmodus* aufgerufen. Hierfür kann auch der Tastenschlüssel [Strg][+] angewendet werden.

Wurde vor Aufruf dieser Funktion im Layout kein Textblock aktiviert, öffnet PageMaker ein leeres Textfenster. In der Titelleiste wird neben dem Dokumentnamen der Beginn des Textblocks zur Identifizierung angezeigt. Handelt es sich um ein leeres Textfenster, trägt PageMaker die Bezeichnung »Namenlos:1« ein. Die Ziffer »1« nach dem zweiten Doppelpunkt stellt eine laufende Numerierung der geöffneten Textfenster dar. Daraus geht hervor, daß mehrere Fenster im Texteditor verwaltet werden können.

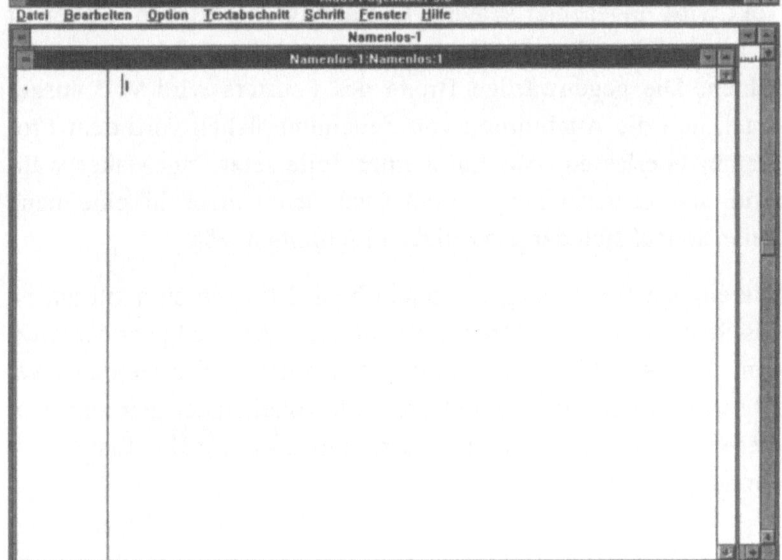

Abbildung 3.18.: Leeres Textfenster im Texteditor

Wird in den Textmodus umgeschaltet, nachdem ein Textelement im Layout angeklickt wurde, kopiert PageMaker den Text in ein Textfenster, das als Titel den Beginn des Textes trägt.

Bevor mit der Texterfassung begonnen wird, sollte im Pull-down-Menü *Textabschnitt* überprüft werden, ob die Funktionen *Absatzmarken anzeigen* und *Druckformate anzeigen* aktiviert sind. Es muß sich jeweils ein Häkchen vor der Option befinden. Ist dies nicht der Fall, wird das Einschalten empfohlen. Waren beide Funktionen deaktiv, muß das Pull-down-Menü zweimal geöffnet werden, weil nach dem Aufruf der ersten

Funktion das Menü wieder geschlossen wird. Für die spätere Weiterbearbeitung des Textes sind beide Einstellungen hilfreich.

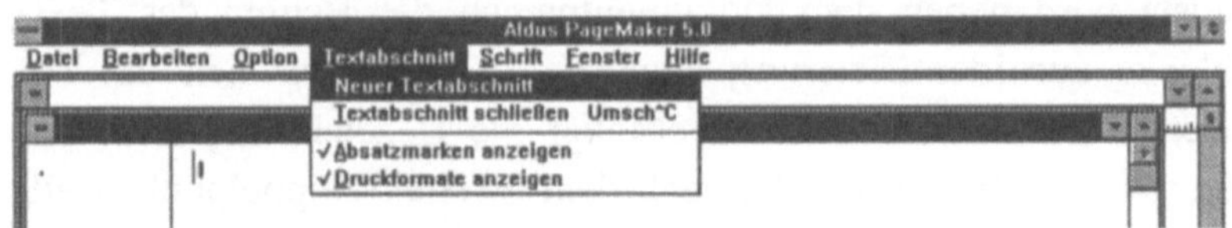

Abbildung 3.19.:
Menü
Textabschnitt

Die Bedeutung dieser beiden Einstellungen wird später deutlich.

Der Umgang mit dem Texteditor unterscheidet sich nicht von dem mit einem Textverarbeitungsprogramm. Der zu erfassende Text wird ungeachtet späterer Gestaltung geschrieben. Dabei ist es auch nicht relevant, die später gewünschte Textbreite zu beachten. Die gegenwärtige Breite des Fensters wird voll ausgenutzt, und die Ausführung von Zeilenumbrüchen wird dem Programm überlassen. Am Ende einer Zeile setzt PageMaker während der Texterfassung automatisch den Cursor in eine neue Zeile, so daß sich der Text fließend schreiben läßt.

Die einzige Gestaltung, die schon beim Erfassen sinnvoll ist, ist das Schalten von Absätzen. Soll ein neuer Absatz begonnen werden, wird die ⏎ - Taste gedrückt. Üblicherweise werden zwei Absätze optisch durch eine leere Zeile voneinander getrennt. Um diese leere Zeile zu erhalten, wird einfach die ⏎ - Taste noch einmal gedrückt.

Übungsbeispiel

• Erfassen Sie bitte den folgenden Text im Textmodus. Kümmern Sie sich zunächst nicht um Tippfehler. Die Korrekturmöglichkeiten lernen Sie anschließend kennen.

Das ist ein Text, der mit dem Texteditor von PageMaker geschrieben wird. Der automatische Zeilenumbruch erleichtert die Texterfassung. Ebenso die Tatsache, daß das spätere Aussehen des Textes noch völlig nebensächlich ist. Lediglich die Aufteilung in mehrere Absätze sollte schon jetzt erfolgen. Aber auch das ist kein Problem, weil die Absatzschaltung einfach mit der Return-Taste erfolgt. ⏎

Der Text sollte zunächst einmal fließend geschrieben werden. Die Weiterbearbeitungen (Korrekturen, Gestaltung) erfolgen im zweiten Arbeitsgang. Diese Vorgehensweise hat sich in der Praxis als vorteilhaft erwiesen. Anders als beim Umgang mit einer Schreibmaschine muß nicht gleich der ganze Text neu geschrieben werden, wenn eine kleine Änderung gewünscht oder erforderlich wird.

Die Zeilenumbrüche auf Ihrem Bildschirm müssen nicht mit dem hier abgedruckten Mustertext übereinstimmen. Die Berechnung der erforderlichen Umbrüche richtet sich nach der Fensterbreite und nach der eingestellten Schriftart bzw. Schriftgröße.

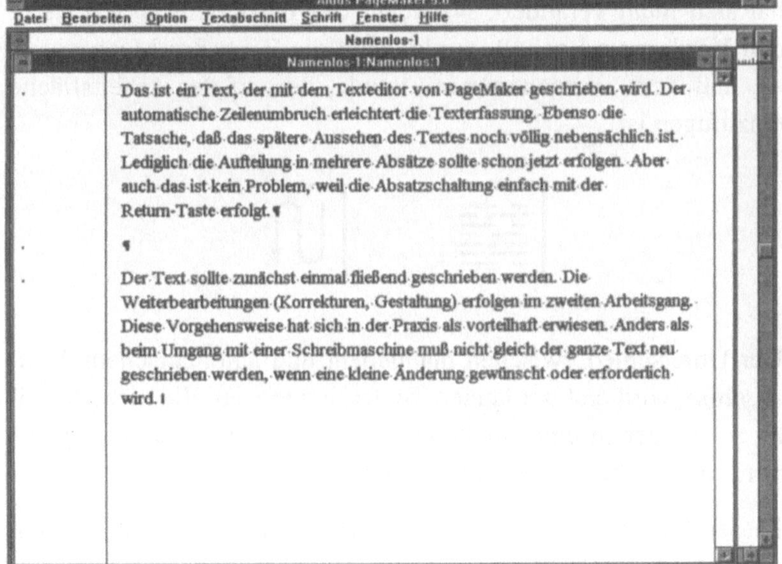

Abbildung 3.20.: Im Texteditor erfaßter Text

Im geschriebenen Text stellt PageMaker zwei Sonderzeichen dar, die im Layoutmodus, und natürlich beim Ausdruck, nicht zu sehen sind. Das erste dieser beiden Zeichen steht zwischen den Wörtern. Ein hochgestellter Punkt symbolisiert ein Leerzeichen, erzeugt mit der ⌊Leer⌋ - Taste. Gegenwärtig fehlt vielleicht das Verständnis für ein derartiges Sonderzeichen. Es wird aber noch Situationen geben, wo zwischen einem normalen Leerzeichen und anderen Freiräumen zu unterscheiden ist. Spätestens dann bekommt das Symbol für einen Leerschritt eine Bedeutung.

Das zweite Sonderzeichen ist am Ende eines Absatzes zu finden. Die Absatzmarke, oder auch Return-Zeichen genannt, ist ein senkrechter Doppelstrich, der oben links einen Bogen hat. Mit jedem Tastendruck auf ⏎ entsteht im Textmodus dieses Zeichen. Es hilft bei der späteren Bearbeitung des Textes, zwischen Absatzschaltungen und erzwungenen Zeilenumbrüchen zu unterscheiden. Außerdem ist es für die Gestaltung des Textes wichtig zu wissen, wo einzelne Absätze enden.

Zurückschalten
in das Layout

Die Rückkehr in das Layout von PageMaker erfolgt auf die gleiche Weise, wie auch in den Textmodus geschaltet wurde. Im Menü *Bearbeiten* steht jetzt an der gleichen Position, wo zuvor der Befehl *Textmodus* gefunden wurde, der Befehl *Layoutmodus*. Der für das Umschalten kennengelernte Tastenschlüssel ⟨Strg⟩⟨+⟩ hat sich nicht verändert. Nachdem das Layoutfenster wieder in den Vordergrund geholt wurde, zeigt die Form des Mauszeigers an, daß Text »mitgenommen« wurde, der auf der Arbeitsfläche einzufügen ist.

Abbildung 3.21.:
manueller (links)
und automa-
tischer Textan-
schluß (rechts)

Der Unterschied zwischen manuellem und automatischem Textanschluß wird erst bei langen Texten interessant, die nicht auf eine Seite oder in eine Spalte passen. Im Rahmen dieses Kapitels wird dieses Thema noch ausführlich behandelt.

Dieser Mauszeiger wird auf der Arbeitsfläche an eine Position geführt, an der der Text beginnen soll. Nach dem einfachen Anklicken an dieser Stelle fließt der Text in das Layout ein. Wurde innerhalb des Satzspiegels angeklickt, wird der Textblock über die gesamte Breite des Satzspiegels aufgebaut. Die Länge des Textblocks richtet sich nach dem Umfang des Textes.

Übungsbeispiel

- Wechseln Sie vom Text- in den Layoutmodus, und lassen Sie innerhalb des Satzspiegels den Text einfließen.
- Speichern Sie das Dokument als Satzdatei unter dem Namen MEINTEXT.PM5 im Übungsverzeichnis ab.

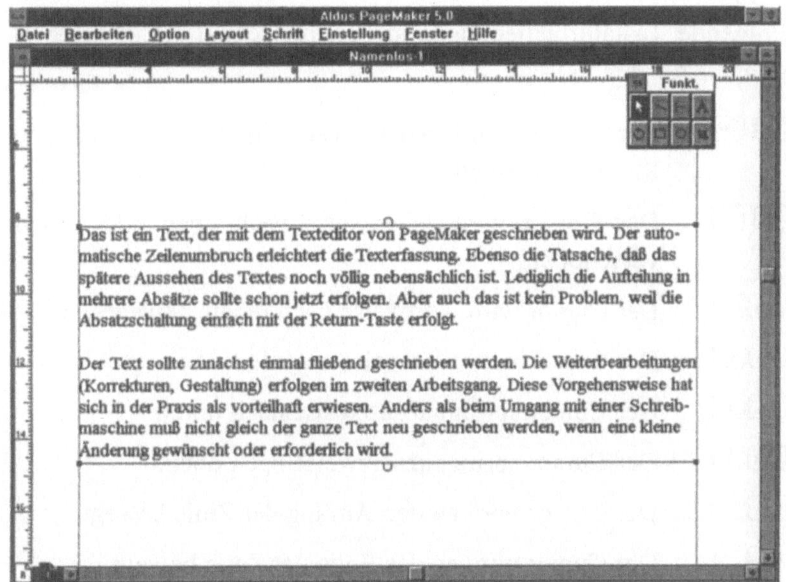

Abbildung 3.22.: Vom Textmodus in das Layout übertragener Übungstext

Um nach einer Texterfassung die Korrektur möglichst effizient ausführen zu können, ist das schnelle Bewegen des Cursor hilfreich. PageMaker bietet Möglichkeiten, den Cursor im Text springen zu lassen, also mehr als nur eine zeichenweise Bewegung auszuführen. Die Tasten und Tastenkombinationen, die hierfür vorgesehen sind, funktionieren sowohl im Texteditor als auch im Layoutmodus. Im Layout muß allerdings das Textwerkzeug ausgewählt sein, und der Cursor muß in den zu bearbeitenden Textblock geklickt worden sein.

Cursorbewegung

Natürlich läßt sich die Schreibmarke am schnellsten mit der Maus an eine zu korrigierende Stelle bewegen, indem einfach an der entsprechenden Position im Text angeklickt wird. Da aber Korrekturen ausschließlich über die Tastatur ausgeführt werden, stellt sich die Frage, ob hier die Maus im Endeffekt tatsächlich schneller ist. Immerhin muß die rechte Hand (oder die linke bei Linkshändern) ständig von der Tastatur zur Maus und zurück geführt werden, was immerhin etwas Zeit beansprucht. Natürlich muß jeder Anwender für sich entscheiden, welche Methode die bessere ist. Schreibkräfte werden an dieser Stelle sicherlich lieber mit der Tastatur arbeiten.

Folgende Tastaturbedienungen stehen für schnelle Cursorbewegungen zur Verfügung:

⟵ ⟶   Der Cursor wird zeichenweise in die entsprechende Richtung versetzt.

↑ ↓   Der Cursor wird zeilenweise nach oben oder unten verschoben.

Strg ⟶   Der Cursor wird wortweise nach rechts bewegt.

Strg ⟵   Der Cursor wird wortweise nach links bewegt.

Strg ↓   Der Cursor springt absatzweise nach unten.

Strg ↑   Der Cursor springt absatzweise nach oben.

Pos1   Der Cursor wird an den Anfang der Zeile bewegt.

Ende   Der Cursor wird an das Ende der Zeile bewegt.

Strg Pos1   Der Cursor springt an den Anfang des Satzes.

Strg Ende   Der Cursor springt an den Anfang des nächstfolgenden Satzes.

Bild↑   In einem langen Text wird bildschirmseitenweise nach oben geblättert.

Bild↓   In einem langen Text wird bildschirmseitenweise nach unten geblättert.

Strg Bild↑   Der Cursor springt an den Anfang des Textblocks.

Strg Bild↓   Der Cursor springt an das Ende des Textblocks.

Korrigieren einzelner Zeichen

Wurde der Cursor an eine fehlerhafte Stelle im Text bewegt, läßt sich ein Tippfehler auf Tastendruck entfernen. Hierfür können die Backspace-Taste ⟵ (Korrekturtaste) oder die Entf - Taste angewendet werden. Die Entscheidung für eine der beiden Tasten ist davon abhängig, ob sich das fehlerhafte Zeichen rechts oder links neben dem senkrechten Cursorstrich befindet.

⟵   Löscht das Zeichen links neben der Schreibmarke

Entf   Löscht das Zeichen rechts neben der Schreibmarke

Ist der Ziffernblock eingeschaltet, ist die [Entf] - Taste aus dem Cursorblock der Tastatur zu verwenden.

Wurde ein Zeichen aus einem fließenden Text gelöscht, hinterläßt PageMaker an der betreffenden Position keine Lücke. Der nachfolgende Text rückt auf, was unter Umständen zu einem neuen Zeilenumbruch führen kann.

Das Einfügen eines neuen Zeichens erfolgt mit einfachem Tastendruck des gewünschten Zeichens. PageMaker fügt das neue Zeichen an der Cursorposition in den fließenden Text ein und verschiebt dabei den nachfolgenden Text um eine Position nach rechts. Auch hier wird möglicherweise ein neuer Zeilenumbruch ausgelöst.

3.5.1 Korrigieren mit der Rechtschreibkontrolle

Für eine automatische Korrektur bietet PageMaker im Texteditor eine Rechtschreibkontrolle an. Bevor diese Funktion aufgerufen wird, sollte der Cursor an den Anfang des Textes bewegt werden, weil die Kontrolle erst ab Position der Schreibmarke beginnt. Der Aufruf erfolgt mit der Funktion *Rechtschreibung...* im Pulldown-Menü *Option* oder mit der Tastenkombination [Strg][L].

Sind mehrere Wörterbücher installiert, kann im Dialogfeld *Absatz...* im Pull-down-Menü *Schrift* das gewünschte Wörterbuch ausgewählt werden.

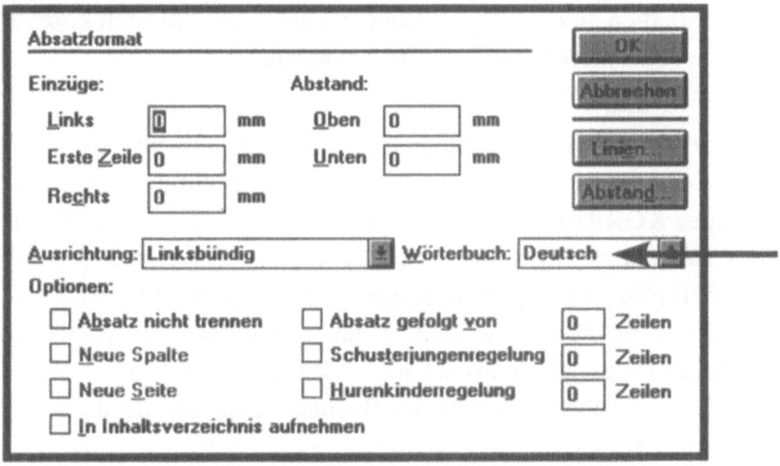

Abbildung 3.23.: Dialogfeld *Absatz* im Menü *Schrift*, in dem das zur Rechtschreibkontrolle heranzuziehende Wörterbuch ausgewählt wird

Nach dam Aufruf der Rechtschreibkontrolle im Texteditor wird zunächst nur ein Dialogfeld geöffnet, die Rechtschreibprüfung aber noch nicht ausgeführt.

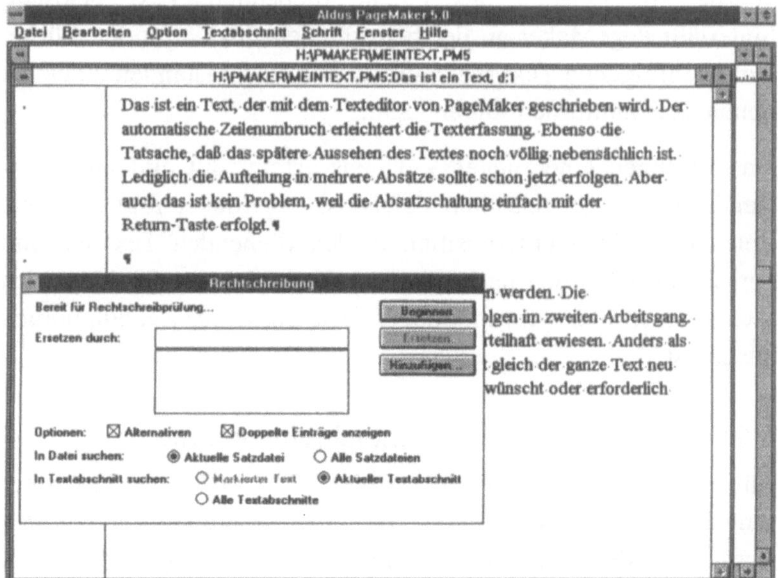

Das Dialogfeld der Rechtschreibkontrolle öffnet sich als eigenständiges Fenster, das ausschließlich über das eigene Systemmenü verlassen werden kann. Nach dem Aufruf stellt PageMaker lediglich die Bereitschaft zur Rechtschreibkontrolle her. Der Beginn erfolgt erst nach Anklicken der Schaltfläche [Beginnen].

PageMaker meldet alle Wörter als fehlerhaft, die im Wörterbuch nicht enthalten sind. Dadurch kann es passieren, daß auch korrekt geschriebene Wörter herausgefiltert werden.

Übungsbeispiel

- Der Ablauf einer Rechtschreibprüfung läßt sich am besten anhand eines Beispiels erklären. Öffnen Sie deshalb die Satzdatei KORREKT.PM5 aus Ihrem Übungsverzeichnis. Diese Datei enthält lediglich einen Textblock, der eigens für die Rechtschreibkontrolle angelegt wurde, also bewußt falsch geschriebene Wörter enthält. Klicken Sie nach dem Öffnen dieser Datei den Textblock an, und wechseln Sie in den Textmodus. Rufen Sie dann die Rechtschreibkontrolle auf, und starten Sie diese.

An dieser Stelle möchte ich gern einen Hinweis zum Öffnen fremder PageMaker-Dateien geben. Eng verknüpft mit einem PageMaker-Dokument ist die Auswahl eines Druckers, auf dem die Publikation ausgegeben wird. Gewöhnlich handelt es sich dabei um den Drucker, der am Arbeitsplatz angeschlossen und unter Windows als Standarddrucker angemeldet ist. Natürlich haben nicht alle meine Leser den gleichen Drucker, so daß es normal ist, daß PageMaker beim Öffnen einer Übungsdatei den betreffenden Druckertreiber nicht findet. Dies wird zunächst mit einem globalen Dateifehler angezeigt und anschließend mit folgendem Hinweisfenster.

Fremde PM-
Dateien öffnen

Abbildung 3.25.:
Hinweis, wenn
Druckertreiber
nicht gefunden
wird

Klicken Sie die Schaltfläche [Weiter] an, und wählen Sie später im Dokument einen neuen Drucker aus.

Des weiteren kann es sein, daß in der fremden PageMaker-Datei Schriften angewendet wurden, die auf Ihrem PC unter Windows nicht angeboten werden. Auch hier wird PageMaker 5.0 eine solche Situation erkennen und eine entsprechende Maßnahme einleiten.

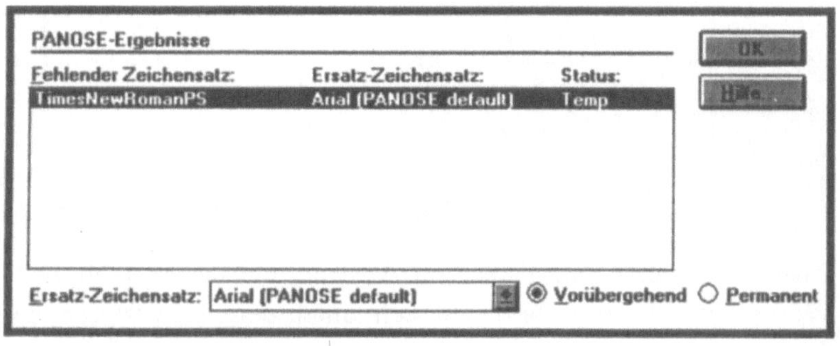

Abbildung 3.26.:
Dialogfeld zur
Schrifterkennung

In der Spalte *Fehlender Zeichensatz* werden die unbekannten Schriftarten aufgelistet und jeweils daneben in der Spalte *Ersatz-Zeichensatz* eine alternative Schriftart angeboten, die auf Ihrem PC vorhanden ist. In der Auswahlliste *Ersatz-Zeichensatz* läßt sich die alternative Schriftart individuell auswählen. Entscheiden Sie mit den Optionen *Vorübergehend* oder *Permanent*, ob eine Ersatzschrift nur für diese Anwendung herangezogen werden soll oder auch künftig, wenn wieder die gleiche unbekannte Schrift vorgefunden wird.

Machen wir nun mit der Rechtschreibkontrolle weiter.

Das erste Wort, das PageMaker als fehlerhaft erkennt, ist das Wort »Arbitsfähigkeit«. Im Text wird dieser Begriff markiert und gleichzeitig im Dialogfeld der Rechtschreibkontrolle im Eingabefeld *Ersetzen durch* wiederholt. In diesem Eingabefeld läßt sich das Wort wie ein normaler Text editieren, d. h. der Cursor wird an die falsch geschriebene Stelle im Wort angeklickt und über die Tastatur korrigiert.

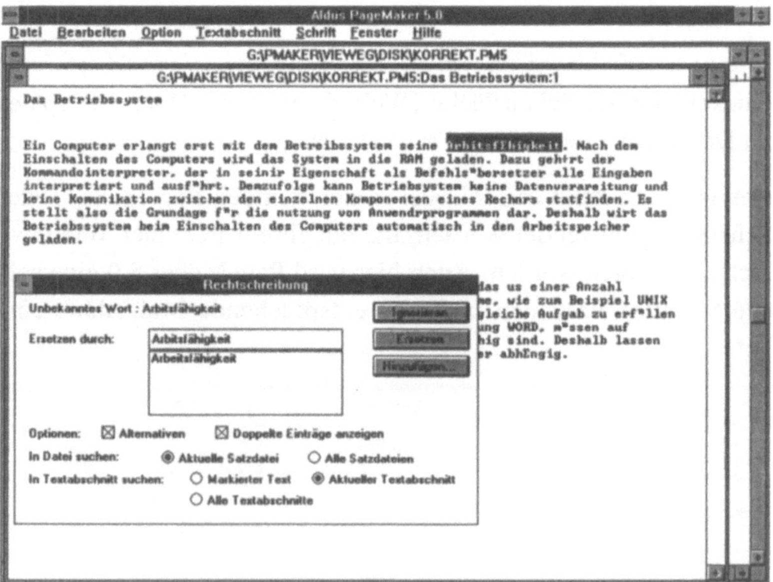

Abbildung 3.27.: Dialogfeld der Rechtschreibkontrolle mit Korrekturvorschlag

Ansonsten bietet PageMaker im Auswahlfeld darunter ähnliche Wörter an. Meistens befindet sich unter den Alternativen das richtige Wort, das sich durch Mausklick in das Eingabefeld übertragen läßt.

Das korrekt geschriebene Wort befindet sich in der Vorschlagsliste. Klicken Sie dieses Wort an und anschließend die Schaltfläche [Ersetzen]. Das ausgewählte Wort wird anstelle des falschen in den Text übernommen.

Das nächste fehlerhafte Wort heißt »RAM«, die Bezeichnung des Arbeitsspeichers eines Computers. Dieses Wort oder besser gesagt diese Abkürzung (Random Access Memory) ist richtig geschrieben und kann deshalb ignoriert werden. Klicken Sie hierzu die Schaltfläche [Ignorieren] an. PageMaker läßt daraufhin das gefundene Wort unangetastet und sucht im Text nach dem nächsten unbekannten bzw. fehlerhaften Wort.

Jetzt findet die Rechtschreibkontrolle das Wort »Kommandointerpreter«. Auch dieses Wort ist richtig geschrieben. Es soll diesmal aber nicht ignoriert, sondern in das Wörterbuch aufgenommen werden, weil es möglicherweise auch künftig häufiger verwendet wird. Vor der Aufnahme eines neuen Wortes in das Wörterbuch ist natürlich sicherzustellen, daß die Orthographie tatsächlich korrekt ist. Ansonsten wird das Wort fehlerhaft in das Wörterbuch eingetragen.

Zur Aufnahme ist die Schaltfläche [Hinzufügen] anzuklicken. Ein Dialogfeld wird eingeblendet, in dem nochmals der aufzunehmende Begriff aufgeführt ist. Hier wäre die letztmalige Gelegenheit, das Wort zu korrigieren.

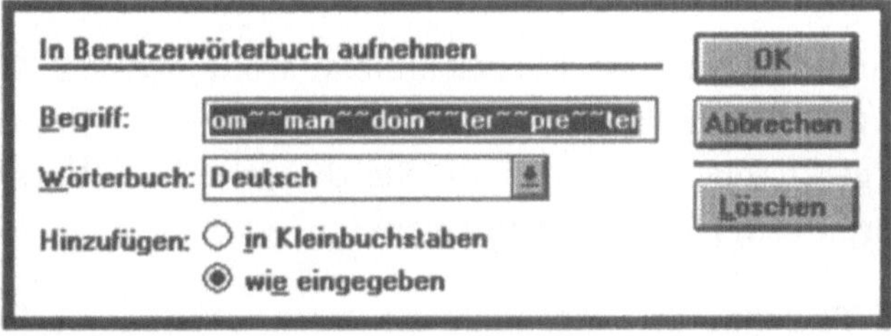

Abbildung 3.28.: Dialogfeld für die Aufnahme eines Wortes in ein Wörterbuch

Innerhalb des Wortes sind Trennvorschläge eingetragen, die mit Tilden (~) gekennzeichnet sind. Auch diese Einträge lassen sich wie normaler Text verändern, was durchaus in der Praxis vorkommen kann. Nicht immer werden Trennvorschläge korrekt eingetragen und mitunter werden zusammengesetzte Wörter durch Silbentrennung nach bestimmten Silben sinnentstellt.

Die Trennvorschläge lassen sich hierarchisch strukturieren. Eine Tilde (~) bedeutet, daß dieser Trennvorschlag bevorzugt verwendet werden soll. Zwei und drei Tilden (~~) kennzeichnen zweit- und drittrangige Trennstellen, die nur in Ausnahmefällen angewendet werden.

Unterhalb des Eingabefeldes für das hinzuzufügende Wort wird das gegenwärtig aktive Wörterbuch angezeigt. Soll das Wort in ein anderes Wörterbuch aufgenommen werden, ließe sich dieses über die Drop-down-Liste auswählen.

Die Eintragung in das ausgewählte Wörterbuch erfolgt mit ⏎ oder durch Anklicken der Schaltfläche [OK].

Wurde versehentlich ein Wort in falscher Schreibweise aufgenommen, erlaubt PageMaker das Entfernen aus dem Wörterbuch über die Schaltfläche [Löschen]. Das zu löschende Wort muß als Begriff in dem Dialogfeld eingetragen sein.

Nach dem Aufnehmen eines Wortes muß die Rechtschreibkontrolle durch Anklicken der Schaltfläche [Weiter] fortgesetzt werden. PageMaker sucht im Beispieltext weiter und findet das Wort »seinir«, was natürlich »seiner« heißen muß. Auch diesmal ist das richtige Wort in der Auswahlliste enthalten und kann durch Anklicken in das Eingabefeld übertragen werden. Anschließend wird die Schaltfläche [Ersetzen] angeklickt, um das ausgewählte Wort in den Text zu übernehmen.

Übungsbeispiel

- Führen Sie jetzt die Rechtschreibkontrolle für den Rest des Textes selbständig fort. Entscheiden Sie beim Auffinden richtig geschriebener Wörter, ob Sie das jeweilige Wort in das Wörterbuch aufnehmen möchten.

Ist das Textende erreicht, muß die Rechtschreibkontrolle über dessen Systemmenü verlassen werden. Eine automatische Rückkehr in den Textmodus erfolgt nicht.

Vielleicht ist es Ihnen aufgefallen, daß am Anfang des Textes ein fehlerhaftes Wort nicht erkannt wurde: »Betreibssystem«.

Dies ist ein Beispiel dafür, daß eine automatische Rechtschreibkontrolle nicht als Garantie für einen anschließend fehlerfreien Text angesehen werden darf. Dabei ist es völlig egal, ob es sich um die Rechtschreibkontrolle von PageMaker oder einer anderen Software handelt. Auch Wörter, bei denen die richtige Schreibweise erst aus dem inhaltlichen Zusammenhang des Textes hervorgeht, werden übergangen.

Im Fenster der Rechtschreibkontrolle werden insgesamt sechs Optionen angeboten, die eine Prüfung individuell steuern.

Optionen

In Datei suchen

Aktuelle Satzdatei bedeutet, daß eine Rechtschreibprüfung ausschließlich in der gegenwärtig aktiven Datei ausgeführt wird.

Alle Satzdateien bewirkt, daß die Texte aller gegenwärtig geöffneten Satzdateien auf Rechtschreibung geprüft werden.

Im Textabschnitt

Wird eine Rechtschreibprüfung ausschließlich in der aktuellen Satzdatei ausgeführt, läßt sich der Umfang der Kontrolle mit den folgenden drei Optionen weiter eingrenzen.

Markierter Text bedeutet, daß ausschließlich ein zuvor markierter Textabschnitt auf Rechtschreibung untersucht wird.

Aktueller Textabschnitt bewirkt eine vollständige Rechtschreibprüfung des aktiven Textblocks.

Alle Textabschnitte führt eine Rechtschreibprüfung aller Textblöcke in der aktiven Datei aus.

3.5.2 Suchen und Ersetzen von Texten

Um bestimmte Textstellen innerhalb eines langen Textes schnell zu finden, bietet PageMaker im Textmodus die Funktion *Suchen...* im Pull-down-Menü *Option* an. Über die Tastatur läßt sich diese Option mit [Strg][8] aufrufen. Das Dialogfeld hat den gleichen Status wie das der Rechtschreibkontrolle. Es handelt

Suchen von Texten

sich also um ein eigenständiges Fenster, was ausschließlich über dessen Systemmenü geschlossen werden kann.

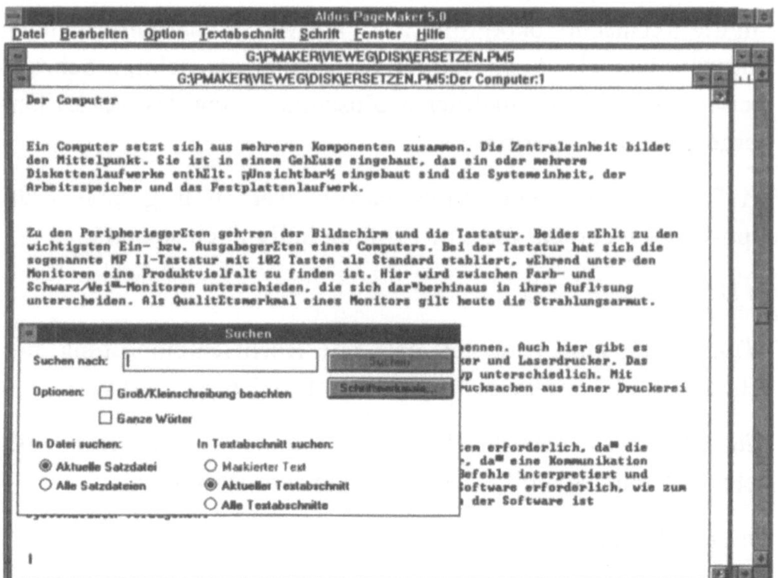

Abbildung 3.29.:
Dialogfeld
Suchen im
Texteditor

Im Eingabefeld *Suchen nach* wird der Begriff eingetragen, den PageMaker im Text finden soll. Die Suche beginnt grundsätzlich an der Cursorposition in Richtung Textende, sobald durch Anklicken der Schaltfläche [Suchen] oder mit ⏎ der Suchvorgang ausgelöst wurde. Findet PageMaker den Suchbegriff zum erstenmal, wird das gefundene Wort im Text markiert. Das Dialogfenster bleibt geöffnet. Die Schaltfläche [Suchen] hat jetzt eine neue Beschriftung erhalten: [Nächstes suchen]. Das bedeutet, durch nochmaliges Anklicken oder ⏎ wird die Suche fortgesetzt. Dieser Vorgang kann beliebig oft wiederholt werden, bis PageMaker die Textpassage gefunden hat, die der Anwender gemeint hat, oder bis das Textende erreicht ist.

Wird der Suchbegriff nicht oder nicht mehr gefunden, meldet PageMaker in einem kleinen Informationsfenster, daß die Suche beendet ist. Diese Information wird mit ⏎ oder durch Anklicken der Schaltfläche [OK] ausgeblendet. Die Suchfunktion bleibt aber geöffnet. Sie muß manuell über das Systemmenü geschlossen werden.

Befand sich der Cursor beim Aufruf der Suchfunktion nicht am Textanfang, fragt PageMaker beim Erreichen des Textendes, ob am Beginn des Textes mit der Suche fortgefahren werden soll.

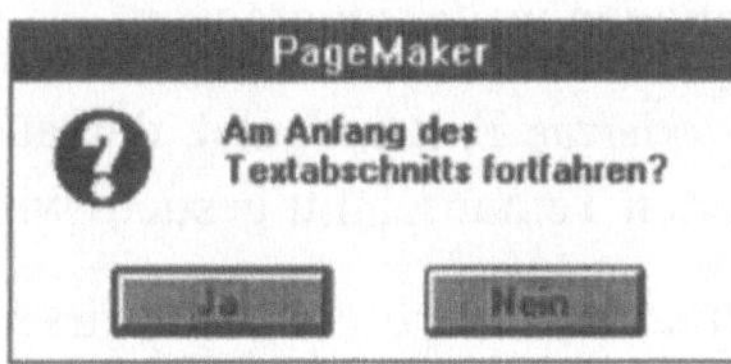

Abbildung 3.30.: Schlußmeldungen der Suchfunktion

Übungsbeispiel

- Öffnen Sie die Satzdatei ERSETZEN.PM5, klicken Sie den Text an und wechseln Sie in den Texteditor.

- Rufen Sie die Suchfunktion auf und suchen Sie nach dem Wort »Drucker«.

- Wiederholen Sie die Suche unter Anwendung der Optionen *Groß/Kleinschreibung beachten* und *Ganze Wörter*.

Haben Sie den Parameter *Groß/Kleinschreibung* ausgewählt, sucht PageMaker den Suchbegriff ausschließlich in der Schreibweise, wie er im Dialogfeld eingetragen wurde.

Der zweite Parameter *Ganze Wörter* bewirkt, daß der Suchbegriff nur als eigenständiges Wort gesucht wird. Haben Sie zum Beispiel »Drucker« eingegeben, wird PageMaker bei aktivem Parameter *Ganze Wörter* auch nur das Wort »Drucker« finden, nicht aber die Wörter »Druckertreiber«, »Druckereinrichtung«, »Tintenstrahldrucker« usw.

Auch bei der Suchfunktion stehen verschiedene Optionen zur Verfügung, die Sie im Rahmen der Rechtschreibkontrolle schon kennengelernt haben.

In Datei suchen

Aktuelle Satzdatei bedeutet, daß eine Suche ausschließlich in der gegenwärtig aktiven Datei ausgeführt wird.

Alle Satzdateien bewirkt, daß der Suchbegriff in allen gegenwärtig geöffneten Satzdateien gesucht wird.

Im Textabschnitt

Wird eine Suche ausschließlich in der aktuellen Satzdatei ausgeführt, läßt sich der Umfang der Suche mit den folgenden drei Optionen weiter eingrenzen.

Markierter Text bedeutet, daß ausschließlich in einem zuvor markierten Textabschnitt gesucht wird.

Aktueller Textabschnitt bewirkt eine vollständige Suche im aktiven Textblock.

Alle Textabschnitte führt eine Suche in allen Textblöcken in der aktiven Datei aus.

Schriftmerkmale suchen

In der Suchfunktion wird die Schaltfläche [Schriftmerkmale...] angeboten. Dahinter verbirgt sich ein Dialogfeld, in dem verschiedene Formatierungsmerkmale, wie zum Beispiel Fettdruck als Suchkriterium festgelegt werden können. Wird hier eine Auswahl getroffen, wird das Suchwort ausschließlich in der festgelegten Formatierung gesucht. Im Dialogfenster der Suchfunktion wird der Name des Eingabefeldes *Suchen nach* unterstrichen, als Hinweis, daß Gestaltungsmerkmale als Kriterium festgelegt wurden.

Bleibt das Eingabefeld *Suchen nach* leer, sucht PageMaker im gesamten Text ausschließlich nach Zeichenketten, die die ausgewählten Formatierungsmerkmale aufweisen, egal welcher Begriff dabei gefunden wird.

Abbildung 3.31.:
Dialogfeld zum
Festlegen von
Schriftmerkmalen

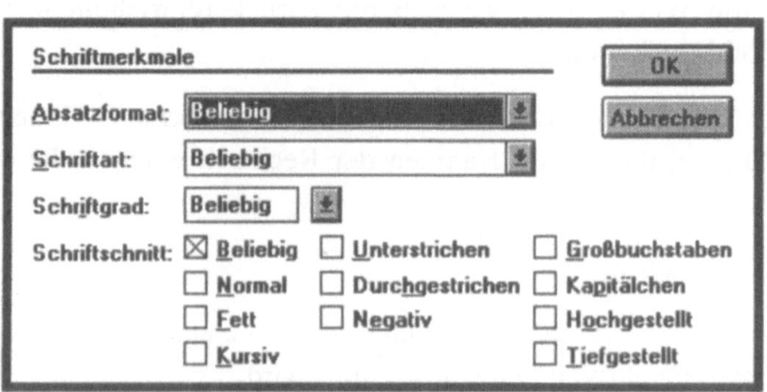

Die Einträge *Beliebig* bewirken, daß bei der Suche keine Formatierungsmerkmale berücksichtigt werden.

Eine verwandte Funktion ist *Ersetzen*. Sie steht ebenfalls ausschließlich im Textmodus zur Verfügung. Das Dialogfenster, das nach dem Aufruf der Funktion *Ersetzen...* im Pull-down-Menü *Option* eingeblendet wird, unterscheidet sich kaum von dem der Suchfunktion. Die wichtigste Ergänzung ist ein zweites Eingabefeld, in dem der Begriff eingegeben werden kann, der anstelle des Suchbegriffs im Text eingefügt werden soll.

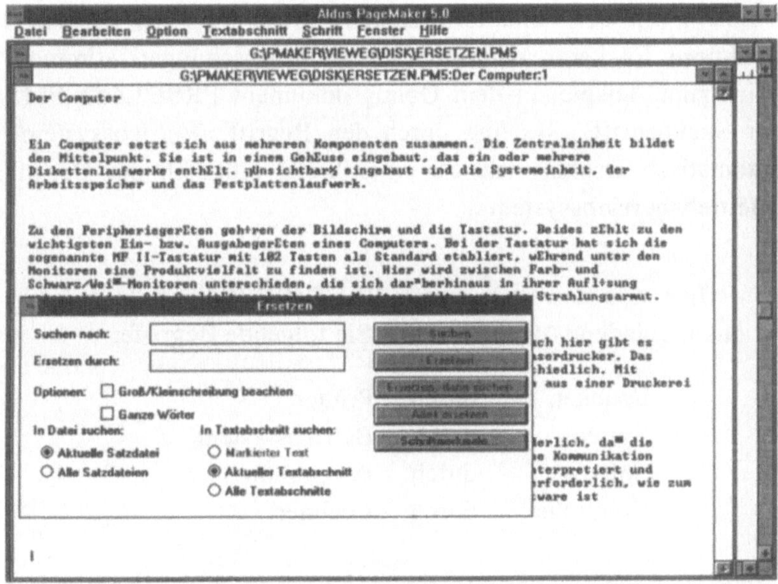

Im Eingabefeld *Suchen nach* wird der Suchbegriff eingegeben, der gegen einen neuen Begriff ersetzt werden soll. Dieser neuer Begriff ist im zweiten Eingabefeld *Ersetzen durch* zu definieren. Anschließend läßt sich der Suchvorgang mit vier Schaltflächen steuern. Die Schaltfläche [Suchen] löst lediglich den Suchvorgang aus. Ersetzt wird das gefundene Wort aber noch nicht. Nach dem ersten Suchen ändert sich die Beschriftung der Schaltfläche in [Nächstes suchen] für die Weitersuche.

Mit der Schaltfläche [Ersetzen] wird der gefundene Suchbegriff gegen eine neue Zeichenkette ersetzt. Anschließend wird mit der Schaltfläche [Nächstes suchen] die Suchfunktion wiederholt.

Die dritte Schaltfläche [Ersetzen, dann suchen] steuert die Funktion halbautomatisch. Nach dem Ersetzen eines Suchbegriffs wird automatisch die Suche fortgesetzt.

Ein vollautomatischer Ablauf der Funktion wird mit der Schaltfläche [Alles ersetzen] erzielt. PageMaker arbeitet den gesamten Text ab und ersetzt alle vorkommenden Suchbegriffe durch einen neuen Begriff.

Vorsicht mit der vollautomatischen Abwicklung der Ersetzen-Funktion! Es kann zu unliebsamen Überraschungen kommen. Wird zum Beispiel in dem Übungsdokument ERSETZEN.PM5 der Suchbegriff »System« durch den Begriff »Betriebssystem« automatisch ersetzt, steht an einer Stelle plötzlich der Begriff »Betriebs**betriebs**system«.

Übungsbeispiel

- Öffnen Sie das Dokument ERSETZEN.PM5 (falls es nicht mehr geladen ist) und ersetzen Sie folgende Begriffe:

Drucker	durch	Printer
System	durch	Betriebssystem
Software	durch	Programme
Computer	durch	Rechner

Schriftmerkmale ersetzen

Als Erweiterung zu der Suchfunktion nach Schriftmerkmalen lassen sich Formatierungsmerkmale auch ersetzen. Auch dieses Dialogfeld unterscheidet sich von dem der Suchfunktion lediglich dadurch, daß weitere Eingabefelder für die Festlegung der neuen Merkmale hinzugekommen sind.

Abbildung 3.33.: Dialogfeld *Schriftmerkmale ersetzen* der Funktion *Ersetzen*

3.5.3 Markieren von Texten

Viele Arbeitsschritte setzen das vorherige Markieren eines Textbereiches voraus. Markiert ist eine Zeichenkette, wenn sie invertiert dargestellt wird. Soll Text im Layoutmodus markiert werden, ist zuvor das Textwerkzeug in der Funktionenbox auszuwählen. Mit dem Positionierwerkzeug, oder Zeigefunktion, lassen sich ausschließlich Objekte aktivieren, nicht aber einzelne Textpassagen markieren. Für das Markieren mit unterschiedlichen Zielsetzungen bietet PageMaker folgende Möglichkeiten an:

Mausbedienung

- Ziel: Einen beliebigen Text markieren.

  Verfahren: Vor dem ersten Zeichen anklicken und bei gedrückter linker Maustaste über den Text ziehen.

  Anwendung im: Text- und Layoutmodus

- Ziel: Einen beliebigen Text markieren.

  Verfahren: Den Mauszeiger vor das erste Zeichen setzen und klicken. Dann den Mauszeiger an das Ende des zu markierenden Bereichs führen und dort bei gedrückter ⇧ - Taste nochmals anklicken.

  Anwendung im: Text- und Layoutmodus

- Ziel: Ein Wort markieren.

  Verfahren: Doppelklick in das zu markierende Wort.

  Anwendung im: Text- und Layoutmodus

- Ziel: Markierung wortweise erweitern.

  Verfahren: Doppelklick auf dem ersten Wort und die Maustaste beim zweiten Klicken festhalten und ziehen.

  Anwendung im: Text- und Layoutmodus

Ziel: Einen Absatz markieren.

•

Verfahren: Dreifachklick in den betreffenden Absatz.
                         Ist die Druckformatspalte im Textmodus
                         eingeblendet, läßt sich ein Absatz auch
                         markieren, indem in der Druckformatspalte
                         vor der ersten Zeile einmal angeklickt
                         wird.

Anwendung im: Text- und Layoutmodus; das Verfahren
                         über die Druckformatspalte nur im Text-
                         modus.

 **Tastaturbedienung**

- Ziel: Zeichenweise markieren.
  Verfahren: ⬆➡ oder ⬆⬅
  Anwendung im: Text- und Layoutmodus

- Ziel: Zeilenweise markieren.
  Verfahren: ⬆⬇ oder ⬆⬆
  Anwendung im: Text- und Layoutmodus

- Ziel: Ab Cursorposition bis zum Zeilenende
                         oder bis zum Zeilenanfang markieren.
  Verfahren: ⬆ Ende oder ⬆ Pos1
  Anwendung im: Text- und Layoutmodus

- Ziel: Ab Cursorposition bis zum Beginn des
                         nächstfolgenden Wortes markieren.
  Verfahren: Strg ⬆ ➡
  Anwendung im: Text- und Layoutmodus

- Ziel: Ab Cursorposition bis zum Beginn des
                         aktuellen Wortes markieren

Verfahren: $\boxed{\text{Strg}}\ \boxed{\Uparrow}\ \boxed{\leftarrow}$

Anwendung im: Text- und Layoutmodus

- Ziel: Ab Cursorposition bis zum Anfang des Absatzes markieren.

Verfahren: $\boxed{\text{Strg}}\ \boxed{\Uparrow}\ \boxed{\uparrow}$

Anwendung im: Text- und Layoutmodus

- Ziel: Ab Cursorposition bis zum Ende des Absatzes markieren.

Verfahren: $\boxed{\text{Strg}}\ \boxed{\Uparrow}\ \boxed{\downarrow}$

Anwendung im: Text- und Layoutmodus

- Ziel: Ab Cursorposition bis zum Anfang des Satzes markieren.

Verfahren: $\boxed{\text{Strg}}\ \boxed{\Uparrow}\ \boxed{\text{Pos1}}$

Anwendung im: Text- und Layoutmodus

- Ziel: Ab Cursorposition bis zum Ende des Satzes markieren.

Verfahren: $\boxed{\text{Strg}}\ \boxed{\Uparrow}\ \boxed{\text{Ende}}$

Anwendung im: Text- und Layoutmodus

- Ziel: Ab Cursorposition bis zum Anfang des Textes markieren.

Verfahren: $\boxed{\text{Strg}}\ \boxed{\Uparrow}\ \boxed{\text{Bild}\uparrow}$

Anwendung im: Text- und Layoutmodus

- Ziel: Ab Cursorposition bis Ende des Textes markieren.

Verfahren: $\boxed{\text{Strg}}\ \boxed{\Uparrow}\ \boxed{\text{Bild}\downarrow}$

Anwendung im: Text- und Layoutmodus

- Ziel: Ab Cursorposition bis zum Anfang einer
                    Seite bzw. Spalte markieren

  Verfahren: ⟨⇧⟩⟨Bild↑⟩

  Anwendung im: Layoutmodus

- Ziel: Ab Cursorposition bis zum Ende einer
                    Seite bzw. Spalte markieren.

  Verfahren: ⟨⇧⟩⟨Bild↓⟩

  Anwendung im: Layoutmodus

- Ziel: Den gesamten Text eines Textblocks mar-
                    kieren.

  Verfahren: *Bearbeiten / Alles Markieren*

                    ⟨Strg⟩⟨M⟩

  Anwendung im: Text- und Layoutmodus

3.5.4 Text in das Layout übertragen

Zum Umschalten vom Text- in den Layoutmodus wird der
gleiche Weg eingeschlagen, der zuvor in den Textmodus geführt
hat. Die Option *Textmodus* im Pull-down-Menü *Bearbeiten* heißt
jetzt allerdings *Layoutmodus*, steht aber an der gleichen Position,
also am Ende der Funktionenliste. Die Tastenkombination zum
schnellen Umschalten ist nach wie vor ⟨Strg⟩⟨·⟩.

Nach der Rückkehr in den Layoutmodus bekommt der Mauszeiger wieder die Form einer symbolisierten Textseite. Jetzt wird
an einer beliebigen Position, möglichst aber innerhalb des Satzspiegels, mit diesem Mauszeiger angeklickt. Daraufhin fließt der
Text in das Layout ein.

Steht die Position im Layout für diesen Textblock noch nicht fest,
kann er zunächst auf der Montagefläche abgelegt und erst später
in das Layout verschoben werden. Die Objekte, die sich auf der
Montagefläche befinden, bleiben auch bei einem Seitenwechsel
sichtbar.

3.6 Textimporte

Für das Erfassen von Texten ist es nicht unbedingt erforderlich, den Texteditor von PageMaker zu verwenden. Es ist auch denkbar, ein seperates Textverarbeitungsprogramm zu benutzen, was in der Praxis auch meistens der Fall ist. Häufig werden Texte für eine Publikation an anderer Stelle geschrieben und dann auf Diskette gespeichert zur Layoutmontage dem PageMaker-Arbeitsplatz angeliefert.

Für das Gelingen des Imports ist es wichtig, daß bei der Installation von PageMaker entsprechende Importfilter ausgewählt wurden. Wird zum Beispiel mit der Textverarbeitung WORD gearbeitet, muß der Filter »Microsoft Word Import« installiert sein. Ist das nicht der Fall, muß eine Nachinstallation erfolgen.

Textimporte können sowohl im Layout- als auch im Textmodus ausgeführt werden. Nach dem Aufruf der jeweiligen Importfunktion werden in einem Dialogfeld alle Fremddateien angeboten, die sich entsprechend der installierten Filter importieren lassen.

Die Importfunktion im Layoutmodus befindet sich im Pull-down-Menü *Datei* und heißt *Positionieren...* Diese Funktion läßt sich mit der Tastenkombination ⎡Strg⎤⎡P⎤ aufrufen. Es folgt ein Dialogfeld, in dem eine Textdatei für den Import ausgewählt werden kann. Die übliche Erweiterung für Textdokumente ist TXT oder DOC. In Einzelfällen kann es sich aber auch um anderslautende Erweiterungen handeln.

Import im
Layoutmodus

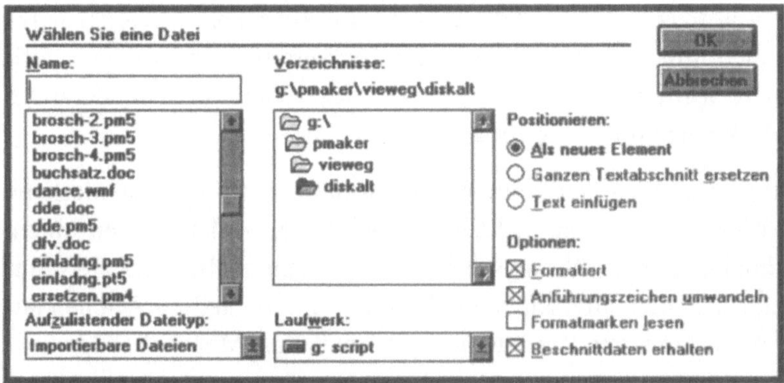

Abbildung 3.34.:
Dialogfeld zur
Auswahl einer zu
importierenden
Datei

Da die Funktion *Positionieren...*nicht nur ausschließlich für den Import von Textdateien angewendet wird, werden im Dialogfeld auch andere Dokumente zur Auswahl angeboten, sofern solche im aktuellen Verzeichnis gespeichert sind.

Die üblichen Erweiterungen für Textdokumente sind DOC oder TXT. In Einzelfällen kann es sich auch um anderslautende Erweiterungen handeln, wie zum Beispiel WRI bei Dateien, die mit Windows Write angelegt werden.

Nach der Auswahl einer Textdatei in der Dateiliste wird der Name der ausgewählten Datei automatisch in das Eingabefeld *Name* kopiert. Gleichzeitig werden einige Optionen eingeblendet.

Rechts neben dem Eingabefeld *Name* informiert PageMaker über den gegenwärtig aktiven Pfad, in dem die zur Auswahl stehenden Dateien gespeichert sind. Ein Verzeichniswechsel ist im Bedarfsfall in der Auswahlliste *Verzeichnisse* vorzunehmen. Ein anderes Laufwerk wird über die separate Drop-down-Liste *Laufwerke* ausgewählt.

Wurde im Layout kein Text markiert oder kein Textblock angeklickt, ist im Dialogfeld unter dem Begriff *Positionieren* lediglich die erste Option *Als neues Element* eingeblendet und somit auswählbar. Da keine Alternativen zur Verfügung stehen, bleibt der Markierungspunkt dort immer gesetzt.

Im unteren Teil rechts des Dialogfeldes befinden sich unter dem Begriff *Optionen* weitere Kriterien für den Textimport.

Formatiert | *Formatiert* bedeutet, daß der Text mit allen Formatierungsmerkmalen importiert wird, die in der Textverarbeitungssoftware definiert wurden. Wird diese Option deaktiviert, bleiben derartige Merkmale unberücksichtigt.

Anführungs-
zeichen
umwandeln | *Anführungszeichen umwandeln* bezieht sich auf gewöhnliche Anführungszeichen (⇧ 2). Typografisch wird zwischen einem einleitenden Anführungszeichen und einem schließenden Anführungszeichen unterschieden. Da aber nur ein einziges Zeichen auf der Tastatur zur Verfügung steht, muß PageMaker die Zeichendarstellung umwandeln können.

Formatmarken lesen

Formatmarken lesen übersetzt bei Aktivierung einen Begriff, der im Text am Anfang eines jeden Absatzes in spitzen Klammern definiert wurde, in eine Formatierung. Anwenden läßt sich diese Option im Zusammenhang mit Druckformatvorlagen, auf die später näher eingegangen wird.

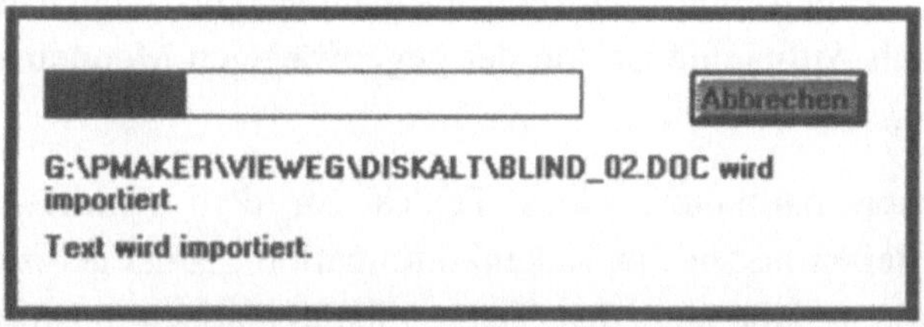

Abbildung 3.35.: Infofenster über den Stand des Imports

Nach der Auswahl einer zu importierenden Datei und der Befehlsbestätigung gibt PageMaker ein Informationsfenster aus, in dem anhand eines Laufbalkens der Stand des Imports angezeigt wird.

Nach vollständigem Einlesen des Dateiinhalts wird das Fenster geschlossen und in das Layout zurückgekehrt. Dort erhält der Mauszeiger wieder die Form symbolisierter Textzeilen. An der Position, an der jetzt im Layout angeklickt wird, fließt der importierte Text in das Layout ein.

Je nach Länge des Textes ist zu entscheiden, ob das Einfließen manuell oder automatisch ausgeführt werden soll. Das Umschalten kann vor oder nach dem Import erfolgen, aber spätestens vor dem Einfließen des Textes. Umgeschaltet wird mit der Funktion *Autom. Textanschluß* im Pull-down-Menü *Layout*. Befindet sich vor dem Eintrag ein Häkchen, ist die Funktion aktiv, ansonsten deaktiv.

Manueller Textanschluß

Beim manuellen Textanschluß fließt der Text lediglich bis zum Ende des Satzspiegels der aktuellen Seite in das Layout ein. Reicht der Platz nicht aus, entsteht im unteren Anfasser des Textblocks ein Dreieck. Durch Anklicken in diesem Anfasser wird der übrige Text neu aufgenommen und kann auf einer folgenden Seite durch Anklicken weiterfließen.

Autom. Textanschluß

Beim automatischen Textanschluß führt PageMaker einen Seitenumbruch aus. Der Text fließt auf der Folgeseite weiter, wenn auf der aktuellen Seite nicht genügend Platz vorhanden ist. Bei Bedarf wird eine neue Seite dem Dokument hinzugefügt.

Schnelles Umschalten

Ist ein Text bereits durch Anklicken des unteren Anfassers des Textblocks aufgenommen worden, kann durch Drücken der Strg - Taste vom manuellen in den automatischen Textanschluß umgeschaltet werden, oder natürlich auch umgekehrt. Die Ausgangsbasis nach Aufnahme ist von der gegenwärtigen Menüeinstellung abhängig.

halbautom. Textanschluß

Wird nach Aufnahme eines Textes vor dem Anklicken zum Weiterfließen lassen die Tastenkombination Strg ⇧ gedrückt und festgehalten, läßt sich der Text halbautomatisch positionieren. Der Mauszeiger zeigt die gleiche Form wie beim automatischen Textanschluß, der geschwungene Pfeil wird jedoch mit einer schwächeren Strichstärke dargestellt.

Wird in diesem Modus an einer Position angeklickt, fließt der Text nur bis zum Seiten- oder Spaltenende. PageMaker verhält sich wie bei einem manuellen Textanschluß, eine manuelle Neuaufnahme des noch nicht eingeflossenen Textes entfällt allerdings. Der Mauszeiger behält die Form des Textanschlusses, so daß sofort an einer neuen Position angeklickt werden kann.

Soll der Textimport abgebrochen werden, nachdem der eigentliche Import bereits stattgefunden hat, aber der Text noch nicht im Layout eingeflossen ist, wird in der Funktionenbox das Zeigewerkzeug angeklickt. Der Mauszeiger erhält seine ursprüngliche Form zurück.

ASCII-Import

Wird als Importdatei ein Textdokument gewählt, das im ASCII-Format gespeichert ist, blendet PageMaker ein Dialogfeld ein, in dem verschiedene Kriterien zur Steuerung eines ASCII-Imports festzulegen sind.

Es beginnt mit der Option *Zusätzliche Zeilenschaltungen entfernen*. ASCII-Texte haben gewöhnlich am Ende einer jeden Zeile eine Absatzmarke, d. h. jede Zeile ist ein eigenständiger Absatz, was die Weiterbearbeitung erschwert.

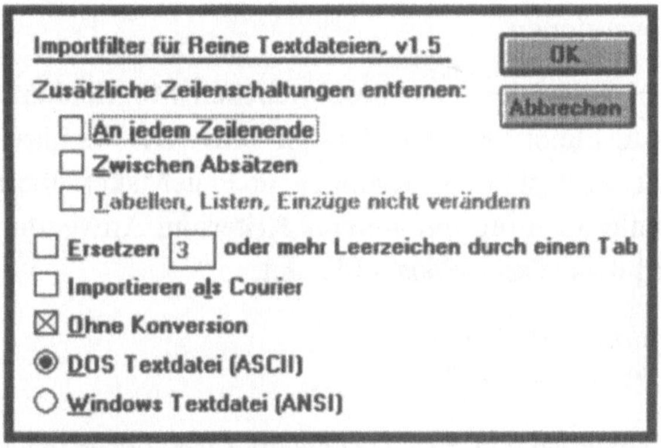

Abbildung 3.36.: Dialogfeld beim Importieren einer Datei im ASCII-Format

An jedem Zeilenende

PageMaker entfernt alle Absatzmarken an den Zeilenenden. Dadurch entsteht wieder ein Fließtext mit automatischem Zeilenumbruch.

Zwischen Absätzen

PageMaker entfernt alle leeren Absätze. Dies kann sinnvoll sein, wenn die Absätze später mit Abständen formatiert werden.

Tabellen, Listen und Einzüge nicht verändern

Diese Option wird erst eingeblendet, nachdem eine der beiden vorausgehenden Optionen aktiviert wurde. Sie verhindert, daß Texte in Tabellenform oder mit Leerzeichen hergestellte Einrückungen formell verändert werden.

Ersetzen 3 oder mehr Leerzeichen durch ein Tab

Wird diese Option aktiviert, zählt PageMaker aufeinander folgende Leerzeichen und ersetzt ab drei Leerzeichen diese durch einen Tabsprung. Der vorgegebene Wert 3 läßt sich beliebig vergrößern.

Importieren als Courier

Courier ist ein Schriftart, die standardmäßig von fast allen Druckern unterstützt wird. Ist die Option aktiv, wird der importierte Text mit dieser Schriftart formatiert, ansonsten behält PageMaker die eigene Standardschrift bei.

Ohne Konversionen

Wird keine der oben beschriebenen Möglichkeiten ausgewählt, bleibt die letzte Option aktiv. Der zu importierende Text wird ohne Änderungen in PageMaker übernommen. Sobald auch nur ein anderes Kriterium Anwendung findet, wird diese Option ausgeblendet.

DOS Textdatei (ASCII)
Windows Textdatei (ANSII)

Entscheiden Sie durch Auswahl einer dieser beiden Optionen, um was für einen Texttyp es sich handelt. Wurde der Text mit einem DOS-Programm geschrieben, ist die erste Option auszuwählen. Stammt der Text aus einem Windowsprogramm, zum Beispiel Windows-Notepad, ist die zweite Option wichtig. Eine korrekte Auswahl ist in bezug auf die deutschen Umlaute relevant. DOS und Windows arbeiten mit unterschiedlichen Zeichensatztabellen, die korrekt konvertiert werden müssen. Andernfalls werden anstelle der Umlaute Sonderzeichen in den Text eingetragen.

Besonderheiten des Textimports im Layout

Wurde im Layout ein Textblock mit dem Zeigewerkzeug angeklickt, bevor die Funktion *Positionieren...* aufgerufen wurde, ist im Dialogfeld zur Auswahl einer Importdatei die Option *Ganzen Textabschnitt ersetzen* zusätzlich eingeblendet. Wird diese Option aktiviert, fließt der zu importierende Text automatisch anstelle des angeklickten Textblocks in das Layout ein.

Wird vor dem Import im Layout ein bestehender Text mit dem Textwerkzeug markiert, ist auch die dritte Option *Markierten Text ersetzen* eingeblendet. Der zu importierende Text wird automatisch anstelle der markierten Zeichen in den bestehenden Textblock eingefügt.

Wird mit dem Textwerkzeug der Cursor an einer Position innerhalb eines bestehenden Textes angeklickt, ändert sich im Dialogfeld die dritte Option in *Text einfügen*. Der Text wird in diesem Fall an der Cursorposition in den bestehenden Textblock eingefügt, ohne den alten Text zu löschen.

Wird in der zweiten Optionsgruppe die Option *Formatiert* ausgewählt, importiert PageMaker den Text mit den Gestaltungsmerkmalen, die in der Textverarbeitung angewendet wurden.

Die Option *Anführungszeichen umwandeln* sorgt dafür, daß vorhandene Anführungszeichen in typografisch korrekte Anführungszeichen umgewandelt werden. In der Typografie wird zwischen einem einleitenden und einem schließenden Anführungszeichen unterschieden.

Mitunter erfordert die Praxis einen Textblock, der nicht die Breite des Satzspiegels hat und auch nicht am linken Satzspiegelrand beginnt. Ein Lösungsweg wäre natürlich, den betreffenden Textblock zu aktivieren, zusammenzuschieben und dann auf die gewünschte Position zu bewegen. Sind Breite und Position schon vor dem Importieren bekannt, läßt sich dies bereits berücksichtigen.

Textrahmen

Zunächst gleichen sich die Arbeitsschritte mit einem normalen Textimport. Das Verfahren ändert sich erst in dem Moment, in dem der Mauszeiger die Form symbolisierter Textzeilen erhalten hat. Jetzt wird **nicht** angeklickt, um den Text einfließen zu lassen. Der Mauszeiger wird an die Position geführt, an der der Textblock beginnen soll (linke obere Ecke) und bei gedrückter linker Maustaste diagonal nach unten rechts bewegt. Der Mauszeiger zieht in diesem Moment einen Rahmen auf, der auch sichtbar ist.

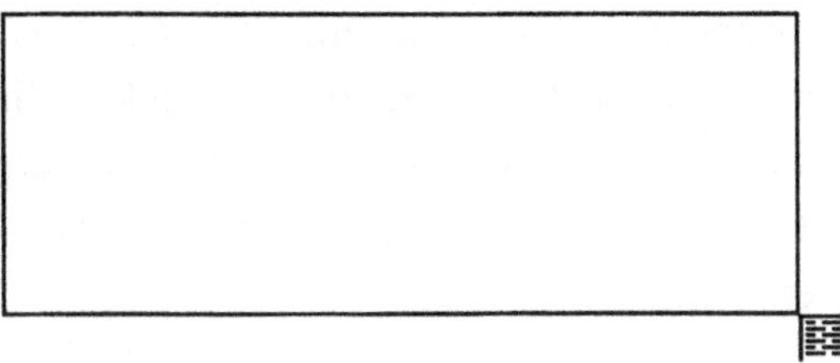

Abbildung 3.37.: Aufgezogener Textrahmen vor dem Einfließen eines importierten Textes

Ein Textimport im Texteditor unterscheidet sich in keiner Weise von einem Import im Layout. Auch hier wird im Menü *Datei* die Funktion *Positionieren...* aufgerufen und im Dialogfeld die gewünschte Importdatei ausgewählt.

Textimport im Textmodus

Nach der Auswahl einer Importdatei und der Befehlsbestätigung legt PageMaker automatisch einen neuen Textabschnitt an. Soll dies verhindert werden, weil der Importtext vielleicht einem bestehenden Text hinzugefügt werden soll, ist im Dialogfeld unter *Positionieren* die Option *Text einfügen* zu aktivieren. Weitere Besonderheiten, wie zum Beispiel das Ersetzen markierter Texte, erfolgt auf die gleiche Weise, wie sie auch im Layoutmodus ausgeführt werden.

Übungsbeispiel

- Im Übungsverzeichnis sind die Textdateien IMPORT-1.DOC und IMPORT-2.DOC (*.TXT) gespeichert. Importieren Sie diese Dateien im Layoutmodus.

- Wiederholen Sie die Arbeitsschritte und probieren Sie dabei die beschriebenen Besonderheiten aus.

- Importieren Sie die gleichen Dokumente auch im Textmodus, wobei auch hier verschiedene Varianten ausprobiert werden sollten.

3.7 Schriftgestaltung

Die Gestaltung der Schrift ist wohl das weiteste und interessanteste Feld, wenn es darum geht, einem Dokument ein individuelles Aussehen zu verleihen. Zugleich ist es aber auch der schwierigste Bereich, denn die Auswahl einer Schriftart ist nicht ganz so einfach, wie es im ersten Moment anmutet. Die gewollte Aussage eines Dokuments kann sehr schnell durch eine falsch gewählte Schriftart ins Gegenteil umschlagen. So würde zum Beispiel die Werbung eines jungen, aufstrebenden Unternehmens durch eine moderne serifenlose Schrift betont werden. Bei einem längeren Fließtext hingegen steht die Lesbarkeit im Vordergrund, was eine Serifenschrift favorisiert.

Schriftarten

Das Angebot an Schriften steht in direkter Abhängigkeit zur grafischen Benutzeroberfläche Windows. Zum Lieferumfang von Windows 3.1 gehören einige True-Type-Schriften, die sich durch freie Skalierbarkeit und durch die Wysiwyg-Fähigkeit (What you see is what you get) für den DTP-Einsatz besonders eignen. Weit verbreitet ist auch das Schriftenprogramm Adobe-Type-Manager für Windows, das ebenfalls eine Reihe frei skalierbarer Schriften anbietet. Nach Aussage von Schriftsetzern sind Adobe-Schriften den True-Type-Schriften möglichst vorzuziehen, weil mit True-Type-Schriften nicht immer eine optimale Druckqualität erzielt wird. Der Grund der Qualitätsunterschiede bei verschiedenen Schriftpaketen liegt darin, daß frei skalierbare Schriften aus Kurven bestehen, die mehrere Ankerpunkte zur Kurvenberechnung besitzen. Zwischen diesen Ankerpunkten werden die Kurven geglättet, während am Knotenpunkt selber ein Knick entsteht. Daraus resultiert die Faustregel: je mehr Ankerpunkte, desto mehr Knicke. Und genau dies trifft für True-Type-Schriften zu.

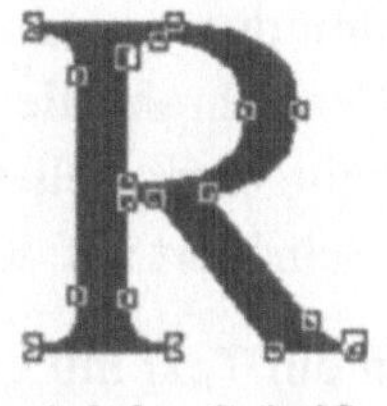

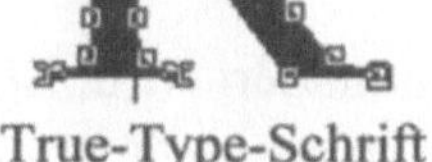
True-Type-Schrift   Adobe-Schrift

Abbildung 3.38.: Ankerpunkte bei Schriftzeichen

Sobald es um Gestaltung der Schrift geht, sind die entsprechenden Funktionen im Pull-down-Menü *Schrift* zu suchen. Hinter manchen Funktionen ist ein nach rechts zeigendes Dreieck eingetragen, das auf ein Untermenü hinweist.

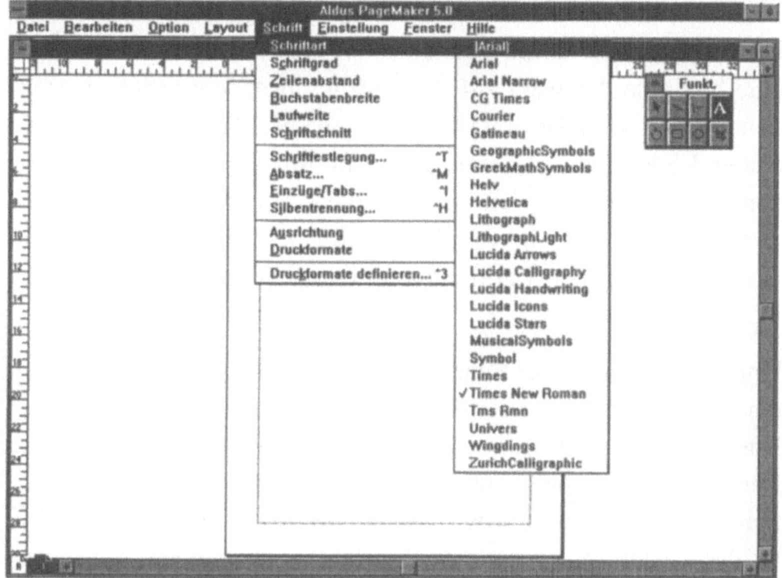

Abbildung 3.39.: Untermenü der Funktion *Schriftart* im Menü *Schrift*

Im Beispiel der Funktion *Schriftart* werden in diesem Untermenü alle zur Verfügung stehenden Schriften in alphabetischer Reihenfolge angeboten. Das Untermenü auf Ihrem Monitor muß nicht mit der obigen Abbildung übereinstimmen. Das Angebot an Schriften ist von dem individuellen Schriftenbestand unter Windows abhängig.

Eine Schriftart in der Liste ist mit einem Häkchen gekennzeichnet. Hierbei handelt es sich entweder um die Standardschrift, oder es ist die Schriftart, mit der die Schrift an der Cursorposition bereits formatiert wurde.

Im Layoutmodus bemüht sich PageMaker in Anlehnung an das Wysiwyg-Verfahren, die Schriftart möglichst originalgetreu auf dem Monitor darzustellen. Im Textmodus hingegen ist die tatsächliche Schriftart auf dem Bildschirm nicht erkennbar.

Bevor nun ein Text mit einer Schriftart formatiert wird, ist dieser zu markieren. Bei der Schriftgestaltung allgemein gilt der Grundsatz: erst markieren, dann formatieren. Anschließend wird über das Menü die gewünschte Schriftart ausgewählt. In der Schriftenliste stehen keine Schnelltasten zur Verfügung, so daß der Markierungsbalken mit den Richtungstasten ⬇ oder ⬆ bewegt werden muß. Schneller geht es natürlich durch Anklicken mit der Maus.

Obwohl offiziell keine Schnelltasten zur Verfügung stehen, ist eine bedingte Auswahl auf Tastendruck trotzdem möglich. Handelt es sich zum Beispiel bei der gewünschten Schrift um den ersten Eintrag, deren Name mit dem Buchstaben »G« beginnt, kann durch Drücken der Taste Ⓖ diese Schrift ausgewählt werden. Das Menü wird daraufhin sofort geschlossen, so daß ein Weiterbewegen der Markierung ab dieser Position nicht möglich ist.

Schiftproben | Unter den Namen der Schriften läßt sich nur schwer die Gestalt der Schriftzeichen vorstellen. Meistens handelt es sich bei den Namen der Schriften um die Familiennamen der Erfinder. In der Praxis wird deshalb häufig umformatiert, bis die passende Schriftart gefunden wurde. Um es hier etwas leichter zu haben, ist das Ausdrucken von Schriftproben zu empfehlen. Vergessen

Sie aber nicht, jeweils den Namen der gewählten Schriftart in die Schriftprobe aufzunehmen, damit der eigene Schriftenkatalog einen praktischen Nutzen erhält. Die Schriftproben könnten wie folgt aussehen:

Schriftprobe Times New Roman
AaBbCcDdEeFfGgHhIiJjKkLlMmNnOoPpQqRrSsTtUuVvWw
XxYyZz ÄäÖöÜü 1234567890

Schriftprobe Arial Narrow
AaBbCcDdEeFfGgHhIiJjKkLlMmNnOoPpQqRrSsTtUuVvWwXxYyZz
ÄäÖöÜü 1234567890

Schriftprobe Gatineau
AaBbCcDdEeFfGgHhIiJjKkLlMmNnOoPpQqRrSsTtUuVvWwX
xYyZz ÄäÖöÜü 1234567890

Wichtig ist, daß die deutschen Umlaute in die Schriftprobe aufgenommen werden. Nicht alle Schriften, die als True-Type- oder als Adobe-Schrift angeboten werden, enthalten die Umlaute. Geht dies aus dem Schriftenkatalog hervor, läßt sich in der Anwendung viel Ärger ersparen.

Die Schriftarten »Arial« und »Times New Roman« werden am häufigsten angewendet. Bei der »Times New Roman« handelt es sich um eine Serifenschrift, die gerne für Fließtexte angewendet wird, weil sie in bezug auf Lesbarkeit die besten Voraussetzungen bietet. Als Praxisbeispiel sind die Tagespresse und der Buchdruck zu nennen.

Die Schriftart »Arial« ist eine serifenlose Schrift, die sich besonders für Überschriften eignet. Unter den Adobe-Schriften wird sie ebenfalls angeboten, jedoch unter dem Namen »GillSans«.

Jede zur Auswahl stehende Schriftart läßt sich als Standard definieren. Die Auswahl der Standardschrift erfolgt auf gewohnte Weise bei geschlossenem Dokumentfenster. Die geänderte Einstellung wird beim Verlassen des Programms dauerhaft (bis zur nächsten Änderung) gespeichert.

Auswählen einer Standardschrift

 • Legen Sie ein neues Dokument an und importieren Sie die Textdatei IMPORT-1.DOC (IMPORT-1.TXT).

• Importieren Sie anschließend die Textdatei IMPORT-2.DOC (IMPORT-2.TXT) in den gleichen Textabschnitt.

• Formatieren Sie die Überschrift in der Schriftart »Arial« und den Fließtext in der Schriftart »Times New Roman«. Wählen Sie jeweils eine andere Schriftart aus, falls Sie die hier genannten Schriftarten nicht zur Verfügung haben.

• Speichern Sie das PageMaker-Dokument unter dem Namen SCHRIFT als Satzdatei im Übungsverzeichnis ab.

Schriftgrad Unter Schriftgrad ist die Größe der Schriftzeichen zu verstehen. Welche Abmessungen möglich sind, ist ebenfalls vom verwendeten Drucker abhängig. Anwender, die einen postscriptfähigen Laserdrucker angeschlossen haben, können die Schriftgröße beliebig variieren. Die Schriften sind dann frei skalierbar, was für Adobe- und True-Type-Schriften grundsätzlich zutrifft. Die Auswahl einer Schriftgröße erfolgt mit der Funktion *Schriftgrad* im Menü *Schrift*. Auch hier öffnet sich nach Aufruf ein Untermenü.

Abbildung 3.40.:
Menü *Schrift* mit
Untermenü
Schriftgrad

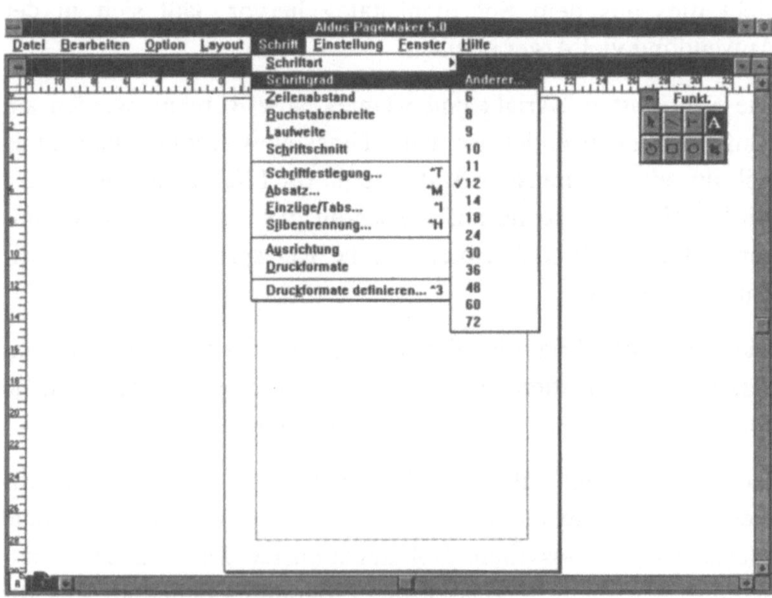

Der Schriftgrad wird in der Maßeinheit »Punkt« (Point, Pt) angegeben, bezogen auf die Schrifthöhe. Die Breite der Schriftzeichen wird proportional zur Höhe berechnet. Die normal übliche Schriftgröße, wie sie auch von der Schreibmaschine her bekannt ist, beträgt 12 Punkt. Handelt es sich bei der gewählten Schriftart um eine frei skalierbare Schrift, enthält das Menü als ersten Eintrag die Option *Anderer...* Sollte der gewünschte Schriftgrad nicht angeboten werden, läßt er sich über diese Funktion in einem kleinen Dialogfeld manuell festlegen.

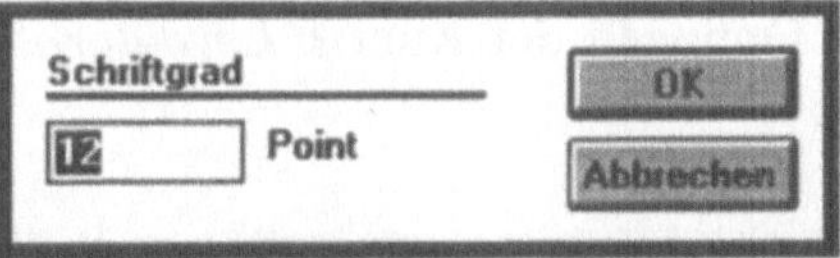

Abbildung 3.41.: Dialogfeld zur manuellen Festlegung einer Schriftgröße

Für ein schnelles Verändern der Schriftgröße lassen sich zwei Funktionstasten anwenden. F4 vergrößert die markierten Zeichen auf den nächsten Schriftgrad, der im Menü vorgesehen ist. Eine Verkleinerung bewirkt die Funktionstaste F3.

- Öffnen Sie die Satzdatei SCHRIFT.PM5 aus Ihrem Übungsverzeichnis (sofern diese nicht mehr offen ist).

- Formatieren Sie die Überschrift im Schriftgrad 24 und den Fließtext im Schriftgrad 18.

Übungsbeispiel

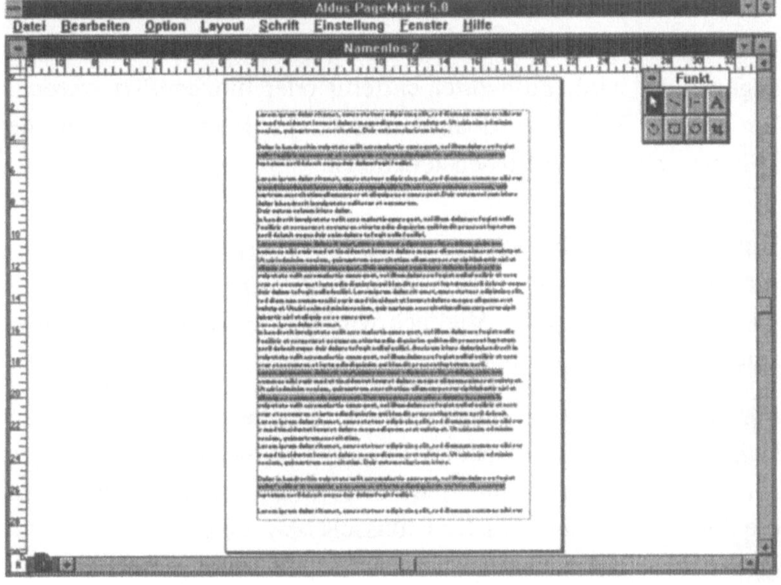

Abbildung 3.42.: Zeilen mit Layoutprobleme werden grau unterlegt

Layoutprobleme

Es ist grundsätzlich denkbar, daß einzelne Zeilen eines Textes plötzlich einen grauen Hintergrund bekommen, der nur auf dem Monitor sichtbar ist und nicht mitgedruckt wird.

Hierbei handelt es sich um Layoutprobleme, die ihre Ursache gewöhnlich in schlechter Ausnutzung der möglichen Zeilenlänge haben. Layoutprobleme werden nur dann sichtbar gemacht, wenn im Dialogfeld der Funktion *Vorgaben wählen...* im Pull-down-Menü *Datei* die Optionen der Rubrik *Layoutprobleme anzeigen* aktiviert wurden.

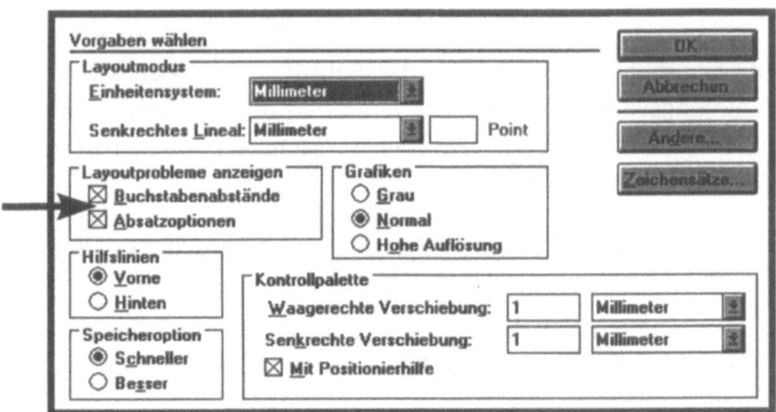

Abbildung 3.43.: Dialogfeld *Vorgaben Wählen...*

Derartige Probleme lassen sich lösen, indem die Silbentrennung angewendet wird, Füllwörter entfernt oder hinzugefügt werden. Ein grauer Balken wird automatisch ausgeblendet, sobald die Zeilenausnutzung zufriedenstellend ist.

Schriftschnitt

Unter dem Begriff »Schriftschnitt« verbergen sich Formatierungsmerkmale wie zum Beispiel *Fettdruck, Kursivschrift, Unterstreichungen* usw. Vielfach wird hier auch von »Schriftauszeichnungen« gesprochen.

Für die Anwendung einer solchen Schriftauszeichnung lassen sich drei Methoden anwenden. Die erste ist die Auswahl über das Menü *Schriftschnitt...* im Menü *Schrift*. Die zweite Methode ist die Anwendung eines Tastenschlüssels bzw. einer Funktionstaste. Die dritte Vorgehensweise lernen Sie am Ende dieses Kapitels kennen. Gemeint ist die Kontrollpalette von PageMaker 5.0.

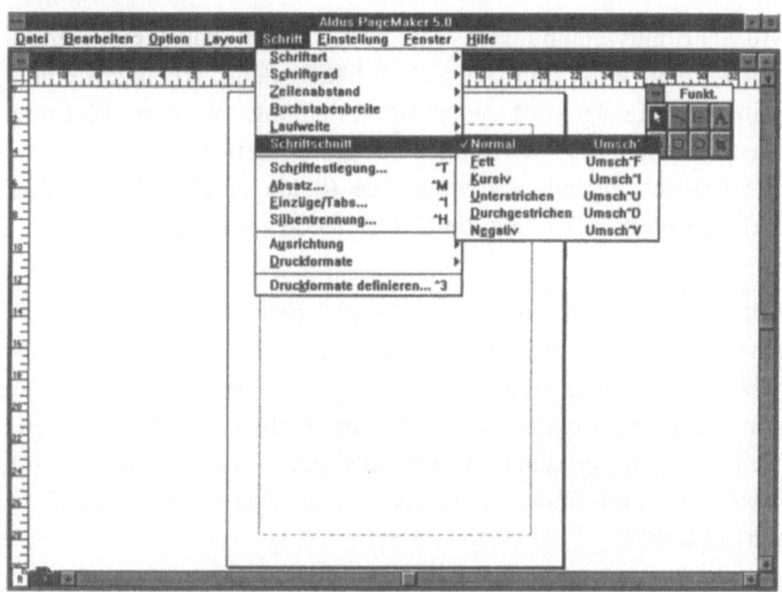

Abbildung 3.44.: Menü *Schriftschnitt* im Menü *Schrift*

Folgende Merkmale stehen zur Auswahl, die alternativ über die jeweils aufgeführten Tastenschlüssel oder Funktionstasten ausführbar sind:

Normal	Strg ⇧ Leer oder F5
Fett	Strg ⇧ F oder F6
Kursiv	Strg ⇧ I oder F7
Unterstrichen	Strg ⇧ U oder F8
Durchgestrichen	Strg ⇧ D
Negativ	Strg ⇧ V oder F9

Sowohl die Tastenkombinationen als auch die Funktionstasten haben eine sogenannte Schalterfunktion. Das bedeutet, bei Anwendung auf einen bereits formatierten Text werden die Schriftzeichen wieder normal dargestellt. Die Tastenkombination für schräggestellte Zeichen läßt sich aus dem Begriff »Italic« ableiten, wie die Kursivschrift international genannt wird.

Die Anwendung der Negativschrift (weiß) setzt voraus, daß ein dunkler Hintergrund geschaffen wird, ein Thema, das im Rahmen der Bildbearbeitung vorgestellt wird.

Mit Schriftauszeichnungen sollte in der Praxis sparsam umgegangen werden. Wird zum Beispiel zu häufig Fettdruck angewendet, geht die Aussagekraft einer Hervorhebung verloren. Mehrere Auszeichnungen gleichzeitig sind grundsätzlich zu vermeiden. Die beiden folgenden Textauszüge (beide Absätze haben den gleichen Wortlaut) sollen die Unterschiede verdeutlichen.

Textbeispiel

Mit einem Schriftschnitt, zum Beispiel Fettdruck, soll innerhalb eines Textes eine **Hervorhebung** erzielt werden, die die Aufmerksamkeit des Lesers an sich zieht. Werden Auszeichnungen nur dann angewendet, wenn Sie tatsächlich benötigt werden, bleibt ihr Sinn erhalten. Andernfalls geht die Hervorhebung im Text unter und findet keine Beachtung. Zudem wird ein Text schwer lesbar.

Mit einem **Schriftschnitt**, zum Beispiel *Fettdruck*, soll innerhalb eines <u>Textes</u> eine **Hervorhebung** erzielt werden, die die **Aufmerksamkeit** des *Lesers* an sich zieht. Werden **Auszeichnungen** nur dann angewendet, wenn Sie <u>tatsächlich</u> benötigt werden, bleibt ihr **Sinn** erhalten. **Andernfalls** geht die **Hervorhebung** im *Text* unter und findet keine **Beachtung**. Zudem wird ein Text ***schwer*** lesbar.

In beiden Absätzen ist das Wort »Hervorhebung« fett gedruckt. Im zweiten Absatz geht diese Hervorhebung allerdings völlig unter, weil viel zu viele Schriftauszeichnungen angewendet wurden. Es wird also genau das Gegenteil von dem erreicht, was ursprünglich einmal gedacht war. Zudem wirkt der zweite Absatz durch seine vielen Gestaltungsmerkmale unruhig und erschwert dadurch die Lesbarkeit. Besser wäre es noch gewesen, wenn die Hervorhebung im ersten Absatz in Kursivschrift gestaltet worden wäre. Der Text wäre dann in einer einheitlichen Graustufe gedruckt worden, was sich positiv auf das Gesamtbild des Textes ausgewirkt hätte. Die Hervorhebung wäre dann zwar erst beim Lesen aufgefallen, was aber in den meisten Fällen ausreicht.

Unterstreichung

Wird das Gestaltungsmerkmal »Unterstreichung« angewendet, sollten wieder ästhetische Aspekte berücksichtigt werden. Page-

Maker unterstreicht alle markierten Schriftzeichen, also auch solche, die über eine Unterlänge verfügen. Und genau hier setzen die Ästhetiker an und sagen, eine Unterlänge darf nicht unterstrichen werden, weil der Unterstrich in den Buchstaben hineinläuft. Besser ist es, einen Unterstrich zu unterbrechen, damit Überschneidungen vermieden werden.

Möglichst vermeiden: <u>Gestaltungsmerkmal</u>

Besser so: <u>Gestaltungsmerkmal</u>

Um die ästhetisch bessere Form einer Unterstreichung zu erreichen, muß die Formatierung in zwei Schritten ausgeführt werden. Gestalten Sie das betreffende Wort zunächst ganz normal, markieren Sie dann den Buchstaben mit einer Unterlänge und heben Sie die Formatierung wieder auf. Sollten sich mehrere Zeichen mit Unterlängen im Wort befinden, muß das Aufheben der Unterstreichung entsprechend oft wiederholt werden. Natürlich kann auch schon bei der Gestaltung schrittweise verfahren werden, so daß die Unterlängen gar nicht erst unterstrichen werden.

Die Breite von markierten Schriftzeichen (Textwerkzeug) läßt sich beliebig mit der Funktion *Buchstabenbreite* im Pull-down-Menü *Schrift* verändern. Es wird ein Untermenü eingeblendet, in dem verschiedene Breiten in Prozent angeboten werden. Bezug ist immer die Normalbreite (100 %), so daß ein kleinerer Prozentwert als Ergebnis eine schmalere Schrift liefert, während ein Prozentwert größer als Hundert eine breitere Schrift formatiert.

Buchstabenbreite

Buchstabenbreite 70 %

Buchstabenbreite 100 %

Buchstabenbreite 130 %

Abbildung 3.45.: Beispiel unterschiedlicher Buchstabenreiten

Weicht die Buchstabenbreite von der Normaleinstellung ab, läßt sich der Wert 100 % mit der Tastenkombination [Strg][⇧][X] wiederherstellen.

Wird eine andere Buchstabenbreite gewünscht, als die im Menü angebotenen, ist die Option *Andere...* auszuwählen. Im Dialogfeld läßt sich ein beliebiger Prozentwert zwischen 5 % und 250 % in Schritten von 0,1 % definieren.

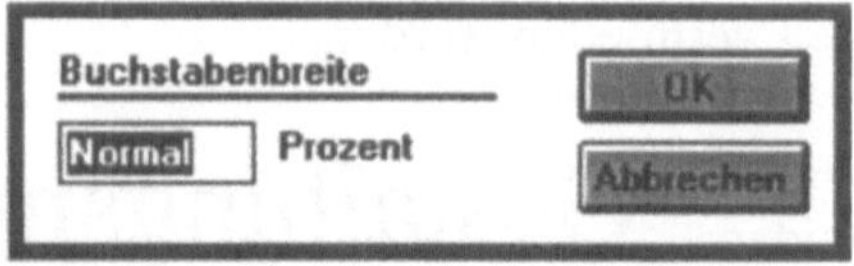

Abbildung 3.46.: Dialogfeld zur Festlegung individueller Buchstabenbreiten

Geringfügige, kaum zu merkende Veränderungen der Buchstabenbreiten ist auch eine Methode, um Layoutprobleme (grau unterlegte Zeilen) zu beseitigen.

Laufweite

Unter dem Begriff »Laufweite« ist der Zeichenabstand zu verstehen. Gemeint ist sowohl eine Vergrößerung als auch eine Verkleinerung der Abstände. Im Druckgewerbe wird auch vom »Kerning«, vom »Unterschneiden« oder vom »Keilen« gesprochen. Unter der Funktion *Laufweite* im Menü *Schrift* bietet PageMaker in einem Untermenü sechs Auswahlmöglichkeiten an, die von *sehr weit* bis *sehr schmal* reichen.

Abbildung 3.47.: Untermenü zur Festlegung der Laufweite

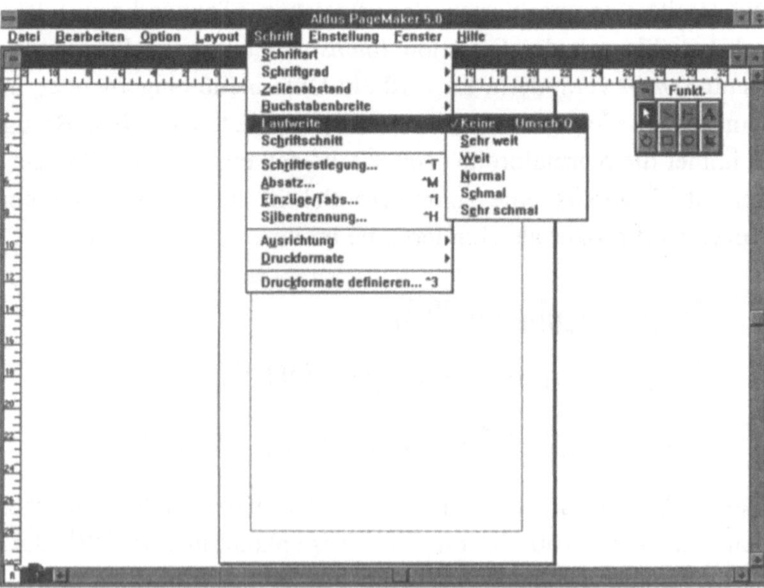

Die Möglichkeiten zur Veränderung der Laufweiten sind ein geeignetes Werkzeug, um Layoutprobleme zu beseitigen. Häufig hilft hier eine Silbentrennung allein nicht weiter. Das Verändern der Laufweite führt aber meistens zu einem Ergebnis.

Die folgenden Schriftproben sollen die Unterschiede verdeutlichen.

Test Laufweite "Sehr weit"
Test Laufweite "Weit"
Test Laufweite "Keine"
Test Laufweite "Normal"
Test Laufweite "Schmal"
Test Laufweite "Sehr schmal"

Abbildung 3.48.: Beispiel unterschiedlicher Laufweiten

Anhand des Wortes »Test« läßt sich leicht erkennen, wie sich die unterschiedlichen Laufweiten auf einen Text auswirken. Besonders bei den benachbarten Buchstaben »T« und »e« wird deutlich, was mit dem Fachbegriff »Unterschneiden« gemeint ist. Der Buchstabe »e« unterschneidet das »T«, so daß kein unnötiger Freiraum entsteht, der in einem solchen Fall zwei zusammenhängende Buchstaben optisch trennen würde.

Abbildung 3.49.: Beispiel einer Unterschneidung

Die Laufweite eignet sich ebenfalls, um Layoutprobleme zu beheben. Außerdem wird eine Veränderung der Laufweite bei der Textausrichtung im Blocksatz (rechter und linker Rand bündig) sehr interessant. Der Text bekommt ein professionelles Aussehen wie im Buchdruck, weil sich durch Verringerung der Laufweite auch die Zeilenumbrüche verschieben. Dadurch lassen sich zu große Zwischenräume innerhalb einzelner Zeilen vermeiden.

Wurde die Laufweite verändert, läßt sie sich mit der Tastenkombination ⌷Strg⌷ ⌷⇧⌷ ⌷Q⌷ wieder auf die Einstellung *Keine* zurücksetzen.

In der Praxis sollte die Veränderung der Laufweite angewendet werden, wenn Layoutprobleme auftreten. Ansonsten gilt folgende Regel: Je größer die Schrift, desto geringer sollte die Laufweite sein.

Zeichenausgleich

Abweichend von den Menüvorgaben unter *Laufweite* läßt sich der Zeichenausgleich beliebig über die Tastatur definieren. Hierfür stehen folgende Tastenkombinationen zur Verfügung:

Kerning (schmaler) um

1/25 Geviert: ⌷Strg⌷ ⌷←⌷

1/100 Geviert: ⌷Strg⌷ ⌷⇧⌷ ⌷−⌷

Keilen (weiter) um

1/25 Geviert: ⌷Strg⌷ ⌷⇧⌷ ⌷←⌷

1/100 Geviert: ⌷Strg⌷ ⌷⇧⌷ ⌷+⌷

Es ist das Plus- bzw. Minuszeichen aus dem Ziffernblock zu verwenden, der ausgeschaltet sein muß.

Mit dem Fachbegriff Geviert (Viereck, Quadrat) wird ein imaginärer Rahmen bezeichnet, der jedes Zeichen umschließt. Die Werte 1/25 oder 1/100 beziehen sich auf diese jeweiligen Rahmenbreiten. Ein Geviert entspricht dabei einer Breite der entsprechenden Schriftgröße, zum Beispiel 12 Punkt. 1/25 Geviert sind demnach bei diesem Schriftgrad 3 Punkt.

Aufgehoben wird ein manueller Zeichenausgleich mit der Tastenkombination ⌷Strg⌷ ⌷0⌷, wobei die Taste Null im Ziffernblock zu verwenden ist.

Zeilenabstände

Ein Zeilenabstand ist der Freiraum, der sich zwischen zwei Textzeilen befindet. In der Fachsprache wird vom Zeilendurchschuß gesprochen. Der Ausmaß eines Zeilenabstandes wird in Punkt berechnet, weil die Berechnungsgrundlage der Schriftgrad ist.

Auch hier bietet PageMaker in einem Untermenü, das über die Funktion *Zeilenabstand* im Pull-down-Menü *Schrift* aufgerufen wird, einige feste Abstände zur Auswahl an.

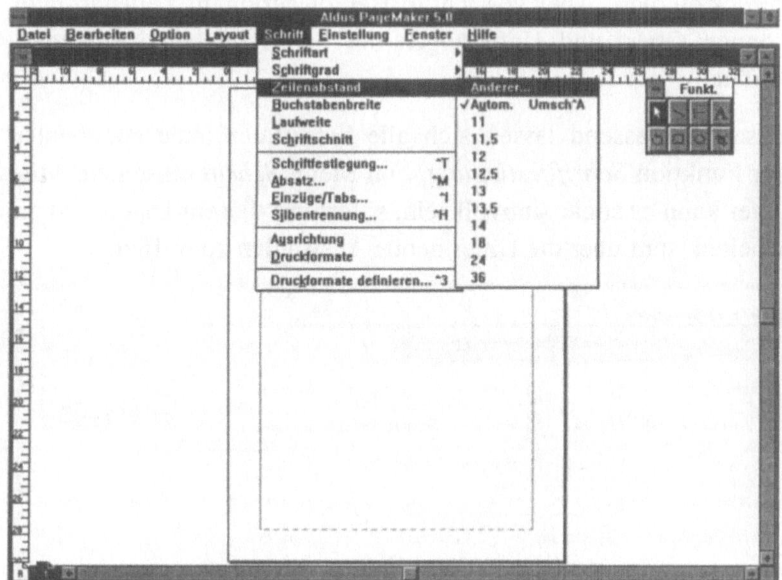

Abbildung 3.50.: Geöffnetes Untermenü zur Auswahl eines Zeilenabstandes

Wird die Option *Autom.* gewählt, berechnet PageMaker den Zeilenabstand automatisch. Der Durchschuß beträgt in diesem Fall 120 % von der Schrifthöhe. Das Ergebnis ist die Entfernung zwischen den Grundlinien.

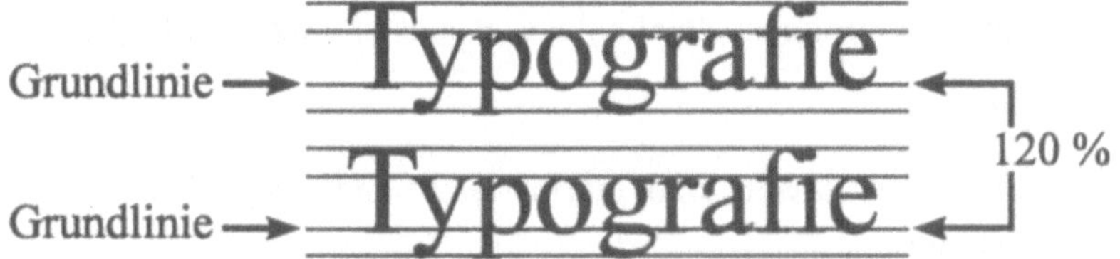

Abbildung 3.51.: Berechnung des Zeilenabstandes (Durchschuß)

Auch in dem Untermenü für die Auswahl eines Zeilenabstandes gibt es die Möglichkeit, mit der Option *Anderer...* einen individuellen Durchschuß zu definieren. Zulässig sind Abmessungen zwischen 0 und 1300 Punkt. Die Genauigkeit kann in Schritten von 0,1 Punkt festgelegt werden.

Das Verändern des Zeilenabstandes für einen kompletten Text kann in der Praxis unter Umständen helfen, ein kleines Layoutproblem zu lösen. Das Problem: zwei oder drei Zeilen passen nicht mehr auf die Seite und stehen »verloren« auf der nächsten Seite. Geringfügiges Verringern des Zeilenabstandes kann schon ausreichen, um die »verlorenen« Zeilen in den Haupttextblock zurückzuholen. Aber vorsichtig: Bei zu geringem Zeilenabstand können Ober- und Unterlängen der Schriftzeichen ineinanderlaufen.

Schriftfestlegung

Zusammenfassend lassen sich alle Schriftmerkmale auch unter der Funktion *Schriftfestlegung...* im Menü *Schrift* einstellen. Mitunter kann es sogar sinnvoll sein, sofort mit diesem Dialogfeld zu arbeiten, statt über die Untermenüs Auswahlen zu treffen.

Abbildung 3.52.:
Dialogfeld
Schriftfestlegung

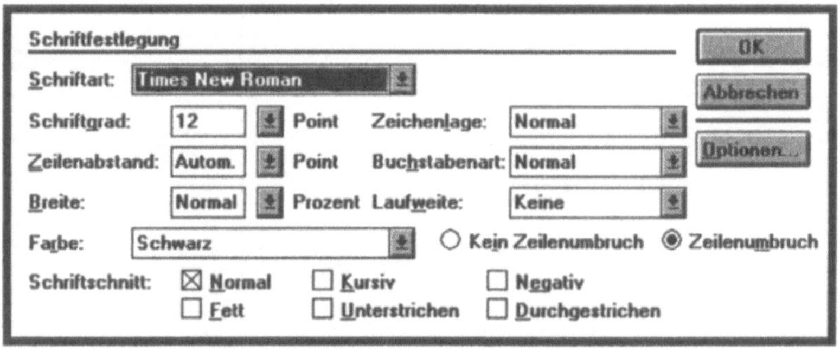

Ein Grund hierfür ist die Anforderung, mehrere Merkmale gleichzeitig einzustellen. Ein weiterer Grund besteht darin, daß das Dialogfeld ausführlicher ist, also mehr Kriterien anbietet.

Zeichenlagen,
Buchstabenart
und Farbe

Neu sind die Optionen Zeichenlage, Buchstabenart und Farbe.

Zeichenlage:

Hierüber lassen sich markierte Zeichen hoch- bzw. tiefstellen.

Zeichenlage ^{hochgestellt}, m^2

Zeichenlage $_{\text{tiefgestellt}}$, H_2O

Buchstabenart:

Hier wird unterschieden zwischen normaler Buchstabenart, Großbuchstaben und Kapitälchen.

Normal (Groß- und Kleinbuchstaben)

GROßBUCHSTABEN

KAPITÄLCHEN (»kleine« Großbuchstaben)

Farbe:

Unter Farbe lassen sich die Schriftzeichen farblich darstellen, wobei hier natürlich ein Farbmonitor Voraussetzung ist.

Möchten Sie verhindern, daß innerhalb eines bestimmten Textabschnitts ein Zeilenumbruch erfolgt, können Sie dies mit den Optionen *Kein Zeilenumbruch* steuern. Markieren Sie zum Beispiel einen Eigennamen, einen Straßennamen oder eine Datumsangabe und wählen Sie diese Option aus. PageMaker wird dies bei der Berechnung der Zeilenumbrüche berücksichtigen.

Desweiteren gibt es eine Schaltfläche mit der Beschriftung [Optionen...], die in ein neues Dialogfeld führt. Hier lassen sich verschiedene, grundsätzliche Schriftoptionen definieren.

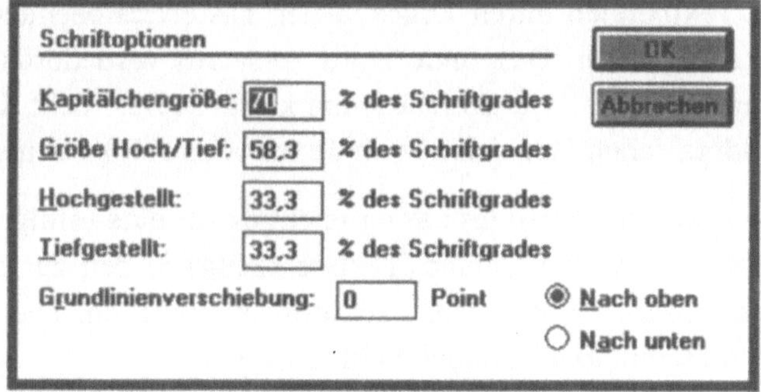

Abbildung 3.53.: Dialogfeld Schriftoptionen

Kapitälchengröße:

Der eingetragene Prozentwert bestimmt die Größe der Kapitälchen in bezug auf die normale Schriftgröße.

Größe Hoch/Tief:

Der hier eingetragene Prozentwert legt die Größe der hoch- oder tiefgestellten Zeichen in bezug auf die normale Schriftgröße fest.

Hochgestellt:

Mit diesem Prozentwert wird die Position hochgestellter Zeichen relativ zur Grundlinie festgelegt.

Tiefgestellt:

Mit diesem Prozentwert wird die Position tiefgestellter Zeichen relativ zur Grundlinie festgelegt.

Grundlinienverschiebung:

Hier lassen sich in 1/10-Schritten die Grundlinien der markierten Textzeilen verschieben, um Spezialeffekte in der Textgestaltung zu erzielen. Entscheiden Sie mit den Optionen *Nach oben* oder *Nach unten*, in welcher Richtung sich die Grundlinien verschieben sollen.

3.8 Absatzgestaltung

Zur Absatzgestaltung gehören Formatierungsmerkmale, die das gesamte Erscheinungsbild eines Absatzes verändern. Ein Absatz wird im Textbereich durch Drücken der Taste ⏎ beendet und ein neuer begonnen. Das Ende eines Absatzes wird durch eine Absatzmarke (oder Returnzeichen) markiert. Dieses nicht druckbare Sonderzeichen läßt sich nur im Textmodus einblenden.

Im Gegensatz zur Schriftgestaltung reicht es für eine erfolgreiche Formatierung aus, den Cursor (Textwerkzeug) in den zu formatierenden Absatz zu bewegen, bzw. dort anzuklicken. Die Position der Schreibmarke ist dabei nicht relevant.

Ausrichtung

Die häufigste Absatzformatierung ist die Wahl einer Ausrichtung. Standard ist linksbündiger Text, d. h. die Zeilen werden am linken Textrand bündig untereinander angeordnet. Da die Ausnutzung der Zeilenlängen unterschiedlich ist, entsteht am rechten Rand ein sogenannter »Flattersatz«. Das Gegenteil hierzu ist die rechtsbündige Ausrichtung.

Für Überschriften und Hervorhebungen wird sehr gern die zentrierte Ausrichtung angewendet. Die Zeilen richten sich anhand einer imaginären Mittellinie aus.

Eine Kombination zwischen links- und rechtsbündiger Ausrichtung stellt der Blocksatz als vierte Ausrichtungsart dar. Die Zeilen werden sowohl am linken als auch am rechten Textrand bündig untereinander ausgerichtet. Diese Gestaltungsform wird im Buchdruck und bei der Presse angewendet.

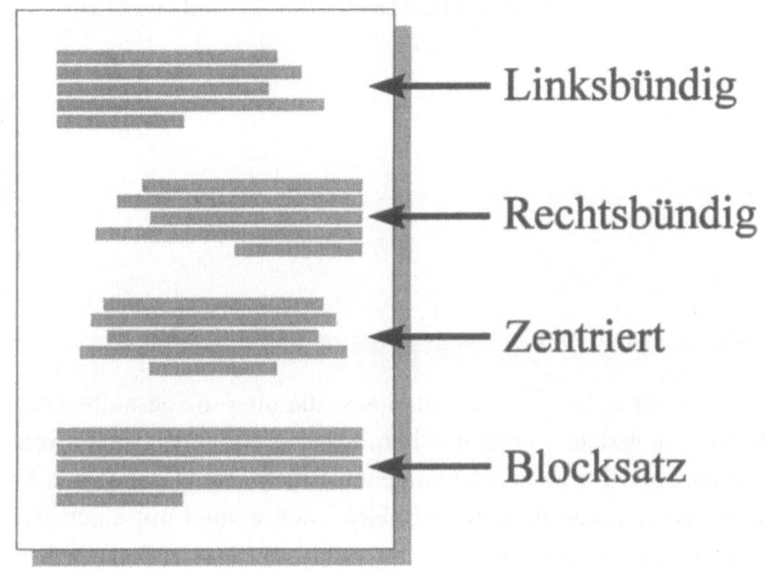

Abbildung 3.54.: Ausrichtungen

Die Ausrichtungen lassen sich in einem Untermenü auswählen, das über die Funktion *Ausrichtung* im Pull-down-Menü *Schrift* aufgerufen wird. Im Untermenü finden Sie Funktionen für alle oben abgebildeten Ausrichtungen.

Die Ausrichtungsart *Blocksatz* ist ein zweites Mal unter der Bezeichnung *erzwungener Blocksatz* vorhanden. Der Unterschied liegt in der Behandlung der jeweils letzten Zeile eines Absatzes. Beim normalen Blocksatz bleibt diese Zeile ein linksbündiger Flattersatz, während beim erzwungenen Blocksatz auch diese Zeile in den Blocksatz integriert wird. Da die letzte Zeile eines Absatzes selten vollgeschrieben ist, sollte auf die Anwendung des erzwungenen Blocksatzes bei normalen Absätzen verzichtet werden. Die betroffene Zeile wird mit großer Wahrscheinlichkeit zu sehr gedehnt.

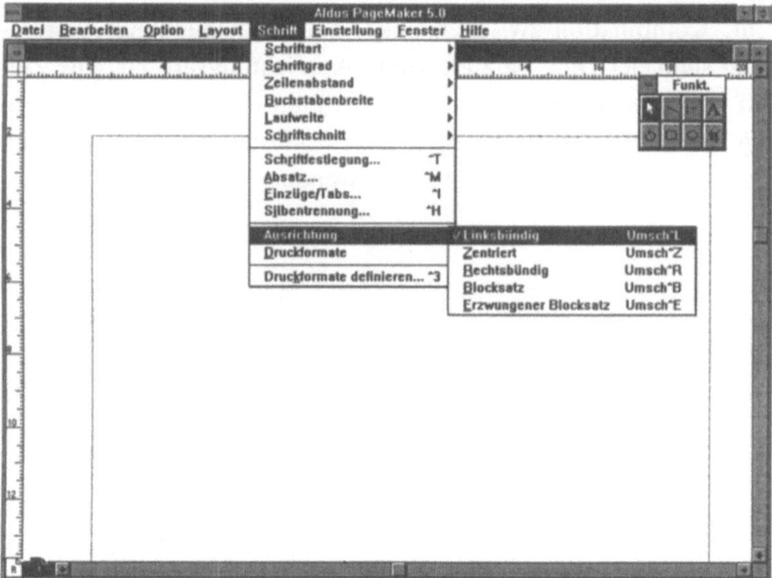

Anders sieht es bei Überschriften aus, die über die gesamte Textblockbreite gedehnt werden sollen. Dies ist ein typisches Anwendungsbeispiel für einen erzwungenen Blocksatz. In der Praxis ist
es vielleicht sinnvoll, zum Vergleich auch einmal mit einer größeren Laufweite zu arbeiten, um dann zu entscheiden, welche
Form zum besseren Ergebnis führt.

Einzüge

Unter dem Begriff *Einzüge* erlaubt PageMaker drei Gestaltungs-
formen, die entweder allein oder in Kombination angewendet
werden können. Es handelt sich um einen linken und einen rechten Gesamteinzug, sowie um einen Erstzeileneinzug, der in bezug
auf die übrigen Zeilen positiv oder negativ sein kann.

Positive Erstzeileneinzüge sind zusätzliche Einrückungen der
jeweils ersten Zeile eines Absatzes. Häufig wird dieses Merkmal
in Texten angewendet, bei denen zwischen den Absätzen keine
Leerzeile gesetzt ist. Durch den Erstzeileneinzug wird dadurch
die Lesbarkeit wieder gefördert, weil die Absatzschaltungen optisch deutlicher hervorgehoben werden.

Der negative Erstzeileneinzug rückt die erste Zeile eines Absatzes
nach links aus, so daß Numerierungs- oder Aufzählungszeichen
ausgestellt werden.

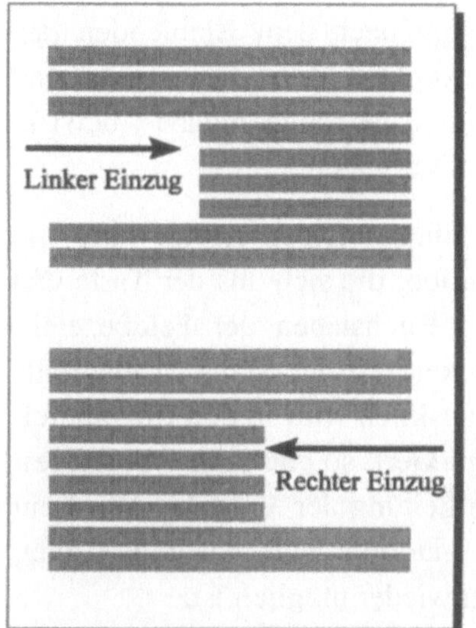
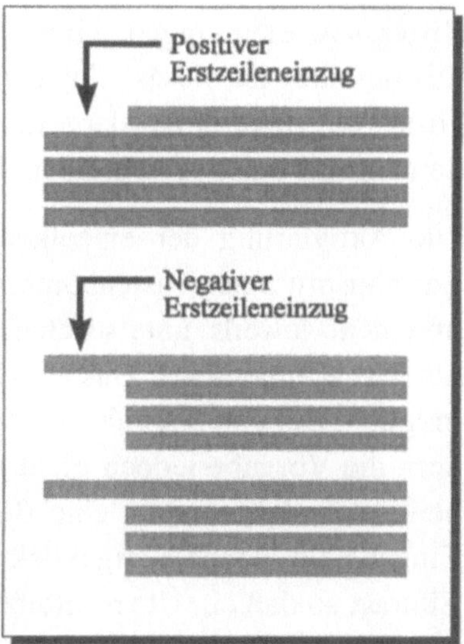

Abbildung 3.56.: Beispiele für Einrückungen

Eine Einrückung läßt sich sowohl über die Tastatur als auch mit der Maus formatieren. Wird die Bedienung der Tastatur bevorzugt, ist die Funktion *Absatz...* im Pull-down-Menü *Schrift* aufzurufen.

Abbildung 3.57.: Dialogfeld *Absatzformat*

Der Bereich für die Definition von Einrückungen befindet sich im Dialogfeld unter der Option *Einzüge*. Das Eingabefeld *Links* definiert einen linken Gesamteinzug, *Rechts* den gesamten rechten Einzug und *Erste Zeile* einen positiven oder negativen Erstzeileneinzug. Um zum Beispiel einen linken Gesamteinzug von fünf Millimeter festzulegen, ist im Eingabefeld *Links* die

Ziffer »5« einzutragen. Unmittelbar nach dem Einblenden des Dialogfeldes ist dieses Eingabefeld aktiv, d. h. die vorgegebene Null ist invertiert dargestellt. Eine Neueingabe bewirkt demzufolge ein Überschreiben der Vorgabe.

Die Aktivierung der einzelnen Eingabefelder erfolgt über die Tastatur mit einer Tastenkombination, die sich aus der Taste [Alt] und dem jeweils unterstrichenen Buchstaben der Feldbezeichnung zusammensetzt. Das Anklicken mit der Maus ist ebenfalls möglich. Bei einem einfachen Mausklick wird in den Eingabefeldern die Vorgabe jedoch nicht markiert, so daß kein Überschreiben stattfindet, sondern eine Bearbeitung der Vorgabe. Wird ein Eingabefeld doppelt angeklickt, markiert PageMaker den alten Eintrag, so daß ein Überschreiben wieder möglich ist.

Bei den Einrückungen rechts und links ist ausschließlich ein positiver Wert möglich. Das Eingabefeld *Erste Zeile* läßt hingegen auch einen negativen Wert zu, um eine Ausrückung der ersten Zeile zu erzielen. In einem solchen Fall muß parallel im Eingabefeld *Links* ein positiver Wert eingetragen werden. Wird der negative Erstzeileneinzug angewendet, um eine durchnumerierte Aufzählung zu realisieren, kommt es meistens zu nicht ganz zufriedenstellenden Ergebnissen, weil der Textbeginn der ersten Zeile nicht exakt bündig steht mit den übrigen Zeilen. Dies läßt sich jedoch vermeiden, wenn hinter der Numerierung anstelle eines Leerschritts ein Tabsprung eingefügt wird. Natürlich muß dann auch an der Position, an der der linke Gesamteinzug festgelegt ist, ein Tabstopp definiert werden. Die entsprechende Vorgehensweise wird im nächsten Abschnitt erklärt.

Um Einrückungen mit der Maus zu definieren, ist ein anderes Fenster erforderlich. Es wird mit der Funktion *Einzüge/Tabs...* im Pull-down-Menü *Schrift* eingeblendet. PageMaker versucht, dieses Fenster unmittelbar über den markierten Textblock einzublenden, damit das enthaltene Lineal deckungsgleich mit dem Text angeordnet wird und somit die Arbeit erleichtert. In diesem Zusammenhang ist es wichtig, zuvor den Bildausschnitt auf Originalgröße zu vergrößern, damit das Lineal eine Millimetereinteilung zeigt.

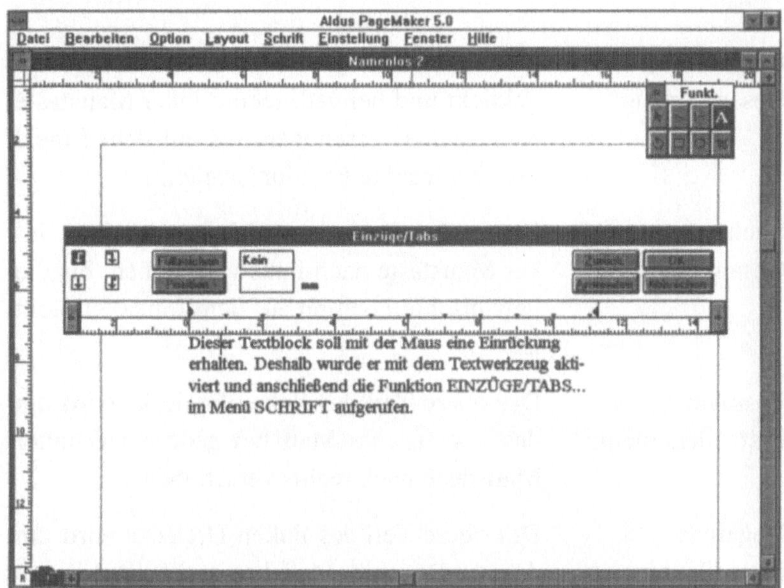

Abbildung 3.58.: Dialogfenster zur Formatierung von Einzügen und Tabstopps

In diesem Dialogfeld interessiert an dieser Stelle lediglich der untere Teil, also das Lineal. Der Nullpunkt des Lineals sitzt exakt auf dem linken Rand des Textblocks, vorausgesetzt, der Bildschirmaufbau hat dies zugelassen. Befindet sich der linke Rand des Textblocks zu dicht am Monitorrand, verschiebt sich das Lineal nach rechts. Das betrifft aber nur die Darstellung. Für die Berechnung bleibt das Lineal deckungsgleich mit dem Text.

Ist der Textblock breiter als das Fenster, ist der rechte Rand auf dem Lineal nicht ablesbar. In einem solchen Fall läßt sich das Lineal innerhalb des Fensters verschieben, indem rechts neben dem Lineal auf die Schaltfläche mit dem Rechtspfeil geklickt wird. Ist eine größere Entfernung zurückzulegen, kann die Maustaste festgehalten werden. Ist im Lineal ein nach links zeigendes Dreieck zu sehen, ist der rechte Textrand auf dem Lineal erreicht.

Analog läßt sich das Lineal auch nach rechts verschieben, bis der Nullpunkt wieder sichtbar wird. An dieser Linealposition befindet sich ein nach rechts zeigendes Dreieck, das allerdings zweigeteilt ist. Diese Dreiecke symbolisieren die Randeinstellungen und lassen sich mit der Maus verschieben, um eine Einrückung zu erhalten.

Linker Gesamteinzug:	Der untere Teil des linken Dreiecks wird angeklickt und bei gedrückter linker Maustaste nach rechts verschoben, bis auf dem Lineal die gewünschte Position erreicht ist.
Rechter Gesamteinzug:	Das rechte Dreieck wird bei gedrückter linker Maustaste nach links verschoben, bis die gewünschte Position auf dem Lineal erreicht ist.
Positiver Erstzeileneinzug:	Der obere Teil des linken Dreiecks wird um das gewünschte Maß bei gedrückter linker Maustaste nach rechts verschoben.
Negativer Erstzeileneinzug:	Der obere Teil des linken Dreiecks wird um das gewünschte Maß bei gedrückter linker Maustaste nach links verschoben. Zuvor muß mit dem unteren Teil des linken Dreiecks ein Gesamteinzug hergestellt werden.

Sind die Einzüge festgelegt, wird durch Drücken der Taste ⏎ oder durch Anklicken der Schaltfläche [OK] das Dialogfeld verlassen. Der markierte Text wird sofort in entsprechender Weise formatiert.

Tabstopps

Tabstopps werden zwar überwiegend bei der Gestaltung von Tabellen eingesetzt, stehen aber in enger Beziehung mit Einzügen. Deshalb ist für das Setzen von Tabstopps auch das gleiche Dialogfeld aufzurufen, das schon für das Formatieren von Einzügen mit der Maus angewendet wurde.

Für den Umgang mit Tabstopps ist der obere Teil des Dialogfeldes ebenfalls interessant. Hier wird festgelegt, welchen Status in bezug auf Textausrichtung der zu setzende Tabstopp erhalten soll und ob Füllzeichen zu drucken sind. Füllzeichen können Punkte sein, die häufig in Inhaltsverzeichnissen zwischen Text und Seitenzahlen gedruckt werden, um eine bessere Lesbarkeit zu erzielen.

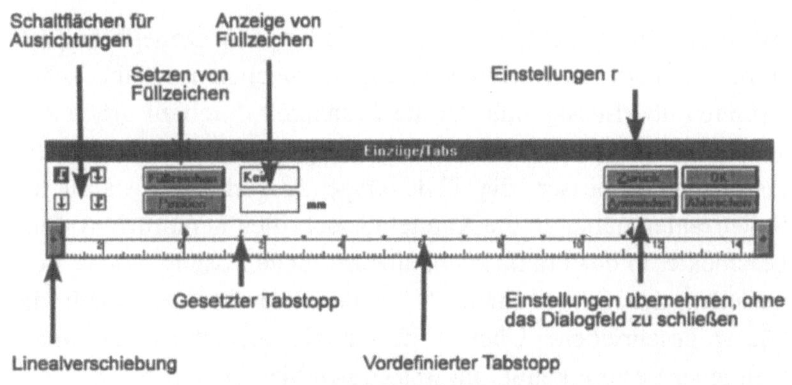

Abbildung 3.59.:
Dialogfeld
Einzüge/Tabs

Grundsätzlich sind vordefinierte, links ausgerichtete Tabstopps alle 10 mm wirksam. Auf dem Lineal werden diese durch kleine Dreiecke angezeigt. Sobald eigene Tabstopps gesetzt werden, hebt PageMaker alle vordefinierten auf, die sich links vom gesetzten Tabstopp befinden. Die Tabstopps rechts bleiben erhalten.

Für die Ausrichtung stehen vier Alternativen zur Verfügung: Links, Rechts, Zentriert und Dezimal. Dezimaltabstopps werden nur in Zusammenhang mit Dezimalzahlen wirksam. Ansonsten sind sie gleichbedeutend mit Rechtstabs.

Vor dem Setzen eines Tabstopps wird zunächst die Ausrichtung festgelegt, indem eins der Pfeilsymbole angeklickt wird. Der Pfeil mit der Fahne nach rechts (links oben) symbolisiert einen linksbündigen Tabstopp. Die Fahne zeigt die Laufrichtung des Textes ab Tabstopp an. Demzufolge handelt es sich bei dem Symbol rechts daneben um den rechts ausgerichteten Tabstopp. Es folgt links unten das Symbol für einen zentrierten Tabstopp und daneben das für einen Dezimaltabstopp. Die Fahne für die Laufrichtung des Textes ist hier ein Komma.

Ggf. wird anschließend ein Füllzeichen definiert, indem die Schaltfläche [Füllzeichen] angeklickt wird. Es öffnet sich ein Auswahlfenster mit dem Angebot möglicher Füllzeichen. Das ausgewählte Zeichen wird in das Eingabefeld rechts daneben übertragen. Dort läßt sich abweichend vom Standardangebot auch ein individuelles Füllzeichen über die Tastatur eingeben.

An dieser Stelle melden sich auch wieder professionelle Schriftsetzer zu Wort, nach deren Meinung Füllzeichen aus ästhetischen Gründen überflüssig sind. Ist die Lesbarkeit durch zu große Abstände nicht gewährleistet, zum Beispiel bei Inhaltsverzeichnissen, ist es besser, die Zeilenlänge zu verkürzen, damit die Seitenzahlen näher an die Kapitelüberschriften heranrücken. Eine geschickte, in der Praxis kaum anzutreffende Lösung ist das Voranstellen der Seitenzahlen. Nebenbei bemerkt kann auch die häufig geschriebene Überschrift »Inhaltsverzeichnis« entfallen, weil jeder Leser erkennt, um was es sich hier handelt.

Beispiele für die Gestaltung von Inhaltsverzeichnissen

Häufigste Form, von Ästheten aber verschmäht:

Inhaltsverzeichnis

Besser ist nach Meinung der Ästheten folgende Lösung:

Oder diese Variante:

Nachdem die Ausrichtung definiert ist, wird mit der linken Maustaste im Lineal an der gewünschten Position angeklickt. Daraufhin trägt PageMaker auf dem Lineal ein Symbol entsprechend der Ausrichtung ein. Dieses Symbol läßt sich bei gedrückter Maustaste feinpositionieren. Die exakte Position in Millimeter wird in das zweite Eingabefeld übertragen und kann dort bequem abgelesen werden. PageMaker zeigt den Wert im Millimeter mit einer Kommastelle an.

Wird nach dem Setzen die Schaltfläche [Zurück] angeklickt, wird der zuletzt gesetzte Tabstopp wieder entfernt. Ansonsten läßt sich ein Tabstopp jederzeit entfernen, indem das Symbol bei gedrückter linker Maustaste einfach nach unten aus dem Fenster »herausgezogen« wird.

Anstelle des Anklickens im Lineal läßt sich der betreffende Millimeterwert auch im zweiten Eingabefeld eintragen und der Tabstopp über die Schaltfläche [Position] setzen, bzw. löschen.

Soll ein gesetzter Tabstopp eine neue Ausrichtung erhalten, wird das entsprechende Symbol auf dem Lineal zunächst angeklickt, so daß der Pfeil markiert ist. Anschließend wird unter den Ausrichtungssymbolen das gewünschte angeklickt. Auf die gleiche Weise läßt sich auch ein neues Füllzeichen definieren.

Das Setzen, Verändern oder Löschen von Tabstopps wird wirksam, sobald die Ausführung durch Drücken der Taste ⏎ oder durch Anklicken der Schaltfläche [OK] bestätigt wird.

Im Textblock muß die Ausrichtung an einem Tabstopp erst durch Drücken der ⭾ - Taste (Textwerkzeug) realisiert werden. Die Schreibmarke springt zum nächsten Tabstopp. Existiert bereits Text rechts neben dem Cursor, wird dieser an die nächste Tabstopposition verschoben. Wird im Textmodus die ⭾ - Taste angewendet, wird an der entsprechenden Position ein kleiner, nach rechts zeigender Pfeil eingeblendet.

Übungsbeispiel

- Öffnen Sie bitte die Mustervorlage TABELLE.PT5 als Kopie.

- Gestalten Sie die Tabelle so, daß sich folgende Form ergibt:

Kostenstelle	1990	1991	+/-
Telefon	7.465,80	12.890,45	20.356,25
Büromaterial	9.532,75	8.986,30	18.519,05
Investition	2.563,50	15.890,10	18.453,60
Reparatur	545,70	631,95	1177,65
Porto	260,00	235,00	495,00
Bankspesen	386,30	578,90	965,20
Nebenkosten	1.532,74	1.515,90	3.048,64
Sonstiges	183,76	257,61	441,37
Gesamt	22.470,55	40.986,21	63.456,76

Absatzabstände

Um die Berechnungsgrundlage für Abstände zu definieren, wird über die Schaltfläche [Abstand...] im Dialogfeld Absatzformatierung ein eigenes Dialogfenster geöffnet.

Abbildung 3.60.:
Dialogfeld
Absatzabstände

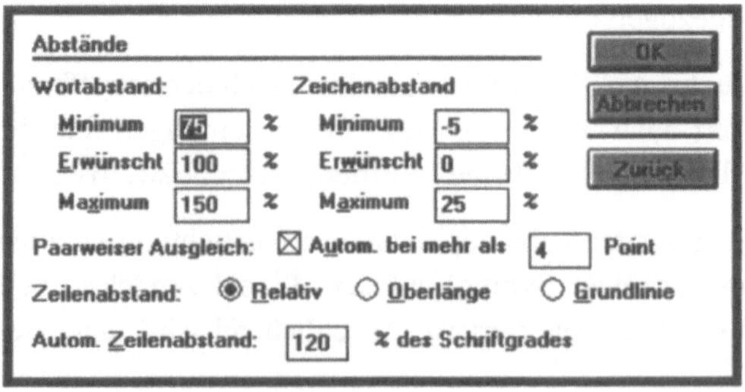

Unter der Option *Wortabstand* lassen sich drei Prozentwerte definieren:

Minimum: legt den Wert fest, um den ein Wortabstand bezogen auf den normalen Abstand reduziert werden darf.

Erwünscht: definiert den normalen Wortabstand.

Maximum: definiert den Prozentwert, auf den ein Wortabstand bezogen auf den Normalwert erweitert werden darf.

Der normale Abstand im Feld *Erwünscht* sollte immer auf 100 % festgelegt sein. Der Minimumwert ist entsprechend kleiner und der Maximumwert entsprechend größer festzulegen. Hierbei ist es wichtig, daß der Minimumwert kleiner ist als der Maximumwert. Die zugelassenen Prozentzahlen liegen im Bereich zwischen 0 % und 500 %. Die hier festgelegten Wortabstände kommen zum Beispiel beim Blocksatz zum tragen.

Unter der Option *Zeichenabstand* wird die Berechnungsgrundlage der Laufweite definiert, die ebenfalls beim Blocksatz relevant ist.

Minimum: definiert den kleinsten Zeichenabstand in bezug auf den normalen Abstand.

Erwünscht: definiert den normalen Zeichenabstand. Als Wert sollte 0 (Null) eingetragen werden, um als Standard eine normale Laufweite zu erzielen.

Maximum: legt den Höchstwert in bezug auf die normale Laufweite fest.

Die erlaubten Prozentwerte für den Zeichenabstand decken den Bereich zwischen -200 % und 200 % ab. Auch hier ist darauf zu achten, daß der Minimalwert nicht größer als der Maximalwert ist.

Die Option *Paarweiser Ausgleich* schaltet automatisch das Kerning ein oder aus. Liegen im Text zwei Zeichen nebeneinander, die unterschnitten werden können (z. B. »T« und »e«), übernimmt PageMaker das Unterschneiden selbständig. Optional läßt sich bei eingeschalteter Automatik festlegen, ab welchem Schriftgrad das automatische Kerning wirksam werden soll. Normalerweise ist hier der Schriftgrad 4 Punkt eingetragen.

Zeilenabstand

Als vorletzte Einstellung läßt sich die Behandlung des Zeilenabstandes auf *Relativ*, *Oberlänge* oder *Grundlinie* festlegen. Beim relativen Zeilenabstand orientiert sich PageMaker an der tatsächlichen Schriftgröße und plaziert die Grundlinien in bezug auf den Schriftgrad um zwei Drittel unterhalb der Oberkante des Zeilensatzes. Bei der Option *Oberlänge* beträgt der Abstand von der Grundlinie zur Oberkante des Zeilensatzes genau der größten Oberlänge der gewählten Schriftart. Mit der dritten Option *Grundlinie* erfolgt eine Ausrichtung an der Unterkante des Zeilensatzes.

Abschließend wird festgelegt, um wieviel Prozent des Schriftgrades der automatische Zeilenabstand groß sein soll. Üblich ist der Wert 120 %.

Nach Veränderung eines Eintrags kann durch Anklicken der Schaltfläche [Zurück] oder mit ⌨Alt⌨C zur Standardeinstellung zurückgekehrt werden. Wirksam werden Veränderungen erst mit ⏎ oder durch Anklicken der Schaltfläche [OK].

Sollen die hier getroffenen Einstellungen nicht nur für das gegenwärtig geöffnete Dokument gelten, sondern als neuer Standard, sind die Eintragungen bei geschlossenen Dateien vorzunehmen. PageMaker speichert in einem solchen Fall die veränderten Werte beim Verlassen des Programms als neue Standardeinstellung zurück.

Absatzoptionen

Unter der Überschrift *Optionen* im Dialogfeld *Absatzformat* sind einige Einstellmöglichkeiten zur Absatzbehandlung zusammengefaßt.

Absatz nicht trennen:

bedeutet, daß ein geschlossener Absatz nicht durch einen Seiten- oder Spaltenumbruch getrennt wird. Reicht der Platz im Layout nicht mehr aus, wird der gesamte Absatz auf die nächstfolgende Seite gesetzt.

Neue Spalte: legt fest, daß bei einer Absatzschaltung automatisch eine neue Spalte begonnen wird. Ist das Layout einspaltig, ist diese Option gleichbedeutend mit der folgenden.

Neue Seite: setzt den Beginn eines Absatzes grundsätzlich auf eine neue Seite.

In Inhaltsverzeichnis aufnehmen: kennzeichnet einen Absatz für die automatische Aufnahme in ein Inhaltsverzeichnis. Diese Option sollte natürlich nur auf Überschriften angewendet werden.

Absatz gefolgt von...:   stellt eine Verknüpfung zum nächstfolgenden Absatz her. Der Seiten- oder Spaltenumbruch wird so berechnet, daß mindestens die angegebene Anzahl Zeilen des folgenden Absatzes dem formatierten Absatz unmittelbar folgt. Auf diese Weise läßt sich zum Beispiel verhindern, daß als letzter Absatz einer Seite eine Überschrift allein gedruckt wird.

Schusterjungenregelung...:   heißt, daß bei einem Seiten- oder Spaltenumbruch mindestens ein Block der angegebenen Zeilenanzahl auf der alten Seite oder Spalte zu verbleiben hat. Im Minimum sollten dies zwei Zeilen sein. Grundsätzlich ist aus ästhetischen Gründen zu verhindern, daß lediglich eine Zeile des betreffenden Absatzes auf der alten Seite gedruckt wird und der Rest des Absatzes auf der nächsten Seite.

Hurenkinderregelung...:   ist das Gegenteil der Schusterjungenregelung. Sie verhindert, daß eine einzelne Zeile am Seiten- oder Spaltenanfang gedruckt wird. Auch hier ist eine Anzahl von Zeilen festzulegen, die mindestens als Block bestehen bleiben sollen. Üblich sind ebenfalls zwei Zeilen.

<table><tr><td>Absatzlinien</td><td>Ein Absatz läßt sich mit einer Kopf- und/oder einer Fußlinie versehen. Hierzu ist im Dialogfeld *Absatzformat* über die Schaltfläche [Linien...] das Dialogfeld *Absatzlinien* aufzurufen.</td></tr></table>

Ein Absatz läßt sich mit einer Kopf- und/oder einer Fußlinie versehen. Hierzu ist im Dialogfeld *Absatzformat* über die Schaltfläche [Linien...] das Dialogfeld *Absatzlinien* aufzurufen.

Das Dialogfeld teilt sich in zwei identiche Bereiche auf. Im oberen Teil wird eine Kopflinie definiert, während im unteren Teil die Beschreibung einer Fußlinie vorgenommen wird.

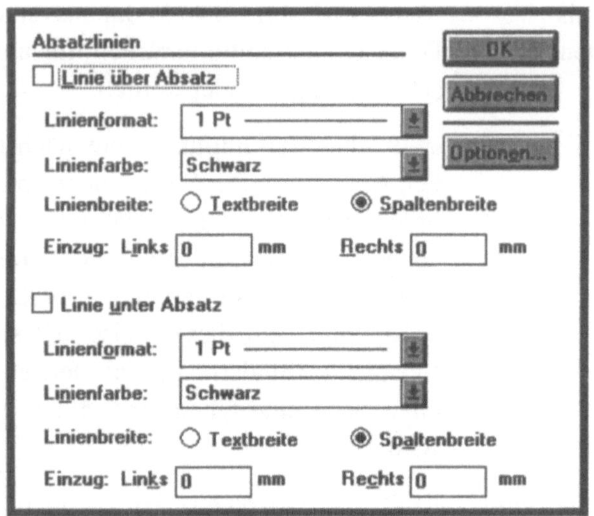

Abbildung 3.61.: Dialogfeld Absatzlinien

Linienformat

Im Auswahlfeld *Linienformat* bietet PageMaker einige Linienstärken und Linienmuster in einer Auswahlliste an. Die Linienstärken werden ähnlich wie Schriftgrade in Punkt gemessen, wobei *Haarstrich* eine besonders feine Linie darstellt.

Bei Farbmonitoren läßt sich im Auswahlfeld *Linienfarbe* auch eine Farbe auswählen. Ist ein Farbdrucker angeschlossen, wird die gewählte Farbe natürlich auch gedruckt.

Linienbreite

Die horizontale Breite einer Linie läßt sich unter der Option *Linienbreite* festlegen. Wird *Textbreite* gewählt, setzt PageMaker eine Linie, die die gleiche Breite hat wie die Textzeilen, so daß Einrückungen berücksichtigt werden. Wird die alternative Option *Spaltenbreite* ausgewählt, bekommt die Linie die Breite des Textblocks, und nicht die Breite einer Spalte, wie der Name der Option vermuten läßt.

Als letzte Einstellmöglichkeit lassen sich Linien mit eigenen Einzügen formatieren. Die Millimeterwerte beziehen sich jeweils auf die Textblockbreite.

Die Schaltfläche [Optionen...] führt in ein weiteres Dialogfeld, in dem Angaben zu den Abständen gemacht werden können. Gemeint sind die Abstände der Linien zur jeweils vorherigen Zeile.

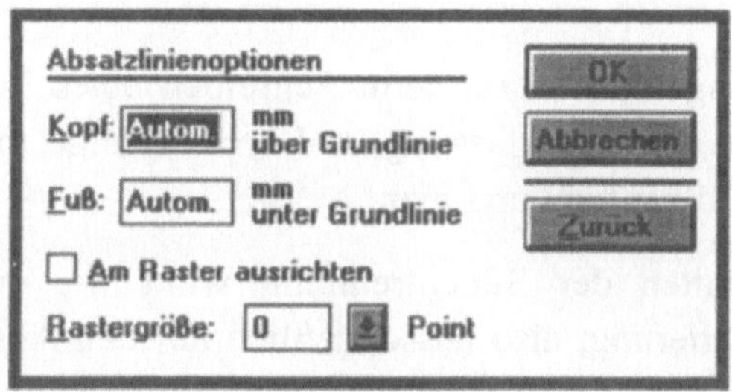

Abbildung 3.62.: Dialogfeld *Absatzlinienoptionen*

Auch hier werden Kopf- und Fußlinien separat behandelt. Die Vorgabe *Autom.* ist gleichzusetzen mit einem automatischen Zeilenabstand. Die Lage der Linien berechnet sich automatisch in Abhängigkeit zur gewählten Schriftgröße. Durch Millimeterangaben kann diese Automatik ausgeschaltet werden.

An dieser Stelle wird es sinnvoll, einen kleinen Tip weiterzugeben. Sind mehrere Dialogfelder gleichzeitig geöffnet, wird demzufolge das mehrmalige Anklicken der Schaltflächen [OK] bzw. [Abbrechen] erforderlich, um aus der Befehlsebene herauszukommen. Es reicht aber das einmalige Anklicken, wenn dies bei gedrückter [Alt] - Taste erfolgt. Die Tiefe der Verzweigung spielt dabei keine Rolle. Wichtig ist die Kenntnis, daß in einem solchen Fall alle vorausgehenden Dialogfelder mit der gleichen Antwort verlassen werden. Wird also [Alt] + [OK] angeklickt, werden alle vorherigen Dialogfelder ebenfalls mit [OK] bestätigt. Diese Arbeitserleichterung funktioniert ausschließlich mit der Maus.

Die automatische Silbentrennung wird über die Funktion *Silbentrennung...* im Pull-down-Menü *Schrift* ein- bzw. ausgeschaltet. Sobald im folgenden Dialogfeld die Option *Ein* aktiviert ist, trennt PageMaker alle Wörter am Zeilenende automatisch, soweit dies möglich bzw. erforderlich ist.

Silbentrennung

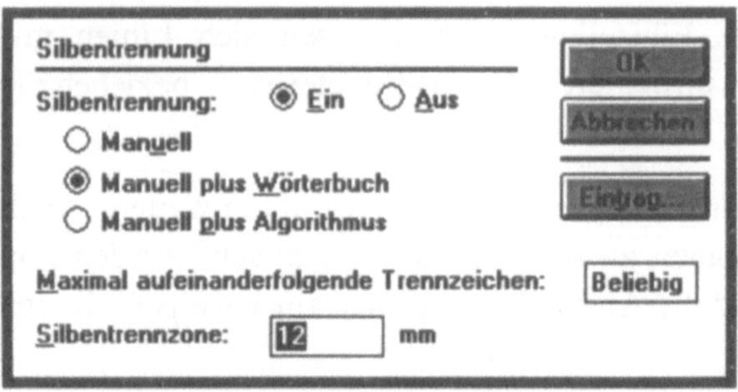

Die Trennung wird schon beim Schreiben eines Textes ausgeführt, sofern die Texterfassung im Layout erfolgt. Im Texteditor
arbeitet die Silbentrennung nicht.

Das Einschalten der Silbentrennung wirkt wie eine normale
Absatzformatierung, also ausschließlich auf den Absatz, in dem
sich gegenwärtig der Cursor (Textwerkzeug) befindet. Soll die
Silbentrennung für mehrere Absätze gleichzeitig eingeschaltet
werden, sind diese zuvor mit dem Textwerkzeug zu markieren.

Soll die Silbentrennung grundsätzlich eingeschaltet bleiben, ist
die Einstellung bei geschlossenen Dateien vorzunehmen.

Nach dem Einschalten ist zu entscheiden, nach welcher Arbeitsweise die Silbentrennung ausgeführt wird. Hier stehen drei Alternativen zur Auswahl.

Manuell:	erlaubt ausschließlich manuell ausgeführte Silbentrennungen.
Manuell plus Wörterbuch:	trennt automatisch Wörter, die im aktuellen Wörterbuch mit Trennvorschlägen eingetragen sind. Darüber hinaus sind manuelle Trennungen erlaubt.
Manuell plus Algorithmus:	trennt Wörter nach algorithmischen Regeln und erlaubt manuelle Trennungen. Ein Wörterbuch wird nicht herangezogen.

Die dritte Methode ist zwar die ausführlichste, weil ausnahmslos
alle Wörter im Bedarfsfall getrennt werden, aber sie ist zugleich
auch die mit der größten Fehlerhäufigkeit. Das Trennen nach

Wörterbuch beschränkt sich ausschließlich auf die dort enthaltenen Wörter, dafür wird aber nur nach Trennvorschlag getrennt. Kommt es zu fehlerhaften Trennungen, läßt sich der Eintrag im Wörterbuch korrigieren.

Die Leistungsfähigkeit der Silbentrennung von PageMaker darf ohne Zweifel als überdurchschnittlich gut betrachtet werden. Sie hebt sich von anderer Software allein schon dadurch ab, daß ein getrenntes »ck« in »kk« umgewandelt wird. Verändert sich der Zeilenumbruch, wird diese Umwandlung automatisch rückgängig gemacht. Dennoch kann es zu Fehlern kommen oder zu Trennungen, die beim Lesen eine sinnentstellende Wirkung haben.

Ästhetische Regeln bei der Gestaltung von Texten erlauben keine Anhäufung von Trennstellen. Wird theoretisch in mehreren aufeinanderfolgenden Zeilen eine Silbentrennung erforderlich, läßt sich dies ausschließen. Um diese Funktion einzuschalten, wird im Eingabefeld *Maximal aufeinanderfolgende Trennzeichen* ein Wert eingetragen. Schriftsetzer sagen hier, daß nicht mehr als drei Trennzeichen aufeinanderfolgen sollen. Das bedeutet, in das Eingabefeld muß der Wert »3« eingetragen werden.

Unter *Silbentrennzone* wird festgelegt, wie groß der Freiraum am Zeilenende sein darf, bevor die Silbentrennung in Kraft tritt.

Bei der Rechtschreibkontrolle wurde bereits erklärt, wie ein neues Wort in ein Benutzerwörterbuch aufgenommen werden kann. Die gleiche Möglichkeit bietet sich auch bei der Silbentrennung an. Mit der Schaltfläche [Eintrag...] wird das gleiche Dialogfeld geöffnet, wie es im Rahmen der Rechtschreibkontrolle schon kennengelernt wurde.

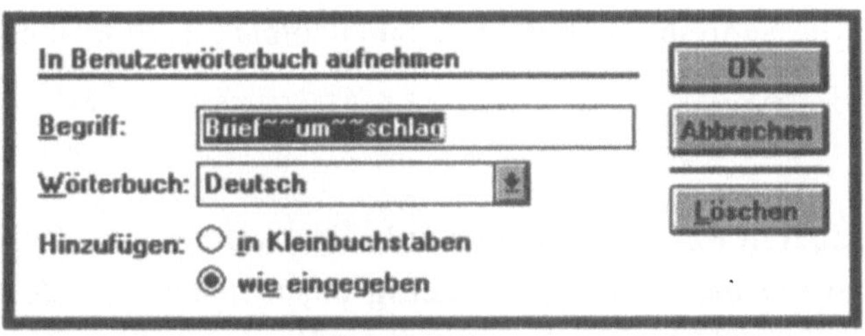

Abbildung 3.64.: Dialogfeld zur Aufnahme eines Wortes in das Wörterbuch

Ist zuvor ein Wort im Text markiert worden, wird dieses automatisch als Begriff in das Dialogfeld eingetragen. Ansonsten läßt sich eine Eintragung über die Tastatur vornehmen. Die Trennvorschläge werden mit Tilden (~) gekennzeichnet, wobei hier die Hierarchie zu beachten ist. Eine Tilde ist eine bevorzugte Trennstelle, während zwei oder drei Tilden zweit- oder drittrangige Trennstellen markieren.

Mit ⏎ oder durch Anklicken der Schaltfläche [OK] wird der Eintrag in das Wörterbuch übernommen. Mit der Schaltfläche [Löschen] läßt sich der Eintrag aus dem Wörterbuch entfernen.

Manuelles Trennen

Wird eine manuelle Silbentrennung angewendet, ist die Vorgehensweise wichtig. Im Prinzip reicht das Einfügen eines normalen Bindestrichs schon aus, um eine Silbentrennung auszuführen. Allerdings bleibt dieser Bindestrich erhalten, wenn das getrennte Wort durch einen veränderten Zeilenumbruch nicht mehr am Ende einer Zeile steht.

Um das zu verhindern, gibt es den sogenannten weichen Trennstrich, der nur im Bedarfsfall erhalten bleibt. Verschiebt sich jetzt das getrennte Wort vom Zeilenrand weg, blendet PageMaker den Trennstrich aus und wird ihn erst wieder einblenden, wenn das betreffende Wort an seine ursprüngliche Position zurückversetzt wird.

Dieser Trennstrich wird mit der Tastenkombination [Strg][-] (Bindestrich) erzeugt. Wird diese Tastenkombination mitten in einer Zeile angewendet, wird das Zeichen natürlich nicht sichtbar. Daß es aber im Hintergrund eingefügt wurde, läßt sich schnell nachprüfen. Wird der Cursor mit den Richtungstasten [→] oder [←] langsam über das betreffende Wort bewegt, sind an der Trennstelle plötzlich zwei Tastendrücke erforderlich, um den Cursor zum nächsten Zeichen springen zu lassen. Der erste Tastendruck bewegt die Schreibmarke über das unsichtbare Trennzeichen hinweg.

Zeilenschaltung

In besonderen Fällen kann es erforderlich werden, eine Zeile vorzeitig zu beenden, ohne gleichzeitig einen neuen Absatz zu beginnen. Normalerweise wird mit der ⏎ - Taste eine neue Zeile begonnen, bevor PageMaker einen automatischen Umbruch ausführt. Offiziell wird in einem solchen Fall aber ein Absatz geschaltet.

Um das gleiche Ziel zu erreichen, also eine neue Zeile zu beginnen, ohne gleichzeitig eine Absatzschaltung auszuführen, gibt es die Möglichkeit einer Zeilenschaltung. Sie unterscheidet sich von einer Absatzschaltung lediglich durch das Drücken einer zusätzlichen Taste. Diesmal wird ⏎ in Verbindung mit der ⇧ -Taste angewendet, also ⇧⏎.

Im Textmodus ist der Unterschied anhand der nicht druckbaren Sonderzeichen erkennbar. Die Absatzschaltung wird durch ein Return-Zeichen angezeigt, während bei einer Zeilenschaltung ein nach links abgeknickter Pfeil eingeblendet wird.

Um den Unterschied deutlich zu machen, ist im Übungsverzeichnis die Mustervorlage RETURN.PT5 gespeichert. Sie enthält zwei Textblöcke, die sich äußerlich nicht unterscheiden. Im ersten Textblock handelt es sich um zwei getrennte Absätze, während im zweiten Textblock mit der Zeilenschaltung gearbeitet wurde. Werden jetzt beide Textblöcke zum Beispiel mit Absatzlinien formatiert, wird der Unterschied schnell deutlich.

Übungsbeispiel

3.9 Druckformatvorlagen

Druckformatvorlagen sind eine Zusammenfassung verschiedener Formatierungsmerkmale und stellen somit ein besonderes Werkzeug der Textgestaltung dar. Druckformate werden unter einem Namen verwaltet und lassen sich beliebig einem Text zuordnen. Die Gestaltung eines Dokuments wird dadurch komfortabler, und es ist ein gleichbleibendes Erscheinungsbild gewährleistet. Dieser Vorteil kommt besonders dann zum Tragen, wenn ein Dokument aus mehreren Einzeldateien besteht.

3.9.1 Anlegen von Druckformatvorlagen

Um die Vorteile einer bequemen Gestaltung nutzen zu können, müssen Druckformatvorlagen angelegt und unter einem Namen gespeichert werden. Hier ist die Überlegung wichtig, ob das neue Druckformat ausschließlich für ein Dokument benötigt wird, oder ob es vielleicht auch in künftigen Dokumenten angewendet werden soll. Erfolgt das Anlegen in einem geöffneten Dokument, gilt das Druckformat ausschließlich für diese Datei. Wird das Druckformat hingegen bei geschlossenen Dateien angelegt, steht es automatisch in allen neuen Dateien zur Verfügung. PageMaker sieht für das Anlegen von Druckformatvorlagen zwei Methoden vor.

Festhalten von Druckformaten

Die erste Methode funktioniert ausschließlich bei geöffneten Dateien, wobei es unwichtig ist, ob es sich um ein neues oder ein geöffnetes Dokument handelt. Da Formatierungen als Druckformat festgehalten werden sollen, müssen diese existieren. Der erste Schritt bei dieser Vorgehensweise ist also das Anlegen und Gestalten eines Textblocks auf herkömmliche Weise.

Übungsbeispiel

Da das Thema Druckformatvorlagen sehr umfangreich und in der Theorie schwer nachvollziehbar ist, halte ich es für sinnvoll, parallel mit praktischen Übungen zu arbeiten. Öffnen Sie deshalb die Satzdatei MEINTEXT.PM5 und formatieren Sie den ersten Absatz mit folgenden Merkmalen:

Ausrichtung:	Blocksatz
Erste Zeile:	5 mm (positiv)

Um die Gestaltung in ein Druckformat zu übertragen, wird jetzt die Funktion *Druckformate definieren...* im Menü *Schrift* aufgerufen. Die Tastenkombination `Strg` `3` (Ziffer »3« im Schreibmaschinenblock) führt ebenfalls in das folgende Dialogfeld.

Abbildung 3.65.: Dialogfeld Druckformate definieren

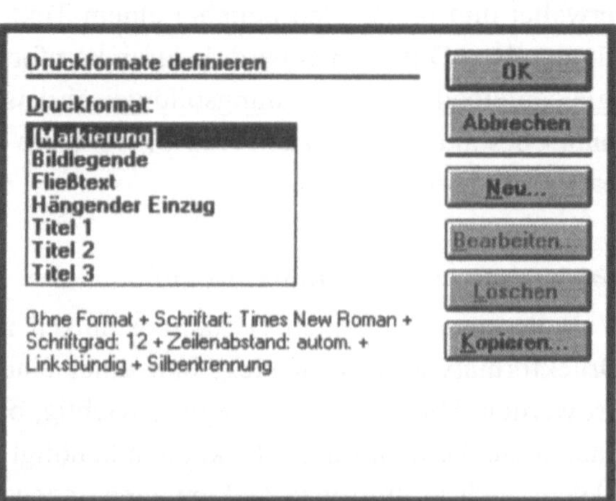

Im Auswahlfeld *Druckformat* befindet sich die Eintragung *Markierung* in eckigen Klammern, die grundsätzlich vorhanden ist, auch wenn zuvor noch keine Druckformatvorlagen definiert wurden. Auf diesem Eintrag muß sich der Markierungsbalken befinden, wenn PageMaker die vorhandenen Gestaltungsmerkmale eines markierten Textes einlesen soll.

Die aktuellen Formatierungsmerkmale werden als Text im unteren Teil des Dialogfeldes aufgelistet. Die Liste beginnt mit dem Vermerk *Ohne Format,* was sich auf Druckformate bezieht. Es besteht die Möglichkeit, sich beim Anlegen neuer Druckformatvorlagen auf bestehende zu beziehen, wenn nur eine geringfügige Modifikation erforderlich ist. In einem solchen Fall wird im ersten Eintrag auf das Basisformat Bezug genommen. Es folgen die Standardformatierungen und die individuell vorgenommen Einstellungen, in diesem Fall die Ausrichtung Blocksatz und der Erstzeileneinzug von 5 mm. Die einzelnen Positionen der Liste sind mit Pluszeichen voneinander getrennt.

Um jetzt die eingelesenen Formatierungsmerkmale in ein Druckformat zu übernehmen, ist mit ⌧Alt⌧⌧N⌧ oder durch Anklicken der Schaltfläche [Neu...] in das Dialogfeld *Druckformate bearbeiten* zu wechseln.

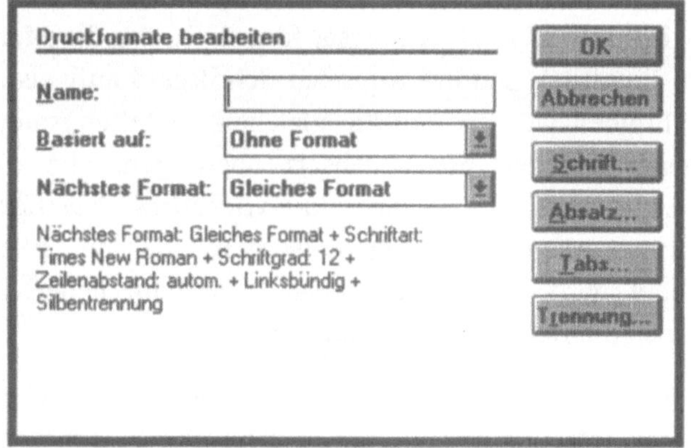

Abbildung 3.66.: Dialogfeld Druckformate bearbeiten

Im Eingabefeld *Name* ist ein beliebiger Name einzutragen, unter dem das neue Druckformat verwaltet werden soll. Bei der Namensvergabe ist darauf zu achten, daß keine Umlaute und kein »ß« verwendet werden, weil es hier in der Kommunikation mit

Name eines Druckformats

anderen Programmen zu Kompatibilitätsschwierigkeiten kommen kann. Des weiteren sollte ein Name gefunden werden, der eine leichte Zuordnung gewährleistet. Bei dem Namen »XYZ« zum Beispiel würde schon nach kurzer Zeit eine Interpretation nicht mehr möglich sein. Ein solches Druckformat müßte angesehen oder ausprobiert werden, um wieder zu wissen, welche Merkmale sich dahinter verbergen. Für unser Beispiel empfehle ich den Namen »Block/Erstzeile«.

Basiert auf Im nächsten Eingabefeld *Basiert auf* ist wieder der Eintrag *Ohne Format* vorgegeben. Das bedeutet, das neue Druckformat basiert auf keinem bestehenen Format. An dieser Stelle wäre es noch möglich, dies zu ändern und ein Basisformat über die Drop-down-Liste auszuwählen, sofern bereits andere Druckformate angelegt wurden.

Nächstes Format Im dritten Eingabefeld *Nächstes Format* läßt sich ebenfalls über eine Drop-down-Liste der Name eines bestehenen Druckformats anstelle der Vorgabe *Gleiches Format* eintragen. Die hier getroffene Auswahl hat für die spätere Arbeit eine ganz besondere Bedeutung, die sich allerdings nur während der Texterfassung auswirkt. Auf nachträglich formatierte Texte hat diese Funktion keine Wirkung.

Folgendes ist darunter zu verstehen. Angenommen, eine Überschrift wird mit einem Druckformat formatiert, das die Merkmale zentriert, Fettdruck und einen großen Schriftgrad aufweist. Beim Weiterschreiben würden sich die gleichen Gestaltungsmerkmale automatisch auf den neuen Absatz übertragen. Um dies zu verhindern, kann im Eingabefeld *Nächstes Format* eine Druckformatvorlage eingetragen werden, die für Fließtexte angewendet wird. PageMaker weist dann dem neuen Absatz automatisch die richtigen Merkmale zu.

Für das gegenwärtige Beispiel sollen die Vorgaben bestehen bleiben. Wären jetzt noch Änderungen erforderlich, könnten diese über die Schaltflächen [Schrift...], [Absatz...], [Tabs...] oder [Trennung...] erfolgen. Nach Aufruf einer dieser Schaltflächen präsentiert PageMaker die jeweils bekannten Dialogfelder. Wird dort ⏎ gedrückt oder die Schaltfläche [OK] angeklickt, führt das Programm in das Dialogfeld *Druckformate bearbeiten* zurück.

Die fertige Druckformatvorlage wird mit ⏎ oder durch Anklicken der Schaltfläche [OK] angelegt. Daraufhin schaltet Page-Maker in das Dialogfeld *Druckformate definieren* zurück. Das gerade angelegte Druckformat *Block/Erstzeile* ist jetzt in der Auswahlliste enthalten. Um in die Dokumentbearbeitung zurückzukehren, muß auch dieses Fenster mit ⏎ oder durch Anklicken der Schaltfläche [OK] geschlossen werden.

Bevor nun das neue Druckformat ausprobiert wird, sollte der Cursor in den zweiten, noch unformatierten Absatz bewegt werden. Die Zuweisung eines Druckformats erfolgt über die Funktion *Druckformate* im Pull-down-Menü *Schrift.* Ähnlich wie bei der Auswahl von Schriftarten öffnet sich ein Untermenü, in dem jetzt das neue Druckformat zur Auswahl angeboten wird.

Druckformat anwenden

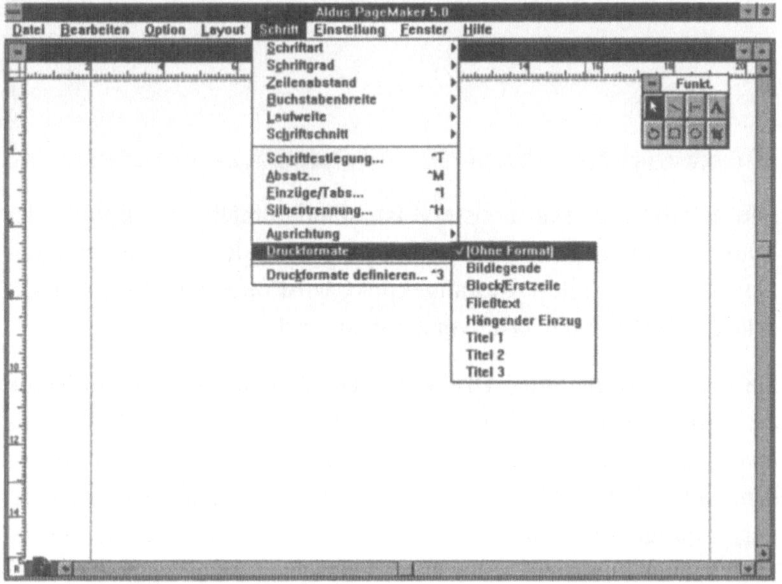

Abbildung 3.67.: Untermenü zur Auswahl von Druckformaten

Nach Anklicken des gewünschten Druckformats wird der aktuelle Absatz unverzüglich mit den gespeicherten Gestaltungsmerkmalen formatiert. In diesem Fall erhält der Text in einem Arbeitsschritt die Ausrichtung Blocksatz und einen positiven Erstzeileneinzug von 5 mm.

Über die Funktion *Druckformatliste* im Pull-down-Menü *Fenster* oder mit ⌗Strg⌗ ⌗Y⌗ läßt sich ein kleines Auswahlfenster für Druckformatvorlagen auf dem Monitor dauerhaft einblenden. Es bleibt solange erhalten, bis es über die gleiche Funktion oder mit gleichem Tastenschlüssel wieder ausgeblendet wird.

Abbildung 3.68.: Eingeblendetes Auswahlfenster für Druckformate

Die Position dieses Fensters ist standardmäßig unterhalb der Funktionenbox. Es läßt sich aber an jede andere Stelle verschieben, wenn die Titelleiste angeklickt wird und die Maus bei gedrückter linker Maustaste verschoben wird.

Da die Auswahl eines Druckformats über das Pull-down-Menü *Schrift* ebenso komfortabel ist, hat es sich in der Praxis als zweckmäßig erwiesen, die Druckformatliste ausgeblendet zu lassen. Immerhin wird ein Teil des Monitors beansprucht, was bei vergrößerter Arbeitsfläche schnell störend wirkt. Selbst die relativ kleine Funktionenbox kann häufig im Wege sein und muß verschoben werden. Auf die Werkzeuge kann aber nicht verzichtet werden.

Anlegen eines neuen Druckformats

Die alternative Methode zum Anlegen eines neuen Druckformats setzt keine Formatierung eines Textes voraus. Demzufolge ist es auch nicht erforderlich, zuvor einen Text zu markieren. Deshalb ist dies der einzige Weg, der das Anlegen eines Druckformats bei geschlossenen Dateien zuläßt, um Druckformatvorlagen zu erhalten, die auf künftige Dokumente angewendet werden können.

Auch hier wird zunächst die Funktion *Druckformate definieren...* im Pull-down-Menü *Schrift* aufgerufen. Im folgenden Dialogfeld ist zu entscheiden, ob das neue Druckformat auf einem bestehenden basieren soll. Wird dies nicht gewünscht, ist der Markierungsbalken auf den Eintrag *Markierung* zu setzen, ansonsten auf den Namen des Basisdruckformats.

Im nächsten Arbeitsschritt wird über die Schaltfläche [Neu...] in das nächstfolgende Dialogfeld gewechselt und dort ein Name für das neue Druckformat festgelegt. Danach erfolgt das Formatieren in den jeweiligen Dialogfeldern, die über Schaltflächen erreichbar sind. Sind alle Gestaltungsmerkmale den Wünschen entsprechend definiert, werden alle offenen Dialogfelder der Reihe nach mit ⏎ oder durch Anklicken der Schaltfläche [OK] geschlossen. Solange kein zweites Druckformat anzulegen ist, kann beim Anklicken der ersten Schaltfläche [OK] die ⎇ - Taste festgehalten werden. PageMaker beantwortet dann alle vorausgehenden Dialogfelder selbständig.

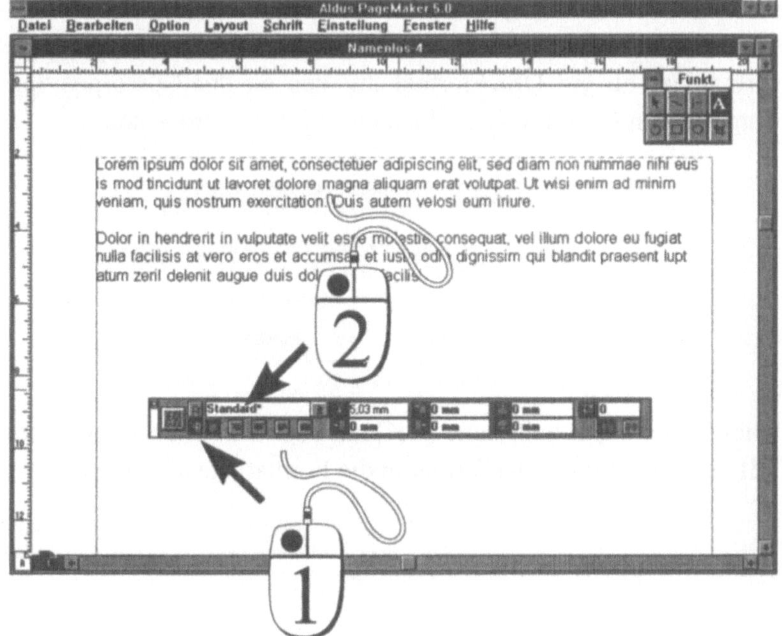

Abbildung 3.69.: Eingeblendete Kontrollpalette für Textbearbeitung

Haben Sie auf herkömmliche Weise einen Text gestaltet und möchten Sie die Zusammensetzung der Formatierungsmerkmale in einem Druckformat speichern, können Sie hierfür die Kontrollpalette benutzen.

Blenden Sie über das Menü *Fenster* die Kontrollpalette ein, und klicken Sie mit dem Textwerkzeug in den betreffenden Absatz, der die gewünschten Gestaltungsmerkmale enthält.

Im linken Teil der Kontrollpalette finden Sie eine kleine Schaltfläche, auf der ein Absatzzeichen abgebildet ist (¶). Klicken Sie mit der linken Maustaste auf diese Schaltfläche (1), um Einstellmöglichkeiten für Merkmale der Absatzformatierung zu erhalten. Klicken Sie im zweiten Schritt in das erste Feld der Kontrollpalette (2). Es handelt sich um eine Auswahlliste für Druckformate. Der gegenwärtige Eintrag muß vollständig markiert werden, damit ein Überschreiben erfolgen kann. Schreiben Sie anschließend einen beliebigen Namen für das neue Druckformat und bestätigen Sie die Eingabe durch Anklicken der Schaltfläche ganz links in der Kontrollpalette oder durch Drücken der Taste ⏎.

Da ein Druckformat mit dem gerade eingetragenen Namen noch nicht existiert, gibt PageMaker eine Information aus, die auf diesen Zustand aufmerksam macht. Gleichzeitig ist damit die Frage verbunden, ob ein Druckformat mit den an der Cursorposition festgestellten Gestaltungsmerkmalen angelegt werden soll.

Klicken Sie die Schaltfläche [OK] an, oder drücken Sie die Taste ⏎, um ein neues Druckformat in die Formatliste aufzunehmen.

- Legen Sie in einem neuen Dokument folgende Druckformate an.

Übungsbeispiel

1. Name: *Titel*

   Schriftart: *Arial* (oder ähnlich)

   Schriftgröße: *24 Punkt*

   Absatzlinie unterhalb

   Absatzabstand unten 20 mm

2. Name: *Normal*

   Schriftart: *TimesNewRoman* (oder ähnlich)

   Schriftgröße: *12 Punkt*

   Erste Zeile um 5 mm positiv eingerückt

   Blocksatz

   Absatzabstand unten 7 mm

3. Name: *Beidseitiger Einzug*

   Schriftart: *TimesNewRoman* (oder ähnlich)

   Schriftgröße: *12 Punkt*

   Linker und Rechter Einzug jeweils 20 mm

   Blocksatz

   Absatzabstand unten 7 mm

   Halten Sie sich bitte an die hier aufgeführten Namen, damit später das Importieren eines Textes mit gleichlautenden Formatmarken funktioniert.

- Speichern Sie das Dokument unter dem Namen DFV.PM5 im Übungsverzeichnis ab.

3.9.2 Bearbeiten von Druckformatvorlagen

Bestehene Druckformatvorlagen lassen sich jederzeit verändern, löschen oder aus anderen Dokumenten importieren.

Um ein bestehenes Druckformat zu ändern, ist zuerst im Dialogfeld *Druckformat definieren* der Name der entsprechenden Druckformatvorlage zu markieren. Daraufhin werden die Schaltflächen [Bearbeiten...], [Löschen] und [Kopieren...] eingeblendet.

Verändern von
Druckformaten

In diesem Fall ist die Schaltfläche [Bearbeiten...] anzuklicken oder die Funktion mit ⎣Alt⎦⎣B⎦ aufzurufen. Im folgenden Dialogfeld *Druckformat bearbeiten* ist jetzt automatisch der Name des ausgewählten Druckformats eingetragen.

Schneller geht der Aufruf des Dialogfeldes *Druckformat bearbeiten*, wenn im Angebotsmenü *Schrift - Druckformat* oder im Druckformatfenster die zu bearbeitende Druckformatvorlage bei gedrückter ⎣Strg⎦ - Taste angeklickt wird. Das ausgewählte Druckformat wird in diesem Fall nicht einem Text zugewiesen, sondern direkt in das Dialogfeld *Druckformat bearbeiten* umgeschaltet.

Die weiteren Arbeitsschritte entsprechen dem Neuanlegen. Sind alle gewünschten Veränderungen ausgeführt, werden die einzelnen Dialogfelder mit ⎣↵⎦ oder durch Anklicken der Schaltflächen [OK] geschlossen. Nach der Rückkehr in den Text- bzw. Layoutmodus aktualisiert PageMaker unverzüglich alle betroffenen Absätze.

Löschen von Druckformatvorlagen

Soll ein angelegtes Druckformat wieder entfernt werden, ist der betreffende Name im Dialogfeld *Druckformat definieren* zu markieren und die Schaltfläche [Löschen] anzuklicken oder die Tastenkombination ⎣Alt⎦⎣L⎦ einzugeben. Die Druckformatvorlage wird unverzüglich aus der Druckformatliste entfernt und betroffene Absätze werden automatisch auf Standardeinstellungen umformatiert.

Kopieren von Druckformatvorlagen

Über die Schaltfläche [Kopieren...] im Dialogfeld *Druckformat definieren* lassen sich Druckformatvorlagen übernehmen, die in einem anderen Dokument definiert wurden. PageMaker öffnet ein Dialogfeld, in dem eine Quelldatei ausgewählt werden kann.

Nach der Auswahl einer Datei durch Anklicken wird der betreffene Name automatisch in das Eingabefeld *Name* übertragen. Nach der Bestätigung durch Drücken der Taste ⎣↵⎦ oder durch Anklicken der Schaltfläche [OK] werden die Druckformatvorlagen der ausgewählten Datei importiert. Ein Doppelklick auf den Namen einer Quelldatei erfüllt den gleichen Zweck.

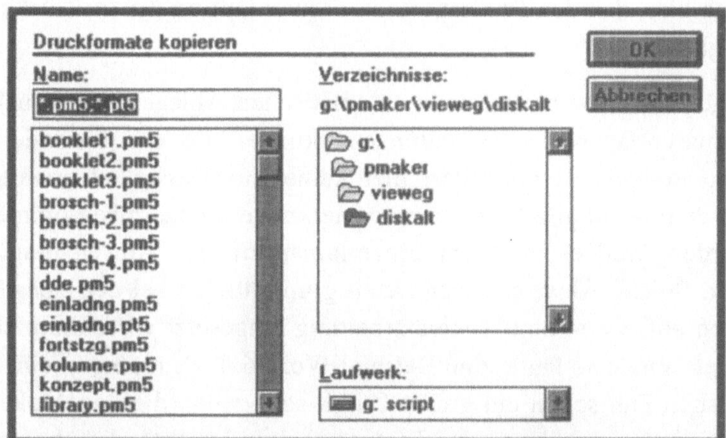

Abbildung 3.71.: Dialogfeld Druckformate kopieren

3.9.3 Besonderheiten im Umgang mit Druckformatvorlagen

Häufig werden Texte in einem separaten Textverarbeitungsprogramm erfaßt und erst später in PageMaker weiterbearbeitet. Die meisten Programme erlauben selber das Anlegen von Druckformatvorlagen, die PageMaker beim Import berücksichtigen kann. Aber auch, wenn die Textverarbeitungsoftware Druckformate nicht zuläßt, können Besonderheiten zur Arbeitserleichterung genutzt werden.

In einer Textverarbeitungssoftware werden Druckformatvorlagen meistens über Tastenschlüssel einem Text zugeordnet. Trotzdem gibt es Möglichkeiten einer Namenszuweisung. Im Beispiel Word 6.0 erfolgt die Namensvergabe unter dem Begriff *Bemerkung* im Dialogfeld *Neues Druckformat*. Bei Word für Windows erhalten Druckformate einen direkten Namen, der von PageMaker gelesen werden kann.

Erkennen von Druckformatvorlagen

Wird der gleiche Name verwendet, wie im Programm Page-Maker, kann eine automatische Formatzuweisung beim Textimport erfolgen. Voraussetzung ist, daß die beiden Namen wirklich identisch sind, und daß beim Import im Dialogfeld *Datei positionieren* die Option *Formatiert* aktiviert wurde.

Stellt PageMaker beim Import fest, daß der Text mit Druckformatvorlagen formatiert wurde, deren Namen unter den Page-

Übernahme von Druckformatvorlagen

Maker-Druckformaten nicht enthalten ist, werden automatisch entsprechende Druckformatvorlagen angelegt. Voraussetzung ist auch hier, daß der Textimport mit aktiver Option *Formatiert* erfolgt.

PageMaker übernimmt beim automatischen Anlegen von Druckformatvorlagen die Gestaltungsmerkmale, die der formatierte Text aufweist. Jedoch darf hier keine Zuverlässigkeit erwartet werden. Nicht alle Formatierungsmerkmale können übernommen werden, weil es vielleicht programmspezifische Abweichungen gibt. Solche Abweichungen treten grundsätzlich bei den Schriftarten auf, wenn eine Textverarbeitung eingesetzt wird, die nicht unter Windows läuft, zum Beispiel Word 6.0. Es müßte in einem solchen Fall schon ein großer Zufall sein, wenn die PageMaker-Schriftarten mit denen der Textverarbeitung vollständig übereinstimmen.

Beim Übertragen der Druckformatvorlagen ist auch der Punkt erreicht, wo es zu Inkompatibilitäten kommen kann, wenn im Namen Umlaute oder der Buchstabe »ß« enthalten sind. Diese Zeichen sollten auch im Textverarbeitungsprogramm als Teil eines Druckformatnamens vermieden werden. Der Grund für Inkompatibilitäten ist die Nutzung von unterschiedlichen Zeichensatztabellen. Eine DOS-Software arbeitet mit ASCII-Zeichen, während eine Windows-Software mit dem ANSI-Zeichensatz arbeitet.

Lesen von Formatmarken

Wird ein Textverarbeitungsprogramm angewendet, mit dem keine Druckformatvorlagen angelegt werden können, braucht deshalb nicht auf die Automatik beim Import in PageMaker verzichtet werden. Hier kommt die Option *Formatmarken lesen* zum tragen, die im Dialogfeld *Datei positionieren* enthalten ist und bis jetzt noch nicht genutzt wird.

Formatmarken sind die Namen der PageMaker-Druckformatvorlagen. Sie müssen im Textverarbeitungsprogramm in spitzen Klammern vor jedem Absatz eingetragen werden, zum Beispiel <Titel>. Zwischen dem Begriff der Formatmarke und den spitzen Klamern darf kein Leerzeichen gesetzt werden, weil dies sonst als Teil des späteren Druckformatnamens mitgelesen wird. Page-Maker wird später die Formatmarken automatisch aus dem Text entfernen. Sollte es in PageMaker kein Druckformat mit dem Namen einer Textmarke geben, wird ein neues Druckformat automatisch angelegt. In einem solchen Fall enthält das neue Druckformat die gleichen Merkmale, die auch im Text enthalten sind. Natürlich lassen sich diese Druckformate genauso bearbeiten, wie ein manuell angelegtes Druckformat.

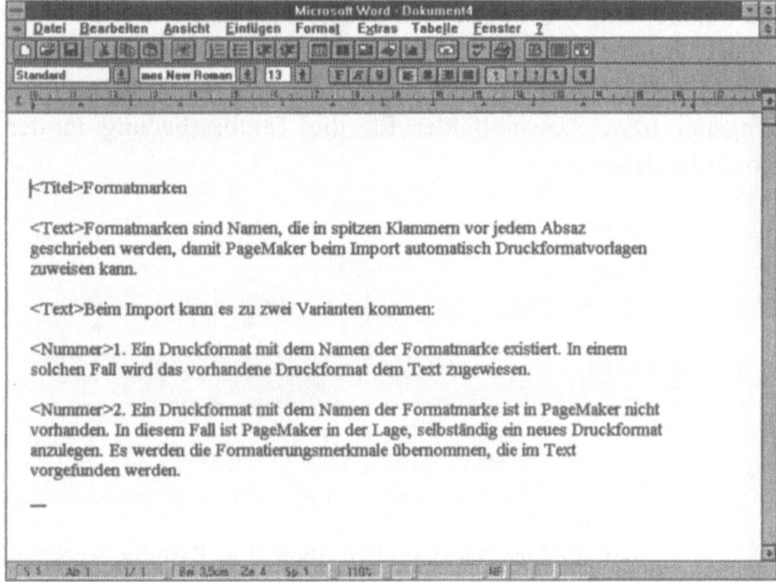

Abbildung 3.72.: Formatmarken werden in spitzen Klammern vor einem Absatz in den Text eingetragen

- Holen Sie die Datei DFV.PM5 über das Menü *Fenster* in den Vordergrund. Sollte das Dokument nicht mehr zur Verfügung stehen, dann öffnen Sie die Datei.

- Importieren Sie die Textdatei DFV.DOC mit der Option *Formatiert*. Der Text wurde innerhalb der Textverarbeitung Word für Windows mit Druckformaten bearbeitet, die die gleichen Namen haben wie die, die Sie im PageMaker-Dokument angelegt haben. Beobachten Sie, wie PageMaker den Text gestaltet.

- Importieren Sie die Textdatei FORMMARK.DOC mit der Option *Formatmarken lesen*. Dieser Text ist innerhalb der Textverarbeitung nicht gestaltet worden. Vor jedem Absatz

Übungsbeispiel

ist jedoch eine Formatmarke eingetragen. Beobachten Sie, wie PageMaker den Text gestaltet.

3.10 Mit der Kontrollpalette arbeiten

Mit der Funktion *Kontrollpalette* im Menü *Fenster* läßt sich auf dem Monitor eine Kontrollpalette einblenden, die Werkzeuge für die Bearbeitung von Texten und anderen Objekten enthält. Wird in der Funktionenbox das Textwerkzeug ausgewählt, blendet PageMaker automatisch die entsprechenden Schaltflächen und Eingabe- bzw. Auswahlfelder für die Textbearbeitung in der Kontrollpalette ein.

Abbildung 3.73.: Kontrollpalette für Textbearbeitung

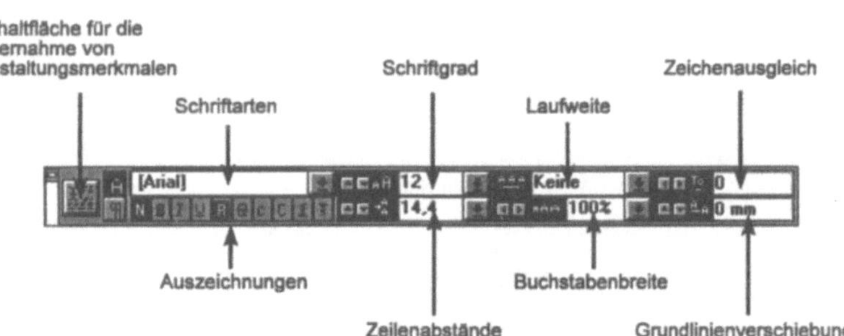

In den Eingabefeldern lassen sich über die Tastatur entsprechende Eingaben vornehmen oder in den Drop-down-Listen Einstellungen auswählen. In den Feldern, in denen Zahlenwerte einzutragen sind, lassen sich diese außerdem mit den kleinen Schaltflächen einstellen, auf denen jeweils eine Pfeilspitze abgebildet ist. Klicken Sie eine Schaltfläche mit einer nach oben zeigenden Pfeilspitze an, vergrößert sich der jeweilige Wert. Soll er sich verkleinern, muß die Schaltfläche mit der Pfeilspitze nach unten angeklickt werden.

Sobald die gewünschten Einstellungen vorgenommen sind, werden durch Anklicken der Schaltfläche ganz links oder durch Drücken der Taste ⏎ die Gestaltungsmerkmale auf den aktiven Text angewendet.

Fragen zum Kapitel

1. Was verstehen Sie unter Desktop Publishing?

2. Was ist Wysiwyg?

3. Was verstehen Sie unter Typografie?

4. Welche Schriftfamilien kennen Sie?

5. In welchen Bereichen können Sie in PageMaker Text erfassen und bearbeiten?

6. Benennen Sie die Elemente eines Textblocks.

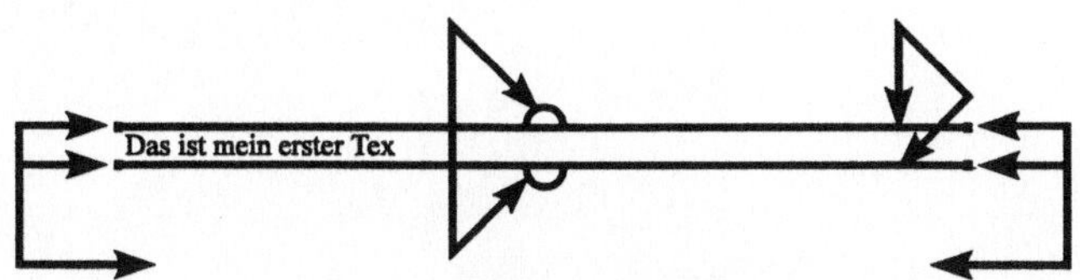

7. Was ist der Unterschied zwischen einem manuellen und einem automatischen Textanschluß?

8. Welche Merkmale der Absatzgestaltung kennen Sie?

9. In Ihrem Text werden plötzlich einzelne Zeilen grau unterlegt. Was hat dies zu bedeuten?

10. Was sind »Schusterjungen« und »Hurenkinder«?

Kapitel 4

Bildbearbeitung

4 Bildbearbeitung

Grafische Objekte werden überwiegend in Fremdprogrammen erstellt und zur Weiterbearbeitung in PageMaker importiert. Bilder, die sich aus geometrischen Figuren zusammensetzen lassen, können aber auch direkt in PageMaker angelegt werden. Beide Bereiche werden in diesem Kapitel erklärt, wobei der Schwerpunkt natürlich in der Weiterbearbeitung importierter Grafiken liegt. Hier wird zum Beispiel der Unterschied zwischen einer Pixelgrafik und einer Vektorgrafik erklärt, was für die spätere Druckqualität relevant ist. Weiterer Inhalt dieses Kapitels ist unter anderem die beliebige Größenänderung und das Schneiden von Bildern, sowie eine Größenänderung unter Einhaltung der höchstmöglichen Druckqualität. In diesem Zusammenhang wird erklärt, wo es bei der Bildbearbeitung Schwachpunkte gibt, die nicht nur auf der Software beruhen.

4.1 Erstellen einer Grafik mit PageMaker-Werkzeugen

Für das Erstellen von Grafiken innerhalb von PageMaker stehen vier Werkzeuge der Funktionenbox zur Verfügung. Die folgende Tabelle zeigt die betreffenden Schaltflächen, deren Funktionen und jeweils ein Muster. Diese vier Werkzeuge reichen in vielen Fällen schon aus, um einfache grafische Darstellungen zu realisieren. Werden die gewünschten Darstellungen umfangreicher, wird die Zuhilfenahme eines separaten Zeichenprogramms unumgänglich sein. Ansonsten können die Zeichenwerkzeuge von PageMaker natürlich auch dazu genutzt werden, um zum Beispiel einen Text einzurahmen oder ein Organigramm anzulegen. Hierzu stehen in der Funktionenbox folgende Werkzeuge zur Verfügung.

Werkzeuge der Funktionenbox:

 Zeichnen von Freiwinkellinien 

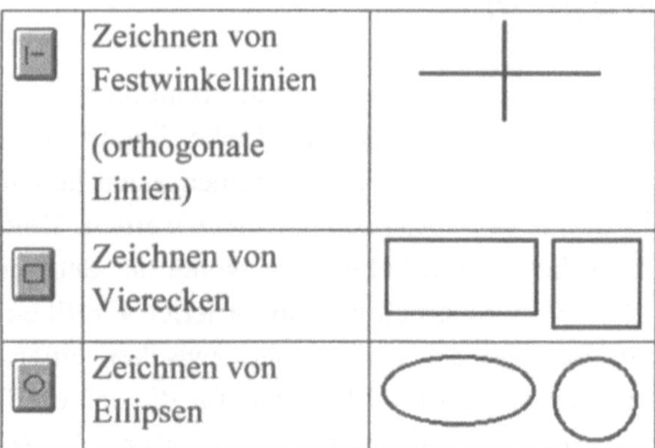

Zur Auswahl eines dieser Werkzeuge wird die betreffende Schaltfläche in der Funktionenbox mit der Maus angeklickt. Welches Werkzeug gegenwärtig aktiv ist, wird innerhalb der Funktionenbox durch eine Markierung angezeigt. In der nachfolgenden Abbildung ist das Werkzeug zum Zeichnen von Vierecken ausgewählt.

Abbildung 4.1.:
Ausgewähltes
Werkzeug zum
Zeichnen von
Vierecken

Neben dem Anklicken mit der Maus lassen sich die Werkzeuge der Funktionenbox auch über die Tastatur auswählen. Hierzu wird eine Tastenkombination aufgerufen, die aus einer Verbindung zwischen der ⇧ - Taste und einer Funktionstaste besteht. Welche Funktionstaste jeweils benötigt wird, läßt sich an der Position des Werkzeugs innerhalb der Funktionenbox ablesen. Ab dem zweiten Werkzeug in der ersten Zeile werden die entsprechenden Funktionstasten in Verbindung mit der Taste ⇧ angewendet. Um zum Beispiel das Werkzeug zum Zeichnen von Vierecken zu aktivieren, wird die Tastenkombination ⇧ F6 gedrückt. Einzige Ausnahme bei diesem System bildet das Positionierwerkzeug ganz links in der ersten Reihe der Funktionenbox. Um dieses Werkzeug auszuwählen muß die Funktionstaste F9 gedrückt werden. Wurde eines dieser Werkzeuge ausgewählt, nimmt der Mauszeiger die Form eines Kreuzes an.

4.1.1 Zeichnen von geometrischen Figuren

Mit dem Werkzeug zum Zeichnen von Vierecken lassen sich  Rechtecke oder Quadrate mit beliebigen Kantenlängen auf der Arbeits- oder Montagefläche anlegen. Nach der Auswahl dieses Werkzeugs wird der Mauszeiger an die Position geschoben, an der ein Rechteck beginnen soll. Dabei kann es sich um eines der Eckpunkte handeln. Sobald die linke Maustaste festgehalten und die Maus bewegt wird, zeichnet PageMaker ein Viereck. Die Maus wird zum Zielpunkt geführt, der dem Ausgangspunkt diagonal gegenüberliegt. Sobald die Maustaste losgelassen wird, ist das Zeichnen beendet. Sollte die Größe oder die Position des Vierecks nicht den endgültigen Erfordernissen entsprechen, lassen sich nachträgliche Veränderungen vornehmen. Im Abschnitt 4.4 in diesem Kapitel wird das Bearbeiten von grafischen Objekten näher beschrieben.

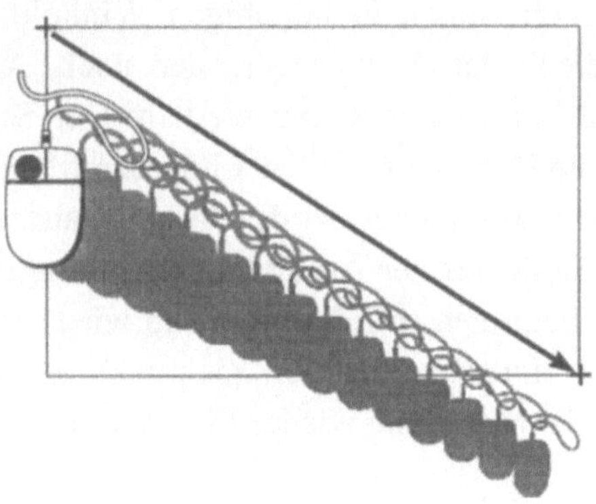

Abbildung 4.2.:
Zeichnen eines
Vierecks

Soll anstelle eines Vierecks mit beliebigen Kantenlängen ein exaktes Quadrat gezeichnet werden, ist während der Mausbewegung bei gedrückter linker Maustaste lediglich die ⇧ - Taste zusätzlich festzuhalten. In einem solchen Fall werden die senkrechten und waagerechten Kanten automatisch im gleichen Maß gezeichnet.

Auf gleiche Weise wird nach Auswahl des entsprechenden Werkzeugs eine Ellipse oder ein Kreis gezeichnet. Die Maus wird auch  hier bei gedrückter linker Maustaste von einem Ausgangspunkt zu einem diagonal gegenüberliegenden Endpunkt geführt. Wird währenddessen die ⇧ - Taste festgehalten, zeichnet PageMaker einen genauen Kreis.

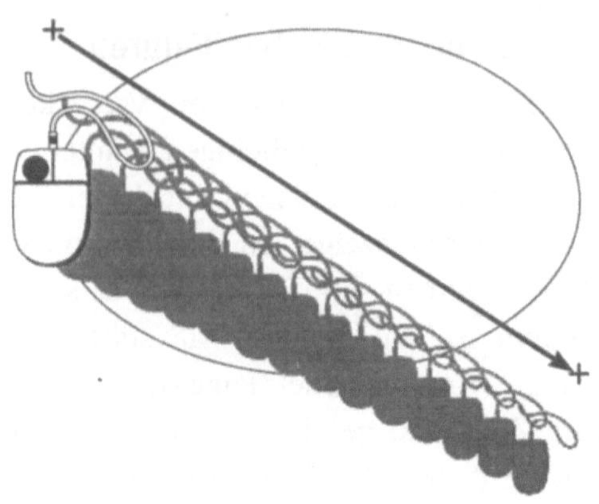

Abbildung 4.3.:
Zeichnen einer
Ellipse

4.1.2 Zeichnen von Linien

Für das Zeichnen von Linien stehen zwei Werkzeuge zur Verfügung. Das rechts abgebildete Symbol erlaubt nach seiner Auswahl das Zeichnen von sogenannten Freiwinkellinien. Das bedeutet, es lassen sich Linien in beliebigen Winkeln zeichnen. Als Zeichenstift dient der Mauszeiger, der nach Auswahl dieses Werkzeugs die Form eines Kreuzes erhält. Der Schnittpunkt der waagerechten und der senkrechten Linie des Mauszeigers ist die Position, an der gezeichnet wird. Dieser Mauszeiger wird zunächst an die Stelle auf der Arbeits- oder Montagefläche geführt, wo eine Linie beginnen soll. Von dort ab wird die Maus bei gedrückter linker Maustaste bis zum Zielpunkt geführt. Dort angekommen wird die Maustaste wieder losgelassen.

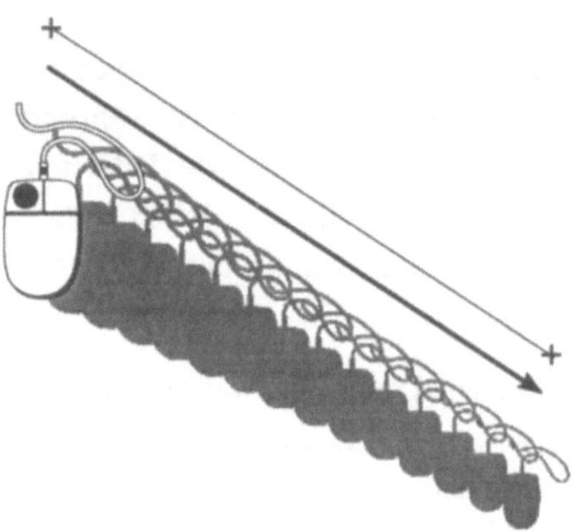

Abbildung 4.4.:
Zeichnen einer
Freiwinkellinie

Das zweite Werkzeug zum Zeichnen von Linien erlaubt im Gegensatz zu den Freiwinkellinien ausschließlich eine Ausrichtung

in 45°-Schritten. Die Arbeitsweise zum Erstellen einer solchen Linie unterscheidet sich in keiner Weise vom Zeichnen einer beliebigen Linie. Wird allerdings die Maus in einem unzulässigen Winkel gezogen, springt die Linie automatisch in die nächst zulässige Lage.

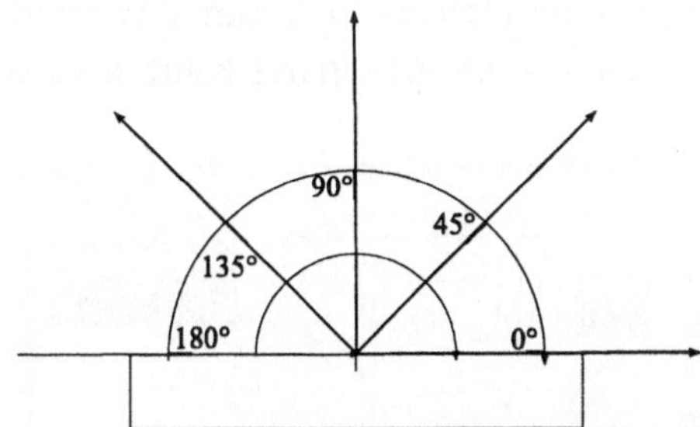

Abbildung 4.5.: Erlaubte Winkel beim Zeichnen mit dem Festwinkelwerkzeug

Diese vier Werkzeuge zum Zeichnen von grafischen Objekten erlauben bereits das Anlegen von einfachen Bildern. Trotzdem darf PageMaker nicht mit einem reinen Zeichenprogramm, wie zum Beispiel CorelDraw, auf eine Stufe gestellt werden. Die primäre Aufgabe von PageMaker ist und bleibt das Montieren von Texten und Bildern. Demzufolge werden in der Praxis die Zeichenwerkzeuge weniger für das Zeichnen von Bildern angewendet, sondern viel mehr zum Hervorheben einzelner Objekte; beispielsweise durch eine Umrandung, oder zum Anlegen von Verbindungslinien zwischen zwei Objekten.

4.1.3 Setzen von Eckenrundungen

Ein Rechteck oder ein Quadrat zeichnet PageMaker standardmäßig mit scharfen Ecken im 90°-Radius. Der Winkel läßt sich zwar nicht verändern, wohl aber lassen sich die Ecken abrunden. Um die dafür erforderliche Funktion ausführen zu können, muß das betreffende Objekt zuvor aktiviert werden. Hierzu wird mit dem Positionierwerkzeug eine der Kantenlinien eines Vierecks angeklickt, so daß an den vier Ecken und jeweils in der Mitte einer Kantenlinie Knotenpunkte entstehen.

Abbildung 4.6.: Aktiviertes Rechteck mit sichtbaren Knotenpunkten

Ist dieser Zustand erreicht, wird im Menü *Einstellung* die Funktion *Eckenrundung...* aufgerufen. Im folgenden Dialogfeld sind sechs Schaltsymbole aufgeführt, die jeweils ein Beispiel des entsprechenden Radius zeigt. Der gegenwärtige Zustand des aktiven Rechtecks ist anhand des schwarz markierten Feldes abzulesen. Meistens handelt es sich um das erste Feld in der ersten Reihe, das nach Auswahl scharfe Kanten herstellt.

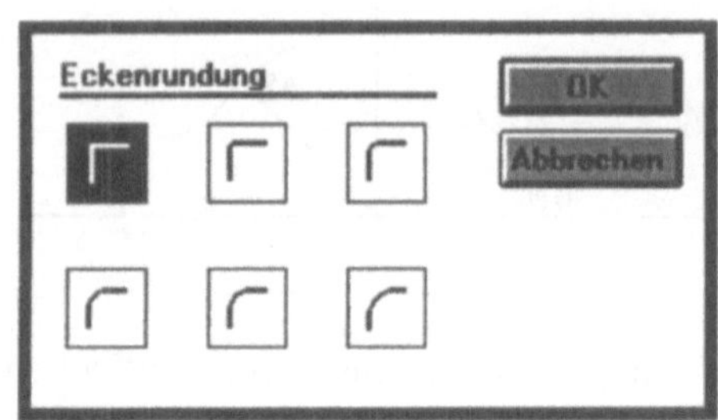

Abbildung 4.7.: Dialogfeld zum Einstellen einer Eckenrundung

Die Auswahl einer Eckenrundung erfolgt durch Anklicken einer Symbolfläche mit der linken Maustaste. Die schwarze Markierung springt sofort auf dieses Feld. Da sich die einzelnen Radien widersprechen, ist nur eine Auswahl möglich. Nach Bestätigung der Auswahl durch Drücken der Taste ⏎ oder durch Anklicken der Schaltfläche [OK] wird die gewählte Eckenrundung auf die aktive Einstellung angewendet. Das Ergebnis könnte wie folgt aussehen:

Abbildung 4.8.: Rechteck mit abgerundeten Ecken

Soll eine existierende Eckenrundung wieder entfernt oder ein anderer Radius eingestellt werden, ist das Verfahren zu wiederholen.

4.1.4 Zeichnen mit Hilfe der Kontrollpalette

Beim Zeichnen durch Ziehen mit der Maus ist das Einhalten einer Maßgenauigkeit sehr stark vom Linealraster abhängig. Je nach Vergrößerungsmodi der Arbeitsfläche kann mehr oder

weniger genau gearbeitet werden. Ist eine Genauigkeit bis auf hundertstel Millimeter erforderlich, kann ein Zusatzwerkzeug angewendet werden, das in der vorliegenden PageMaker-Version erstmals zur Verfügung steht. Gemeint ist die Kontrollpalette, die über das Menü *Fenster* ein- und ausgeblendet werden kann. Wird die Funktion ausgewählt, blendet PageMaker im unteren Teil des Monitorausschnitts die Kontrollpalette ein.

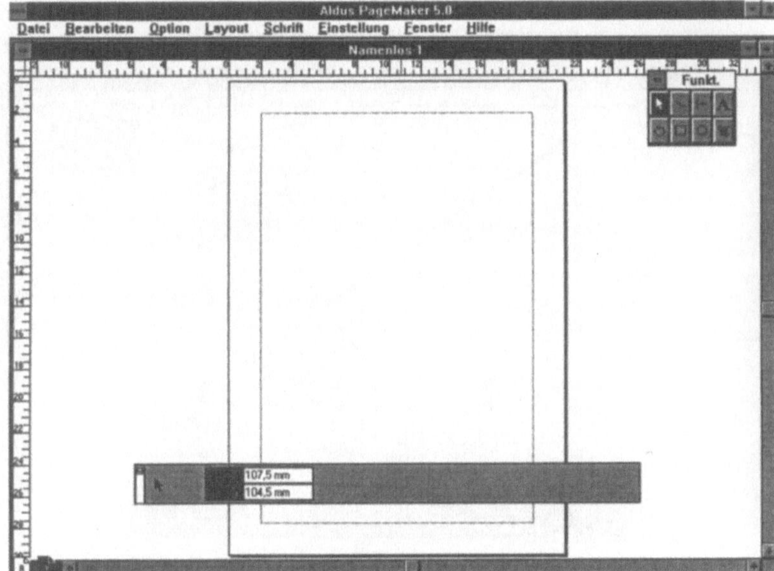

Abbildung 4.9.:
Arbeitsfenster mit
eingeblendeter
Kontrollpalette

Diese Kontrollpalette läßt sich nicht nur für die vier Werkzeuge zum Zeichnen anwenden, sondern für alle acht Werkzeuge der Funktionenbox. Die obige Abbildung zeigt zum Beispiel die Kontrollpalette bei aktivem Positionierwerkzeug. In diesem Fall dient die Kontrollpalette lediglich dazu, um die Position des Mauszeigers exakt ablesen zu können. Ein Koordinatensystem gibt permanent darüber Auskunft, wo sich der Mauszeiger auf dem Monitor befindet. Der X-Wert stellt dabei eine gedachte waagerechte Achse dar, während der Y-Wert eine imaginäre senkrechte Achse ist. Der Nullwert für beide Koordinaten ist die linke obere Ecke der Arbeitsfläche, entsprechend der Linealanzeige. Hierbei muß es sich nicht immer um die gleiche Position handeln, denn die Nullpunkte der Lineale sind variabel.

Wie diese Nullpunkte verschoben werden, lernen Sie im Abschnitt 4.1.6.

<table>
<tr><td>Konstruieren
einer Linie</td><td>Sobald eine Linie gezogen oder eine existierende Linie mit dem Positionierwerkzeug angeklickt wird, ändert sich der Inhalt in der Kontrollpalette. Ganz links wird das gewählte Werkzeug bzw. der Objekttyp angezeigt. Die Beschreibung der aktiven Einstellung geht aus verschiedenen Maßfeldern hervor. Die folgende Abbildung zeigt ein Beispiel.</td></tr>
</table>

Abbildung 4.10.:
Beschreibung
einer Freiwinkel-
linie in der
Kontrollpalette

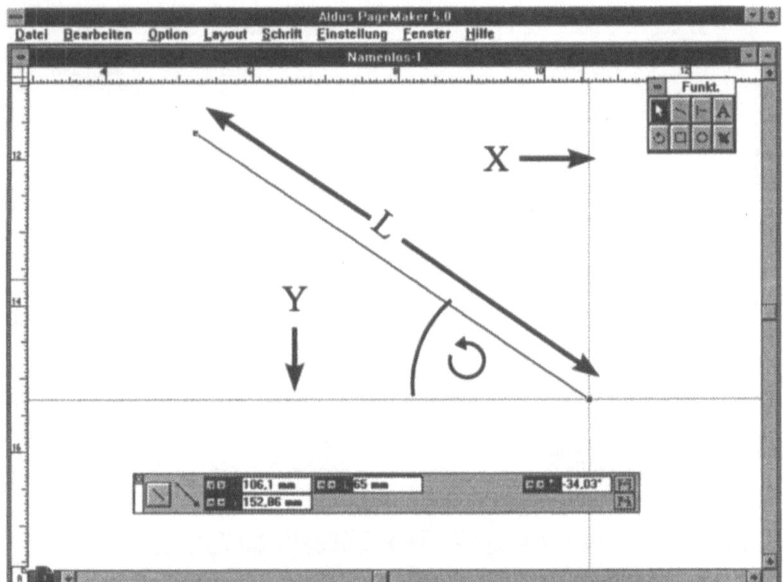

Im einzelnen werden folgende Werte in der Kontrollpalette wiedergegeben:

X = Koordinate des Endpunktes bezogen
      auf das horizontale Lineal

Y = Koordinate des Endpunktes bezogen
      auf das vertikale Lineal

L = Länge der Linie

↻ = Winkel der Linie bezogen auf den
      Schnittpunkt der X- und Y-Achse

Die Maße beziehen sich immer auf den Knotenpunkt, der links im Kontrollfeld fett dargestellt ist. Durch Anklicken eines anderen Knotenpunktes läßt sich der Bezug ändern.

Jedes einzelne Feld verfügt über zwei kleine Schaltfächen, die jeweils mit einer Pfeilspitze beschriftet sind. Die Richtung dieser Pfeilspitze zeigt an, ob sich der Wert nach Anklicken vergrößert oder verkleinert.

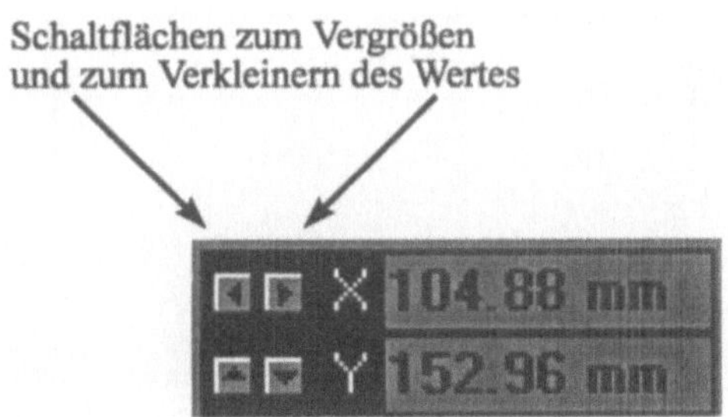

Abbildung 4.11.: Maßfelder der X- und Y-Koordinaten in der Kontrollpalette

Alternativ zur Mausbedienung lassen sich die Werte der einzelnen Anzeigen auch über die Tastatur verändern. In einem solchen Fall ist zunächst das zu verändernde Feld zu aktivieren. Wird für diesen Zweck die Maus benutzt, reicht ein Doppelklick auf das gegenwärtige Maß. Ansonsten ist die Tabulatortaste ⭾ mehrmals zu drücken, bis der zu verändernde Wert markiert ist. Jetzt kann über die Tastatur ein neues Maß eingegeben werden. Die Maßeinheit, meistens Millimeter, muß nicht mitgeschrieben werden, solange PageMaker die Standardmaßeinheit verwenden soll.

Sind die gewünschten Änderungen eingegeben bzw. ausgewählt, ist die Schaltfläche ganz links in der Kontrollpalette anzuklicken, oder es wird die Taste ⏎ zur Bestätigung und Übernahme der Änderungen gedrückt. Das betreffende Objekt wird entsprechend den geänderten Maßen neu konstruiert und positioniert.

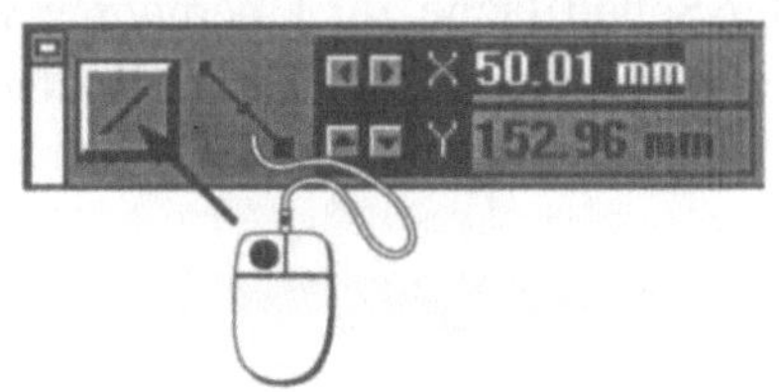

Abbildung 4.12.: Schaltfläche zur Übernahme von Änderungen

Ist ein Viereck oder eine Ellipse aktiviert, werden in der Kontrollpalette weitere Daten angezeigt. Neben der Breite und der Höhe
des betreffenden Objekts wird mit der letzten Anzeige in der
Kontrollpalette das Kippen eines Vierecks ermöglicht.

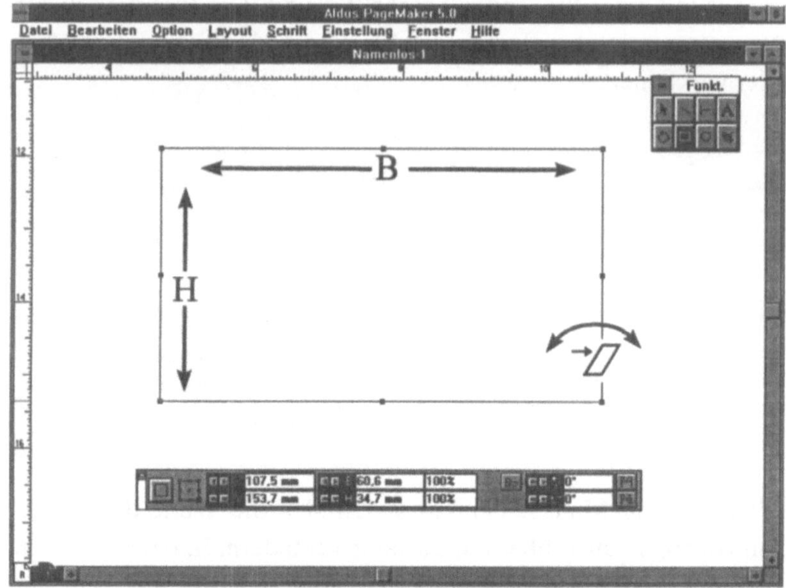

Die Eingabe einer positiven Gradzahl neigt das aktive Objekt
nach rechts, während eine negative Gradzahl das Objekt nach
links neigt. Der Ausgangswert 0° entspricht der senkrechten Kantenlinie.

Standardmäßig werden in der Kontrollpalette die Koordinaten (X
und Y) des Endpunktes einer Linie, eines Vierecks oder einer
Ellipse angezeigt. Hierbei handelt es sich jeweils um den Punkt,
an dem die Maus beim Zeichnen des Objekts losgelassen wurde.
Die Koordinaten der übrigen Knotenpunkte einer Linie oder einer
geometrischen Figur lassen sich jederzeit durch Mausklick in der
Kontrollpalette anzeigen. Hierzu dient die Darstellung des Objekts zwischen der Schaltfläche zur Übernahme von Änderungen
und den Maßanzeigen innerhalb der Kontrollpalette.

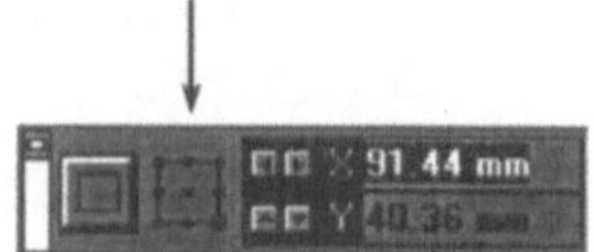

Wird mit der linken Maustaste auf eine der Knotenpunkte oder auf den Mittelpunkt des Objekts geklickt, werden die entsprechenden X- und Y-Koordinaten im Kontrollfeld angezeigt. Die gegenwärtig angezeigten Koordinaten gehören zu dem etwas stärker dargestellten Knotenpunkt. Anstelle des Anklickens innerhalb der Kontrollpalette kann auch ein Knotenpunkt direkt am Objekt angeklickt werden. Der ausgewählte Punkt ist gleichzeitig der Bezugspunkt für Veränderungen der Millimeterangaben.

4.1.5 Linienarten und Füllmuster

Einzelne Linien oder Linien von Umrißzeichnungen lassen sich in verschiedenen Stärken oder in verschiedenen Linienarten gestalten. Eine Auswahlliste in Form von Musterlinien wird angezeigt, wenn im Menü *Einstellung* die Funktion *Linie* aufgerufen wird.

Linienarten

Einstellung	
Linie	Benutzerdefiniert...
Füllung	Keine
Linie und Füllung...	✓ Haarstrich
Nach vorne stellen ^F	0,5 Pt
Nach hinten stellen ^B	1 Pt
Verwandlung löschen	2 Pt
Konturenführung...	4 Pt
Bild nachbearbeiten...	6 Pt
Eckenrundung...	8 Pt
	12 Pt
Farben definieren...	4 Pt
Originalfarbe	5 Pt
Verknüpfungsinformation...	5 Pt
Verknüpfungsoption...	6 Pt
	1 Pt
	3 Pt
	6 Pt
	4 Pt
	4 Pt
	✓ Transparent
	Negativ

Abbildung 4.15.: Aufgeklapptes Untermenü *Linie* im Menü *Einstellung*

Die einzelnen Linienmuster haben den Status eines Befehls. Durch einfaches Anklicken mit der linken Maustaste wird die gewählte Linienart der markierten Linie oder der markierten Umrißzeichnung zugewiesen. Die letzte Funktion im Untermenü kann zusätzlich zu einer Linienart ausgewählt werden und sorgt dafür, daß die Linien des betreffenden Objekts negativ, also weiß, dargestellt werden.

Haarlinie

Die Linienart *Haarlinie* ist eine besonders feine Linie. In den meisten Fällen ist diese Linienstärke ausreichend und fördert das ästhetische Aussehen eines Dokuments. Eine zu dicke Linie kann mitunter negative Auswirkungen auf das Gesamtbild einer Publikation haben. Besonders bei Einrahmungen ist zu überlegen, ob eine feine Linie wie die Haarlinie nicht ausreichend ist. Zu schnell bekommt ein Rahmen mit zu dicker Linienstärke den Charakter eines Trauerrahmens.

Benutzerdefiniert

Die erste Funktion im Untermenü *Linie* erlaubt das individuelle Einstellen einer Linienstärke. In einem Dialogfeld lassen sich alle im Untermenü enthaltenen Linienarten über eine Drop-down-Liste auswählen und parallel eine Linienstärke in der Maßeinheit Punkt einstellen. Die Punktgröße kann mit einer Dezimalstelle beliebig gewählt werden.

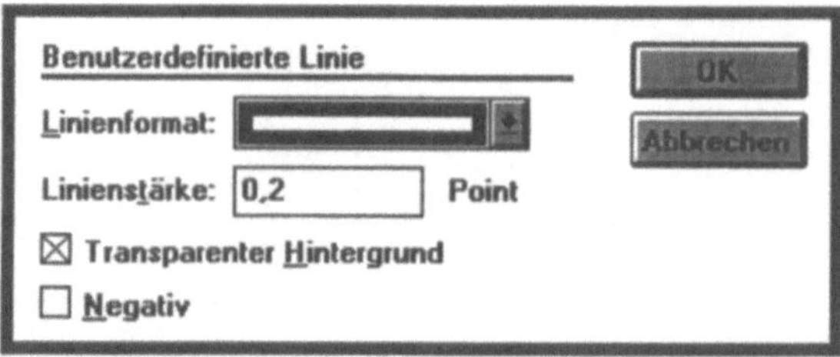

Abbildung 4.16.: Dialogfeld zum individuellen Einstellen einer Linienart und einer Linienstärke

Transparenter Hintergrund

Der Parameter *Transparenter Hintergrund* ist bei unterbrochenen Linien interessant. Die Einstellung entscheidet, ob die Freiräume innerhalb einer Linie durchsichtig oder deckend gedruckt werden sollen.

Negativ

Der Parameter *Negativ* druckt die betreffende Linie weiß aus. In einem solchen Fall ist natürlich ein schwarzer oder farbiger Hintergrund erforderlich, der durch Zeichnen eines Vierecks hergestellt wird. Bekommt ein solches Viereck ein Füllmuster, wird eine darauf gezeichnete negative Linie sichtbar.

Füllmuster

Ähnlich wie die Auswahl verschiedener Linienstärken lassen sich für Vierecke und Ellipsen Füllmuster auswählen. Auch hier werden in einem Untermenü unter der Funktion *Füllung* im Menü *Einstellung* einige Füllmuster zur Auswahl angeboten.

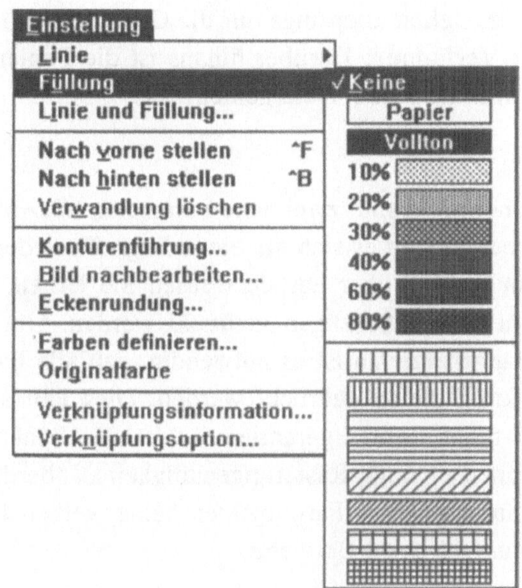

Abbildung 4.17.: Untermenü zur Auswahl von Füllmustern für Vierecke und Ellipsen

Die Muster, die mit einer Prozentangabe gekoppelt sind, steuern die Farbsättigung einer Füllung. Ist die Grundfarbe Schwarz (Standard), lassen sich mit den Prozentwerten entsprechende Grautöne als Füllmuster erzeugen. Eine 100%-Füllung wird durch Auswahl der Funktion *Vollton* erreicht. Wird eine andere Grundfarbe gewählt, erfolgt die Farbsättigung natürlich in der gewählten Farbe. Schlagen Sie bitte im Kapitel 6 nach, um mehr über die Farbbearbeitung zu erfahren.

Farbsättigung

Soll für ein Viereck oder für eine Ellipse sowohl eine Linienart als auch ein Füllmuster ausgewählt werden, kann dies über die gemeinsame Funktion *Linie und Füllung...* im Menü *Einstellung* erfolgen.

Linie und Füllung...

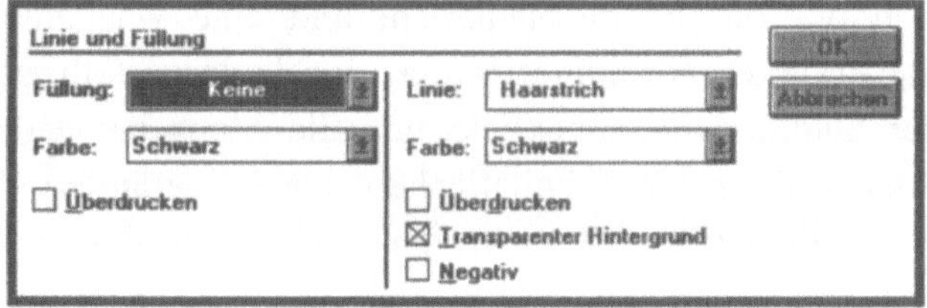

Abbildung 4.18.: Dialogfeld der Funktion *Linie und Füllung...*

In Auswahllisten können die bekannten Linienarten und die Füllmuster eingestellt werden. Zusätzlich lassen sich in diesem Dialogfeld Farben einstellen. Solange die Farbpalette noch nicht bearbeitet wurde, stehen allerdings nur die Grundfarben Blau, Grün und Rot zur Verfügung. Darüber hinaus ist die Papierfarbe auswählbar, womit die Farbe Weiß gemeint ist.

Überdrucken

In diesem Dialogfeld sind zwei neue Parameter *Überdrucken* enthalten. Hierbei handelt es sich um einen Begriff aus dem Druckereiwesen. Im Kapitel über Farben werden Sie lernen, daß Farbdrucke in mehreren Auszügen gedruckt werden. Um eine gute Druckqualität zu erzielen ist es notwendig, daß alle Farbauszüge absolut deckungsgleich gedruckt werden. Dies läßt sich in der Praxis aber nicht immer garantieren. Mit der Funktion Überdrucken können etwaige Rasterungenauigkeiten überdruckt werden, damit am Rand von Farbobjekten keine weißen Linien entstehen, also unbedruckte Bereiche.

4.1.6 Lineale und Hilfslinien

Lineal-Nullpunkte

Beim Arbeiten auf der Arbeitsfläche im Layout bieten die Lineale am oberen und am linken Fensterrand eine hilfreiche Unterstützung. Sollten sie nicht eingeblendet sein, kann dies mit der Funktion *Lineale und Hilfslinien* im Menü *Layout* erfolgen. Im Untermenü wird der Befehl *Lineale* angeklickt. Alternativ lassen sich die Lineale auch mit der Tastenkombination (Strg)(R) (R = Rulers) ein- und ausblenden. Je nach Vergrößerungsmodi läßt sich eine gewünschte Position genau ablesen, die standardmäßig von der oberen linken Seitenecke ab gemessen wird. Dieser Nullpunkt ist aber variabel, was bei bestimmten Arbeitsschritten ein willkommenes Hilfsmittel ist.

Im Schnittpunkt der beiden Liniale befindet sich eine Schaltfläche, in der durch eine senkrecht und eine waagerecht gestrichelte Linie der Nullpunkt beider Lineale dargestellt ist. Wird in dieser Schaltfläche angeklickt und die Maus bei gedrückter linker Maustaste in die Arbeitsfläche gezogen, verändert sich die Koordinate des Nullpunktes. An der Position, an der die Maustaste losgelassen wird, richten sich die Nullpunkte der Lineale neu aus.

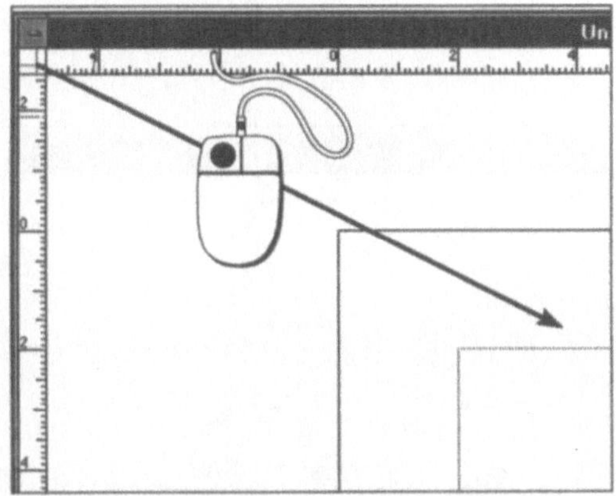

Abbildung 4.19.:
Verschieben des
Lineal-
Nullpunktes

Die Linealeinteilung und der Nullpunkt sind aber nicht die einzigen Hilfsmittel beim Zeichnen von Objekten oder deren Positionierung auf der Arbeitsfläche. Die Lineale selber enthalten Hilfslinien, die bei gedrückter linker Maustaste sowohl aus dem waagerechten als auch aus dem senkrechten Lineal herausgezogen werden können. Derartige Hilfslinien stellen eine große Hilfe bei der Feinpositionierung von Text- und Grafikobjekten dar. Anwenden lassen sich Hilfslinien ausschließlich auf der Arbeitsfläche. Auf der Montagefläche bleiben sie unsichtbar und wirkungslos.

Hilfslinien

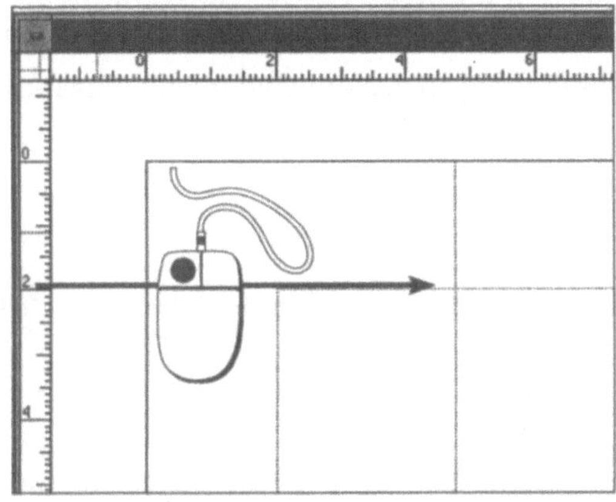

Abbildung 4.20.:
Ziehen einer
senkrechten
Hilfslinie

Gesetzte Hilfslinien lassen sich jederzeit auf der Arbeitsfläche an eine neue Position verschieben. Hierzu wird der Mauszeiger auf

Verschieben von
Hilfslinien

die betreffende Hilfslinie geführt, so daß sich die Form des Mauszeigers in ein Doppelpfeil ändert. Bei gedrückter linker Maustaste läßt sich die betreffende Hilfslinie an eine neue Position verschieben.

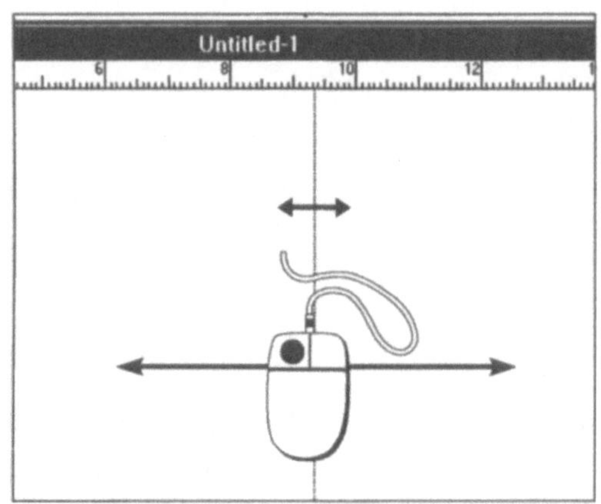

Abbildung 4.21.: Verschieben einer senkrechten Hilfslinie

Entfernen von Hilfslinien

Um eine Hilfslinie zu entfernen wird diese bei gedrückter linker Maustaste aus der Arbeitsfläche heraus auf die Montagefläche gezogen. Wird die Arbeitsfläche vergrößert dargestellt, so daß die Montagefläche nicht sichtbar ist, wird die zu löschende Hilfslinie "aus dem Monitor herausgezogen".

Wirkungsweise von Hilfslinien und Linealen

Um Lineale und Hilfslinien als tatsächliche Hilfsobjekte nutzen zu können, müssen im Menü *Layout* einige Einstellungen vorgenommen werden. In diesem Menü wird die Funktion *Lineale und Hilfslinien* aufgerufen, so daß ein Untermenü eingeblendet wird.

Abbildung 4.22.: Untermenü zum Einstellen von Hilfslinien und Linealen

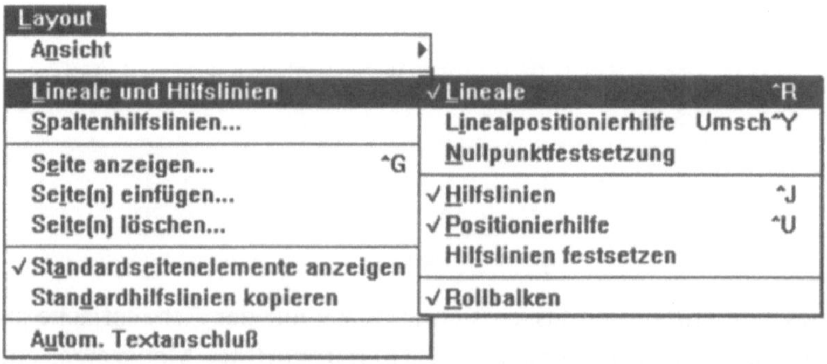

Die Funktionen in diesem Untermenü haben den Charakter eines Ein- und Ausschalters. Befindet sich vor einem Menüeintrag ein Häkchen, ist die betreffende Funktion aktiv. Das Ein- bzw. Ausschalten erfolgt wie ein normaler Funktionsaufruf durch Anklicken mit der linken Maustaste oder durch Anwenden des jeweils unterstrichenen Zeichens. Außerdem kann mit den Richtungstasten ⬇ und ⬆ eine Auswahl getroffen werden, die anschließend durch Drücken der Taste ⏎ zu bestätigen ist. Im einzelnen haben die Funktionen folgende Bedeutung:

Lineale:

Die Lineale werden ein- und ausgeblendet. Es lassen sich nur beide Lineale gemeinsam schalten. Einzelnes Aus- oder Einblenden ist nicht möglich.

Linealpositionierhilfe:

Die Linealeinteilungen erhalten bei aktiver Funktion sozusagen eine Anziehungskraft. Objekte lassen sich nur noch in bezug auf die Linealeinteilung positionieren.

Nullpunktfestsetzung:

Mit Aktivieren dieser Funktion wird der Nullpunkt der Lineale festgesetzt.

Hilfslinien:

Gesetzte Hilfslinien sind auf der Arbeitsfläche nur dann sichtbar, wenn diese Funktion aktiv ist. Ausgeblendete Hilfslinien lassen sich nicht mehr nutzen.

Positionierhilfe:

Gesetzte Hilfslinien erhalten eine Art Magnetismus. Wird ein Objekt an eine Hilfslinie gezogen, rastet das Objket ein. Die Arbeit des Positionierens wird dadurch leichter.

Hilfslinien festsetzen:

Mit der Funktion *Hilfslinien festsetzen* lassen sich alle gesetzten Hilfslinien festsetzen. Ein Verschieben ist nicht mehr möglich, solange diese Funktion aktiv ist.

| Rollbalken: | Die letzte Funktion in diesem Menü hat mit den Linealen und mit den Hilfslinien eigentlich nichts zu tun. Diese Funktion blendet die Bildlaufleisten ein- oder aus. Aus praktischer Sicht ist es zu empfehlen, die Rollbalken grundsätzlich eingeblendet zu lassen, auch wenn das Verschieben der Arbeitsfläche nicht mit den Bildlaufleisten ausgeführt wird. Sind jene Bildschirmeinstellungen unsichtbar, sind die Seitensymbole am unteren linken Monitorrand auch nicht mehr zu sehen. Diese Symbole erlauben aber gegenüber der Menübedienung ein bequemeres Blättern im Dokument. |

4.1.7 Zeichnen eines Bildes

PageMaker stellt in der Funktionenbox vier Werkzeuge zum Zeichnen zur Verfügung. Auf den ersten Blick entsteht der Eindruck, als ließen sich dadurch innerhalb von PageMaker nur bedingt gezeichnete Bilder anlegen. Aber genau das Gegenteil ist der Fall. Mit etwas Geschick und Geduld lassen sich interessante Illustrationen realisieren, ohne ein Fremdprogramm nutzen zu müssen. Ein Beispiel soll einen Eindruck über die Möglichkeiten verschaffen. Mit wenig Aufwand wird die folgende Abbildung einer 3,5"-Diskette ausschließlich mit den PageMaker-Werkzeugen entstehen.

	Erster Schritt:
	Zeichnen Sie mit dem Viereck-Werkzeug ein Viereck mit den Abmessungen 90 mm breit und 93 mm hoch. Füllen Sie dieses Objekt mit 40 % Grau und runden Sie die Ecken mit dem dritten Radius im Dialogfeld *Eckenrundung*.

Zweiter Schritt:

Im unteren Teil des Rechtecks wird ein weiteres Rechteck mit den Abmessungen 60 mm breit und 31 mm hoch gezeichnet. Die Unterkante liegt deckungsgleich auf der des im ersten Schritt gezeichneten Objekts. Die linke Kante ist 20 mm von der linken Kante des ersten Objekts entfernt. Wählen Sie eine Strichstärke von 1 Punkt. Die Füllung bleibt transparent.

Dritter Schritt:

In das gerade gezeichnete Rechteck wird ein drittes gezeichnet. Es soll die Verschlußklappe der Diskette darstellen. Die Höhe beträgt wieder 31 mm, während die Breite aber nur 47 mm beträgt. Weisen Sie diesem Objekt eine Füllung 20 % Grau zu.

Vierter Schritt:

Weiter geht es mit einem kleinen Rechteck für die Schreib-/Leseöffnung. Die Abmessungen dieses Rechtecks sind 12 mm breit und 25 mm hoch. Die linke obere Ecke liegt innerhalb der hellgrauen Fläche 7 mm von der linken Kante und 2 mm von der oberen Kante entfernt. Die Füllung wird wie die Grundfläche auf 40 % Grau festgelegt.

Fünfter Schritt:

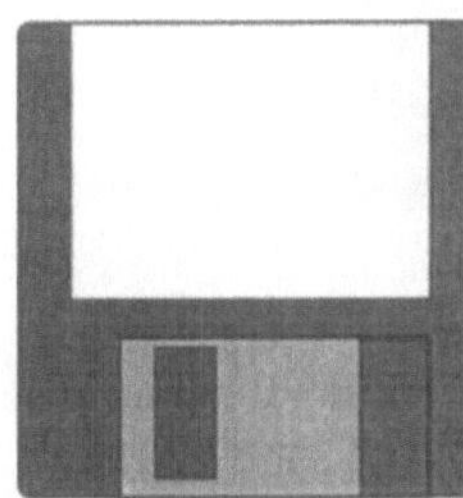

Ein weiß gefülltes Rechteck von der Größe 70 x 54 mm soll ein Etikett darstellen. Es wird so auf die Diskette gezeichnet, daß die Oberkante mit der der Grundfläche bündig ist, während die linke Kante 10 mm vom linken Rand der Diskette entfernt ist.

Sechster Schritt:

Es fehlt eigentlich nur noch die Schreib-schutzkerbe. Sie hat eine Abmessung von 4 x 3 mm und liegt 7 mm vom oberen Diskettenrand und 2 mm vom linken Diskettenrand entfernt. Als Füllung bietet sich die Farbe Schwarz als Vollton an.

Damit ist die Diskette fertig. Sie haben gesehen, daß es nicht viel Mühe kostet, innerhalb von PageMaker ein Bild zu zeichnen. Nicht einmal das Werkzeug mußte gewechselt werden. Das gesamte Bild besteht ausschließlich aus Rechtecken, die lediglich unterschiedliche Füllungen aufweisen. Genau genommen ließen sich mit weiteren, weiß gefüllten Vierecken auch die Ausschnitte an der unteren Kante einer Diskette zeichnen. Selbst die abgeschrägte Ecke unten links ist kein Problem, weil Objekte gedreht werden können. Natürlich kann das Etikett auch beschriftet werden. Versuchen Sie selbständig, das Bild der Diskette zu vervollständigen.

Abbildung 4.23.:
In PageMaker
gezeichnete
Diskette

Zeichnungen, die Sie mit den PageMaker-Werkzeugen zeichnen, setzen sich immer aus mehreren Objekten zusammen, die entsprechend geschichtet sind. Das Risiko ist nun, daß dadurch ein solches Bild durch Verschieben sehr schnell zerstört wird, weil nicht alle Objekte mitverschoben werden. Deshalb sollte eine Gruppierung erfolgen, so daß ein einfaches Anklicken grundsätzlich alle Objekte anspricht. Hierfür steht die Funktion *PS Gruppieren* im Untermenü *Option - Aldus Additions* zur Verfügung. Aktivieren Sie alle zu gruppierenden Objekte und rufen Sie diese Funktion auf.

Die PageMaker-Datei muß gespeichert sein. Auf eine namenlose Datei kann diese Funktion nicht angewendet werden,

Zunächst wird eine Meldung ausgegeben, die darauf hinweist, daß mit Postscriptdruckern später ein besseres Druckergebnis erzielt werden kann als mit normalen Druckern. Klicken Sie den Parameter *Diesen Hinweis nicht mehr einblenden* an, um ab dem nächsten Aufruf der Funktion *PS Gruppieren* diese Meldung nicht mehr zu erhalten.

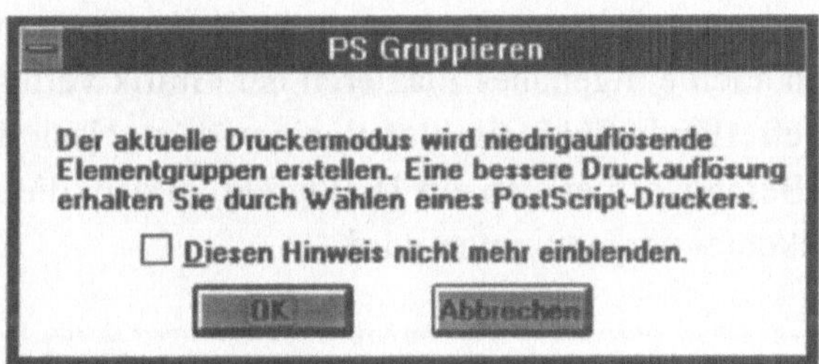

Abbildung 4.24.: Hinweis vor dem Gruppieren

Nach dem Gruppieren lassen sich die betreffenden Objekte nicht mehr einzeln bearbeiten. Nach dem Anklicken gibt es nur noch einen imaginären Objektrahmen.

Im Kapitel 10 erfahren Sie mehr über die Aldus Additions.

4.2 Importieren von Bildern aus Fremdprogrammen

Sie haben gesehen, daß schon mit den PageMaker-Werkzeugen eine grafische Darstellung angelegt werden kann. Trotzdem werden in der Praxis überwiegend Fremdprogramme eingesetzt, um Bilder für die Weiterbearbeitung in PageMaker vorzubereiten. Abhängig von der gewählten Software stehen einfach viel mehr Bearbeitungsmöglichkeiten zur Verfügung. Spätestens beim Verwenden von gescannten Bildern wird der Einsatz einer separaten Software erforderlich sein. Vielleicht verfügen Sie auch über Bilder, die auf einer Photo-CD gespeichert sind. Dieser Abschnitt erklärt, auf welche Weise derartige Objekte in PageMaker importiert werden können.

Grundsätzlich können Sie unter Windows zwei Verfahren anwenden, um Objekte von einem Programm in ein anderes zu übertragen. Eine Methode ist das Importieren einer gespeicherten Datei. Die Alternative ist die Nutzung der Zwischenablage, die Windows permanent für solche Zwecke zur Verfügung stellt.

4.2.1 Importieren von gespeicherten Dateien

Grafiken, die mit einem Fremdprogramm erstellt und gespeichert wurden, lassen sich problemlos in ein PageMaker-Dokument importieren. Die erforderliche Funktion befindet sich im Menü *Datei*. Wer aber dort den sonst üblichen Befehlsnamen »Importieren« vermutet, wird vergebens suchen. Weil mit einem Import gewöhnlich auch ein genaues Plazieren der Grafik verbunden ist, heißt die betreffende Funktion hier *Positionieren*. Nach dem Aufruf dieses Befehls öffnet sich ein Dialogfeld, in dem die Auswahl einer Grafikdatei vorgenommen wird.

Abbildung 4.25.:
Dialogfeld zur
Auswahl einer
Import-Datei

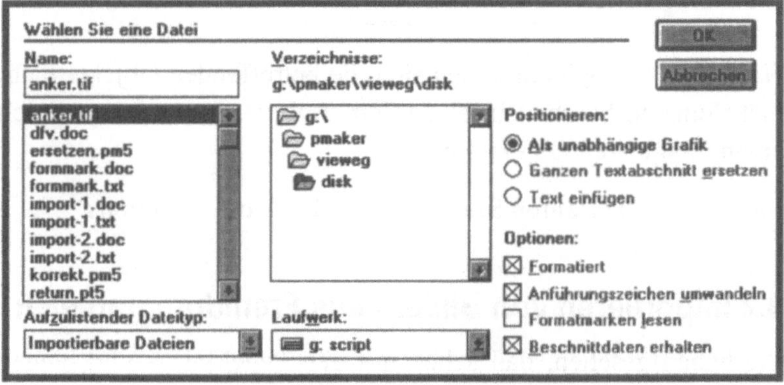

Dateitypen — Zur Auswahl stehen automatisch alle Dateitypen, für die es einen Importfilter gibt. Sollte ein gewünschter Dateityp in der Auswahlliste nicht enthalten sein, obwohl im aktuellen Verzeichnis entsprechende Dateien gespeichert sind, muß eine Nachinstallation des fehlenden Filters erfolgen. Lesen Sie hierzu bitte im ersten Kapitel dieses Buches nach. Da die Funktion *Positionieren...* sowohl für Grafik- als auch für Textimporte angewendet wird, stehen Optionen für beide Bereiche zur Verfügung.

Die Auswahl einer Datei erfolgt auf die gleiche Weise, wie auch PageMaker-Dateien über die Funktion *Öffnen* in den Arbeitsspeicher geholt werden. Eventuell muß ein Laufwerks- oder Verzeichniswechsel erfolgen, falls das aktuelle Verzeichnis die zu importierende Datei nicht enthält. Wurde eine Grafikdatei ausgewählt, ändert sich die erste Positionieroption in *Als unabhängige Grafik*. Bleibt diese Option aktiv, importiert PageMaker die ausgewählte Grafik als eigenständiges Objekt. Sobald nach der Auswahl der gewünschten Datei die Schaltfläche [OK] angeklickt oder die Taste ⏎ gedrückt wird, beginnt der Import, der je nach Größe des Bildes etwas Zeit in Anspruch nimmt. Ist die Grafik vollständig eingelesen, bekommt der Mauszeiger eine neue Form.

Unabhängige Grafik

Die Form des Mauszeigers ist abhängig vom jeweiligen Dateityp. Hat sich der Mauszeiger in die hier gezeigte oder eine ähnliche Form verändert, wird die Maus an die Position auf der Arbeits- oder Montagefläche geführt, an der die linke obere Ecke des Bildes liegen soll. Einfaches Anklicken mit der linken Maustaste führt das Einfügen des importierten Bildes aus.

Abbildung 4.26.: Mauszeigers beim Importieren einer TIF-Datei

Abbildung 4.27.: Importiertes Bild in PageMaker

Das Bild bleibt nach dem Import zunächst aktiv, erkennbar an acht Knotenpunkten, die den Rand des Objektes bilden. Wird mit der linken Maustaste außerhalb des Bildes angeklickt, wird die Aktivierung aufgehoben und die Knotenpunkte werden ausgeblendet.

Import abbrechen

Solange das Infofenster mit dem Laufbalken während des Einlesens von Daten auf dem Monitor angezeigt wird, kann durch Anklicken der Schaltfläche [Abbrechen] der laufende Import abgebrochen werden. Aber auch später kann der Vorgang noch gestoppt werden, bevor das Einfließen des Bildes ausgeführt wurde. Zeigt der Mauszeiger an, daß eine Grafik eingelesen wurde, die jetzt auf der Arbeits- oder Montagefläche einfließen kann, läßt sich ein Abbruch durch Anklicken eines beliebigen Werkzeugs in der Funktionenbox ausführen. Die eingelesenen Daten werden aus dem Arbeitsspeicher entfernt und der Mauszeiger erhält seine übliche Form zurück.

4.2.2 Importieren über die Windows-Zwischenablage

Unabhängig von gespeicherten Dateien läßt sich unter Windows ein Datentransfer zwischen einzelnen Programmen über den Zwischenspeicher ausführen, der während einer Windows-Arbeitssitzung permanent genutzt werden kann.

Abbildung 4.28.: Mit dem Scherenwerkzeug eingerahmtes Bild in PaintBrush

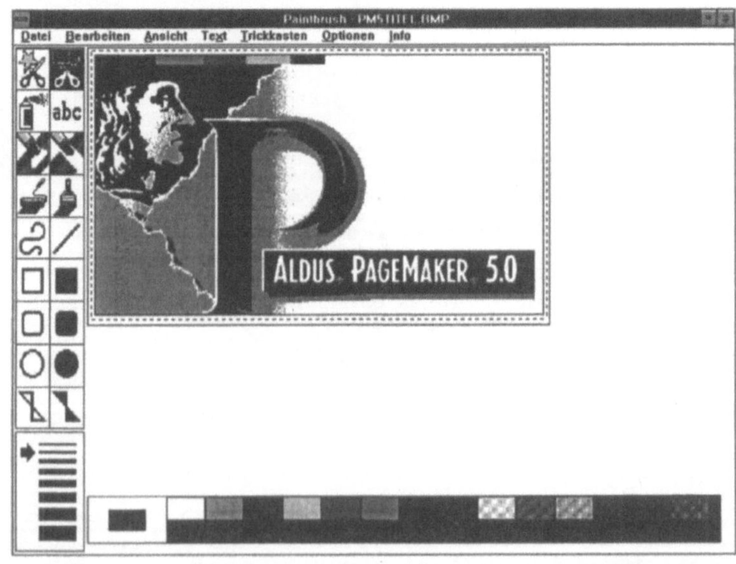

Da das Malprogramm PaintBrush allen Windows-Anwendern zur Verfügung steht, soll anhand dieses Programms der Transfer eines Bildes erklärt werden. Rufen Sie bitte das Programm Paint-Brush auf und öffnen Sie die Datei PM5TITEL.BMP, die im Übungsverzeichnis gespeichert ist. Diese Datei enthält das Titelbild von PageMaker 5.0. Um dieses Bild über die Zwischenablage in PageMaker übertragen zu können, muß es zunächst markiert bzw. aktiviert werden. In PaintBrush wird zu diesem Zweck das rechte Scherenwerkzeug benutzt, mit dem das Bild vollständig eingerahmt wird. Ein gestrichelter Rahmen zeigt an, welcher Bildausschnitt aktiviert ist.

Nachdem das Bild markiert ist kann die Übertragung in den Zwischenspeicher erfolgen. Der bzw. die erforderlichen Befehle befinden sich bei allen Windows-Programmen im Menü *Bearbeiten*. Die Frage ist, ob die Grafik in der Ursprungs-Software erhalten bleiben soll oder nicht. Im ersteren Fall muß die Funktion *Kopieren* angewendet werden, damit das Bild im Original erhalten bleibt und lediglich ein Dublikat übertragen wird. Wird das betreffende Bild künftig ausschließlich in PageMaker benötigt, kann es auch mit dem Befehl *Ausschneiden* als Original übertragen werden. Das Ergebnis in PageMaker ist in beiden Fällen gleich.

In die Zwischenablage übertragen

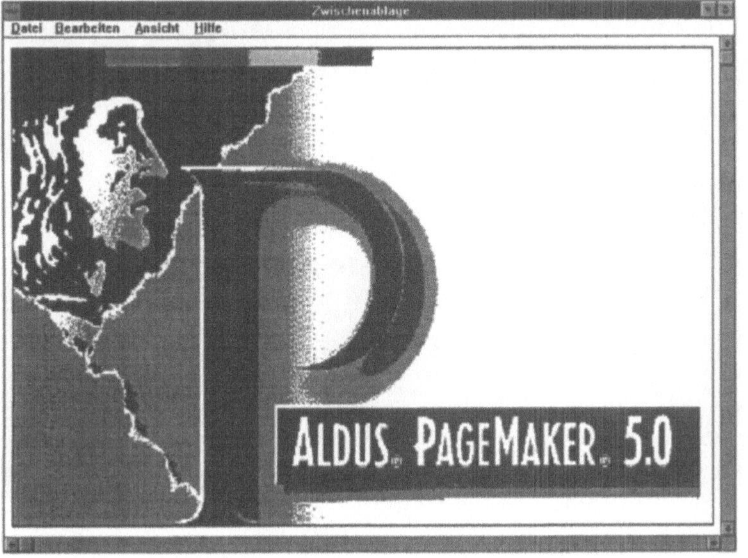

Abbildung 4.29.: Als Arbeitsfenster geöffnete Zwischenablage von Windows mit Inhalt

Nach Ausführen einer der Funktionen *Ausschneiden* oder *Kopieren* im Menü *Bearbeiten* befindet sich das betreffende Objekt zuverlässig im Zwischenspeicher von Windows. Wer Zweifel hat, kann in die Zwischenablage hineinsehen. Über die Programmgruppe *Hauptgruppe* im Programm-Manager von Windows läßt sich die Zwischenablage als Fenster öffnen.

Innerhalb der Zwischenablage stehen außer dem Speichern und dem Löschen keine Bearbeitungsmöglichkeiten zur Verfügung. Wichtig ist die Kenntnis, daß grundsätzlich nur ein Datenpaket im Zwischenspeicher abgelegt werden kann. Wird in einer Software erneut die Funktion *Ausschneiden* oder *Kopieren* aufgerufen, geht der gegenwärtige Inhalt des Zwischenspeichers verloren und wird durch einen neuen Inhalt ersetzt. Falls ein Objekt nicht sofort in einem Zielprogramm eingefügt werden kann, ist das Speichern der Zwischenablage als Datei zu empfehlen. Wird der gespeicherte Inhalt wieder benötigt, wird dieser mit der Funktion *Öffnen* im Menü *Datei* der Zwischenablage wieder in den Arbeitsspeicher zurückgeholt und kann weiterverwendet werden.

Befindet sich PageMaker (oder eine andere Windows-Software) als aktives Fenster auf dem Monitor, läßt sich der Inhalt der Zwischenablage in ein geöffnetes Dokument einfügen.

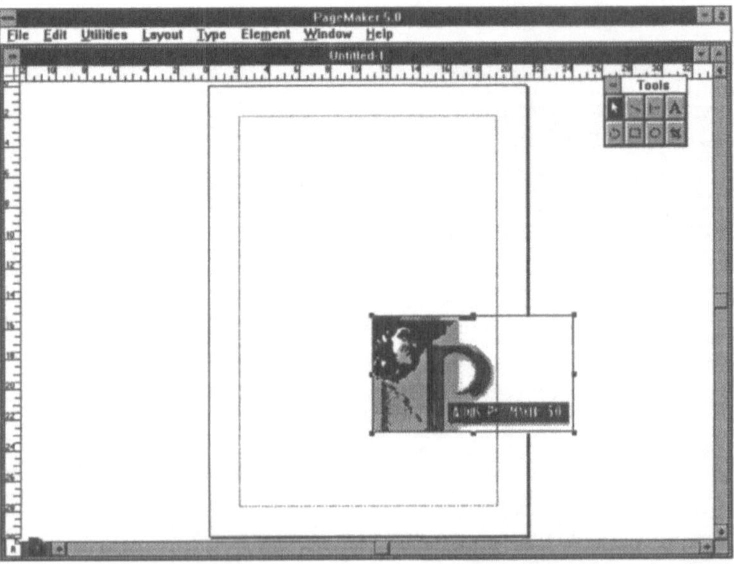

Wieder wird das Menü *Bearbeiten* angesprochen, diesmal aber die Funktion *Einfügen* aufgerufen. Anders als beim Importieren einer Datei erfolgt das Einfügen des betreffenden Objekts unmittelbar an einer nicht vorhersehbaren Position. Ein anschließendes Verschieben des Bildes wird bei diesem Verfahren deshalb eine zwingende Notwendigkeit sein.

Wird ein Objekt mehrfach in einem PageMaker-Dokument benötigt, läßt sich mit der Funktion *Mehrfach einfügen...* im Menü *Bearbeiten* der Inhalt der Zwischenablage beliebig oft in das Page-Maker-Layout übertragen, ohne dabei entsprechend oft die Einfügefunktion ausführen zu müssen. Nach dem Aufruf des Befehls *Mehrfach einfügen...* wird folgendes Dialogfeld eingeblendet.

Mehrfaches
Einfügen

Abbildung 4.31.:
Dialogfeld der
Funktion *Mehrfach einfügen...*

Im Eingabefeld *Einfügen* wird mit einer Ziffer festgelegt, wie oft der Inhalt des Zwischenspeichers in PageMaker zu importieren ist. In den unteren beiden Eingabefeldern sind Millimeterwerte festzulegen, die den waagerechten und den senkrechten Versatz zum jeweils vorherigen Objekt beschreiben. Wird hier in beiden Feldern der Wert 0 (Null) eingetragen, legt PageMaker alle Kopien deckungsgleich aufeinander, was natürlich wenig praktikabel ist.

In der folgenden Abbildung ist das Bild ANKER.TIF fünfmal mit jeweils 10 mm Versatz aus der Zwischenablage importiert worden. Jedes einzelne Bild bleibt dabei einzeln bearbeitbar. Sie können also zum Beispiel die Objekte manuell auseinanderziehen, um sie individuell zu positionieren. Ansonsten lassen sich mit der Funktion *Mehrfach einfügen...* mitunter interessante Effekte erzielen.

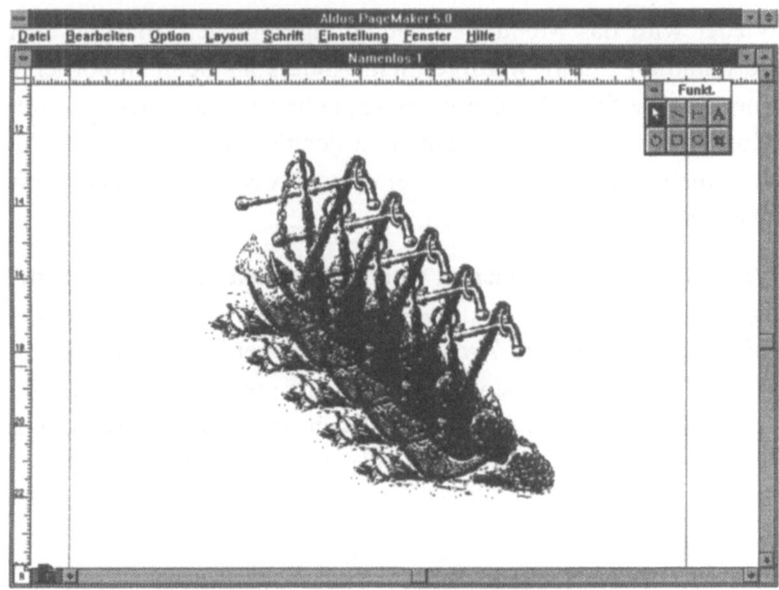

4.2.3 Einfügen spezieller Objekte

Eine weitere Variante des Imports ist der Weg über die Funktion *Objekt einfügen...* im Menü *Bearbeiten*. In einer Auswahlliste bietet PageMaker alle Programme oder Programm-Module an, die auf Ihrem Computer installiert sind. Genau genommen handelt es sich um eine Liste, die von Windows zur Verfügung gestellt wird, denn Informationen zu installierten Programmen befinden sich in der Initialisierungsdatei WIN.INI.

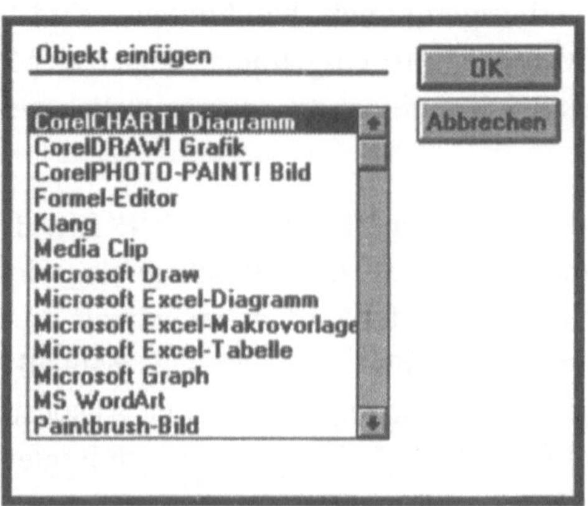

Demzufolge muß der Inhalt Ihrer Auswahlliste mit der hier gezeigten Abbildung nicht übereinstimmen. Sie finden aber auf jeden Fall Einträge, für die es offiziell keinen Importfilter bei PageMaker gibt, so daß ein Import mit der Funktion *Positionieren...* ausgeschlossen ist. Hierzu zählen zum Beispiel Objekte, die mit dem Zeichenprogramm CorelDraw erstellt wurden. Wählen Sie in der Auswahlliste das gewünschte Programm aus und bestätigen Sie die Auswahl durch Anklicken der Schaltfläche [OK] oder durch Drücken der Taste ⏎. Das ausgewählte Programm wird geöffnet, was je nach Prozessorgeschwindigkeit und Auslastung des Arbeitsspeichers einen Moment dauern kann.

Aus der Titelleiste des jetzt geöffneten Programms geht hervor, daß es im Hintergrund eine Datenverbindung zu PageMaker gibt. Desweiteren werden im Menü *Datei* des Fremdprogramms drei Änderungen vorgefunden. Einmal gibt es eine neue Funktion *Aktualisieren*. Mit diesem Befehl erfolgt eine Übertragung des gegenwärtigen Objekts in PageMaker, ohne gleichzeitig das fremde Programm zu schließen. Soll eine Übertragung und das Schließen des Programms gleichzeitig erfolgen, wird die Funktion *Beenden* aufgerufen, die den Befehlszusatz *& zurück zu PageMaker* enthält.

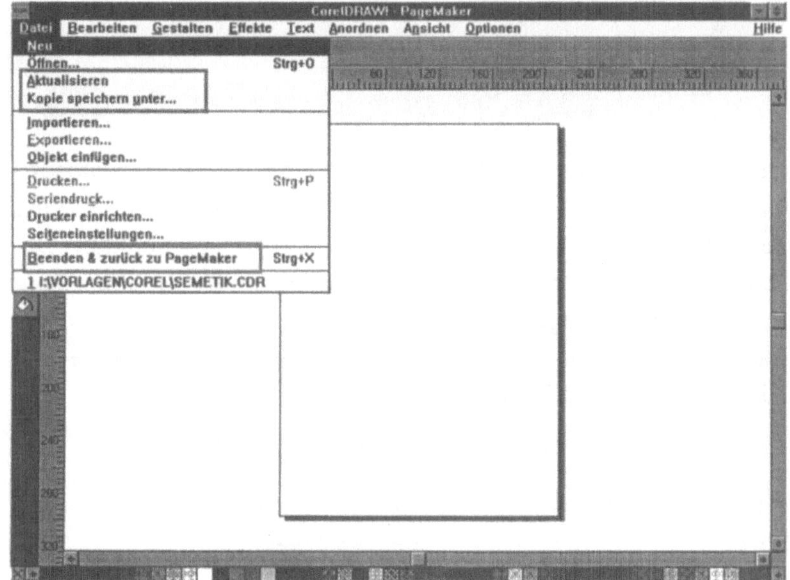

Abbildung 4.34.: CorelDraw

Die dritte Veränderung betrifft die Funktion *Speichern unter...*, die jetzt *Kopie speichern unter...* heißt. Das bedeutet, das Objekt läßt sich als separate Datei im Format des betreffenden Programms speichern.

In der von PageMaker aus gestarteten Fremdsoftware kann auf normale Weise gearbeitet werden. Es lassen sich Objekte anlegen oder gespeicherte öffnen bzw. importieren. Beim Öffnen einer Datei wird die Datenverbindung zu PageMaker jedoch unterbrochen, worauf eine entsprechende Meldung aufmerksam macht. In einem solchen Fall sollten gespeicherte Objekte über eine Importfunktion auf den Monitor geholt werden.

Abbildung 4.35.:
Mit der Funktion
Objekt einfügen...
gestartetes Programm
CorelChart

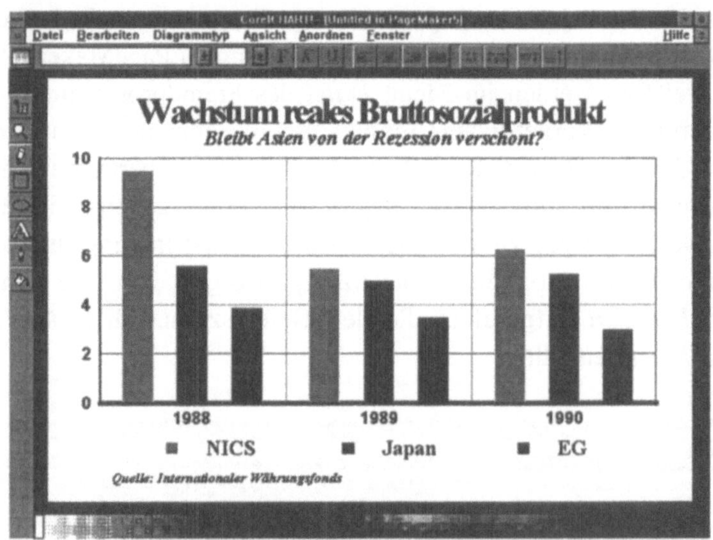

Ist das in PageMaker zu importierende Objekt in der Fremdsoftware fertiggestellt, so wie exemplarisch in der obigen Abbildung gezeigt, kann dieses Programm durch Aufruf der Funktion *Beenden und zurück zu PageMaker* geschlossen werden. In einem Dialogfeld wird abgefragt, ob das Objekt in PageMaker zu übertragen ist. Es wird vom »Aktualisieren« gesprochen, wobei die Aktualisierung des PageMaker-Dokuments gemeint ist.

Abbildung 4.36.:
Abfrage zum
Aktualisieren des
PageMaker-
Dokuments

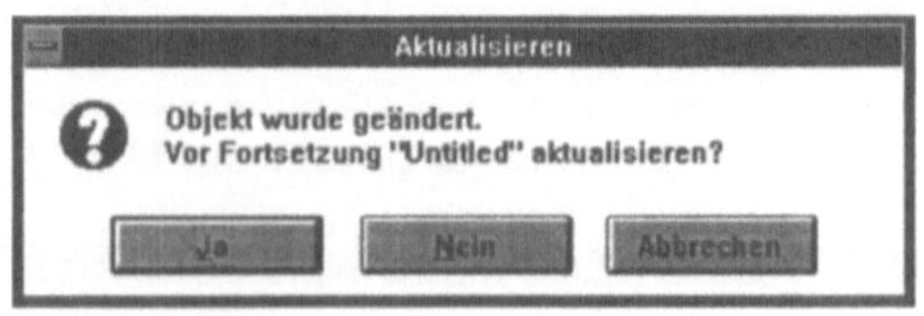

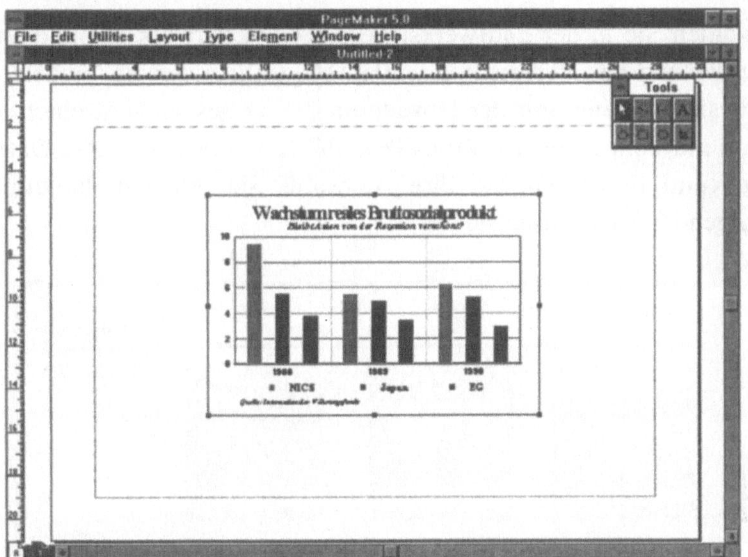

Abbildung 4.37.:
Aktualisiertes
PageMaker-
Dokument

Im Kapitel 10 werde ich noch einmal auf Datenverbindungen zwischen zwei oder mehr Programmen zurückkommen.

4.2.4 Importieren von einer Photo-CD

Verfügen Sie über ein CD-Laufwerk und haben Sie beim Installieren von PageMaker den Importfilter *Kodak PhotoCD* mitinstalliert, lassen sich auf einer CD gespeicherte Fotos direkt in PageMaker importieren. Das Verfahren unterscheidet sich in keiner Weise vom normalen Bildimport. Das bedeutet, es wird wieder die Funktion *Positionieren...* im Menü *Datei* aufgerufen.

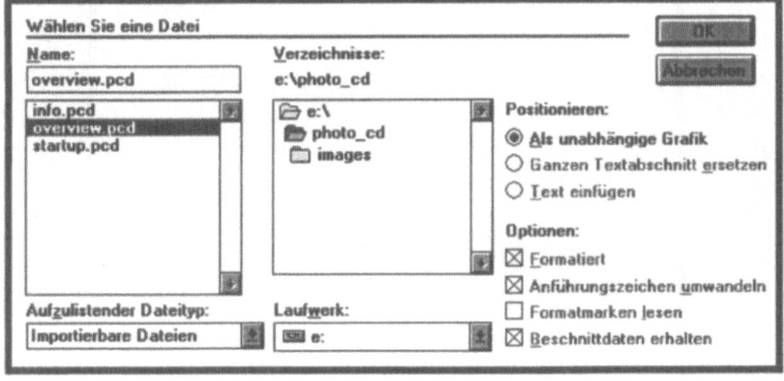

Abbildung 4.38.:
Dialogfeld der
Funktion
Positionieren...

Wählen Sie in der Laufwerksliste das CD-Laufwerk aus und anschließend das Verzeichnis ...\PHOTO_CD. In diesem Verzeichnis sind Dateien mit der Erweiterung PCD gespeichert, eine davon mit dem Namen OVERVIEW.PCD. Wählen Sie diese Datei aus und bestätigen Sie Ihre Auswahl. Sie erhalten daraufhin folgendes Auswahlfenster.

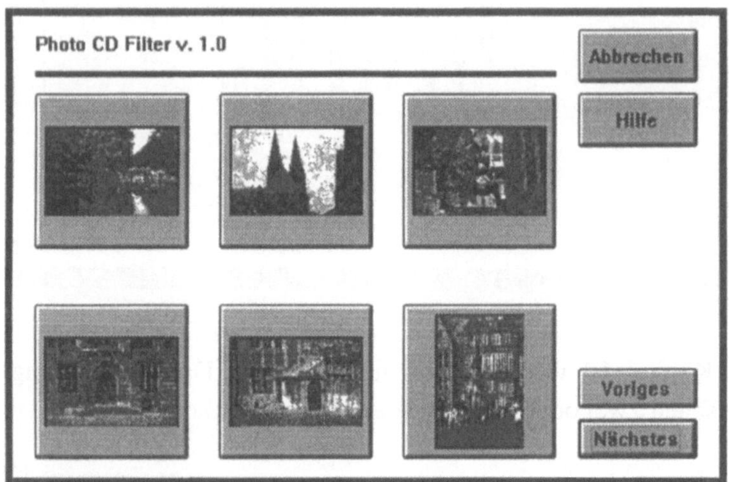

Abbildung 4.39.: Inhalt einer PhotoCD

Es werden jeweils sechs Bilder im Fenster angezeigt. Mit den Schaltflächen [Voriges] und [Nächstes] können Sie sich weitere sechs Fotos anzeigen lassen oder zum vorherigen Fenster zurückkehren. Nach der Auswahl eines Bildes durch einfaches Anklikken wird ein Dialogfeld für die Importsteuerung eingeblendet.

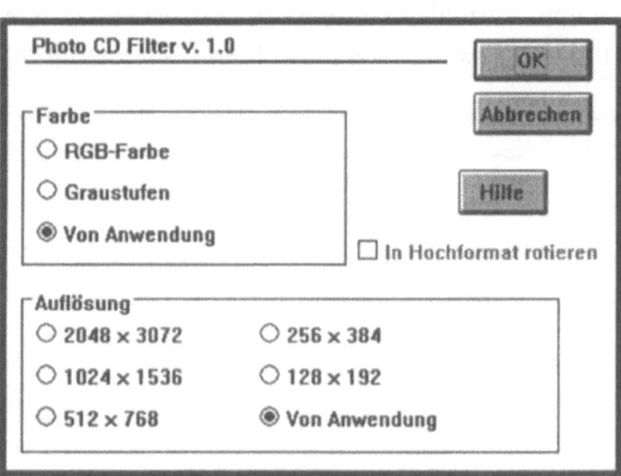

Abbildung 4.40.: Dialogfeld zur Steuerung des Imports von einer PhotoCD

Wählen Sie in der Optionsgruppe *Farbe* aus, nach welchem Farbmuster das Bild in PageMaker aufgebaut werden soll. Wählen Sie *RGB-Farbe* (Rot Gelb Blau), um später Farbauszüge drucken zu können. Die Option *Graustufen* wird auch ein farbiges Bild Schwarz/Weiß importieren. Bei der dritten Option *Von Anwendung* wird ein Bild nach dem Farbmuster importiert, wie es auf der CD vorgefunden wird.

Farbe

In der Optionsgruppe *Auflösung* wird ausgewählt, in welcher Druckauflösung das ausgewählte Bild zu importieren ist. Je größer die Auflösung gewählt wird, desto größer ist die Qualität des Bildes, allerdings auch der Speicherbedarf. Ein PhotoCD-Bild kann importiert, also entpackt, bei hoher Auflösung schnell bis zu 18 MByte Speicherplatz beanspruchen. Sie benötigen also entsprechend Kapazität auf Ihrem Datenträger, um die PageMaker-Datei noch speichern zu können. Bleibt es bei der Standardoption *Von Anwendung*, importiert PageMaker das PhotoCD-Bild in der Auflösung, die für den in der Seiteneinrichtung ausgewählten Drucker angemessen ist.

Auflösung

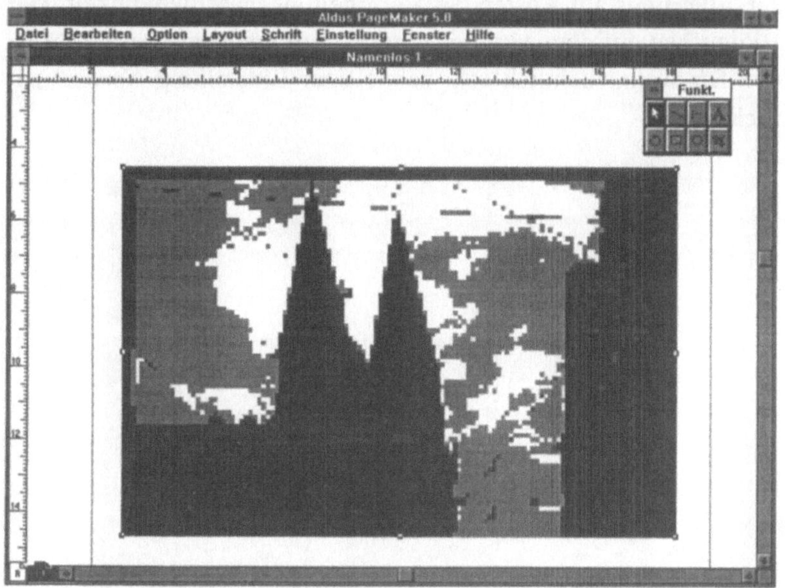

Abbildung 4.41.: Importiertes PhotoCD-Bild mit der Auflösung *Von Anwendung*

Als ich das erstemal ein PhotoCD-Bild auf dem Monitor sah, war ich von der Qualität enttäuscht. Ein Ausdruck hat mich allerdings wieder ermutigt. Lassen Sie sich also von der Monitordarstellung nicht erschrecken. Möchten Sie auch auf dem Bildschirm eine optimale Bildqualität erzielen, können Sie im Dialogfeld der Funktion *Vorgaben wählen...* (Menü *Datei*) in der Optionsgruppe *Grafiken* die Option *Hohe Auflösung* auswählen.

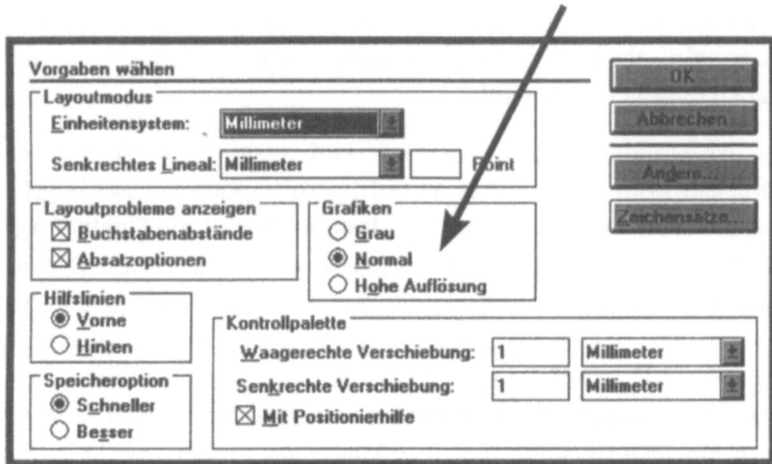

Die Darstellung von Bildern wird im Layout zwar deutlich besser, allerdings auf Kosten der Verarbeitungsgeschwindigkeit. Der Bildaufbau auf dem Monitor wird extrem langsam. Deshalb werden Sie wahrscheinlich sehr schnell zur Einstellung *Normal* zurückkehren.

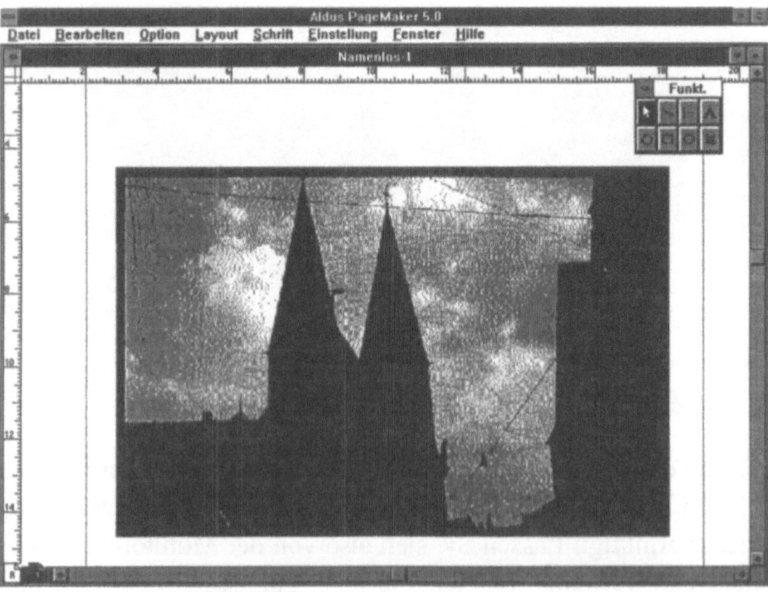

Alle Bilder werden auf der PhotoCD in der gleichen Formatlage gespeichert, so daß in Hochformat aufgenommene Fotos um 90° gedreht sind, also auf der Seite liegen. Sie können solche Bilder natürlich nach dem Import in PageMaker mit dem Drehwerkzeug drehen, aber auch schon beim Import. Aktivieren Sie hierzu im Dialogfeld *PhotoCD Filter* (Abbildung 4.40) den Parameter *In Hochformat rotieren*.

Auf dem Cover einer PhotoCD werden alle gespeicherten Bilder in Kleinformat mit einer laufenden Nummer abgebildet. Dadurch haben Sie die Möglichkeit, sich ein Bild auszusuchen und mit einem direkten Zugriff zu importieren. Wählen Sie im Dialogfeld der Funktion *Positionieren...* im Verzeichnis ...\PHOTO_CD das Unterverzeichnis ...\IMAGES aus. In diesem Verzeichnis sind die Fotos gespeichert. Wählen Sie die gewünschte Datei aus, zum Beispiel IMG0003.PCD, und bestätigen Sie Ihre Auswahl durch Anklicken der Schaltfläche [OK] oder durch Drücken der Taste ⏎. Sie ersparen sich dabei das Auswahlfenster, in dem alle Bildmuster gezeigt werden. Das Dialogfeld *PhotoCD Filter* läßt sich jedoch nicht umgehen.

Direktzugriff auf ein PhotoCD-Bild

4.2.5 Importieren in einer bestimmten Abmessung

Kehren wir noch einmal zum Importieren einer gespeicherten Bilddatei zurück. Sie hatten gesehen, daß ein Bild in einer bestimmten Größe in ein PageMaker-Dokument einfließt. Das Maß ist abhängig von den Abmessungen, die in der Ursprungs-Software zutreffen. Die äußeren Maße eines Bildes lassen sich schon beim Importieren beeinflussen. Die Arbeitsweise unterscheidet sich zunächst in keiner Weise vom bekannten Verfahren. Importieren Sie noch einmal die Datei ANKER.TIF. Lassen Sie das Bild aber noch nicht einfließen.

Zeigt der Mauszeiger an, daß ein Bild eingelesen wurde, wird jetzt nicht einfach angeklickt, sondern bei gedrückter linker Maustaste ein Rahmen aufgezogen. Dieser Rahmen kann beliebige Abmessungen haben, die das Bild später einnehmen wird. Nach Loslassen der Maustaste fließt die Grafik in das Dokument ein und paßt sich an den zuvor aufgezogenen imaginären Rahmen an.

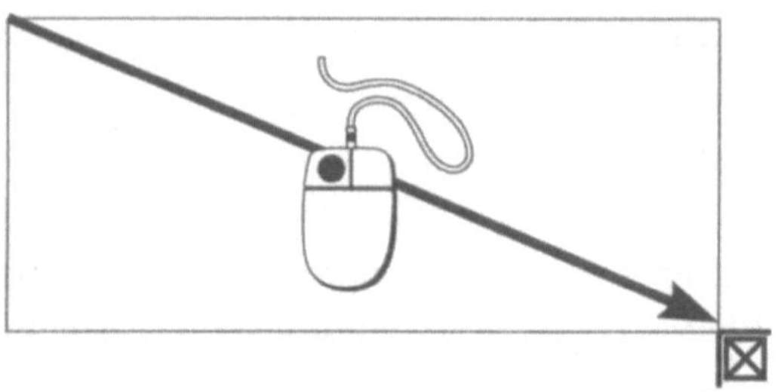

Das gerade gezeigte Verfahren hat einen Nachteil, der nicht außer acht gelassen werden darf. Da bei diesem Verfahren die Proportionen des Bildes selten beibehalten werden, wird es zu Verzerrungen kommen. Handelt es sich zudem um eine Pixelgrafik, wird diese Vorgehensweise zudem mit einem deutlichen Qualitätsverlust bezahlt. Die nachfolgende Abbildung zeigt ein mögliches Resultat, stark übertrieben.

Natürlich läßt sich ein importiertes Bild auch nachträglich in seiner Größe verändern. Dabei ist es unwichtig, ob das Objekt als Datei importiert oder über die Zwischenablage in PageMaker übertragen wurde. Wie hier zu verfahren ist, werden Sie im Abschnitt 4.4.2 kennenlernen.

4.2.6 Importieren unter Verwendung von Platzhaltern

Ein ähnliches Verfahren wie das Aufziehen von imaginären Grafikrahmen ist die Anwendung von Platzhaltern. Dabei kann es sich um ein Viereck oder um ein existierendes Bild handeln, das automatisch vom neuen Objekt ersetzt wird. Ein derartiger Platzhalter kann aber nur genutzt werden, wenn das Einfügen eines Objekts als Dateiimport erfolgt. Ein Inhalt der Zwischenablage kann einen Platzhalter nicht ersetzen.

Als Beispiel wird die Datei SCHIFF.TIF einen Platzhalter ersetzen. Legen Sie zu diesem Zweck ein neues Dokument an und wählen Sie die Formatlage Querformat. Zeichnen Sie ein Viereck von 250 mm Breite und 50 mm Höhe. Bevor der Import eines

Bildes erfolgt, wird jetzt das als Platzhalter gedachte Objekt mit
dem Positionierwerkzeug angeklickt, so daß die Knotenpunkte
eingeblendet werden. Danach wird die Funktion *Positionieren...*
im Menü *Datei* aufgerufen und die gewünschte Datei ausgewählt,
in diesem Beispiel die Datei SCHIFF.TIF. Da ein Platzhalter-
objekt aktiv ist, wird im Dialogfeld die Positionieroption *Ganze
Grafik ersetzen* zur Verfügung gestellt. Diese Option muß ausgewählt werden, bevor der Dialog durch Anklicken der Schaltfläche
[OK] oder durch Drücken der Taste ⏎ abgeschlossen wird.

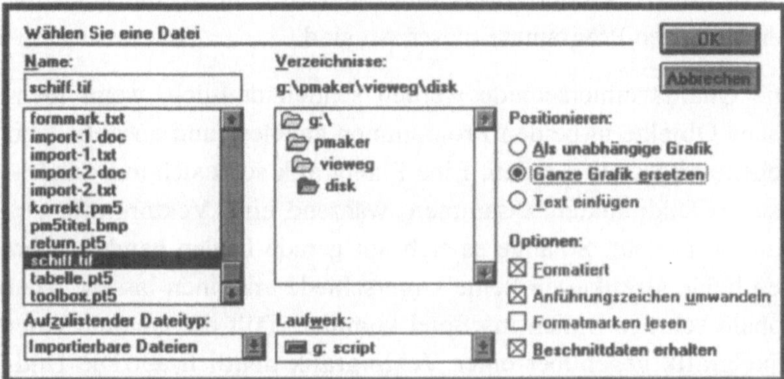

Abbildung 4.46.:
Dialogfeld zur
Auswahl einer
Importdatei mit
ausgewählter
Option zum
Ersetzen eines
Platzhalters

Das einfließende Bild ersetzt den Platzhalter und fügt sich in den
gleichen Abmessungen an der gleichen Position in das Dokument
ein.

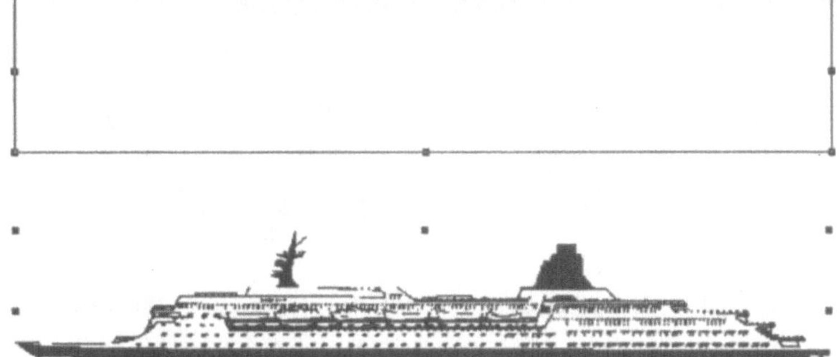

Abbildung 4.47.:
Markierter Platz-
halter für den
Import eines
Bildes

Abbildung 4.48.:
Anstelle des
Platzhalters
eingeflossenes
Bild

Denken Sie beim Aufziehen eines Rahmens an die Proportionen
eines Bildes, damit diese möglichst nicht verzerrt werden.

4.3 Pixel- oder Vektorgrafik

Bei der Verarbeitung von Bildobjekten, die aus einer Fremdsoftware importiert werden, stößt PageMaker (aber auch andere vergleichbare Programme) schnell an qualitative Grenzen. Das Problem ist in der Regel die Art der Grafik. Hier wird zwischen Pixelgrafiken und vektorisierten Grafiken unterschieden. Ein klassisches pixelorientiertes Programm ist das Malprogramm PaintBrush, das als Zubehör zum Lieferumfang von Windows gehört. Als Beispiele für vektororientierte Zeichenprogramme sind CorelDraw oder Aldus FreeHand zu nennen, die wohl die verbreitetsten Programme dieser Art sind.

Qualitätsunterschiede

Die Qualitätsunterschiede werden schnell deutlich, wenn identische Objekte in beiden Programmen angelegt und anschließend gegenübergestellt werden. Eine Pixelgrafik setzt sich aus quadratischen Bildpunkten zusammen, während eine Vektorgrafik aus Kurven besteht. Solange es sich um gerade Linien handelt, werden beide Grafikarten keine Unterschiede erkennen lassen. Aber sobald schräge Linien ins Spiel kommen, fällt die Qualität einer Pixelgrafik gegenüber einer Vektorgrafik deutlich ab. Die Bildpunkte lassen sich nicht drehen, so daß sie sich dem Winkel einer schrägen Linien anpassen könnten. Dadurch entsteht der Charakter einer "Treppe", was beim Ausdruck, besonders bei niedrigauflösenden Druckern, nicht zu übersehen ist. Die folgende Abbildung zeigt jeweils den Buchstaben "A" und einen Pfeil, links als Pixelgrafik und rechts als Vektorgrafik.

Abbildung 4.49.: Gegenüberstellung einer Pixel- und einer Vektorgrafik

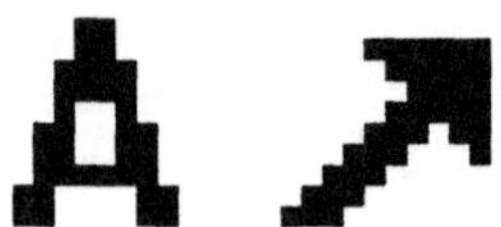

Pixelgrafik (PaintBrush)   Vektorgrafik (CorelDraw)

Auf die Unterschiede muß wohl nicht aufmerksam gemacht werden. Die beiden Bilder sprechen für sich. Um den Aufbau solcher Grafiken mehr zu verdeutlichen, wird in der folgenden Abbildung der grafisch dargestellte Buchstabe "A" stark vergrößert.

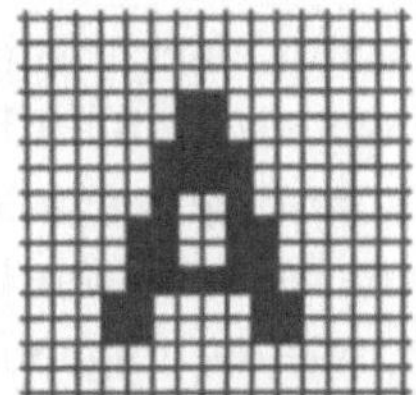

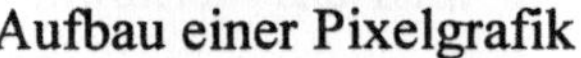

Aufbau einer Pixelgrafik   Aufbau einer Vektorgrafik

Aus der linken Abbildung geht deutlich hervor, daß sich eine Pixelgrafik aus mehreren Bildpunkten zusammensetzt. In der Vergrößerung wird das Raster sichtbar, das aus einzelnen quadratischen Feldern besteht. Bei der Vektorgrafik hingegen gibt es ein solches Raster nicht. Stattdessen wird das Objekt als Kurve konstruiert. Diverse Ankerpunkte charakterisieren eine solche Kurve, wie die rechte Abbildung deutlich zeigt.

Diese Ankerpunkte erlauben auch das nachträgliche Bearbeiten der Grafik in der entsprechenden Software, zum Beispiel in CorelDraw. Jeder einzelne Ankerpunkt läßt sich verschieben, ohne gleichzeitig einen Qualitätsverlust hinnehmen zu müssen. So ließe sich zum Beispiel der Querbalken des Buchstaben "A" schräg anordnen.

Darüberhinaus können beliebig neue Ankerpunkte hinzugefügt werden, so daß sich die gestalterischen Möglichkeiten vervielfachen. Die nachfolgende Abbildung zeigt ein Beispiel.

Abbildung 4.50.: Gegenüberstellung einer Pixel- und einer Vektorgrafik

Bildpunkte und Kurven

Abbildung 4.51.: Veränderte Pixelgrafik

Verändern einer Vektorgrafik

Abbildung 4.52.: Beispiel einer Veränderung bei einer Vektorgrafik

Eine derartige Veränderung eines Bildes ist mit einer Pixelgrafik nicht möglich. Schon eine normale Größenänderung führt bei einer Pixelgrafik zu Qualitätsverlusten, weil die Pixel nicht konturengenau vervielfältigt werden. Dadurch wird bei schrägen Linien die Stufenbildung kräftiger hervorgehoben, wie die folgende Abbildung zeigt. Anhand der Rasterung läßt sich das Verfahren einer Größenänderung erkennen.

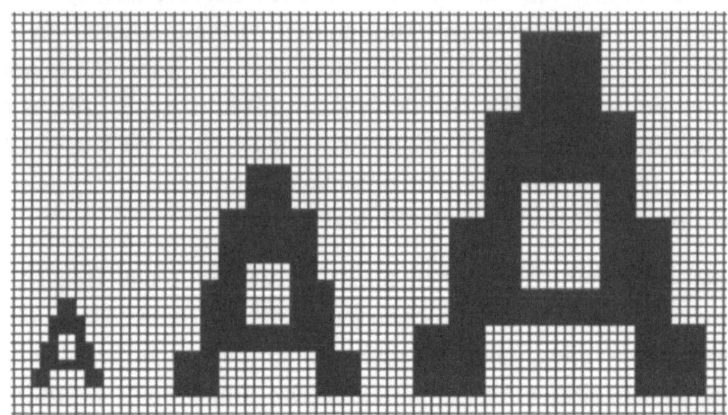

Abbildung 4.53.: Größenänderung einer Pixelgrafik mit Qualitätseinbußen

Die Größenänderung einer Vektorgrafik hingegen erlaubt eine beliebige Skalierung, ohne dabei die geringsten Qualitätsverluste in Kauf nehmen zu müssen.

Abbildung 4.54.: Größenänderung einer Vektorgrafik ohne Qualitätseinbußen

Fazit

Soll also das spätere Druckergebnis einer PageMaker-Publikation eine professionelle Qualität aufweisen, ist für die Illustration der Einsatz eines vektororientierten Zeichenprogramms zu empfehlen. Welches dieser Programme letztendlich eingesetzt wird, ist belanglos. Es muß sich nicht um das hier als Beispiel genannte Programm handeln.

4.4 Bearbeitung von grafischen Objekten

In den nächsten Abschnitten werden verschiedene Bearbeitungs-möglichkeiten von grafischen Einstellungen vorgestellt. Für das Gelingen entsprechender Aktionen ist es erforderlich, daß das zu bearbeitende Objekt zuvor aktiviert wurde. Hierzu wird es mit dem Positionierwerkzeug einmal angeklickt. Handelt es sich um ein vollflächiges Objekt, genügt das Anklicken an einer beliebigen Stelle innerhalb des Einstellungs. Bei einer Umrißzeichnung hingegen muß der Mauszeiger exakt auf eine Linie geführt werden, bevor durch Anklicken eine Aktivierung erfolgen kann.

Mitunter kann es erforderlich sein, mehrere Objekte gleichzeitig zu aktivieren. Hierfür lassen sich für drei unterschiedliche Zielsetzungen drei Methoden anwenden. Eine Methode ist das einzelne Anklicken verschiedener Objekte, wobei währenddessen die Taste ⇧ gedrückt sein muß. Wird diese Taste nicht festgehalten, wird bei jedem neuen Anklicken eines Einstellungs die bisherige Aktivierung wieder aufgehoben.

Liegen die zu aktivierenden Objekte nebeneinander (oder untereinander) läßt sich eine zweite Methode anwenden. Bei gedrückter linker Maustaste wird der Mauszeiger diagonal über die zu aktivierenden Einstellunge gezogen. Währenddessen zeigt ein gestrichelter Laufrahmen die Lage des Rahmens an, so daß jederzeit ersichtlich ist, welche Objekte erfaßt wurden. Nach Loslassen der Maustaste verschwindet der Laufrahmen wieder und die eingeschlossenen Objekte werden ausnahmslos aktiviert. Wichtig ist, daß alle zu aktivierenden Objekte vollständig innerhalb des imaginären Rahmens liegen. Wird ein Einstellung nur teilweise erfaßt, was bei Textobjekten schnell passieren kann, bleibt es deaktiv. In einem solchen Fall kann das fehlende Objekt durch Anwendung der Kombination ⇧ + linke Maustaste nachaktiviert werden.

Sollen alle Objekte einer Seite oder einer Doppelseite gleichzeitig aktiviert werden, gibt es hierfür eine weitere Methode, die schneller zur gewünschten Zielsetzung führt. Entweder wird die Tastenkombination ⌨Strg⌨A (A = Alles) angewendet, oder es wird im Menü *Bearbeiten* die Funktion *Alles markieren* aufgerufen. In beiden

Mehrere Objekte
markieren

Alle Objekte
aktivieren

Fällen werden aber auch die Objekte erfaßt, die sich gegenwärtig auf der Arbeits- und auf der Montagefläche befinden.

<table><tr><td>Deaktivieren von Objekten</td><td>

Wird mit der linken Maustaste an einer beliebigen Stelle auf der Arbeits- oder Montagefläche angeklickt, werden alle Aktivierungen aufgehoben. Sollte auf einem Objekt angeklickt werden, wird dieses automatisch neu markiert. Ist ein Einstellung aus einer Gruppe von markierten Objekten zu deaktivieren, wird das betreffende Objekt in Verbindung mit der Taste ⇧ erneut angeklickt. In einem solchen Fall wird ausschließlich die Markierung dieses Objekts aufgehoben.

</td></tr></table>

4.4.1 Verschieben von grafischen Objekten

Das Verschieben von Objekten ist die häufigste Aktion, die in PageMaker ausgeführt wird. Verschieben lassen sich sowohl Text- als auch grafische Objekte. Handelt es sich um ein einziges Objekt, kann nach dem Anklicken zur Markierung sofort die linke Maustaste festgehalten und das Objekt durch Ziehen der Maus an eine neue Position bewegt werden. Sollen mehrere Objekte gleichzeitig verschoben werden, müssen diese zuvor einzeln aktiviert werden. Ein Objekt wird anschließend bei gedrückter linker Maustaste bewegt. Alle anderen Einstellunge werden automatisch mitgezogen.

<table><tr><td>Horizontal oder vertikal verschieben</td><td>

Manchmal kann es erforderlich sein, das Verschieben in konsequent horizontaler oder vertikaler Richtung vorzunehmen. Vielleicht befindet sich das betreffende Objekt horizontal bereits in der korrekten Position, muß aber noch etwas tiefer gezogen werden. Beim Freihandziehen ist die Wahrscheinlichkeit groß, daß die horizontale Position nicht gehalten wird, es sei denn, es gibt eine Hilfslinie.

</td></tr></table>

Um die Laufrichtung vorzuschreiben wird zunächst die Taste ⇧ gedrückt und festgehalten. Dann wird parallel das betreffende Objekt mit der Maus verschoben. Solange die ⇧ - Taste gedrückt bleibt, kann ausschließlich eine horizontale oder vertikale Bewegung stattfinden. Welche der beiden Richtungen zulässig ist, entscheidet die erste Mausbewegung bei gedrückter ⇧ - Taste.

In bezug auf den Bildaufbau gibt es zwei Varianten des Verschiebens. PageMaker kann während einer solchen Aktion ständig den Bildaufbau aktualisieren oder dies erst nach Erreichen der Zielposition ausführen. Je nach Größe eines Bildes und Geschwindigkeit des Rechners kann die letztere Methode die Aktion deutlich schneller ausführen. Soll das Bild während des Verschiebens sichtbar bleiben, der Bildaufbau also ständig aktualisiert werden, muß die Maus nach Anklicken eines Objekts erst einmal bei gedrückter linker Maustaste an ihrer gegenwärtigen Position verbleiben. Auf dem Monitor bekommt der Mauszeiger die Form einer Sanduhr. Unter Windows ist dies das Signal, daß das Programm mit internen Rechenoperationen beschäftigt ist. Erhält der Mauszeiger seine ursprüngliche Form zurück, kann mit dem Ziehen begonnen werden.

Bildaufbau beim Verschieben

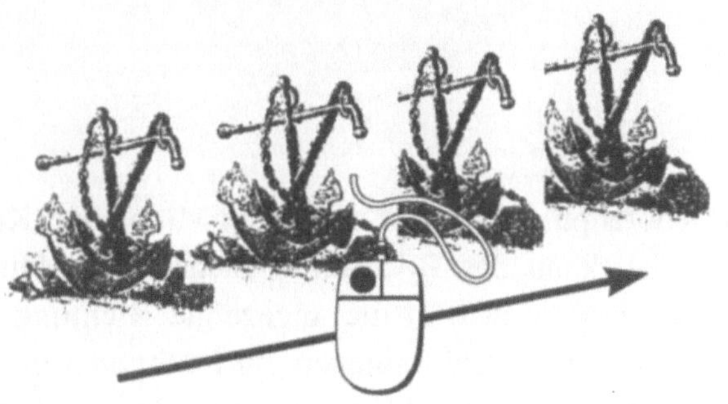

Abbildung 4.55.: Verschieben eines Objekts bei ständiger Aktualisierung des Bildaufbaus

Wird nach dem Anfassen eines Bildes das Erscheinen der Sanduhr nicht abgewartet, sondern unmittelbar nach dem Anklicken mit dem Ziehen begonnen, wird lediglich ein Rahmen auf dem Monitor verschoben. Erst nach Erreichen der Zielposition und Loslassen der Maustaste wird der Bildaufbau wieder aktualisiert.

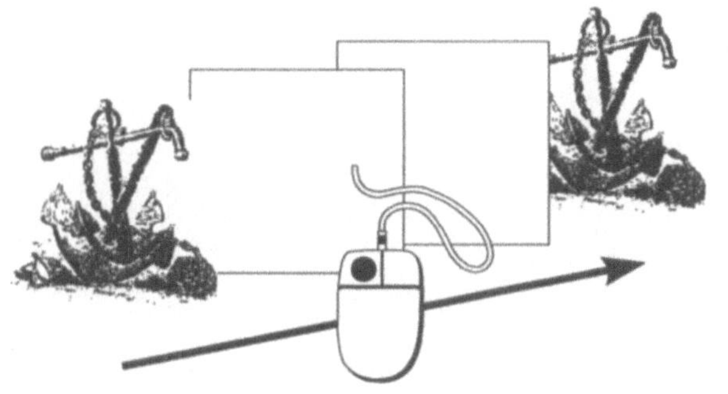

Abbildung 4.56.: Verschieben eines Objekts ohne permanenter Aktualisierung des Bildaufbaus

4.4.2 Ändern einer Bildgröße

Bei der späteren Montage von Bild und Text kann es erforderlich werden, die Größe eines grafischen Objekts nachträglich zu verändern. Für eine solche Aktion lassen sich die Knotenpunkte eines markierten Objekts nutzen. Wird der Mauszeiger auf einen solchen Knotenpunkt geführt, ändert sich die Form des Mauszeigers in einen Doppelpfeil, der je nach Knotenpunkt waagerecht, senkrecht oder diagonal angeordnet ist.

Abbildung 4.57.:
Mauszeiger auf
Knotenpunkten
für das Ändern
einer Bildgröße

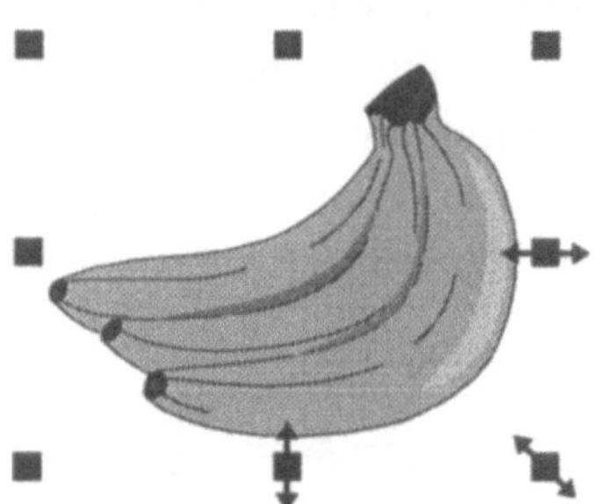

Wird ein Knotenpunkt benutzt, der in der Mitte einer Kantenlinie angeordnet ist, kann das Bild durch Ziehen der Maus bei gedrückter linker Maustaste in die angezeigte Richtung gestaucht oder gezerrt werden. Wird hingegen ein Eckknoten gezogen, ändert sich die Bildgröße sowohl in der Breite als auch in der Höhe.

Vermeiden von
Verzerrungen

Bei einer Größenänderung von importierten Bildern ist es kaum zu vermeiden, daß Verzerrungen auftreten. Selbst mit dem besten Augenmaß wird die exakte Einhaltung der Proportionen sehr schwierig. Die folgende Abbildung zeigt eine übertriebene Verzerrung.

Abbildung 4.58.:
Stark verzerrtes
Bild nach einer
Größenänderung

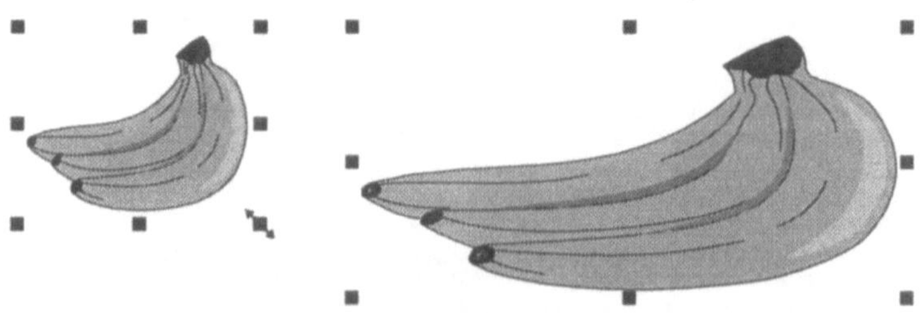

Derartige Verzerrungen lassen sich vermeiden, wenn ein Eckpunkt bei gleichzeitig gedrückter ⇧ - Taste verschoben wird.

Das Objekt wird wieder gleichzeitig in der Höhe und in der Breite verändert, die Proportionen werden aber beibehalten. Die nächste Abbildung zeigt den Unterschied.

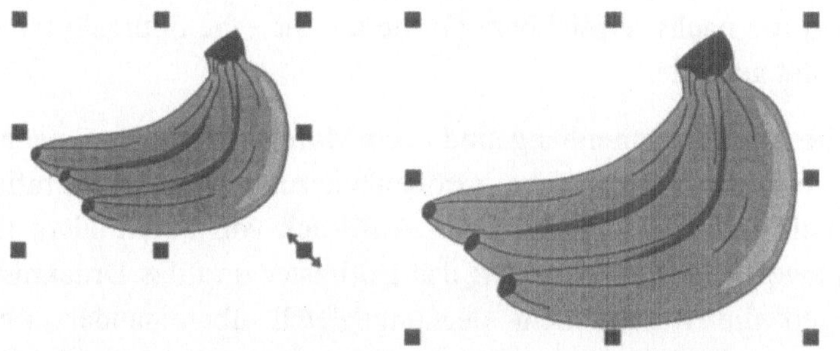

Abbildung 4.59.: Proportional vergrößertes Bild

Beim Bildimport habe ich schon erwähnt, daß sich Pixelgrafiken nur auf Kosten der Qualität vergrößern oder verkleinern lassen. An dieser Stelle möchte ich gern noch etwas näher auf dieses Problem eingehen. Mit einer besonderen Technik gelingt es, Qualitätsmängel bei Pixelbildern möglichst gering zu halten. Wird beim Ziehen eines Eckpunktes zur Größenänderung nicht nur die ⇧ - Taste festgehalten, sondern zusätzlich die Strg - Taste gedrückt, verändert sich die Größe des betreffenden Bildes in größeren Sprüngen. Dadurch wird vermieden, daß die Vervielfältigung oder die Verminderung der Bildpunkte zu große Stufen bildet. Bei PageMaker wird dann von einer Größenänderung unter Einhaltung bester Druckqualität gesprochen.

Optimale Druckqualität

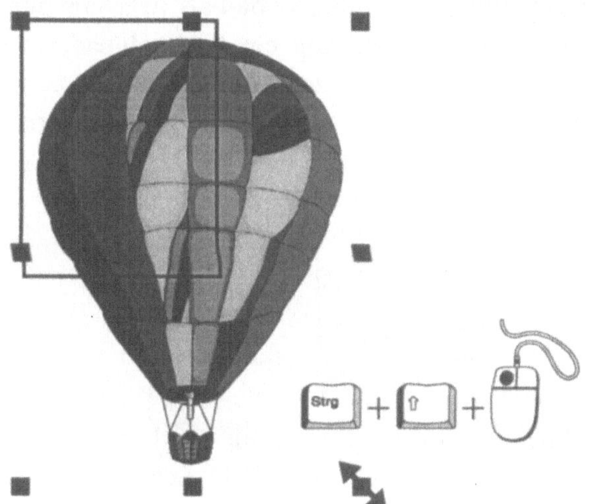

Abbildung 4.60.: Größenänderung unter Einhaltung bester Druckqualität

Wurde ein Pixelbild bereits auf normale Weise vergrößert oder verkleinert, kann die optimale Größe nachträglich wiederhergestellt werden. Diesmal genügt ein minimales Verschieben eines Eckpunktes bei gedrückter $\boxed{\text{Strg}}$ - und $\boxed{\text{⇧}}$ - Taste. Das Bild nimmt sofort die nächst erreichbare Größe an, die eine optimale Druckqualität garantiert.

Moirés

In diesem Zusammenhang sind auch Moirés (Moa're:) zu nennen, die bei einer beliebigen Größenänderung von Pixelgrafiken schnell auftreten können. Beim Ausdruck von Pixelbildern treffen zwei Raster aufeinander: das Bildraster und das Druckraster. Liegen die Raster nicht deckungsgleich übereinander, treten Moirés auf, die sich als dunkle Balken quer über das Bild ziehen. Moirés hat jeder schon einmal gesehen, wenn im Fernsehen ein laufender Fernsehapparat gezeigt wird. Auf dem gefilmten Monitor laufen "Balken" über das Bild. In einem solchen Fall liegen die Bildzeilen des gefilmten Monitors mit dem darstellenden Monitor nicht überein. Daß der »Balken« scheinbar wandert liegt am zeilenweisen Aufbau eines Monitorbildes.

4.4.3 Schneiden von Bildern

Ähnlich einer Größenänderung ist das Schneiden von Bildern. Während bei einer Veränderung einer Bildgröße das Motiv vergrößert oder verkleinert wird, werden beim Schneiden lediglich die äußeren Abmessungen einer Grafik verändert. Das Motiv behält seine ursprüngliche Größe, so daß als Ergebnis nur noch ein Bildausschnitt zu sehen ist. Um ein Bild schneiden zu können muß zuerst das Schneidewerkzeug in Funktionenbox ausgewählt werden. Der Mauszeiger bekommt die gleiche Form wie das Symbol in der Funktionenbox.

Abbildung 4.61.:
Auswahl des
Schneidewerk-
zeuges in der
Funktionenbox

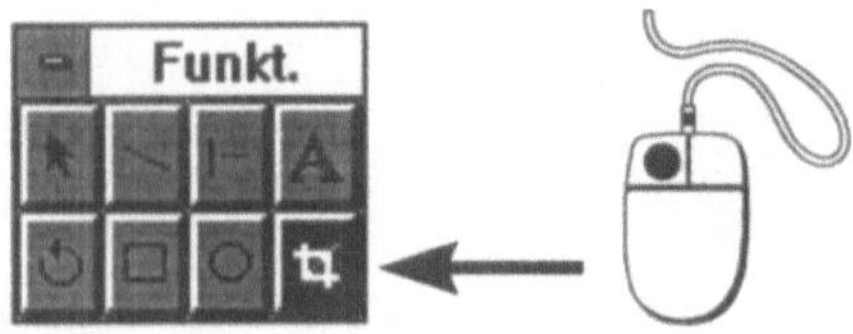

Ist das Schneidewerkzeug ausgewählt, wird das zu bearbeitende Bildobjekt einmal angeklickt, so daß die Eckpunkte wieder zu sehen sind. Das weitere Verfahren entspricht einer Größenänderung, wobei diesmal keine Rücksicht auf Proportionen oder die spätere Druckqualität genommen werden muß. Die Abmessungen eines Bildes lassen sich aber logischerweise nur verkleinern. Die folgende Abbildung zeigt noch einmal das Bild der Bananen, diesmal aber mit abgeschnittenen Kanten rechts und unten.

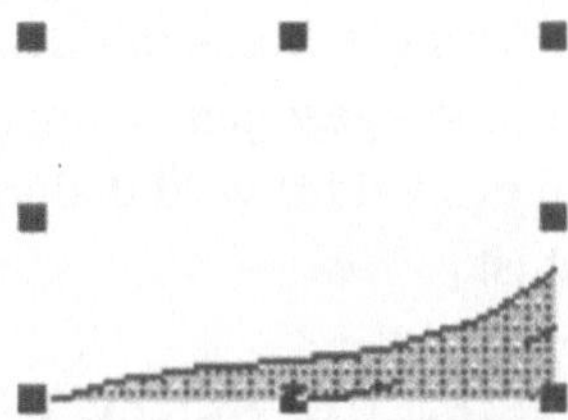

Abbildung 4.62.: Geschnittenes Bild

Wie Sie sehen, habe ich auch diesmal wieder übertrieben, um bewußt ein schlechtes Ergebnis zu erzielen. Der übriggebliebene Bildausschnitt läßt keinesfalls mehr erkennen, daß es sich hier um ein Teil von Bananen handelt. So oder ähnlich wird es sich auch in der Praxis verhalten. Um den gewünschten Bildausschnitt zu erhalten, könnte das Schneiden an allen vier Kanten erfolgen, aber diese Vorgehensweise ist mühsam und nicht erforderlich. Schneiden Sie ein Bild zunächst ungeachtet des späteren Bildausschnitts auf die gewünschte Größe.

Anders als beim Abschneiden eines Papierbildes mit der Schere geht kein Stück des Bildes tatsächlich verloren. Hier wurde lediglich dafür gesorgt, daß Teile des Bildes unsichtbar werden. Dadurch kann jederzeit der sichtbare Teil des Motives verschoben werden, so daß ein neuer Bildausschnitt gezeigt wird. Um dies zu erreichen wird mit dem Schneidewerkzeug in das sichtbare Motiv geklickt und dieses bei gedrückter linker Maustaste bewegt. Der Mauszeiger, der jetzt die Form einer Hand hat, darf auch aus dem Bildausschnitt herausgezogen werden.

Motiv verschieben

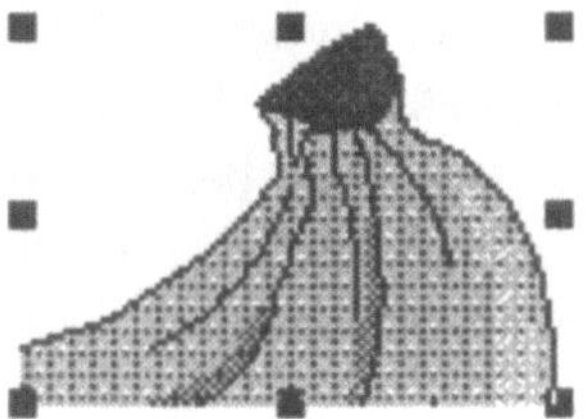

Abbildung 4.63.: Verschobener Bildausschnitt in einem geschnittenen Bild

Wer den Funktionsnamen *Schneiden* anfangs wörtlich genommen hat, mußte schon bei der gerade erklärten Bearbeitungsmöglichkeit an diesem Namen zweifeln. Der nächste Arbeitsschritt wird dem Begriff *Schneiden* ebenfalls in keiner Weise gerecht werden. Bildlich gesprochen werden nämlich "abgeschnittene" Teile eines Bildes wieder "angeklebt". Bei einer solchen Zielsetzung wird genauso vorgegangen wie beim zuvor ausgeführten Schneiden eines Bildes. Diesmal wird die Maus mit dem Schneidewerkzeug aber nicht in das Bild hineingezogen, sondern aus dem Bild heraus. Der sichtbare Teil des Bildes wird dadurch vergrößert bis die Originalgröße erreicht ist.

4.4.4 Kopieren von grafischen Objekten

Das Vervielfältigen von Objekten innerhalb von PageMaker ist denkbar einfach. Die Zwischenablage von Windows wird für einen solchen Zweck wieder genutzt. Nachdem das zu kopierende Objekt mit dem Positionierwerkzeug angeklickt oder eine Gruppe von Einstellungen ausgewählt wurde, wird im Menü *Bearbeiten* die Funktion *Kopieren* aufgerufen. Danach befindet sich das betreffende Objekt im Zwischenspeicher und läßt sich mit dem Befehl *Einfügen* im Menü *Bearbeiten* als Kopie in das Dokument einfügen. Natürlich kann das Einfügen auch in einer anderen PageMaker-Datei erfolgen. Solange der Zwischenablage kein neuer Inhalt zugewiesen wird, kann der jeweils gültige Inhalt beliebig oft in das Dokument eingefügt werden.

4.4.5 Drehen von grafischen Objekten

Standarmäßig werden Bilder rechtwinklig in ein Dokument eingefügt, oder banal ausgedrückt: gerade. Mitunter kann es aber ganz interessant aussehen, wenn ein Objekt gedreht ist. Allerdings sollte hier aus ästhetischer Sicht nicht übertrieben werden. Genau wie Textobjekte lassen sich grafische Elemente mit einem beliebigen Rotationswinkel drehen, wobei der Drehpunkt nicht unbedingt der Mittelpunkt des Bildes sein muß. Der erste Arbeitsschritt ist das Aktivieren des zu drehenden Objekts mit einem Mausklick. Dafür kann das Positionierwerkzeug oder schon das Drehwerkzeug angewendet werden.

Abbildung 4.64.: Funktionenbox mit ausgewählten Werkzeug zu Drehen von Objekten

Der Mauszeiger verändert nach dem Auswählen des Drehwerkzeugs seine Form und bekommt Ähnlichkeit mit einem Stern, wie die obige Abbildung zeigt. Mit diesem Mauszeiger wird jetzt durch Anklicken der Drehpunkt festgelegt, der auch außerhalb des Objekts liegen darf. Die Maustaste wird nach dem Anklicken sofort festgehalten und die Maus etwas nach außen gezogen, so daß ein »Hebel« entsteht.

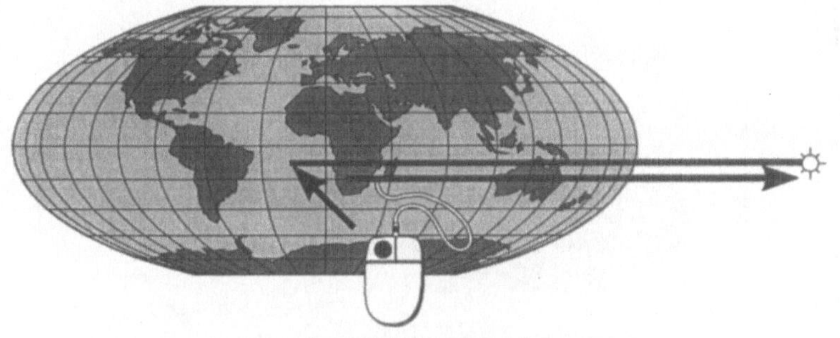

Abbildung 4.65.: Setzen eines Drehpunktes und Ziehen eines Drehhebels

Die Maustaste bleibt nach wie vor gedrückt. Die Länge des Hebels ist nicht relevant. Das Objekt beginnt sich zu drehen, sobald die Maus um das Bild herumgeführt wird. Wird ein komplexes Bild gedreht, kann der Vorgang etwas Zeit in Anspruch nehmen, weil der Bildaufbau auf dem Monitor jetzt mehr Rechenoperationen als normal erfordert.

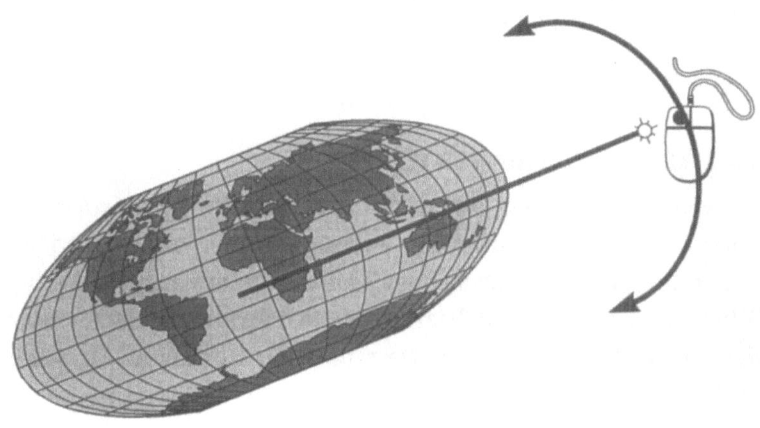

Abbildung 4.66.: Drehen eines Objekts mit der Maus

<table><tr><td>

Drehen mit der
Kontrollpalette

</td><td>

Wird ein exakter Neigungswinkel gewünscht, sollte die Kontroll-palette über das Menü *Fenster* eingeblendet werden. Dort läßt sich mit der Tastatur eine Gradzahl mit einer Genauigkeit von 0,01° eintragen. Durch Anklicken der Übernahmeschaltfläche oder durch Drücken der Taste ⏎ wird das Bild entsprechend ge-dreht.

</td></tr></table>

<table><tr><td>

Abbildung 4.67.:
Drehen eines
Objekts durch
Festlegung des
Neigungswinkels
in der Kontroll-
palette

</td><td>

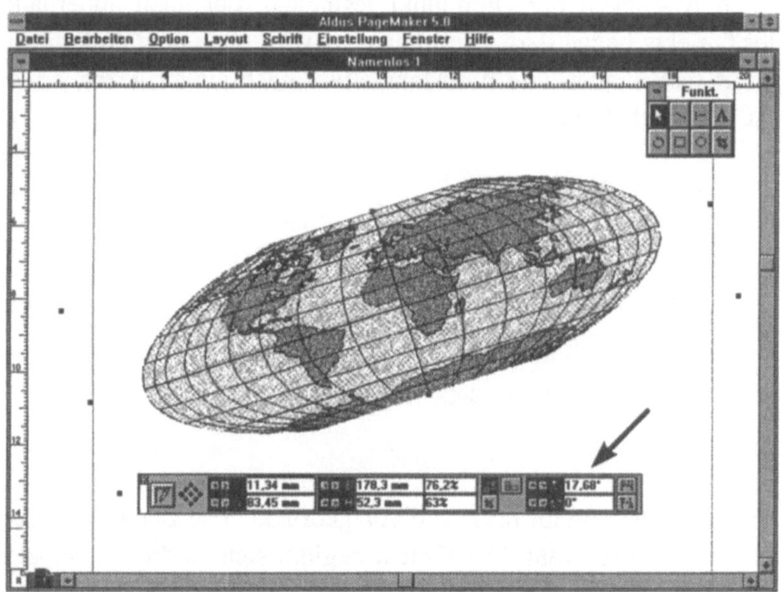

</td></tr></table>

<table><tr><td>

Geradestellen
eines gedrehten
Objekts

</td><td>

Jedes gedrehte Objekt läßt sich mit dem Befehl *Verwandlung löschen* im Menü *Einstellung* wieder geradestellen. Dabei spielt es keine Rolle, wie oft das Objekt gedreht wurde und in welchem Winkel es sich gegenwärtig befindet.

</td></tr></table>

4.4.6 Nachbearbeiten von Bildern

Im Menü *Einstellung* finden Sie die Funktion *Bild nachbear-beiten...*, mit der Graustufen-, Schwarz/Weiß-Pixelgrafiken und Bilder im TIFF-Format nachbearbeitet werden können. Farbige Bilder lassen sich nicht bearbeiten. In einem Dialogfeld lassen sich die Helligkeit, der Kontrast und die Rasterung für solche Bilder individuell einstellen.

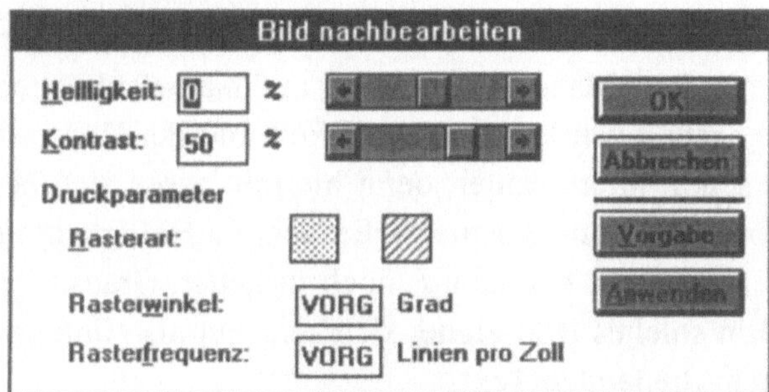

Die Helligkeit und der Kontrast werden in Prozent angegeben, wobei Sie jeweils eine Ziffer eingeben können oder aber eine Einstellung mittels der Schieberegler vornehmen. Haben Sie eine Veränderung eingetragen, können Sie durch Anklicken der Schaltfläche [Vorgabe] zu den Standardeinstellungen zurückkehren. Haben Sie für eine Veränderung der Prozentwerte die Schieberegler benutzt, läßt sich die Auswirkung auf das Bildobjekt durch Anklicken der Schaltfläche [Anwenden] ansehen. Das Dialogfeld wird dabei nicht geschlossen, was nach Anklicken der Schaltfläche [OK] der Fall ist.

Helligkeit und Kontrast

Sobald die Helligkeit oder der Kontrast verändert sind, blenden sich die Druckparameter ein. Die Rasterart bleibt gewöhnlich auf ein Punktraster stehen. Linienraster sind wenig gebräuchlich, können aber für besondere Effekte eingesetzt werden.

Druckparameter

Jedes Bild wird gerastert gedruckt, was Sie mit einer Lupe deutlich sehen können. Der Winkel eines solchen Rasters liegt gewöhnlich bei 45°, der im Eingabefeld *Rasterwinkel* mit dem Eintrag VORG (Vorgabe) definiert ist. Sie können hier einen beliebigen Winkel zwischen -360° und 360° eingeben. Bei Werten außerhalb dieses Bereiches kehrt PageMaker automatisch zur Standardvorgabe zurück.

Die Rasterfrequenz ist ein Wert, der die Anzahl der Drucklinien pro Zoll festlegt. Die Vorgabe ist hier der Wert 53 lpi, der für Drucker mit einer Auflösung von 300 dpi Gültigkeit hat. Bei Filmbelichtern ist der Standardwert 90 lpi. Eine individuelle Rasterfrequenz läßt sich zwischen 10 und 300 lpi eingeben.

Die Rastereinstellungen werden selten geändert, zumindest dann nicht, wenn PageMaker-Dokumente auf handelsüblichen Druckern ausgegeben werden. Die Helligkeit und der Kontrast hingegen sind schon interessanter, denn hiermit lassen sich besondere Effekte erzielen. Zum Beispiel ließe sich die Helligkeit eines Bildes soweit erhöhen, daß es nur noch in hellen Graustufen zu sehen ist. Ein solches Bild eignet sich sehr gut als Hintergrundbild unter einem fließenden Text.

Abbildung 4.69.: Gegenüberstellung eines unbearbeiteten und eines nachbearbeiteten Bildes

4.5 Technisches Verfahren beim Importieren

Zum Abschluß dieses Kapitels möchte ich gern noch etwas über das technische Verfahren beim Importieren von Bilddateien sagen. In der Praxis ist es häufig zu beobachten, daß Anwender plötzlich aus Unkenntnis der Importtechnik über eine Fehlermeldung verwundert sind. Es kann nämlich sein, daß beim Öffnen von PageMaker-Dokumenten oder beim Drucken Meldungen eingeblendet werden, die über fehlende Bilddateien informieren. Das liegt daran, daß PageMaker Bilder nur unvollständig importiert, um die Speicherkapazität eines Dokuments nicht ins uferlose anwachsen zu lassen. Deshalb muß beim Öffnen oder beim Drucken von PageMaker-Dateien gewährleistet sein, daß ein erneuter Zugriff auf Importdateien möglich ist. Sie dürfen also nicht gelöscht oder an einen anderen Speicherort verschoben werden.

In welchem Umfang PageMaker Bilddateien importiert, läßt sich als Vorgabe festlegen. Öffnen Sie das Dialogfeld *Vorgaben wählen...* im Menü *Datei* und klicken Sie dort die Schaltfläche

[Andere...] an. In einem weiteren Dialogfeld finden Sie das Eingabefeld *Hinweis beim Speichern von Grafiken über ... KB*.

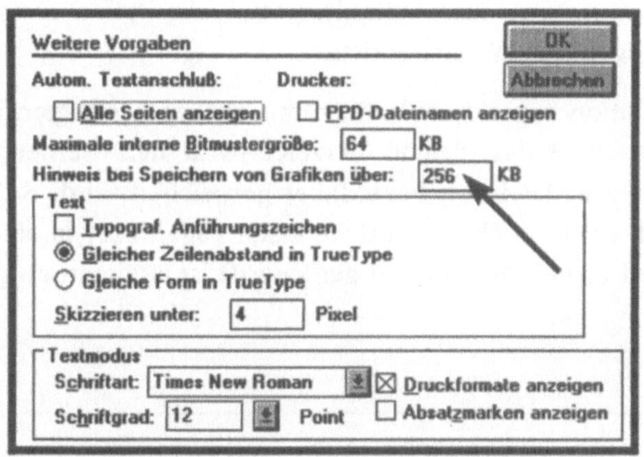

Abbildung 4.70.: Dialogfeld *Weitere Vorgaben*

Die Vorgabe sind 256 KByte. Das bedeutet, Bilder werden nur in diesem Umfang für den Monitoraufbau importiert. Ansonsten wird eine externe Verknüpfung hergestellt, damit bei Bedarf automatisch der Rest des Bildes nachimportiert werden kann. Ein solcher Bedarfsfall tritt beim Ausdrucken des PageMaker-Dokuments auf. Sie können den Wert beliebig erhöhen, allerdings auf Kosten des Speicherplatzbedarfs. Je größer der Wert in KByte ist, desto größer wird der KB-Umfang der PageMaker-Datei. Sie werden in der Praxis sehen, daß die Dokumente sowieso schon sehr schnell in den MByte-Bereich anwachsen. Deshalb sollte es hier bei der Standardeinstellung bleiben.

Möchten Sie sichergehen, daß später auf Importdateien erneut zugegriffen werden kann, sollten diese beim Speichern des Page-Maker-Dokuments berücksichtigt werden.

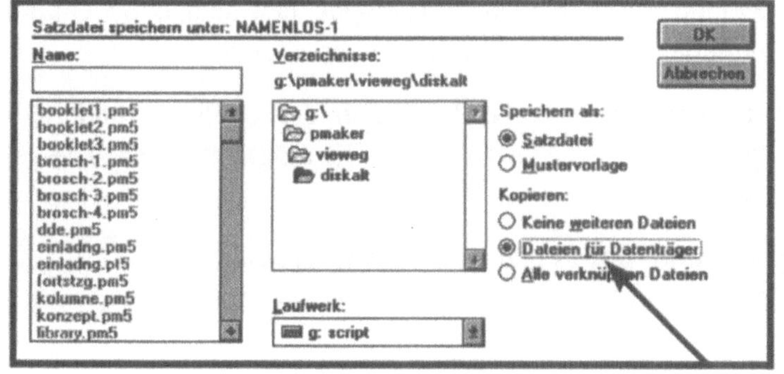

Abbildung 4.71.: Dialogfeld der Funktion *Speichern unter...*

Legen Sie sich für Ihre PageMaker-Datei ein eigenes Verzeichnis an und wählen Sie dieses Verzeichnis im Dialogfeld der Funktion *Speichern unter...* aus. Außerdem muß die Option *Dateien für Datenträger* ausgewählt werden.

Diese Option bewirkt, daß alle zum Drucken benötigten Dateien automatisch in das gleiche Verzeichnis kopiert werden, in der auch die Satzdatei von PageMaker gespeichert wird. So wissen Sie auch später noch, auf welche Datei PageMaker in einem solchen Fall zugreifen muß und der Zugriff ist automatisch gewährleistet.

Fragen zum Kapitel

1. Wie wird eine geometrische Figur gezeichnet?

2. Mit welcher Funktion lassen sich die Ecken eines Vierecks abrunden?

3. Mit welchem Hilfsmittel lassen sich grafische Objekte auf 100stel Millimeter genau konstruieren und positionieren?

4. Auf welche Weise werden Hilfslinien gesetzt und entfernt?

5. Sie möchten eine Bilddatei (TIF) importieren. Wie gehen Sie vor?

6. Was ist der Unterschied zwischen einer Pixel- und einer Vektorgrafik?

7. Mit welcher Grafikart erzielen Sie eine bessere Druckqualität: mit einer Pixelgrafik oder mit einer Vektorgrafik?

8. Welche dieser beiden Grafiktypen läßt sich ohne Qualitätseinbußen beliebig in der Größe verändern?

9. Sie möchten eine Pixelgrafik in der Größe verändern, den Qualitätsverlust aber so gering wie möglich halten. Wie gehen Sie vor.

10. Was sind Moirés und wann treten sie auf?

Kapitel 5

Eine Zeitschrift entsteht

5 Eine Zeitschrift entsteht

Dieses Kapitel ließe sich auch mit dem Begriff »Layoutgestaltung« überschreiben. Die zuvor kennengelernte Text- und Bildbearbeitung wird am Beispiel einer Zeitung in ein Layout umgesetzt. Genauso wie ich im Kapitel »Textbearbeitung« immer wieder einem Schriftsetzer über die Schultern gesehen habe, werde ich hier professionelle Layouter zitieren, um auch in diesem Bereich deren praktische Erfahrung weiterzugeben. Aber auch auf die Typografie werde ich häufig zurückkommen, die bei der Layoutgestaltung eine wichtige Rolle spielt.

Schlägt man im englischen Wörterbuch nach, findet man als deutsche Übersetzung für »Layout« die Begriffe »Anlage«, »Entwurf« und »Aufmachung«. Ergänzend sagt ein Lexikon aus, daß es sich um grafische Gestaltungsentwürfe für Text- und Bildgliederung handelt. Zusammenfassend ist das deutsche Synonym »Seitengestaltung« eine treffende Alternative für den längst auch im deutschen Sprachgebrauch eingegliederten englischen Begriff »Layout«.

Die Aufgabe eines Layout-Designers ist es, die verschiedensten Elemente auf einer Seite anzuordnen. Dazu gehören nicht nur Texte und Bilder, sondern auch Überschriften, Tabellen, Initialen, Logos, Linien und Symbole. Die Zielsetzung ist eine Publikation (Veröffentlichung), die allein schon durch ihr äußeres Erscheinungsbild Aufmerksamkeit erzeugt und lesenswert ist.

Wenn es um die Zubereitung von Speisen geht, sagt man, das Auge ißt mit. Diese Erkenntnis läßt sich durchaus auf gedruckte Seiten übertragen. Ist eine Seite attraktiv und übersichtlich gestaltet, verführt sie geradezu zum Lesen. Ein schlechtes Layout hingegen wird häufig dazu führen, daß ein Schriftstück keine oder nur wenig Beachtung findet. Ein Resultat, daß dem Leser keine Probleme bereitet, wohl aber dem Herausgeber der ungelesenen Drucksache. Schließlich wollte er etwas aussagen und hat dafür Zeit und Geld investiert, um nicht zu sagen: aus dem Fenster geworfen. Selbst ein hochinteressanter Inhalt kann durch ein schlechtes Layout zu einer erfolglosen Publikation werden.

Was ist ein Layout?

5.1 Layoutentwurf

Zunächst wird sich ein Layouter alle anzuordnenden Objekte ansehen und eine gewisse Ordnung schaffen. Dazu gehört das Gliedern von Texten in Überschriften, Zwischenüberschriften und Haupttexte. Grafische Elemente werden nach ihrer Wichtigkeit eingestuft, was sich auf die spätere Bildgröße auswirkt. Nebensächliche Illustrationen werden nur einen kleinen Platz im Layout zugewiesen bekommen, oder sogar völlig entfallen, falls es zu Platzproblemen kommt.

Satzspiegel

Die Festlegung des Satzspiegels ist in der Gesamtgestaltung die Frage, mit der sich ein Layouter auseinandersetzt. Der Satzspiegel ist ein Bereich auf einer Seite, der überwiegend mit Text und Bildern gefüllt wird. Elemente, die nicht unmittelbar etwas mit dem Inhalt der Publikation zu tun haben, können auch außerhalb des Satzspiegels angeordnet werden. Hierzu gehören in erster Linie Seitenzahlen oder Kopf- und Fußzeilen, wobei eine Seitenzahl meistens Bestandteil einer solchen Zeile ist.

Das Einrichten eines Satzspiegels ist der erste Schritt beim Entwurf eines Layouts. Da es sich lediglich um die Festlegung des zu bedruckenden Bereichs einer Seite handelt, scheint diese Aufgabe eher banal zu sein. Aber schon hier treffen wir auf ungeschriebene Gesetze, deren Einhaltung ein gutes Layout auszeichnet. Stellt sich also die Frage, wie groß denn ein Satzspiegel im Verhältnis zur gesamten Seite sein darf. Um hier eine Ausgewogenheit zu erzielen, gibt es Berechnungsmethoden.

Neunerteilung

Eine dieser Berechnungsmethoden ist die sogenannte Neunerteilung. Als Berechnungsgrundlage dient die Seitenbreite und die Seitenlänge. Im Falle einer DIN-A5-Seite wären das 148,5 mm x 210,0 mm. Von diesen Abmessungen wird eine Neunerteilung vorgenommen. Das Maß für den linken und oberen Rand wird auf jeweils 1/9 festgelegt und das Maß für den rechten und unteren Rand auf 2/9 der Seitenbreite. Die Abmessungen einer Seite werden also jeweils durch 9 geteilt, so daß sich bei einer DIN-A5-Seite rechnerisch folgende Werte ergeben:

Breite: 148,5 mm / 9 = 16,5 mm
Länge: 210,0 mm / 9 = 23,3 mm

Danach wird der linke Rand auf 16,5 mm festgelegt und der rechte Rand auf 33,0 mm (2/9). Analog wird beim oberen und unteren Rand verfahren, so daß der Kopfsteg 23,3 mm breit ist und der Fußsteg 46,6 mm, wobei hier natürlich gerundet werden kann.

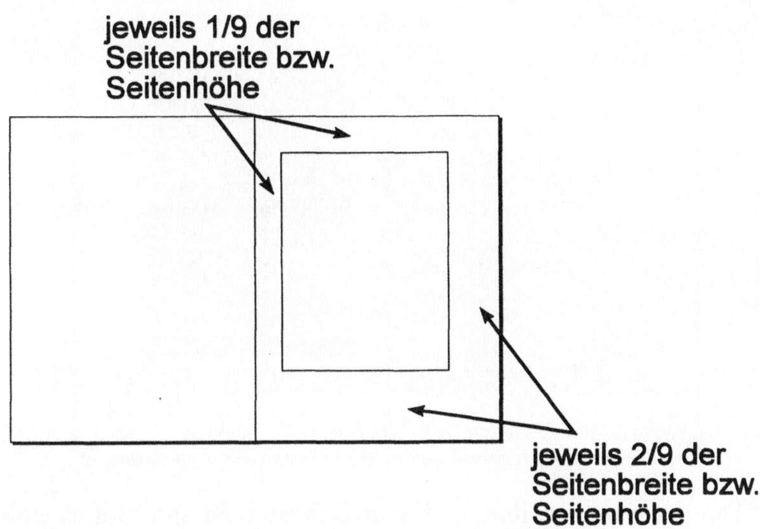

Abbildung 5.1.: Satzspiegelberechnung nach Neunerteilung

Daraus ergibt sich, daß ein Satzspiegel nicht im Zentrum einer Seite liegt. Der äußere Rand - ein Layouter spricht vom Außensteg - ist breiter als der innere Rand. Das gleiche trifft für den unteren Seitenrand zu, dem Fußsteg. Dadurch wird bei Doppelseiten eine optische Zusammengehörigkeit des linken und des rechten Satzspiegels erzielt. Der etwas breitere untere Rand sorgt für Ausgewogenheit bei der vertikalen Ausnutzung der Seite. Werden sowohl der obere als auch der untere Rand gleich groß angeordnet, wirkt der Text später fußlastig. Sehen Sie sich doch einmal in diesem Bezug Bücher an. Auch ein Passepartout wird so angelegt, daß der untere Rand etwas größer ist als der obere.

Goldener Schnitt

Eine weitere Methode zur Ermittlung des Satzspiegels ist der sogenannte »Goldene Schnitt«. Zuerst werden zwei Diagonale über beide gegenüberliegenden Seiten gezogen. Anschließend eine Diagonale auf jeder Seite, die sich jeweils von der Innenseite oben zur Außenseite unten zieht. Von dem Schnittpunkt der beiden Diagonalen auf einer Seite wird eine senkrechte Linie nach oben bis zur Schnittkante des Papiers gezogen und von dort zum

Schnittpunkt der Diagonalen auf der gegenüberliegenden Seite. Auf dem Weg dorthin überschneidet diese Linie nochmals die Diagonale auf der aktuellen Seite. Dieser Schnittpunkt ist die linke obere Ecke des Satzspiegels, der nun wie in der folgenden Abbildung gesetzt wird.

Abbildung 5.2.:
Satzspiegel-
berechnung nach
dem Goldenen
Schnitt

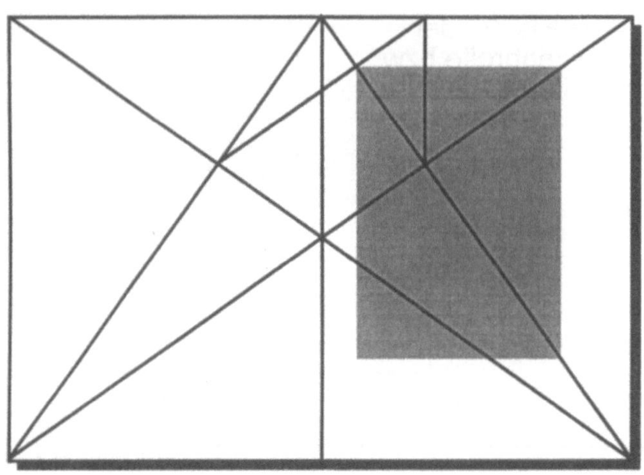

Halbe Seite

Neben der Neunerteilung und dem Goldenen Schnitt gibt es eine dritte Methode, die wohl am einfachsten ist und demzufolge am schnellsten zu einem Ergebnis führt. Bei diesem Verfahren wird die gewählte Seitengröße halbiert, so daß sich bei einer DIN-A4-Seite das Maß DIN-A5 ergibt. Dies ist dann die Fläche des Satzspiegels, die um 90° gedreht auf der Seite so plaziert wird, daß der rechte und der untere Rand größer sind als die jeweils gegenüberliegenden Ränder.

Abbildung 5.3.:
Satzspiegel-
einteilung
»Halbe Seite«

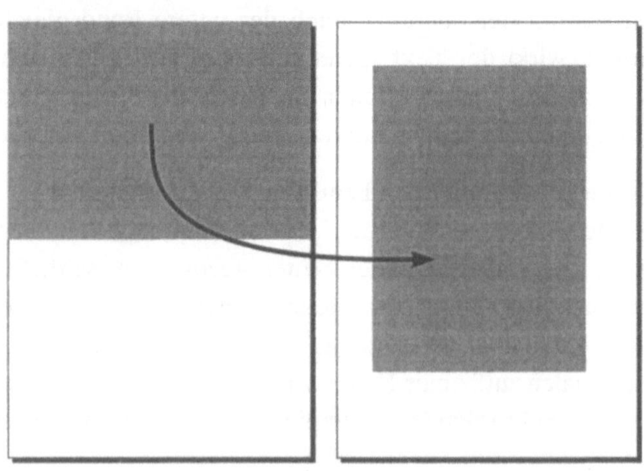

Sie sehen, daß alle drei Methoden annähernd zum gleichen Ergebnis kommen, wobei das letzte Verfahren etwas großzügiger mit dem zur Verfügung stehenden Platz umgeht. Aber gerade diese Großzügigkeit macht eine Publikation attraktiv. Ein Nachteil darf dabei jedoch nicht unter den Tisch fallen: je kleiner der Satzspiegel wird, desto mehr Seiten müssen gedruckt werden, was sich auf die Produktionskosten auswirkt. Mitunter müssen auch zu viele Informationen untergebracht werden, was eine Großzügigkeit in bezug auf den Satzspiegel einfach verbietet. Gerade im Beispiel einer Zeitung oder einer Zeitschrift wird letzteres zutreffen.

Egal nach welcher Methode eine Berechnung des Satzspiegels vorgenommen wird, der Druckbereich wird immer einspaltig. Das bedeutet, der Text wird die volle Zeilenbreite ausnutzen. Aber hier kommt die spätere Lesbarkeit wieder ins Spiel, auf die die Zeilenlänge einen entscheidenden Einfluß hat. Hier ist zunächst zu überlegen, in welcher Schriftgröße der Text gedruckt werden soll. Gewöhnlich wird ein Schriftgrad zwischen 10 und 12 Punkt gewählt. Sollen jedoch Kinder die Publikation lesen, muß ein größerer Schriftgrad gewählt werden. Das gleiche trifft zu, wenn die Zielgruppe ältere Menschen sind. Eine kleinere Schrift hingegen wird meistens dann erforderlich, wenn viel Text untergebracht werden muß, zum Beispiel bei der Tagespresse. Das Resultat unterschiedlicher Schriftgrößen ist, daß ungleich viel Text in eine Zeile paßt. Und genau hier liegt das Problem der Lesbarkeit. Ist der Satzspiegel zu breit, wird das Auge Schwierigkeiten haben, den Leseanschluß am Beginn der nächsten Zeile zu finden. Ein ähnliches Problem ergibt sich, wenn durch einen kleinen Schriftgrad viel Text in eine Zeile paßt. Auch hier verliert das Auge sehr schnell die Zeile. Zu kurze Zeilen hingegen verursachen ein unruhiges Lesen, weil das Auge zu häufig vom Zeilenende zum nächsten Zeilenanfang wechseln muß.

Für die Lösung derartiger Probleme gibt es eine Faustregel. Wählen Sie die Breite einer Zeile so, daß durchschnittlich 10 Wörter oder 50 bis 60 Zeichen einschließlich Leerzeichen gedruckt werden können. Bei einer kleinen Schrift kann dies zur Folge haben, daß der Satzspiegel in zwei oder mehr Spalten aufgeteilt werden muß. Das ist weiter kein Problem, wenn da nicht

Mehrspaltiger Satzspiegel?

wieder die Ästhetiker ein Wort mitzureden hätten. Zu gern werden zwei Spalten durch eine senkrechte Linie voneinander getrennt. Eine weiße Fläche von etwa 5 mm Breite zwischen den Textspalten ist aber völlig ausreichend. Anders sieht es bei Tabellen aus. Hier kann eine Trennlinie durchaus seine Berechtigung haben.

Abbildung 5.4.:
Zweispaltiger
Satzspiegel

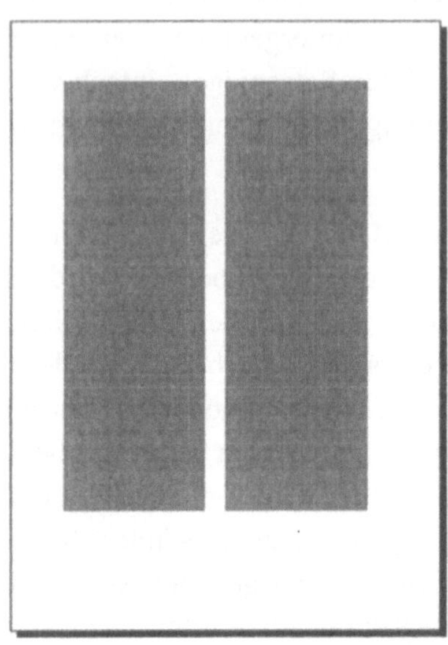

Layout skizzieren

Bevor mit der Einrichtung eines Layouts auf dem Monitor begonnen wird, empfiehlt sich, Papier und Bleistift zur Hand zu nehmen. Auch Profis werden Ihre Layout-Ideen zunächst einmal auf einem Stück Papier skizzieren, wobei es ruhig mehrere Zeichnungen sein dürfen. Der beste Entwurf wird schließlich ausgewählt und dient als Vorlage für die Seiteneinrichtung in PageMaker. Laut Kapitelüberschrift soll eine Zeitschrift entstehen. Also beginnen wir jetzt, das Layout für diese Zeitschrift zu entwerfen. Das fertige Produkt soll eine Publikation für PageMaker-Anwender im Format DIN-A4 sein.

Ich möchte an dieser Stelle darauf hinweisen, daß es sich bei der hier beschriebenen Zeitschrift um eine Erfindung für dieses Buch handelt. Sie kann weder am Kiosk noch im Buch- oder Computerhandel erworben werden. Zumindest ist mir die Existenz einer solchen oder ähnlichen Publikation nicht bekannt.

Auf der Titelseite dieser Zeitschrift soll der Name dieser Publikation dominieren und vielleicht ein einschlägiges Bild. Außerdem sind ein Inhaltsverzeichnis und Schlagwörter unterzubringen. Aus Platzgründen in diesem Buch werde ich mich auf nur einen Entwurf beschränken.

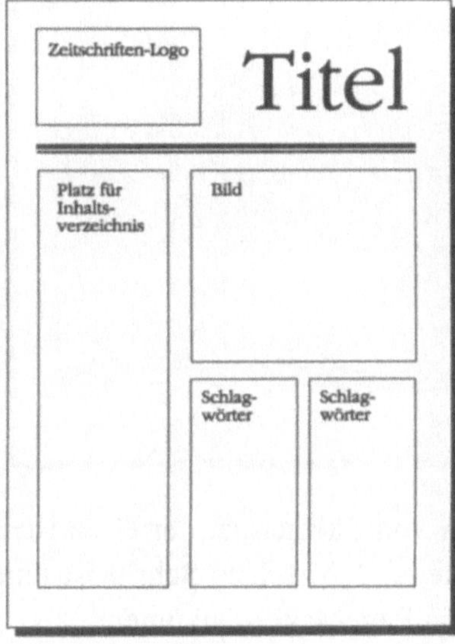

Abbildung 5.5.:
Skizze der
Titelseite

Die gesamte Entwicklung bis zum fertigen Dokument können Sie als Übungsbeispiel nachvollziehen. Die benötigten Objekte befinden sich alle auf der Begleitdiskette. Die entsprechenden Dateinamen nenne ich Ihnen jeweils.

Neben der Titelseite wird nun ein Entwurf für die Textseiten benötigt. Auch hier gibt es natürlich vielfältige Gestaltungsmöglichkeiten. Ich möchte mich aber nur auf ein Beispiel beschränken, denn es geht ja in erster Linie darum, die Handhabung des Programms PageMaker kennenzulernen.

Es wird später eine Schriftgröße gewählt, die einen zweispaltigen Satzspiegel zuläßt. Jede Textseite soll eine Kopfzeile erhalten, in der der Titel der Zeitschrift jeweils wiederholt wird. Als Fußzeile wird eine Seitennumerierung definiert. Die Texte werden in Überschrift und Haupttext unterteilt. Erforderliche Bilder werden in Spaltenbreite in den Text integriert. Ein entsprechender Entwurf könnte wie folgt aussehen.

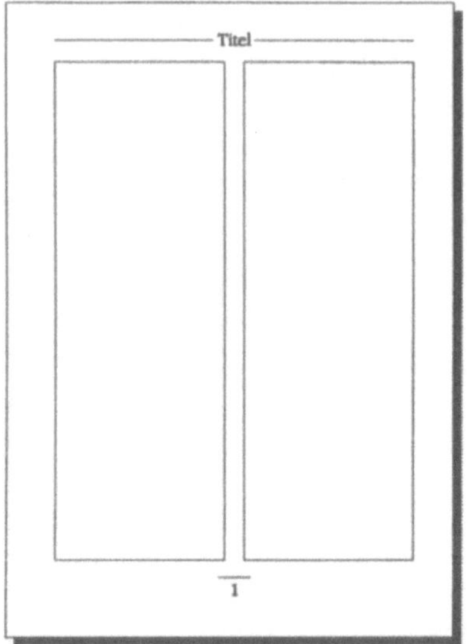

Abbildung 5.6.:
Skizze einer
Textseite

Mit dem Anlegen von Skizzen ist der Grundstein für die Arbeit in PageMaker gelegt. Der nächste Schritt ist nun die Umsetzung der Entwürfe in ein PageMaker-Dokument.

5.2 Layoutgestaltung

Druckerauswahl

Der erste Schritt nach dem Programmstart ist die Auswahl des Druckers, falls Sie mehr als einen Drucker zur Verfügung haben. Beabsichtigen Sie, ein PageMaker-Dokument später von einem Druckereibetrieb drucken zu lassen, sollten Sie sich von der in Frage kommenden Firma sagen lassen, auf welcher Maschine die Druckausgabe erfolgt. Installieren Sie dann auf Ihrem Gerät den entsprechenden Druckertreiber und arbeiten Sie mit diesem. Meistens handelt es sich in einem solchen Fall um das Belichtungsgerät LinoSchrift 300 oder 330. Die richtige Wahl des Ausgabegerätes ist deshalb wichtig, weil die Drucker unterschiedlich viel Platz an den Seitenrändern benötigen, um das Papier zu transportieren. In diese »toten« Zonen dürfen natürlich zu druckende Objekte nicht hineinlaufen, weil sonst Teile der Elemente nicht mehr mitgedruckt werden. Lesen Sie bitte in Kapitel 9 nach, um näheres über die Druckausgabe zu erfahren.

Wählen Sie zunächst den richtigen Drucker aus, bevor die Größe dieser Randzonen ermittelt wird. Dieser Arbeitsschritt läßt sich im Rahmen der Seiteneinrichtung ausführen. Nachdem Sie im Menü *Datei* die Funktion *Neue Datei...* aufgerufen haben, blendet PageMaker das bereits bekannte Dialogfeld für die Seiteneinrichtung ein. In diesem Dialogfeld gibt es die Auswahlliste *Reindrucker*. In dieser Liste sind alle Drucker aufgeführt, die gegenwärtig unter Windows verwaltet werden.

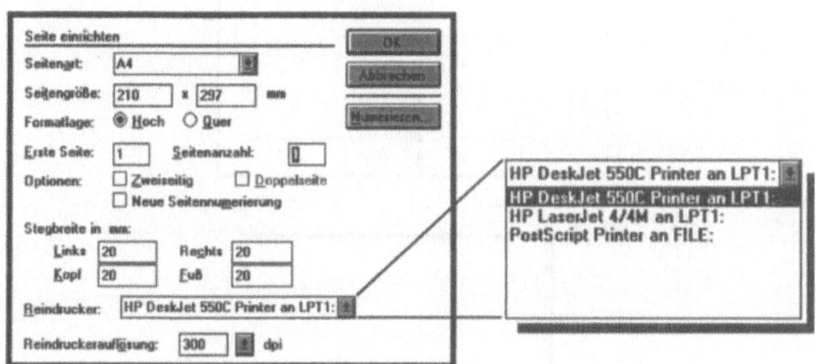

Abbildung 5.7.: Auswahlliste *Reindrucker* im Dialogfeld *Seite einrichten*

Haben Sie bereits ein neues Dokument angelegt, können Sie nachträglich die Druckerauswahl mit der Funktion *Seite einrichten...* im Menü *Datei* verändern. Nach Aufruf dieser Funktion öffnet sich das gleiche Dialogfenster, wie in in der obigen Abbildung gezeigt.

Wenn Sie noch nicht wissen, wie groß die nicht bedruckbaren Randzonen bei Ihrem Drucker sind, sollten diese Abmessungen zunächst festgestellt werden. Hierzu gibt es ein einfaches Verfahren. Ziehen Sie auf Ihrer Arbeitsfläche Linien von den Schnittkanten in Richtung Seitenmitte. Eine Linie pro Seitenrand in einer Länge von etwa 2 bis 3 cm reicht aus.

Nicht bedruckbare Randzonen ermitteln

Drucken Sie jetzt diese Seite aus. Die Linien werden nicht bis zur Schnittkante des Papiers reichen. Messen Sie auf dem Ausdruck aus, wie groß die Entfernungen zwischen Schnittkanten und Beginn der Linien sind.

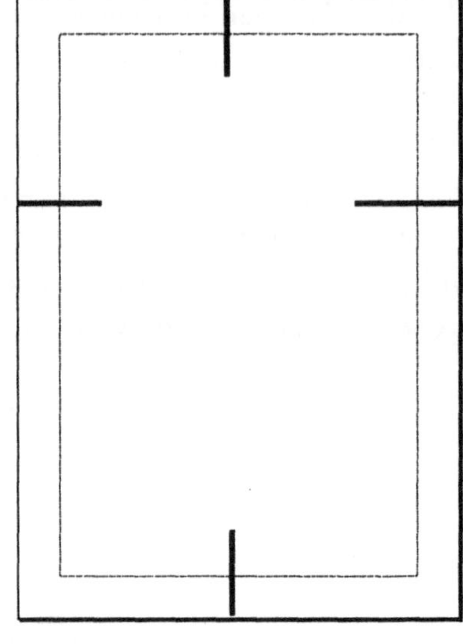

Abbildung 5.8.:
Arbeitsfläche mit
gezogenen Linien
zur Ermittlung der
Randzonen

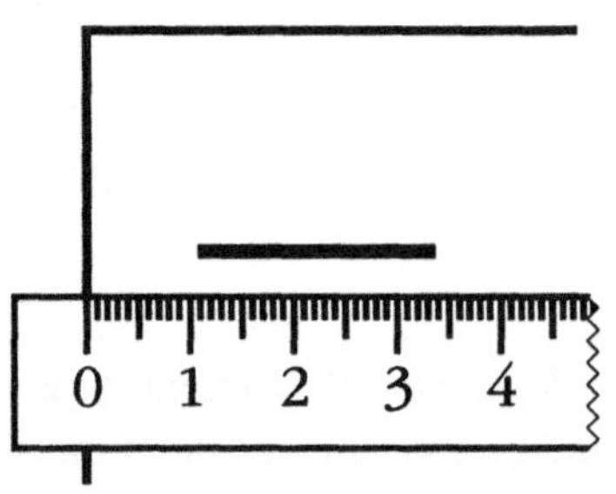

Abbildung 5.9.:
Abmessen der
nichtbedruckten
Randzonen

Es gibt noch eine weitere Methode zur Ermittlung der nicht-
bedruckbaren Randzonen. Starten Sie das zum Lieferumfang von
Windows gehörende Textverarbeitungsprogramm Write. Dort
finden Sie im Menü *Dokument* die Funktion *Seite einrichten*.
Stellen Sie alle vier Seitenränder auf 0 cm (Null) ein und bestätigen Sie die Einstellung durch Drücken der Taste ⏎ oder
durch Anklicken der Schaltfläche [OK]. Daraufhin wird ein Infofenster eingeblendet, das die Mindestabmessungen für die jeweiligen Seitenränder anzeigt.

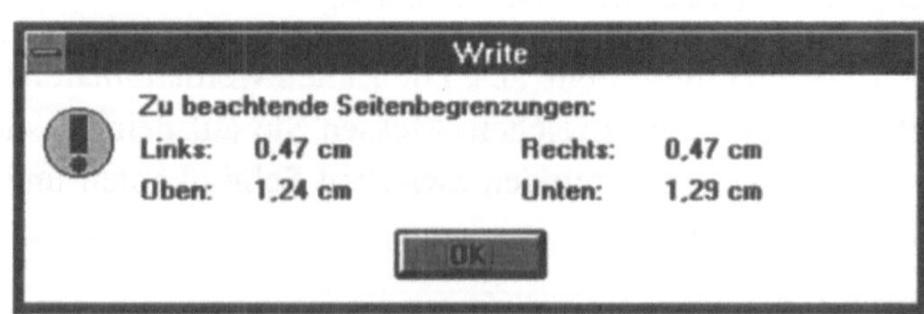

Abbildung 5.10.:
Infofenster für
Seitenrand-
begrenzungen in
Write

In der Praxis hat sich allerdings gezeigt, daß diese Werte nicht immer mit der Realität übereinstimmen. Probieren Sie es aus, ob es bei Ihrem Drucker klappt.

Der nächste Schritt ist die globale Seiteneinrichtung im gleichnamigen Dialogfeld. Haben Sie bereits ein leeres Dokument auf dem Monitor, dann rufen Sie die Funktion *Seite einrichten...* im Menü *Datei* auf. Ansonsten ist die Funktion *Neue Datei...* im gleichen Menü aufzurufen, wobei in diesem Fall wieder auf die Druckereinrichtung zu achten ist.

Seiteneinrichtung

Abbildung 5.11.: Dialogfeld für die Seiteneinrichtung

a) In der Auswahlliste *Seitenart* wird die erforderliche Seitengröße ausgewählt. In diesem Beispiel soll es eine DIN-A4-Seite sein, was meistens auch die Standardeinstellung ist. Die entsprechenden Abmessungen werden automatisch in den Eingabefeldern *Seitengröße* in der Reihenfolge Breite x Höhe eingetragen. Auch die Formatlage werden Sie wahrscheinlich nicht ändern müssen, weil Hochformat der häufigste Standard ist. Sollten Sie Abweichungen in Ihrem Dialogfeld vorfinden, so ändern Sie bitte die Einstellungen ab.

b) Die Seiten der Zeitschrift sollen später beidseitig bedruckt werden. Seiten mit ungeraden Seitenziffern werden in einem solchen Fall immer eine rechte Seite sein, während gerade Seitenziffern immer auf linken Seiten stehen. Wird ein unterschiedliches Layout für beide Seiten gewählt, ist bei der Seiteneinrichtung die Auswahl *Zweiseitig* erforderlich. Nach dieser Entscheidung wird auch die Option *Doppelseite* aktiv.

Diese Option kann zusätzlich ausgewählt werden, es besteht aber keine zwingende Notwendigkeit. Es hat lediglich Auswirkungen auf die Monitordarstellung. Ist das Kontrollfeld *Doppelseite* aktiv, wird die Arbeitsfläche entsprechend dargestellt. Ansonsten bleibt es bei einer einseitigen Arbeitsflächendarstellung. In diesem Übungsbeispiel wird ein symetrisches Layout gewählt, so daß es egal ist, ob die Seiten zweiseitig oder einseitig eingerichtet werden.

c) Als letztes werden die Randeinstellungen vorgenommen. In PageMaker werden die Seitenränder »Stege« genannt, entsprechend der Fachbegriffe, die ein professioneller Layouter benutzt. Der obere Rand wird »Kopfsteg«, der untere Rand »Fußsteg«, der linke Rand »Innensteg« oder »Bundsteg« und der rechte Rand »Außensteg« genannt. Ich werde, Ihr Einverständnis vorausgesetzt, bei den normal üblichen Benennungen bleiben, also zum Beispiel weiterhin von einem rechten Rand sprechen. Die Eintragungen werden in Millimeter vorgenommen, wobei die Maßeinheit mm nicht mitgeschrieben wird. Tragen Sie bitte folgende Abmessungen in die Eingabefelder *Stegbreite* ein:

Links:	20	Rechts:	20
Kopf:	30	Fuß:	40

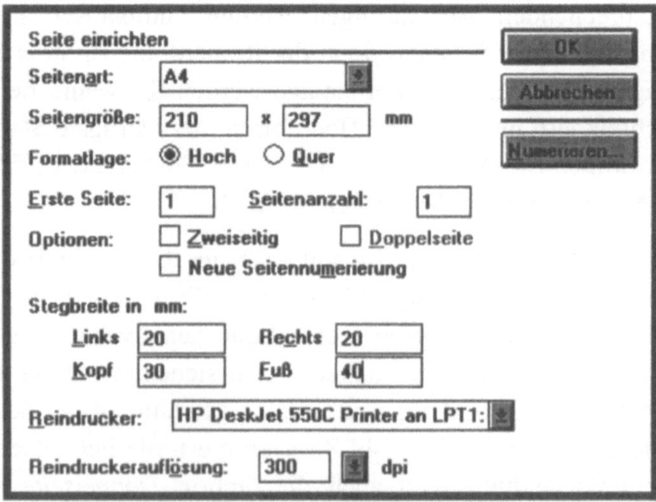

Abbildung 5.12.: Dialogfeldeinstellungen *Seiteneinrichtung* für das Übungsbeispiel *Zeitschrift*

Die obige Abbildung zeigt noch einmal das Dialogfeld *Seite einrichten* mit den Einstellungen, die für das Übungsbeispiel erforderlich sind. Einzige Abweichung wird die Druckereinstellung sein, es sei denn, Sie verfügen über den gleichen Drucker wie ich. Kontrollieren Sie noch einmal Ihre Einstellungen, bevor Sie die Seiteneinrichtung bestätigen.

Schließen Sie den Dialog durch Anklicken der Schaltfläche [OK] oder durch Drücken der Taste ⏎ ab, damit PageMaker die Seiteneinrichtung vornehmen kann.

Die weitere Einrichtung des Layouts erfolgt direkt im Dokument, zum Beispiel das Festlegen des zweispaltigen Satzspiegels. Sollen sich bestimmte Elemente auf allen Seiten wiederholen, bieten sich für die Einrichtung die Stammseiten an, wobei bei einem einseiten Dokument natürlich nur eine Stammseite vorhanden ist. Mitunter werden diese Seiten auch Musterseiten genannt. Links neben der waagerechten Bildlaufleiste am unteren Monitorrand werden kleine Seitensymbole angezeigt. Die gegenwärtig auf dem Monitor sichtbare Seite ist schwarz markiert. Klicken Sie einfach mit der linken Maustaste das gewünschte Symbol an, um auf die entsprechende Seite umzublättern. In diesem Fall wird das Symbol »R« angeklickt, das Symbol für die rechte Stammseite.

Einrichten der Stammseite

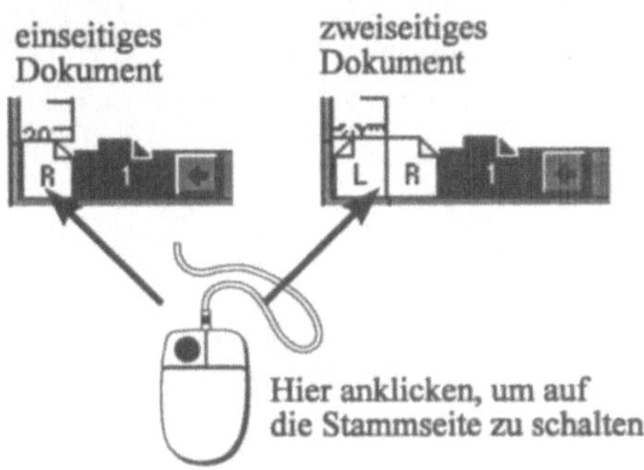

Abbildung 5.13.: Seitensymbol »R« oder »L« anklicken, um auf die Stammseite umzuschalten.

Natürlich ist auch eine Möglichkeit vorgesehen, per Tastatur auf eine andere Seite umzublättern. Öffnen Sie das Menü *Layout* und wählen Sie dort die Funktion *Seite anzeigen...* aus. In einem Dialogfeld werden Ihnen drei Optionen angeboten, wobei die dritte standardmäßig aktiv ist. Tragen Sie im dazugehörigen Eingabe-

feld die gewünschte Seitenzahl ein, falls Sie auf eine andere Dokumentseite wechseln möchten.

Möchten Sie auf eine Stammseite wechseln, ist eine der beiden alternativen Optionen auszuwählen. Entscheiden Sie, ob Sie auf die linke oder auf die rechte Musterseite wechseln wollen. Nach Anklicken der Schaltfläche [OK] oder durch Drücken der Taste ⏎ wird auf die gewählte Seite umgeschaltet.

Sollten Sie eine Seitenzahl eingetragen haben, die im aktuellen Dokument nicht existiert, gibt PageMaker folgende Fehlermeldung aus. Nehmen Sie diese Meldung zur Kenntnis und schließen Sie das Infofenster durch Anklicken der Schaltfläche [Weiter] oder durch Drücken der Taste ⏎. Daraufhin werden Sie in das Dialogfeld *Seite anzeigen* zurückgeführt und können dort eine Korrektur Ihrer Eingabe vornehmen.

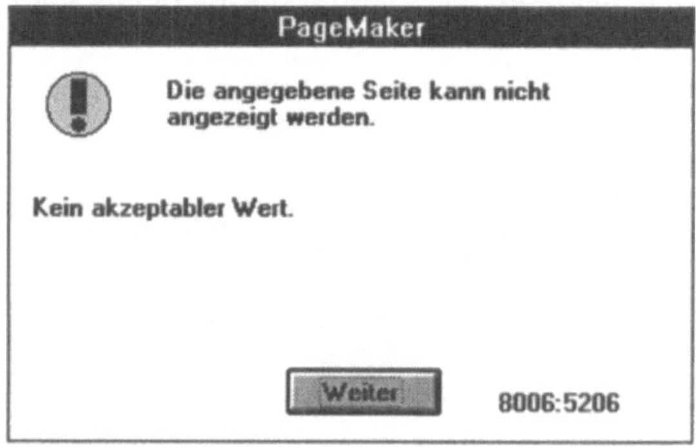

Auf der Stammseite wird der Satzspiegel zweispaltig eingerichtet, entsprechend der zuvor angefertigten Skizze für das Übungsbeispiel. Wählen Sie im Menü *Layout* die Funktion *Spaltenhilfslinien...* auf. Im folgenden Dialogfeld haben Sie die Möglichkeit, die gewünschte Anzahl Spalten im Eingabefeld *Spaltenanzahl* einzugeben. Dieses Feld ist auch schon aktiv, d. h. der gegenwärtige Eintrag ist markiert und wird durch Neueingabe überschrieben.

Abbildung 5.16.: Dialogfeld zur Festlegung der Spaltenanzahl

Tragen Sie in das Eingabefeld *Spaltenanzahl* die Ziffer »2« ein. Im zweiten Eingabefeld *Spaltenabstand* wird festgelegt, wie breit der Spaltenabstand in Millimeter sein soll. Die Maßeinheit wird nicht mit eingegeben. Wechseln Sie durch Drücken der Tabulatortaste ⇄ oder durch einen Doppelklick in dieses Feld und tragen Sie dort einen Wert ein. In unserem Beispiel soll es allerdings beim Standardwert 5 mm bleiben. Bestätigen Sie den Dialog durch Anklicken der Schaltfläche [OK] oder durch Drücken der Taste ↵. In der Mitte des Satzspiegels werden daraufhin zwei neue Hilfslinien eingeblendet, die den Satzspiegel in Spalten aufteilen.

Da die Definition eines zweispaltigen Satzspiegels auf der Stammseite erfolgte, trifft diese Einstellung automatisch für alle Druckseiten zu, auch für solche Seiten, die nachträglich in das Dokument eingefügt werden. Die gerade ausgeführten Arbeitsschritte lassen sich aber auch auf jeder Dokumentseite ausführen. Allerdings gelten die Einstellungen dann nur für die jeweils aktuelle Seite.

Auf der Skizze für das Übungsbeispiel ist eine Kopfzeile vorgesehen, die den Zeitschriftentitel enthält. Diese Zeile soll auf alle Druckseiten übertragen werden, so daß sie auf der Stammseite angelegt werden muß. Spricht ein Layouter oder Schriftsetzer von derartigen Zeilen, so wird von »Kolumnentitel« die Rede sein. Gewöhnlich werden solche Textelemente außerhalb des Satzspiegels angeordnet, also innerhalb des oberen Seitenrandes. Hier ist aber darauf zu achten, daß der Text nicht zu weit an die

Anlegen einer Kopfzeile

Schnittkante des Papiers gerät. Denken Sie an die nicht bedruckbaren Randbereiche.

Setzen Sie zunächst zwei senkrechte Hilfslinien direkt auf die Satzspiegelränder rechts und links, damit der Kolumnentitel später bündig mit dem Satzspiegel abschließt. Vergrößern Sie sich den oberen Seitenbereich durch Anklicken der rechten Maustaste, so daß Ihr Monitor jetzt folgendes Bild zeigt.

Abbildung 5.17.:
Monitor-
darstellung

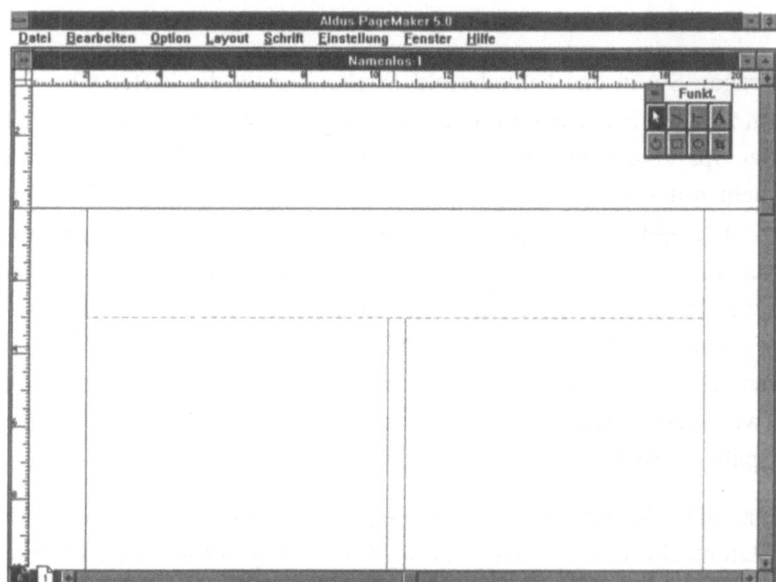

Wählen Sie jetzt in der Funktionenbox das Textwerkzeug »A«, und klicken Sie anschließend mit der linken Maustaste über dem Satzspiegel an. Da Sie außerhalb des Satzspiegels angeklickt haben, bleibt der Cursor genau an der angeklickten Position stehen, springt also nicht an den linken Satzspiegelrand. Schreiben Sie den Titel der Zeitschrift »PageMaker - Praxis«. Richten Sie unmittelbar nach der Eingabe den Text zentriert aus. Rufen Sie hierzu die Funktion *Ausrichtung* im Menü *Schrift* auf. In einem Untermenü wählen Sie die Funktion *Zentriert* aus. Das gleiche Ziel läßt sich auch mit der Tastenkombination ⌨Strg⌨ ⌨⇧⌨ ⌨Z⌨ erreichen.

Solange Sie noch mit dem Textwerkzeug arbeiten, empfiehlt sich die Auswahl der Schriftart und der Schriftgröße. Voraussetzung für entsprechende Arbeitsschritte ist das Markieren des Textes. Blinkt Ihr Cursor noch in der Textzeile, können Sie die Markierung durch Aufruf der Funktion *Alles markieren* im Menü *Bearbeiten* oder mit dem Tastenschlüssel ⟨Strg⟩⟨A⟩ ausführen. Eine weitere Methode ist ein dreifacher Mausklick mit dem Textwerkzeug in den Text. Das Resultat muß ein vollständig schwarz unterlegter Text sein.

Rufen Sie nach dem Markieren im Menü *Schrift* die Funktion *Schriftart* auf, und wählen Sie in der Auswahlliste die Schriftart »Arial« aus. Anschließend öffnen Sie noch einmal das Menü *Schrift*, wählen aber diesmal die Funktion *Schriftgrad* aus. Auch hier blendet PageMaker eine Liste mit gängigen Schriftgrößen ein. Wählen Sie bitte den Schriftgrad »14« aus.

Alternativ lassen sich diese Einstellungen auch im Dialogfeld *Schriftfestlegung...* vornehmen, das Sie ebenfalls im Menü *Schrift* oder mit der Tastenkombination ⟨Strg⟩⟨T⟩ aufrufen können.

Im Rahmen der Textbearbeitung hatte ich bereits darauf hingewiesen, daß die Schriftarten nicht von PageMaker, sondern von Windows zur Verfügung gestellt werden. Außerdem lassen sich die Schriftarten individuell installieren. Demzufolge ist nicht unbedingt sichergestellt, daß Sie über die hier genannten Schriftarten verfügen. Wählen Sie in einem solchen Fall eine andere Schriftart aus. Versuchen Sie aber, anstelle der Schriftart »Arial« eine alternative serifenlose Schrift zu finden und für die später benötigte Schriftart »Times New Roman« eine andere Serifenschrift.

Um den geschriebenen Text zu positionieren, wird in der Funktionenbox das Positionierwerkzeug ausgewählt. Es handelt sich um die Schaltfläche, auf der ein leicht nach links geneigter Pfeil abgebildet ist. Führen Sie die Spitze des Mauszeigers in den Text, drücken Sie dann die linke Maustaste und halten Sie diese fest. Ziehen Sie die Maus bei gedrückter linker Maustaste, so daß sich der Textblock auf dem Monitor bewegt. Verschieben Sie das Objekt so, daß der Textblock in der Breite von Hilfslinie bis Hilfslinie reicht. Die vertikale Ausrichtung soll so gewählt werden, daß die Oberkante des Textblocks bei 20 mm liegt. Setzen Sie ggf. vorher eine waagerechte Hilfslinie bei 20 mm.

Textblock
positionieren

Nachdem Sie diese Arbeitsschritte ausgeführt haben, muß auf Ihrem Monitor folgendes Bild zu sehen sein.

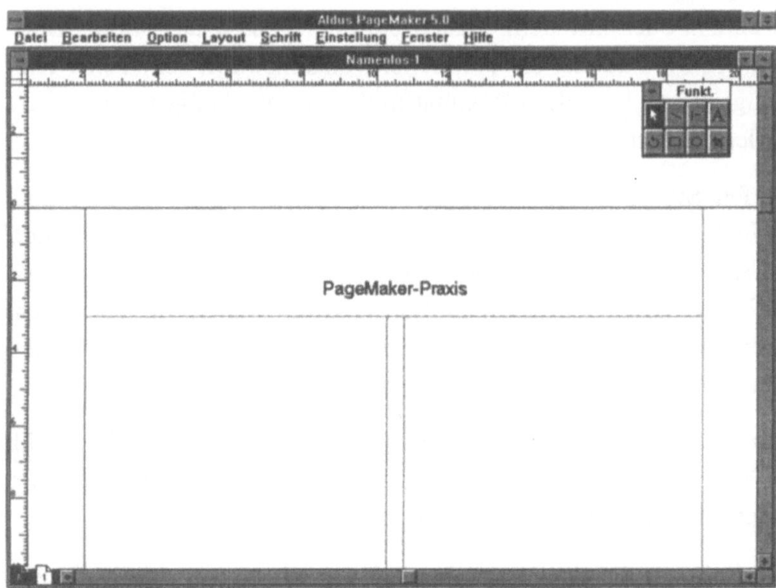

Setzen Sie jetzt eine waagerechte Hilfslinie mitten in den Text, so daß die kleinen Buchstaben gewissermaßen »durchgeschnitten« werden. Als Orientierungshilfe können Sie den Bindestrich zwischen den beiden Wörtern »PageMaker« und »Praxis« benutzen. Die Hilfslinie sollte auf gleicher Höhe liegen. Eventuell müssen Sie die Einstellung *Liniealpositionierhilfe* im Untermenü *Layout - Linieale und Hilfslinien* ausschalten.

Genau auf dieser Hilfslinie wird eine waagerechte Linie gezogen, die mit dem Satzspiegel rechts und links abschließen soll. Wählen Sie in der Funktionenbox das Werkzeug zum Zeichnen von Festwinkellinien und ziehen Sie anschließend bei gedrückter linker Maustaste auf der waagerechten Hilfslinie über die gesamte Satzspiegelbreite eine Linie. Der Text wird dabei durchgestrichen.

Nach dem Ziehen der Linie bleibt diese aktiv, so daß die Gestaltung unmittelbar folgen kann. Rufen Sie im Menü *Einstellung* die Funktion *Linie* auf und wählen Sie in der Auswahlliste die Einstellung *Haarstrich* aus. Die waagerechte Hilfslinie hat damit ausgedient und kann entfernt werden. Zum Vergleich noch einmal eine Abbildung des Monitors.

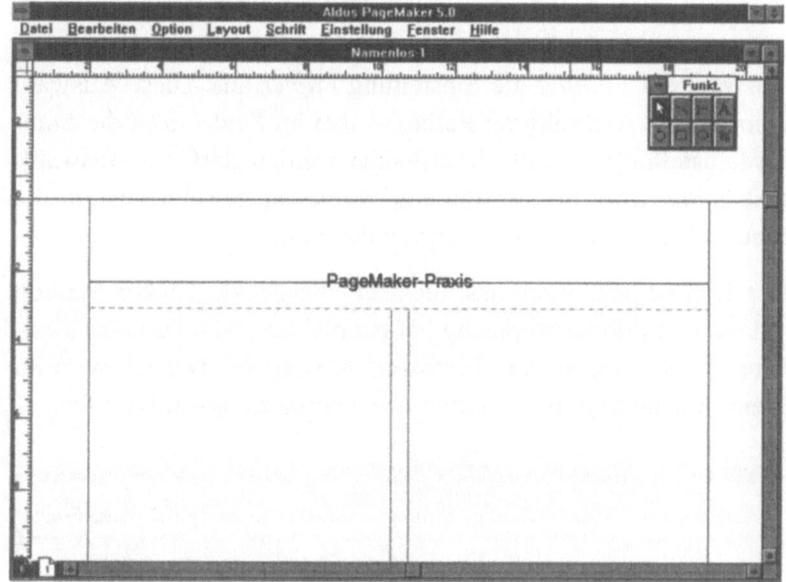

Abbildung 5.19.: Monitordarstellung nach gezogener Linie im Kolumnentitel

Ärgerlich ist, daß die Linie mitten durch den Text läuft und diesen durchstreicht. Aber PageMaker wäre ein schlechtes Programm, wenn es hierfür nicht ein Lösung gäbe. Ziel ist es, daß die Linie vor dem Wort »PageMaker« aufhört und nach dem Wort »Praxis« fortgesetzt wird. Dies läßt sich mit einem Rechteck realisieren, mit dem Sie den Text einrahmen. Dieses Rechteck wird mit zwei Gestaltungsmerkmalen bearbeitet. Einerseits wird die Linienart verändert und andererseits die Füllung der Fläche. Beides sind Merkmale, die im Menü *Einstellung* vorgefunden werden. Sie haben zwei Möglichkeiten: entweder erfolgen die Einstellungen einzeln mit der Funktion *Linie* und mit der Funktion *Füllung*, oder Sie rufen die Funktion *Linie und Füllung* auf. Im letzteren Fall wird folgendes Dialogfeld eingeblendet.

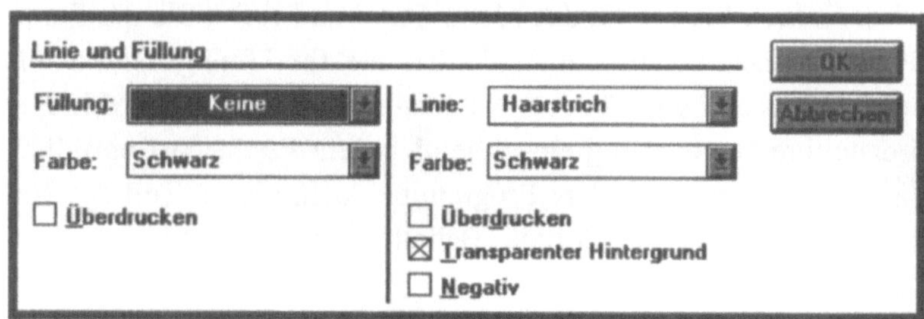

Abbildung 5.20.: Dialogfeld *Linie und Füllung*

Im linken Teil des Dialogfeldes wird das Füllmuster für das aktive Rechteck ausgewählt, während im rechten Teil die Linienart verändert wird. Das Rechteck soll die Linie abdecken, so daß als Füllung die Papierfarbe erforderlich ist. Wählen Sie deshalb im Auswahlfeld *Füllung* die Einstellung *Papier* aus. Diese Auswahl ignoriert die Auswahl der Farbe, so daß im Feld *Farbe* die Standardeinstellung *Schwarz* beibehalten werden darf. Im Auswahlfeld *Linie* wird die Einstellung *Keine* ausgewählt, damit die Randlinie des Rechtecks ausgeblendet wird.

Der Text ist jetzt durch das Rechteck abgedeckt. Klicken Sie nun mit dem Positionierwerkzeug bei gedrückter [Strg] - Taste im Textbereich sooft an, bis der Textblock aktiviert ist. Danach wird im Menü *Einstellung* die Funktion *Nach vorne stellen* aufgerufen.

Abbildung 5.21.: Monitordarstellung des fertigen Kolumnentitels

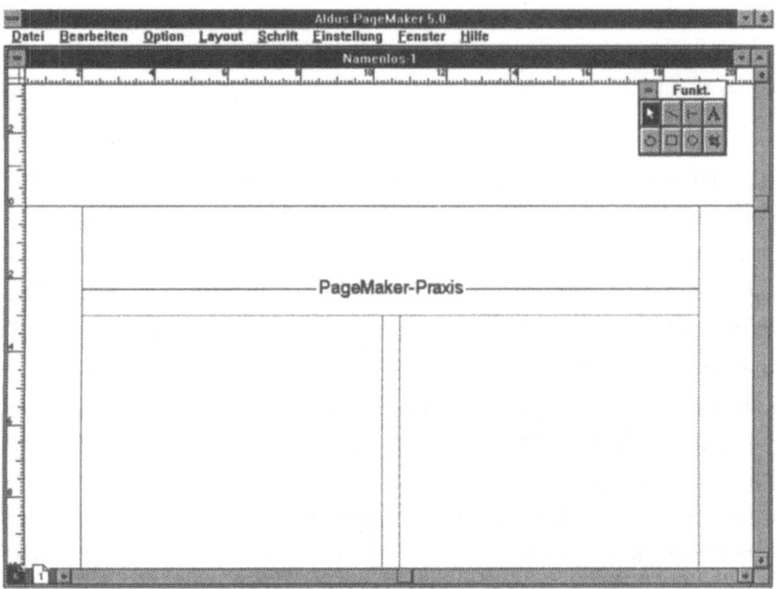

Dokument speichern

Eigentlich wird es Zeit, daß das Dokument erstmals gespeichert wird. Öffnen Sie hierzu das Menü *Datei* und rufen Sie die Funktion *Speichern unter...* auf. Wählen Sie Ihr Übungsverzeichnis aus, und vergeben Sie den Dateinamen ZEITSCHR.PM5. Die dreistellige Erweiterung einschließlich dem Punkt darf entfallen, da PageMaker, wie andere Programme auch, diesen Teil des Namens automatisch hinzufügt. Behalten Sie aber die Speicheroption *Satzdatei* bei.

Die letzte Aktion auf der Stammseite ist das Anlegen einer Fußzeile, die die Seitenziffer enthalten soll. Laut Skizze ist die Seitennumerierung zentriert unterhalb des Satzspiegels einzurichten und mit einem etwa 2 cm langen waagerechten Strich vom Satzspiegel abzugrenzen.

Verschieben Sie zunächst einmal den Monitorausschnitt, so daß Sie den unteren Teil der Seite sehen können. Dazu können Sie entweder bei gedrückter [Alt] - Taste und gleichzeitig gedrückter linker Maustaste den Monitorausschnitt verschieben, oder Sie klicken einmal mit der rechten Maustaste an, führen den Mauszeiger unter den Satzspiegel und drücken nochmals die rechte Maustaste.

Wählen Sie in der Funktionenbox wieder das Textwerkzeug aus und klicken Sie unterhalb des Satzspiegels einmal an, damit dort ein Textblock entsteht. Der Cursor blinkt jetzt an der angeklickten Position. Diesmal wird kein Text eingegeben, sondern die Tastenkombination [Strg][↑][3] gedrückt. Drücken Sie bitte die Zifferntaste [3] im Schreibmaschinenblock Ihrer Tastatur. Als Ergebnis dieser Tastenfolge schreibt PageMaker die Buchstaben »RS« (Rechte Seitennummer). Wird der gleiche Tastenschlüssel auf einer linken Stammseite angewendet, trägt das Programm an der Cursorposition die Buchstaben »LS« (Linke Seitennummer) ein. In beiden Fällen handelt es sich um ein Steuerzeichen, das für eine automatische Seitennumerierung sorgt. Auf den Dokumentseiten wird an gleicher Position die jeweilige Seitenziffer ausgegeben.

Der Eintrag »RS« bzw. »LS« auf der Stammseite läßt sich wie jeder andere Text gestalten. Markieren Sie bitte diese beiden Buchstaben, wählen Sie die Schriftart »Arial« (oder eine andere serifenlose Schrift) in der Schriftgröße 12 Punkt, und richten Sie den Text zentriert aus. Es wiederholen sich die gleichen Arbeitsschritte, die Sie schon einmal bei der Kopfzeile ausgeführt haben. Lediglich die Schriftgröße soll diesmal etwas kleiner sein. Abschließend verschieben Sie den Textblock mit dem Positionierwerkzeug so, daß die spätere Seitenzahl zentriert unter dem Satzspiegel steht. Die Oberkante des Textblocks soll bezogen auf das senkrechte Lineal bei 26,5 cm liegen.

Anlegen einer Fußzeile mit Seitenziffer

Jetzt fehlt noch die 2 cm lange Linie oberhalb der Seitenziffer. Die genaue Position läßt sich leicht ausrechnen. Die Seitenbreite von 21,0 cm wird durch 2 geteilt, um die Mitte zu erhalten. Das Maß ist 10,5 cm. Von dort wird die Linie je 1 cm nach links und nach rechts gezogen. Die Startposition der Linie liegt also bei 9,5 cm und die Zielposition bei 11,5 cm, jeweils bezogen auf das waagerechte Linieal, dessen Nullpunkt nicht verschoben ist. Ziehen Sie diese Linie 3 mm über der Seitenziffer, die hier mit den stellvertretenden Buchstaben »RS« dargestellt wird. Vergleichen Sie Ihr Arbeitsergebnis mit der nachfolgenden Abbildung.

Abbildung 5.22.:
Monitor-
darstellung der
Fußzeile mit
Seitenziffern-
Code

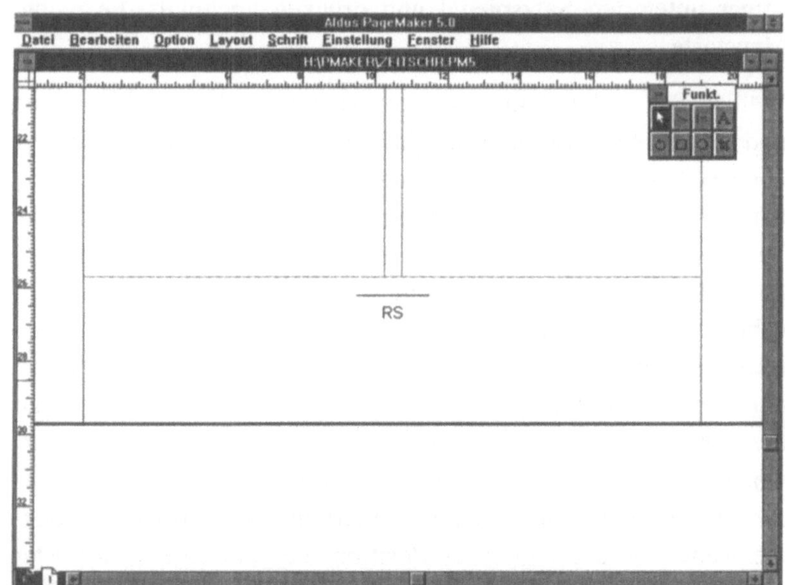

Damit ist die Einrichtung der Stammseite abgeschlossen. Die beiden senkrechten Hilfslinien auf dem rechten und auf dem linken Satzspiegelrand werden auch nicht mehr benötigt und können entfernt werden. Bleiben sie stehen, werden sie auch auf den Druckseiten zu sehen sein und stören vielleicht bei der weiteren Gestaltung der Zeitschrift. Alle weiteren Arbeiten werden auf den Druckseiten erfolgen. Blättern Sie deshalb auf Seite 1 um.

Objekte der
Stammseiten

Sie sehen, daß alle auf den Stammseiten angelegten Objekte auch auf der ersten Druckseite zu sehen sind. Sie werden auch auf allen weiteren Seiten enthalten sein, die noch hinzuzufügen sind. Allerdings lassen sich diese Elemente dort nicht bearbeiten. Pro-

bieren Sie einmal aus, den Text der Kopfzeile auf der ersten Seite
mit dem Positionierwerkzeug anzuklicken. Der Mausklick wird
wirkungslos bleiben. Eine Bearbeitung läßt sich demzufolge ausschließlich auf der entsprechenden Stammseite ausführen. Das
hat den Vorteil, daß derartige Objekte nicht versehentlich verschoben oder verändert werden können. Ein gleichmäßiges Aussehen aller Druckseiten ist dadurch garantiert.

Die Zeitschrift wird später mehr als nur eine Seite umfassen.
Wieviele Seiten tatsächlich, ist während der Arbeit meistens nicht
abzusehen. Das ist aber auch nicht wichtig, weil sich fehlende
Seiten nachträglich hinzufügen lassen. Analog dazu können überflüssige Seiten auch entfernt werden. Für unsere Zeitschrift ist es
wichtig, daß die Anzahl der Seiten eine gerade Zahl sein sollte.
Der Druckbogen wird später beidseitig bedruckt und es wird
sicherlich nicht schön aussehen, wenn bei einer ungeraden Anzahl Seiten die letzte Druckseite weiß bleibt. Ich schlage vor,
jetzt erst einmal drei neue Seiten einzufügen, so daß insgesamt
vier Seiten vorhanden sind. Eine nachträgliche Änderung der Seitenanzahl kann immer noch mit der Funktion *Seiten einfügen...*
im Menü *Layout* erfolgen.

Seiten einfügen

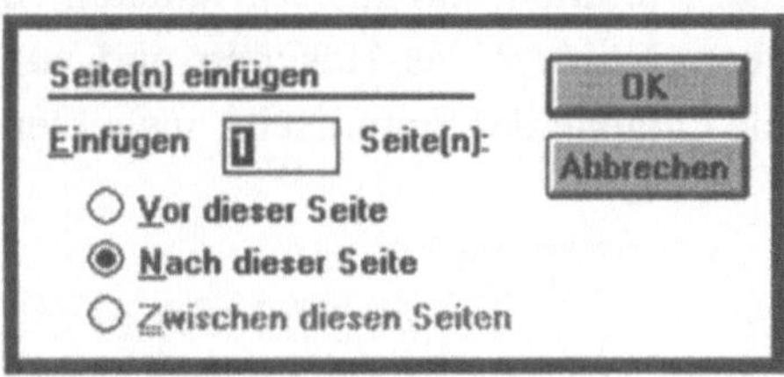

Abbildung 5.23.:
Dialogfeld zum
Einfügen neuer
Seiten

Im Eingabefeld *Einfügen* wird festgelegt, wieviele Seiten einzufügen sind. Die Vorgabe »1« ist markiert und wird demzufolge
beim Schreiben einer neuen Ziffer automatisch überschrieben.
Tragen Sie hier den Wert »3« ein, um drei neue Druckseiten in
die Publikation einzufügen.

Unterhalb des Eingabefeldes stehen drei Optionen zur Verfügung, die die Lage der neuen Seiten innerhalb des Dokuments bestimmen. Ausgangsbasis ist immer die aktuelle Seite. Belassen
Sie es beim Standard *Nach dieser Seite*, so werden die neuen Seiten nach der aktuellen Seite eingefügt.

Alternativ kann das Einfügen vor der aktuellen Seite erfolgen, wenn die Option *Vor dieser Seite* ausgewählt wird. Die dritte Option steht nur dann zur Verfügung, wenn Doppelseiten auf dem Monitor angezeigt werden. In einem solchen Fall und bei Auswahl der Option *Zwischen diesen Seiten* werden die neuen Seiten zwischen den beiden aktuellen Seiten eingefügt.

Nach dem Einfügen neuer Seiten wechselt PageMaker grundsätzlich auf die erste der neu eingefügten Seiten. Sie werden sehen, daß auch diese Seite, und alle anderen, die Einstellungen und Objekte der Stammseite enthält. Wechseln Sie zur weiteren Bearbeitung der Zeitschrift auf die erste Dokumentseite zurück.

Seitenelemente ausblenden

Auf der ersten Seite des Dokuments soll die Titelseite der Zeitschrift entstehen. Das spätere Aussehen dieser Seite unterscheidet sich dementsprechend von den übrigen Seiten, so daß die Kopf- und Fußzeilen hier fehl am Platze sind. Für solche Fälle hält PageMaker eine Funktion bereit, die alle Objekte der Stammseite ausblendet. Diese Funktion heißt *Standardseitenelemente anzeigen* und wird im Menü *Layout* verwaltet. Vor diesem Menüpunkt wird ein Häkchen (✓) eingetragen sein, das den gegenwärtig aktiven Status dieser Funktion signalisiert. Klicken Sie den Eintrag im Menü an, verschwindet das Häkchen und auf der aktuellen Seite werden die Objekte der Stammseite ausgeblendet.

Abbildung 5.24.: Menü *Layout*

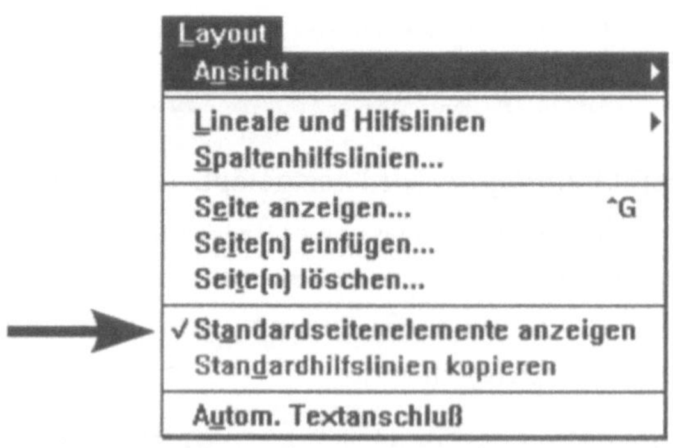

Hilfslinien ausblenden

Das Ausblenden der Stammseiten-Objekte betrifft nicht die Hilfslinien oder Satzspiegellinien. Diese lassen sich mit der Funktion *Lineale und Hilfslinien - Hilfslinien* im Menü *Layout* nur pauschal für alle Seiten aus- und wieder einblenden. Ein seitenorientiertes Arbeiten wie beim Ausblenden der Stammseitenobjekte ist hier nicht vorgesehen. In der Praxis wird man die Hilfslinien deshalb nur dann ausblenden, um kurzfristig einen optischen Gesamteindruck der gestalteten Seite ohne störende Hilfslinien zu erhalten. Da für das Aus- bzw. Einblenden der Hilfslinien drei Menüstationen angeklickt werden müssen, ist es vielleicht sinnvoll, sich für diesen Zweck den Tastenschlüssel Strg J zu merken, mit dem sich Hilfsinien ebenfalls ein- und ausblenden lassen. Für die weitere Arbeit sind die Hilfslinien einzublenden.

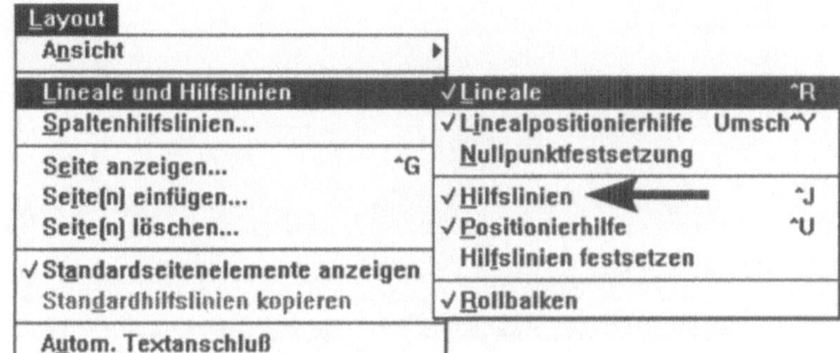

Abbildung 5.25.: Untermenü *Lineale und Hilfslinien*

5.3 Titelseite gestalten

Der Titel der Zeitschrift soll sich aus einem Titeltext und einem Logo zusammensetzen. Die horizontale Platzverteilung soll so erfolgen, daß der Text des Titels 2/3 der Satzspiegelbreite einnimmt und das Logo 1/3, wobei von beiden rechnerischen Werten insgesamt 5 mm als Abstand abzuziehen sind. Bei einer Satzspiegelbreite von 17,0 cm ergeben sich allerdings äußerst krumme Werte, so daß großzügig verfahren werden sollte. Für das Logo sind deshalb 5,5 cm, für den Text 11,0 cm und als Zwischenraum 0,5 cm festzulegen. Demnach werden senkrechte Hilfslinien auf folgenden Positionen benötigt: 2,0 cm, 7,5 cm, 8,0 cm und 19,0 cm.

Des weiteren sind zwei waagerechte Hilfslinien erforderlich. Um mit keinem Drucker in eine Konfliktsituation zu geraten, schlage ich für die obere Begrenzung 2,0 cm vor. Die Höhe des Titels soll 3,0 cm betragen, so daß die zweite Hilfslinie bei 5,0 cm zu setzen ist. Damit sind die Bereiche für den Titeltext und für das Zeitschriftenlogo abgesteckt.

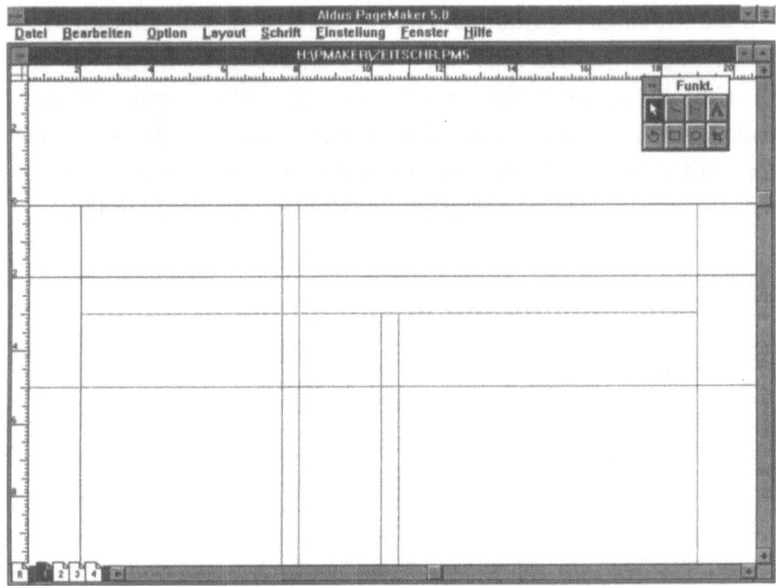

Abbildung 5.26.:
Hilfslinien für den
Titelbereich

Titel der Zeitschrift

Die Zeitschrift soll den Titel »PageMaker - Praxis« erhalten. Der Schriftzug wird in zwei Teile aufgeteilt. Der Name »PageMaker« soll in großer Schrift horizontal im vorgesehenen Feld gesetzt werden, während das Wort »Praxis« in einem etwas kleineren Schriftgrad leicht gedreht und nach unten versetzt angefügt wird.

Abbildung 5.27.:
Titel der
Zeitschrift

Natürlich gibt es eine Vielfalt ansprechender Gestaltungsmöglichkeiten für einen solchen Titel. Betrachten Sie meinen Vorschlag lediglich als Übungsbeispiel und nicht als preisverdächtige Gestaltung. Vielleicht ist es eine Anregung für die Entwicklung eigener Ideen. Das gilt nicht nur für diesen Titel, sondern gleichfalls für alle noch folgenden Gestaltungsbeispiele.

Textrahmen aufziehen

Um den Textrahmen vertikal von Anfang an in die richtige Position zu bekommen, ist das Aufziehen eines solchen Rahmens vor dem Schreiben des Textes zu empfehlen. Hierzu wird zunächst in der Funktionenbox das Textwerkzeug ausgewählt. Der Mauszeiger ist nun ein senkrechter Strich, deren Enden nach rechts und links gerundet auslaufen. Im unteren Teil befindet sich ein kleiner waagerechter Strich, der normalerweise die Grundlinie des Textes symbolisiert. Wird vor dem Schreiben ein Textrahmen aufgezogen, ist der Schnittpunkt der senkrechten und der waagerechten Linie des Mauszeigers die Position, an der später der linke obere Eckpunkt des Textblocks liegt. Ein Textrahmen wird aufgezogen, indem bei gedrückter linker Maustaste die Maus diagonal von der Startposition bis zur Zielposition gezogen wird. Dabei entsteht ein sichtbarer Rahmen, der nach Loslassen der Maustaste allerdings wieder verschwindet. Der Cursor springt in diesem Moment an die Startposition zurück, so daß dort mit der Texteingabe begonnen werden kann.

Ziehen Sie einen solchen Textrahmen von der Position senkrecht 80 mm / waagerecht 20 mm bis senkrecht 190 mm / waagerecht 50 mm.

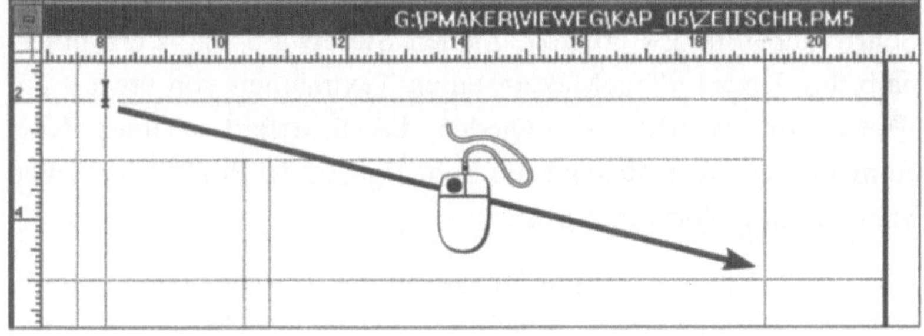

Abbildung 5.28.: Aufziehen eines Textrahmens

Bis jetzt haben Sie einen Text immer erst nach dem Schreiben gestaltet. Drehen wir den Spieß diesmal um, damit Sie einen weiteren Weg kennenlernen. Wählen Sie auf normale Weise vor dem Schreiben die Schriftart und die Schriftgröße aus. In diesem Beispiel soll die Schriftart »Times New Roman« und die Schriftgröße 60 Punkt gewählt werden. Weitere Gestaltungsmerkmale sind nicht erforderlich. Schreiben Sie anschließend den Schriftzug »PageMaker«. Überprüfen Sie danach durch Anklicken des Textes mit dem Positionierwerkzeug, ob die obere Begrenzungslinie des Textrahmens exakt auf der waagerechten Hilfslinie bei 20 mm liegt und die linken Eckpunkte auf der senkrechten Hilfslinie bei 80 mm. Korrigieren Sie andernfalls die Lage durch Verschieben des Textblocks.

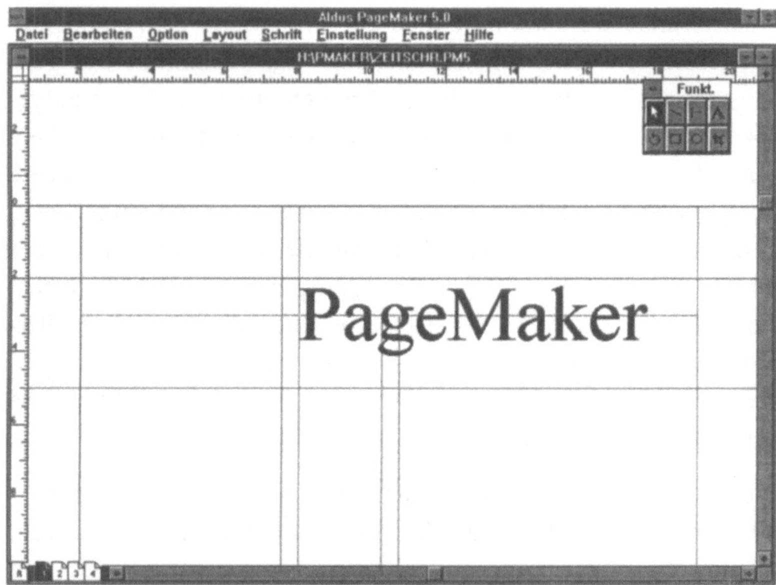

Im nächsten Schritt wird der gerade geschriebene Text durch den Schriftzug »Praxis« ergänzt. Ziehen Sie etwa 3 bis 4 cm unterhalb des Textes »PageMaker« einen Textrahmen von etwa 4 cm Breite auf. Wählen Sie wieder die Schriftart »Times New Roman« aus, aber diesmal die Schriftgröße 30 Punkt. Schreiben Sie dann das Wort »Praxis«.

Text drehen

Das Wort »Praxis« soll um 20° gegen den Uhrzeigersinn gedreht werden. Wer mit einem ungefähren Ergebnis zufrieden ist, kann die Drehung mit der Maus ausführen. Klicken Sie in einem solchen Fall das Textobjekt mit dem Drehwerkzeug an, damit die Begrenzungslinien zu sehen sind. Anschließend wird mit dem Rotationswerkzeug durch nochmaliges Anklicken und Ziehen die Rotationsachse festgelegt und das Objekt gedreht. Setzen Sie den Drehpunkt ungefähr in der Mitte des Textblocks an.

Wer eine exakte Drehung im geforderten Winkel von 20° erzielen möchte, muß für diesen Arbeitsschritt die Kontrollpalette zu Hilfe nehmen. Blenden Sie dieses Werkzeug über das Menü *Fenster* auf dem Monitor ein, und klicken Sie anschließend mit dem Positionierwerkzeug den zu drehenden Text an. In der Kontrollpalette werden daraufhin alle Daten des aktivierten Objekts angezeigt, unter anderem der gegenwärtige Rotationswinkel von 0°.

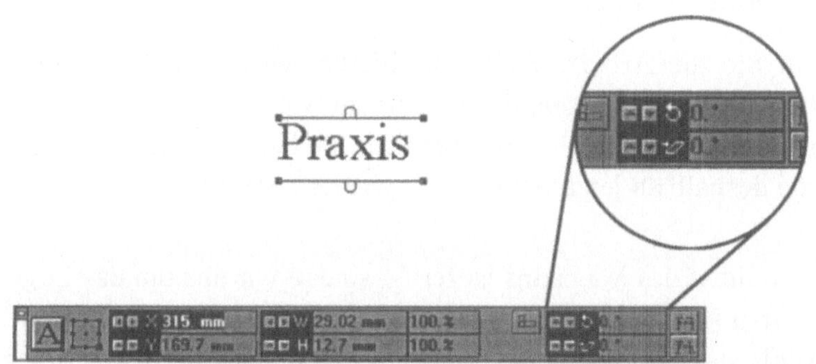

Abbildung 5.30.: Kontrollpalette

Klicken Sie doppelt in das Eingabefeld für die Einstellung des Rotationswinkels und schreiben Sie den Wert »20«. Sie können den Winkel auch durch Anklicken der kleinen Schaltflächen links neben dem Eingabefeld verändern. Klicken Sie die Schaltfläche an, auf der ein nach oben zeigendes Dreieck abgebildet ist, so vergrößert sich der Wert. Die andere Schaltfläche verursacht eine Verkleinerung. Diese Methode ist in diesem Fall jedoch etwas mühsam, weil mit jedem Mausklick nur eine Veränderung des Wertes um 0,1° erfolgt. Die Drehung im gewählten Winkel wird ausgeführt, sobald Sie die Taste ⏎ drücken, oder nachdem die Schaltfläche [A] ganz links in der Kontrollpalette angeklickt wurde. Danach kann die Kontrollpalette wieder ausgeblendet werden.

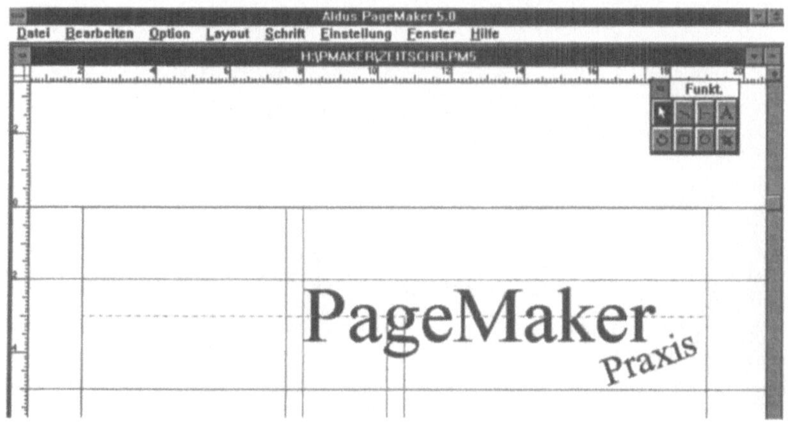

Abbildung 5.31.: Monitor nach Schreiben und Drehen des Textes »Praxis«

Verschieben Sie den gedrehten Textblock rechts unterhalb des Textes »PageMaker«, so daß sich das Bild entsprechend der vorausgehenden Abbildung ergibt. Die waagerechte Hilfslinie bei 50 mm und die senkrechte bei 190 mm sollten vom Text nicht überschritten werden.

Wenn Sie die Arbeitsschritte bis hierher nachvollzogen haben, sollten Sie daran denken, das Dokument wieder zu speichern. Ich gehe davon aus, daß das Speichern für Sie bereits Routine ist und werde deshalb ab jetzt nicht immer wieder darauf hinweisen.

Logo einfügen

Der Titeltext des Magazins ist fertig, so daß wir uns um das Logo kümmern können. Ich habe das Bild einer alten Schreibmaschine gewählt, das im Format des Zeichenprogramms CorelDraw unter dem Dateinamen SCREIBM.CDR im Übungsverzeichnis gespeichert ist. Da ich nicht voraussetzen kann, daß Sie das Grafikprogramm CorelDraw besitzen, habe ich das gleiche Bild auch als Datei der Windows-Zwischenablage gespeichert. Der Dateiname ist identisch, während die Erweiterung CLP lautet.

CorelDraw-Import

Verfügen Sie über das Zeichenprogramm CorelDraw, dann können Sie das Bild mit der Funktion *Objekt einfügen...* im Menü *Bearbeiten* in das Layout einfügen. Zunächst wird nach dem Aufruf dieser Funktion ein Dialogfeld auf dem Monitor eingeblendet, in dem eine Reihe von Importmöglichkeiten aufgelistet sind.

Abbildung 5.32.:
Dialogfeld der
Funktion *Objekt
einfügen*

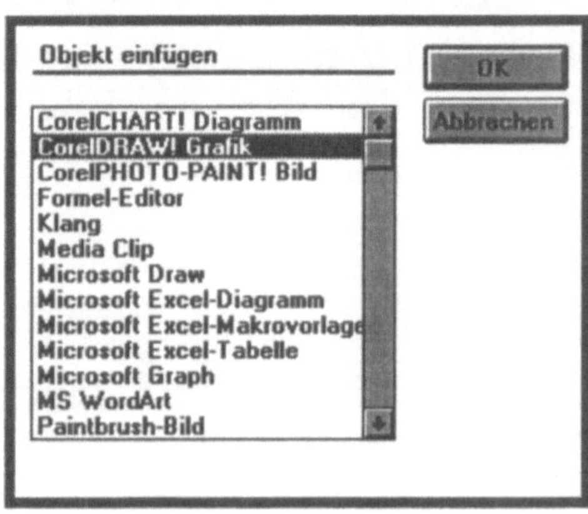

Wählen Sie das gewünschte Objekt aus, in diesem Beispiel *CorelDRAW! Grafik* und bestätigen Sie Ihre Auswahl durch Anklicken der Schaltfläche [OK] oder durch Drücken der Taste ⏎. Das ausgewählte Programm wird in den Arbeitsspeicher geladen oder falls es schon geladen ist, in dieses Programmfenster gewechselt. In der Titelleiste des Programms ist zusätzlich der Name »PageMaker« eingetragen, was auf eine gegenwärtige Verknüpfung beider Programme hinweist.

Jetzt ist es wichtig, daß zum Öffnen einer Bilddatei in der Fremdsoftware nicht der sonst übliche Befehl *Datei - Öffnen* angewendet wird, weil in einem solchen Fall die Verknüpfung zu PageMaker aufgehoben wird. Eine automatische Übertragung eines Objekts ist dann nicht mehr möglich, wohl aber ein Transfer über die Zwischenablage von Windows. Bevor durch versehentliche Fehlbedienung die Datenverbindung tatsächlich unterbrochen wird, macht folgende Meldung auf diese Situation aufmerksam.

Bild in CorelDraw öffnen

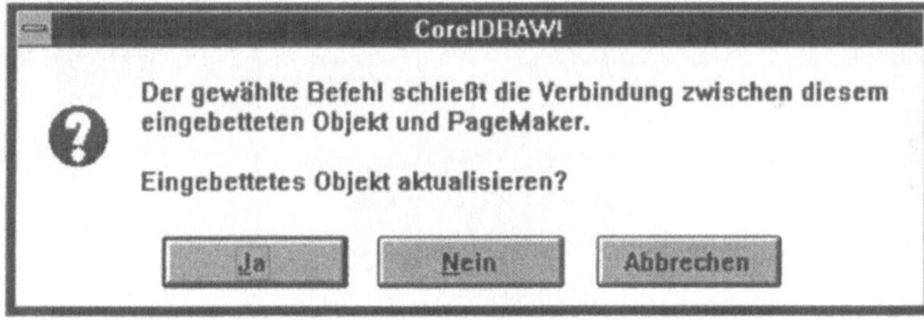

Abbildung 5.33.: Hinweis auf Aufhebung einer Programm-Verknüpfung

Drücken Sie die Taste [Esc], oder klicken Sie die Schaltfläche [Abbrechen] an, falls Sie dieses Infofenster nach versehentlichem Aufruf der Funktion *Öffnen...* im Menü *Datei* sehen.

Damit die Verknüpfung nicht unterbrochen wird, muß der Inhalt der Bilddatei in das aktive CorelDraw-Dokument importiert werden. Hierzu wird im Menü *Datei* die Funktion *Importieren...* aufgerufen. Wählen Sie im Dialogfeld die Datei SCHREIBM.CDR aus dem Übungsverzeichnis aus, und bestätigen Sie den Dialog. Nach dem Import wird im Menü *Datei* die Funktion *Beenden & zurück zu PageMaker* aufgerufen. CorelDraw wird wieder melden, daß diese Funktion die Programm-Verknüpfung aufhebt und stellt die Frage, ob in PageMaker eine Aktualisierung erfolgen soll. Diesmal ist natürlich die Schaltfläche [Ja] anzuklicken.

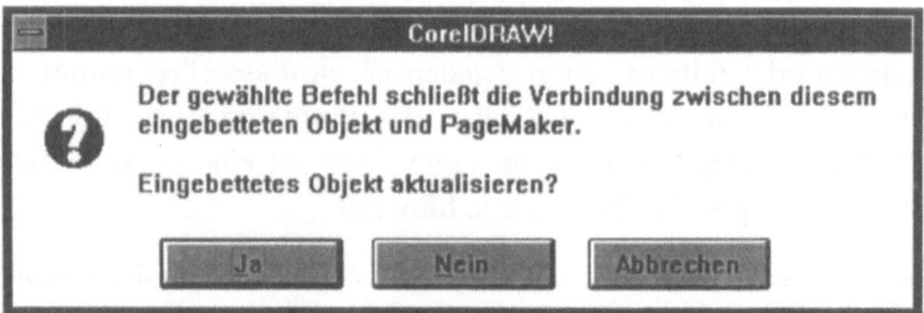

Abbildung 5.34.: Rückfrage beim Beenden einer Programm-Verknüpfung

CorelDraw wird wieder geschlossen und das Programm Page-Maker in den Vordergrund geholt. Dort fließt das Bild in Originalgröße ein und wird mitten auf der Seite positioniert. Ihr Monitorbild sollte jetzt der folgenden Abbildung gleich oder ähnlich sein.

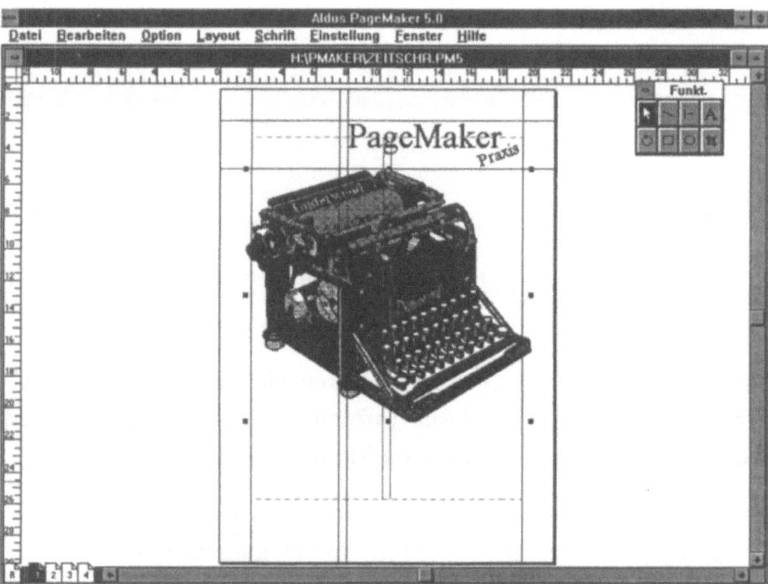

Abbildung 5.35.: Importiertes Logo in PageMaker

Importieren aus der Zwischenablage

Wollen Sie für den Import des Bildes den Windows-Zwischenspeicher nutzen, dann öffnen Sie zunächst in der Hauptgruppe des Windows Programm-Managers die Zwischenablage als Fenster. Rufen Sie im Menü *Datei* die Funktion *Öffnen...* auf, und wählen Sie im Übungsverzeichnis die Datei SCHREIBM.CLP aus. Sollte sich gegenwärtig etwas in der Zwischenablage befinden, ist folgende Sicherheitsabfrage zu beantworten.

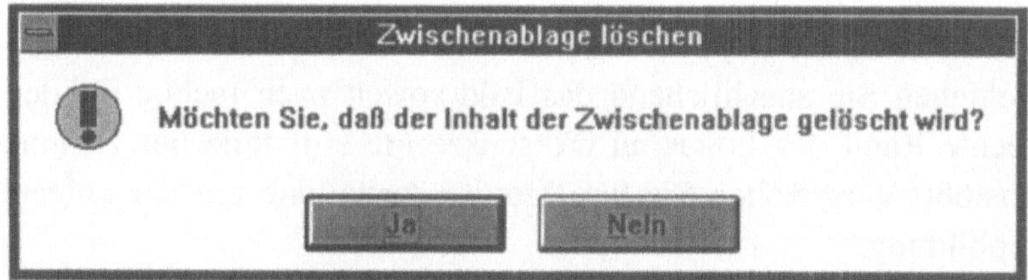

Abbildung 5.36.: Sicherheitsabfrage vor dem Öffnen einer CLP-Datei

Erst nach Anklicken der Schaltfläche [Ja] wird die ausgewählte Datei in die Zwischenablage geladen. Danach kann das Fenster schon wieder geschlossen werden, ohne dabei den Inhalt zu verlieren. Kehren Sie in PageMaker zurück, und rufen Sie dort im Menü *Bearbeiten* die Funktion *Einfügen* auf, oder drücken Sie die Tastenkombinations ⇧ Einfg.

Das Bild soll in der Höhe genau zwischen die beiden waagerechten Hilfslinien bei 20 mm und bei 50 mm passen. Verschieben Sie das Logo zunächst so, daß die Oberkante des Bildes an die waagerechte Hilfslinie bei 20 mm stößt.

Logo in der Größe verändern und ausrichten

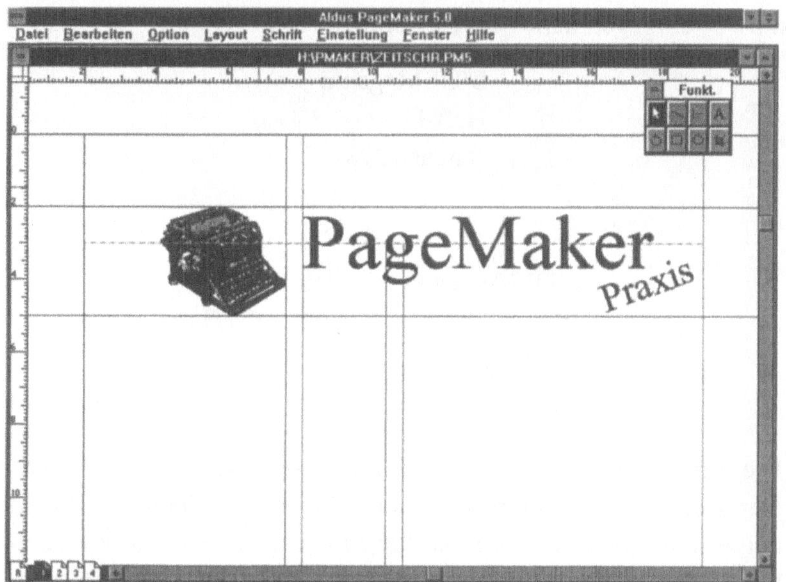

Abbildung 5.37.: Verkleinertes und positioniertes Logo

Bei der Verkleinerung ist darauf zu achten, daß die Proportionen des Bildes beibehalten werden, damit das Bild der Schreibma-

schine nicht verzerrt wird. Halten Sie also die ⬆ - Taste gedrückt, während Sie mit der Maus den rechten unteren Knotenpunkt des Bildes diagonal nach links oben verschieben, bis das
Logo die gewünschte Abmessung erreicht hat.

Schieben Sie anschließend das Bild soweit nach rechts, bis der
rechte Rand des Logos an die senkrechte Hilfslinie bei 75 mm
anstößt. Vergleichen Sie Ihre Monitordarstellung mit der obigen
Abbildung.

Links neben dem Logo ist noch Platz, der mit Zusatzangaben zur
Zeitschrift gefüllt werden kann. Gemeint sind die Angaben, daß
es sich um Heft 1 eines DTP-Magazins handelt, das im Januar
1993 erschienen ist.

Ich möchte an dieser Stelle nochmals darauf hinweisen, daß diese
Zeitschrift von mir ausschließlich für dieses Übungsbeispiel erfunden wurde. Es entzieht sich meiner Kenntnis, ob ein Magazin
mit dem hier gewählten Namen, oder einem ähnlichen Namen,
im Zeitschriftenhandel angeboten wird.

Schreiben Sie bitte folgenden Text in der Schriftart »Times New
Roman« in der Schriftgröße 14 Punkt und drehen Sie diesen Text
um 90° entgegen dem Uhrzeigersinn.

> DTP-Magazin
> Heft 1
> Januar 1993

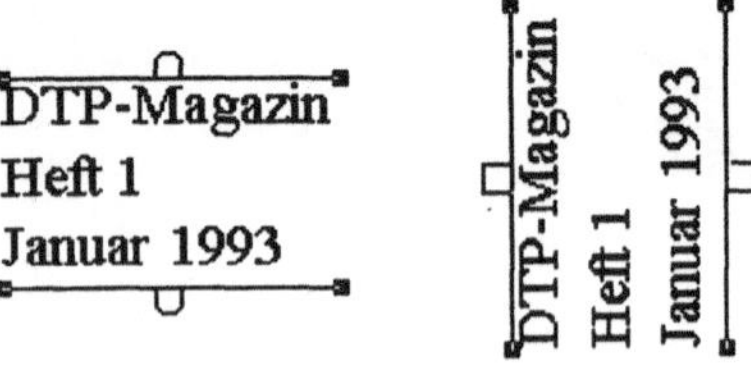

Die Breite des Textblocks wird auf 3 cm zusammengeschoben,
damit die Knotenpunkte später auf den waagerechten Hilfslinien
bei 20 mm und bei 50 mm aufliegen. Verschieben Sie den Textblock entsprechend links neben das Logo. Die obere Begrenzungslinie des Textobjekts, die nach der Drehung links zu sehen
ist, soll auf der senkrechten Hilfslinie bei 20 mm liegen.

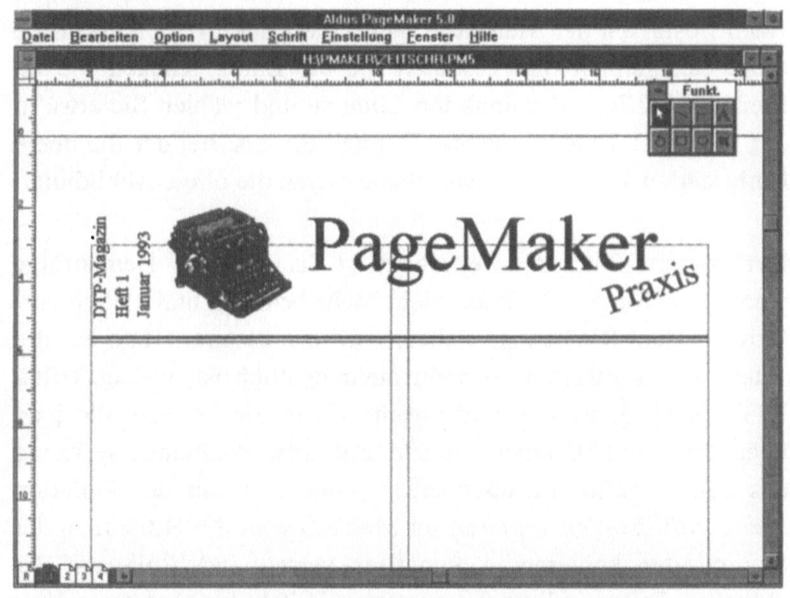

Abbildung 5.39.: Positionierter Text im Titel der Zeitschrift

Ziehen Sie jetzt die waagerechte Hilfslinie, die gegenwärtig die untere Begrenzung des Titels bildet, um 5 mm nach unten. Wählen Sie anschließend in der Funktionenbox das Werkzeug zum Zeichnen von Festwinkellinien aus. Klicken Sie nun auf der gerade verschobenen Hilfslinie am linken Satzspiegelrand an, und ziehen Sie die Maus bei gedrückter linker Maustaste zum rechten Satzspiegelrand.

Linie umter dem Titel

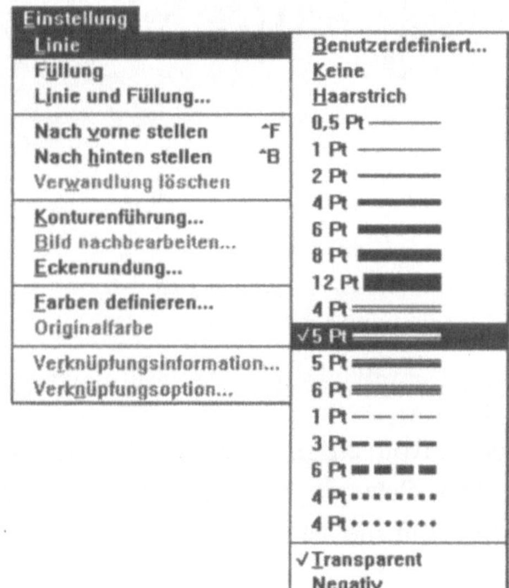

Abbildung 5.40.: Untermenü *Einstellung - Linie*

Nach Loslassen der Maustaste bleibt die Linie aktiv. Nutzen Sie diese Gelegenheit und gestalten Sie die Linie. Klicken Sie im Menü *Einstellung* die Funktion *Linie* an und wählen Sie etwa in der Mitte des Untermenüs die Doppellinie aus, bei der die obere Linie stärker ist als die untere. Siehe hierzu die obige Abbildung.

Hilfslinien entfernen

Der gesamte Titel der Zeitschrift ist damit fertig. Demzufolge werden auch die Hilfslinien nicht mehr benötigt und sollten entfernt werden. Bleiben sie stehen, wird die weitere Arbeit auf der Titelseite erschwert, weil nicht mehr deutlich ist, welche Hilfslinien benötigt werden und welche nicht. Sie können alle jetzt überflüssigen Hilfslinien einzeln mit dem Positionierwerkzeug aus dem Monitor herausschieben, oder aber mit der Funktion *Standardhilfslinien kopieren* im Menü *Layout* die Hilfslinien der Stammseiten kopieren. Automatisch verschwinden alle auf der aktuellen Seiten individuell gesetzten Hilfslinien. Letzteres Verfahren führt deutlich schneller zum Ziel.

Abbildung 5.41.: Fertiger Titel

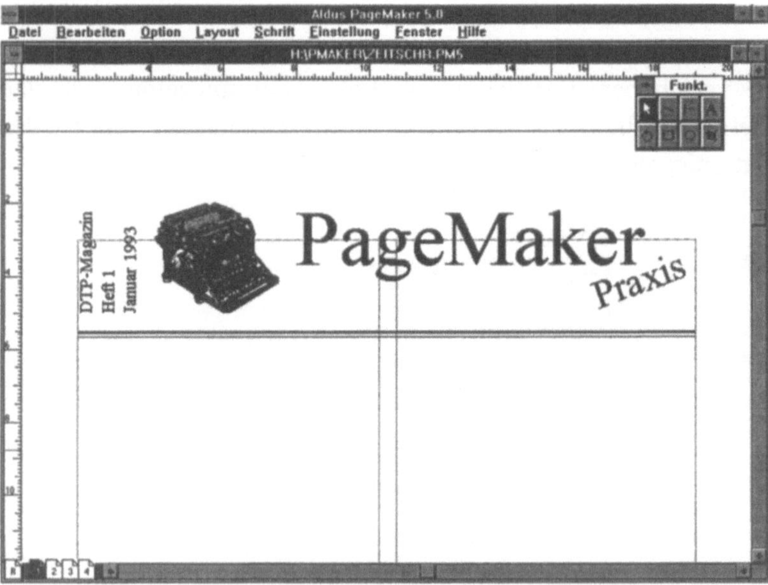

Spalten für eine Seite ändern

Entsprechend der Layoutskizze sollen auf der Titelzeile drei Spalten entstehen. Der Satzspiegel wurde aber auf zwei Spalten eingerichtet, wie es für die Textseiten vorgesehen ist. PageMaker erlaubt es, eine Spalteneinrichtung individuell für eine Druckseite zu verändern. Solange derartige Einstellungen nicht auf den Musterseiten erfolgen, treffen sie ausschließlich für die aktuelle Seite zu. Richten Sie auf Seite 1 drei Spalten mit einem Spaltenabstand von 5 mm ein. Rufen Sie hierzu die Funktion *Spaltenhilfslinien...* im Menü *Layout* auf, und tragen Sie in das Dialogfeld entsprechende Werte ein.

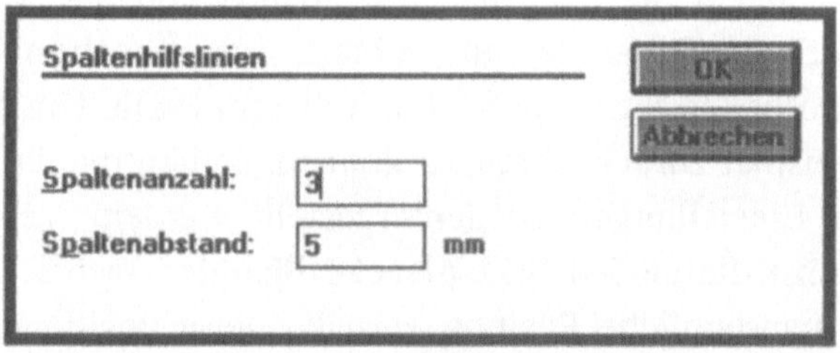

Spaltenhilfslinien   OK

                                  Abbrechen

Spaltenanzahl: 3

Spaltenabstand: 5   mm

Abbildung 5.42.: Dialogfeld zur Einstellung von Spalten

Nach dem Einrichten mehrerer Spalten werden die erforderlichen Hilfslinien von PageMaker so angeordnet, daß alle Spalten die gleiche Breite aufweisen. Es besteht aber kein Zwang zu dieser Gleichmäßigkeit. Wie normale Hilfslinien lassen sich auch Spaltenhilfslinien bei gedrückter linker Maustaste verschieben, jedoch nicht entfernen. Wird zum Beispiel eine Spaltenhilfslinie nach links auf eine neue Position verschoben, die linke Spalte also schmaler gemacht, wird die Spalte rechts daneben automatisch verbreitert. Der Spaltenabstand läßt sich auf diese oder eine ähnliche Weise nicht verändern. Hier bleibt nur der Weg über die Menüfunktion *Spaltenhilfslinien.*

Unterschiedliche Spaltenbreiten

Auch die Seitenränder rechts und links können ausschließlich auf der aktuellen Seite vom Standardsatzspiegel abweichen. Die Hilfslinien, die den rechten und den linken Satzspiegelrand darstellen, lassen sich ebenfalls mit der Maus verschieben. Lediglich der obere und der untere Rand des Satzspiegels sind nicht auf einer Seite ausschließlich veränderbar, sondern nur für das gesamte Dokument. Hier handelt es sich nicht etwa um einen Programmfehler, sondern um eine absichtliche Maßnahme. Würde der obere Rand auf einzelnen Seiten verändert werden, könnte der Text einer längeren Publikation nicht mehr im Register stehen. Die Grundlinien der Textzeilen verschieben sich also von Seite zu Seite. Solche Dokumente würden einen Test, den Schriftsetzer früher gerne angewendet hatten, nicht mehr beste-

individuelle Seitenränder rechts und links

hen. Bei diesem Test wurden mehrere gedruckte Seiten mit einer Nadel durchstochen, und zwar genau auf der Grundlinie einer Zeile. Nach dem Entfernen der Nadel konnte auf den folgenden Seiten nachgesehen werden, ob die Einstiche alle auf der Grundlinie einer Zeile lagen. Traf dies zu, standen die Zeilen im Register, also exakt auf einer einheitlichen vertikalen Position.

Veränderungen rückgängig machen

Sicherlich haben Sie jetzt das Verschieben von Satzspiegelrändern und Spaltenhilfslinien ausprobiert, was ja auch in Ordnung ist. Dafür arbeiten Sie schließlich mit diesem Buch. Um aber zum Übungsbeispiel zurückkehren zu können, sollten die dafür erforderlichen Einstellungen wiederhergestellt werden. Verschieben Sie zunächst die beiden Satzspiegel-Hilfslinien rechts und links auf ihre ursprüngliche Position zurück. Diese Positionen finden Sie ganz leicht wieder, weil dort jeweils eine imaginäre Linie zurückgeblieben war.

Für das Wiederherstellen einer gleichmäßigen Spaltenbreite bleibt nur der Weg über das Menü. Rufen Sie wieder die Funktion *Spaltenhilfslinien...* im Menü *Layout* auf. Im Eingabefeld *Spaltenanzahl* wird nun der Eintrag *Vorgabe* stehen, also benutzerdefinierte Anordnung der Spalten. Dieser Eintrag ist markiert, kann also durch Neueingabe überschrieben werden. Tragen Sie einfach erneut den Wert »3« ein, und bestätigen Sie den Dialog durch Anklicken der Schaltfläche [OK] oder durch Drücken der Taste ⏎. Wenn Sie diesen Arbeitsschritt ausführen, bevor die Hilfslinien des rechten und des linken Satzspiegelrandes auf die jeweilige Normalposition zurückgeschoben wurden, werden auch diese automatisch zurückspringen. Andernfalls könnte ja auch eine Gleichmäßigkeit der Spaltenbreiten nicht wiederhergestellt werden.

Bild einfügen

Zurück zur Gestaltung der Titelseite für die Zeitschrift. Über die gesamte Breite der mittleren und der rechten Spalte soll unterhalb der bereits gezogenen Linie ein Bild eingefügt werden. Der obere Rand dieses Bildes soll 6,5 cm von der oberen Schnittkante des Papiers entfernt sein. Setzen Sie an dieser Position eine waagerechte Hilfslinie. Bei dem Bild handelt es sich wieder um eine CorelDraw-Datei, die im Originalformat und als Datei der Windows-Zwischenablage im Übungsverzeichnis gespeichert ist. Der

Dateiname lautet TITLBILD.CDR bzw. TITLBILD.CLP. Importieren Sie dieses Bild nach einem der bekannten Verfahren und lassen Sie es ab der waagerechten Hilfslinie bei 65 mm am linken Rand der mittleren Spalte einfließen.

Sie werden sehen, daß auch dieses Bild viel zu groß ist. Verschieben Sie zunächst einmal den Monitorausschnitt so, daß Sie den Knotenpunkt des Bildes unten rechts sehen können. Halten Sie jetzt die ⬆ - Taste fest und schieben Sie währenddessen den Eckpunkt des Bildes unten rechts mit der Maus auf den rechten Satzspiegelrand. Durch die ⬆ - Taste wird das Bild proportional verkleinert, also ohne Verzerrungen.

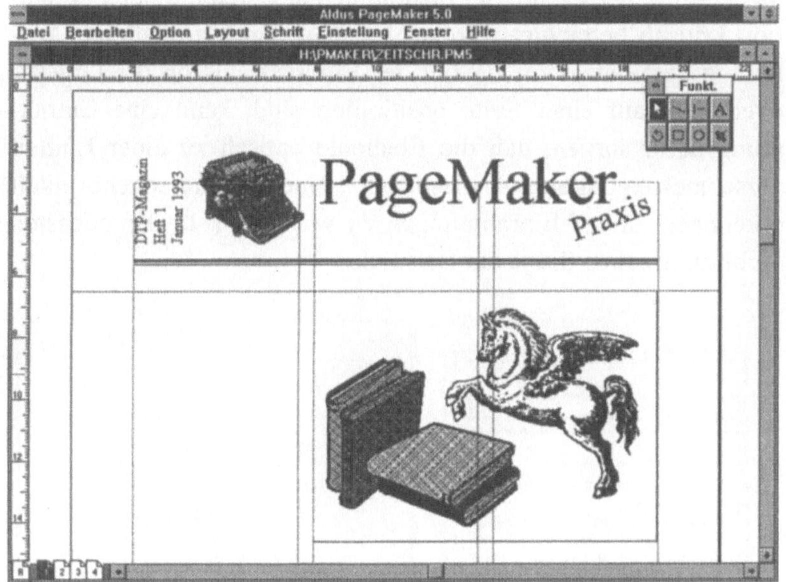

Abbildung 5.43.: Eingefügtes und positioniertes Bild auf der Titelseite

Die Hilfslinie am oberen Rand des Bildes kann jetzt noch eine zweite Aufgabe erfüllen, bevor sie wieder entfernt wird. In der ersten Spalte, also links neben dem Bild, soll später ein Inhaltsverzeichnis stehen. Dies kann erst dann angelegt werden, wenn nach Fertigstellung der gesamten Zeitschrift Überschriften und Seitenzahlen bekannt sind. Beim augenblicklichen Zustand der Zeitschrift kann lediglich ein Rahmen den Platz für das spätere Inhaltsverzeichnis festlegen. Ziehen Sie mit dem Werkzeug zum Zeichnen von Vierecken einen Rahmen in der Breite der ersten Spalte und vertikal von der Hilfslinie bei 65 mm bis zum unteren

Satzspiegelrand. Wählen Sie mit der Funktion *Linie* im Menü *Einstellung* die Strichstärke *Haarstrich* aus. Ob dieser Rahmen später beibehalten wird oder nicht, sei im Augenblick dahingestellt.

Grundsätzlich sind Einrahmungen aus ästhetischer Sicht heikel. In vielen Fällen wirkt eine Publikation ansprechender, wenn auf Rahmen jeglicher Art verzichtet wird. Ganz schlimm ist es, wenn mehrere Rahmen auf eine Seite gezogen werden und diese möglicherweise noch einen Gesamtrahmen erhalten. Bei Formularen wird eine solche »Gestaltung« häufig vorgefunden.

Bei der Entscheidung, ob ein Rahmen gesetzt werden kann oder nicht, sollte der eventuell einzurahmende Bereich einer Publikation kritisch betrachtet werden. Entsteht durch großzügige Aufteilung des Platzes im Layout der Eindruck, als ob die Objekte »verloren« auf einer Seite positioniert sind, kann eine Einrahmung dafür sorgen, daß die Elemente optisch zu einer Einheit verschmelzen. Ist aber sowieso schon eine Zusammengehörigkeit erkennbar, ist auf Einrahmungen zu verzichten. In der nächsten Abbildung sehen Sie je ein Beispiel.

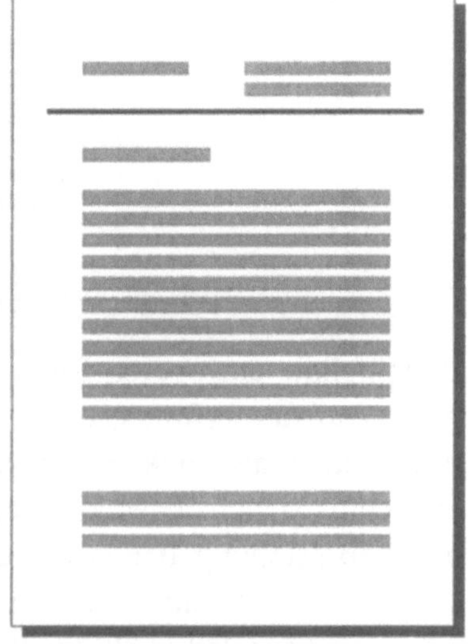

Haben Sie den Platz für das spätere Inhaltsverzeichnis durch einen Rahmen gekennzeichnet, hat die waagerechte Hilfslinie bei 65 mm ihre Aufgabe erfüllt und kann entfernt werden.

Bleiben nur noch die Schlagwörter, die auf der Titelseite auf Schwerpunktthemen der Zeitschrift hinweisen sollen. Hierfür ist der Platz unterhalb des Titelbildes vorgesehen. Vielleicht macht es sich ganz gut, wenn vor den Schlagwörtern ein Symbol angeordnet wird. Ich habe mit dem Zeichenprogramm CorelDraw ein solches Symbol angelegt und unter dem Namen SPUNKT.CDR im Übungsverzeichnis gespeichert.

Schlagwörter

Alle CorelDraw-Bilder, die für Übungsbeispiele benötigt werden, existieren auch als Zwischenablage-Datei. Ich werde deshalb ab jetzt nicht mehr extra darauf hinweisen.

Importieren Sie die Datei SPUNKT.CDR bzw. SPUNKT.CLP, und bringen Sie das Symbol proportional auf eine Breite von 2,0 cm. Schieben Sie das Objekt in der mittleren Spalte an die linke Spaltenbegrenzung. Die Oberkante des Symbols soll bei 15,5 cm liegen.

Das gerade eingefügte und positionierte Schwerpunkt-Symbol wird insgesamt fünfmal benötigt. Damit Sie sich für die noch fehlenden Bilder die Korrektur der Größe ersparen, empfiehlt sich das Kopieren in die Zwischenablage. Klicken Sie das Symbol an, damit die Eckpunkte zu sehen sind und rufen Sie anschließend im Menü *Bearbeiten* die Funktion *Kopieren* auf. Danach können Sie das kopierte Bild mit der Funktion *Mehrfach einfügen* im gleichen Menü viermal aus dem Zwischenspeicher zurückkopieren. Geben Sie nach Aufruf dieser Funktion im Eingabefeld *Einfügen* die Anzahl »4« ein. Im Feld *Waagerechter Versatz* wird der Wert »0« eingetragen, weil die Symbole vertikal untereinander angeordnet werden sollen. Im Eingabefeld *Senkrechter Versatz* wird der Wert »20« eingetragen. Damit positioniert PageMaker alle Symbole an den vorgesehenen Stellen.

Abbildung 5.45.: Dialogfeld der Funktion *Mehrfach einfügen...*

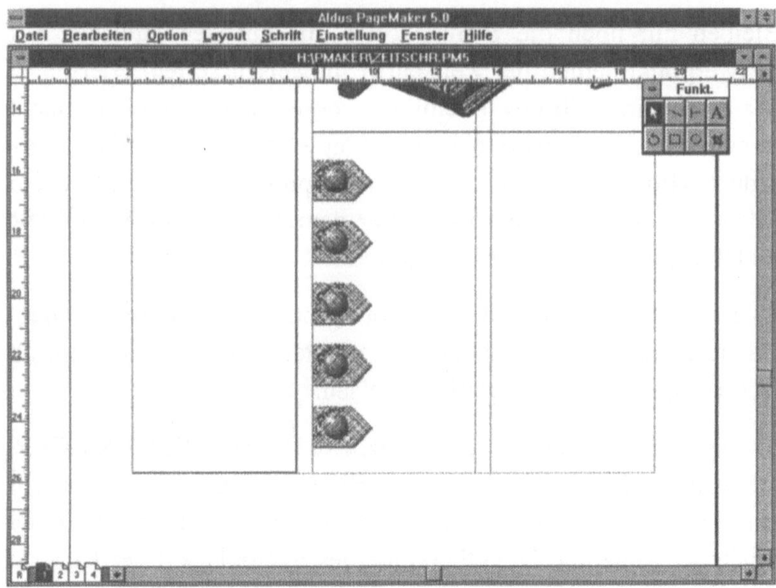

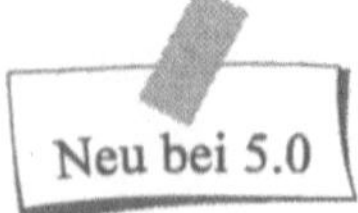

Für die Ausrichtung des noch fehlenden Textes werden neue Hilfslinien erforderlich. Eine senkrechte Hilfslinie bei 10,5 cm soll helfen, die Schlagwörter vertikal bündig anzuordnen. Um auch horizontal korrekte Positionen zu finden, sind bei jedem Symbol waagerechte Hilfslinien zu setzen, die genau durch die Pfeilspitzen der Symbole laufen. Eventuell muß die Linealpositionierhilfe ausgeschaltet werden, um dieses Ziel zu erreichen.

Um ganz genau arbeiten zu können, ist es vielleicht sogar besser, den Bearbeitungsbereich entsprechend zu vergrößern. Setzen Sie die Maus oberhalb des ersten Symbols leicht nach links versetzt an, halten Sie die [Strg] - und die [Leer] - Taste gedrückt, und ziehen Sie die Maus bei gleichzeitig gedrückter linker Maustaste bis zur Satzspiegelecke unten rechts. Solange die genannte Tastenkombination gedrückt bleibt, hat der Mauszeiger die Form einer Lupe, in der ein Pluszeichen abgebildet ist. Auf diese Weise lassen sich Vergrößerungen von bis zu 800 % erzielen, wodurch äußerst präzises Arbeiten ermöglicht wird. Eine Menüfunktion ist für diese Extremvergrößerung nicht vorgesehen. Hier erlaubt PageMaker nur eine Maximalvergrößerung von 400 %.

Die Textblöcke der Schlagwörter sollen von der senkrechten Hilfslinie bei 10,5 cm bis zum rechten Satzspiegelrand reichen. Als Schriftart wird »Times New Roman« in der Schriftgröße 18

Punkt gewählt. Verschieben Sie die Textblöcke so, daß die waagerechten Hilfslinien jeweils durch die Mitte der kleinen Buchstaben laufen.

Schreiben Sie folgende Schlagwörter als jeweils separate Textblöcke, gestalten und positionieren Sie diese. Vergleichen Sie anschließend Ihr Arbeitsergebnis mit der nächsten Monitorabbildung.

Schlagwörter: *Buchsatz mit PageMaker 5.0*
PageMaker 5.0 im Aufwind
Reliefschriften gestalten
3D-Effekte richtig einsetzen
Die Sache mit dem Nutzen

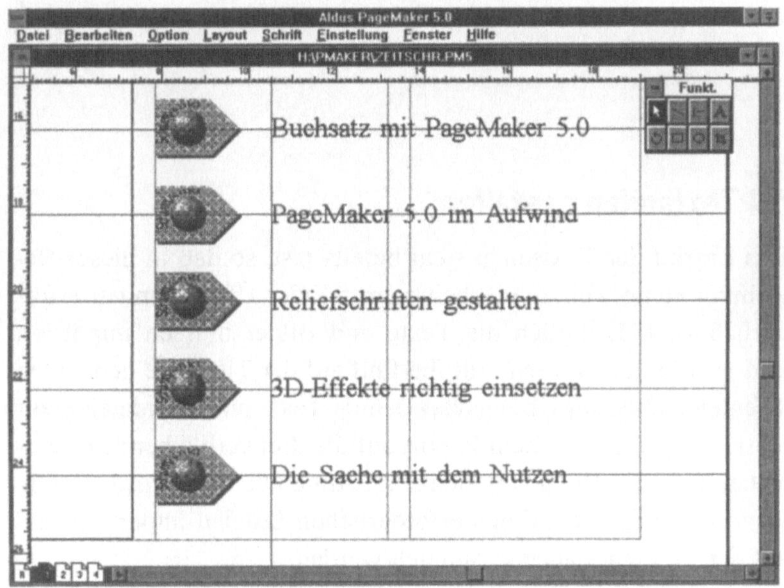

Abbildung 5.47.: Fertige Schlagwörter

Damit ist die Gestaltung der Titelseite zunächst einmal abgeschlossen. Es fehlt noch ein Inhaltsverzeichnis, für das die erste Spalte vorgesehen ist. Das Erstellen eines solchen Verzeichnisses wird aber erst als letzter Arbeitsschritt zusammengestellt. PageMaker verfügt über eine Funktion, die ein Inhaltsverzeichnis automatisch aus den Überschriften zusammenstellt. Dies setzt jedoch voraus, daß es Überschriften gibt, was gegenwärtig im

Übungsbeispiel noch nicht der Fall ist. Deshalb wird dieser Arbeitsschritt zunächst zurückgestellt.

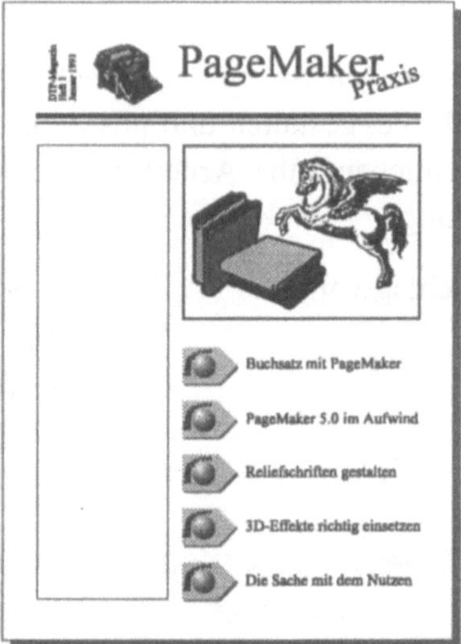

5.4 Textseiten gestalten

Das Layout der Textseiten steht bereits fest, so daß in dieser Beziehung keine weiteren Arbeitsschritte oder Überlegungen erforderlich sind. Lediglich die Texte und Bilder müssen importiert und positioniert werden. Für die fünf auf der Titelseite genannten Themen stehen im Übungsverzeichnis Text- und Bilddateien zur Verfügung, die nach dem Import auf die drei verbleibenden Textseiten der Zeitung zu verteilen sind. Am einfachsten wird es sein, wenn zunächst einmal alle erforderlichen Dateien importiert und auf der Montagefläche gesammelt werden.

- Importieren Sie die folgenden Dateien und, sammeln Sie diese auf der Montagefläche des Dokuments ZEITUNG.PM5.

  BUCHSATZ.DOC (TXT), AUFWIND.DOC (TXT)
  RELIEF.DOC (TXT), RELIEF.BMP
  3D.DOC (TXT), 3D.CDR (CLP)
  NUTZEN.DOC (TXT)

Die Texte müssen nicht in voller Länge einfließen, um Platz auf der Montagefläche zu sparen. Auch die Bilder können später importiert werden.

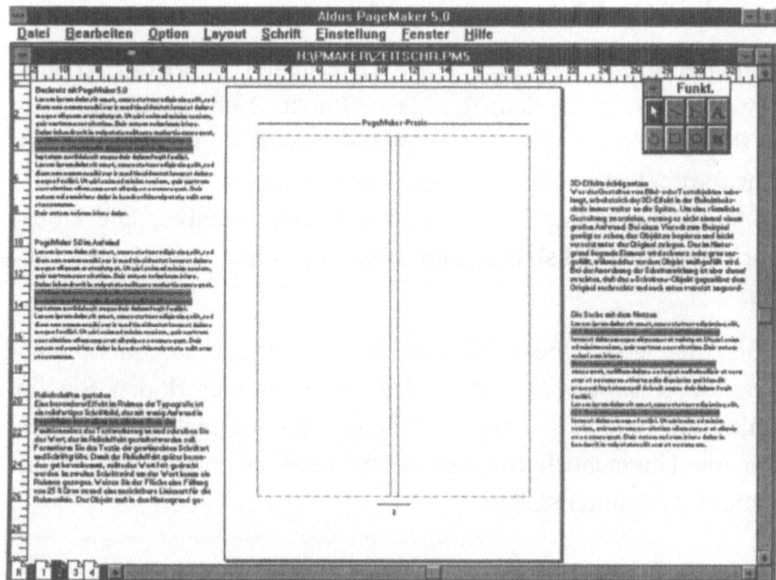

Abbildung 5.49.: Monitor mit gefüllter Montagefläche

Die einzelnen Artikel sind jetzt so auf die Spalten aufzuteilen, daß ein typischer Zeitschriften-Charakter entsteht. Der Text soll also nicht streng spaltenweise einfließen, so daß vielleicht in der linken Spalte ein geschlossener Artikel steht und in der rechten Spalte ein anderer. Teilen Sie die Artikel so auf, daß immer links und rechts etwa gleich viel Text steht. Ordnen Sie die Artikel in der Reihenfolge an, in der sie auch als Schwerpunktthemen auf der Titelseite aufgelistet sind.

Aufteilung der Texte

Die einzelnen Überschriften sollen den vollen Satzspiegel einnehmen. Das setzt voraus, daß sie aus dem jeweiligen Text herausgelöst werden. Hierzu wird die Überschrift mit dem Textwerkzeug markiert und anschließend im Menü *Bearbeiten* die Funktion *Ausschneiden* aufgerufen. Der markierte Text wird entfernt und in die Zwischenablage von Windows übertragen. Für das Wiedereinfügen ist es wichtig, daß zuvor das Positionierwerkzeug ausgewählt wird. Auf diese Weise wird aus der Überschrift ein eigenständiger Textblock, der die Breite des Satzspiegels einnehmen kann, während der Artikeltext auf Spaltenbreite gebracht wird. An der Stelle, an der ursprünglich

Überschriften zweispaltig

die Überschriften standen, wird eine leere Zeile zurückbleiben. Entfernen Sie diese aus den einzelnen Textblöcken, indem Sie den Textcursor vor das erste Zeichen der ersten Zeile setzen und die ⬅ - Taste drücken.

Formatieren Sie den fließenden Text in der Schriftart »Times New Roman« in der Schriftgröße 12 Punkt. Richten Sie den Text in Blocksatz aus. Die Überschriften werden ebenfalls in der Schriftart »Times New Roman« gesetzt, jedoch in der Schriftgröße 24 Punkt und in der Auszeichnung »kursiv«. Die Überschriften sollen linksbündig am Satzspiegelrand ausgerichtet werden.

Fügen Sie jeder Überschrift die Absatzformatierung *In Inhaltsverzeichnis aufnehmen* hinzu. Diesen Parameter finden Sie im Dialogfeld *Schrift - Absatz...* Durch diese Formatierung lassen sich die Überschriften später automatisch zu einem Inhaltsverzeichnis zusammenstellen.

Abbildung 5.50.:
Dialogfeld der
Absatz-
formatierung

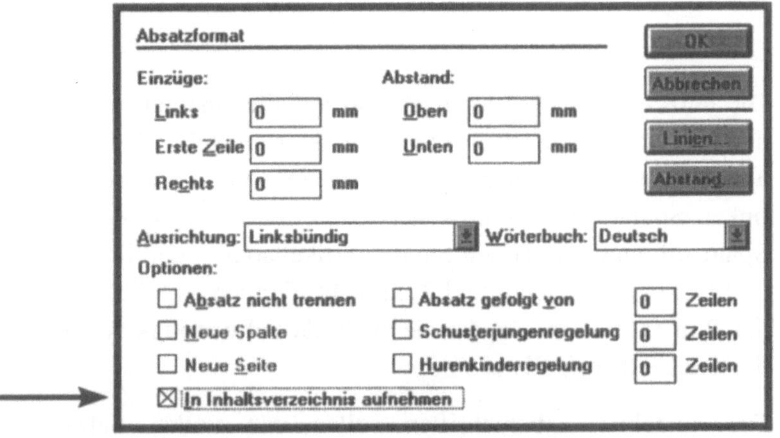

Auf dem Monitor werden Sie nach dieser Formatierung keine optische Veränderung des Überschriftentextes feststellen. Der Status *In Inhaltsverzeichnis aufnehmen* wird unsichtbar im Hintergrund einem Absatz zugewiesen. Wenn Sie nicht sicher sind, ob Sie einer Überschrift diesen Status zugewiesen haben, können Sie dies nur über das Dialogfeld der Absatzformatierung kontrollieren.

* Setzen Sie Texte und Bilder auf den Seiten 2 bis 4, bis Sie das in der folgenden Abbildung gezeigte Ergebnis erzielt haben.

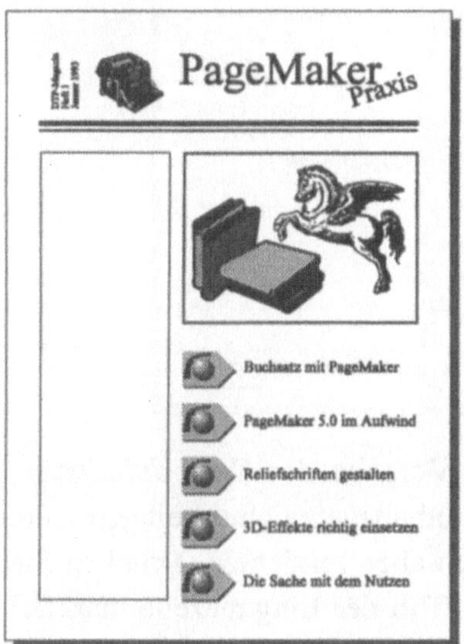

Titelseite

Seite 2

Seite 3

Seite 4

Ist die Zeitschrift soweit hergestellt, kann als letzter Arbeitsschritt ein Inhaltsverzeichnis zusammengestellt werden. Ist den betreffenden Überschriften der Status *In Inhaltsverzeichnis aufnehmen* aus dem Dialogfeld der Absatzformatierung zugewiesen worden, erfolgt das Zusammenstellen des Verzeichnisses mit der Funktion *Inhaltsverzeichnis erstellen...* im Menü *Option*. Nach dem Funktionsaufruf wird ein Dialogfeld eingeblendet, in dem eine globale Gestaltung des Inhaltsverzeichnisses vorgenommen werden kann.

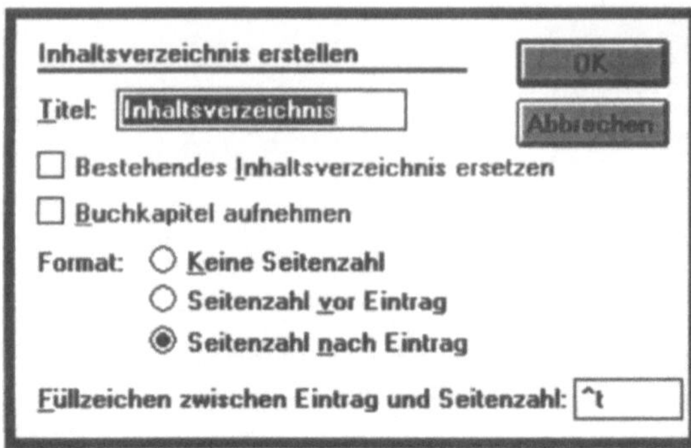

In der Eingabezeile *Titel* ist als Vorgabe das Wort *Inhaltsverzeichnis* als Überschrift für das Inhaltsverzeichnis eingetragen.
Auf einen derartigen Titel läßt sich aber verzichten. Drücken Sie
die [Entf] - Taste, solange der Begriff in der Eingabezeile markiert
ist.

Die nächste Veränderung betrifft das Format des Inhaltsverzeichnisses in bezug auf die Anordnung der Seitenzahlen. Standardmäßig werden die Seitenzahlen rechts neben die Überschriften
gesetzt, getrennt mit einem Tabsprung. Die schmale Spalte, die
im Übungsbeispiel für ein Inhaltsverzeichnis vorgesehen ist,
zwingt jedoch zu einer abweichenden Form. Wählen Sie durch
Anklicken die Option *Seitenzahl vor Eintrag* aus.

Zuletzt wird im Eingabefeld *Füllzeichen zwischen Eintrag und
Seitenzahl* festgelegt, nach welcher Methode Text und Seitenzahlen zu trennen sind. Üblicherweise wird mit dem Steuerzeichen »^t« festgelegt, daß die Trennung durch einen Tabsprung
erfolgt. In diesem Beispiel bietet sich aus Platzgründen an, stattdessen eine Absatzschaltung zu wählen, damit die Überschriften
in einer neuen Zeile unterhalb der dazugehörigen Seitenziffer gesetzt werden. Ersetzen Sie die Vorgabe »^t« durch »^p« (Para-
graph).

Nachdem Sie die Schaltfläche [OK] angeklickt oder die Taste [↵]
zur Bestätigung des Dialoges gedrückt haben, stellt PageMaker
das Inhaltsverzeichnis zusammen. Nach Fertigstellung zeigt der
Mauszeiger an, daß nicht eingeflossener Text vorhanden ist.
Klicken Sie diesen Mauszeiger an der vorgesehenen Stelle auf
der Titelseite an, damit das Verzeichnis dort einfließen kann.

Wählen Sie in der Funktionenbox das Textwerkzeug aus, um den Text des Verzeichnisses bearbeiten zu können. Fügen Sie vor jeder Seitenzahl einen Zeilenumbruch und das Wort »Seite« ein. Vor dem ersten Eintrag entfällt die Absatzschaltung. Wählen Sie für den gesamten Text des Inhaltsverzeichnisses die Schriftauszeichnung »kursiv« und eine angemessene Schriftgröße.

Inhaltsverzeichnis gestalten

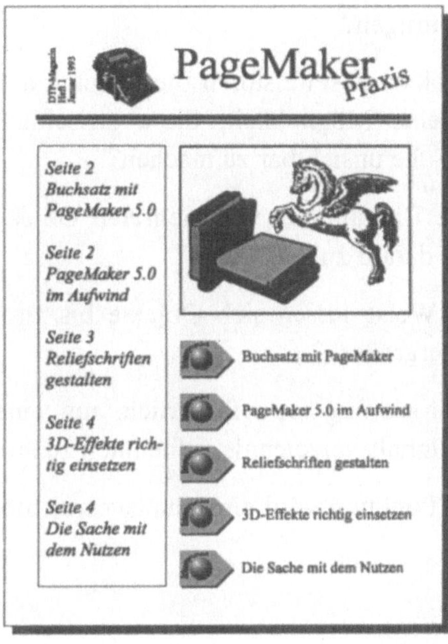

Abbildung 5.53.: Titelseite mit Inhaltsverzeichnis

Im Kapitel »Leichter Umgang mit langen Publikationen« wird das Zusammenstellen von Verzeichnissen noch einmal aufgegriffen. Dort können Sie detailliert nachlesen, welche Möglichkeiten in bezug auf Verzeichnisse und deren Gestaltung von PageMaker zur Verfügung gestellt werden.

1. Was verstehen Sie unter einem Layout?

2. Was ist ein Satzspiegel?

3. Wann ist ein mehrspaltiger Satzspiegel sinnvoll bzw. erforderlich?

Fragen zum Kapitel

4. Sie möchten ein Text- oder Bildobjekt auf allen Seiten Ihres Dokuments jeweils an der gleichen Stelle und unverändert positionieren. Wie verfahren Sie?

5. Mit welchem Tastenschlüssel erzielen Sie auf den Stammseiten eine automatische Seitennumerierung.

6. Mit welcher Funktion lassen sich neue Seiten in ein Dokument einfügen?

7. Auf einer Dokumentseite stören die Objekte der Stammseite. Haben Sie eine Möglichkeit, diese ausschließlich für die betreffende Seite unsichtbar zu machen?

8. Wann ist die Einrahmung von mehreren Objekten vertretbar und wann ist darauf zu verzichten?

9. Auf welche Weise lassen sich Objekte bis zu einem Faktor von 800 % vergrößern?

10. Welche Formatierung ist erforderlich, um eine Überschrift später in ein Inhaltsverzeichnis aufnehmen zu können?

11. Mit welcher Funktion wird ein Inhaltsverzeichnis zusammengestellt?

Kapitel 6

Formulare und Drucksachen entstehen

6 Formulare und Drucksachen entstehen

In diesem Kapitel werden Sie einige Gestaltungsbeispiele kennenlernen, die einerseits Anregungen für eigene Publikationen vermitteln sollen, andererseits aber auch Hürden aus dem Weg räumen sollen. Es beginnt zum Beispiel mit dem Entwurf eines Formulars. Jeder hat im täglichen Leben mit Formularen zu tun und jeder wird schon einmal die Erfahrung gemacht haben, daß Vordrucke meistens nur für handschriftliches Ausfüllen geeignet sind. Selten lassen sie sich mit einer Schreibmaschine oder mit einem PC ausfüllen. Man sagt, die Formulare sind nicht schreibmaschinengerecht gedruckt und meint damit, die auszufüllenden Zeilen entsprechen nicht den üblichen Zeilenvorschüben. Das ist ein Problem, daß sich bei der Gestaltung von Formularen zwar eingrenzen aber nicht immer 100%ig lösen läßt.

Die Drucker machen hier die größten Schwierigkeiten. Es wird eine Vielzahl von Druckern auf dem Markt angeboten, von denen alle unterschiedlich arbeiten. Ist nun ein Formular für einen bestimmten Drucker eingerichtet worden, wird man es mit diesem Drucker auch problemlos beschriften können. Auf einem anderen Drucker hingegen wird es mit großer Wahrscheinlichkeit wieder zu den bekannten Problemen kommen.

6.1 Antragsformular

Solange also ein Formular nicht auf unterschiedlichen Druckern zum Einsatz kommt, ist der Entwurf und die spätere Verwendung kein Problem. Vor dem Erstellen eines maschinengerechten Formulars ist dann eigentlich nur eine Frage zu klären: Mit welcher Software soll das fertige Formular später ausgefüllt werden. Meistens handelt es sich hierbei um ein Textverarbeitungsprogramm, wie zum Beispiel Word für Windows.

Bevor nun die Arbeit in PageMaker beginnt, ist ein Arbeitsschritt in der betreffenden Textverarbeitung erforderlich. Diese Software wird zunächst gestartet und ein leeres Dokument angelegt. Achten Sie darauf, daß die normalen Seiteneinstellungen beibehalten werden. Es ist nun eine Art Schablone anzulegen, die später für

Formular
vorbereiten

die Positionierung der auszufüllenden Felder benötigt wird. Es reicht völlig aus, wenn Sie eine Seite vollständig mit Punkten füllen. Drucken Sie eine solche Seite aus und nehmen Sie ein Lineal zur Hand, um die Lage der Zeile ab dem oberen Seitenrand auszumessen.

Entwurf

Jetzt beginnt die Arbeit in PageMaker. Sie sollten sich auch hier erst eine oder mehrere Skizzen anfertigen, bevor Sie mit der Gestaltung eines Formulars auf dem Monitor beginnen. Überlegen Sie sich, welche Informationen enthalten sein sollen, wie Sie die Felder anordnen möchten und ob ein Logo im Formular enthalten sein soll.

Messen Sie nun auf Ihrer Schablone aus, an welcher Position ab oberer Schnittkante des Papiers die gedruckten Zeilen liegen, um die Felder auf Ihrem Formular entsprechend anzuordnen. Die gedruckten Punkte stellen die Grundlinie des Textes dar. Wenn Sie sich an diese Maße halten, ist das Ausfüllen später kein Problem mehr. Richten Sie sich in Ihrer Textverarbeitung ebenfalls eine Datei ein, in der Sie an den betreffenden Positionen Feldmarken setzen, die per Tastendruck angesteuert werden können. Lesen Sie bitte im Handbuch Ihrer Textverarbeitung nach, wie hier zu verfahren ist.

Formular in PageMaker ausfüllen

Selbst wenn Sie bei der Herstellung eines Formulars exakt die Maße der Schablone eingehalten haben, wird es in der Praxis nicht immer zu einem zufriedenstellenden Ergebnis kommen. Wenn Sie ein leeres Formular in Ihren Drucker einlegen, um es mit einer Textverarbeitung auszufüllen, ist der Papiereinzug die nächste Hürde. Die einzelnen Blätter werden nicht immer genau gleich in den Drucker eingezogen, so daß es zwangsläufig wieder zu Verschiebungen kommt. Haben Sie ein Formular ausgefüllt, kann das Ergebnis 100%ig sein, beim nächsten Formular aber sind die Zeilen vielleicht um einen halben Millimeter verschoben. Deswegen ist zu überlegen, ob nicht auch das Ausfüllen eines Formulars in PageMaker erfolgt, so daß ein Formular ausgefüllt ausgedruckt wird.

Gestalten Sie zunächst einmal ein Formular ohne Rücksicht auf das spätere Ausfüllen. Sie sollten aber diese Gestaltung unbedingt auf der Stammseite eines Dokuments vornehmen,

damit beim späteren Ausfüllen nicht versehentlich etwas
verändert wird. Die folgende Abbildung zeigt ein Beispiel.

Abbildung 6.1.:
Beispiel eines
Formulars

Haben Sie ein Formular dieser oder ähnlicher Art auf der Stammseite angelegt, wird auf die erste Dokumentseite gewechselt.
Mehr als eine Seite muß das Dokument auch nicht umfassen. Auf
der Dokumentseite werden an den Positionen, an denen später etwas einzutragen ist, Textblöcke als Platzhalter angelegt.

Abbildung 6.2.:
Platzhalter im
Formular

Ist dieses Formular später auszufüllen, wird die PageMaker-Datei
geöffnet und die Platzhalter werden jeweils mit einem Doppelklick angeklickt, damit der Mustertext markiert ist. Anschließend
ist der erforderliche Text zu schreiben, der anstelle des Platzhalters in das Formular eingetragen wird. Das auf diese Weise fertig
ausgefüllte Formular wird aus PageMaker heraus ausgedruckt.
Ein Problem mit den Zeilenvorschüben kann es jetzt nicht mehr
geben.

Im unteren Teil des hier gezeigten Musterformulars sind Felder vorgesehen, die lediglich angekreuzt werden müssen. Hier genügt es, ein Kreuz oder einen fetten Punkt auf der Dokumentseite vorzubereiten, der je nach Bedarf in das entsprechende Kästchen gezogen wird. Einen hochgestellten Punkt können Sie in PageMaker mit dem Textwerkzeug erzeugen, indem Sie die Tastenkombination ⟨Strg⟩⟨⇧⟩⟨8⟩ drücken. Verwenden Sie die Taste ⟨8⟩ aus dem Schreibmaschinenblock Ihrer Tastatur. Formatieren Sie einen solchen Punkt mit der Schriftgröße 30 und schieben Sie den Textblock auf das Minimum zusammen. Ansonsten finden Sie in der Schriftart *Lucida Icons*, sofern vorhanden, geeignete Sonderzeichen, zum Beispiel ein Kreuz, daß Sie mit der Tastenkombination ⟨Alt⟩ ⟨0⟩⟨1⟩⟨3⟩⟨7⟩ schreiben können. Ein Kreuz wird es aber erst, wenn die Schriftart *Lucida Icons* ausgewählt ist.

6.2 Briefbogen

Auch bei der Gestaltung einfacher Briefbögen ist eine bestimmte Maßhaltigkeit einzuhalten, die in der Norm DIN 5008 festgelegt ist. So sind zum Beispiel genaue Maße für die Positionierung des Adressenfeldes einzuhalten, damit die spätere Anschrift im Fenster eines Briefumschlags sichtbar ist.

Abbildung 6.3.:
Formblatt eines
Briefbogens

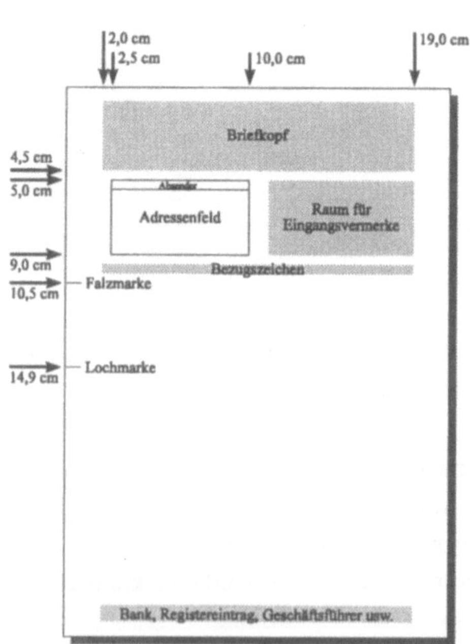

Sinn einer Normung ist hier, daß erforderliche Angaben in einem Briefkopf grundsätzlich an gleicher Position stehen und somit leichter gefunden werden. Ein DIN-A4-Bogen teilt sich demzufolge in mehrere Bereiche auf, die für bestimmte Einträge vorgesehen sind. Die obige Abbildung soll die Abmessungen und die Bestimmungen der Felder deutlich machen.

Vor der Einrichtung einer PageMaker-Datei für die Gestaltung eines Briefbogens sollte auch der Satzspiegel in Anlehnung an die Positionen des Briefkopfbereichs angelegt werden. Die spätere Texterfassung beginnt mit der Anschrift, so daß der obere Satzspiegelrand am Beginn des Adressenfeldes liegen sollte, genauer gesagt etwa drei Millimeter unterhalb des Absenders.

* Legen Sie eine neue Satzdatei mit folgenden Einstellungen an.   Übungsbeispiel

DIN-A4, einseitig, hochformat
Stegbreiten: Links: 25 mm   Rechts: 20 mm
            Kopf: 58 mm   Fuß: 30 mm

* Wechseln Sie auf die Stammseite und fügen Sie dort eine waagerechte Hilfslinie bei 55 mm ein.

Als Gestaltungsbeispiel wird ein Briefbogen für ein (erfundenes)   Logo
Reisebüro angelegt. Das Firmenlogo ist im Übungsverzeichnis als CorelDraw-Datei unter dem Dateinamen FLUGZEUG.CDR bzw. als Zwischenablage-Datei unter dem Namen FLUGZEUG.CLP gespeichert. Dieses Logo soll im Briefkopfbereich bündig mit dem rechten Satzspiegelrand positioniert werden. Setzen Sie zunächst zwei senkrechte Hilfslinien bei 110 mm und bei 190 mm, die die Breite des Bildes eingrenzen. Für die vertikale Ausdehnung werden zwei Hilfslinien bei 10 mm und bei 35 mm gesetzt. Importieren Sie das Logo und positionieren Sie es so, daß die Knotenpunkte des Bildes genau auf den Hilfslinien liegen. Um dies zu erreichen, werden Sie nicht nur das Bild verschieben, sondern auch in seiner Größe verändern müssen. Achten Sie dabei auf die Proportionen des Bildes.

Der Absender soll als einzeiliger Text im dafür vorgesehenen Be-   Absender
reich des Adressenfeldes eingefügt werden. Eine waagerechte

Hilfslinie bei 55 mm haben Sie bereits gesetzt, auf der die untere Begrenzungslinie des Textblocks aufliegen wird. Um horizontal die richtige Position einhalten zu können, sollten senkrechte Hilfslinien bei 25 mm und bei 100 mm gesetzt werden. Ziehen Sie einen Textblock zwischen diesen beiden Hilfslinien auf und schreiben Sie den Absender.

Abenteuerflug GmbH, Philosophenweg 30, 12195 Berlin

(Diese Adresse ist frei erfunden. Etwaige Ähnlichkeiten mit einer existierenden Firma wären zufällig.)

Wählen Sie für den Absendertext die Schriftart »Arial« in der Schriftgröße 8 Punkt aus und zentrieren Sie den Text innerhalb des Textblocks. Verschieben Sie den Textblock so, daß die untere Begrenzungslinie auf der waagerechten Hilfslinie bei 55 mm aufliegt. Abschließend wird auf der gleichen Hilfslinie eine Haarstrich-Linie über die gesamte Satzspiegelbreite gezogen.

Falz- und Lochmarke

Fügen Sie noch zwei waagerechte Linien im Format *Haarstrich* am linken Papierrand ein. Die Falzmarke wird bei 105 mm und die Lochmarke bei 149 mm gezogen. Zeichnen Sie diese Linien ab Papierkante etwa einen Zentimeter nach rechts. Sollten Sie einen Drucker besitzen, der einen größeren Randbereich als 5 mm nicht bedrucken kann, sind diese Linien etwas länger ziehen.

Abbildung 6.4.: Monitor mit gestaltetem Briefbogen

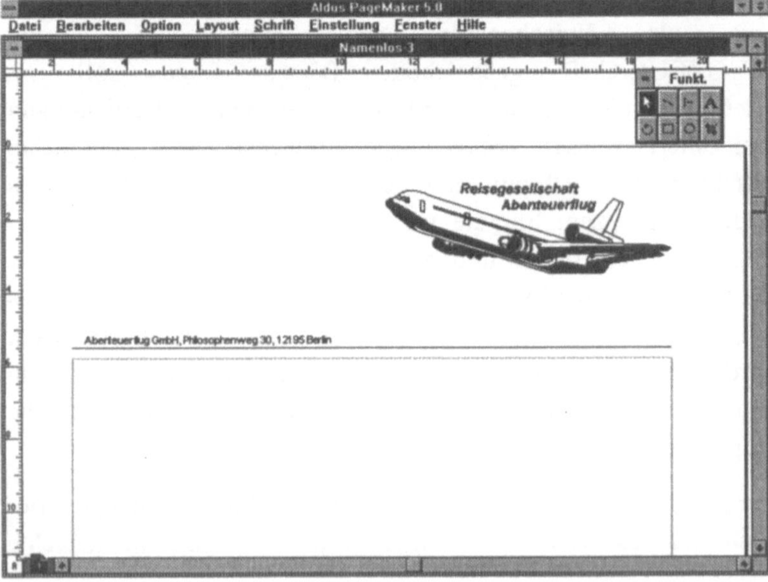

Es fehlen noch die Angaben der Telefonnummer, Faxnummer, Geschäftszeiten usw. Diese könnten am unteren Rand des Briefbogens positioniert werden. Hier bietet sich ein zweizeiliger Text in einer klaren Schriftart und nicht zu großem Schriftgrad an, der zentriert über die gesamte Satzspiegelbreite unterhalb des Satzspiegels gesetzt wird. Fügen Sie einen solchen Textblock mit folgendem Inhalt ein.

Telefon (030) 24 58 390, Telefax (030) 12 34 567
Bürozeiten: 8.00 - 13.00 Uhr und 15.00 - 18.00 Uhr

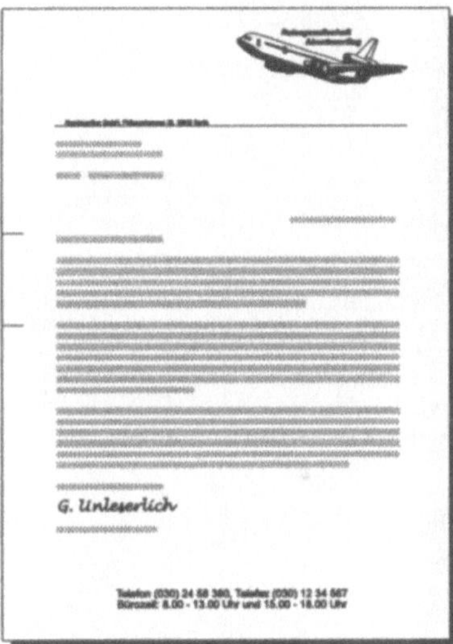

Abbildung 6.5.:
Gedruckter
Briefbogen

Bei der Gestaltung von Briefbögen sollte mit möglichst wenig Objekten gearbeitet werden. Wird ein Briefkopf überlastet, wirkt er unübersichtlich, um nicht zu sagen undurchsichtig. Der Eindruck, der vom Briefbogen vermittelt wird, überträgt sich auf den Charakter der Firma. Ein chaotischer Briefkopf schreckt ab und wird den Leser veranlassen, von Geschäftsbeziehungen mit einer solchen Firma Abstand zu nehmen. Klare Linien und Übersichtlichkeit hingegen laden förmlich dazu ein, mit der betreffenden Firma in Kontakt zu treten.

6.3 Etiketten

Haftetiketten werden in den verschiedensten Formaten auf DIN-A4-Trägerpapier angeboten, so daß eine Verarbeitung in jedem handelsüblichen Drucker möglich ist. Für die Arbeit in PageMaker ist es wichtig, die Textblöcke korrekt zu positionieren, damit später nicht über die Schnittkante eines Etiketts hinausgedruckt wird. Messen Sie an einem Originalbogen aus, an welchen Positionen horizontal und vertikal die Haftetiketten angeordnet sind und setzen Sie in PageMaker entsprechende Hilfslinien. Als Beispiel dient hier ein Etikett des Formats 102 mm x 38 mm, das sich für die Etikettierung von 5,25"-Disketten eignet. Auf einem Trägerbogen sind 14 solche Etiketten aufgeklebt.

Abbildung 6.6.:
Trägerbogen mit
14 Haftetiketten

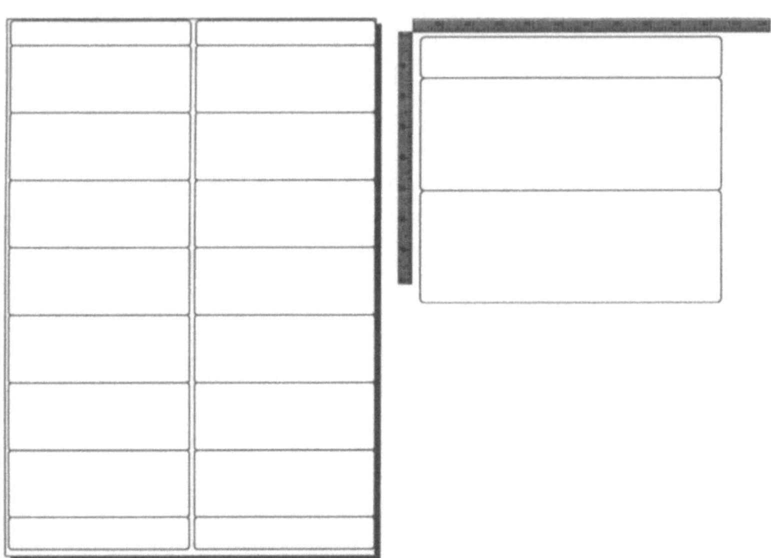

Seiteneinrichtung

Bei der Seiteneinrichtung bietet es sich an, die Stegbreiten so anzuordnen, daß die Satzspiegellinien als Randbegrenzung rechts und links genutzt werden können. Andernfalls wird es im Bereich der Seitenränder durch zusätzliche Hilfslinien schnell unübersichtlich. Im Beispiel beginnt das erste Etikett bei 16 mm, so daß der obere Seitenrand auf dieses Maß festzulegen ist. Analog wird der untere Seitenrand auf 19 mm eingestellt. Dies ist die Position der unteren Schnittkante der letzten Etiketten.

Ich möchte noch einmal darauf hinweisen, daß die hier genannten Maße auf dem Beispiel des Etikettenformats 102 mm x 38 mm beruhen. Verwenden Sie Etiketten eines anderen Formats weichen die Maße ab. Dies kann schon passieren, wenn Sie Etiketten des gleichen Formats, aber eines anderen Herstellers verwenden.

Bei den Seitenrändern rechts und links ist es besser, den Satzspiegel nicht dem Trägermaterial der Etiketten anzupassen. Die äußeren Kanten der Haftetiketten sind nur 1 mm oder 2 mm vom Rand des Trägerpapiers entfernt, so daß sich ein Teil der Etiketten im nicht bedruckbaren Randbereich befindet. Die Größe dieses Bereiches an den Außenkanten einer DIN-A4-Seite ist vom Drucker abhängig. Moderne Drucker können aber schon bis auf 5 bis 7 mm an die Papierkanten rechts und links herandrucken. Um nicht Gefahr zu laufen, die Etiketten außerhalb des bedruckbaren Bereiches zu beschriften, sollten die Ränder rechts und links ausreichend groß eingestellt werden. Seitenränder von jeweils 10 mm dürften wohl für alle Drucker groß genug sein.

Die Beispieletiketten haben eine Höhe von 38 mm. Ab dem oberen Satzspiegelrand sind an den entsprechenden Positionen waagerechte Hilfslinien zu setzen. Am einfachsten ist es, wenn der Nullpunkt des senkrechten Lineals jeweils auf die Ausgangsposition ausgerichtet wird. Setzen Sie hierzu den Mauszeiger in das kleine Feld links neben dem waagerechten und oberhalb des senkrechten Lineals und ziehen Sie die Maus bei gedrückter linker Maustaste an die Position, an der die Nullpunkte der Lineale künftig sitzen sollen. Lassen Sie dort die Maustaste wieder los.

Waagerechte
Hilfslinien setzen

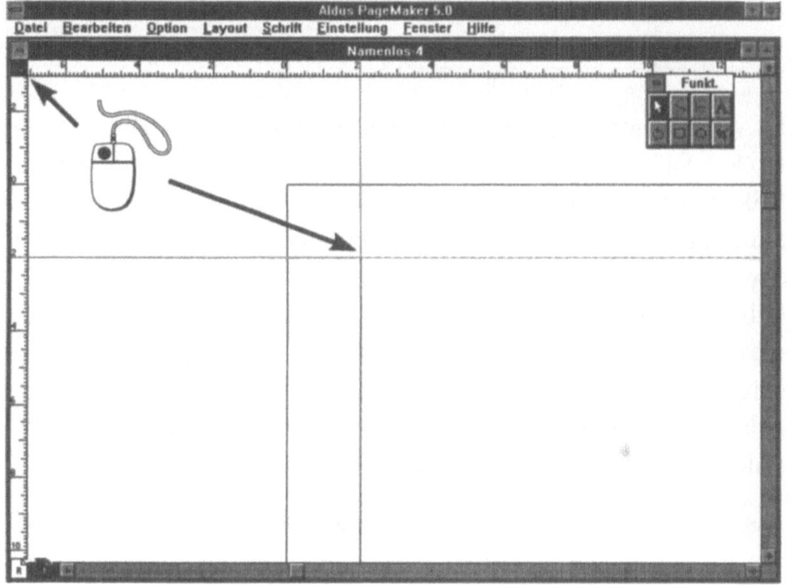

Abbildung 6.7.:
Nullpunkt
verschieben

Jetzt wird bei 38 mm die erste waagerechte Hilfslinie gezogen und anschließend der Lineal-Nullpunkt auf diese Position weiterverschoben. Wiederum bei 38 mm wird die zweite Hilfslinie gesetzt. Dieses Verfahren wiederholt sich solange, bis alle erforderlichen waagerechten Hilfslinien gesetzt sind. Zum Schluß sollten die Nullpunkte der Lineale wieder auf die obere linke Ecke der Seite zurückgesetzt werden.

Verschieben der Nullpunkte nicht möglich

Sollte das Verschieben der Nullpunkte nicht funktionieren, sind die Lineale gewissermaßen »eingefroren«. Im Untermenü *Layout - Lineale und Hilfslinien* befindet sich die Funktion *Nullpunktfestsetzung*, mit der die Lineale festgesetzt werden können. Befindet sich vor diesem Menüeintrag ein Häkchen (✓), lassen sich die Nullpunkte nicht mehr verschieben. Klicken Sie in einem solchen Fall die Funktion an, um sie zu deaktivieren.

Abbildung 6.8.: Funktion *Nullpunktfestsetzung*

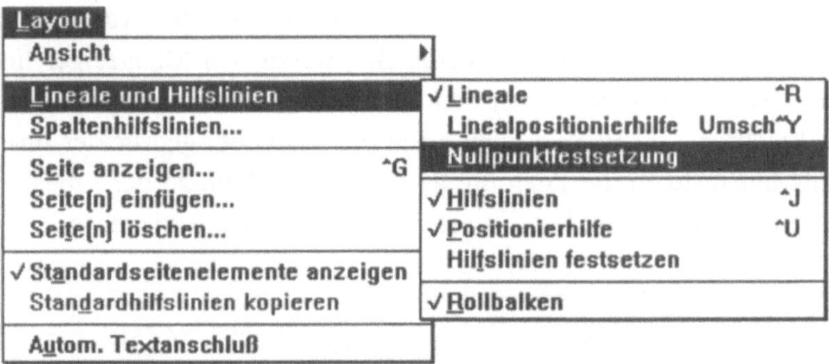

Senkrechte Hilfslinien setzen

Es werden nur zwei senkrechte Hilfslinien benötigt. Eine davon ist an der Position zu setzen, an der auf den jeweils linken Etiketten die Texte enden sollen. Diese Position sollte ungefähr ein Zentimeter vom rechten Etikettenrand entfernt sein, im Falle der Beispieletiketten etwa bei 94 mm. Eine weitere senkrechte Hilfslinie wird als Begrenzung der zweiten Etikettenreihe gesetzt, diesmal aber an der Position, an der die Beschriftung beginnen soll, denn für die rechte Begrenzung gibt es hier ja den Satzspiegelrand. Setzen Sie also bei 115 mm die zweite senkrechte Hilfslinie.

Als nächstes sollte mit einem Probeausdruck ermittelt werden, ob die Einrichtungen stimmen. Beschriften Sie die Etikettenfelder und drucken Sie das Dokument aus. Hierfür reicht es aus, Normalpapier zu verwenden. Legen Sie den Ausdruck auf eine Etikettenseite und prüfen Sie, ob die Beschriftungen exakt die Etiketten treffen. Mitunter werden zu solchen Etiketten Schablonen mitgeliefert, auf denen mit einer fetten Linie die Umrisse der Etiketten gezeichnet sind. Diese sind bei der Kontrolle gut durch das bedruckte Papier hindurch sichtbar.

Es kann sein, daß druckerabhängig trotz genauem Messen noch kein zufriedenstellendes Ergebnis erzielt wird. In einem solchen Fall läßt sich jetzt aber die Abweichung ausmessen und die Einrichtung auf dem Monitor entsprechend ändern. Meistens muß der obere Seitenrand etwas vergrößert werden, wodurch auch die waagerechten Hilfslinien jeweils um einige Millimeter nach unten verschoben werden müssen. Dies hängt mit dem Papiereinzug des Druckers zusammen. Sind derartige Korrekturen ausgeführt, kann das Dokument als Mustervorlage gespeichert werden. Rufen Sie hierzu die Funktion *Speichern unter...* im Menü *Datei* auf, vergeben Sie einen beliebigen Dateinamen und wählen Sie die Option *Mustervorlage*, damit PageMaker die Datei mit der Erweiterungen PT5 speichert.

Sollten Sie nicht alle Etiketten eines Trägerbogens bedrucken wollen, sollten Sie beim Beschriften mit den unteren Etiketten beginnen. Dadurch bleibt der Bogen für den nächsten Einzug in den Drucker stabil. Entfernen Sie zuerst die oberen Etiketten, kann es ggf. zu Schwierigkeiten bei späterer Wiederverwendung kommen, weil das Trägerpapier zu dünn ist. Dadurch könnte es sein, daß der Bogen nicht mehr korrekt vom Drucker eingezogen wird.

Des weiteren ist darauf zu achten, daß die Etiketten alle noch gut auf dem Trägerpapier kleben. Sind Ecken bereits abgelöst gewesen, haben Sie an Haftfähigkeit verloren und können sich schnell wieder lösen, wenn im Drucker auf Hindernisse gestoßen wird. Und ein solches Hindernis gibt es an der Walze. Hinter der Walze gibt es ein Blech, an dem das Papier vorbeigeführt wird. Haben sich Etiketten nun etwas vom Trägerpapier gelöst, bleiben diese an dem Blech kleben und werden vollständig vom Trägerpapier abgelöst. Eine sehr ärgerliche Situation, weil man die Walze selten mit wenigen Handgriffen aus einem Drucker entfernen kann, um das an dem Blech kleben gebliebene Etikett zu entfernen. Aus eigener Erfahrung kann ich sagen, daß dies eine sehr zeitaufwendige Aktion ist. Deshalb ist es besser, ein loses Etikett vor dem Bedrucken vom Trägerpapier zu entfernen oder ggf. einen neuen Druckbogen zu nehmen.

6.4 Hintergrundbild

Dieser Abschnitt beschreibt ein Gestaltungsbeispiel, mit dem ein sonst nüchterner Text etwas aufgelockert werden kann. Eine bilderlose Abhandlung wirkt nicht mehr fade, wenn hinter dem Text ein dezentes Bild positioniert wird. Das Motiv sollte allerdings mit dem Inhalt des Textes in einer Beziehung stehen. Ein Hintergrundbild der Bremer Stadtmusikanten ist sicherlich nicht angemessen, wenn es sich um einen Wirtschaftsbericht über die Auslastung des Hafens handelt.

Übungsbeispiel

Legen Sie sich eine neue Satzdatei an und importieren Sie mit der Funktion *Positionieren...* im Menü *Datei* die Datei ANKER.TIF und positionieren Sie das Bild in der Mitte der Seite. Vergrößern Sie das Bild, damit es fast die gesamte Satzspiegelbreite einnimmt. Lassen Sie rechts und links zwischen Bild und Satzspiegelrand etwa 2 Zentimeter frei.

Abbildung 6.9.: Importiertes und positioniertes Bild

Der Text soll später über das Bild fließen. Damit der Text aber lesbar bleibt, darf das Bild in der gegenwärtigen Form nicht beibehalten werden. Die Farbintensität muß abgeschwächt werden, damit das Motiv nur noch schemenhaft zu sehen ist. Da es sich aber um eine importierte Bilddatei handelt, kann hier mit der Farbmischung nicht garbeitet werden. Aktivieren Sie das Bild und rufen Sie im Menü *Einstellung* die Funktion *Bild nachbearbeiten...* auf. Sie erhalten folgendes Dialogfeld.

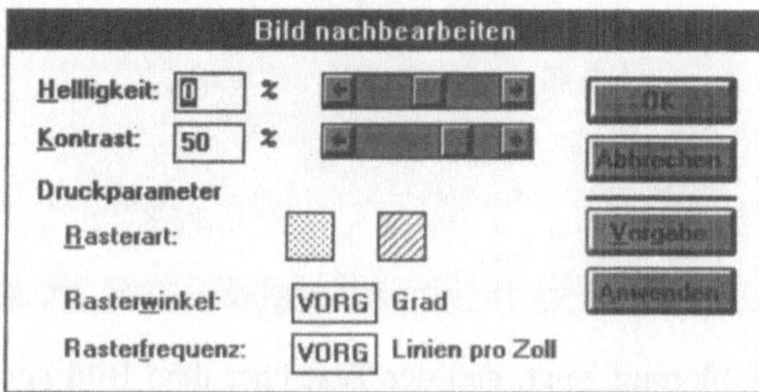

Abbildung 6.10.: Dialogfeld *Bild nachbearbeiten*

Für das hier gesetzte Ziel ist das Eingabefeld *Helligkeit* interessant. Die Vorgabe »0« läßt sich in einer Bandbreite von -100 % bis +100 % verändern, wobei ein Vorzeichen bei der Eingabe nur bei einem Negativwert erforderlich ist. Wird eine positive Prozentzahl eingegeben, wird das Bild heller, während ein negativer Wert das Objekt dunkler macht. Im Übungsbeispiel soll die Grafik heller werden.

Es ist nun auszuprobieren, wie hell das Bild werden muß, um den noch zu importierenden Text gut lesen zu können. Tragen Sie in das Eingabefeld den Wert »70« ein, oder verschieben Sie den Rollbalken rechts daneben, bis dieser Wert automatisch im Eingabefeld eingetragen ist. Bestätigen Sie den Dialog durch Anklikken der Schaltfläche [OK] oder durch Drücken der Taste ⏎.

Lassen Sie jetzt einen Text einfließen, um festzustellen, ob die Lesbarkeit gewährleistet ist. Für solche Zwecke gibt es im Übungsverzeichnis einen Blindtext, der unter dem Dateinamen BLIND.DOC (TXT) gespeichert ist. Importieren Sie diese Datei und lassen Sie den Text vom Beginn des Satzspiegels an einfliessen.

Bild nachbearbeiten

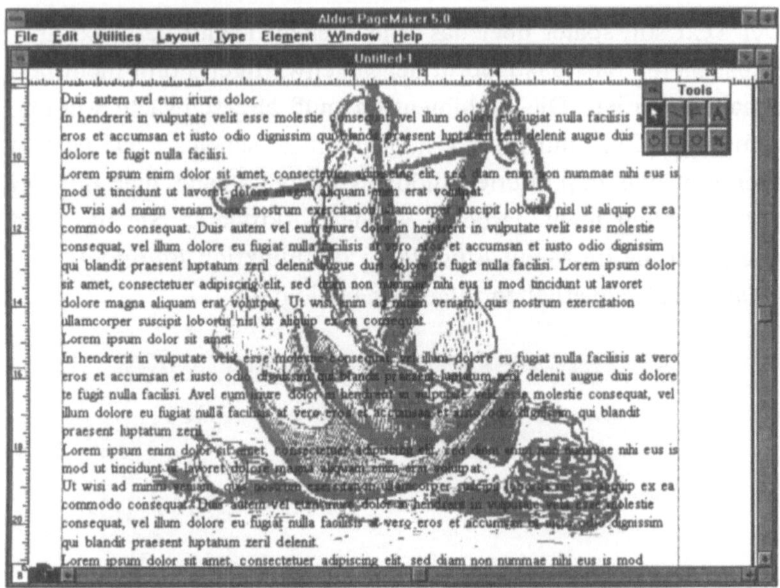

Die Vergrößerung zeigt, daß der Text über dem Bild noch nicht gut zu lesen ist. Deshalb muß die Helligkeit noch weiter erhöht werden. Klicken Sie mit Hilfe der Strg - Taste das Bild an, damit Sie es hinter dem Textobjekt aktivieren können. Rufen Sie erneut die Funktion *Bild nachbearbeiten...* im Menü *Einstellung* auf und erhöhen Sie den Wert der Helligkeit auf 80 %. Je nach Monitor kann es sein, daß keine Veränderung ersichtlich ist. Wird in einem solchen Fall die Helligkeit noch weiter erhöht, erfolgt möglicherweise der Sprung zu einem unsichtbaren Bild. Die Monitordarstellung hilft hier also nicht immer, ein optimales Ergebnis zu erziehlen. Vielleicht ist schon die Einstellung 70 % in Ordnung gewesen. Aufschluß wird hier nur ein Probeausdruck geben.

Die Funktion *Bild nachbearbeiten...* läßt sich nicht auf sämtliche Bildformate anwenden. Über weitere Einsatzmöglichkeiten dieser Funktion können Sie im Kapitel »Bildbearbeitung« nachlesen.

6.5 Organigramm

Organigramme sind Ablaufdiagramme, die eine hierarchische Abhängigkeit verschiedener Stufen zueinander deutlich machen. In der Praxis werden solche Darstellungen angelegt, um zum Beispiel Arbeitsabläufe oder die Organisation einer Firma grafisch aufzuzeichnen. Jedes einzelne Element, zum Beispiel eine Abteilung, wird dabei in Form eines Kastens dargestellt. Verbindungslinien zeigen die Zusammengehörigkeit bzw. die Abhängigkeit dieser Elemente an. Die folgende Abbildung zeigt ein Beispiel für ein solches Organigramm.

Abbildung 6.12.: Beispiel eines Organigramms

Das Zeichnen solcher Organigramme in PageMaker ist leicht. Es werden die Werkzeuge genutzt, die PageMaker in seiner Funktionenbox zur Verfügung stellt. Die oben abgebildeten Kästen bestehen nur aus drei Objekten, und zwar aus einer Grundfläche, einer Abschattierung und einem Textblock.

Übungsbeispiel

Beginnen Sie mit dem Zeichnen einer Grundfläche. Wählen Sie in der Funktionenbox das Werkzeug zum Zeichnen von Vierecken und ziehen Sie ein Rechteck, das für den späteren Text groß genug ist. Ggf. läßt sich das Ausmaß dieser Fläche nachträglich verändern.

Möchten Sie entsprechend der obigen Abbildung die Kästen im 3D-Effekt anlegen, wird eine Abschattierung benötigt. Hierbei ist zu beachten, daß der gewünschte Effekt am schnellsten erkannt wird, wenn das »Licht« von oben links auf das Objekt fällt, der Schatten also rechts und unten zu sehen ist. Kopieren Sie das bereits gezeichnete Rechteck, indem Sie es mit der Funktion *Kopieren* im Menü *Bearbeiten* in die Windows-Zwischenablage übertragen und anschließend mit der Funktion *Einfügen* im gleichen Menü wieder in das Dokument zurückkopieren. Je nach Größe der Rechtecke wird das zweite Objekt um wenige Millimeter nach rechts und nach unten versetzt auf das Original gelegt. Achten Sie darauf, daß der Versatz sowohl rechts als auch unten

3D-Effekt

gleich groß ist. Zum Schluß müssen die beiden Rechtecke eine Flächenfüllung erhalten. Das Original muß weiß gefüllt werden, bzw. in der Farbe des Papiers, während das zweite Rechteck (Schatten) einen Grauton erhält. Ein grauer Schatten wirkt meistens besser als ein tiefschwarzer.

Ordnen Sie die beiden Rechtecke so an, daß die weiße Fläche die dunkle abdeckt. Hierfür stehen Ihnen die Funktionen *Nach vorne stellen* und *Nach hinten stellen* im Menü *Einstellung* zur Verfügung. Abschließend sollten die beiden Objekte mit der Funktion *PS Gruppieren* im Untermenü *Option - Aldus Additions* gruppiert werden, damit eine spätere Verfielfältigung leichter ausführbar ist.

<table>
<tr>
<td>

Abbildung 6.13.:
Anlegen eines
abschattierten
Vierecks

</td>
<td>

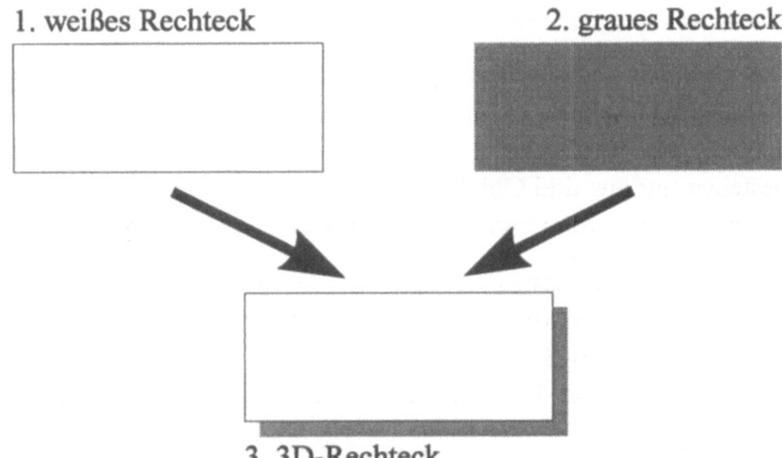

</td>
</tr>
</table>

Das graue Rechteck für die Abschattierung sollte ausschließlich mit einer Flächenfüllung gestaltet werden. Entfernen Sie Randlinien, indem im Untermenü *Einstellung - Linie* die Auswahl *Keine* getroffen wird, so daß die Randlinien ausgeblendet werden. Dadurch wirkt der »Schatten« natürlicher. Haben Sie bereits eine Gruppierung vorgenommen, ist eine weitere Bearbeitung dieser Art nicht mehr möglich. Sie können aber jederzeit mit der Funktion *PS Gruppieren rückgängig* eine Gruppierung wieder aufheben. Aktivieren Sie das gruppierte Objekt und rufen Sie die genannte Funktion im Untermenü *Option - Aldus Additions* auf. Sie erhalten ggf. folgendes Hinweisfenster.

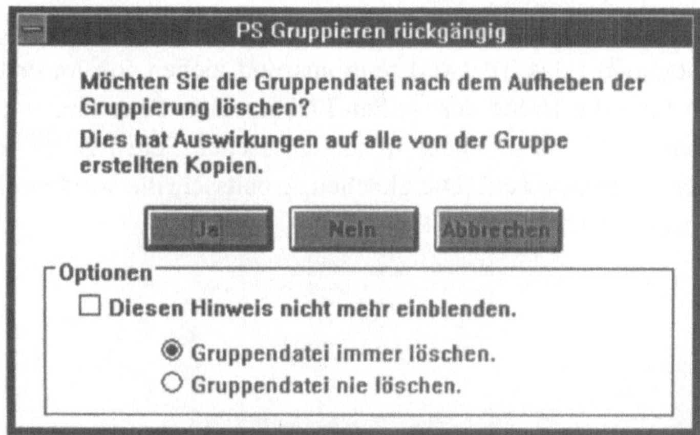

Abbildung 6.14.: Hinweisfenster beim Auflösen einer Gruppierung

Es wird darauf hingewiesen, daß eine eigens für die Gruppierung angelegte Datei gleichzeitig gelöscht werden kann. Solange es von dem gruppierten Objekt keine Kopien gibt, ist das Löschen auch zu empfehlen, um auf der Festplatte keine unnötigen Dateien zurückzubehalten.

Kopieren Sie das fertig gestaltete und gruppierte Objekt über den Windows-Zwischenspeicher so oft, bis eine ausreichende Anzahl dieser schattierten Kästen zur Verfügung steht. Diese Objekte werden jetzt entsprechend der Zielsetzung angeordnet und ausgerichtet, bis die erforderliche Organigramm-Struktur erreicht ist.

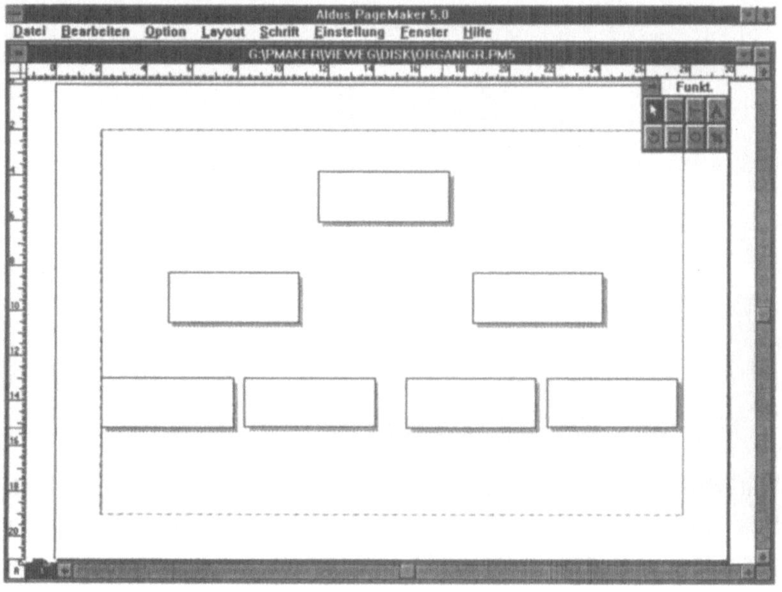

Abbildung 6.15.: Monitor mit angeordneten Organigramm-Objekten

Als nächstes werden die Objekte beschriftet. Wählen Sie in der Funktionenbox das Textwerkzeug aus und ziehen Sie im ersten Objekt über die Breite der weißen Fläche einen Textrahmen auf. Beschriften Sie das Objekt in angemessener Schriftgröße und zentrieren Sie den Text. Die gleichen Arbeitsschritte wiederholen sich in allen Organigramm-Objekten.

Abbildung 6.16.:
Beschriftetes
Organigramm-
Objekt

Abschließend sind die einzelnen Objekte durch Linien zu verbinden, damit die Zusammengehörigkeit bzw. die Abhängigkeit erkennbar wird und das Organigramm seine Darstellungsaufgabe erfüllt. Gewöhnlich werden hierfür nur senkrechte und waagerechte Linien gezogen, die zentriert auf ein grafisches Objekt treffen. Als Linienstärke empfiehlt sich eine Auswahl zwischen *Haarstrich* bis 2 Punkt.

Abbildung 6.17.:
Monitor mit
fertigem
Organigramm

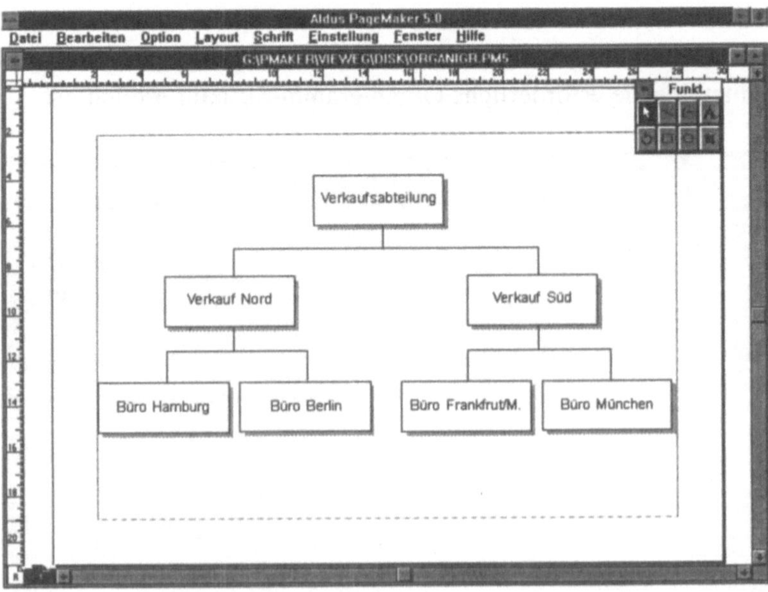

Natürlich sind der Gestaltung auch hier keine Grenzen gesetzt. So lassen sich die einzelnen Objekte zum Beispiel farblich gestalten und das gesamte Organigramm kann einen farbigen

Hintergrund erhalten. Einmal mehr muß aber wieder darauf hingewiesen werden, daß weniger oft mehr ist. Gerade bei Organigrammen, und noch viel mehr bei Diagrammen, ist die Wahrscheinlichkeit groß, daß unter übertriebener Gestaltung die Aussagekraft leidet.

6.6 Rechnungsformular

Für die Gestaltung eines Rechnungsformulars läßt sich als Basis ein zuvor gestalteter Briefbogen heranziehen. Die Frage ist nur, auf welche Weise wird das Rechnungsformular später ausgefüllt. Wird die Rechnung in einem Tabellenkalkulations-Programm erstellt, bedarf es beim vorhandenen Briefbogen keiner Änderung. Erfolgt das Schreiben einer Rechnung ebenfalls in PageMaker, muß das Formular erweitert werden. Im ersteren Fall stellt sich die weitere Frage, ob die Rechnungstabelle in PageMaker importiert und gemeinsam mit dem Formular ausgedruckt wird, oder ob der Ausdruck in zwei Schritten erfolgt.

Abbildung 6.18.: Briefbogen als Grundlage für ein Rechnungsformular

Nutzen Sie eine Tabellenkalkulation, wie zum Beispiel das Programm Excel für Windows, um eine Rechnung zu erstellen, dann kann zwischen zwei Verfahren zum Erstellen einer Rechnung gewählt werden. Eine dieser Methoden ist das getrennte Ausdruk-

ken des leeren Formulars mit PageMaker und der Excel-Tabelle. Um keine negativen Überraschungen zu erleben, sollte vor dem Einrichten der Excel-Tabelle ermittelt werden, wieviele Zeilen eigentlich auf dem Briefbogen untergebracht werden können. Richten Sie sich für einen Probeausdruck im Kalkulationsprogramm eine Tabelle ein, deren oberer Seitenrand so groß eingestellt ist, daß die Tabelle beim Ausdrucken an der gewünschten Position auf dem Briefbogen beginnt.

Sinnvoll ist es, auch die Anschrift in der Kalkulationstabelle zu schreiben, so daß der obere Seitenrand in Anlehnung an die Lage des Adressenfeldes mit 55 mm feststeht. Füllen Sie nun die Zellen einer Spalte. Am Beispiel Excel können Sie sich hierbei viel Schreibarbeit ersparen, wenn Sie in die erste Zeile der ersten Spalte die Ziffer »1« eintragen und anschließend mit der Funktion *Reihe berechnen* etwa 50 Zellen automatisch ausfüllen lassen. (Lesen Sie ggf. in Ihrem Excel-Handbuch nach, wie mit dieser Funktion umgegangen wird.)

Bevor Sie mit dieser Tabelle einen Testdruck ausführen, sollten Sie in Excel die später gewünschte Schriftgröße auswählen. Legen Sie anschließend einen Briefbogen in den Papierschacht des Druckers ein und führen Sie den Testdruck aus.

Abbildung 6.19.: Testdruck zur Ermittlung der höchsten Anzahl Zeilen in Excel

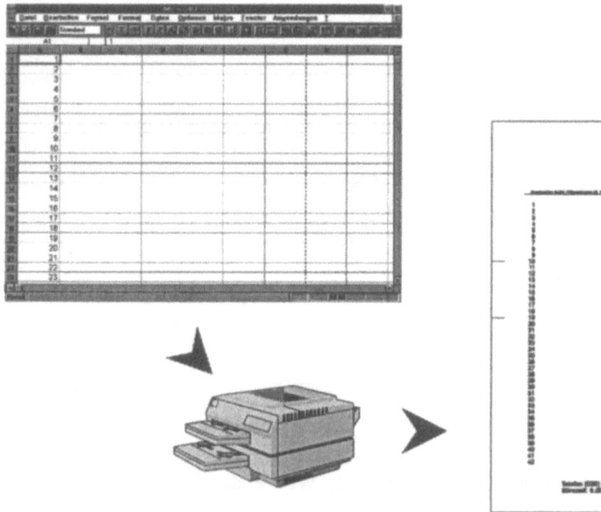

Nachdem Sie auf diese Weise Kenntnis davon erhalten haben, wie lang Ihre Tabelle maximal sein darf, können Sie sich den Wünschen und Erfordernissen entsprechend eine Rechnungstabelle in Excel (oder einem anderen Kalkulationsprogramm) einrichten. Achten Sie dabei auch auf die Breite des bedruckbaren Bereiches, damit später nicht eine oder zwei Spalten auf eine neue Seite gedruckt werden. Außerdem dürfen wichtige Angaben nicht fehlen, die auf einem Rechnungsformular stehen müssen. Hierzu zählen die Bankverbindung, die Überschrift »Rechnung«, das Rechnungsdatum und die Zahlungsbedingungen. In der fertigen Tabelle werden später die Rechnungsdaten erfaßt und auf dem Briefbogen ausgedruckt, der zuvor in PageMaker gestaltet und gedruckt wurde.

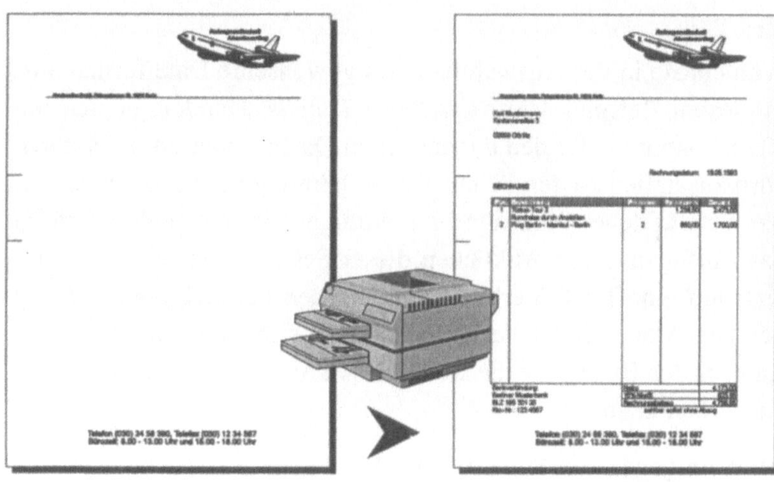

Abbildung 6.20.: Ausdruck einer Rechnung auf einem vorgedruckten Briefbogen

Alternativ läßt sich eine in Excel erstellte Tabelle in PageMaker importieren, um sie gemeinsam mit dem Briefbogen ausdrucken zu können. Diese Methode hat den Vorteil, daß ein Fehldruck durch falsch in den Drucker eingelegtes Papier ausgeschlossen ist. Auch bei diesem Verfahren wird die Rechnung in Excel (oder einem anderen Kalkulationsprogramm) erstellt. Die fertige Rechnungstabelle wird markiert und mit der Funktion *Kopieren* im Menü *Bearbeiten* in die Zwischenablage von Windows übertragen. Danach wird mit Hilfe der Multitasking-Funktion in Page-

Maker gewechselt und dort das Dokument geöffnet, in dem der Briefbogen gestaltet wurde.

Für das Einfügen der Rechnungstabelle wird im Menü *Bearbeiten* die Funktion *Inhalte einfügen...* aufgerufen, die folgendes Dialogfeld auf dem Monitor einblendet.

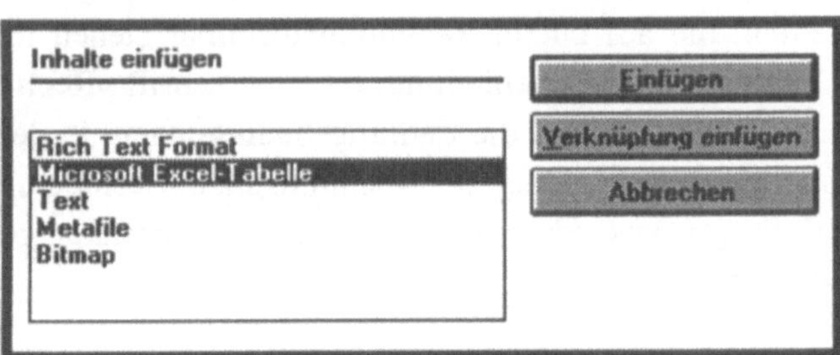

Abbildung 6.21.: Dialogfeld der Funktion *Inhalte einfügen*

Wählen Sie in der Auswahlliste das gewünschte Dateiformat aus, in diesem Beispiel *Microsoft Excel-Tabelle*. Handelt es sich um einen Datentyp, der den dynamischen Datenaustausch unterstützt, wird zusätzlich zu den Schaltflächen [Einfügen] und [Abbrechen] die Schaltfläche [Verknüpfung einfügen] eingeblendet. Erfolgt das Einfügen durch Anklicken dieser Schaltfläche, wird im Hintergrund eine DDE-Verbindung zwischen der Originaldatei und der PageMaker-Datei hergestellt, damit sich eine spätere Änderung in der Excel-Tabelle automatisch auf die PageMaker-Datei auswirken kann.

Wird hingegen die Schaltfläche [Einfügen] angeklickt, wird die DDE-Funktion von Windows nicht genutzt. Im Abschnitt 10.3 lernen Sie den Umgang mit dem dynamischen Datenaustausch ausführlich kennen.

Bevor Sie in Excel eine Rechnungstabelle markieren und in den Zwischenspeicher von Windows kopieren, sollten Sie die Spalten- und Zeilenköpfe ausblenden, weil diese sonst mit in Page-Maker übertragen werden. Lesen Sie ggf. im Excel-Handbuch nach, wie hier zu verfahren ist.

Die Excel-Tabelle fließt als grafisches Objekt in PageMaker ein. Verschieben Sie das Objekt so, daß es korrekt im Satzspiegel positioniert ist. Anschließend erfolgt ein normaler Ausdruck des PageMaker-Dokuments.

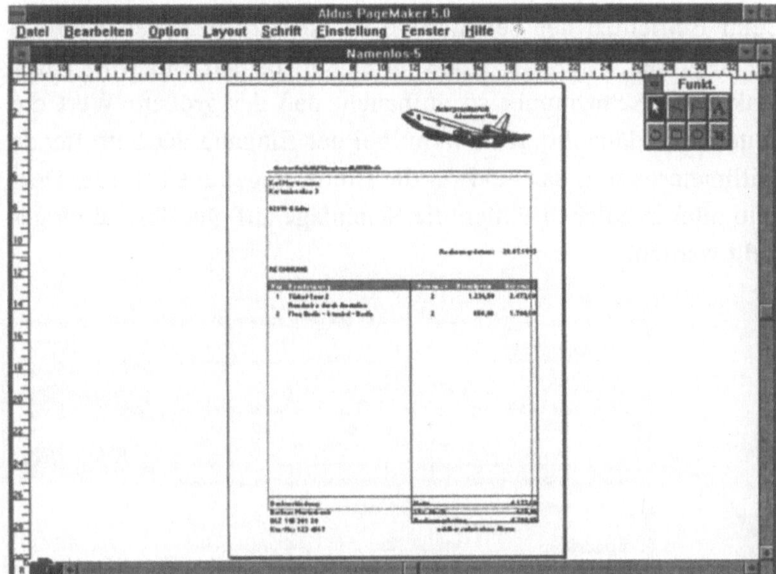

Abbildung 6.22.: Importierte Tabelle in PageMaker

Steht kein Tabellenkalkulationsprogramm für das Erstellen einer Rechnung zur Verfügung, können die erforderlichen Daten auch in PageMaker als Text erfaßt werden. In einem solchen Fall muß das Rechnungsformular allerdings vollständig in PageMaker gestaltet werden. Als Grundlage dient auch hier der bereits erstellte Briefbogen, der mit den erforderlichen Zusatzangaben ergänzt wird. Die Rechnungsdaten werden später als Text erfaßt und in den entsprechenden Spalten des Formulars positioniert. Leichter geht es allerdings, wenn hier der zum Lieferumfang von PageMaker gehörende Tabelleneditor angewendet wird. Die Handhabung ist hier ähnlich wie in einem Kalkulationsprogramm. Im Abschnitt 10.2 lernen Sie den Tabelleneditor detailliert kennen.

Rechnungsformular in PageMaker gestalten

6.7 Visitenkarte

Bei Visitenkarten hat sich mittlerweile das Format einer Scheckkarte durchgesetzt. Die Breite beträgt also 86 mm und die Höhe 54 mm. Ein entsprechendes Seitenformat wird beim Neuanlegen eines Dokuments festgelegt, wobei die Seitenränder jeweils auf 0 mm eingestellt werden. Dadurch werden die Satzspiegel-Hilfslinien ausgeblendet, die hier nicht benötigt werden und vielleicht sogar stören.

Beim Einrichten der Seitengröße ist noch zu beachten, daß die Breite größer ist als die Höhe. In einem solchen Fall wird Page-Maker die Seite immer so aufbauen, daß der größere Wert die Seitenhöhe darstellt, auch wenn bei der Eingabe der betreffende Millimeterwert in das Feld für die Breite eingetragen wurde. Deshalb muß in solchen Fällen die Seitenlage auf Querformat eingestellt werden.

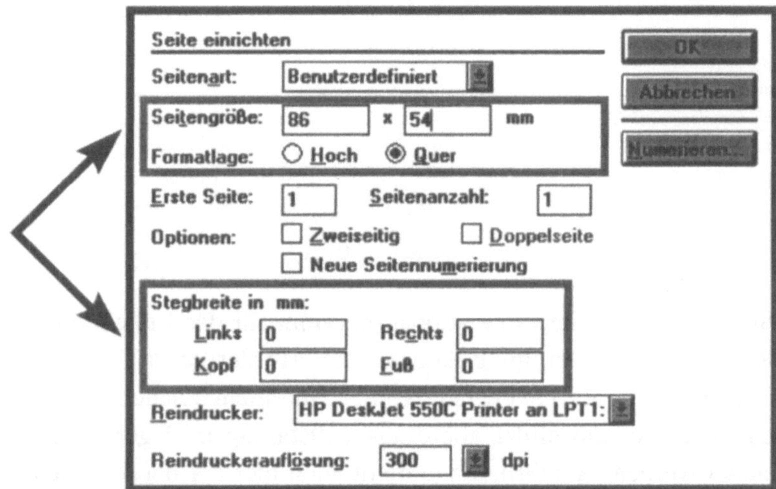

Abbildung 6.23.: Dialogfeld für die Seiteneinrichtung mit Einträgen für das Format einer Visitenkarte

Gerade bei der Gestaltung von Visitenkarten gibt es vielfältige Möglichkeiten, abhängig vom persönlichen Geschmack und der Informationen, die auf der Geschäftskarte enthalten sein müssen. An dieser Stelle geht es in erster Linie darum, das Verfahren beim Erstellen von Visitenkarten kennenzulernen. Deshalb beschränke ich mich auf eine einfache Gestaltung. Egal, wie Sie später Ihre eigene Visitenkarte aufbauen, typografische Grundregeln sind unbedingt einzuhalten. So sollten Sie zum Beispiel alle Textelemente in einer einheitlichen Schriftart und Schriftgröße formatieren.

Übungsbeispiel

• Legen Sie sich ein neues Dokument mit den oben genannten Einstellungen an.

- Positionieren Sie Ihren Namen, Ihre Anschrift und Ihre Telefonnummer auf der Arbeitsfläche so an, daß Ihnen die
  Visitenkarte gefällt.

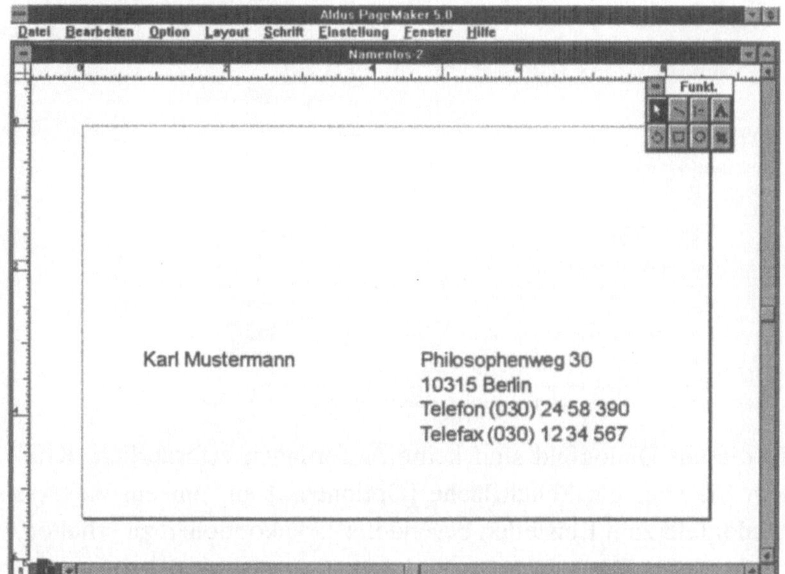

Abbildung 6.24.:
Beispiel einer
Visitenkarte

In dem hier abgebildeten Beispiel wurde die serifenlose Schriftart
»Arial« (Helvetica) verwendet. Diese oder eine ähnliche Schriftart wird für Visitenkarten am häufigsten eingesetzt. Bei der Wahl
des Schriftgrades ist eine der Kartengröße angemessene Schriftgröße zu wählen. Im Beispiel habe ich den Schriftgrad 8 Punkt
gewählt. Mit einem zu großen Schriftgrad wirkt eine Visitenkarte
schnell überladen, auch wenn nur wenige Informationen darauf
enthalten sind. Die Schrift darf aber auch nicht zu klein werden,
um die Lesbarkeit nicht zu verlieren.

Der Ausdruck einer Visitenkarte sollte natürlich nicht auf norma-
lem Schreibpapier erfolgen, weil dieses für diesen Zweck zu
dünn ist. Die meisten Tintenstrahl- und Laserdrucker können eine
Papierstärke von bis zu 136 g/qm problemlos einziehen und bedrucken. Weißer oder farbiger Karton in dieser Stärke wird im
Papierfachhandel angeboten. Lesen Sie aber vor dem Bedrucken
eines solchen Kartons im Handbuch Ihres Druckers nach, wie
hier zu verfahren ist. In den meisten Fällen darf der Karton nicht
in den Papierschacht eingelegt werden, sondern muß per Hand
zum Einzug gebracht werden.

Drucken auf dem
PC-Drucker

Rufen Sie im Menü *Datei* die Funktion *Drucken...* auf, so daß Sie folgendes Dialogfeld auf dem Monitor sehen.

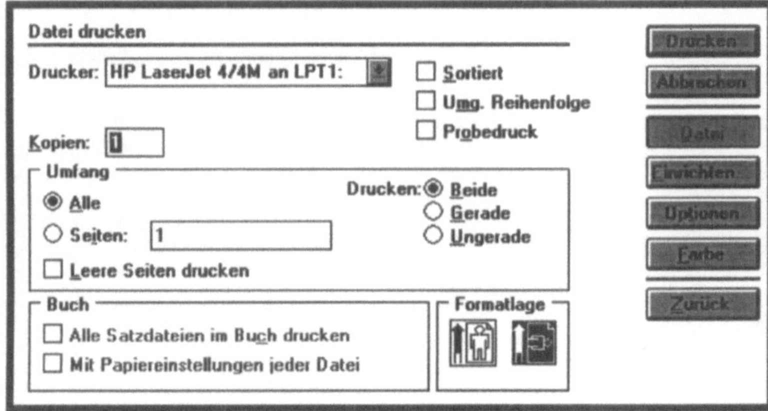

Abbildung 6.25.:
Dialogfeld der
Druckfunktion

In diesem Dialogfeld sind keine Änderungen erforderlich. Klikken Sie aber die Schaltfläche [Optionen...] an, um ein weiteres Dialogfeld zum Einstellen besonderer Druckoptionen zu erhalten.

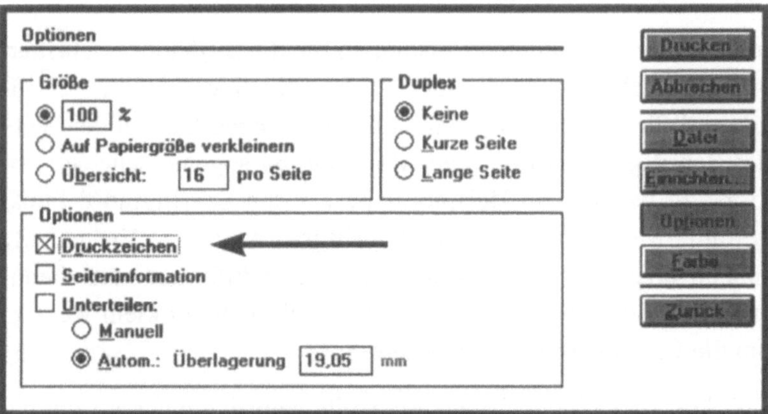

Abbildung 6.26.:
Dialogfeld
Druckoptionen

Beschnittzeichen

Entscheiden Sie in diesem Dialogfeld durch Anklicken des Parameters *Druckzeichen*, daß beim Ausdruck Markierungen für das spätere Schneiden der Visitenkarte mitgedruckt werden. Schalten Sie spätestens jetzt Ihren Drucker ein und bestätigen Sie den Dialog durch Anklicken der Schaltfläche [Drucken] oder durch Drücken der Taste ⏎.

Im Kapitel »Drucken« lernen Sie die Druckfunktion mit all ihren Einstell- oder Auswahlmöglichkeiten detailliert kennen. Deshalb möchte ich an dieser Stelle darauf verzichten, auf andere Parameter einzugehen, die Sie jetzt im Dialogfeld gesehen haben.

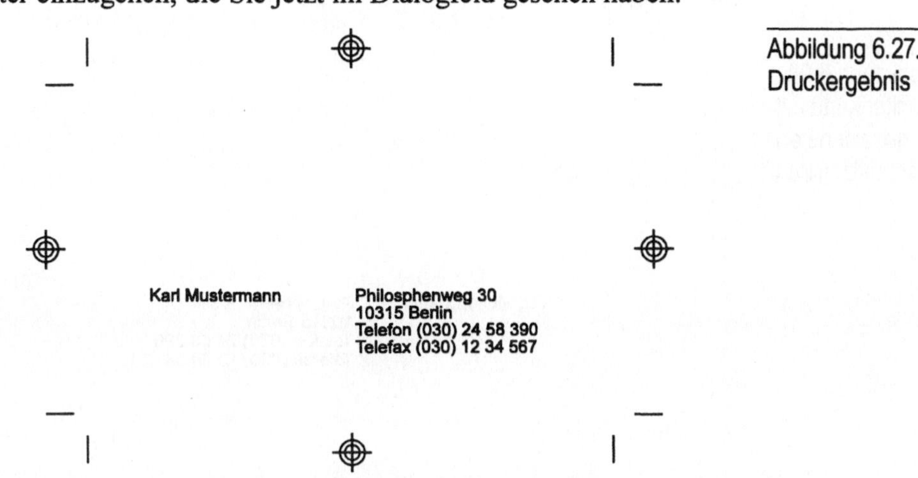

An den vier Ecken der Visitenkarte befinden sich je eine senkrechte und eine waagerechte Linie. Hierbei handelt es sich um die Beschnittzeichen. Jeweils zwei gegenüberliegende Linien gehören zusammen und bilden eine imaginäre Schnittkante. Wird an diesen Linien entlang die Karte ausgeschnitten, hat sie die gewünschte Größe.

Jeweils zwischen zwei Beschnittzeichen hat PageMaker ein weiteres Zeichen gedruckt, das aus zwei Kreisen und einem Kreuz besteht. Hierbei handelt es sich um sogenannte Paßkreuze, die bei einem mehrfarbigen Druck in einem Druckereibetrieb benötigt werden. Der Drucker kann anhand dieser Paßkreuze feststellen, ob die Farbauszüge paßgenau gedruckt wurden. Auch hierüber erfahren Sie im Kapitel »Drucken« mehr.

Wird eine einzelne Visitenkarte auf einem DIN-A4-Druckbogen ausgedruckt, haben Sie zwar den Vorteil, Beschnittzeichen mitdrucken zu können, aber bezahlt wird dieser Vorteil mit einem hohen Anteil Papierabfall. Deshalb ist es besser, mehrere Visitenkarten auf einem Druckbogen zu positionieren. In einem solchen Fall müssen Beschnittzeichen manuell der Karte hinzugefügt werden. Ziehen Sie hierzu feine Linien von etwa einem Zentimeter Länge und einem Abstand von etwa 5 mm zur Visitenkarte an allen vier Ecken der Geschäftskarte, gewissermaßen als Verlängerung der Kantenlinien.

Abbildung 6.28.:
Visitenkarte mit
gezeichneten
Beschnittzeichen

Markieren Sie jetzt sämtliche Elemente, indem Sie bei gedrückter linker Maustaste die Maus diagonal über die Visitenkarte einschließlich der Beschnittzeichen ziehen. Rufen Sie im Menü *Option* die Funktion *Aldus Additions* auf und wählen Sie im Untermenü die Funktion *PS Gruppieren* aus, um die markierten Elemente zu einer Objektgruppe zusammenzufassen. Dieser Schritt erleichtert den späteren Umgang mit der fertigen Visitenkarte.

Die Programmzusätze, die unter dem Menüpunkt *Aldus Additions* verwaltet werden, lernen Sie detailliert im Kapitel »Programmzusätze erfolgreich einsetzen« kennen.

Rufen Sie nun die Funktion *Seite einrichten...* im Menü *Datei* auf und ändern Sie das Seitenformat in *A4*, die Formatlage *Querformat* wird beibehalten. Schieben Sie die Visitenkarte in die linke obere Ecke des Satzspiegels, so daß die oberen und unteren Beschnittzeichen jeweils an den Satzspiegelrand anstoßen. Kopieren Sie anschließend die gesamte Karte mit der Funktion *Bearbeiten - Kopieren* in den Zwischenspeicher von Windows und fügen Sie sie dreimal mit der Funktion *Bearbeiten - Einfügen* oder mit dem Tastenschlüssel ⇧ Einfg wieder ein. Die eingefügten Kopien werden jeweils in die Satzsspiegelecken geschoben, so daß vier Geschäftskarten gleichmäßig auf dem Druckbogen verteilt sind.

Beim Ausdrucken wird in diesem Fall die Option *Druckzeichen* nicht mehr benötigt, so daß dieser Parameter im Dialogfeld der Druckoptionen deaktiviert werden muß.

Das gleiche Verfahren muß angewendet werden, wenn Sie Ihre Visitenkarten in einem Druckereibetrieb ausdrucken lassen möchten. Auch hier sollten mehrere Karten auf einer DIN-A4-Seite angeordnet werden, aber nicht mehr als vier, damit genügend Platz für das Schneiden vorhanden ist. Die manuell gezeichneten Beschnittzeichen werden in einem solchen Fall nicht erforderlich sein, weil das Schneiden maschinell erfolgt. Fragen Sie Ihren Druckereibetrieb, mit welcher Anordnung der Visitenkarten er am besten arbeiten kann.

Wollen Sie Visitenkarten für mehrere Mitarbeiter herstellen, sollte die Gestaltung der Geschäftskarte auf der Stammseite einer PageMaker-Datei erfolgen. Lassen Sie lediglich die persönlichen Daten weg, die Sie später auf den einzelnen Dokumentseiten einfügen. Auf diese Weise erhalten alle Mitarbeiter absolut identische Visitenkarten.

Stammseite   Seite 1

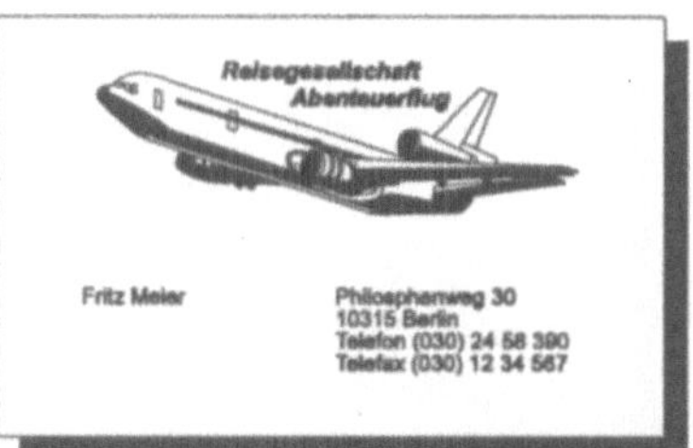

Seite 2   Seite 3 ➡

Abbildung 6.29.:
Beispiel einer
Visitenkarte

Dieses Kapitel sollte Ihnen in erster Linie einige Praxisbeispiele aufzeigen. Vielleicht haben Sie die eine oder andere Anregung erhalten, die Sie bei der Gestaltung eigener Publikationen umsetzen können.

Kapitel 7
Farbig gestalten

7 Farbig gestalten

Die Farbgestaltung ist ein ebenso interessantes und weitreichendes Thema, wie es die Typografie ist. Auch hier gilt es, bestimmte Kriterien zu beachten, um durch richtigen Einsatz von Farben ansprechende Publikationen zu gestalten. Ein Schwerpunkt dieses Kapitels wird deshalb die richtige Auswahl von Farben sein, wobei die Farbmischung hier im direkten Zusammenhang zu sehen ist. Natürlich kommen die Bearbeitungsmöglichkeiten in PageMaker nicht zu kurz. So lernen Sie den Umgang mit der Farbpalette, die Arbeitsweise des Farbmischens und alle sonst möglichen Bearbeitungsmethoden von Farben kennen.

Der Umgang mit Farben gewinnt beim Desktop Publishing heute immer mehr an Bedeutung, weil Farbdrucker zu erschwinglichen Preisen angeboten werden. Die Farbe ist deshalb mittlerweile zu einem Werkzeug geworden, um Publikationen optisch interessanter zu machen. Dabei wird nicht nur das eintönige Schwarz/Weiß verbannt, um bisher langweilig wirkende Dokumente aufzulokkern, sondern es werden viel mehr Möglichkeiten eröffnet, wichtige Passagen einer Publikation hervorzuheben.

Und genau hier fängt die Problematik der richtigen Farbauswahl an. Es müssen Farben gewählt werden, die gewissermaßen eine Hierarchie der Wichtigkeit erkennen lassen. Zudem darf ein Dokument nicht zu bunt werden, um optische Unruhe zu vermeiden. Außerdem spielt die Farbkombination eine wichtige Rolle. Nicht alle Farbtöne lassen sich beliebig kombinieren. Hier kann es sehr schnell zu Resultaten kommen, die dazu führen, daß eine Publikation ungelesen zur Seite gelegt wird, weil die Farbzusammenstellung zu einer Antipathie führt. Das menschliche Auge »sieht rot«.

Bei der Entscheidung, welche Farben die richtigen sind, darf auch die Zielgruppe der Leser nicht außer acht gelassen werden. Das fängt schon bei der Verwendung von Schwarz und Weiß an. Werden schwarze Flächen oder schwarze Rahmen angelegt, hat dies hierzulande den Charakter von Trauer. Werden überwiegend Mitbüger aus östlichen Ländern angesprochen, verhält es sich genau umgekehrt, weil im Fernen Osten die weiße Farbe das Symbol von Trauer ist.

Bei der Wahl von Farbtönen ist das Durchschnittsalter der Zielgruppe ein ernst zu nehmender Faktor. Bei jungen Leuten sind grelle oder auffallende Farben angemessen, während bei älteren Lesern eher gedeckte Farben gewählt werden sollten. In diesem Zusammenhang ist sicherlich auch ein Modetrend zu berücksichtigen, namentlich bei der Zielgruppe junge Leute.

7.1 Farben anwenden

Für die Anwendung von Farben ist es wichtig, daß zuerst ein Objekt mit dem Positionierwerkzeug markiert wird. Dabei kann es sich um Rechtecke, um Kreise und um Linien handeln. Natürlich dürfen auch mehrere Objekte gleichzeitig aktiviert werden, wenn diese den gleichen Farbton erhalten sollen. Möchten Sie Text farbig gestalten, muß dieser mit dem Textwerkzeug markiert werden. Die anschließende Zuweisung einer Farbe erfolgt über eine Farbpalette, die über das Menü *Fenster* auf dem Monitor eingeblendet wird.

Abbildung 7.1.:
PageMaker-
Monitor mit
eingeblendeter
Farbpalette

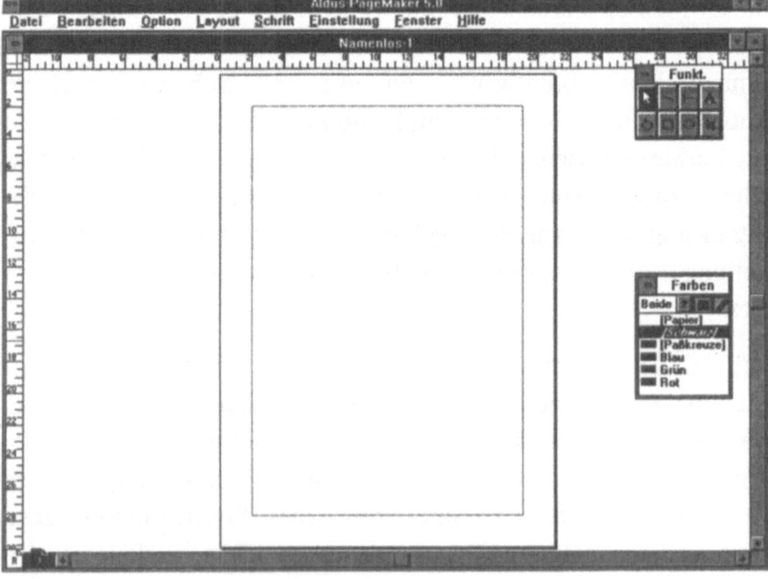

Rufen Sie im Menü *Fenster* die Funktion *Farbpalette* auf, um diese Palette als kleines Fenster auf dem Monitor eingeblendet zu bekommen. Ein nochmaliger Aufruf dieser Funktion blendet die Farbpalette wieder aus. Die gleichen Ziele werden auch mit der Tastenkombination ⎣Strg⎦⎣K⎦ erreicht.

Solange keine eigenen Farben gemischt wurden, stehen in der Farbpalette nur die Standardfarben zur Verfügung. Diese sind Blau, Grün, Rot, Schwarz und Papier. Bei der Farbe »Papier« handelt es sich im weitesten Sinne um eine Farblosigkeit, damit solche Elemente auch auf farbigen Papier in der jeweiligen Papierfarbe gedruckt werden. Deckt ein solches Objekt andere ab, sind die abgedeckten Bereiche allerdings unsichtbar.

Für die Auswahl einer Farbe in der Farbpalette steht ausschließlich die Maus zur Verfügung. Eine Tastaturbedienung ist hier nicht vorgesehen. Die gewünschte Farbe wird einfach mit der linken Maustaste angeklickt, und dadurch dem markierten Objekt zugewiesen. Sollte das betreffende Element farblos bleiben, dann sehen Sie nach, ob Ihre Einstellung für Füllungen auf *Vollton* eingestellt ist. Öffnen Sie hierzu das Menü *Einstellung* und rufen Sie dort die Funktion *Füllung* auf.

Farbpalette

Einstellung
Linie
Füllung   Keine
Linie und Füllung...   Papier
Nach vorne stellen   ^F   Vollton
Nach hinten stellen   ^B   10%
Verwandlung löschen   20%
                           30%
Konturenführung...   40%
Bild nachbearbeiten...   60%
Eckenrundung...   80%
Farben definieren...
Originalfarbe
Verknüpfungsinformation...
Verknüpfungsoption...

Abbildung 7.2.: Funktion *Füllung* im Menü *Einstellung*

In einem Untermenü ist vor dem gegenwärtig aktiven Feld ein Häkchen eingetragen. Klicken Sie einfach auf das Feld *Vollton*, um dieses zu aktivieren. Danach lassen sich Rechtecke und Kreise mit Farben aus der Farbpalette füllen. Gewöhnlich schaltet PageMaker nach Auswahl einer Farbe aber automatisch auf die Einstellung *Vollton*.

Farbsättigung

Unterhalb der Farbfläche *Vollton* im Untermenü *Füllung* befinden sich weitere Farbmuster mit Prozentangaben. Hierbei handelt es sich um Schaltflächen, die die Farbsättigung steuern. Je höher der Prozentwert gewählt wird, desto dunkler wird die betreffende Farbe dargestellt. *Vollton* entspricht demnach einer Farbsättigung von 100 %. Am Beispiel der Farbe Schwarz entstehen durch Auswahl der Farbsättigungen Grauabstufungen.

Abbildung 7.3.:
Farbsättigung bei
der Farbe
Schwarz

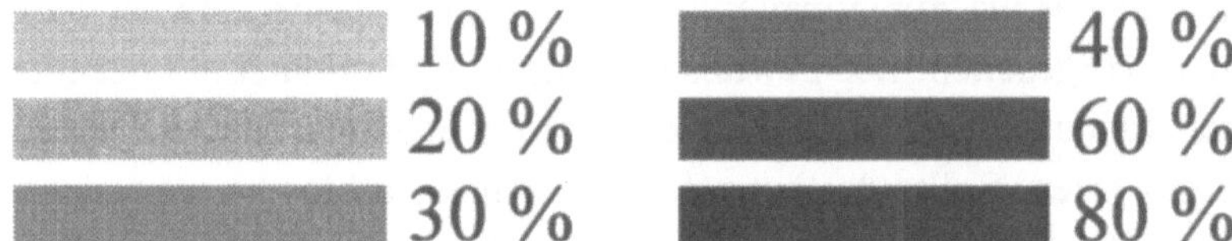

Die Bedeutung des Farbmusters *Papier* wurde weiter oben schon deutlich. Es handelt sich um eine farblose Gestaltung, die aber andere Objekte abdeckt. Wählen Sie stattdessen das Farbmuster *Keine* aus, erzielen Sie ebenfalls eine Farblosigkeit, dahinter befindliche Objekte werden aber nicht abgedeckt.

Abbildung 7.4.:
Gegenüberstellung der Farbsättigung *Papier* und
Keine

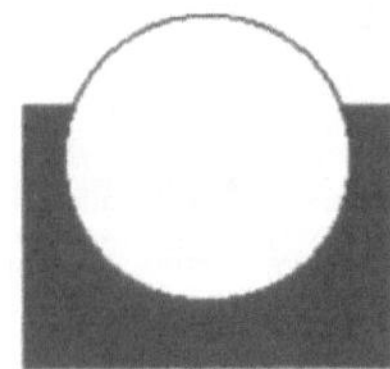

Farbsättigung *Papier*

Farbsättigung *Keine*

Linien und
Füllungen

Bei Rechtecken und Kreisen werden Füllungen und Umrißlinien getrennt bearbeitet. Welcher Teil des gegenwärtig aktiven Objekts bearbeitet werden soll, läßt sich innerhalb der Farbpalette bestimmen. Im oberen Teil der Palette gibt es hierfür Schaltflächen.

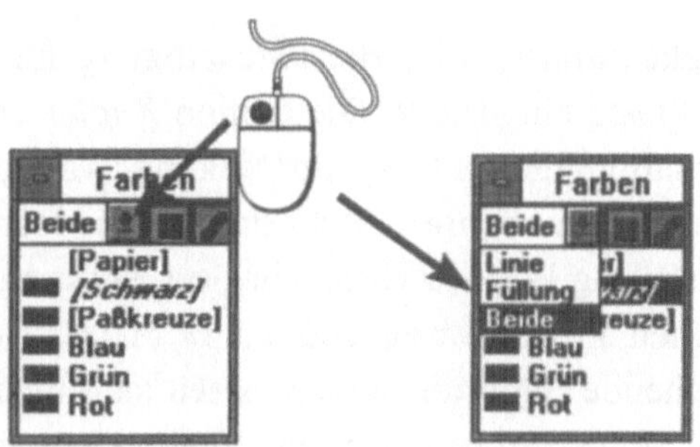

Abbildung 7.5.:
Farbpalette

Wird die kleine Schaltfläche angeklickt, auf der ein nach unten gerichteter Pfeil abgebildet ist, öffnet sich eine Auswahlliste innerhalb der Farbpalette. Hierüber läßt sich eine von insgesamt drei Optionen auswählen, *Linie*, *Füllung* oder *Beide*. Entsprechend der Auswahl wird eine anschließend auszuwählende Farbe dem markierten Objekt zugewiesen.

Ist ausschließlich die Füllung eines Objekts zu bearbeiten, muß nicht unbedingt die Auswahlliste aufgeklappt und die Option *Füllung* ausgewählt werden. Schneller geht es, wenn die Schaltfläche angeklickt wird, auf der ein Viereck in der gerade aktiven Farbe abgebildet ist.

Die Schaltfläche ganz rechts im Kopf der Farbpalette trägt das Symbol einer Linie, ebenfalls in der augenblicklich ausgewählten Farbe. Das Anklicken dieses Buttons bewirkt, daß von dem aktiven Objekt lediglich die Umrißlinie bearbeitet wird.

Eine Farbauswahl über das Menü erfolgt mit der Funktion *Linie und Füllung* im Menü *Einstellung*. Im Dialogfeld, das nach dem Funktionsaufruf auf dem Monitor eingeblendet wird, lassen sich getrennt Füllmuster und Linienarten einstellen.

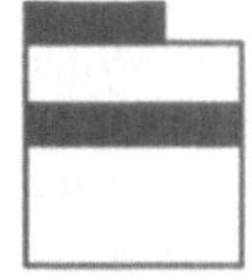

Abbildung 7.6.:
Dialogfeld *Linie und Füllung* im Menü *Einstellung*

Im Auswahlfeld *Füllung* wird die Farbsättigung für die Füllung des aktiven Objekts eingestellt. Die Option *Papier* entspricht dabei einer Farbsättigung von 0 % mit Deckung, während *Keine* eine Farbsättigung von ebenfalls 0 % darstellt, jedoch ohne Deckung. Die Einstellung *Vollbild* entspricht einer Sättigung von 100 %. Alternativ stehen Prozentwerte von 10 % bis 80 % zur Verfügung. Abweichende Sättigungsgrade lassen sich nicht einstellen. Entstehen hier Wünsche, läßt sich eine Realisierung nur über eine individuelle Farbmischung erzielen. Weiter unten in diesem Kapitel können Sie sich über das Thema Farbmischung informieren.

Im rechten Teil des Dialogfeldes erlaubt die Drop-down-Liste *Linie* die Auswahl einer Linienstärke oder einer Linienart. Auch hier besteht eine Bindung an die Optionen der Auswahlliste. Besteht Bedarf an einer nicht aufgelisteten Linienstärke, muß die gewünschte Einstellung über die Funktion *Linie* im Menü *Einstellung* erfolgen. Dort gibt es im Untermenü die Option *Benutzerdefiniert*, die eine individuelle Festlegung einer Linienstärke zuläßt.

Diese Einschränkungen lassen erkennen, daß die Aufgabe des Dialogfeldes *Linie und Füllung* im Schwerpunkt bei der Farbeinstellung zu suchen ist. In beiden Bereichen des Dialogfeldes stehen Listen für eine Farbauswahl zur Verfügung, deren Inhalte mit der Farbpalette übereinstimmen.

<table>
<tr><td>

Abbildung 7.7.:
Dialogfeld *Linie und Füllung* mit aufgeklappter Auswahlliste *Farben*

</td><td>

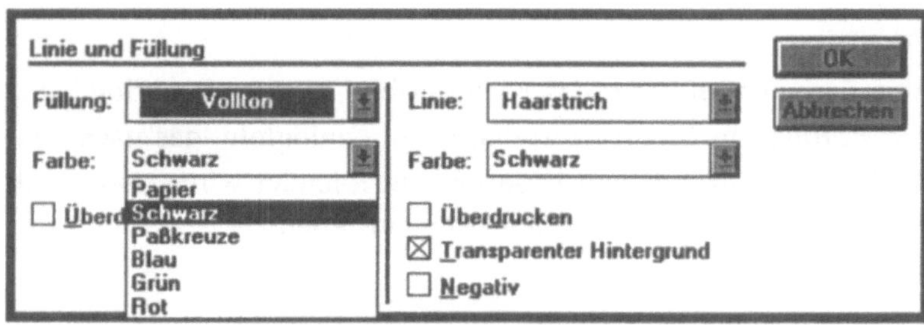

</td></tr>
</table>

Werden eigene Farben gemischt, werden diese automatisch in die Auswahlliste aufgenommen, so daß eine Auswahl unter allen zur Verfügung stehenden Farben möglich ist. Die Festlegung einer Farbe für die Objektfüllung und einer Farbe für die Umrißlinien darf natürlich unterschiedlich ausfallen. Die Zuweisung der ausgewählten Farben erfolgt nach Bestätigung des Dialogs durch

Drücken der Taste ⏎ oder durch Anklicken der Schaltfläche [OK].

7.2 Farben mischen

Sieht man sich Farbbilder an, zum Beispiel in Zeitschriften oder Fernsehbilder, entsteht schnell der Eindruck, als gäbe es unendlich viele Farben. Dies gaukelt auch die Werbung für Farbmonitore vor, wenn zum Beispiel davon die Rede ist, daß eine Farbgrafikkarte 16 Mio. Farben erzeugen kann. Tatsächlich existieren aber nur drei Farben, aus denen jedoch alle erdenklichen Töne gemischt werden können. Sogar die Farben Schwarz und Weiß sind Mischfarben.

Abhängig vom Medium gibt es zwei Mischverfahren. Eine dieser Methoden ist das RGB-Modell, dem die Grundfarben Rot, Grün und Blau zugrundeliegen. Daraus ist auch die Abkürzung RGB abzuleiten. Bei diesem Verfahren wird von einer additiven Farbmischung gesprochen, die bei Projektionen von farbigen Licht zum tragen kommt, zum Beispiel beim Fernsehbild. Die Mischung aller drei Farben mit jeweils 100 % Farbanteil ergibt die Mischfarbe Weiß. Die folgende Abbildung zeigt, welche Mischfarben entstehen, wenn jeweils zwei der Grundfarben übereinander projiziert werden.

RGB-Verfahren

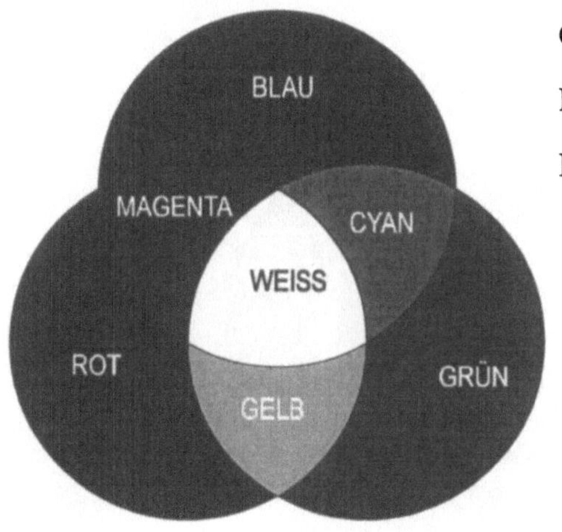

Grün + Blau = Cyan

Blau + Rot = Magenta

Rot + Grün = Gelb

Abbildung 7.8.: RGB-Farbmischung

CMYK-Verfahren Die Mischfarben Cyan, Magenta und Gelb (Yellow) sind die Grundfarben der subtraktiven Farbmischung, mit der gedruckte oder gemalte Farben erzeugt werden. Mit diesen drei Farben lassen sich nahezu alle erdenklichen Farbtöne erzeugen. Diesmal ergibt das Mischen aller drei Farben die Farbe Schwarz, sofern alle drei Farben einen Anteil von 100 % haben. Die jeweiligen Mischfarben von zwei Grundfarben sind wiederum die Farben Rot, Grün und Gelb, also die Grundfarben des RGB-Kreises.

Abbildung 7.9.:
CMYK-
Farbmischung

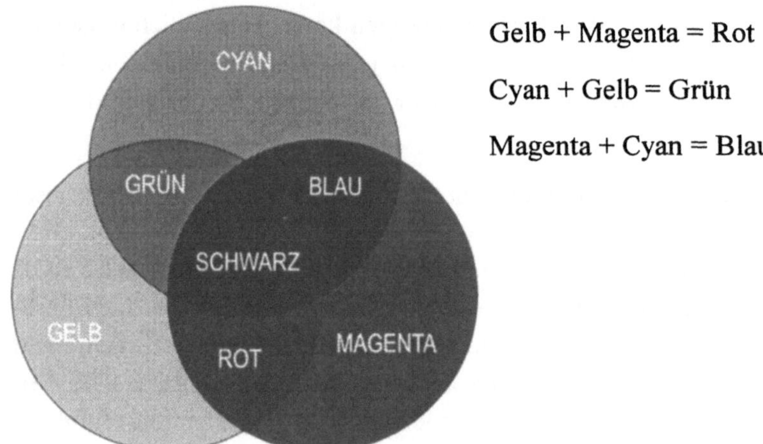

Gelb + Magenta = Rot

Cyan + Gelb = Grün

Magenta + Cyan = Blau

Anders ausgedrückt stellen die Farben Rot, Grün und Blau die Komplementärfarben von Cyan, Magenta und Gelb dar. So lassen sich die beiden Farbkreise auch zusammenfassen und in folgender Darstellung zeigen.

Abbildung 7.10.:
6teiliger Farbkreis

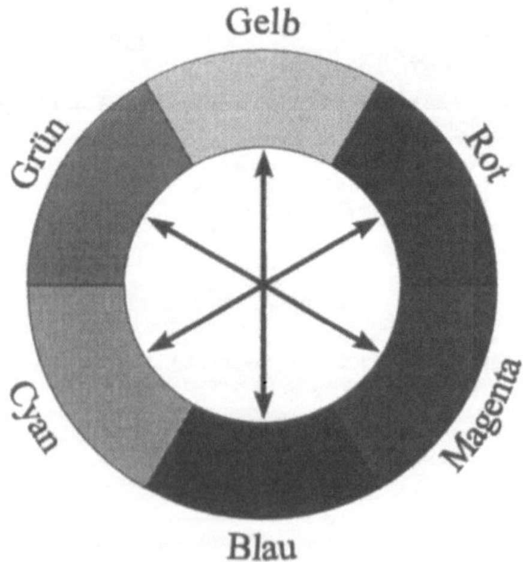

Die Modellbezeichnung CMYK symbolisiert, wie beim RGB-Modell, die beteiligten Farben. In diesem Fall sind dies die Farben Cyan, Magenta und Gelb. Farbige Bilder werden heute aber meistens im Vierfarbdruck gedruckt, einem Verfahren, daß auf der subtraktiven Farbmischung basiert. Die Mischfarbe Schwarz wird dabei ausgeklammert und als vierte Farbe gedruckt. Nach diesem Verfahren setzt sich ein Bild also aus den Farben Cyan, Magenta, Gelb und Schwarz zusammen. Jede Farbe wird dabei einzeln gedruckt, so daß vor dem Drucken das Motiv in die Grundfarben und in Schwarzanteile zerlegt wird. In der Fachwelt wird von einer Farbseparation gesprochen. Die folgende Abbildung zeigt eine solche Separation.

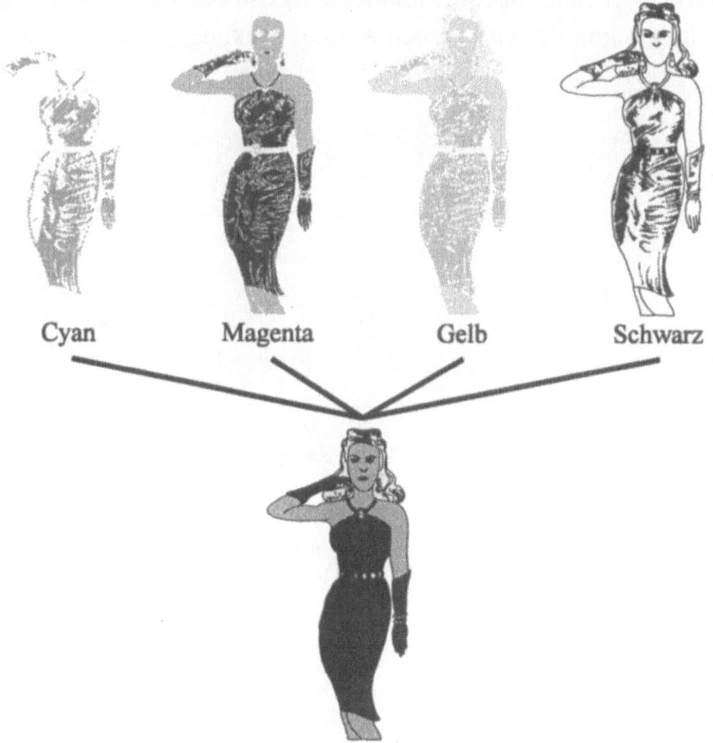

Abbildung 7.11.:
Beispiel einer
Farbseparation

Die vierte Farbe Schwarz ist in der Modellbezeichnung mit dem Buchstaben »K« vertreten und nicht etwa mit einem »B« (Black), wie es aus laienhafter Sicht naheliegend wäre. In der Fachwelt wird der Schwarzanteil mit dem englischen Begriff »Key« belegt. So ist der offizielle Wortlaut des Modells Cyan, Magenta, Yellow, Key. Von einem Werbegrafiker erfuhr ich, daß heute das »K« auch schon mit dem Begriff »Kontrast« übersetzt wird. Das kommt eigentlich auch der Aufgabe des Schwarzanteils nahe, denn tatsächlich wird durch die Farbe Schwarz der Kontrast eines gedruckten Bildes erhöht. Stellen Sie sich einmal das obige Bild ohne Schwarzanteile vor. Die Übergänge zwischen dem Haar und dem Gesicht wären kaum noch zu erkennen.

Paßkreuze

Alle vier Farben aufeinander gedruckt ergeben ein farbiges Bild. Allerdings muß beim Drucken sehr sorgfältig gebarbeitet werden. Werden die vier Bilder nicht exakt aufeinander gedruckt, wird es Farbschatten geben. Ein Hilfsmittel sind hier Paßkreuze, manchmal auch Passerkreuz genannt. Jeder Farbauszug erhält solche Marken an exakt übereinstimmender Position. Dadurch gelingt es dem Drucker, die vier Farben absolut deckungsgleich zu drucken.

Abbildung 7.12.: Schwarzer Farbauszug mit Paßkreuzen und Beschnittzeichen

Liegen die Paßkreuze aller vier Farben genau aufeinander, spricht der Drucker von einem paßgenauen Druck. Das Bild weißt keinerlei Farbschatten auf.

Verrutscht beim Drucken nur eine Farbe, so daß eine mangelhafte Paßgenauigkeit auftritt, wirft die betroffene Farbe gewissermaßen einen Schatten und das Bild wirkt unscharf. Bei häufig erscheinenden Zeitschriften mit Massenauflage ist dies mitunter zu beobachten. Wenig Zeit und hohe Produktionskosten lassen vielfach über diesen Mangel hinwegsehen.

Farbschatten

Sobald es um Farben geht, spricht man von Grundfarben und von Mischfarben, wie ich es ja auch gemacht habe. In Wirklichkeit existieren aber auch keine gemischten Farben. Das menschliche Auge gaukelt diese nur vor. Ein gedrucktes Bild setzt sich aus Rasterpunkten der Grundfarben zusammen, die so dicht nebeneinanderliegen, daß das Auge sie als eine Einheit erfaßt und demzufolge eine Mischfarbe erkennt. Die genaue Anordnung der Farbpunkte ist abhängig von festgelegten Gradzahlen für jede einzelne Farbe. Beim Vierfarbdruck ist der Ausgangswert 0° das Raster der Farbe Cyan, deren Farbpunkte senkrecht bzw. waagerecht nebeneinanderliegen.

Rasterpunkte

Farbe (CMYK)	Rasterwinkel
Cyan	0°
Magenta	45°
Gelb	75°
Schwarz	15°

Die Paßkreuze sorgen letztendlich auch dafür, daß die Rasterwinkel genau eingehalten werden. Liegen die Farbpunkte nicht im richtigen Winkel nebeneinander, kommt es zu den gleichen Effekten, die weiter oben bereits beschrieben wurden. Das Bild wirkt unscharf und wirft Farbschatten.

7.3 Neue Farben definieren

Sie haben bereits gesehen, daß PageMaker in der Farbpalette außer den Farben Schwarz und »Papier« lediglich die Grundfarben Rot, Grün und Blau anbietet. Das reicht natürlich für das farbige Gestalten nicht aus, so daß eigene Farben gemischt werden müssen. Zumindest sollten die Farben Cyan, Magenta und Gelb in die Palette aufgenommen werden, weil dies die wichtigsten Druckfarben sind.

Pauschal oder dokumentbezogen

Bevor eine neue Farbe definiert wird, ist zu überlegen, ob dieses dokumentbezogen oder pauschal benötigt wird. Werden die nachfolgenden Arbeitsschritte ausgeführt, während ein Dokument geöffnet ist, steht die neue Farbe ausschließlich in dieser Datei zur Verfügung. Soll die Farbe pauschal angelegt werden und somit in allen künftigen Dokumenten zur Verfügung stehen, darf beim Definieren der Farbe kein Dokumentfenster geöffnet sein. Diese müssen also ausnahmslos geschlossen werden, bevor mit einer Farbbearbeitung zwecks Voreinstellung begonnen wird.

Für das Mischen neuer Farbtöne wird die Funktion *Farben definieren...* im Menü *Einstellung* benötigt. Haben Sie diesen Befehl aufgerufen, blendet PageMaker folgendes Dialogfeld auf dem Monitor ein.

Abbildung 7.13.:
Dialogfeld *Farben definieren*

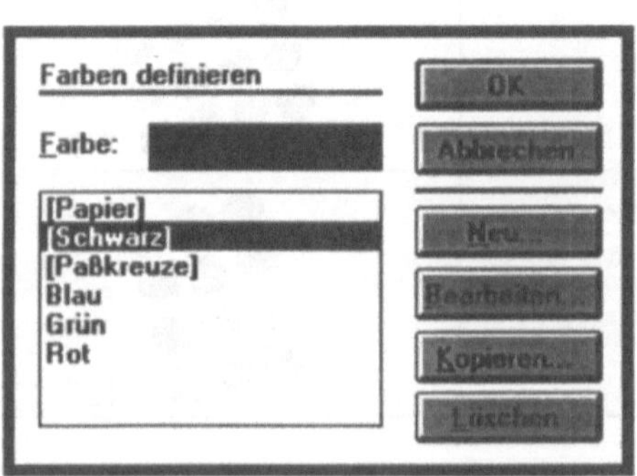

Um eine neue Farbe zu definieren, ist die Schaltfläche [Neu...] anzuklicken. Daraufhin wird auf dem Monitor ein weiteres Dialogfeld eingeblendet, das die Werkzeuge für eine Farbmischung enthält.

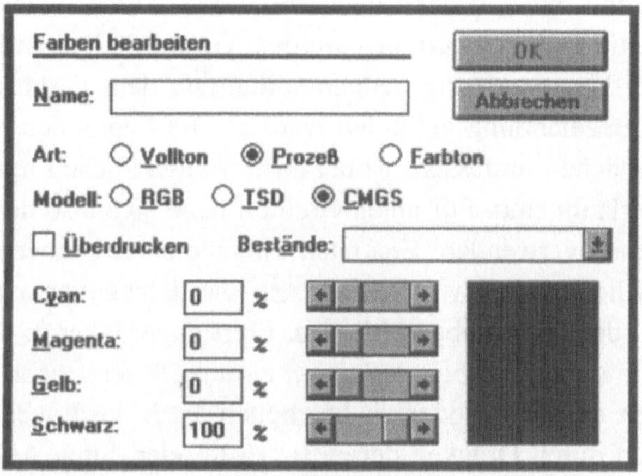

Abbildung 7.14.: Dialogfeld zum Definieren neuer Farben

Farbmodelle

Etwa in der Mitte dieses Dialogfeldes befindet sich eine Optionsgruppe, die drei Farbmodelle zur Auswahl anbietet. Standardmäßig ist das Modell CMYK aktiv. Entsprechend stehen im unteren Teil des Dialogfeldes vier Einstellmöglichkeiten für die gewünschten Anteile jeder Farbe zur Verfügung. Hier handelt es sich um ein dynamisches Dialogfeld, das bedeutet, nach Auswahl eines anderen Farbmodells wird sich der untere Dialogteil ändern. Wird das Modell RGB ausgewählt, stehen nur noch drei Einstellmöglichkeiten für die Farben Rot, Grün und Blau zur Verfügung.

Das dritte Farbmodell ist bisher noch nicht vorgestellt worden. Beim Mischen nach dem TSD-Verfahren wird eine Farbe nach Sättigung und Helligkeit definiert. Die Abkürzung TSD steht für die Begriffe Ton (Farbton), Sättigung und Dunkelstufe. Manchmal ist für dieses Modell auch die Bezeichnung HSB anzutreffen (Hue, Saturation, Brightness).

Der Farbton stellt die Grundfarbe dar, die mittels der anderen beiden Einstellmöglichkeiten verändert werden kann. Die Farbsättigung steuert in diesem Modell die Reinheit der Farbe. Je niedriger dieser Wert ist, desto größer ist der Weißanteil der Farbe. Die

Helligkeit (Dunkelstufe) reguliert die Farbintensität. Hier bedeutet ein niedriger Wert einen dunklen Farbton.

Farbname

Bevor nach dem Mischen eine neue Farbe durch Drücken der ⏎ - Taste oder durch Anklicken der Schaltfläche [OK] gespeichert werden kann, muß in der Eingabezeile *Name* eine Bezeichnung für die neue Farbe eingetragen werden. Grundsätzlich ist hier ein beliebiger Name zulässig, jedoch sollte eine dem Farbton angemessene Bezeichnung gefunden werden. Die Länge des Namens darf 30 Zeichen umfassen, wobei auch Sonderzeichen und Leerzeichen erlaubt sind. Für einen Grauton ließe sich also der Name »25% Grau« verwenden. Erst nach Eingabe eines Namens ist die Schaltfläche [OK] aktiv. Auch die ⏎ - Taste ist zuvor wirkungslos. Wird der Dialog abgeschlossen, führt PageMaker in das vorherige Dialogfeld *Farben definieren* zurück. Sofern nicht weitere Farben zu definieren oder zu bearbeiten sind, wird auch dieses Dialogfeld durch Drücken der ⏎ - Taste oder durch Anklicken der Schaltfläche [OK] geschlossen.

[Alt][OK]
[Alt][Abbrechen]

Wird in einem untergeordneten Dialogfeld gearbeitet, lassen sich von dort aus alle übergeordneten Dialogfelder pauschal mit [OK] oder mit [Abbrechen] beantworten. Beim Anklicken einer der beiden Schaltflächen oder beim Drücken entsprechender Tasten ist die [Alt] - Taste gedrückt zu halten. Wird zum Beispiel die Tastenkombination [Alt][⏎] gedrückt oder wird bei gedrückter [Alt] - Taste die Schaltfläche [OK] angeklickt, werden das aktuelle Dialogfeld und alle übergeordneten Dialogfelder positiv bestätigt.

Größe der
Farbpalette

Sobald das Anlegen einer neuen Farbe abgeschlossen ist, wird der neue Name und ein Farbmuster in die Farbpalette eingetragen. Wird die Liste für die Abmessungen des Fensters zu lang, blendet PageMaker automatisch einen senkrechten Rollbalken ein. Anders sieht es aus, wenn eine lange Bezeichnung für den Farbton gewählt wurde, so daß die Breite des Fensters nicht mehr ausreicht, um den Eintrag vollständig zu zeigen. Ein waagerechter Rollbalken ist nicht vorgesehen. Vielleicht deshalb, weil es zu jeder Farbe ein Farbmuster gibt. Der Name spielt also in der Farbpalette nur eine untergeordnete Rolle.

Wer sich aber an unvollständig sichtbaren Eintragungen stört, kann die Größe der Farbpalette beliebig verändern. Das Werkzeug für eine Größenänderung ist der Rahmen des Fensters. Wird der Mauszeiger dorthin bewegt, bekommt er mitten auf dem Rahmen die Form eines Doppelpfeils, der je nach Position eine bestimmte Lage hat.

Abbildung 7.15.: Farbpalette mit Darstellung der Mauszeiger zur Größenänderung

Wird einer dieser Mauszeiger angezeigt, läßt sich der Rahmen der Farbpalette bei gedrückter linker Maustaste in die angezeigte Richtung verschieben. Um das Fenster also breiter zu ziehen, wird der rechte Rahmen nach rechts aufgezogen, oder der linke Rahmen nach links.

Das Mischen einer neuen Farbe erfolgt im Dialogfeld *Farben bearbeiten* durch Festlegung der jeweiligen Farbanteile. Zuvor ist das Farbmodell auszuwählen. Meistens bleibt es beim Standard CMYK. Das Einstellen der Farbanteile läßt sich entweder mit einem Rollbalken ausführen oder aber durch Eingabe von Prozentwerten in den dafür vorgesehenen Eingabefeldern. Werden die Rollbalken benutzt, ist die Lage der Scrollfläche innerhalb des Balkens für die Höhe des Farbanteils entscheidend. Befindet sich die kleine Schaltfläche ganz links, entspricht diese Lage dem Wert 0 %, während ganz rechts der Wert 100 % liegt. Jede Veränderung mit dem Rollbalken wird parallel in das Eingabefeld links daneben übertragen.

Farbe mischen

Möchten Sie die Farbanteile per Tastatur festlegen, werden die gewünschten Prozentwerte in die Eingabefelder der einzelnen Farben eingetragen. Führen Sie in einem solchen Eingabefeld einen Doppelklick mit der linken Maustaste aus, wird der gegenwärtige Eintrag markiert und somit beim Schreiben einer neuen Zahl überschrieben. Wollen Sie lediglich einen Prozentanteil verändern, zum Beispiel von 52 % in 50 %, kann das Feld auch mit einem einfachen Klick aktiviert werden. In einem solchen Fall wird lediglich ein Cursor in das Feld gesetzt, der eine normale Textbearbeitung ermöglicht.

Farbmuster

Rechts neben den Rollbalken zeigt PageMaker ein Muster der gegenwärtigen Farbe an. Dieses Schaufenster ist in zwei Teile unterteilt. Im unteren Bereich wird der Farbton gezeigt, der bei Aufruf dieses Dialogfeldes ausgewählt war. Die Anzeige dieser Farbe ändert sich nicht, solange in diesem Dialogfeld gearbeitet wird. Verändert wird die Farbe lediglich im oberen Teil des Schaufensters. Dort kann permanent beobachtet werden, welche Auswirkungen das Verändern der Farbanteile hat. Durch den ständigen Vergleich zwischen alter und neuer Farbe läßt sich bequem entscheiden, ob eine Farbmischung übernommen oder wieder verworfen wird. Namentlich beim Verändern bestehender Farben ist diese Kontrollmöglichkeit interessant.

Übungsbeispiel

Das Definieren der Farben Cyan, Magenta und Gelb ist einfach, weil diese Farben nicht gemischt werden müssen. Nach der Auswahl des Farbmodells CYMK wird jeweils der entsprechende Farbanteil auf 100 % gesetzt, während die Anteile der übrigen drei Farben bei 0 % bleiben. Legen Sie die drei Farben Cyan, Magenta und Gelb unter den jeweiligen Namen an.

7.4 Farben bearbeiten

Außer Schwarz (Standardfarbe) läßt sich jeder exisitierende Farbton nachträglich verändern. Der erste Arbeitsschritt ist wieder der Aufruf der Funktion *Farben definieren...* im Menü *Einstellung*. Bevor im Dialogfeld die Schaltfläche [Bearbeiten...] angeklickt wird, muß in der Auswahlliste die zu bearbeitende Farbe ausgewählt werden.

Abbildung 7.16.:
Dialogfeld *Farben*
bearbeiten

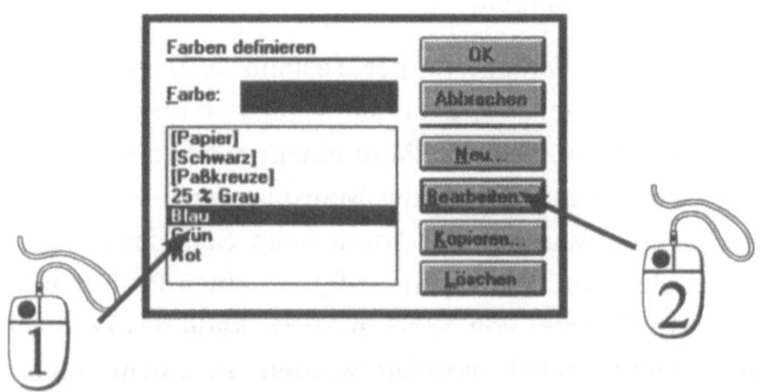

Zur Auswahl wird entweder die gewünschte Farbe einfach angeklickt, oder es wird mit den Richtungstasten ⊞ bzw. ⊞ der
Markierungsbalken auf den entsprechenden Eintrag bewegt. Danach wird durch das Anklicken der Schaltfläche [Bearbeiten...] in
das Bearbeitungsfenster gewechselt.

Das Bearbeitungsfenster wird Ihnen bekannt vorkommen. Es
handelt sich um das gleiche Dialogfeld, das auch schon zum Definieren neuer Farben benutzt wurde. Der einzige Unterschied ist,
daß diesmal im Feld *Name* die Bezeichnung der ausgewählten
Farbe eingetragen ist. Beim Neuanlegen von Farben ist diese Eingabezeile zunächst leer.

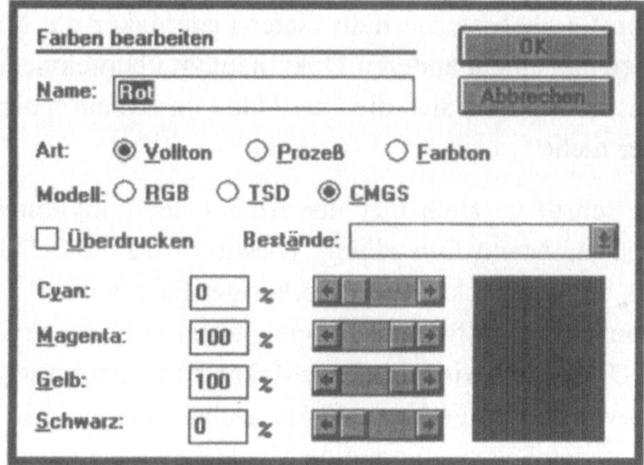

Abbildung 7.17.: Dialogfeld zum Bearbeiten von Farben

Im unteren Teil des Dialogfeldes werden die Farbanteile des aus-
gewählten Farbtons angezeigt. Im oben abgebildeten Beispiel
wird das Mischungsverhältnis der Farbe Rot gezeigt, die sich aus
100 % Magenta und 100 % Gelb zusammensetzt. Soll diese
Farbe in Orange geändert werden, ist lediglich der Magenta-
Anteil zu reduzieren. Verändern Sie diesen Farbanteil auf 50 %
und sehen Sie sich das Ergebnis im Farbmuster an. Wenn Sie den
Farbanteil von Magenta noch weiter vermindern, wird das
Orange heller, also dem Gelb ähnlicher. Das Gegenteil erzielen
Sie, wenn der Magenta-Anteil wieder erhöht wird. Je größer der
Anteil wird, desto kräftiger wird das Orange, bis bei 100 %
wieder die Farbe Rot erreicht ist. Bei einer derartigen

Farbänderung sollte auch der Name korrigiert werden. In diesem Beispiel wäre der Name Rot durch Orange zu ersetzen.

Der Aufruf des Bearbeitungsfensters für eine existierende Farbe muß nicht unbedingt über die Funktion *Farben definieren...* erfolgen. Schneller geht es, wenn die betreffende Farbe in der Farbpalette in Kombination mit der Taste (Strg) angeklickt wird.

7.5 Farben kopieren

In der Praxis wird es vorkommen, daß Sie auf eine Farbe zugreifen möchten, die Sie schon einmal in einem anderen Dokument definiert haben, in der aktuellen Datei aber nicht zur Verfügung steht. Natürlich ließe sich die betreffende Farbe neu mischen, was aber unkomfortabel ist. Deshalb bietet PageMaker die Möglichkeit, Farben aus einem anderen Dokument zu übernehmen. Dabei ist es nicht relevant, ob sich die Quelldatei im Arbeitsspeicher befindet oder nicht.

Der erste Schritt ist auch hier der Aufruf der Funktion *Farben definieren...* im Menü *Einstellung*. Diesmal wird die Schaltfläche [Kopieren...] angeklickt. Eine vorherige Farbauswahl entfällt, weil ja pauschal eine fremde Farbpalette importiert werden soll. In einem Dialogfeld wird das PageMaker-Dokument ausgewählt, das die gewünschten Farben enthält. Dabei darf es sich sowohl um eine Satzdatei als auch um eine Mustervorlage handeln.

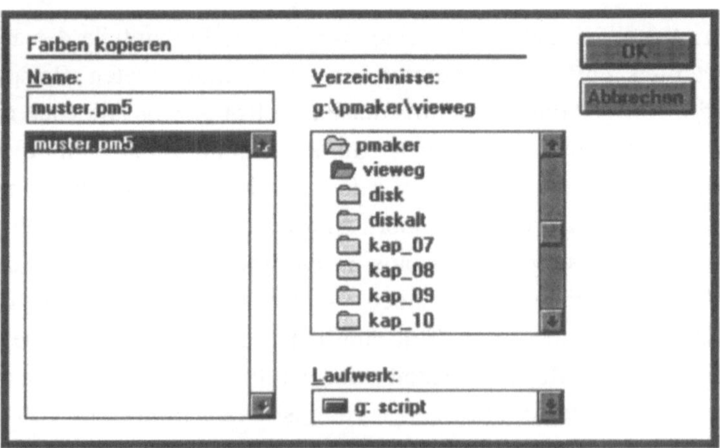

Abbildung 7.18.: Dialogfeld zur Auswahl einer Datei für einen Farbimport

Nach Auswahl und Bestätigung durch ⏎ oder durch Anklicken der Schaltfläche [OK] werden die Farben der Quelldatei in die aktuelle Farbpalette übernommen und stehen dort zusätzlich zur Verfügung. Sollte eine Farbe importiert werden, deren Name bereits existiert, gibt PageMaker vor dem Überschreiben der betreffenden Farbe eine Sicherheitsabfrage aus.

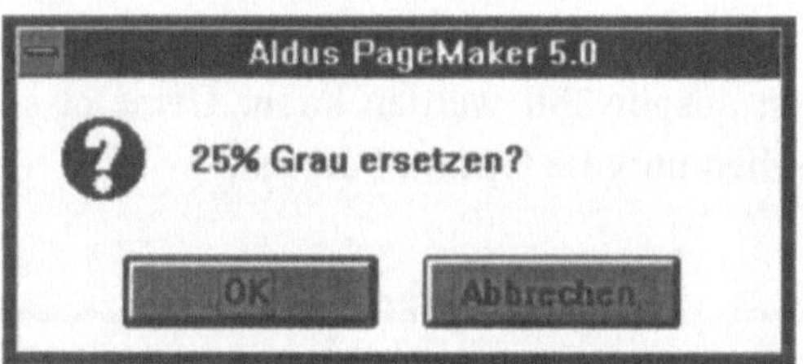

Abbildung 7.19.: Sicherheitsabfrage beim Importieren einer namensgleichen Farbe

Sollten die namensgleichen Farben auch identische Farbzusammensetzungen aufweisen, entfällt die Sicherheitsabfrage. Sie ist in einem solchen Fall auch nicht wichtig, weil durch das Überschreiben kein Schaden entsteht.

7.6 Farben löschen

Wird ein Farbton nicht mehr benötigt, kann dieser aus der Farbpalette entfernt werden, um eine bessere Übersichtlichkeit in der Farbliste zu erzielen. Auch das Löschen von Farben erfolgt mit der Funktion *Farben definieren...* im Menü *Einstellung*. Wählen Sie zunächst im Dialogfeld die zu löschende Farbe aus. Danach wird die ausgewählte Farbe durch Anklicken der Schaltfläche [Löschen] aus der Farbpalette entfernt. Zunächst gibt PageMaker aber eine Sicherheitsabfrage aus, bevor die betreffende Farbe entgültig aus der Palette entfernt wird.

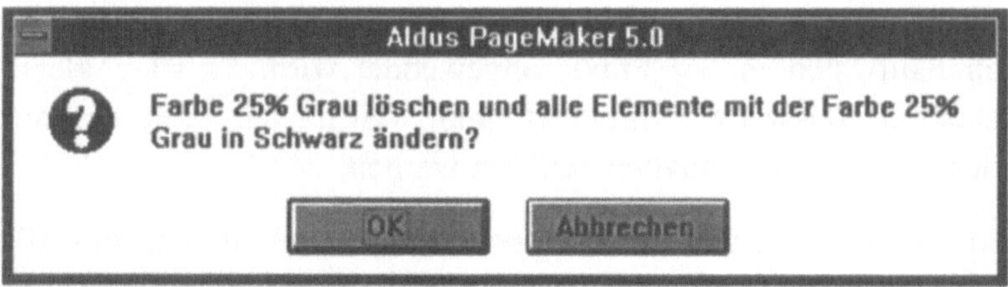

Abbildung 7.20.: Sicherheitsabfrage beim Löschen einer Farbe

Erst wenn diese Meldung durch Anklicken der Schaltfläche [OK] oder durch Drücken der Taste ⏎ beantwortet wurde, wird die betreffende Farbe in der Farbpalette gelöscht. Aus dem Meldetext geht hervor, daß alle Objekte, die möglicherweise diese Farbe noch aufweisen, mit der Farbe Schwarz neu eingefärbt werden.

7.7 Farbtypen

Oberhalb der Modell-Obtionen im Dialogfeld für die Bearbeitung von Farben gibt es eine weitere Optionsgruppe, in der eine von drei Farbtypen ausgewählt werden kann. Gemeint sind Vollton- und Prozeßfarben und die Option Farbton.

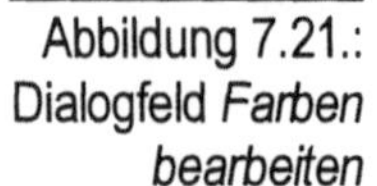

Abbildung 7.21.:
Dialogfeld *Farben bearbeiten*

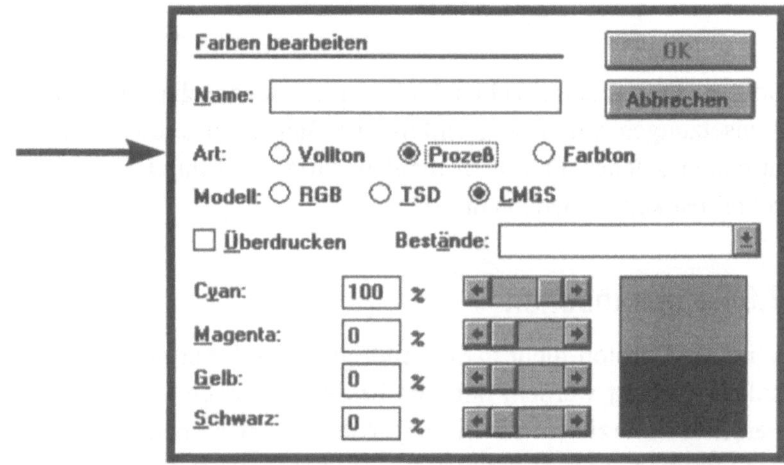

Prozeßfarben

Prozeßfarben sind die vier üblichen Grundfarben Cyan, Magenta, Gelb und Schwarz, die in Form eines Rasters aufeinandergedruckt werden, bzw. die Rasterpunkte werden eng nebeneinander entsprechend der Rasterwinkel gedruckt. Das menschliche Auge vollzieht beim Betrachten solcher Drucke eine visuelle Farbmischung. Hierbei handelt es sich um das Druckverfahren, das am häufigsten in der Praxis angewendet wird. Es ist zugleich auch ein preiswertes Druckverfahren, weil für ein Farbdruck nur vier separate Druckplatten benötigt werden.

Für das Mischen von Prozeßfarben können auch die Farbmodelle RGB oder TSD verwendet werden. PageMaker wird die Farben aber grundsätzlich in eine vergleichbare CMYK-Mischung umsetzen.

Anders sieht es bei Volltonfarben aus. Hier läßt sich jeder beliebige Farbton mischen, der beim Drucken nicht in die Bestandteile Cyan, Magenta, Gelb und Schwarz separiert wird. Für jede Volltonfarbe wird eine Druckplatte angefertigt, so daß für einen Farbdruck möglicherweise weit mehr als nur vier Druckplatten benötigt werden, was das Drucken teurer macht.

Natürlich lassen sich Volltonfarben beim Ausdrucken als Farbseparation auch in das CMYK-Modell umsetzen, allerdings wird es mit großer Wahrscheinlichkeit zu Abweichungen in bezug auf die Farbtöne kommen.

Im Bereich Desktop Publishing wird häufig aus Unwissenheit sorglos mit Vollton- und Prozeßfarben gearbeitet und beide Farbarten gemeinsam in einer Publikation angewendet. Das ist auch nicht weiter tragisch, solange die Publikation auf einem angeschlossenen Drucker ausgegeben wird. Wenn aber von solchen Dateien Farbseparationen hergestellt werden, um diese in einem Druckereibetrieb drucken zu lassen, gibt es häufig unangenehme Überraschungen. Durch die Volltonfarben gibt es eben weit mehr als vier Farbauszüge, was sich natürlich auf die Druckkosten auswirkt.

Vielfach arbeiten Druckereibetriebe auch mit PageMaker, so daß komplette Dateien auf Diskette geliefert werden können. Der Drucker stößt dann auf das Problem, daß sowohl Vollton- als auch Prozeßfarben verwendet wurden und muß, um eine Kostenexplosion zu verhindern, Änderungen vornehmen oder zumindest erst noch einmal mit dem Auftraggeber Rücksprache nehmen. Das kostet zumindest Zeit. Der Inhaber eines Druckereibetriebes riet mir deshalb, erst mit ihm zu sprechen, bevor eine PageMaker-Publikation für den Ausdruck in einem Fachbetrieb hergestellt wird. Eine Beratung kostet auf jeden Fall weniger Zeit, als aufwendige Nacharbeiten an einer fertigen Publikation.

Die dritte Farbart *Farbton* ist gewissermaßen eine Notlösung, um kostensteigernde Volltöne zu vermeiden. Farbtöne lassen sich von allen Prozeßfarben herstellen, aber auch von Volltonfarben. Sie haben im Untermenü *Füllung* im Menü *Einstellung* schon gesehen, daß dort verschiedene Farbmuster mit Prozentangaben aufgeführt sind, die eine Farbe in einer entsprechenden Farbsättigung darstellen. Das sind Farbtöne von einer Grundfarbe, die in beliebigen Abstufungen von 0 % bis 100 % angelegt werden können. Solche Farben werden später auf demselben Farbauszug gedruckt und somit mit der gleichen Druckplatte.

7.8 Farb-Bibliotheken

Die Definition neuer Farben beschränkt sich nicht nur auf das manuelle Mischen, sondern PageMaker verfügt darüberhinaus über eine Bibliothek mit vordefinierten Farben. Ein Zugriff erfolgt über die Auswahlliste *Bestände* im Dialogfeld zur Bearbeitung von Farben. Rufen Sie also die Funktion *Farben definieren...* im Menü *Einstellung* auf und klicken Sie dort die Schaltfläche [Neu...] an.

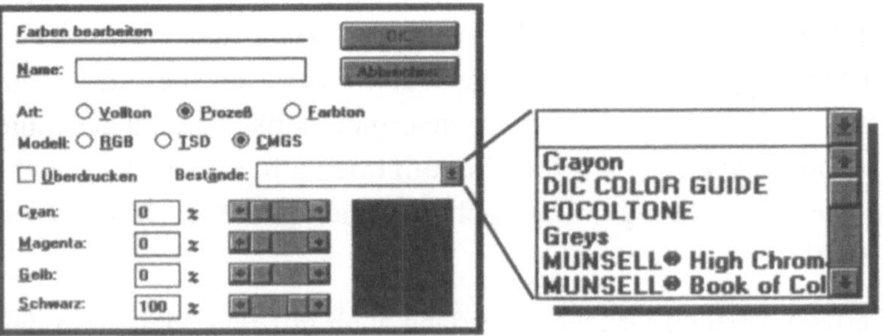

Abbildung 7.22.:
Dialogfeld zur
Farbbearbeitung
mit Auswahlliste
Bestände

Standardmäßig ist das Feld *Bestände* leer, damit individuelle Farbmischungen möglich sind. Klicken Sie die kleine Schaltfläche rechts neben diesem Feld an, um eine Auswahlliste zu erhalten. Dort stehen eine Reihe von Farbpaletten zur Verfügung, von denen jede eine große Anzahl von Farbtönen enthält. Unter anderen gibt es auch eine Palette *Greys*, die die Farbe Schwarz in 99 Grauabstufungen von 1 % bis 99 % enthält, jeweils als Vollton- und als Prozeßfarbe.

Nach Auswahl einer der angebotenen Farbpaletten wird diese geladen und in einem eigenen Dialogfeld zur Verfügung gestellt. Jede dieser Farbpaletten enthält eine Vielzahl von Farbtönen. Mit einem waagerechten Rollbalken läßt sich das Auswahlfenster verschieben, um an alle Farbmuster heranzukommen. Die Auswahl eines dieser Farbmuster erfolgt durch Anklicken mit der linken Maustaste. Nach Bestätigung einer Auswahl durch Drücken der

Taste ⏎ oder durch Anklicken der Schaltfläche [OK] wird die betreffende Farbe in die aktuelle Farbpalette übernommen. Auch diese Farben, die der Bibliothek entnommen wurden, lassen sich auf bekannte Weise weiterbearbeiten.

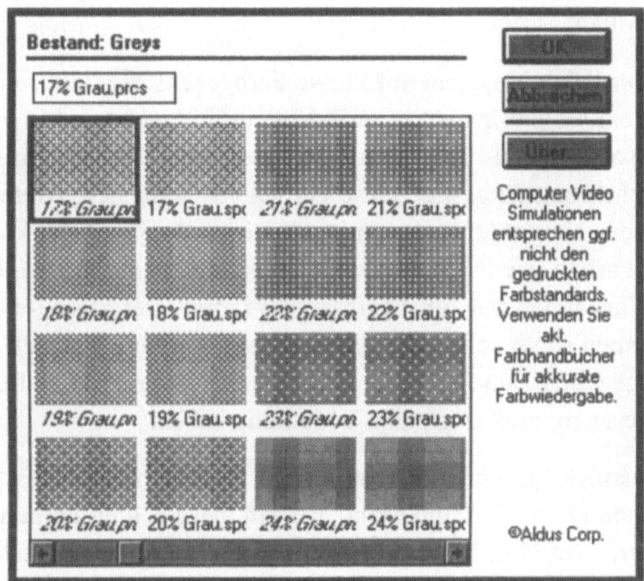

Abbildung 7.23.:
Grau-Farbpalette

In der Farbpalette läßt sich auch eine Mehrfachauswahl treffen, indem Sie einzelne Farbfelder bei gedrückter [Strg]-Taste anklikken. Möchten Sie eine zusammenhängende Gruppe von Farbmustern auswählen, dann klicken Sie zunächst die erste Farbe an und dann bei gedrückter [⇧]-Taste das letzte in Frage kommende Farbmuster. Automatisch werden alle dazwischen liegenden Muster mitausgewählt. Dieses Verfahren ist im Prinzip nicht neu, denn es läßt sich in gleicher Weise an verschiedenen Stellen unter Windows anwenden.

7.9 Farben kombinieren

Farbe ist ein sehr wirkungsvolles Werkzeug, um eine Publikation ansprechender und wirkungsvoller zu gestalten. Allerdings nur dann, wenn Farben überlegt eingesetzt werden. Hier verhält es sich ähnlich wie bei der Typografie. Beim Kombinieren ist unbedingt darauf zu achten, daß eine Harmonie erhalten bleibt. Im Grunde erzähle ich hier nichts neues, denn das Thema einer harmonischen Farbkombination begleitet uns täglich. Bei der Auswahl der Kleidung wird ganz automatisch auf eine ansprechende Farbkombination geachtet, ohne daß dabei besonders nachgedacht wird. Das Auge übernimmt hier völlig unbewußt eine führende Rolle. Passen Farben zusammen, reagiert das Auge mit Wohlwollen.

Trifft der Blick hingegen auf krasse Farbgegensätze, läßt sich das Auge vom Objekt irritieren, weil dies unruhig wirkt und in vielen Fällen sogar abweisend. Gerade in bezug auf Kleidung hat doch jeder schon einmal gesagt: diese Farben »beißen« sich. Dieses Zitat aus der Umgangssprache spiegelt Disharmonie zweier kombinierter Farben wieder. Ein solcher Mißklang kann den Betrachter unter Umständen bis zur Aggressivität reizen. Derartige Reaktionen können sogar schon auftreten, wenn einzelne Farben zu grell wiedergegeben werden. Die klassische Aussage: da habe ich »rot« gesehen, muß doch eine Bedeutung haben.

Ein Beispiel für eine disharmonische Farbkombination ist die Verwendung von Rot und Grün. Treffen diese beiden Farben aufeinander, wird Unruhe empfunden. Deshalb sollte beim Gestalten von Publikationen darauf geachtet werden, daß Rot und Grün niemals direkt nebeneinander gedruckt werden. Besser ist es, auf eine dieser beiden Farben völlig zu verzichten. Dennoch gibt es ein Anwendungsbeispiel, bei dem diese Farbkombination bewußt gewählt wurde. Gemeint sind die Ampeln im Straßenverkehr. Hier hat man die Farben Rot und Grün absichtlich kombiniert, um gerade durch ihre Unruhe eine größere Aufmerksamkeit zu erzielen. Zur Aggressivität wird es hier allerdings nicht kommen, weil beide Farben niemals gleichzeitig leuchten.

Bei einer richtigen Farbzusammenstellung werden immer nur die Farben nebeneinander gedruckt, die keinen krassen Gegensatz bieten, also ähnliche Farbanteile aufweisen. Für eine harmonische Zusammenstellung bietet der Farbkreis wieder eine hilfreiche Unterstützung. Grundsätzlich gilt folgende Faustregel: keine Grundfarbe mit ihrer Komplementärfarbe kombinieren. Im Farbkreis liegen die Komplementärfarben der jeweiligen Grundfarbe genau gegenüber, sind also die Mischfarben der beiden benachbarten Farbfelder.

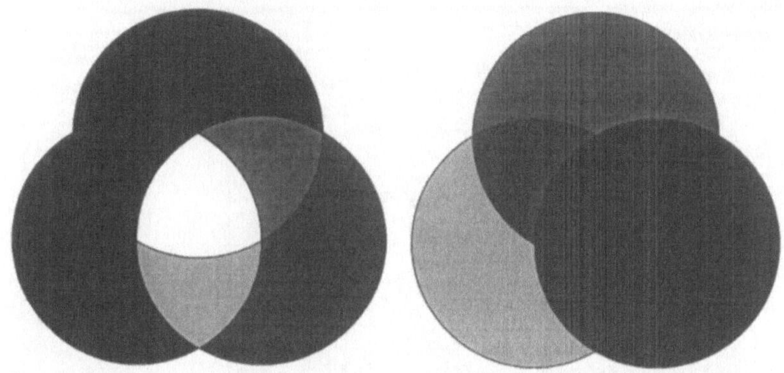

Das Ergebnis ist in beiden Kreisen gleich. Die gegenüberliegenden Farben, deren Kombination vermieden werden sollte, sind: Rot und Blau, Grün und Magenta, Blau und Gelb. Sollte in bestimmten Fällen eine dieser Kombinationen unumgänglich sein, sollte zumindest durch Herabsetzen der Farbsättigung versucht werden, die Disharmonie abzuschwächen.

7.10 Farbseparation drucken

Sie wissen bereits, daß sich ein Farbdruck aus den Grundfarben Cyan, Magenta und Gelb zusammensetzt, dem als Kontrastverstärkung Schwarz hinzugefügt wird. Man spricht vom Vierfarbdruck. Soll ein PageMaker-Dokument nach diesem Verfahren gedruckt werden, muß jede einzelne Druckseite erst einmal für den Vierfarbdruck vorbereitet werden. Diese Vorbereitung ist das Zerlegen der Farben in ihre Bestandteile Cyan, Magenta, Gelb und Schwarz und deren einzelne Druckausgabe. Das Ergebnis sind Farbauszüge. Eine Seite existiert nun viermal und jedes Exemplar kann unter Verwendung der entsprechenden Farbe gedruckt werden. Natürlich müssen die separierten Seiten wieder aufeinander gedruckt werden, damit das Druckergebnis wieder dem Original auf dem Monitor entspricht.

Die Druckfunktion von PageMaker erlaubt eine solche Farbseparation. Rufen Sie im Menü *Datei* die Funktion *Drucken...* auf. Auf dem Monitor wird ein Dialogfeld eingeblendet, das globale Druckeinstellungen zuläßt. Hierauf wird im Kapitel »Drukken« näher eingegangen.

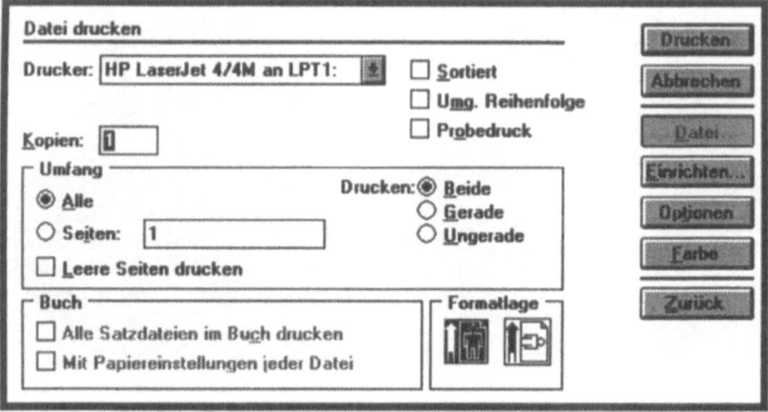

Abbildung 7.25.:
Dialogfeld der
Druckfunktion

Unter den Schaltflächen ganz rechts finden Sie eine mit der Beschriftung [Farbe]. Klicken Sie diese Schaltfläche mit der linken
Maustaste an oder drücken Sie die Tastenkombination $\boxed{\text{Alt}}\boxed{\text{F}}$. Sie
erhalten daraufhin ein untergeordnetes Dialogfeld für die Farb-
steuerung beim Drucken.

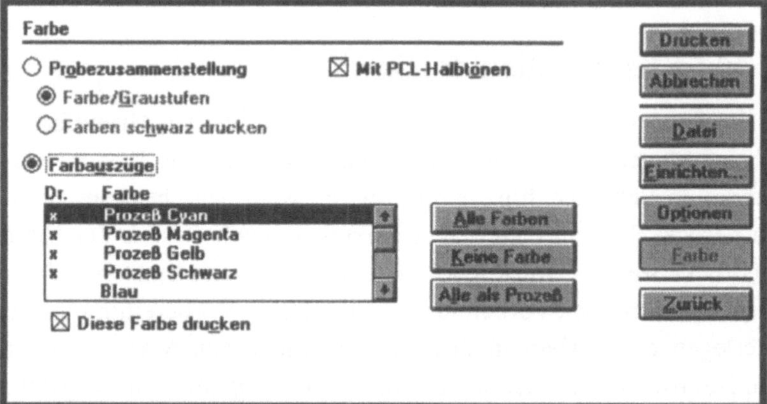

Abbildung 7.26.:
Dialogfeld für die
Farbsteuerung
beim Drucken

In diesem Dialogfeld ist durch Auswahl der Option *Farbauszüge*
einzustellen, daß kein normaler Ausdruck erfolgen soll, sondern
eben eine Farbseparation. Nach dieser Entscheidung wird die
darunter angeordnete Auswahlliste aktiv und es werden die drei
Schaltflächen [Alle Farben], [Keine Farbe] und [Alle als Prozeß]
eingeblendet.

Farbauszüge
festlegen

Die Auswahlliste *Farbe* enthält alle zur Verfügung stehenden
Farben. In der Spalte *Dr.* (Drucken) wird mit einem Kreuz angezeigt, für welche Farben ein Farbauszug gedruckt wird, wenn die

Schaltfläche [Drucken] angeklickt wird. Diese Kreuze lassen sich mit dem Parameter *Diese Farbe drucken* setzen oder entfernen. Klicken Sie eine Farbe an oder bewegen Sie mit den Tasten $\downarrow$ oder $\uparrow$ den Markierungsbalken auf eine Farbe und aktivieren oder deaktivieren Sie anschließend den Parameter *Diese Farbe drucken*. Auf diese Weise läßt sich individuell entscheiden, von welchen Farben Auszüge zu drucken sind.

Wird die Schaltfläche [Alle Farben] angeklickt, werden pauschal alle zur Verfügung stehenden Farben für das Drucken von Farbauszügen ausgewählt.

Das Gegenteil bewirkt das Anklicken der Schaltfläche [Keine Farbe]. Die Kreuze in der Spalte *Dr.* werden ausnahmslos entfernt und somit ist keine Farbe für den Ausdruck als Farbauszug ausgewählt.

Klicken Sie die dritte Schaltfläche [Alle als Prozeß] an, werden ausschließlich die vier Prozeßfarben Cyan, Magenta, Gelb und Schwarz für eine Farbseparation freigegeben. Volltonfarben werden dabei von PageMaker in das Modell CMYK umgesetzt, was ggf. dazu führen kann, daß eine betreffende Farbe nicht exakt im gewünschten Farbton wiedergegeben wird. Deshalb wird in einem solchen Fall auch folgende Sicherheitsabfrage ausgegeben.

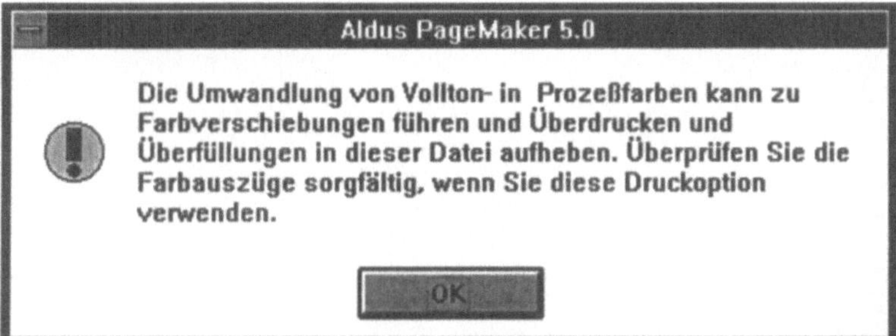

Abbildung 7.27.: Sicherheitsabfrage vor dem Umsetzen von Vollton- in Prozeßfarben

Haben Sie diesen Hinweis zur Kenntnis genommen, wird das Fenster durch Anklicken der Schaltfläche [OK] oder durch Drücken der Taste $\hookleftarrow$ wieder ausgeblendet.

Aus der Auswahlliste *Farbe* sind nun alle Volltonfarben verschwunden. Übrig bleiben nur die Prozeßfarben Cyan, Magenta,

Gelb und Schwarz. Gleichzeitig hat sich die Beschriftung der Schaltfläche [Alle als Prozeß] in [Erneut Vollton] geändert. Möchten Sie also zu Volltonfarben zurückkehren, dann klicken Sie diese Schaltfläche an.

Fragen zum Kapitel

1. Auf welche Weise lassen sich Farben einem Objekt zuweisen?

2. Welche Farbmodelle kennen Sie?

3. Welches Farbmodell wird üblicherweise für das Drucken von Farbbildern herangezogen?

4. Was ist eine Farbseparation?

5. Was sind Paßkreuze und wofür werden Sie benötigt?

6. Wie gehen Sie vor, wenn Sie eine neue Farbe mischen möchten?

7. Worauf ist zu achten, wenn Sie neue Farben pauschal für alle künftigen Dokumente mischen wollen?

Kapitel 8

Leichter Umgang mit langen Publikationen

8 Leichter Umgang mit langen Publikationen

In diesem Kapitel werden Sie kennenlernen, welche Bearbeitungsmöglichkeiten PageMaker speziell für lange Dokumente anbietet. Hierzu gehört nicht nur eine Seitennumerierung, die auch schon bei kurzen Publikationen sinnvoll sein kann, sondern viel mehr das Zusammenwirken mehrerer Dateien und der einfache Umgang mit Verzeichnissen.

Um den Inhalt dieses Kapitels am Monitor ausprobieren zu können, sind fünf PageMaker-Dateien unter den Dateinamen

- LONGPUB1.PM5
- LONGPUB2.PM5
- LONGPUB3.PM5
- LONGPUB4.PM5 und
- LONGPUB5.PM5

im Übungsverzeichnis gespeichert. Jedes dieser Dokumente hat einen Umfang von 20 Seiten und enthält die Druckformatvorlagen »Haupttitel«, »Untertitel« und »Normal«, die entsprechend dem Text zugewiesen sind.

8.1 Seitennumerierung definieren

Das Setzen einer Seitennumerierung ist ohne Zweifel keine Domäne langer Publikationen. Auch schon bei einer geringen Seitenzahl kann es sinnvoll oder erwünscht sein, die einzelnen Seiten fortlaufend zu numerieren. PageMaker verfügt hier über eine Automatik, vorausgesetzt, die Seitennumerierung wird auf den Stammseiten definiert. Öffnen Sie die Datei LONGPUB1.PM5, und wechseln Sie auf die Stamm- bzw. Musterseite dieses Dokuments.

Vergrößern Sie sich durch Anklicken mit der rechten Maustaste den Seitenbereich, in dem Sie eine Seitennumerierung setzen möchten. Meistens wird eine Seitennummer unterhalb des Satzspiegels außen gesetzt, in diesem Beispiel also rechts unten. Wählen Sie in der Funktionenbox das Textwerkzeug aus und

Übungsbeispiel

Seitennumerierung einfügen

ziehen Sie an der gewünschten Position bei gedrückter linker Maustaste einen Textblock auf, der etwa ein bis zwei Zentimeter breit sein sollte und rechts mit dem Satzspiegelrand bündig ist. Nach Loslassen der Maustaste blinkt der Cursor am imaginären linken Rand des Textblocks. Drücken Sie jetzt die Tastenkombination Strg ⇧ 3, um ein Steuerzeichen für eine spätere Seitennumerierung einzufügen. Es handelt sich bei der dritten Taste wirklich um die Ziffer »3«, und nicht um die Funktionstaste F3. Es ist also kein Druckfehler. Wichtig ist aber, daß die Zifferntaste 3 im Schreibmaschinenblock der Tastatur verwendet wird. Die gleiche Taste im Ziffernblock hat hier keine Wirkung. Auf dem Bildschirm wird jetzt eine Buchstabenfolge stehen, und zwar »RS«.

Abbildung 8.1.:
Steuerzeichen
einer Seiten-
numerierung

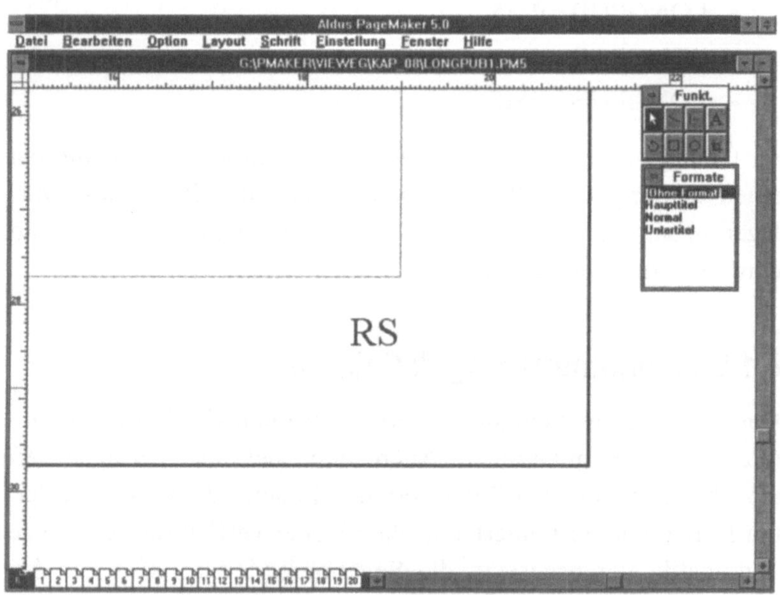

Das Kürzel »RS« wird auf einer rechten Stammseite als Steuerzeichen für eine Seitennumerierung eingetragen, während auf linken Stammseiten das Kürzel »LS« steht. Beides läßt sich nach dem Setzen mit allen zur Verfügung stehenden Gestaltungsmerkmalen formatieren. In diesem Beispiel sollte zum Beispiel eine rechtsbündige Ausrichtung vorgenommen werden, damit die Seitenzahlen mit dem rechten Satzspiegelrand bündig angeordnet werden. Die folgende Abbildung zeigt ein Beispiel einer gestalteten Seitennumerierung.

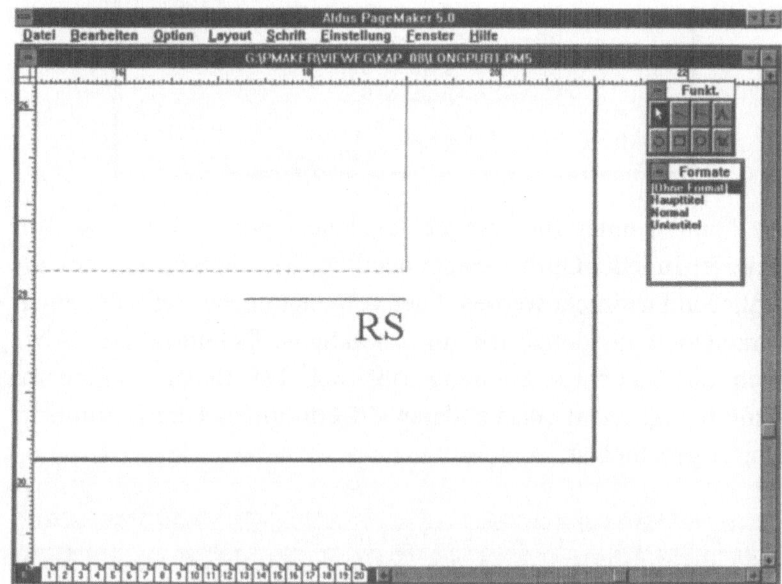

Abbildung 8.2.: Beispiel einer gestalteten Seitennumerierung

Damit ist das Setzen einer Seitennumerierung bereits abgeschlossen. Wenn Sie jetzt auf Dokumentseiten wechseln, werden Sie sehen, daß eine fortlaufende Numerierung bereits von PageMaker ausgeführt wird. Werden nachträglich Seiten in das Dokument eingefügt oder entfernt, erfolgt eine automatische Aktualisierung der Seitennumerierung.

Übungsbeispiel

- Öffnen Sie die übrigen Publikationen LONGPUB2.PM5 bis LONGPUB5.PM5 und fügen Sie jeweils eine Seitennumerierung ein.

- Speichern Sie alle fünf Dokumente unter gleichem Namen zurück.

Ziffernformat

Standardmäßig fügt PageMaker die Seitenziffern in arabischer Schreibweise ein, also in normal üblicher Form. Von dieser Ziffernart läßt sich aber jederzeit abweichen. Rufen Sie die Funktion *Seite einrichten...* im Menü *Datei* auf und klicken Sie im Dialogfeld die Schaltfläche [Numerieren...] an. Sie erhalten folgendes Dialogfeld, in dem sich andere Ziffernformaten auswählen lassen.

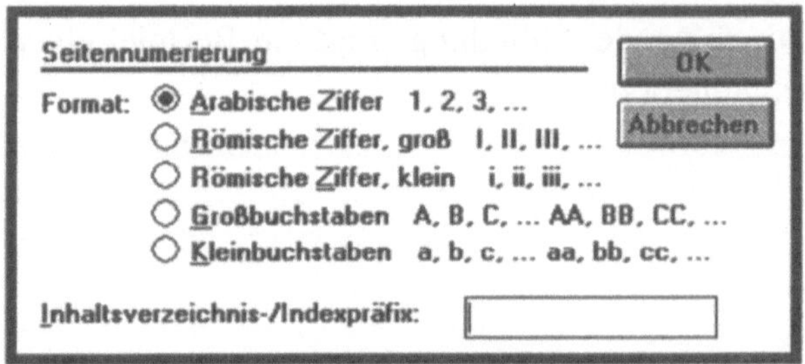

Abbildung 8.3.:
Dialogfeld zum
Festlegen eines
Ziffernformats

Sie können unter fünf Angeboten eine Option auswählen. Ein
Beispiel zu jeder Option macht deutlich, wie die Seitenziffern anschließend gedruckt werden. Hier vorgenommene Veränderungen
wirken sich ausschließlich auf das aktuelle Dokument aus. Aber
auch die Standardeinstellung läßt sich bei Bedarf verändern,
wenn bei Auswahl eines anderen Ziffernformats kein Dokumentfenster geöffnet ist.

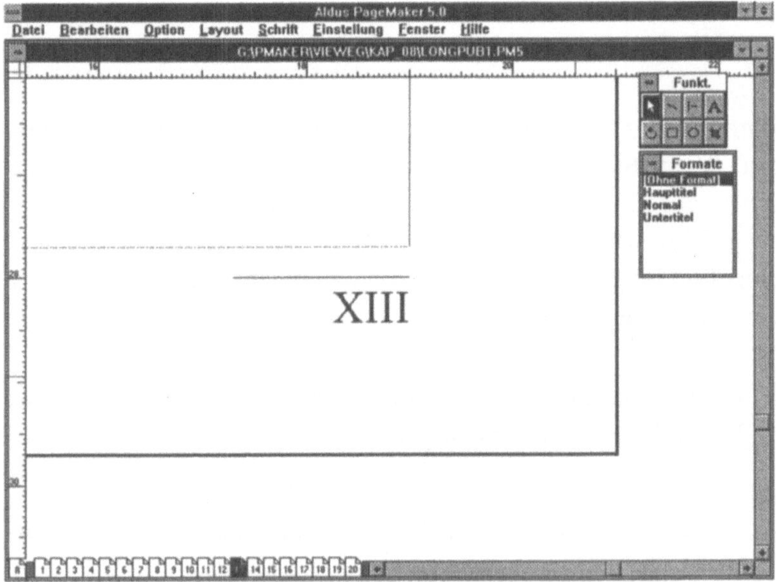

Abbildung 8.4.:
Beispiel der
Seitenziffer 13 in
römischer Form

Präfix

Im gleichen Dialogfeld, in dem Sie eine andere Ziffernart auswählen können, gibt es noch eine Eingabezeile mit dem Titel
Inhaltsverzeichnis-/Indexpräfix. Setzt sich zum Beispiel eine lange Publikation aus mehreren Kapiteln zusammen, läßt sich im
Inhaltsverzeichnis und im Indexverzeichnis (lernen Sie weiter
unten in diesem Kapitel kennen) auf die jeweiligen Kapitelnummern hinweisen. Voraussetzung ist, daß jedes Kapitel in einer

eigenständigen Datei gespeichert ist, damit die verschiedenen Kapitelnummern als Präfix definiert werden können. Tragen Sie zum Beispiel die Kapitelnummer gefolgt von einem Schrägstrich in die Eingabezeile ein, entsprechend der folgenden Abbildung.

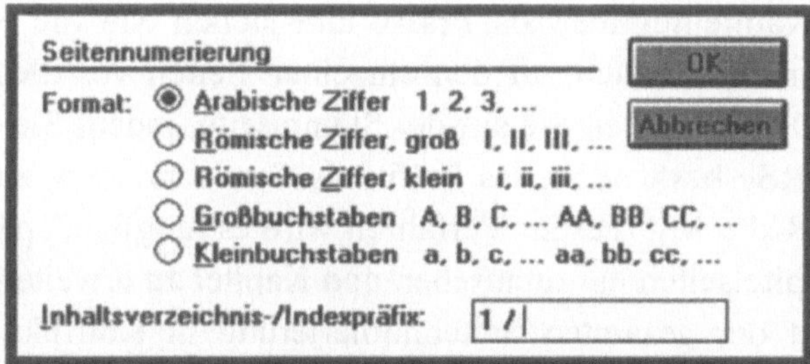

Abbildung 8.5.: Dialogfeld *Seitennumerierung* mit eingetragenen Präfix

Auf die Gestaltung der Seitenziffern hat eine solche Definition keine Auswirkungen. Lediglich in einem Inhaltsverzeichnis oder in einem Indexverzeichnis wird das Präfix vor die Seitenzahlen gesetzt, so daß ein Inhaltsverzeichnis folgendes Aussehen erlangt.

Abbildung 8.6.: Beispiel eines Verzeichnisses mit Präfix

Das Anlegen und Gestalten von Inhalts- und Indexverzeichnissen lernen Sie in den Abschnitten »Inhaltsverzeichnis zusammenstellen« und »Stichwortverzeichnis zusammenstellen« detailliert kennen.

Das Anwenden von Präfixziffern bietet sich an, wenn Sie eine lange Publikation, bestehend aus einzelnen Kapiteln, als Loseblattsammlung herstellen, für die später Ergänzungsblätter vorgesehen sind. Jedes Kapitel wird dabei eine eigene Datei, deren Seiten alle mit der Seitenzahl »1« beginnen. Definieren Sie die jeweilige Kapitelnummer als Präfix und stellen Sie die Kapitelnummer manuell auch auf den einzelnen Seiten vor die Seitenziffern. Dies erreichen Sie auf der Stammseite, indem Sie vor das Kürzel »RS« bzw. »LS« das Präfix als Text schreiben, zum Beispiel »1/RM«. Mit diesem Verfahren wird es möglich, später einzelne Kapitelseiten auszutauschen und Kapitel zu erweitern, ohne dabei mit der gesamten Seitennumerierung in Konflikt zu geraten.

8.2 Dokumente zu einem Buch zusammenstellen

Umfangreiche Publikationen sollten nicht komplett in einer Datei angelegt werden, weil diese einen Speicherplatz im MByte-Bereich beanspruchen. Ein Kopieren auf eine Diskette ist dann meistens nicht mehr möglich. Außerdem leidet die Verarbeitungsgeschwindigkeit des Computers bei zu umfangreichen Dokumenten, weil auch der Arbeitsspeicher dadurch sehr schnell an die Grenzen seiner Kapazität stößt. Deshalb muß aber nicht auf Publikationen verzichtet werden, die zum Beispiel mehr als 100 Seiten umfassen. Wurde eine Publikation auf mehrere Dateien aufgeteilt, lassen sich diese mit der Buchfunktion von PageMaker gemeinsam verwalten, so daß diese nach Fertigstellung als eine Einheit betrachtet werden können, was sich auf den Ausdruck und auf die Seitennumerierung auswirkt. Ein weiterer Vorteil ist, daß während der Herstellung einer solchen Publikation mehrere Mitarbeiter gleichzeitig an verschiedenen Kapiteln arbeiten können, was der Bearbeitungszeit zugute kommt.

Vor dem Zusammenstellen mehrerer Dateien zu einem »Buch« ist nichts besonderes zu beachten. Die einzelnen Dokumente werden ganz normal angelegt und gespeichert. Sinnvoll ist es allerdings, jeweils das gleiche Layout zu verwenden. Es ist zu empfehlen, das Layout als Mustervorlage zu speichern (PT5), die als Basis für das Anlegen der einzelnen Dateien dient.

Eine der Satzdateien, die Sie zu einem Buch zusammenstellen wollen, muß sich als aktive Datei auf dem Monitor befinden. Es empfiehlt sich, das erste der zusammenzustellenden Dokumente zu wählen. Alle anderen Dateien müssen nicht unbedingt geöffnet sein. Sie sollten aber alle im gleichen Verzeichnis auf der Festplatte gespeichert sein.

Um das Zusammenstellen eines Buches am Monitor nachvollziehen zu können, sollte sich jetzt die Datei LONGPUB1.PM5 sichtbar auf dem Monitor befinden. Sehen Sie im Menü *Fenster* nach, ob dieses Dokument noch im Arbeitsspeicher enthalten ist. Falls ja, holen Sie das Fenster in den Vordergrund. Ansonsten muß die Datei erneut geöffnet werden.

Rufen Sie im Menü *Datei* die Funktion *Buch...* auf. Auf dem Monitor wird ein Dialogfeld eingeblendet, das zwei Dateilisten enthält.

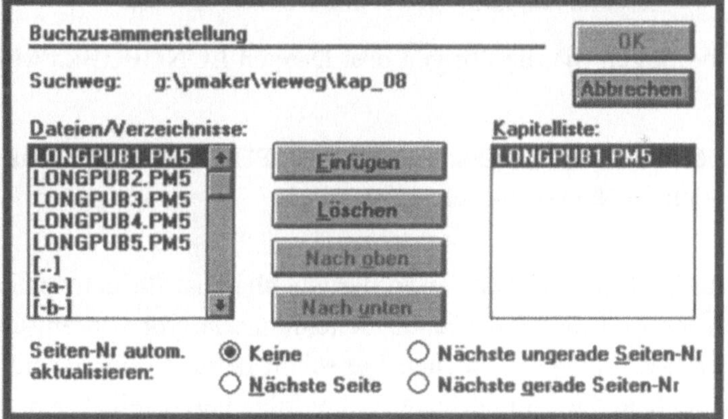

Abbildung 8.7.: Dialogfeld der Buchfunktion

Die linke Liste enthält alle Satzdateien, die im aktuellen Verzeichnis gespeichert sind. Welches Verzeichnis gegenwärtig ausgewählt ist, sehen Sie im oberen Teil des Dialogfeldes hinter dem Begriff *Suchweg*. Wollen Sie in ein anderes Verzeichnis oder in ein anderes Laufwerk wechseln, müssen Sie in der linken Dateiliste ganz nach unten blättern. Dort finden Sie in eckigen Klammern die Anzeigen der Laufwerke und Verzeichnisse. Wählen Sie hier mit einem Doppelklick das gewünschte Laufwerk und Verzeichnis aus. Klicken Sie den Eintrag [..] doppelt an, um in der Baumstruktur eine Ebene höher zu gelangen.

Einfügen In der rechten Dateiliste ist zunächst nur der Name des aktiven Dokuments enthalten. Alle Dateien, die zu einem Buch zusammengestellt werden sollen, müssen von der linken Dateiliste in die rechte übertragen werden. Wählen Sie in der linken Liste die nächste Datei aus, die in die Buchliste übernommen werden soll. In diesem Beispiel ist das die Datei LONGPUB2.PM5. Ist dieses Dokument markiert, erfolgt das Übertragen durch Anklicken der Schaltfläche [Einfügen].

Abbildung 8.8.:
Übertragen einer
Datei in die
Buchliste

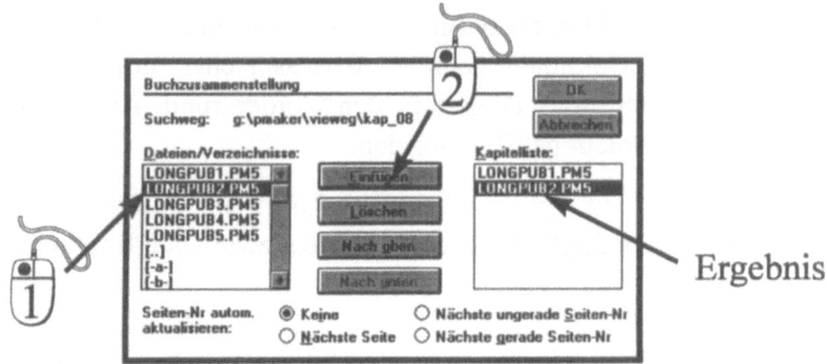

Übungsbeispiel

- Übertragen Sie die übrigen drei Dateien LONGPUBx.PM5 in die Buchliste.

- Speichern Sie das Dokument LONGPUB1.PM5 erneut unter gleichem Namen zurück.

Reihenfolge der
Dateien

Die Reihenfolge der Dateien in der Buchliste ist für den späteren Ausdruck und die fortlaufende Seitennumerierung von entscheidender Bedeutung. Versuchen Sie schon beim Zusammenstellen der Buchliste die erforderliche Reihenfolge herzustellen. Am einfachsten ist dies, wenn aus dem Dateinamen die Kapitelziffer bereits hervorgeht, so wie es bei den Übungsdateien der Fall ist. Stellen Sie fest, daß die Reihenfolge der zusammengestellten Dateien doch noch nicht den Erfordernissen entspricht, läßt sich dies nachträglich auf einfache und schnelle Weise korrigieren. Klicken Sie in der Buchliste die Datei an, die Sie an eine andere Position verschieben möchten. Für das Bewegen eines Eintrags stehen Ihnen die beiden Schaltflächen [Nach oben] und [Nach unten] zur Verfügung. Das Anklicken dieser Schaltflächen bewirkt das Verschieben der markierten Datei um eine Position nach oben bzw. nach unten. Auf diese Weise lassen sich die Dokumente gegeneinander austauschen, bis die korrekte Reihenfolge hergestellt ist.

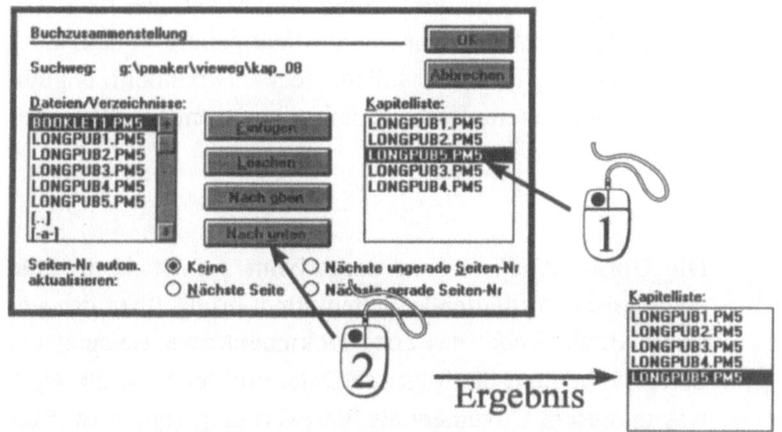

Abbildung 8.9.: Reihenfolge in der Buchliste ändern

Haben Sie versehentlich ein Dokument in die Buchliste aufgenommen, das nicht in dieses Buch gehört, läßt sich die betreffende Datei wieder aus der Liste entfernen. Markieren Sie die zu entfernende Datei durch Anklicken mit der linken Maustaste, und klicken Sie anschließend die Schaltfläche [Löschen] an. Das Dokument wird in der Buchliste gelöscht, nicht aber auf dem Datenträger.

Datei aus der Buchliste entfernen

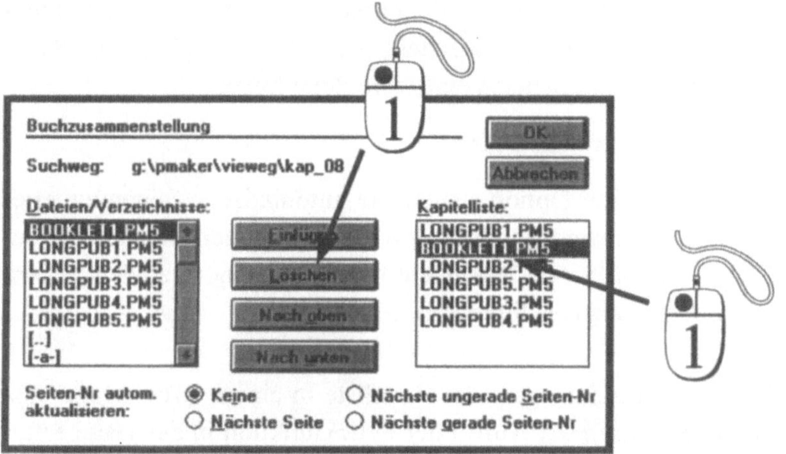

Abbildung 8.10.: Entfernen einer Datei aus der Buchliste

Im unteren Teil des Dialogfeldes sind vier Optionen vorhanden, mit denen entschieden wird, in welcher Weise beim späteren Ausdruck eines Buches die Seitennumerierung zu behandeln ist.

Seitennumerierung

Keine

Die Option *Keine* wird gewählt, wenn für das betreffende Buch keine Seitennumerierung vorgesehen ist bzw. die Seiten der einzelnen Dokumente unabhängig voneinander durchnumeriert werden sollen. Jedes Dokument beginnt also bei der Seitenziffer »1«, sofern keine andere Startziffer festgelegt wurde.

Nächste Seite

Die Option *Nächste Seite* sorgt beim Ausdruck für eine automatisch fortlaufende Seitennumerierung über das gesamte Buch. Endet das erste Dokument zum Beispiel bei Seite 25, beginnt die folgende Datei mit der Seite 26, egal, was in diesem Dokument als Startwert eingetragen ist. Eingesetzt wird diese Option bei einseitigen Dokumenten.

Nächste ungerade Seiten-Nr.

Bei einem doppelseitigen Layout wird die Option *Nächste ungerade Seiten-Nr.* eingesetzt, um eine automatisch fortlaufende Seitennumerierung zu erzielen. Die Besonderheit dieser Option ist, daß jedes einzelne Dokument der Buchliste mit einer ungeraden Seitenzahl beginnt, also immer eine rechte Seite ist. Endet das vorherige Dokument ebenfalls auf einer ungeraden, also rechten Seite, fügt Page-Maker automatisch eine leere Seite hinzu.

Nächste gerade Seiten-Nr.

Die vierte Option steuert die automatische Seitennumerierung entsprechend der vorherigen, jedoch beginnt das jeweils folgende Dokument immer mit einer geraden Seitenziffer, also als linke Seite.

Ein Buch ausdrucken

Um eine zusammengestellte Buchliste in einem Arbeitsgang auszudrucken, muß der Aufruf der Druckfunktion in der Datei erfolgen, in der auch die Buchzusammenstellung ausgeführt wurde. Nur in diesem Dokument wird die betreffende Buchliste verwaltet. In allen anderen Dateien wird die Buchliste nicht erkannt.

Nach Aufruf der Funktion *Drucken...* im Menü *Datei* wird im Dialogfeld für die Druckersteuerung die letzte Rubrik *Buch* aktiv sein.

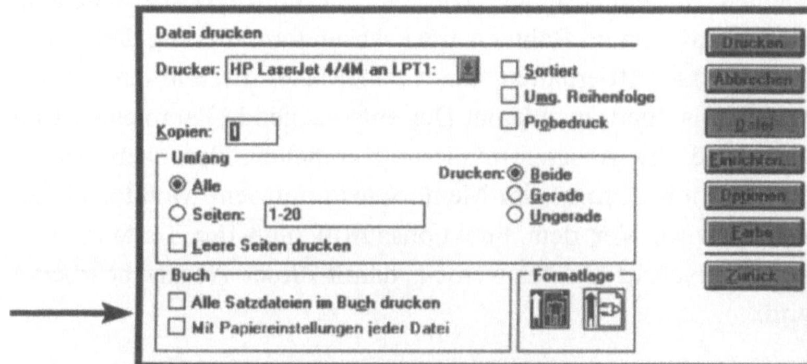

Abbildung 8.11.: Dialogfeld der Druckfunktion mit aktiver Optionsgruppe *Buch*

Aktivieren Sie den Parameter *Alle Satzdateien im Buch drucken*, um alle in der Buchliste enthaltenen Dokumente in der entsprechenden Reihenfolge auszudrucken. Bleibt das Kontrollfeld deaktiv, wird ausschließlich das aktuelle Dokument gedruckt, also die erste Datei der Buchliste.

Enthält die Buchliste Dokumente mit unterschiedlichen Layouteinstellungen, wird zusätzlich der Parameter *Mit Papiereinstellungen jeder Datei* auswählbar. Wird dieses Kontrollfeld aktiviert, hält sich PageMaker beim Ausdruck an die individuellen Seiteneinrichtungen. Ansonsten wird durchgängig im Layout des ersten Dokuments gedruckt.

Gewöhnlich reicht es für spätere Arbeitsschritte aus, wenn eine Buchzusammenstellung in der ersten betreffenden Datei erfolgte. Es gibt aber eine einfache Methode, um die Buchliste auch in die beteiligten Dokumente zu kopieren. Auf dem Monitor muß sich die Datei befinden, in der ein Buch zusammengestellt wurde. Ist dies der Fall, dann öffnen Sie das Menü *Datei* und klicken Sie bei gedrückter [Strg] - Taste die Funktion *Buch...* an. Diesmal wird kein Dialogfeld eingeblendet, sondern im Hintergrund erfolgt das Übertragen der Buchliste auf alle beteiligten Dokumente.

8.3 Inhaltsverzeichnis zusammenstellen

Haben Sie in einem langen Dokument Gliederungsüberschriften definiert, so lassen sich diese automatisch zu einem Inhaltsverzeichnis zusammenstellen. Die als Überschriften anzusehenden Absätze müssen im Rahmen einer Absatzformatierung den Status einer Überschrift erhalten, damit PageMaker diese in ein Inhaltsverzeichnis übertragen kann. Der entsprechende Parameter ist im Dialogfeld der Absatzformatierung enthalten, das nach Aufruf der Funktion *Absatz...* im Menü *Schrift* auf dem Monitor eingeblendet wird. Vor dem Funktionsaufruf muß der Textcursor in eine Überschrift gesetzt werden, damit dieser Absatz bearbeitet wird.

Abbildung 8.12.:
Dialogfeld der
Absatz-
formatierung

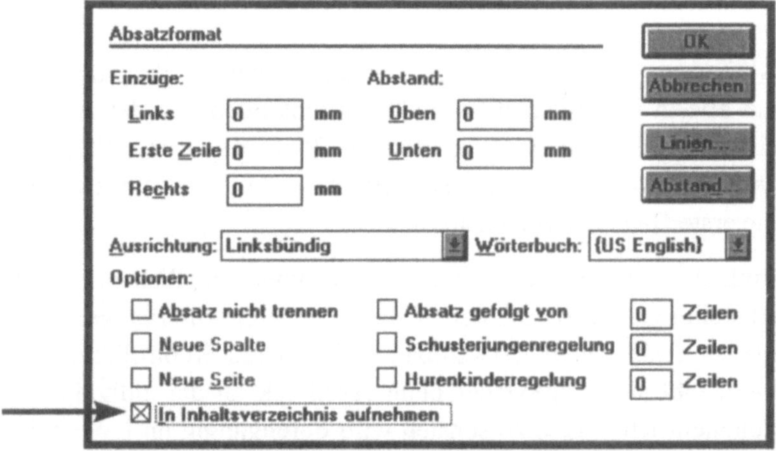

Sie finden den betreffenden Parameter *In Inhaltsverzeichnis aufnehmen* in der linken unteren Ecke des Dialogfeldes. Klicken Sie ein Kreuz in dieses Kontrollfeld, damit der aktive Absatz später automatisch in ein Verzeichnis aufgenommen werden kann. In den Übungsdateien LONGPUBx.PM5 sind solche Überschriften enthalten, die bereits alle entsprechend bearbeitet wurden.

Inhaltsverzeichnis
anlegen

Um für eine Publikation ein Inhaltsverzeichnis anzulegen, muß die betreffende Datei auf dem Monitor sichtbar sein. Handelt es sich um mehrere Dokumente, die zuvor zu einem Buch zusammengestellt wurden, muß die Datei als aktives Fenster auf dem Monitor sein, in der auch die Buchzusammenstellung erfolgte. Möchten Sie die folgenden Arbeitsschritte nachvollziehen, sollten Sie jetzt die Datei LONGPUB1.PM5 öffnen bzw. das Fenster in den Vordergrund holen. Fügen Sie zunächst vor der ersten Dokumentseite eine neue Seite ein, die später das Inhaltsverzeichnis aufnehmen soll. Wechseln Sie auf Seite 1 des Dokuments und rufen Sie die Funktion *Seite(n) einfügen...* im Menü *Layout* auf. Lassen Sie die Vorgabe »1« als Anzahl der einzufügenden Seiten stehen, aber aktivieren Sie die Option *Vor dieser Seite*, bevor Sie den Dialog durch Anklicken der Schaltfläche [OK] oder durch Drücken der Taste ⏎ bestätigen.

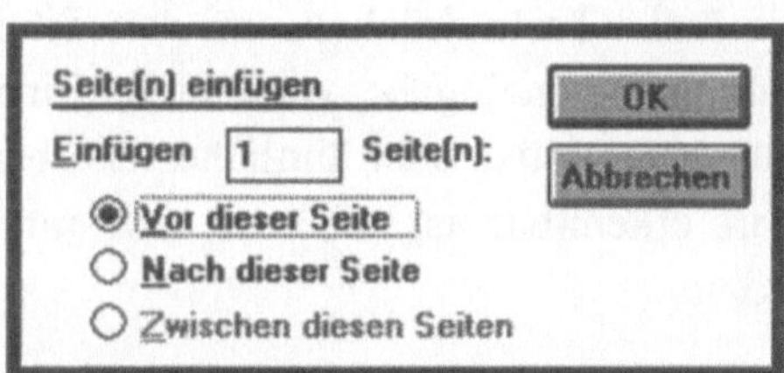

Abbildung 8.13.: Dialogfeld zum Einfügen neuer Seiten

Wenn Sie auf der neu eingefügten Seite keine Seitennumerierung haben möchten, was bei Inhaltsverzeichnissen auch oft der Fall ist, dann deaktivieren Sie im Menü *Layout* die Funktion *Standardseitenelemente anzeigen*.

Das Zusammenstellen eines Inhaltsverzeichnisses erfolgt automatisch, sobald die Funktion *Inhaltsverzeichnis erstellen...* im Menü *Option* aufgerufen wird. Zuvor blendet PageMaker jedoch ein Dialogfeld ein, in dem die äußere Form des Inhaltsverzeichnisses festgelegt wird.

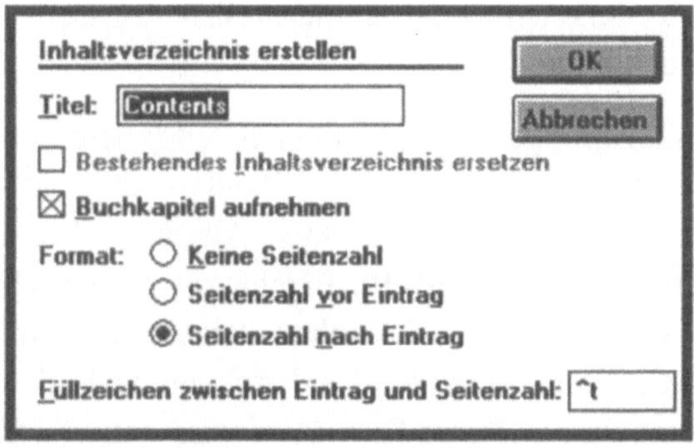

Abbildung 8.14.: Dialogfeld der Funktion *Inhaltsverzeichnis erstellen*

In der Eingabezeile *Titel* ist die Vorgabe einer Überschrift für ein Inhaltsverzeichnis eingetragen. Bei der mir vorliegenden deut-   Titel schen Version von PageMaker 5.0 ist als Vorgabe der englische Begriff »Contents« eingetragen, anstelle der erwarteten deutschen Überschrift »Inhaltsverzeichnis«, wie in der obigen Abbildung zu sehen ist. Dies ist jedoch durch eine Datei der englischen PM-Version bedingt, die sich zur Zeit der Manuskripterstellung noch auf meinem Rechner befand. Bei korrekter Installation der deutschen Version wird dieser kleine Makel nicht auftauchen.

Der Eintrag ist bereits markiert, so daß durch Neueingabe der Begriff überschrieben werden kann. Ein professioneller Schriftsetzer wird einfach die **Entf** - Taste drücken, um den Titel zu löschen, und er wird auf eine Neueingabe verzichten. Eine Überschrift »Inhalt«, »Inhaltsverzeichnis« oder ähnliches ist überflüssig, weil auch so deutlich erkennbar ist, daß es sich um ein Inhaltsverzeichnis handelt.

Existierendes Verzeichnis überschreiben

Wurde die Funktion *Inhaltsverzeichnis erstellen...* zuvor schon einmal ausgeführt, so daß es bereits ein Inhaltsverzeichnis gibt, wird die Option *Bestehendes Inhaltsverzeichnis ersetzen* eingeblendet und somit auswählbar sein. Wird dieser Parameter aktiviert, überschreibt PageMaker automatisch das alte Inhaltsverzeichnis mit der neuen Fassung.

Verzeichnis für ein Buch

Befindet sich bei Aufruf der Funktion *Inhaltsverzeichnis erstellen...* ein Dokument auf dem Monitor, für das es eine Buchzusammenstellung gibt, ist automatisch die Option *Buchkapitel aufnehmen* ausgewählt. Wollen Sie auf ein vollständiges Inhaltsverzeichnis verzichten und stattdessen ausschließlich für die aktive Datei ein Verzeichnis zusammenstellen, müssen Sie diesen Parameter deaktivieren.

Format

Mit der Optionsgruppe *Format* läßt sich der äußere Aufbau eines Inhaltsverzeichnisses beeinflussen. Standarmäßig ist die dritte Option *Seitenzahl nach Eintrag* aktiv. Alternativ lassen sich die Seitenzahlen durch Auswahl des Parameters *Seitenzahl vor Eintrag* voranstellen, wodurch das Inhaltsverzeichnis sein typisches Aussehen gegen ein individuelles Erscheinungsbild eintauscht. Mit der ersten Option *Keine Seitenzahl* wird generell auf Seitenzahlen verzichtet, was ich aber aus praktischer Sicht nicht nachvollziehen kann. Ein Inhaltsverzeichnis dient schließlich dem schnellen Auffinden bestimmter Abschnitte, was mir aber nur dann gelingt, wenn ich im Verzeichnis die Seitenzahl genannt bekomme, auf der ich den gesuchten Text finde.

Als letztes ist im Dialogfeld ein Eingabefeld enthalten, in dem ein Dehnungszeichen (^) gefolgt vom Buchstaben »t« eingetragen ist. Diese Zeichenfolge ist ein Steuerzeichen für das Setzen eines Tabsprungs, gleichbedeutend mit dem Drücken der Tabulatortaste ⇥. Dadurch lassen sich die Seitenzahlen mittels Tabstopp vom Text absetzen und übersichtlich anordnen. Die Vorgabe läßt sich gegen maximal sieben andere Zeichen ersetzen.

Trennzeichen

Nach dem Anklicken der Schaltfläche [OK] oder durch Drücken der Taste ⏎ wird ein Inhaltsverzeichnis aus allen entsprechend gekennzeichneten Überschriften zusammengestellt. Je nach Umfang der Publikation kann dieser Vorgang etwas Zeit in Anspruch nehmen. Auf dem Monitor wird solange ein Laufbalken angezeigt, der über den Fortschritt der Funktion informiert.

Ist das gesamte Dokument oder sind alle Dateien einer Buchliste bearbeitet, bekommt der Mauszeiger die gleiche Form wie beim Importieren von Texten. Lassen Sie das Inhaltsverzeichnis auf der eigens hierfür eingefügten Seite einfließen. Ihr Monitorbild wird anschließend mit der folgenden Abbildung übereinstimmen, sofern Sie ebenfalls mit Standardeinstellungen gearbeitet haben.

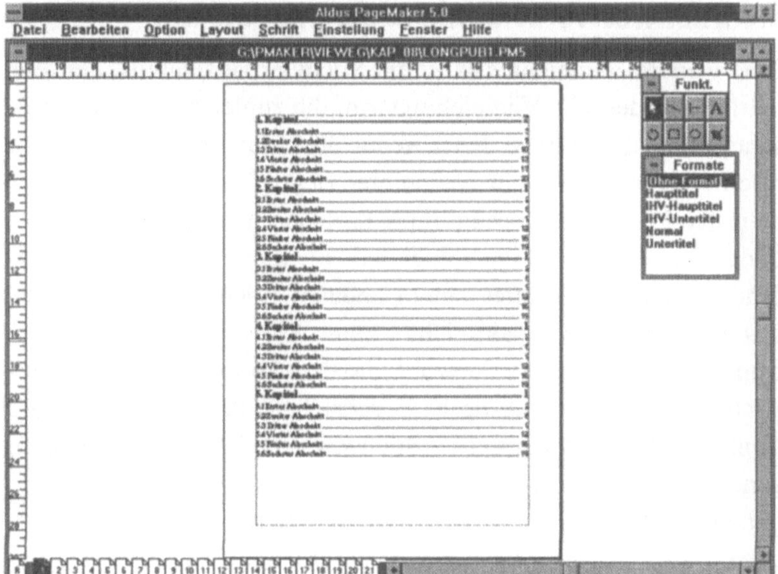

Abbildung 8.15.: Zusammengestelltes Inhaltsverzeichnis

Das neue Inhaltsverzeichnis wird bereits mit bestimmten Gestaltungsmerkmalen aufgebaut. Die Kapitel- und Abschnittsüberschriften stehen linksbündig, während die Seitenzahlen am rechten Satzspiegelrand stehen. Füllzeichen verbinden beide Einträge einer Zeile, so daß eine Zusammengehörigkeit beim Lesen erkennbar ist.

Über die Gestaltung läßt sich bekanntlich streiten, so wird ein Schriftsetzer diesen formellen Aufbau eines Verzeichnisses schlicht ablehnen, weil der Zwischenraum zwischen Text und Seitenzahlen zu groß ist und dadurch die Füllzeichen dominieren, was aus ästhetischer Sicht nicht vertretbar ist. Im Kapitel »Textberarbeitung« wurden Ihnen bereits alternative Gestaltungsbeispiele für Inhaltsverzeichnisse vorgeschlagen.

Im Übungsbeispiel haben die Überschriften eine Gliederungsnumerierung (1., 1.1, 1.2 usw.). PageMaker hat keine eigene Gliederungsfunktion, die automatisch eine solche Numerierung setzt. Ist eine derartige Numerierung erforderlich, muß der Text mit einem Textverarbeitungsprogramm erstellt werden, das über eine Gliederungsfunktion verfügt, zum Beispiel Word für Windows. Der fertig gegliederte Text wird dann in PageMaker importiert.

8.4 Stichwortverzeichnis zusammenstellen

Eine weitere Verzeichnisart ist ein Stichwortverzeichnis, ein sehr häufig erforderliche Verzeichnisform, die zugleich auch den meisten Unmut hervorruft. Jeder kennt die Situation, daß in einem Stichwortverzeichnis ein bestimmter Begriff gesucht wird, unter dem der Leser die Klärung eines Problems vermutet, und genau dieser Suchbegriff ist im Verzeichnis nicht enthalten. Das betreffende Thema wird unter einem anderen Stichwort geführt, auf das der Leser aber gerade nicht kommt. Ein weiteres Ärgernis ist oftmals eine fehlende Seitenzahl, die dem Hinweis »siehe ...« gewichen ist. Ich möchte deshalb versuchen, Ihnen nicht nur die Funktionalität automatischer Stichwortverzeichnisse zu zeigen, sondern auch einige Tips zum Aufbau solcher Verzeichnisse geben. Trotzdem, ein ideales Indexverzeichnis wird es niemals geben, aber es läßt sich durchaus optimieren. Ob es mir persönlich gelungen ist, können Sie anhand des vorliegenden Buches prüfen.

Bevor ein Indexverzeichnis zusammengestellt werden kann, müssen die Stichwörter im Text als Index gekennzeichnet werden, wobei die Kennzeichnung in PageMaker nicht sichtbar ist. Die Wörter werden also mit einem Steuerzeichen belegt, das die Aufnahme ins Register ermöglicht. Dabei darf es sich auch um mehrere Wörter handeln, zum Beispiel »Dokument speichern« oder »Speichern von Dokumenten«. Für das Indizieren von Wörtern gibt es verschiedene Methoden, die aber alle eine Gemeinsamkeit haben: das zu kennzeichnende Wort muß zuvor mit dem Textwerkzeug markiert werden. Dies ist eine wichtige Voraussetzung für das Gelingen einer Indexverwaltung. Alle Arbeitsschritte, die für das Kennzeichnen von Stichwörtern angewendet werden können, lassen sich sowohl im Layout als auch im Texteditor ausführen.

Um ein einfaches Indexverzeichnis zusammenzustellen, genügt das Anwenden der Tastenkombination `Strg` `⇧` `'`, um den markierten Text zu indizieren. Im Layout werden Sie grundsätzlich keinen Hinweis darauf erhalten, daß ein Text für ein späteres Stichwortverzeichnis gekennzeichnet wurde. Schalten Sie aber mit der Funktion *Textmodus* im Menü *Bearbeiten* in den Texteditor um, sehen Sie, daß den indizierten Wörtern ein Steuerzeichen vorangestellt ist (◄►).

Sind Namen in ein Stichwortverzeichnis aufzunehmen, sollten die Familiennamen vorangestellt werden, damit eine korrekte alphabetische Reihenfolge gewährleistet ist. Im Text wird hingegen üblicherweise der Vorname zuerst genannt, zum Beispiel »Peter Mustermann«. Wurde der vollständige Name markiert, ist hier die Tastenkombination `Strg` `⇧` `J` anzuwenden, um den Namen zu indizieren. Im späteren Stichwortverzeichnis wird der Eintrag dann in der Form »Mustermann, Peter« aufgenommen. Mit diesem Verfahren werden nicht nur Namen gekennzeichnet, sondern auch andere Begriffe, die gegeneinander ausgetauscht ins Stichwortverzeichnis aufgenommen werden sollen. Steht im Text zum Beispiel »... als Satzdatei speichern«, ließe sich daraus der Indexeintrag »speichern, Satzdatei« machen.

Kennzeichnung im Text

Schnelles Indizieren

Indizieren von Namen oder zusammenhängenden Wörtern

Anstelle der Anwendung von Tastenkombinationen lassen sich Wörter auch durch Aufruf der Funktion *Indexeintrag...* im Menü *Option* zu einem Index machen. Voraussetzung ist auch hier das vorherige Markieren des aufzunehmenden Textes. Mit Hilfe des folgenden Dialogfeldes wird es möglich, in den Aufbau eines Indexverzeichnisses einzugreifen und somit anspruchsvollere Verzeichnisse zu erstellen.

Im oberen Teil des Dialogfeldes muß die Option *Seitenverweis* aktiv sein. Die alternative Option *Querverweis* wird für Querverweise benötigt, eine besondere Form von Indizes. Im nächsten Abschnitt werden Sie darüber mehr erfahren.

Unter der Rubrik *Eintrag* gibt es drei untereinander angeordnete Eingabezeilen. Im ersten dieser Felder ist das markierte Wort eingetragen, das an dieser Stelle verändert werden kann. Wurde zum Beispiel der Begriff »sucht« markiert, ließe sich im Dialogfeld daraus der Indexeintrag »suchen« machen. Entspricht der Eintrag den Wünschen, ist er in die Indexliste aufzunehmen. Hierfür gibt es zwei Methoden. Entweder wird die Schaltfläche [OK] angeklickt oder aber die Schaltfläche [Hinzufügen]. Im letzteren Fall bleibt das Dialogfeld geöffnet, was einen besonderen Grund hat. Zu vielen Indexeinträgen gibt es Synonyme, die nicht minder gebräuchlich sind und deshalb auch in das spätere Stichwortverzeichnis aufgenommen werden sollten. Hier wird eins der oben genannten Probleme berührt. Dem Leser fällt ein Stichwort ein, das aber im Text nicht vorkommt, obwohl aber über das Thema geschrieben wurde. Anstelle des Originals lassen sich jetzt solche alternativen Wörter ebenfalls in das Stichwortverzeichnis aufnehmen. Entfernen Sie das ursprüngliche Wort und schreiben Sie das Synonym in die gleiche Eingabezeile. Klicken Sie erneut die Schaltfläche [Hinzufügen] an, falls Sie noch einen Begriff eingeben möchten. Auf diese Weise werden im späteren Stichwortverzeichnis zum Beispiel die Begriffe »Return«, »Enter« und »Eingabetaste« gefunden, obwohl im Text vielleicht ausschließlich von der »Return-Taste« die Rede ist.

Beim Erstellen von Indexeinträgen sollten Sie sich Zeit nehmen und sehr sorgfältig überlegen, ob es zum ausgewählten Begriff gebräuchliche Alternativen gibt, die ebenfalls in das Stichwortverzeichnis gehören. Sie optimieren Ihr Index und ersparen dem Leser dadurch langwieriges und eventuell erfolgloses Suchen.

Die drei Eingabezeilen für einen Indexeintrag symbolisieren jeweils eine hierarchische Ebene. Demzufolge ist es möglich, Indexeinträge einem Oberbegriff unterzuordnen. Ein Beispiel:

Hierarchie

   Datei
      Importieren
      Öffnen
      Speichern
   Drucken
      Buch
      Dokument
      Seiten, gerade
      Seiten, ungerade

Obwohl hier drei Ebenen angesprochen werden können, sollten Sie in der Praxis auf eine dritte Ebene verzichten. Ein Stichwortverzeichnis wird dadurch schnell unübersichtlich, womit Sie einem Leser keinen Gefallen tun. Beschränken Sie sich also auf nur zwei Ebenen

Wollen Sie einen Eintrag von der ersten Eingabezeile in die zweite verschieben, dann klicken Sie das Symbol rechts neben dem ersten Eingabefeld an (⊞). Der Eintrag springt ein Feld weiter, wobei in der ersten, jetzt leeren Eingabezeile ein Textcursor entsteht. PageMaker erwartet nun den Eintrag des überge-

Eintrag verschieben

ordneten Stichwortes. Sie können diesen Begriff manuell eingeben oder einen existierenden Indexeintrag übernehmen. Im letzteren Fall klicken Sie die Schaltflächen [Thema...] an, um eine
Liste der Indizes zu erhalten.

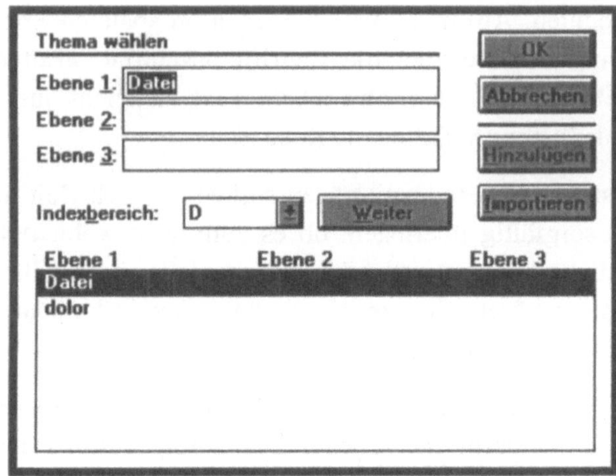

Abbildung 8.17.:
Dialogfeld *Thema
wählen*

Wählen Sie in der unteren Liste durch Anklicken das Stichwort
aus, dem Sie den neuen Eintrag unterordnen möchten. Achten Sie
aber darauf, daß Sie eine Auswahl treffen, die in der Hierarchie
höher angesiedelt ist. Klicken Sie nach der Auswahl die Schaltfläche [OK] an, wechselt PageMaker in das vorherige Dialogfeld
zurück, wo jetzt in der ersten Eingabezeile der übergeordnete
Begriff eingetragen ist.

Abbildung 8.18.:
Dialogfeld zum
Erstellen eines
Indexeintrags

Bei der mir vorliegenden deutschen PageMaker-Version funktionierte die automatische Auswahl eines übergeordneten Index nicht, so daß nur ein manueller Eintrag eines übergeordneten Index im Dialogfeld *Indexeintrag erstellen* zum gewünschten Ziel geführt hat. Bis zum Manuskript-Abgabetermin konnte nicht geklärt werden, ob dieser Fehler bis Markteinführung behoben sein würde. In der englischen Version gab es hier keine Probleme.

Rechts neben jeder Eingabezeile für Indizes ist ein weiteres Eingabefeld für einen Sortierbegriff vorgesehen. Begriffe, die hier eingetragen werden, werden nicht in das Stichwortverzeichnis aufgenommen, sondern dienen ausschließlich dem Einsortieren des dazugehörigen Indexeintrags. Soll zum Beispiel der Eintrag »3D« unter »D« alphabetisch einsortiert werden, ist hierfür ein entsprechender Sortierbegriff zu vergeben. In diesem Fall würde sich der Begriff »dreidimensional« anbieten.

Sortieren

Unterhalb der Eingabezeilen befindet sich im Dialogfeld *Indexeintrag erstellen* die Optionsgruppe *Umfang*. Hier wird unter fünf Optionen ein Parameter ausgewählt, der die Darstellung der Seitenzahl für den jeweiligen Index beeinflußt. Standard ist die Einstellung *Aktuelle Seite*, die im Indexverzeichnis nur die Seitenzahl ausgibt, auf der der jeweilige Indexeintrag definiert wurde. Im einzelnen haben die übrigen Optionen folgende Bedeutung.

Umfang

Aktuelle Seite

> Nimmt die Seitenzahl ins Stichwortverzeichnis auf, auf der der Indexeintrag erstellt wurde.

> Beispiel: Speichern   27

Bis Formatwechsel

> In diesem Fall wird im Stichwortverzeichnis ein Seitenbereich angegeben, der sich vom Indexeintrag bis zu einer Änderung der Textformatierung erstreckt. Meistens handelt es sich dabei um eine neue Überschrift, die abweichend vom Fließtext gestaltet ist.

> Beispiel: Speichern   27-29

Bis Format

> Diese Option hat ähnliche Auswirkungen wie der zuvor erklärte Parameter. Es wird ein Seitenbereich festgelegt, der von Formatierungen abhängig ist. Diesmal wird aber in der benachbarten Auswahlliste ein Druckformat ausgewählt, bis zu dessen Anwendung der Indexbereich ausgedehnt werden soll.

> Beispiel: Speichern   27-30

Für die nächsten ... Absätze

> Mit dieser Option wird der Indexbereich auf eine Anzahl Absätze ausgedehnt. Die Anzahl der betreffenden Absätze ab Indexeintrag ist im Eingabefeld festzulegen. Die Ausgabe der Seitenzahl im Stichwortverzeichnis wird ebenfalls als *von...bis*-Bereich angegeben, sobald innerhalb der Anzahl Absätze ein Seitenumbruch enthalten ist.

Ohne Seitenverweis

> Wird die letzte Option ausgewählt, entfällt die Angabe einer Seitenzahl im Stichwortverzeichnis. Diese Einstellung läßt sich zum Beispiel auf Indexeinträge anwenden, die ausschließlich als Oberbegriff einer Gruppe von Indizes ins Verzeichnis aufgenommen werden sollen.

> Beispiel: Datei
> > Öffnen   24
> > Schließen   26
> > Speichern   27

Format übergehen
Die letzte Einstellmöglichkeit im Dialogfeld *Indexeintrag erstellen* bezieht sich auf die Formatierung der Seitenzahlen im Stichwortregister. Die Gruppenbezeichnung dieser Parameter *Format übergehen* macht hier vielleicht nicht ganz deutlich, was eigentlich gemeint ist. Es gibt für die Ausgabe der Seitenzahlen ein Standardformat, das durch Auswahl einer dieser Parameter übergangen werden kann. Im Klartext: es handelt sich um drei Gestaltungsmerkmale der Zeichenformatierung. Sie können zwischen

Fettdruck, Kursivschrift und einer Unterstreichung wählen. Der Status der Kontrollfelder erlaubt auch eine Kombination aus diesen drei Einstellungen. Hier wird aber auch wieder die Frage der typografischen Ästethik berührt. Eine Kombination mehrer Zeichenformatierungen sollte vermieden werden. Auch einzelne Gestaltungsmerkmale sollten hier nur dann eingesetzt werden, wenn ein besonderer Augenmerk im Stichwortverzeichnis erforderlich oder sinnvoll ist. Zum Beispiel könnte ein Index auf mehrere Seiten verweisen, aber nur auf einer wird das betreffende Thema ausführlich behandelt. In einem solchen Fall bietet es sich an, diese Seitenzahl fett oder kursiv zu drucken.

Beispiel: Format   3, 5, **9**, 17

Um eine Übersicht aller erstellten Indexeinträge zu erhalten, wird die Funktion *Index anzeigen...* im Menü *Option* aufgerufen. In einem Dialogfeld werden alle Indizes alphabetisch sortiert aufgelistet, wobei immer nur eine Buchstabengruppe gezeigt wird.

Index anzeigen

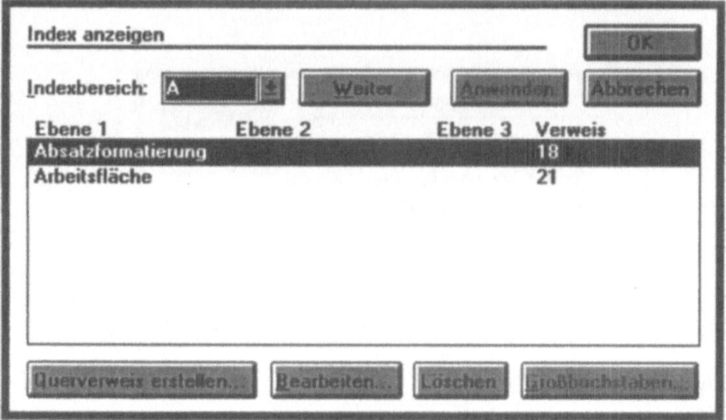

Abbildung 8.19.: Dialogfeld *Index anzeigen*

In der Drop-down-Liste *Indexbereich* kann ein Buchstabe aus dem Alphabet ausgewählt werden, um die entsprechenden Indizes angezeigt zu bekommen. Neben dem Alphabet existiert in dieser Liste auch ein Eintrag *Symbole*, unter dem alle Indizes geführt werden, die mit einer Ziffer oder einem Sonderzeichen beginnen, zum Beispiel »3D-Effekt«. Möchten Sie sich der Reihe nach alle Gruppen ansehen, genügt das Anklicken der Schaltfläche [Weiter], um in die nächste Gruppe umzuschalten. Gruppen, die keine Indizes enthalten, werden dabei übersprungen.

Möchten Sie einen Index nachträglich bearbeiten, zum Beispiel einer tieferen Ebene zuordnen, dann klicken Sie nach Auswahl des betreffenden Eintrags die Schaltfläche [Bearbeiten...] an. Sie gelangen in das Dialogfeld *Indexeintrag erstellen*, das Sie schon zum Neuanlegen eines Indexeintrags benutzt haben. Sobald eine Änderung festgelegt und bestätigt wurde, kehren Sie in das Dialogfeld *Index anzeigen* zurück, wo dann die Schaltfläche [Anwenden] ansprechbar ist. Klicken Sie diese Schaltfläche an, um die Veränderung zu übernehmen, aber weiterhin im Dialogfeld zu verbleiben.

Ist ein Indexeintrag aus der Liste zu entfernen, wird nach dessen Auswahl die Schaltfläche [Löschen] angeklickt. Der Begriff wird ausschließlich aus dem Indexregister entfernt, nicht aber im Text.

Wird die Schaltfläche [Großbuchstaben...] angeklickt, öffnet sich ein weiteres Dialogfeld, in dem die Großschreibung im Indexverzeichnis eingestellt wird.

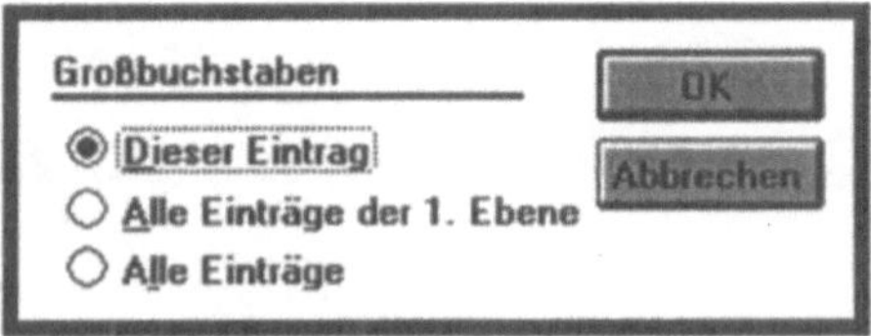

Im einzelnen stehen folgende Optionen zur Verfügung.

Dieser Eintrag

> Ausschließlich der ausgewählte Indexeintrag wird im Stichwortverzeichnis mit einem großen Anfangsbuchstaben eingetragen, auch wenn im Text Kleinschreibung vorliegt.

Alle Einträge der 1. Ebene

> Wählen Sie diese Option aus, wenn ausnahmslos alle Einträge der ersten Ebene in Großschreibung in das Indexregister aufgenommen werden sollen.

Alle Einträge

> Die dritte und letzte Option wird ausgewählt, wenn sämtliche Indizes in Großschreibweise ins Verzeichnis aufzunehmen sind, unabhängig von der Schreibweise im Text.

Die Schaltfläche [Großbuchstaben...] im Dialogfeld *Index anzeigen* steht nur dann zur Verfügung, wenn es sich bei der gegenwärtig aktiven Datei um eine einzelne Satzdatei handelt. Gehört die aktive Datei zu einer Buchzusammenstellung, ist diese Schaltfläche deaktiv.

Sind alle Indizes eingetragen, läßt sich ein Stichwortverzeichnis zusammenstellen. Hierzu wird im Menü *Option* die Funktion *Index erstellen...* aufgerufen. Bevor ein Verzeichnis von Page-Maker erstellt wird, sind jedoch noch Parameter einzustellen.

Indexverzeichnis anlegen

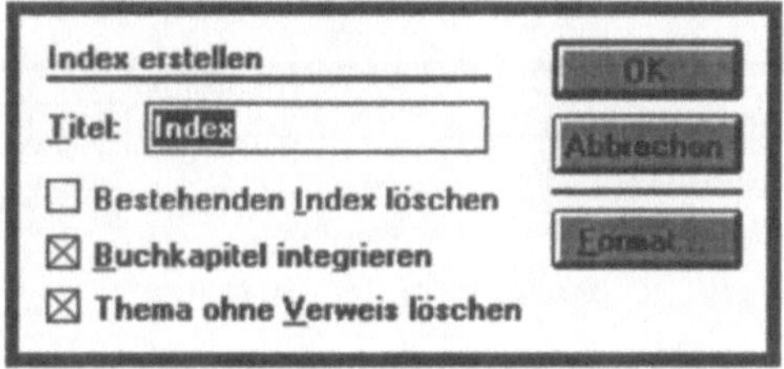

Abbildung 8.21.: Dialogfeld *Index erstellen*

Im Eingabefeld *Titel* wird die Registerüberschrift *Index* vorgeschlagen. Soll das Verzeichnis eine andere Überschrift erhalten, zum Beispiel »Stichwortverzeichnis«, so tragen Sie den gewünschten Begriff in die Eingabezeile ein. Wollen Sie keine Überschrift haben, dann entfernen Sie ersatzlos den Vorschlag.

Von den folgenden drei Parametern steht Ihnen ggf. nur der letzte zur Verfügung. Die ersten beiden Kontrollfelder sind nur dann eingeblendet, wenn es der Status im Dokument erfordert.

Bestehenden Index löschen

> Sollte es bereits ein Stichwortverzeichnis im aktuellen Dokument geben, können Sie durch Aktivieren dieser Option

entscheiden, daß dieses Verzeichnis durch das neue ersetzt wird. Ansonsten wird PageMaker ein weiteres Stichwortverzeichnis einfließen lassen. Das alte Register muß in einem solchen Fall manuell entfernt werden.

Buchkapitel integrieren

Ist im aktuellen Dokument eine Buchzusammenstellung erfolgt, läßt sich mit diesem Parameter ein komplettes Stichwortverzeichnis aus allen Dateien der Buchliste zusammenstellen.

Thema ohne Verweis löschen

Möchten Sie verhindern, daß Indizes ins Register aufgenommen werden, für die es keine Seitenreferenz gibt, ist dieser Parameter zu aktivieren. Diese Einstellung liegt standardmäßig vor.

Durch Anklicken der Schaltfläche [Format...] wird in ein weiteres Dialogfeld gewechselt, in dem Einstellungen in bezug auf den äußeren Aufbau eines Stichwortverzeichnisses vorgenommen werden.

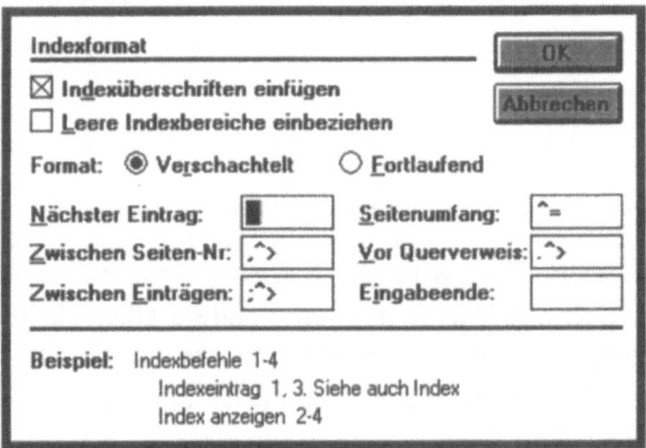

Es beginnt mit zwei Parametern, die eine Indexliste in Gruppen aufteilt und entsprechend darstellt.

Indexüberschriften einfügen

Diese Option ist standardmäßig aktiv, so daß die Buchstaben des Alphabets als jeweilige Gruppenüberschrift im Stichwortverzeichnis ausgegeben werden.

Beispiel: **D**
Datei öffnen
Datei schließen
Datenaustausch
Desktop Publishing

E
Eckenrundung
Einzüge
Entwurf
Ersetzen

Leere Indexbereiche einbeziehen

Der Einsatz dieses Parameters ist nur dann sinnvoll, wenn parallel auch das Kontrollfeld *Indexüberschriften einfügen* aktiviert ist. Gibt es im Dokument zum Beispiel keine Indexeinträge unter dem Buchstaben »E«, wird diese Gruppenüberschrift mit dem Vermerk »Keine Einträge« in das Stichwortverzeichnis aufgenommen. Bleibt der Parameter *Leere Indexbereiche einbeziehen* deaktiv, entfällt die Gruppe einschließlich Gruppenüberschrift.

Beispiel: **D**
Datei öffnen
Datei schließen
Datenaustausch
Desktop Publishing

E
Keine Einträge

F
Farbauswahl
Farben definieren
Flattersatz
Formatieren

Die Optionsgruppe *Format* bietet zwei Optionen an, die sich auf   Format
die Darstellung untergeordneter Einträge im Stichwortverzeichnis

beziehen. Bei der Standardeinstellung *Verschachtelt* werden untergeordnete Indize eingerückt in einer jeweils eigenen Zeile im Register eingetragen, während mit der Option *Fortlaufend* eine gemeinsame Ausgabe in einer Zeile bzw. in einem Absatz erzielt wird.

Beispiel: *Verschachtelt:*   Datei
                                     Öffnen
                                     Schließen
                                     Speichern

               Fortlaufend: Datei 2; Öffnen 3; Schließen 5

Trennzeichen

In der Mitte des Dialogfeldes *Indexformat* sind sechs Eingabefelder vorhanden, in denen verschiedene Trennzeichen definiert werden. In den meisten Feldern ist als Teil einer Vorgabe die Zeichenkombination ^> eingetragen, womit ein Freiraum von einem Halbgeviert festgelegt wird. Ein »Geviert« ist in der Typografie die Definition eines Leerschritts, der genauso breit ist wie die Schrift hoch. Wird zum Beispiel mit einer Schriftgröße von 12 Punkt gearbeitet, ist ein Geviert 12 Punkt breit. Ein Halbgeviert beträgt in diesem Fall 6 Punkt.

Nächster Eintrag

Im ersten Feld wird festgelegt, welches oder welche Zeichen zwischen einem Indexeintrag und der dazugehörigen Seitenzahl im Stichwortverzeichnis gesetzt werden soll. Vorgabe sind zwei Leerzeichen.

Zwischen Seiten-Nr.

Es ist denkbar, daß ein Stichwort in einem Dokument auf mehreren Seiten als Indexeintrag gekennzeichnet wurde. Im Stichwortverzeichnis wird es aber nur einmal eingetragen mit entsprechend vielen Seitenangaben. Im Feld *Zwischen Seiten-Nr.* läßt sich für solche Fälle festlegen, durch welches Zeichen die Seitenzahlen zu trennen sind. Üblicherweise werden Kommata gesetzt, gefolgt von einem Halbgeviert.

Zwischen Einträgen

Haben Sie eine fortlaufende Formatierung von Indexeinträgen untergeordneter Ebenen festgelegt, muß in diesem Feld ein Trennzeichen für fortlaufende Indexeinträge definiert werden. Standard sind Semikola gefolgt von einem Halbgeviert.

Seitenumfang

Im Eingabefeld *Seitenumfang* wird ein Zeichen festgelegt, das die Seitenzahlen eines Seitenbereiches voneinander trennt. Hier ist standardmäßig die Zeichenfolge ^= eingetragen, was ein Halbgeviert-Gleichheitszeichen bedeutet. Hier ist vielleicht eine Änderung in ^- sinnvoll, weil - zumindest nach meiner Meinung - ein Bindestrich besser ist als ein Gleichheitszeichen.

Vor Querverweis

Wird einem Indexeintrag im Stichwortverzeichnis ein Querverweis hinzugefügt, wird dieser mit dem eingegebenen Zeichen vom eigentlichen Index getrennt, das im Feld *Vor Querverweis* definiert wurde. Die Vorgabe ist hier ein Punkt, gefolgt von einem Halbgeviert.

Eingabeende

Werden Querverweise im Index eingetragen oder ist die fortlaufende Schreibweise von untergeordneten Einträgen ausgewählt worden, wird es mitunter nicht deutlich, wo ein Eintrag aufhört und der nächste beginnt. In einem solchen Fall läßt sich im letzten Eingabefeld ein Abschlußzeichen für solche Einträge festlegen. Dieses Eingabefeld ist standardmäßig leer.

8.5 Querverweise im Index definieren

In besonderen Fällen läßt sich ergänzend zum Indexeintrag ein Querverweis ins Stichwortregister aufnehmen. Es könnte zum Beispiel hinter dem Index »Speichern« der Hinweis »siehe auch Datensicherung« eingetragen sein.

Verzichten Sie bei Eintragung eines Querverweises niemals auf die Angabe der Seitenzahl des davorstehenden« Index, wie es häufig in Stichwortregistern vorgefunden wird. Nichts ist ärgerlicher, wenn im Verzeichnis der gesuchte Begriff gefunden wird, aber dahinter anstelle einer Seitenzahl ausschließlich der Eintrag »siehe ....« zu finden ist. Die Suche beginnt von vorne. Das schlimmste wäre, wenn beim Erstellen der Indizes nicht aufgepaßt wurde und beim verwiesenen Stichwort ebenfalls ein Querverweis ohne Seitenangabe eingetragen ist.

Normalerweise wird PageMaker einen Indexeintrag entweder als Seitenverweis oder als Querverweis ohne Seitenangabe definieren. Also genau die Form, die in vielen Fällen ein schnelles Auffinden gesuchter Themen erschwert. Mit einem kleinen Trick läßt sich dieses Manko ausschließen. Nehmen Sie das betreffende Stichwort einfach zweimal als Indexeintrag auf. PageMaker verhält sich dann so ähnlich, als ob ein Index auf mehreren Seiten definiert wurde. Anstelle einer weiteren Seitenzahl wird aber diesmal ein Querverweis ins Register eingetragen, so daß sich folgender Verzeichniseintrag ergeben könnten.

Beispiel: Datensicherung   83
               Speichern   65.   siehe auch Datensicherung

Mit einem solchen Eintrag läßt sich etwas anfangen. Der Leser weiß, daß auf der Seite 65 etwas zum Thema »Speichern« steht, er aber unter dem Stichwort »Datensicherung« ebenfalls etwas finden wird. In einem solchen Fall sollte dann beim Stichwort, auf das verwiesen wurde, ebenfalls ein Querverweis eingetragen sein.

Beispiel: Datensicherung   83.   siehe auch Speichern
               Speichern   65.   siehe auch Datensicherung

Vermeiden Sie Querverweise, wenn die betreffenden Indexeinträge nicht auf unterschiedliche Seiten verweisen. Sie haben zum Beispiel im Text das Wort »Datensicherung« verwendet, halten es aber für sinnvoll, im Stichwortverzeichnis zusätzlich das Synonym »Speichern« aufzunehmen. In einem solchen Fall sind beide Indize als normale Einträge aufzunehmen, nicht aber als Querverweis.

Beispiel:

Negativ: Datensicherung   65
             Speichern siehe Datensicherung

Besser: Datensicherung   65
             Speichern   65

Zunächst werden die Indizes auf bekannte Weise eingetragen. Die betreffenden Wörter werden also einzeln markiert und entweder über die Funktion *Indexeintrag...* im Menü *Option* oder mit der Tastenkombination ⌗ als Indexeintrag gekennzeichnet. Wenn Sie über das Menü vorgehen, dann belassen Sie die Einstellung bei einem normalen Indexeintrag. Wählen Sie schon jetzt die Option *Querverweis*, wird der Eintrag ohne Seitenverweis ins Stichwortverzeichnis aufgenommen.

Querverweis eintragen

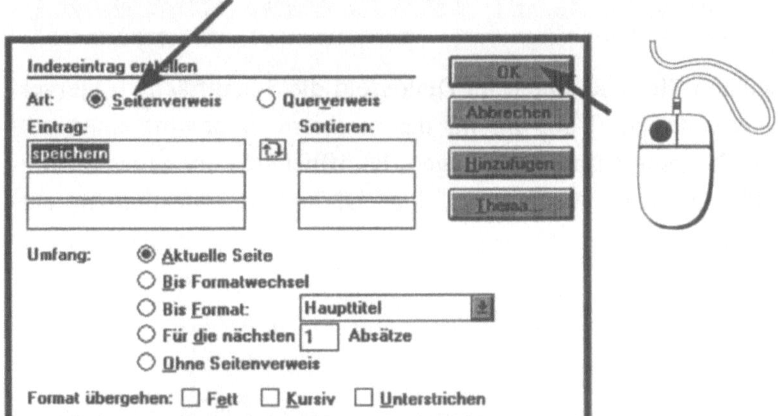

Abbildung 8.23.:
Dialogfeld
Indexeintrag

Das spätere Stichwortverzeichnis wird jetzt die betreffenden Indizes als normale Einträge enthalten.

Beispiel: **D**
              Datensicherung   20

S

Speichern   3

Der nächste Schritt ist nun, den betreffenden Indizes einen Querverweis hinzuzufügen. In diesem Beispiel soll beim Index »Datensicherung« auf das Stichwort »Speichern« verwiesen werden und umgekehrt. Rufen Sie hierzu die Funktion *Index anzeigen...* im Menü *Option* auf, suchen Sie sich die entsprechende Indexgruppe und markieren Sie den Index, dem ein Querverweis zugewiesen werden soll.

Abbildung 8.24.: Dialogfeld *Index anzeigen*

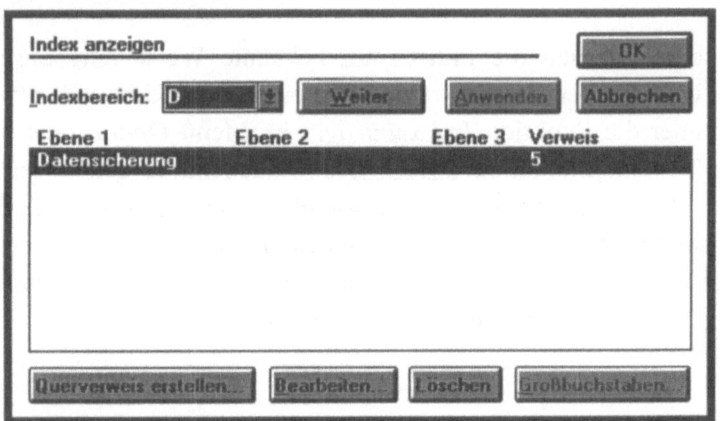

Klicken Sie links unten im Dialogfeld die Schaltfläche [Querverweis erstellen...] an, um für das markierte Stichwort einen entsprechenden Zusatz einzutragen. Es öffnet sich ein neues Dialogfeld, das vom Aufbau her dem Dialogfeld *Indexeintrag* entspricht.

Abbildung 8.25.: Dialogfeld zum Erstellen eines Querverweises

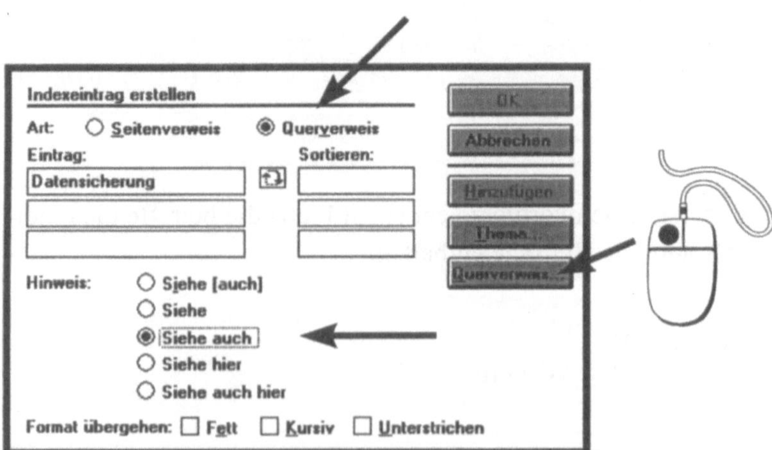

Diesmal ist allerdings die Option *Querverweis* automatisch aktiv und im unteren Teil stehen einige Optionen zur Verfügung, mit denen ein Text für den Eintrag ausgewählt werden kann, zum Beispiel *siehe* oder *siehe auch*. Wählen Sie eine Option und klicken Sie anschließend die Schaltfläche [Querverweis...] an.

Wählen Sie im folgenden Dialogfeld den Indexeintrag aus, auf den Sie mit einem Querverweis hinweisen möchten. Bestätigen Sie Ihre Auswahl durch Anklicken der Schaltfläche [OK] oder durch Drücken der Taste ⏎. PageMaker wechselt in das vorherige Dialogfeld zurück.

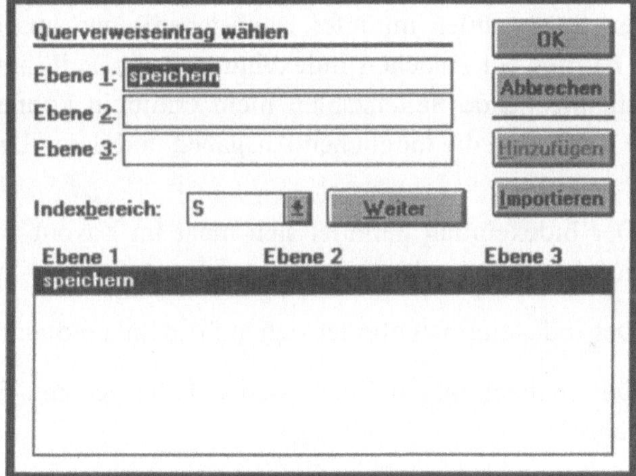

Abbildung 8.26.: Dialogfeld zur Auswahl eines Verweis-Eintrags

Bestätigen Sie auch das vorherige Dialogfeld, so daß Sie in das erste Fenster zurückgeführt werden. Dort werden Sie jetzt das betreffende Stichwort zweimal vorfinden, einmal mit einem Seitenverweis und einmal mit einem Querverweis.

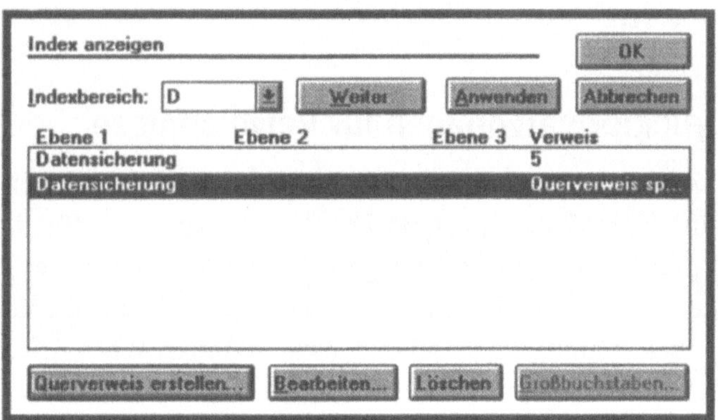

Abbildung 8.27.: Dialogfeld *Index anzeigen*

Verfahren Sie genauso mit dem Stichwort, auf das jetzt verwiesen wird, damit beide Indizes auf das jeweils andere hinweisen. Wird anschließend ein Indexverzeichnis zusammengestellt, werden folgende Einträge vorhanden sein.

Beispiel: **D**
              Datensicherung   20.   *siehe auch* Speichern

              S
              Speichern   3.   *siehe auch* Datensicherung

Keine
Seitenzahlen

Es ist denkbar, das in einem Indexverzeichnis anstelle von den erwarteten Seitenzahlen mitunter Buchstabenfolgen ausgegeben werden. Ist dies bei manchen Indexeinträgen der Fall, hat Page-Maker entsprechende Seitenzahlen nicht ermitteln können. Die folgende Liste zeigt die möglichen Ausgaben und deren Ursache.

MF   Der Indexeintrag befindet sich nicht im Layout, sondern auf der Montagefläche.

LS   Der Indexeintrag befindet sich auf der linken Stammseite.

RS   Der Indexeintrag befindet sich auf der rechten Stammseite.

ÜE   Überlagerte Elemente, d. h. der Text ist nur zum Teil positioniert worden.

NP   Nicht positioniert Textabschnitt.

?   Der Seitenumfang des Textes wurde möglicherweise geändert.

8.6 Druckformatvorlagen für Verzeichnisse

Beim Zusammenstellen von Inhalts- oder Stichwortverzeichnissen wird PageMaker spezielle Druckformatvorlagen für die Gestaltung der Verzeichnisse anlegen. Erkennbar sind diese Druckformate in der Druckformatliste durch die Namenskennungen »IHV« bei Inhaltsverzeichnissen bzw. »Index...« bei Stichwortverzeichnissen.

Die Anzahl der Druckformate, die PageMaker beim Erstellen eines Inhaltsverzeichnisses automatisch anlegt, ist davon abhängig, ob auch schon im Text mit Druckformaten gestaltet wurde. Sind die Überschriften über das Menü formatiert worden, wird ausschließlich das Druckformat »IHV Titel« neu angelegt und dem Titeltext des Verzeichnisses zugewiesen. Findet PageMaker mit Druckformaten gestaltete Überschriften im Text vor, wird für jedes dieser Druckformate eine zweite angelegt, die den gleichen Namen trägt mit dem vorangestellten Zusatz »IHV«. Die folgenden Beispiele verdeutlichen dies.

Inhaltsverzeichnis

Druckformate	
Überschrift im Text	Verzeichniseintrag
Haupttitel	IHV Haupttitel
Untertitel	IHV Untertitel

Jedes einzelne Druckformat läßt sich individuell anpassen, um die Verzeichnisse in gewünschter Form zu gestalten. Das Verfahren unterscheidet sich in keiner Weise gegenüber der Bearbeitung normaler Druckformatvorlagen. Schlagen Sie ggf. im Kapitel »Textbearbeitung« nach.

Die Druckformate, die PageMaker beim Zusammenstellen eines Indexverzeichnisses anlegt, sind am vorangestellten Begriff »Index« zu erkennen. Mindestens drei solcher Druckformate werden in die Druckformatliste eingetragen.

Indexverzeichnisse

Name des Druckformats	Druckformat für ...
Indexüberschrift	... Verzeichnisüberschrift
Indexbereich	... Gruppenüberschriften
Indexebene 1	... Indizes der Ebene 1
Indexebene 2	... Indizes der Ebene 2
Indexebene 3	... Indizes der Ebene 3

Auch diese Druckformate lassen sich wie jedes andere Druckformat beliebig bearbeiten, so daß ein Stichwortverzeichnis individuelles Aussehen erlangt.

Die hier genannten Druckformate lassen sich auch manuell anlegen, bevor entsprechende Verzeichnisse zusammengestellt werden. Wichtig ist in einem solchen Fall, daß die vorgeschriebenen Namen verwendet werden. Legen Sie zum Beispiel ein Druckformat für die spätere Gestaltung von Indexeinträgen der ersten Ebene an, dann darf hierfür ausschließlich der Name »Indexebene 1« verwendet werden. Andernfalls ist PageMaker nicht in der Lage, beim Zusammenstellen des betreffenden Verzeichnisses auf dieses Druckformat zuzugreifen und wird wieder ein eigenes Format anlegen.

1. Wie wird ein automatische Seitennumerierung definiert?

2. Wie lassen sich mehrere Dokumente zu einem Buch zusammenfassen?

3. Wie erreichen Sie, daß alle zu einem Buch zusammengefaßten Dokumente nacheinander ausgedruckt werden?

4. Wie wird ein Inhaltsverzeichnis zusammengestellt?

5. Mit welcher Funktion lassen sich einzelne Wörter als Indexeintrag kennzeichnen?

6. Wie stellen Sie die als Index gekennzeichneten Wörter als Stichwortverzeichnis zusammen?

7. Läßt sich im Dokument feststellen, welche Wörter bereits als Index gekennzeichnet sind, bevor ein Stichwortverzeichnis existiert?

8. Woran erkennen Sie in der Druckformatliste, welche Druckformate zu einem Inhaltsverzeichnis gehören und welche zu einem Indexverzeichnis?

Kapitel 9

Drucken

9 Drucken

In diesem Kapitel lernen Sie die vielfältigen Druckmöglichkeiten von PageMaker kennen. Dabei geht es im Schwerpunkt um das Drucken auf einem angeschlossenen Drucker, aber auch um Vorbereitungen für eine Druckausgabe in einem Druckereibetrieb. In diesem Zusammenhang werden Sie auch eine kleine Exkursion in die Drucktechnik machen, was beim Umgang mit einem Layoutprogramm nicht uninteressant sein dürfte.

9.1 Druckereinrichtung

PageMaker nutzt, wie alle anderen Windows-Programme auch, den oder die Drucker, die unter der grafischen Benutzeroberfläche Windows verwaltet werden. Der Zugriff auf einen solchen Drucker erfolgt durch Aufruf der Funktion *Drucken...* im Menü *Datei*. Es wird ein Dialogfeld eingeblendet, das sowohl für einen Ausdruck als auch für die Einstellung des Druckers verwendet wird. Im rechten Teil dieses Dialogfeldes finden Sie die Schaltfläche [Einrichten...], die nach Anklicken in ein weiteres Dialogfeld führt.

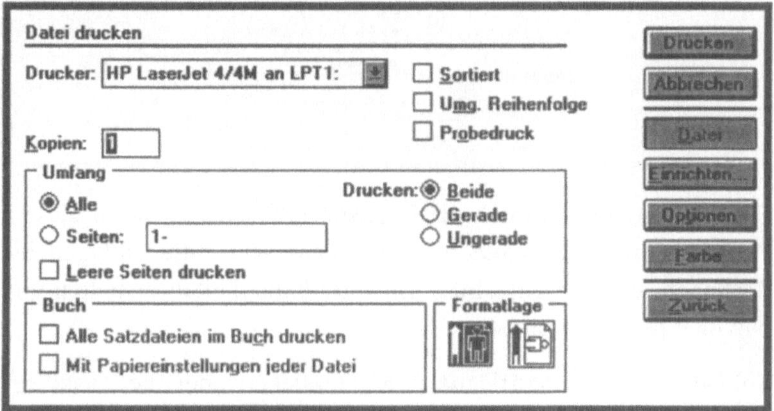

Abbildung 9.1.: Dialogfeld Drucken

Sie werden, ohne sich dessen direkt bewußt zu werden, PageMaker verlassen. Es wird sich ein Dialogfeld der Systemsteuerung von Windows öffnen, in dem globale Druckereinrichtungen vorgenommen werden können. Das Aussehen sowie die Ihnen verfügbar werdenden Optionen dieses Dialogfeldes sind vom

angeschlossenen Drucker abhängig. Deshalb kann es sein, daß Ihr Dialogfeld nicht mit einer der folgenden Abbildungen übereinstimmt.

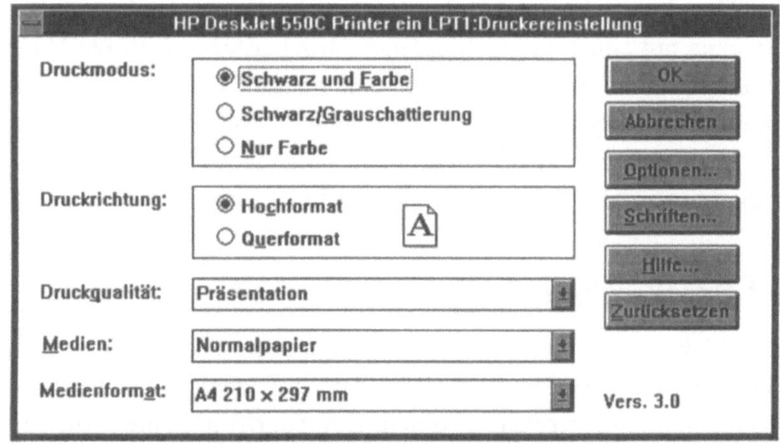

Abbildung 9.2.: Drucker-Setup des HP Deskjet 550C

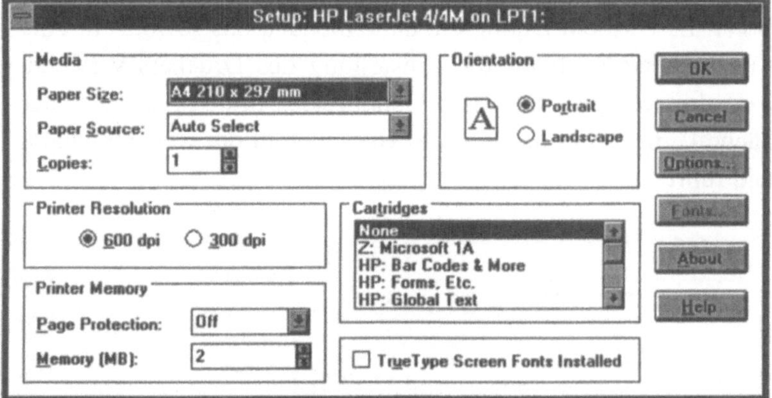

Abbildung 9.3.: Drucker-Setup des HP Laserjet 4

Demzufolge zwingt mich die Druckervielfalt dazu, Sie in diesem Punkt an Ihr Druckerhandbuch zu verweisen. Bitte schlagen Sie dort nach, was die einzelnen Einstellmöglichkeiten bedeuten und wie hier zu verfahren ist.

Sobald Sie die Schaltfläche [OK] anklicken oder die Taste ⏎ drücken, werden Sie wieder in das vorherige Dialogfeld von PageMaker zurückgeführt.

Anderen Drucker auswählen

Haben Sie mehrere Drucker an Ihrem PC angeschlossen und unter Windows installiert, werden Ihnen diese in der Auswahlliste *Drucker* angeboten.

Solange Sie keinen anderen Drucker ausgewählt haben, ist der Drucker aktiv, der in der Systemsteuerung von Windows als Standarddrucker deklariert ist.

Meistens ist schon vor einem Ausdruck bekannt, auf welchem Drucker ein Dokument später gedruckt werden soll. Da die verschiedenen Drucker unterschiedliche Anforderungen in bezug auf die Größe der Seitenränder stellen, ist es besser, das gewünschte Ausgabegerät schon bei der Seiteneinrichtung auszuwählen. Sie ersparen sich dadurch möglicherweise eine Anpassung des Dokuments.

9.2 Formatlage und Druckumfang auswählen

Nach dem Aufruf der Druckfunktion im Menü *Datei* ermöglicht PageMaker in einem Dialogfeld verschiedene Einstellungen, die den geplanten Ausdruck steuern. Eine dieser Einstellungen betrifft die Formatlage der Seiten.

Formatlage

Abbildung 9.4.: Dialogfeld der Druckfunktion

In der Rubrik *Formatlage* sind zwei Symbole abgebildet, die beide den Status einer Schaltfläche haben. Eins dieser Symbole ist als gegenwärtig aktive Einstellung schwarz markiert. Die Auswahl wird von PageMaker automatisch in Abhängigkeit von der Seitenlage im Dokument vorgenommen. Möchten Sie ein Dokument drucken, bei dem Sie ein querformatiges Layout gewählt hatten, wird das rechte Symbol markiert sein. Die Lage des Strichmännchens im Symbol zeigt an, um welche Formatlage es sich jeweils handelt. Analog dazu wird bei einem hochformatigen Layout das linke Symbol von PageMaker aktiviert.

Selbstverständlich können Sie in die Automatik eingreifen und das jeweils andere Symbol manuell durch Mausklick auswählen. Eine solche Änderung ist aber nicht praktikabel, weil es mit großer Wahrscheinlichkeit zu einem Fehldruck kommen wird.

Drucken Sind sonst keine weiteren Einstellungen erforderlich, wird der Druckauftrag durch Anklicken der Schaltfläche [Drucken] oder durch Drücken der Taste ⏎ zum Drucker geschickt. Je nach Umfang des Dokuments und abhängig von der Anzahl und Umfang der Grafiken wird das Drucken einige Zeit in Anspruch nehmen. Haben Sie in der Systemsteuerung von Windows den Druckmanager eingeschaltet, wird der Druckauftrag zunächst auf die Festplatte geschrieben. Für diese Zeit können Sie selber am PC nicht weiterarbeiten. Ist dieser Vorgang abgeschlossen, wird im Hintergrund gedruckt, d. h. Sie können andere Arbeiten parallel ausführen, allerdings müssen Sie Geschwindigkeitseinbußen hinnehmen.

Druckumfang Das Festlegen des Druckumfangs ist die häufigste Einstellung, die beim Drucken vorgenommen wird. Hierfür stehen verschiedene Optionen oder Eingabemöglichkeiten unter der Rubrik *Umfang* im Dialogfeld der Druckfunktion zur Verfügung.

Abbildung 9.5.: Dialogfeld der Druckfunktion

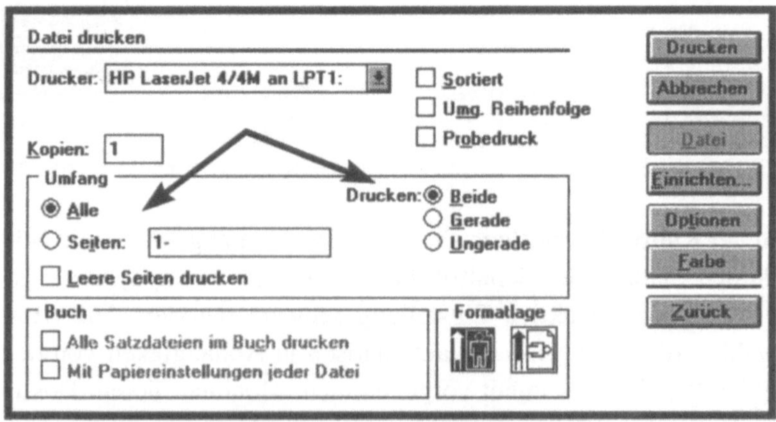

Alles drucken Standardmäßig sind die Optionen *Alle* und *Beide* aktiv. Das bedeutet, PageMaker druckt das komplette Dokument von der ersten bis zur letzten Seite fortlaufend. Diese Einstellung kann beibehalten werden, solange Sie ein Dokument einseitig drucken wollen. Sollen jedoch die Vorder- und Rückseiten eines Druckbogens bedruckt werden, müssen Veränderungen vorgenommen werden.

In einem solchen Fall sind zwei Druckdurchgänge erforderlich. Lassen Sie den Umfang des Druckauftrags auf *Alle* stehen, aber klicken Sie parallel die Option *Ungerade* an, anstelle von *Beide*. PageMaker druckt jetzt alle ungeraden Seiten des Dokuments, also die Seiten 1, 3, 5, 7 usw. Sie sollten gleichzeitig weiter oben im Dialogfeld die Option *Umg. Reihenfolge* durch Anklicken aktivieren, damit der Druckauftrag rückwärts ausgeführt wird. Es wird dann die letzte ungerade Seite zuerst gedruckt, was den Vorteil hat, daß die zuletzt gedruckte Seite 1 nach dem Drucken oben auf dem Papierstapel liegt.

Gerade/ungerade Seiten drucken

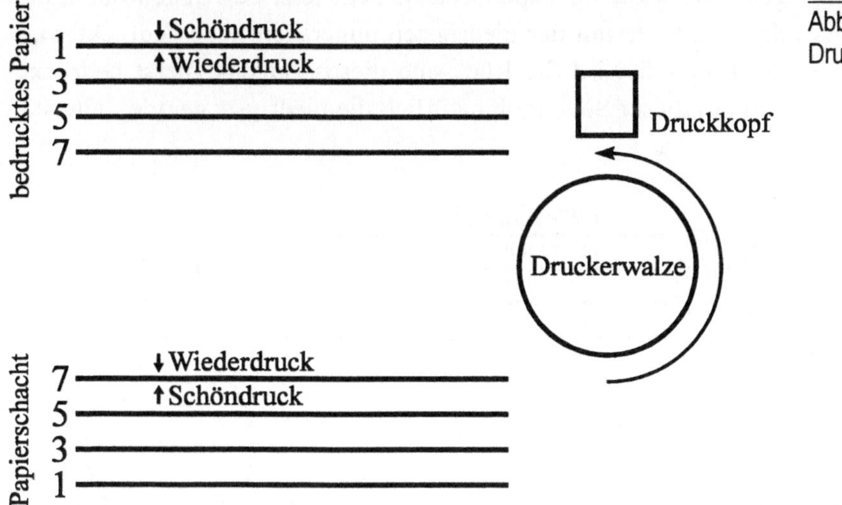

Abbildung 9.6.: Druckverfahren

Die Skizze soll deutlich machen, welchen Weg das Papier beim Drucken nimmt. Der Drucker zieht das oben liegende leere Blatt aus dem Papierschacht ein und führt es um die Walze herum. Dabei wird der Bogen gedreht, so daß im Schacht die zu bedruckende Seite unten liegt. Werden die ungeraden Seiten in umgekehrter Reihenfolge gedruckt, wird also die höchste Seitenzahl auf den ersten Bogen gedruckt, bis auf dem letzten

Bogen die niedrigste Seite ausgedruckt wird. Durch das Drehen an der Druckerwalze werden die Bögen nach dem Bedrucken in umgekehrter Reihenfolge mit nach oben zeigender Druckseite (Schöndruck) gestapelt.

Beim zweiten Druckdurchgang ist im Dialogfeld der Druckfunktion die Option *Gerade* auszuwählen. Der mit ungeraden Seiten bedruckte Papierstapel ist erneut in den Papierschacht des Druckers einzulegen. Achten Sie aber darauf, daß Sie die Seiten korrekt einlegen, damit auch wirklich auf der Rückseite der Seite 1 die Seite 2 gedruckt wird, und daß der Wiederdruck nicht auf dem Kopf steht. Legen Sie den halb bedruckten Papierstapel also so in den Papierschacht ein, daß die bedruckten Seiten oben liegen und der Einzug mit dem oberen Papierrand voraus erfolgt.

Deaktivieren Sie beim zweiten Druckauftrag unbedingt die Option *Umg. Reihenfolge*, damit jetzt in aufsteigender Reihenfolge gedruckt wird. Im Papierschacht liegt jetzt der Bogen oben, auf dem die Seite mit der niedrigsten ungeraden Seite gedruckt wurde. Dadurch wird die Rückseite dieses Bogens zuerst bedruckt, und auf dieser Seite muß natürlich die niedrigste gerade Seite stehen.

Abbildung 9.7.: Verfahren beim zweiten Druckdurchgang

Drehen Sie jetzt den beidseitig bedruckten Papierstapel einfach um, damit die Seite 1 wieder oben liegt.

Das Drucken in umgekehrter Reihenfolge kann natürlich auch bei einseitigen Dokumenten angewendet werden. Hier ist es zwar nicht unbedingt erforderlich, aber durchaus sinnvoll. Sie ersparen sich manuelles Umsortieren fertig bedruckter Seiten, wenn nach einem umgekehrten Druck die niedrigste Seite oben liegt.

Im Eingabefeld *Seiten* im Dialogfeld der Druckfunktion läßt sich festlegen, welche Seiten des Dokuments ausschließlich gedruckt werden sollen. Es kann durchaus als normal betrachtet werden, daß nach dem Ausdrucken eines kompletten Dokuments auf einzelnen Seiten noch Fehler gefunden werden oder aber nachträgliche Änderungswünsche auftreten. Die betreffenden Seiten werden also verändert und müssen neu ausgedruckt werden. Nun wäre es nicht zweckmäßig, sämtliche Seiten des Dokuments erneut zu drucken. Vielleicht ist die Publikation 100 Seiten lang oder länger, was beim nochmaligen Ausdruck viel Zeit vergeuden würde, abgesehen vom Material.

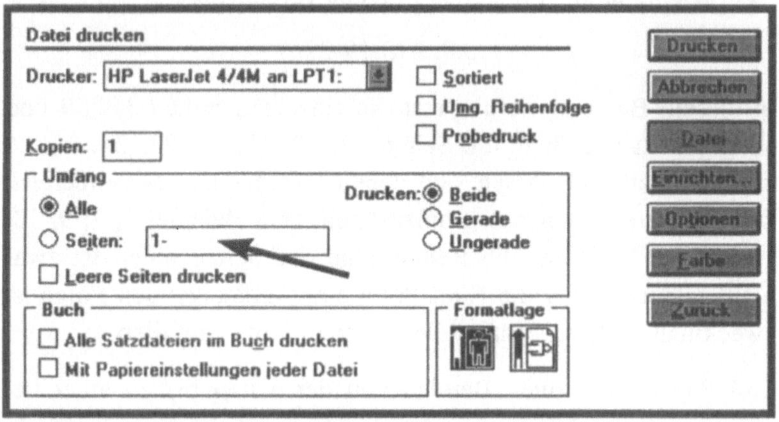

Einzelne Seiten drucken

Abbildung 9.8.: Dialogfeld der Druckfunktion

Standardmäßig ist im Eingabefeld *Seiten* ein Seitenbereich eingetragen, der das gesamte Dokument abdeckt, zum Beispiel 1 bis 50 in der Schreibweise »1-50«. Der Bindestrich drückt also einen *von ... bis*-Bereich aus. Sollen nur die Seiten 14 bis 21 gedruckt werden, ist der Seitenbereich durch die Eingabe »14-21« zu definieren. Die Seite 14 ist in diesem Beispiel die erste Druckseite, während die Seite 21 die letzte Druckseite darstellt. Die angegebenen Seitenzahlen sind also einschließlich zu verstehen.

von ... bis

bestimmte Seiten

Alternativ zu einem geschlossenen Seitenbereich lassen sich auch einzelne Seiten festlegen, die durch nicht zu druckende Seiten voneinander getrennt sind. Vielleicht haben Sie den Wunsch, ausschließlich die Seiten 5, 8, 14 und 27 zu drucken. Geben Sie in einem solchen Fall folgendes in die Eingabezeile *Seiten* ein:

5,8,14,27

Als Trennzeichen werden Kommata zwischen den Seitenzahlen eingetragen. Der Ausdruck wird aber auch dann erfolgreich sein, wenn nach den Kommata Leerzeichen gesetzt werden, also

5, 8, 14, 27

Nach der letzten Seitenzahl wird kein weiteres Zeichen mehr eingegeben.

von ... bis und
bestimmte Seiten

Beide Methoden zur Festlegung von Druckseiten lassen sich kombinieren. Sollte es erforderlich sein, aus einem Dokument ausschließlich die Seiten 3, 7, 9, 13 und die Seiten von 19 bis 27 zu drucken, dann ist folgende Eingabe vorzunehmen:

3,7,9,13,19-27

In diesem Beispiel werden erst die einzelnen Seiten 3, 7, 9 und 13 gedruckt und dann die Seiten 19, 20, 21, 22, 23, 24, 25, 26 und 27. Natürlich lassen sich dem letztgenannten Seitenbereich noch weitere Seitenzahlen hinzufügen, zum Beispiel 3, 7, 9, 13, 19-27, 30, 36 usw. Die Reihenfolge der Seitenzahlen ist zwar nicht relevant, aber die Einhaltung einer aufsteigenden Folge ist zweckmäßig, damit später keine Sortierarbeiten anfallen.

ab Seite bzw.
bis Seite

Soll PageMaker einen Bereich von der ersten bis zu einer bestimmten Seite drucken, reicht zum Beispiel die Eingabe -5. In einem solchen Fall werden alle Seiten bis einschließlich der Seite 5 gedruckt. Analog läßt sich durch eine Eingabe 5- festlegen, daß ab der Seite 5 alle folgenden Seiten bis zum Dokumentende gedruckt werden.

PageMaker rechnet mit tatsächlichen Seitenzahlen. Sollte Ihr Dokument zum Beispiel mit der Seitenzahl 27 beginnen und es sollen die ersten beiden Seiten gedruckt werden, muß die Eingabe 27, 28 erfolgen.

Geben Sie folgendes ein ...	... um diese Seiten zu drucken.
6	ausschließlich die Seite 6
3-9	ausschließlich die Seiten 3 bis 9
4, 7, 9	ausschließlich die Seiten 4, 7 und 9
2,5-8	ausschließlich die Seiten 2, 5, 6, 7 und 8
-4	ausschließlich die Seiten 1 bis 4
8-	alle folgenden Seiten ab der Seite 8

Zusammen-fassung

Oberhalb der Gruppe *Seiten* im Dialogfeld der Druckfunktion finden Sie ein Eingabefeld *Kopien*. Standardmäßig ist dort die Ziffer »1« eingetragen, so daß ein einmaliger Ausdruck jeder Seite erfolgt. Wird ein Dokument mehrfach benötigt, läßt sich hier die gewünschte Anzahl der Exemplare eintragen. Tragen Sie zum Beispiel die Ziffer »2« ein, wird jede Seite des aktuellen Dokuments zweimal ausgedruckt, obwohl der Druckauftrag nur einmal erteilt wird.

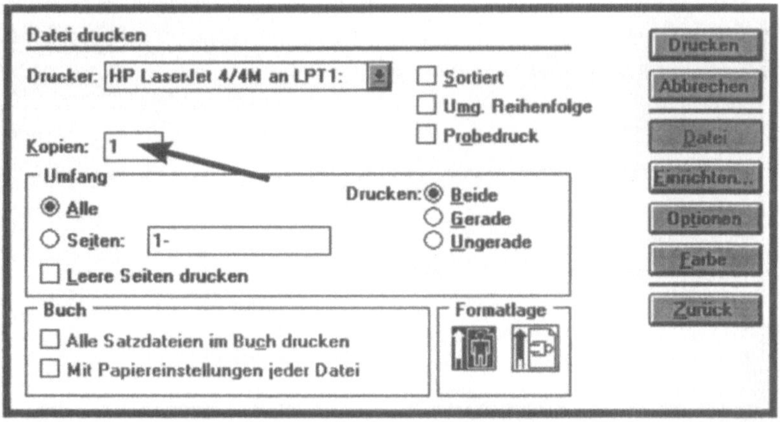

Exemplare

Abbildung 9.9.: Dialogfeld der Druckfunktion

Obwohl PageMaker die Anzahl der Exemplare nicht begrenzt, sollten aus praktischer Sicht nur sehr kleine Auflagen mit der Druckfunktion von PageMaker gedruckt werden, ich würde sagen, nicht mehr als fünf Exemplare. Das Ausdrucken am PC ist heute immer noch ein zeitraubender Prozeß, namentlich dann, wenn Grafiken mitausgedruckt werden müssen. Das Drucken ei-

Hohe Auflage

ner hohen Auflage wird unter Umständen Stunden dauern. Ausserdem ist ein solcher Druck aufgrund der Betriebskosten der Drucker nicht wirtschaftlich. Ist eine mittlere Auflagenhöhe erforderlich, vielleicht bis 500 Exemplare, ist das Fotokopieren billiger und wesentlich schneller. Die Qualitätsfrage ist dabei heute kein Thema mehr. Die meisten Kopiergeräte, die auf Normalpapier kopieren können, liefern Fotokopien, die sich vom Original nur schwer unterscheiden lassen. Ist eine Auflagenhöhe größer als 500 erforderlich, lohnt es sich bereits, einen Druckereibetrieb zu beauftragen.

Leere Seiten drucken

Es ist denkbar, daß ein Dokument leere Seiten enthält. Entweder sind diese bewußt eingefügt worden, damit zum Beispiel ein neues Kapitel wieder auf einer ungeraden Seite beginnt, oder es handelt sich um übrig gebliebene Seiten, die nicht entfernt wurden. Mit der Option *Leere Seiten drucken* im Dialogfeld der Druckfunktion läßt sich festlegen, ob solche Seiten beim Drucken überschlagen werden sollen oder ob sie mitgedruckt werden sollen.

Abbildung 9.10.: Dialogfeld der Druckfunktion

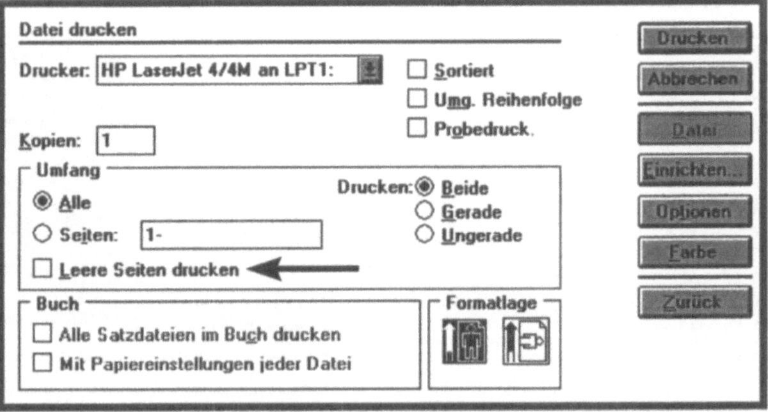

Bleibt das Feld *Leere Seiten drucken* deaktiv, werden leere Seiten nicht mitausgedruckt. Erst nachdem ein Kreuz in dieses Feld geklickt wurde, werden auch leere Seiten vom Drucker ausgegeben, wobei es sich lediglich um einen Papiervorschub handelt.

Für PageMaker ist eine Seite bereits nicht mehr leer, wenn eine Seitennumerierung gesetzt wurde.

9.3 Sortiertes Ausdrucken

Rechts neben der Auswahlliste der angeschlossenen Drucker gibt es ein Kontrollfeld mit der Bezeichnung *Sortiert*. Wird dieses Feld durch Mausklick aktiviert, so daß in dem Quadrat ein Kreuz enthalten ist, erfolgt ein Ausdruck von mehreren Exemplaren in sortierter Reihenfolge. Das bedeutet, PageMaker druckt nicht mehr seitenweise, sondern dokumentweise. Ist das zu druckende Dokument einmal vollständig ausgedruckt, beginnt der Druckvorgang erneut mit der Seite 1, bis das zweite Exemplar ebenfalls vollständig und fortlaufend gedruckt ist. Dann folgt der dritte Ausdruck des Dokuments usw., bis die Anzahl der Exemplare alle gedruckt sind. Ein manuelles Zusammensortieren der Seitenfolgen entfällt dadurch.

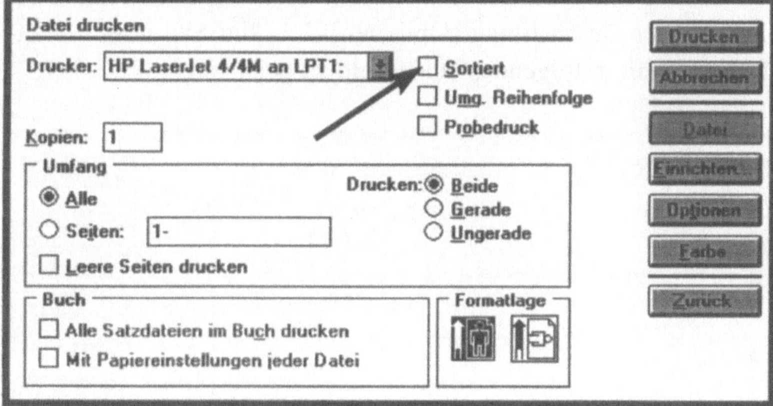

Abbildung 9.11.: Dialogfeld der Druckfunktion

9.4 Skaliertes Ausdrucken

Wer schon mit der älteren Version von PageMaker gearbeitet hat, oder mit einem vergleichbaren Programm, wird Praxiserfahrung mit folgendem Problem haben. Verschiedene Objekte wurden zu dicht am Seitenrand positioniert, so daß beim Ausdruck Teile dieser Elemente nicht mitgedruckt werden. Oder die Publikation wurde für den angeschlossenen Drucker korrekt erstellt, aber beim Drucken auf einem anderen Ausgabegerät gibt es die geschilderten Schwierigkeiten, weil dieser Drucker größere Seitenränder benötigt. Die Folge wäre ein Umgestalten des Dokuments, was aber sehr zeitaufwendig oder garnicht möglich ist, ohne das Dokument völlig neu zu gestalten.

In einem solchen Fall hilft ein skaliertes Ausdrucken. Das bedeutet, die Druckseite wird um einen Prozentwert verkleinert ausgedruckt. Der Verkleinerungsfaktor wirkt sich dabei proportional auf alle Objekte aus, so daß sich das Druckbild nicht verändert. Mit dieser Möglichkeit läßt sich aber nicht nur ein Problem lösen, wie ich es im vorherigen Absatz geschildert habe. Es ist auch denkbar, daß ein Dokument im Seitenformat einer DIN-A4-Seite auf dem Monitor gestaltet wird, der Ausdruck aber das Maß einer DIN-A5-Seite haben soll. Auch hier gelingt ein wunschgemäßer Ausdruck durch eine Skalierung.

Optionen

Rufen Sie zunächst die Druckfunktion im Menü *Datei* auf. Unter den Schaltflächen am rechten Rand des Dialogfeldes finden Sie eine mit der Beschriftung [Optionen]. Klicken Sie diese Schaltfläche an, um in folgendes Dialogfeld zu gelangen.

Abbildung 9.12.:
Dialogfeld
Druckoptionen

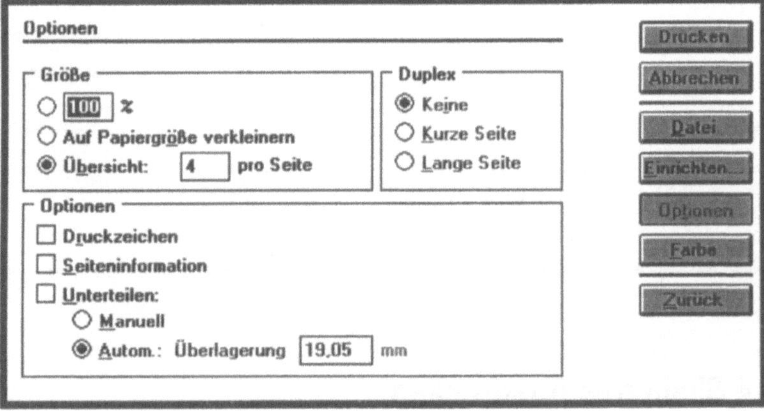

In der Optionengruppe *Größe* ist die erste Option mit einem Prozentwert 100 % aktiv. Bleibt es bei dieser Einstellung, werden die Dokumentseiten in Originalgröße ausgedruckt. In diesem Eingabefeld kann aber ein beliebiger Prozentwert als Verkleinerungsfaktor eingetragen werden. Geht es nur darum, das erstgenannte Problem zu lösen, reicht meistens ein Faktor von ungefähr 95 % aus, um zu einem zufriedenstellenden Druckergebnis zu kommen. Anders sieht es aus, wenn Sie eine DIN-A4-Seite auf DIN-A5 verkleinern möchten. Eine DIN-A5-

Seite ist halb so groß wie eine DIN-A4-Seite, so daß man schnell dazu neigt, eine Skalierung von 50 % festzulegen. Das Druckergebnis wird dann aber viel kleiner als DIN-A5. Der Prozentwert bezieht sich jeweils auf die Diagonale einer Seite und nicht auf die äußeren Abmessungen.

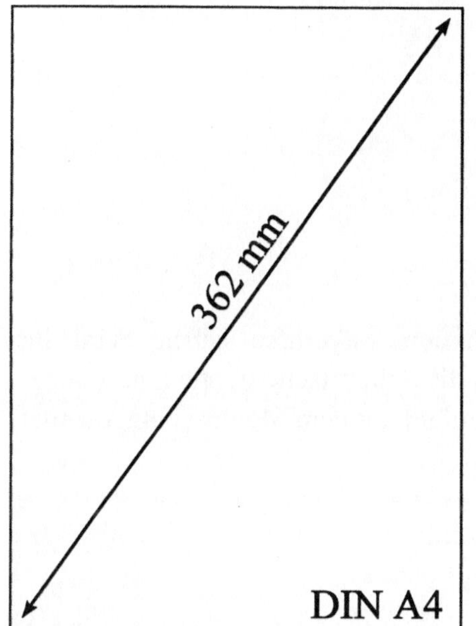

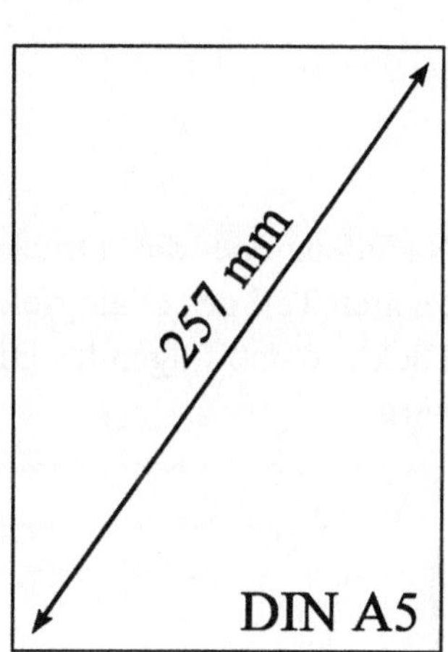

Abbildung 9.13.: Größenvergleich A4 - A5

Werden die beiden Diagonalen ins Verhältnis gesetzt, ergibt sich ein Verkleinerungsfaktor von 71 %. Umgekehrt ergibt sich ein Vergrößerungsfaktor von 141 %, wenn eine gestaltete DIN-A5-Seite als A4-Seite ausgedruckt werden soll. (Die Prozentsätze sind gerundet).

9.5 Mit Beschnittmarken drucken

Wird das PageMaker-Layout in einem kleineren Seitenformat gewählt, als der Druckbogen groß ist, lassen sich Beschnittmarken mitdrucken. Es handelt sich hierbei um Markierungen, die ein späteres Schneiden des Druckbogens vereinfachen. Auch beim skalierten Drucken können solche Markierungen gedruckt werden, weil ja durch die Verkleinerung Platz auf dem Druckbogen gewonnen wird.

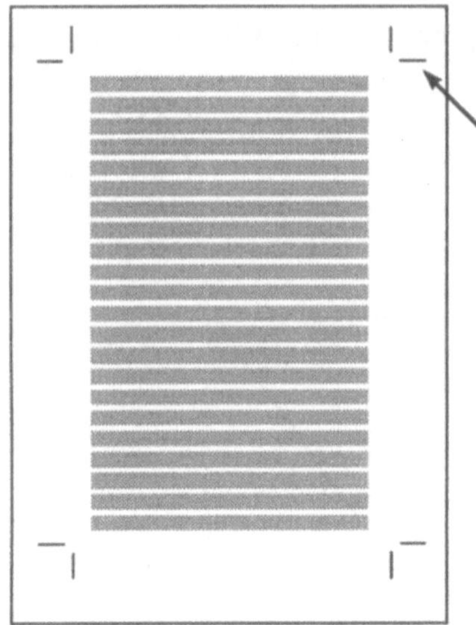

Nachdem Sie die Druckfunktion aufgerufen haben, wird im rechten Teil des Dialogfeldes die Schaltfläche [Optionen...] angeklickt, so daß folgendes Dialogfeld auf dem Monitor eingeblendet wird.

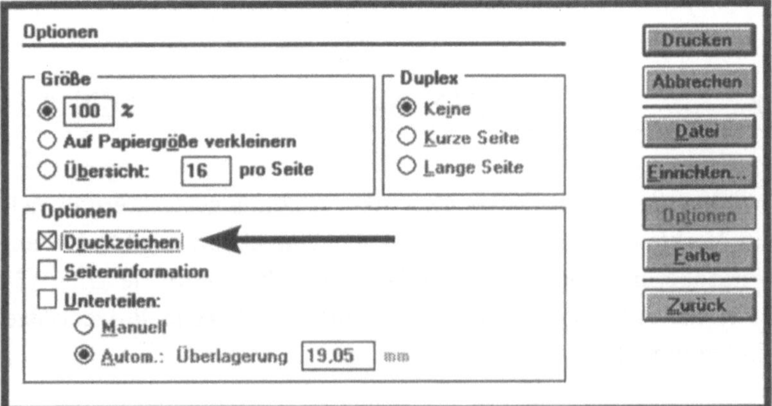

In der Optionsgruppe *Optionen* finden Sie den Parameter *Druckzeichen*, der zu aktivieren ist. Wird nun der Druckvorgang durch Anklicken der Schaltfläche *Drucken* ausgelöst, gibt PageMaker an den vier Ecken einer Druckseite Beschnittzeichen aus, wie in der vorherigen Abbildung gezeigt.

Hat die Druckseite die gleichen Abmessungen wie der Druckbogen, bleibt die Funktion wirkungslos, weil auf dem Papier für Beschnittzeichen kein Platz vorhanden ist. In einem solchen Fall ist in der Rubrik *Größe* die Option *Auf Papiergröße verkleinern* zu aktivieren, damit PageMaker die Druckseite etwas verkleinert. Sie können natürlich auch manuell einen Verkleinerungsfaktor festlegen.

9.6 Mehrere Dokumente gleichzeitig drucken

PageMaker bietet zwei Methoden an, um mehrere Dokumente in einem Arbeitsgang auszudrucken. Einmal lassen sich mehrere Publikationen zu einem Buch zusammenstellen, für das dann ein pauschaler Druckauftrag erteilt wird, oder es wird die neue Funktion *Druckerformate...* aus der Funktionsbibliothek *Aldus Additions* angewendet, um einen Stapeldruck auszuführen.

Haben Sie mehrere Dokumente mit der Funktion *Buch...* im Menü *Datei* zu einem Buch zusammengestellt, lassen sich diese gemeinsam ausdrucken. Wichtig ist, daß der Druckauftrag aus der Datei heraus erteilt wird, in der auch die Buchzusammenstellung erfolgte. Haben Sie ein solches Dokument auf dem Monitor, wird im Dialogfeld der Druckfunktion die Befehlsgruppe unten links aktiv sein.

Buch drucken

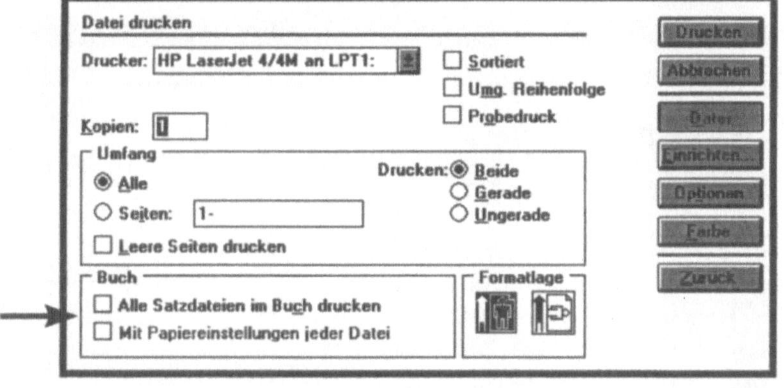

Abbildung 9.16.: Dialogfeld der Druckfunktion

Aktivieren Sie hier die Option *Alle Satzdateien im Buch drucken*, um alle in der Buchliste enthaltenen Dokumente gemeinsam auszudrucken. Die Reihenfolge des Druckens ist von der Reihenfolge der Dateien in der Buchliste abhängig.

Wurden einzelne Dateien der Buchliste zuletzt mit unterschiedlichen Einstellungen zur Papiergröße und -zufuhr ausgedruckt, wird der Parameter *Mit Papiereinstellung jeder Datei* zusätzlich auswählbar sein. Wird diese Option aktiviert, berücksichtigt PageMaker entsprechende Einstellungen.

Wollen Sie näheres über die Buchzusammenstellung erfahren, schlagen Sie bitte im Kapitel »Leichter Umgang mit langen Publikationen« nach.

Druckerformate...

Mit der Additions-Funktion *Druckerformate...* besteht die Möglichkeit, auch solche Dateien gleichzeitig zu drucken, die nicht mit der Buchfunktion verbunden wurden. Nach dem Aufruf dieser Funktion im Untermenü *Option - Aldus Additions* wird ein Dialogfeld auf dem Monitor eingeblendet, das im linken Bereich eine Auswahlliste aller im aktuellen Verzeichnis gefundenen PageMaker-Dateien anzeigt. Wechseln Sie ggf. via Laufwerks- und Verzeichnisliste in ein anderes Verzeichnis. Haben Sie bei Aufruf der Funktion eine Datei auf dem Bildschirm, die bereits über einen Dateinamen verfügt, ist diese in der rechten Liste *Vorgänge in Warteschleife* eingetragen. Wollen Sie diese Datei nicht drucken, dann markieren Sie den Eintrag durch Mausklick und klicken Sie anschließend die Schaltfläche [Löschen] an.

Abbildung 9.17.:
Dialogfeld
Druckerformate

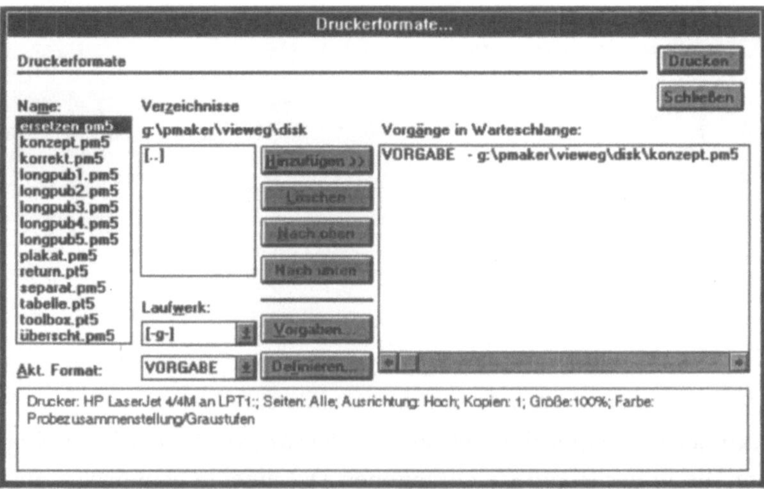

Zusammenstellen
einer Druckliste

Wählen Sie zunächst in der linken Dateiliste die Dokumente aus, die Sie drucken möchten. Sie können dabei einzeln vorgehen und jedesmal durch Anklicken der Schaltfläche [Hinzufügen >>] die ausgewählte Datei in die Druckliste übertragen, oder Sie können eine Mehrfachauswahl vornehmen. Klicken Sie in einem solchen Fall die zu druckenden Dokumente bei gedrückter [Strg] - Taste an. Wollen Sie sämtliche im Verzeichnis gefundenen Publikationen ausdrucken, dann klicken Sie zunächst die erste Datei an und anschließend bei gedrückter [⇧] - Taste die letzte Datei in dieser Liste. Das Übertragen aller ausgewählten Dateien erfolgt wieder durch Anklicken der Schaltfläche [Hinzufügen >>].

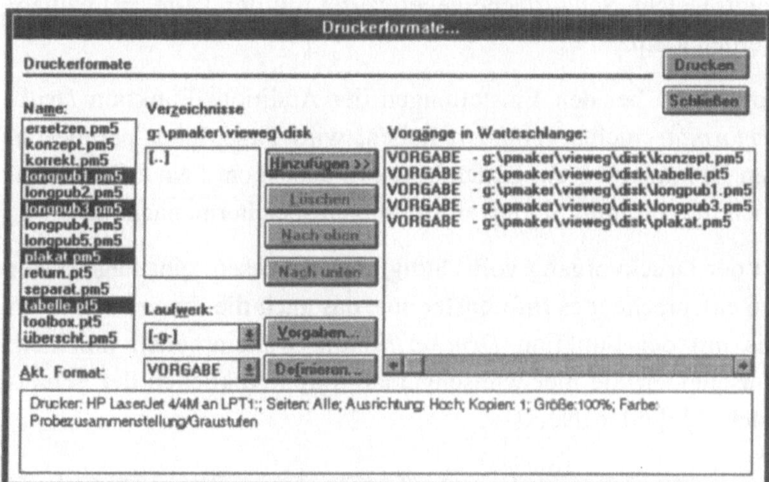

Abbildung 9.18.: Dialogfeld *Druckerformate* mit zusammengestellter Druckliste

Vor jedem einzelnen Dokument wird der Begriff VORGABE eingetragen. Das bedeutet, daß alle Publikationen mit den Standardeinstellungen ausgedruckt werden. Sie können dies aber ändern, indem Sie eigene Druckerformate anlegen und zuweisen. Wie in einem solchen Fall zu verfahren ist, können Sie weiter unten in diesem Kapitel im Abschnitt »Druckeinstellungen speichern« nachlesen.

Der Ausdruck der gesamten Druckliste erfolgt entsprechend der Reihenfolge im Fenster *Vorgänge in Warteschleife*. Sind Sie mit dieser Reihenfolge nicht zufrieden, läßt sie sich auf einfache Weise verändern. Markieren Sie durch Anklicken die Datei, die Sie gern an einer anderen Position haben möchten. Mit den Schaltlflächen [Nach oben] und [Nach unten] läßt sich die markierte Datei nun innerhalb der Liste nach oben oder nach unten bewegen. Mit dem Anklicken einer der beiden Schaltflächen ver-

Reihenfolge verändern

schiebt sich der betreffende Eintrag um eine Position in die gewählte Richtung.

Sind alle zu druckenden Dateien in der richtigen Reihenfolge in der Liste *Vorgänge in Warteschleife* eingetragen, wird der Druckvorgang durch Anklicken der Schaltfläche [Drucken] ausgelöst. Die Taste ⏎ wird hier in den meisten Fällen nicht zum Drucken führen, weil mit großer Wahrscheinlichkeit zuvor eine andere Schaltfläche bedient wurde, die jetzt aktiv ist. Achten Sie in Bezug auf die Schaltflächen auf den schwarzen Rahmen, der anzeigt, welche Schaltfläche gegenwärtig mit der Taste ⏎ bedient werden kann.

Sofern Sie bei den Einstellungen der Additions-Funktion *Druckerformate* nichts verändert haben, wird PageMaker parallel zu den Dokumenten ein Druckprotokoll ausgeben. Lesen Sie hierzu auch in Abschnitt »Druckeinstellungen speichern« nach.

Ist der Druckvorgang vollständig abgeschlossen, gibt PageMaker ein entsprechendes Infofenster aus, das auch die Frage enthält, ob Sie mit der Funktion *Druckerformate* weiterarbeiten möchten. Entscheiden Sie hier wunschgemäß durch Anklicken der Schaltfläche [Ja] oder [Nein].

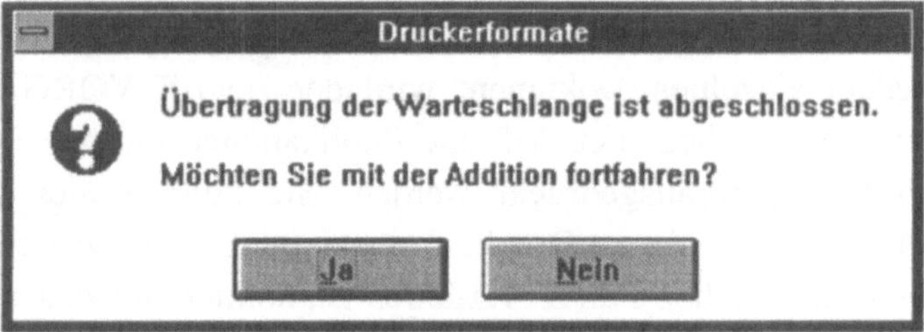

Die Dateien, die mit dieser Funktion als Stapeldruck ausgegeben werden sollen, müssen sich nicht im Arbeitsspeicher befinden. Es genügt deren Aufnahme in die Liste *Vorgänge in Warteschlange*.

9.7 Druckausgabe in eine Datei umleiten

Das Layoutprogramm PageMaker ist eine Software, die sich besonders für das Anlegen von Publikation eignet, die später in großer Auflage von einem Druckereibetrieb gedruckt werden. Vielfach arbeiten Druckereien heute selber mit PageMaker, so daß die PageMaker-Datei einfach zur Verfügung gestellt werden kann. Dies ist die einfachste Methode. Natürlich haben aber nicht alle Druckereibetriebe das Programm, so daß ein anderer Weg eingeschlagen werden muß, um denen das Dokument zukommen zu lassen.

Bevor Sie in PageMaker Maßnahmen ergreifen, um ein Dokument für den Druck in einem Druckereibetrieb vorzubereiten, sollten Sie mit Ihrem Drucker sprechen, wie er EDV-technisch ausgerüstet ist, damit Sie ihm die Publikation in einem brauchbaren Format liefern können. Sie ersparen sich viel Arbeit, wenn Sie rechtzeitig über die Gegebenheiten informiert sind.

Verfügt der Druckereibetrieb, mit dem Sie zusammenarbeiten möchten, nicht über das Programm PageMaker, können Sie in den meisten Fällen trotzdem eine Diskette liefern. Es gibt kaum noch Betriebe, die nicht mit einem Computer arbeiten, an dem ein Belichtungsgerät angeschlossen ist. Hat Ihr Drucker selber solche Einrichtungen nicht, wird er zumindest einen Zulieferer haben, bei dem er seine Filme belichten läßt.

Die Vorbereitung, die Sie an Ihrem Computer treffen müssen, ist eine Druckausgabe des betreffenden Dokuments in eine Datei. In einem solchen Fall wird das Dokument nicht auf Papier gedruckt, sondern PageMaker schreibt den Druckauftrag einschließlich aller Steuerbefehle für die Seiteneinrichtung und für die Gestaltungsmerkmale in eine separate Datei, die anschließend lediglich eine umfangreiche Beschreibung des Druckvorgangs enthält.

In den meisten Fällen werden Offsetfilme mit dem Belichtungsgerät »Linotronic 300« bzw. »Linotronic 330« belichtet. Es handelt sich hier um ein Postscriptgerät, für das es unter Windows einen Druckertreiber gibt. Diesen Druckertreiber müssen Sie nachinstallieren, falls Sie nicht schon darüber verfügen. Lesen Sie bitte in Ihrem Windows-Handbuch nach, wie hier zu verfahren ist.

Wichtig ist, daß Sie nach der Installation diesen Drucker nicht mit dem sonst üblichen Ausgang LPT1 verbinden, sondern mit dem imaginären Ausgang »File:«. Wählen Sie im Druckerdialogfeld der Systemsteuerung von Windows den neu installierten

Druckertreiber aus und klicken Sie die Schaltfläche [Verbinden...] an. Markieren Sie im folgenden Dialogfeld in der Auswahlliste *Anschlüsse* den Anschluß FILE: und bestätigen Sie Ihre Auswahl.

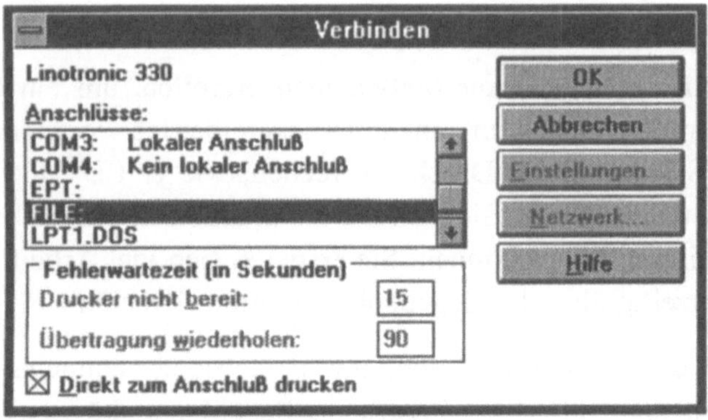

Wenn Sie jetzt in PageMaker diesen Drucker auswählen, wird der Druckauftrag in eine Datei umgeleitet, die automatisch neu angelegt wird. Zuvor fragt das Programm natürlich nach einem Dateinamen.

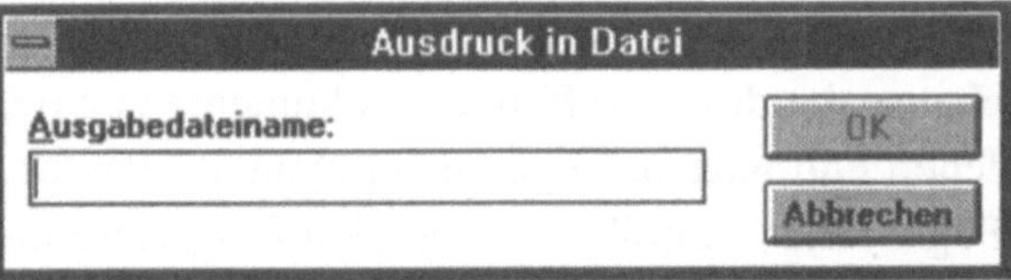

Geben Sie in die Eingabezeile einen beliebigen Dateinamen ein. Beachten Sie aber die DOS-Konventionen. Der Name darf nicht länger als acht Zeichen sein, obwohl die Länge des Eingabefeldes zu einem längeren Namen verleitet. Fügen Sie hier auch eine dreistellige Erweiterung nach einem Punkt hinzu. Üblicherweise wird für derartige Dateien die Erweiterung PRN verwendet, so daß eine Druckdatei beispielsweise FALTBLTT.PRN heißen könnte. Nach Bestätigung des Dialogs durch Drücken der Taste ⏎ oder durch Anklicken der Schaltfläche [OK] wird das Dokument in diese Datei gedruckt.

Speicherort   Die Druckdatei wird im aktuellen Arbeitsverzeichnis gespeichert. Meistens handelt es sich um das Verzeichnis, das im Programm-Manager als Arbeitsverzeichnis für PageMaker eingestellt ist.

Sollten Sie die Druckdatei nicht finden, hilft die Funktion *Suchen* im Menü *Datei* des Datei-Managers von Windows weiter. Tragen Sie den Dateinamen in das Such-Dialogfeld ein und veranlassen Sie, daß in allen Unterverzeichnissen gesucht wird. Wenn Sie sicher gehen möchten, daß Ihre Druckdatei in einem bestimmten Verzeichnis angelegt wird, empfiehlt sich bei der Festlegung des Dateinamens die Angabe des gewünschten Pfades, zum Beipsiel C:\DATEN\FALTBLTT.PRN.

Vergeben Sie einen Dateinamen, den es im aktuellen Verzeichnis bereits gibt, wird eine Sicherheitsabfrage ausgegeben, bevor die existierende Datei überschrieben wird. Beantworten Sie die Rückfrage durch Anklicken der Schaltfläche [Ja], falls die alte Datei überschrieben werden darf. Ansonsten klicken Sie die Schaltfläche [Nein] an. Im letzteren Fall werden Sie in das vorherige Dialogfeld zurückgeführt, so daß Sie einen neuen Dateinamen festlegen können.

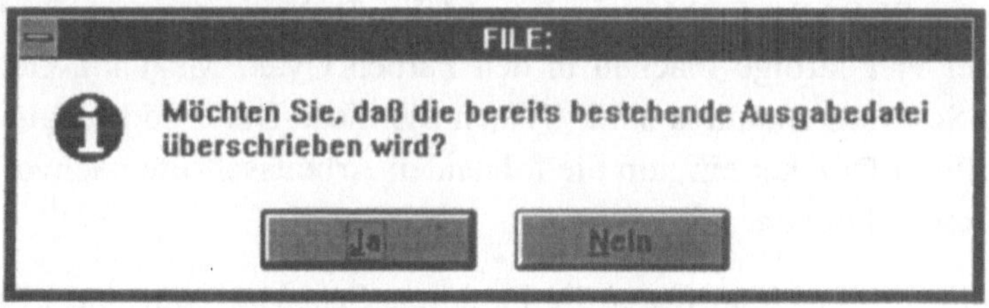

Abbildung 9.22.: Sicherheitsabfrage vor dem Überschreiben einer alten Druckdatei

An dieser Stelle möchte ich Sie gern auf die Broschüre »Arbeit mit Druckereibetrieben« verweisen, die zum Lieferumfang von PageMaker 5.0 gehört. Diese Broschüre enthält detaillierte Informationen für die Zusammenarbeit mit Druckereibetrieben und in diesem Zusammenhang interessante Tips zur Farbgestaltung, zu Druckverfahren, zum Scannen und noch vieles mehr.

9.8 Farbauszüge drucken

Soll eine farbig gestaltete Publikation in einem Druckereibetrieb gedruckt werden, wird eine Farbseparation benötigt. Eine Druckseite wird im Vierfarbdruck viermal gedruckt, und zwar jedesmal mit einer anderen Farbe. Es handelt sich um die vier Grundfarben Cyan (blauer Farbton), Magenta (roter Farbton), Gelb und Schwarz. Für jede einzelne Farbe benötigt der Drucker eine

Druckvorlage, von der ein Offsetfilm belichtet wird. Die Druckfunktion von PageMaker 5.0 ermöglicht das Ausdrucken einer solchen Farbseparation, d. h. eine farbige Seite wird automatisch in ihre Farbbestandteile Cyan, Magenta, Gelb und Schwarz zerlegt und einzeln ausgedruckt. Sie können solche Farbauszüge in eine Datei drucken, oder aber auf dem am Computer angeschlossenen Drucker ausgeben. Kann Ihr Drucker eine reprofähige Druckqualität liefern, genügen dort ausgedruckte Farbauszüge. Die Farbe spielt dabei keine Rolle mehr, weil Farbseparationen grundsätzlich schwarz gedruckt werden. Sie können also dieses Verfahren auch dann anwenden, wenn Sie nicht über einen Farbdrucker verfügen. Sie werden sehen, daß auf jeder Seite der Separation ein Farbhinweis gedruckt wird, damit der Drucker später weiß, welche der vier Vorlagen zum Beispiel mit der Farbe Cyan gedruckt werden muß.

Übungsbeispiel

Zum Ausprobieren ist im Übungsverzeichnis unter dem Dateinamen SEPARAT.PM5 ein PageMaker-Dokument gespeichert, in der vier farbige Flächen in den Farben Cyan, Magenta, Gelb und Schwarz enthalten sind. Öffnen Sie diese Datei und schalten Sie Ihren Drucker ein, um die folgenden Arbeitsschritte nachvollziehen zu können.

Rufen Sie im Menü *Datei* die Funktion *Drucken...* auf und klicken Sie die Schaltfläche [Farbe] an, um in folgendes Dialogfeld zu gelangen.

Abbildung 9.23.:
Dialogfeld für
eine Farbsteuerung beim
Drucken

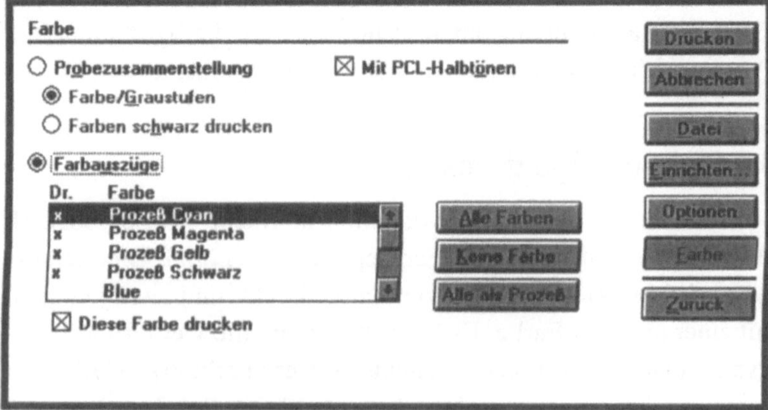

Wählen Sie die Option *Farbauszüge* aus. Unterhalb dieser Option befindet sich im Dialogfeld eine Auswahlliste aller zur Verfügung stehenden Farben. Interessant sind für den Vierfarbdruck nur die ersten vier Einträge *Prozeß Cyan, Prozeß Magenta, Prozeß Gelb* und *Prozeß Schwarz*. Gedruckt werden diese Farben nur, wenn Sie ausgewählt sind. Setzen Sie den Markierungsbalken auf eine Farbe und entscheiden Sie durch Anklicken des Kontrollfeldes *Drucken this ink*, daß diese Farbe separiert werden soll. Links neben der betreffenden Farbe wird in der Spalte *Dr.* ein Kreuz eingefügt. Sie können auch die Schaltfläche [Alle als Prozeß] anklicken, um alle vier Prozeßfarben auszuwählen. Die anderen Farben werden dabei aus der Farbliste entfernt.

Beim Ausdrucken einer Farbseparation sollten parallel bestimmte Optionen aktiviert werden. Deshalb muß vor dem Auslösen des Druckvorgangs durch Anklicken der Schaltfläche [Optionen] in dieses Dialogfeld gewechselt werden. Aktivieren Sie dort die Optionen *Auf Papiergröße verkleinern, Druckzeichen* und *Seiteninformation*.

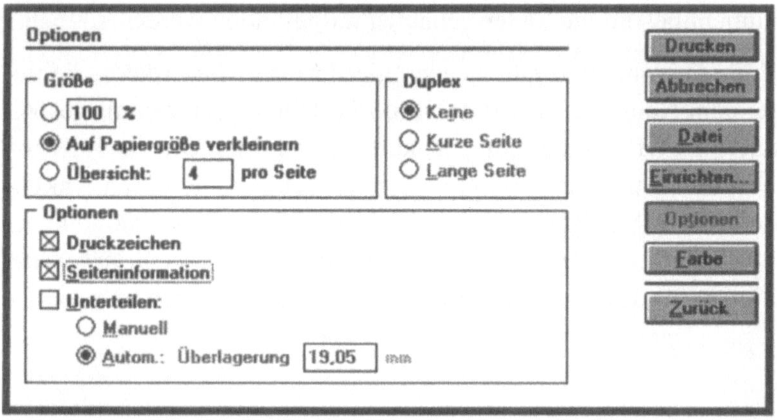

Farben auswählen

Optionen

Abbildung 9.24.: Dialogfeld zum Einstellen von Druckoptionen

Besonders die letztgenannte Option darf nicht vergessen werden, weil dadurch für den Drucker wichtige Informationen mitgedruckt werden. Damit diese noch auf die Seite passen, ist die erste Option *Auf Papiergröße verkleinern* zu aktivieren, damit die Druckseite minimal verkleinert wird. Die Beschnittzeichen sind nicht zwingend erforderlich, erleichtern aber das spätere Schneiden der gedruckten und vielleicht gebundenen Seiten.

Sind alle Einstellungen vorgenommen, wird der Druckvorgang durch Anklicken der Schaltfläche [Drucken] ausgelöst.

Auf nichtpostscriptfähigen Druckern lassen sich nur solche Dokumente als Farbauszüge ausgeben, die innerhalb von PageMaker coloriert wurden.

9.9 Seitenübersicht drucken

Ich habe diesen Abschnitt als »neu« ausgewiesen, was aber nicht ganz korrekt ist. Genau genommen konnte auch schon die ältere Version von PageMaker eine Seitenübersicht drucken, allerdings war dies denen vorbehalten, die einen postscriptfähigen Laserdrucker angeschlossen hatten. Jetzt kann jeder Anwender diese Möglichkeit nutzen. Gemeint ist hier ein Ausdruck aller Seiten einer Publikation als kleine Zeichnungen auf einem Druckbogen. Natürlich wird man nichts mehr lesen können, aber es läßt sich erkennen, was auf welcher Seite positioniert ist. Dadurch wird ein schnelleres Weiterarbeiten möglich, weil in einem langen Dokument bestimmte Seiten schneller aufgefunden werden können.

Übungsbeispiel

Zum Ausprobieren gibt es auch hierfür eine Musterdatei, die unter dem Namen ÜBERSCHT.PM5 im Übungsverzeichnis gespeichert ist. Öffnen Sie dieses Dokument und rufen Sie die Funktion *Drucken...* im Menü *Datei* auf, und wechseln Sie durch Anklicken der Schaltfläche [Optionen] in das Optionen-Dialogfeld. In der Rubrik *Größe* finden Sie die Option *Übersicht ... pro Seite*, die Sie für das Ausdrucken einer Übersicht aktivieren müssen.

Abbildung 9.25.:
Dialogfeld zum
Festlegen von
Druckoptionen

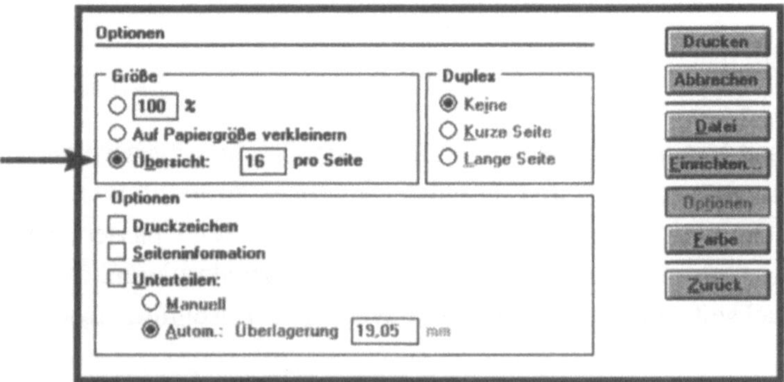

Im dazugehörigen Eingabefeld wird festgelegt, wieviele Seiten auf einer Druckseite gezeichnet werden sollen. Standard ist hier die Zahl 16, also 16 Dokumentseiten pro DIN-A4-Seite. Je mehr Seiten auf einem Druckbogen ausgegeben werden sollen, desto kleiner werden natürlich die Zeichnungen. Deshalb sollte eine nicht zu große Zahl eingetragen werden. Die Vorgabe ist eine Anzahl, die ein ausgewogenes Mittel darstellt. Die Zeichnungen werden nicht zu klein, und es wird noch eine ansehnliche Anzahl Seiten pro Druckbogen dargestellt. Das Ergebnis eines solchen Ausdrucks zeigen die beiden folgenden Abbildungen.

16 Seiten pro DIN-A4-Seite

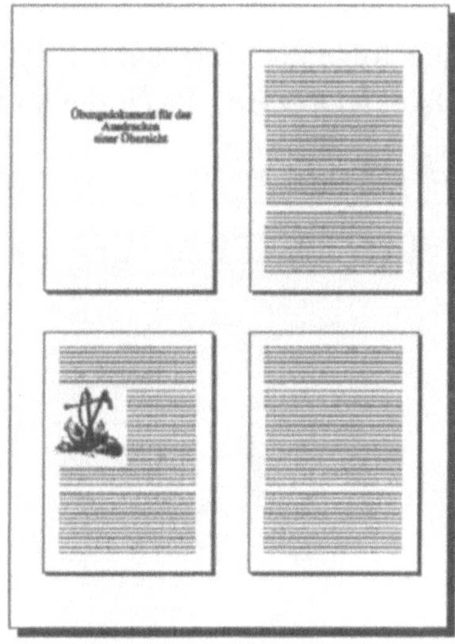

4 Seiten pro DIN-A4-Seite

Abbildung 9.26.: Beispiele einer ausgedruckten Übersicht

9.10 Konzeptdruck

Soll ein Dokument zum Korrekturlesen ausgedruckt werden, reicht gewöhnlich ein sogenannter Konzeptdruck aus. Das bedeutet, es wird ausschließlich Text gedruckt. Eingebundene Bilder werden ignoriert, deren Positionen und Ausmaße werden aber berücksichtigt. Anstelle von Grafiken werden Rechtecke ausgedruckt, die zwei diagonale Linien enthalten. Um diese Form des Ausdrucks zu erzielen, wird im Dialogfeld der Druckfunktion das Kontrollfeld *Probedruck* aktiviert.

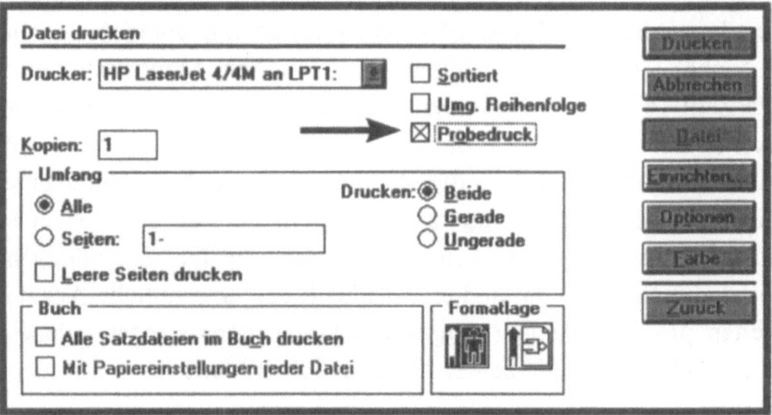

Abbildung 9.27.:
Dialogfeld der
Druckfunktion

Die folgende Abbildung zeigt einen Ausdruck der PageMaker-
Datei KONZEPT.PM5, die im Übungsverzeichnis gespeichert ist.

Abbildung 9.28.:
Druckergebnis

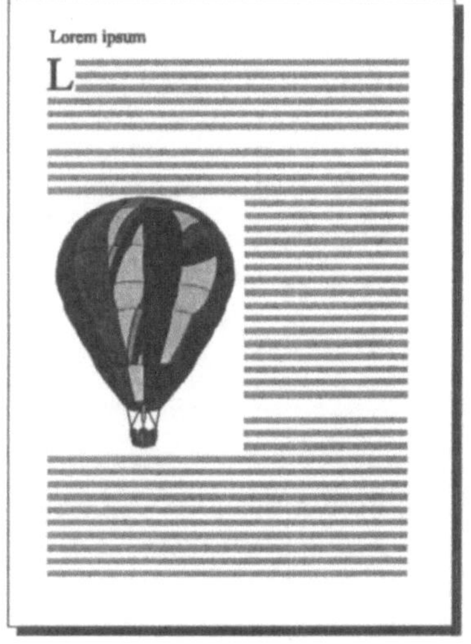

Reindruck

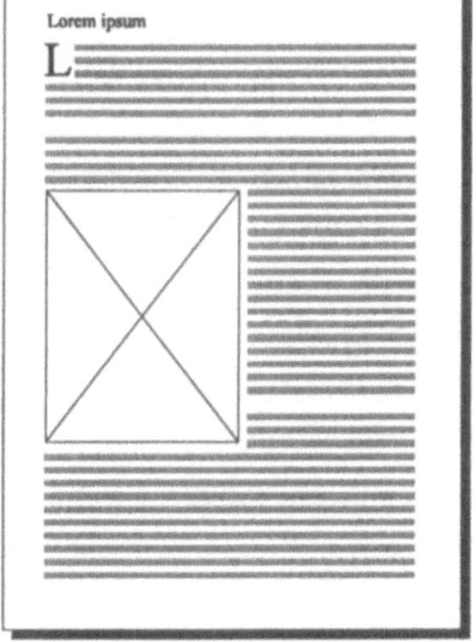

Konzeptdruck

9.11 Plakate drucken

Bei der Seiteneinrichtung erlaubt PageMaker das Festlegen einer
Seitengröße von maximal 1.066 mm x 1.066 mm. Wird ein Sei-
tenformat größer als DIN-A4 definiert, und soll ein Ausdruck in
Originalgröße erfolgen, muß der Druckauftrag entsprechend ge-

steuert werden. Zum Ausprobieren ist im Übungsverzeichnis die Datei PLAKAT.PM5 gespeichert.

Rufen Sie im Menü *Datei* die Druckfunktion auf, und klicken Sie im Dialogfeld die Schaltfläche [Optionen] an. Im anschließenden Dialogfeld ist in der Rubrik der Parameter *Unterteilen* auszuwählen. Anschließend können Sie entscheiden, ob das Unterteilen manuell oder automatisch erfolgen soll.

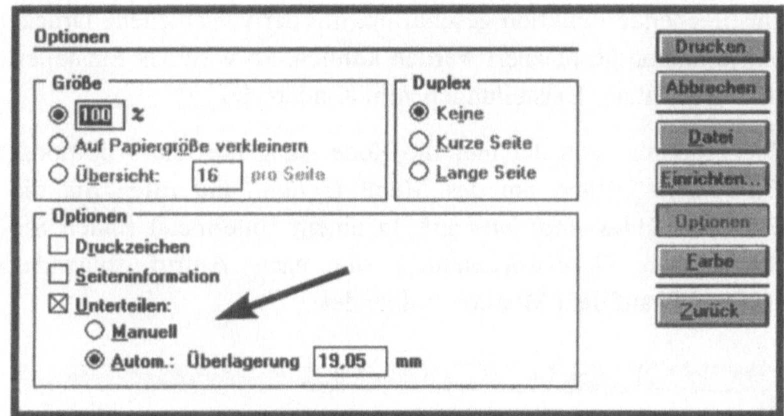

Abbildung 9.29.: Dialogfeld Druckoptionen

Bleibt es bei der Automatik, schlägt PageMaker eine Überlagerung der Druckbögen von etwa 19 mm vor. Dieser Wert läßt sich beliebig verändern.

Entscheiden Sie sich für die manuelle Unterteilung, ist vor jedem Teilausdruck durch Verschieben der Linealnullpunkte die jeweils linke obere Ecke eines Ausdrucks festzulegen.

Wenn Sie nun mit der Einstellung *Unterteilen* eine quer eingerichtete DIN-A3-Seite auf A4-Druckbögen ausdrucken, werden Sie vier Seiten erhalten, die anschließend zusammenzukleben und zu schneiden sind. Schalten Sie aber im Dialogfeld der Druckfunktion die Formatlage auf *Hochformat* um, also abweichend vom Seitenlayout, werden Sie nur zwei Druckseiten erhalten.

Bei der mir vorliegenden PageMaker-Version kam es beim Drukken mit Unterteilung stets zu Porgrammabstürzen. Bleibt zu hoffen, daß hier vor Markteinführung noch nachgebessert wird.

9.12 Druckereinstellungen speichern

Sie haben bereits gesehen, daß es mitunter recht aufwendig sein kann, bis die gewünschten Druckoptionen eingestellt sind. Häufig müssen mehrer Dialogfelder durchlaufen werden, um bestimmte Druckergebnisse zu erzielen. Ist zudem ein Farbdrucker angeschlossen, kann der Weg durch die diversen Dialogfelder noch länger sein. Daß dies nicht gerade als komfortabel zu bezeichnen ist, haben auch die Entwickler von PageMaker erkannt und eine entsprechende Funktion geschaffen, mit der verschiedene Druckeinstellungen gespeichert werden können. So wird das Einstellen häufig benutzter Einstellungen zum Kinderspiel.

Die Funktion, von der hier die Rede ist, gehört zur Additions-Bibliothek. Öffnen Sie das Menü *Option,* und rufen Sie die Funktion *Aldus Additions* auf. In einem Untermenü finden Sie die Option *Druckerformate...,* die nach Aufruf folgendes Dialogfeld auf dem Monitor einblendet.

Abbildung 9.30.:
Dialogfeld der
Funktion
Druckerformate

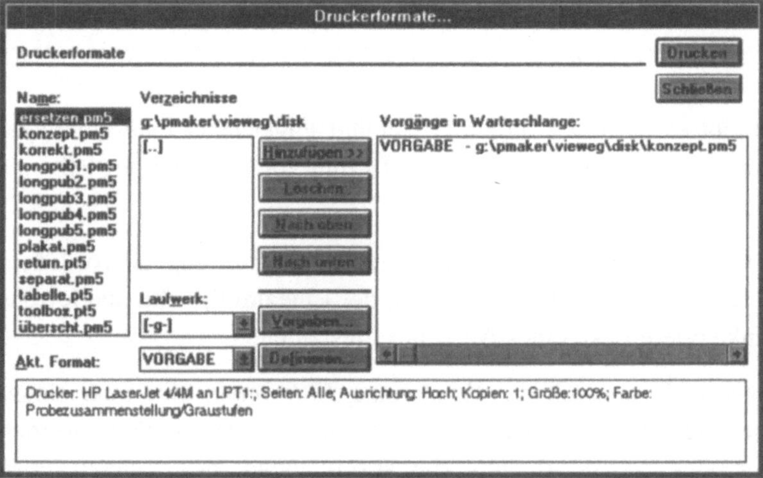

Wie aus dem Umfang des Dialogfeldes schon hervorgeht, ist diese Funktion nicht nur dazu da, um Druckereinstellungen zu speichern und abrufbar zu machen. Es läßt sich auch eine Dateiliste zusammenstellen, die als Stapeldruck in beliebiger Reihenfolge ausgegeben werden kann. Dieses Verfahren wurde weiter oben im Abschnitt »Mehrere Dokumente gleichzeitig drucken« bereits vorgestellt.

Im unteren Teil des Dialogfeldes wird in einem Infofenster angezeigt, welche Einstellungen gegenwärtig aktiv sind. Diese Einstellungen speichert PageMaker jeweils als VORGABE in der
gleichnamigen Datei mit der Erweiterung PQ. Diese Dateien
werden im Verzeichnis ..\ADDITION\PSTYLES gespeichert. Alle dort gespeicherten Dateien werden in der Auswahlliste *Akt.*
Format zur Auswahl angeboten. Klicken Sie rechts neben dieser
Liste die Schaltfläche [Definieren...] an, um ein neues Druckerformat anzulegen.

Speichern von
Einstellungen

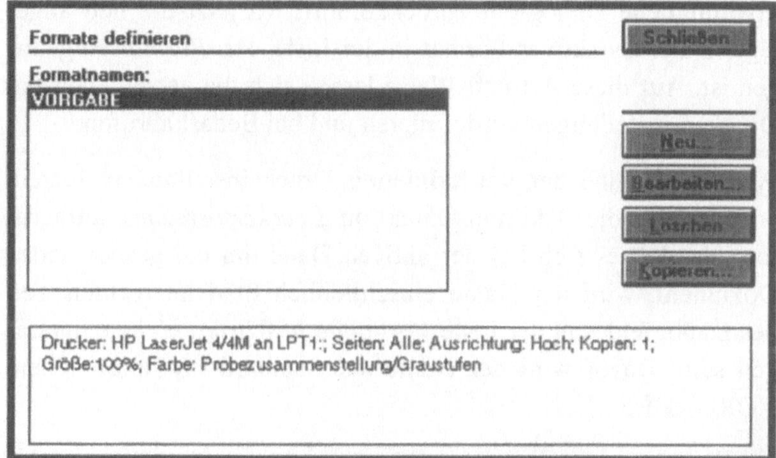

Abbildung 9.31.:
Dialogfeld zum
Neuanlegen oder
Bearbeiten von
Druckerformaten

Ganz unbekannt dürfte das folgende Dialogfeld nicht sein. Es ist
so ähnlich, wie das Dialogfeld zum Neuanlegen und Bearbeiten
von typografischen Druckformatvorlagen. Klicken Sie die Schaltfläche [Neu...] an, um eine neues Druckerformat anzulegen.
PageMaker fragt zunächst in einem Dialogfeld den Namen für
dieses neue Format ab. Da der hier zu vergebende Name gleichzeitig als Dateiname für die PQ-Datei herangezogen wird, erlaubt
PageMaker maximal acht alphanumerische Zeichen. Der Ver-
such, ein neuntes Zeichen einzugeben, wird abgewehrt.

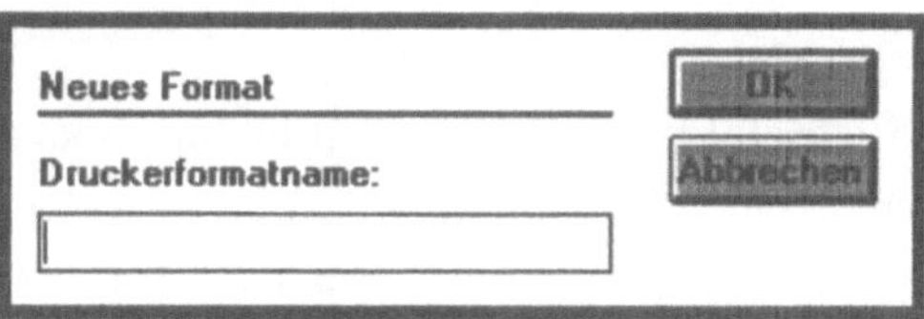

Abbildung 9.32.:
Abfrage eines
Dateinamens für
eine PQ-Datei

Haben Sie einen gültigen Dateinamen eingetragen (die Erweiterung darf entfallen), führt PageMaker Sie automatisch in das Dialogfeld der Druckfunktion. Vergeben Sie zum Ausprobieren den Namen A4A5HOCH für Druckereinstellung für den Ausdruck einer DIN-A4-Seite im A5-Hochformat. Überzeugen Sie sich, ob die Formatlage Hochformat eingestellt ist, und definieren Sie im Dialogfeld [Optionen...] eine Skalierung von 71 %. Sobald Sie Ihre Einstellungen bestätigt haben, sehen Sie wieder das vorherige Dialogfeld, in dessen Dateiliste jetzt die neue Datei eingetragen ist. Wird auch dieses Fenster bestätigt, werden Sie in das ursprüngliche Dialogfeld zurückgeführt, wo jetzt die neu angelegte Datei als aktives Format in der Liste *Akt. Format* eingetragen ist. Auf diese Art und Weise lassen sich die verschiedensten Druckereinstellungen vordefinieren und bei Bedarf abrufen.

Wollen Sie eine der vordefinierten Druckeinstellungen nutzen, wird wieder die Additions-Funktion *Druckerformate...* aufgerufen. Handelt es sich bei der aktiven Datei um ein gespeichertes Dokument, wird der Name einschließlich Pfad im rechten Teil des Dialogfeldes in der Liste *Vorgänge in Warteschleife* eingetragen sein. Davor wird der Name der Standard-PQ-Datei stehen, VORGABE.

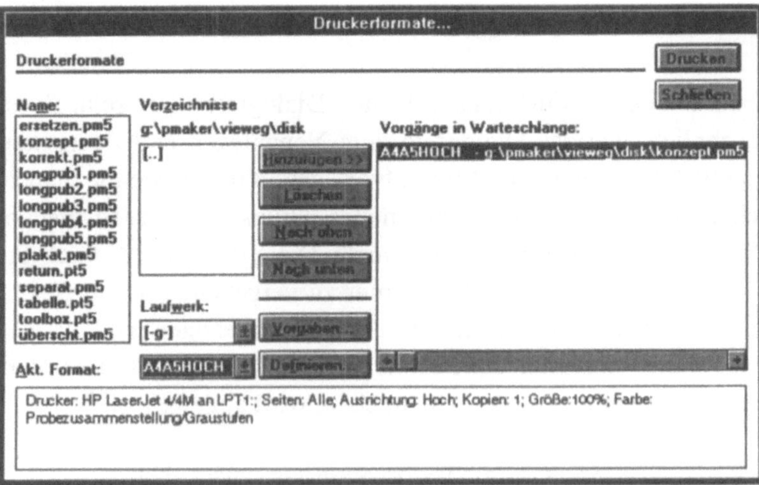

Ist in diesem Listenfeld kein Eintrag enthalten, haben Sie gegenwärtig eine ungespeicherte Datei auf dem Monitor, für die es noch keinen Namen gibt. Speichern Sie diese Datei zuerst ab und

rufen Sie anschließend erneut die Funktion *Druckerformate...*
auf. Ansonsten können Sie im linken Teil des Dialogfeldes eine
gespeicherte, aber gegenwärtig nicht geöffnete Datei auswählen
und durch Anklicken der Schaltfläche [Hinzufügen >>] in die
Liste der zu druckenden Dateien übertragen.

Wählen Sie die in der Liste *Vorgänge in Warteschleife* aufge-
listete Datei durch Anklicken mit der linken Maustaste aus, damit
dieser eine andere PQ-Datei zugewiesen werden kann. Dieser
Arbeitsschritt erfolgt durch Auswahl der gewünschten Druckdatei
aus der Liste *Akt. Format*, die Sie unten links im Dialogfeld finden. Der Druckauftrag wird anschließend durch Anklicken der
Schaltfläche [Drucken] ausgelöst. Nach Abschluß des Druckens
gibt PageMaker eine Rückfrage aus, ob Sie mit der Funktion
Druckerformate weiterarbeiten möchten oder nicht. Beantworten
Sie die Frage entsprechend.

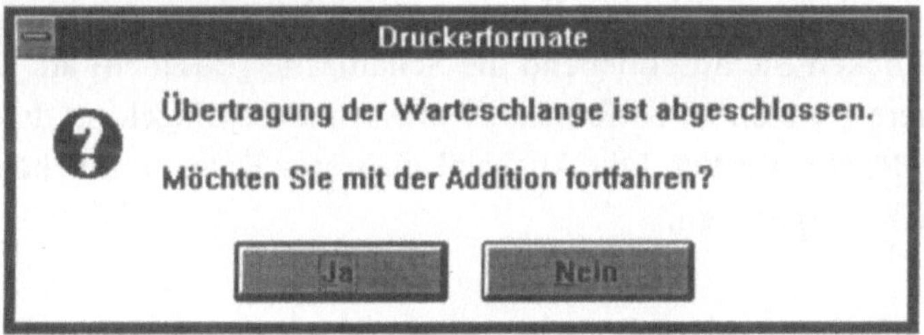

Abbildung 9.34.:
Rückfrage nach
Abschluß eines
Druckvorgangs

Wird ein Ausdruck mit der Additions-Funktion *Druckerformate...* gesteuert, ist PageMaker in der Lage, zu jedem Dokument
ein Deckblatt mit Datei-Informationen zu drucken. Welche Informationen im einzelnen ausgedruckt werden, läßt sich individuell
einstellen. Klicken Sie die Schaltfläche [Vorgaben...] an, um in
dieses Dialogfeld zu gelangen.

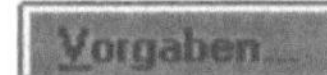

Abbildung 9.35.:
Dialogfeld zum
Einstellen von
Protokoll-
Optionen

Insgesamt 15 Kontrollfelder stehen in diesem Dialogfeld zur Verfügung, um über den Inhalt eines Druckprotokolls zu entscheiden. Mit den oberen beiden, etwas abgesetzten Optionen wird entschieden, ob es überhaupt ein Protokoll geben soll. Aktivieren Sie *Mit Vorgang-Info*, um den Ausdruck eines Druckprotokolls zu erhalten. Wird stattdessen oder zusätzlich das Kontrollfeld *Warteschlangen-Info erstellen* aktiviert, schreibt PageMaker ein Druckprotokoll im ASCII-Format in eine Textdatei und speichert diese im Unterverzeichnis ...\ADDITION\PSTYLES. Diese Dateien tragen den Namen PQLOG000.TXT, PQLOG001.TXT usw.. Es empfiehlt sich, von Zeit zu Zeit alte Protokolldateien aus dem Verzeichnis zu entfernen, um die Speicherkapazität der Festplatte nicht unnötig zu belasten.

[Löschen] Möchten Sie eine Datei aus der Liste *Vorgänge in Warteschleife* im Dialogfeld der Funktion *Druckerformate* entfernen, dann klicken Sie den betreffenden Eintrag an, so daß dieser markiert ist, und klicken Sie anschließend die Schaltläche [Löschen] an. Sind mehrere Dateien zu entfernen, so müssen diese einzeln in der Liste gelöscht werden. Die Auswahl mehrerer Dateien gleichzeitig ist nicht vorgesehen.

Bearbeiten von Druckerformaten Jede PQ-Datei läßt sich nachträglich verändern. Hierzu wird wieder die Funktion *Druckerformate...* im Untermenü *Aldus Additions* aufgerufen. Klicken Sie im Dialogfeld die Schaltfläche *Definieren...* an.

Abbildung 9.36.: Dialogfeld zur Auswahl von Druckerformaten für eine Bearbeitung

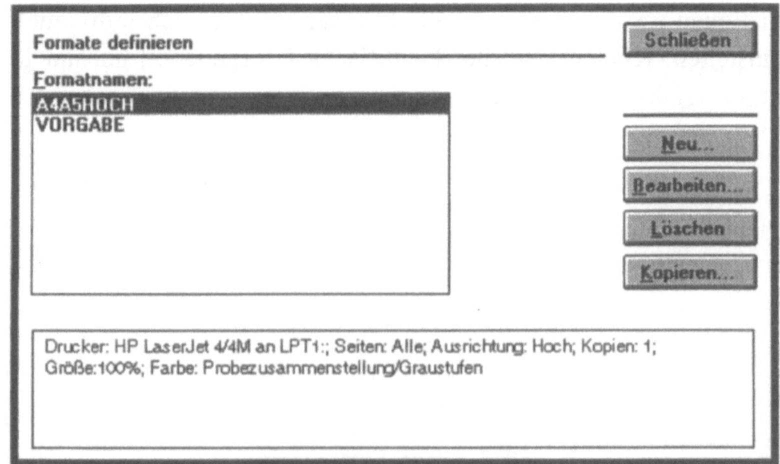

Sie werden daraufhin in ein neues Dialogfeld geführt, das eine Liste aller zur Verfügung stehenden Einstellungsdateien anzeigt. Wählen Sie durch Anklicken das zu verändernde Druckerformat aus, und klicken Sie die Schaltfläche [Bearbeiten...] an. Page-Maker blendet daraufhin das Dialogfeld der Druckfunktion ein. Führen Sie alle gewünschten Änderungen aus und bestätigen Sie die Dialoge durch Anklicken der Schaltflächen [OK].

Wird ein Druckerformat nicht mehr benötigt, sollte dieses zwecks Übersichtlichkeit aus dem Bestand entfernt werden. Hierzu rufen Sie wieder das Fenster auf, in dem Sie ein Format für eine Bearbeitung auswählen können. Markieren Sie das zu löschende Druckerformat und klicken Sie die Schaltfläche [Löschen] an. PageMaker wird vor dem endgültigen Entfernen folgende Sicherheitsabfrage ausgeben, die wunschgemäß zu beantworten ist.

Druckerformate entfernen

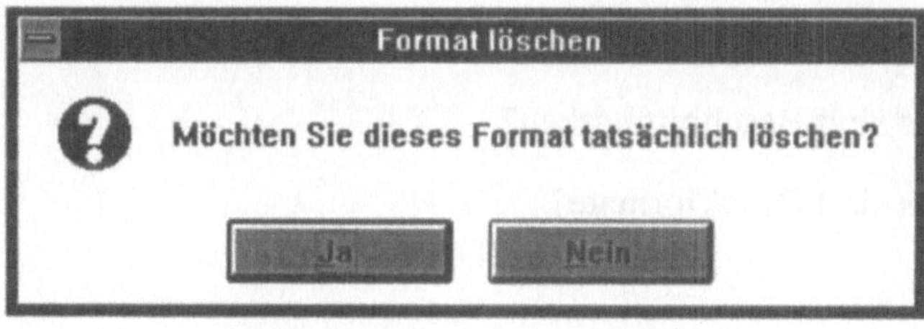

Abbildung 9.37.: Sicherheitsabfrage vor dem Entfernen einer PQ-Datei

Haben Sie diese Sicherheitsabfrage mit [Ja] beantwortet, wird das ausgewählte Druckerformat nicht nur aus der Angebotsliste entfernt, sondern gleichzeitig die entsprechende PQ-Datei auch auf der Festplatte gelöscht. Ein Reaktivieren ist also nicht möglich. Eine versehentlich gelöschte PQ-Datei muß neu angelegt werden. Natürlich können Sie versuchen, eine gelöschte Datei mit dem DOS-Befehl *Undelete* wiederherzustellen.

Wollen Sie eine neue PQ-Datei anlegen, die sich nur geringfügig von einer anderen unterscheidet, können Sie sich die Arbeit etwas erleichtern. Wählen Sie im Dialogfeld [Definieren...] die PQ-Datei aus, deren Inhalt der neu anzulegenden ähnlich ist. Durch Anklicken der Schaltfläche [Kopieren] wird diese Datei kopiert, nachdem Sie einen neuen Dateinamen festgelegt haben.

Druckerformate kopieren

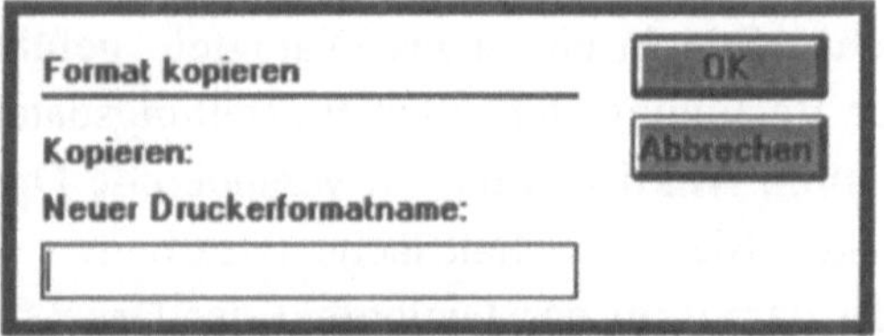

Die Kopie läßt sich jetzt auf bekannte Weise bearbeiten und somit an besondere Wünsche anpassen.

---

1. Mit welcher Funktion wird ein Dokument auf dem angeschlossenen Drucker ausgegeben?

2. Sie möchten ausschließlich die Seiten 5, 8 und 14 eines Dokuments drucken. Wie gehen Sie vor?

3. Was ist ein skalierter Ausdruck?

4. Was sind Beschnittmarken?

5. Was sind Druckformate?

Kapitel 10

Programm-Zusätze erfolgreich einsetzen

10 Programmzusätze erfolgreich einsetzen

Zum Lieferumfang von PageMaker gehören einige Programmzusätze, die für das Erreichen bestimmter Zielsetzungen herangezogen werden. Da wäre zunächst ein Tabelleneditor zu nennen,
den es aber schon in der Vorgängerversion gab. Neu ist hingegen
eine Sammlung von Funktionen, die unter der Rubrik *Aldus
Additions* verwaltet werden. Nicht zuletzt muß auch der dynamische Datenaustausch (DDE) und das Objekt Linking (OLE) zu
den Zusätzen gezählt werden. Beide Funktionen werden von der
grafischen Benutzeroberfläche Windows bereitgestellt und von
PageMaker 5.0 unterstützt.

10.1 Aldus Additions

Die Bibliothek *Aldus Additions* enthält optionale Zusatzfunktio-
nen, die im Menü *Option* verwaltet werden. Rufen Sie in diesem
Menü die Funktion *Aldus Additions* auf.

Option	
Aldus Additions	Absätze numerieren...
Suchen... ^8	Alle Textabschnitte
Nächstes suchen Umsch^9	Autom. Vorlagenerstellung...
Ersetzen... ^9	Bild importieren...
Rechtschreibung... ^L	Datei-Info...
	Druckerformate...
Indexeintrag... ^,	Druckformate aufführen
Index anzeigen...	Farbensammlung erstellen...
Index erstellen...	Fortsetzung...
Inhaltsverzeichnis erstellen...	Initiale...
	Kasten...
	Kopf- und Fußzeilen...
	Laufweite bearbeiten...
	Montage...
	PS Gruppieren
	PS Gruppieren rückgängig
	Seiten sortieren...
	Skript...
	Spaltenausgleich...
	Textabschnitt-Info...
	Textblock-Info...
	Textblock...
	Zeichenausgleich...
	Übersatz suchen

Abbildung 10.1.:
Untermenü *Aldus
Additions* im
Menü *Option*

Da die Additions optional sind, kann es sein, daß Ihr Menü nicht mit der obigen Abbildung übereinstimmt. In einem solchen Fall sollten Sie eine Nachinstallation ausführen, damit Sie alle Additions nutzen können. Lesen Sie bitte im ersten Kapitel dieses Buches nach, wie im Fall einer Nachinstallation zu verfahren ist.

Die Additions sind untereinander unabhängig, so daß es keine Zusammengehörigkeit gibt. Aus diesem Grund habe ich mich entschlossen, die Funktionen in alphabetischer Reihenfolge vorzustellen. Die Abbildungen in der Marginalspalte sollen zeigen, für welchen Programmstatus die Funktion eingesetzt werden.

Mit dem Positionierwerkzeug aktivierter Text

Mit dem Textwerkzeug markierter Text

Grafische Objekte

Vollständiges Dokument oder einzelne Seiten

10.1.1 Absätze numerieren...

Häufig sind in Publikationen Absätze enthalten, die fortlaufend durchzunumerieren sind oder durch ein Aufzählungszeichen vor der ersten Zeile eines Absatzes optisch hervorzuheben sind.

Abbildung 10.2.:
Beispiel einer
Numerierung
(links) und einer
Aufzählung
(rechts)

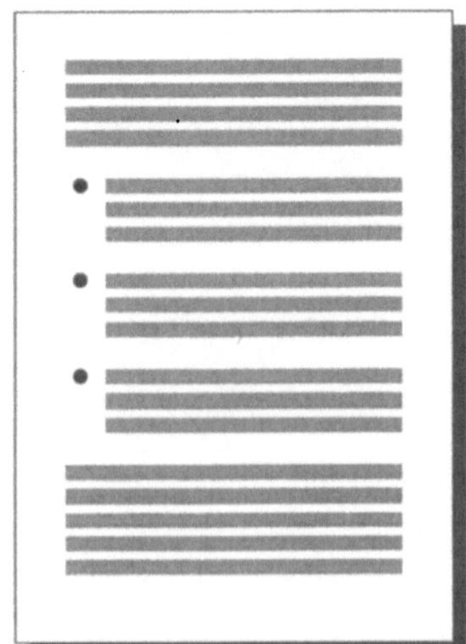

Mit der Funktion *Absätze numerieren...* im Untermenü *Option - Aldus Additions* lassen sich Numerierungen und Aufzählungszeichen dieser Art automatisch setzen. Voraussetzung ist, daß der betreffende Text mit dem Textwerkzeug aktiviert ist. In den meisten Fällen wird es ausreichen, den Cursor in den ersten Absatz einer solchen Absatzfolge hineinzuklicken. Ansonsten können die betreffenden Absätze auch markiert werden, so daß sie schwarz unterlegt sind. Ist diese Vorbereitung ausgeführt, wird die Funktion *Absätze numerieren...* im Untermenü *Option - Aldus Additions* aufgerufen.

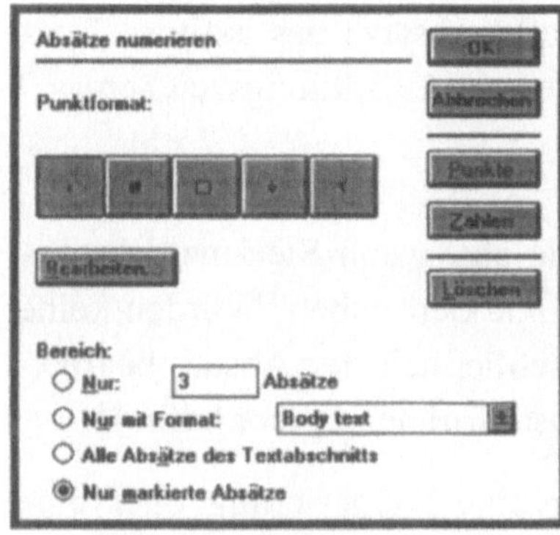

Abbildung 10.3.: Dialogfeld *Absätze numerieren*

Aufzählungszeichen   Numerierungen

Bei diesem Dialogfeld handelt es sich wieder um ein dynamisches Dialogfeld. Wird die Schaltfläche [Punkte] angeklickt, werden Aufzählungszeichen zur Auswahl angeboten (linke Abbildung), während nach dem Anklicken der Schaltfläche [Zahlen] eine fortlaufende Numerierung von Absätzen ausgeführt wird (rechte Abbildung).

Der untere Teil des Dialogfeldes ist in beiden Fällen gleich. Hier wird festgelegt, welcher Textbereich im aktuellen Textobjekt zu bearbeiten ist. Eine von vier Optionen kann ausgewählt werden.

Bereich

Nur ... Absätze

Wird diese Option ausgewählt, läßt sich durch Eingabe einer Ziffer festlegen, wieviele Absätze einschließlich des aktuellen Absatzes numeriert werden sollen oder ein Aufzählungszeichen erhalten sollen. Es handelt sich um die unmittelbar dem aktuellen Absatz folgenden Absätze.

Nur mit Format ...

Diese Option kann ausgewählt werden, wenn Sie Ihrem Text Druckformate zugewiesen haben. Es werden ausschließlich die Absätze bearbeitet, die mit dem ausgwählten Druckformat gestaltet wurden. Dadurch lassen sich Absätze bearbeiten, die nicht unmittelbar aufeinander folgen.

Alle Absätze des Textabschnitts

Bei dieser Option erhalten alle Absätze des aktiven Textblocks eine Numerierung oder ein Aufzählungszeichen.

Nur markierte Absätze

Die letzte Option wählen Sie aus, wenn Sie zuvor die betreffenden Absätze im Text markiert haben. Wurden keine Absätze markiert, wird ausschließlich der Absatz bearbeitet, in dem sich bei Funktionsaufruf der Cursor befindet.

Damit Sie die Arbeitsschritte für eine Numerierung oder eine Aufzählung am Monitor nachvollziehen können, ist im Übungsverzeichnis die Datei NUMMERN.PM5 gespeichert.

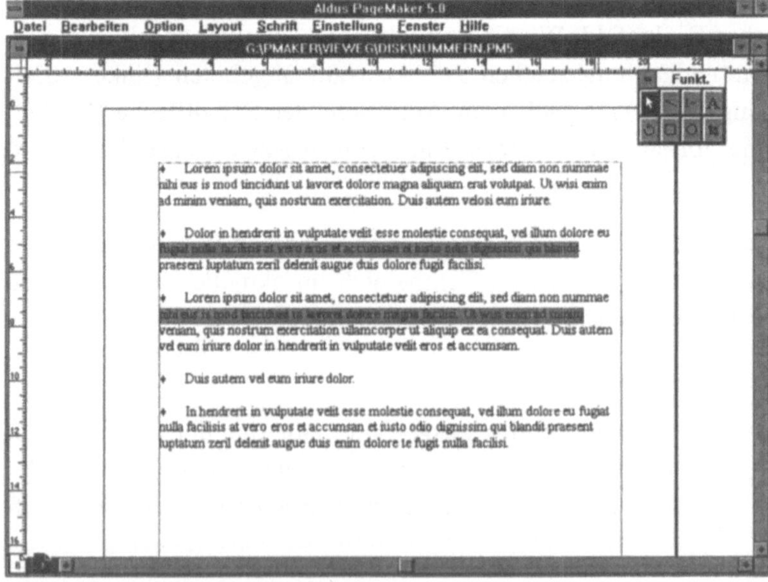

Abbildung 10.4.: Text mit Aufzählungszeichen auf dem Monitor

Wählen Sie in der Funktionenbox das Textwerkzeug, und klicken Sie den Cursor in den ersten Absatz des Übungstextes, bevor Sie im Untermenü *Option - Aldus Additions* die Funktion *Absätze numerieren...* aufrufen. Klicken Sie im Dialogfeld auf die Schaltfläche [Punkte], damit Aufzählungszeichen ausgewählt und gesetzt werden können. Es stehen fünf Schaltflächen zur Verfügung, auf denen jeweils ein Standardzeichen abgebildet ist. Eine Auswahl erfolgt durch einfaches Anklicken des gewünschten Symbols. Anschließend wird der Dialog durch Anklicken der Schaltfläche [OK] oder durch Drücken der Taste ⏎ bestätigt. Das Setzen der Aufzählungszeichen kann einen Moment dauern.

Die Funktion setzt ausschließlich das ausgewählte Aufzählungszeichen vor die betreffenden Absätze und fügt einen Tabsprung hinzu. Ansonsten wird der Text nicht automatisch umformatiert. Dies muß manuell erfolgen. Weisen Sie den Absätzen einen linken Einzug und einen gleichgroßen negativen Erstzeileneinzug zu. Auch die Position eines linksbündigen Tabstopps muß ggf. manuell gesetzt werden. Gegenwärtig wird der erste vordefinierte Tabstopp bei 10 mm genutzt. Die folgende Abbildung zeigt einen fertigen Text, bei dem die betreffenden Absätze mit einem linken Einzug von 10 mm, einem Erstzeileneinzug von -10 mm und einer linksbündigen Tabstopposition bei 10 mm formatiert wurden.

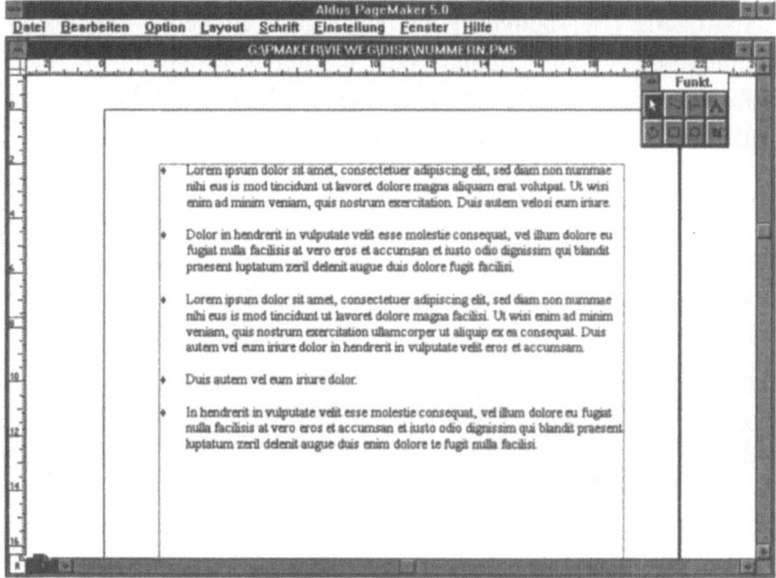

Aufzählungen

Textgestaltung

Abbildung 10.5.:
Formatierter Text
mit Aufzählungszeichen

Möchten Sie gesetzte Aufzählungszeichen wieder aus dem Text entfernen, wird die gleiche Funktion aufgerufen. Im Dialogfeld muß der Bereich so festgelegt werden, daß Sie alle überflüssigen Aufzählungszeichen löschen können. Zur Auslösung der Funktion wird diesmal die Schaltläche [Löschen] angeklickt. Alle betreffenden Aufzählungszeichen werden entfernt, sobald die folgende Sicherheitsabfrage durch Anklicken der Schaltfläche [OK] bestätigt wurde.

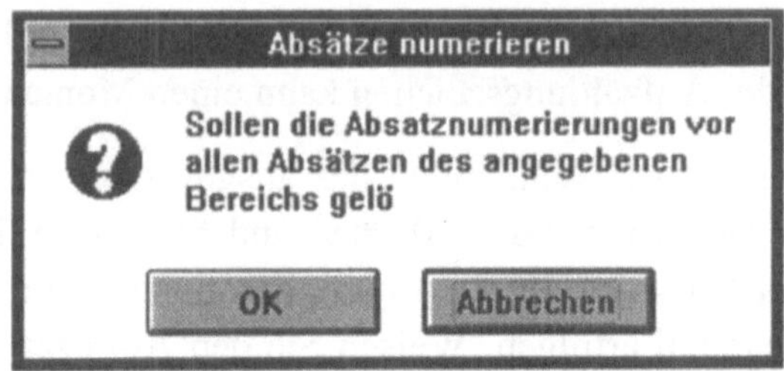

Abbildung 10.6.: Sicherheitsabfrage vor dem Löschen von Aufzählungszeichen

Bei diesem Abfragefenster ist den Programierern ein kleiner Schönheitsfehler unterlaufen, der aber an der Funktionalität nichts ändert. Der vollständige Meldetext muß heißen: »Sollen die Absatznumerierungen vor allen Absätzen des angegebenen Bereichs gelöscht werden?«

Fünf Standardzeichen stehen für eine Aufzählung zur Verfügung. Darüberhinaus läßt sich im Dialogfeld *Absätze numerieren* die Schaltfläche [Bearbeiten...] anklicken, um entweder ein ausgewähltes Zeichen zu verändern oder ein neues auszuwählen. Nach dem Aufruf der Bearbeitungsfunktion wird zunächst das aktuelle Aufzählungszeichen zur Bearbeitung angeboten.

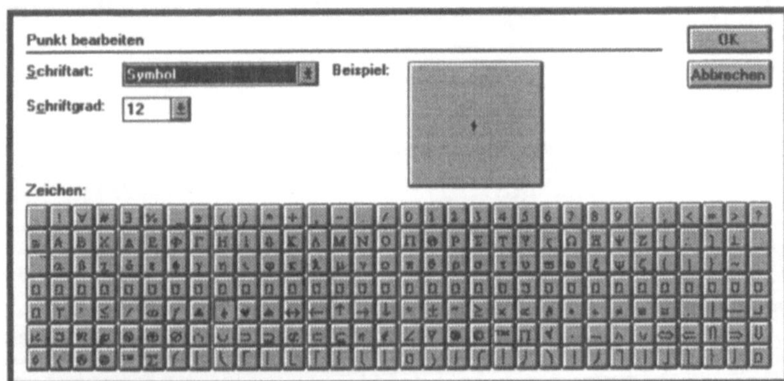

Abbildung 10.7.: Bearbeitungsfenster für Aufzählungszeichen

Auf der großen Schaltfläche wird das gegenwärtig aktuelle Zeichen gezeigt. Links daneben befindet sich eine Auswahlliste *Schriftart*, in der alle unter Windows zur Verfügung stehenden Schriften angeboten werden. Sind auch Symbolschriften installiert, wie zum Beispiel *Symbol, Lucida icons, Lucida Arrows* oder *Lucida Stars*, können daraus andere Aufzählungssymbole ausgewählt werden. Nach Auswahl einer Schriftart werden die Beschriftungen der kleinen Schaltflächen im unteren Teil des Dialogfeldes aktualisiert.

Die Auswahl eines Symbols erfolgt durch einfaches Anklicken der entsprechenden Schaltfläche. Das jeweilige Symbol wird sofort auf die große Schaltfläche übertragen. Die Größe des neu ausgewählten Aufzählungszeichens läßt sich durch Auswahl eines Schriftgrades im betreffenden Listenfeld festlegen.

Sind die gewünschten Änderungen ausgeführt, läßt sich durch Anklicken der großen Schaltfläche das neue Zeichen anzeigen. Haben Sie eine zufriedenstellende Auswahl getroffen, wird das Zeichen nach Anklicken der Schaltfläche [OK] anstelle des bis dahin ausgewählten Standardzeichens übernommen.

Das Verfahren beim Setzen von Numerierungsziffern ist entspricht grundsätzlich dem einer Aufzählung. Im Dialogfeld *Absätze numerieren* ist jedoch die Schaltfläche [Zahlen] anzuklicken, um eine Auswahlmöglichkeiten von Numerierungsziffern zu erhalten. Im oberen Teil des Dialogfeldes wird eine Numerierungsform ausgewählt. Ein Ziffernbeispiel bei jeder Option hilft bei der Entscheidung für ein Format.

Unterhalb der Optionsgruppe für die Auswahl einer Numerierungsart befindet sich die Auswahlliste *Füllzeichen*. Hier läßt sich auswählen, mit welchem Sonderzeichen die Numerierungsziffern vom Text getrennt werden sollen.

Der Ausdruck *Füllzeichen* kann an dieser Stelle leicht zu Mißverständnissen führen. Normalerweise bedeuten Füllzeichen, daß ein leerer Zeilenbereich mit einem ausgewählten Zeichen aufgefüllt wird, so wie Sie es im Zusammenhang mit Inhaltsverzeichnissen kennengelernt haben. Aber genau dies ist hier nicht der Fall. Es

Numerierungen

wird nur ein Zeichen hinter die Numerierung gesetzt, so daß sich zum Beispiel das Bild der folgenden Abbildung ergibt.

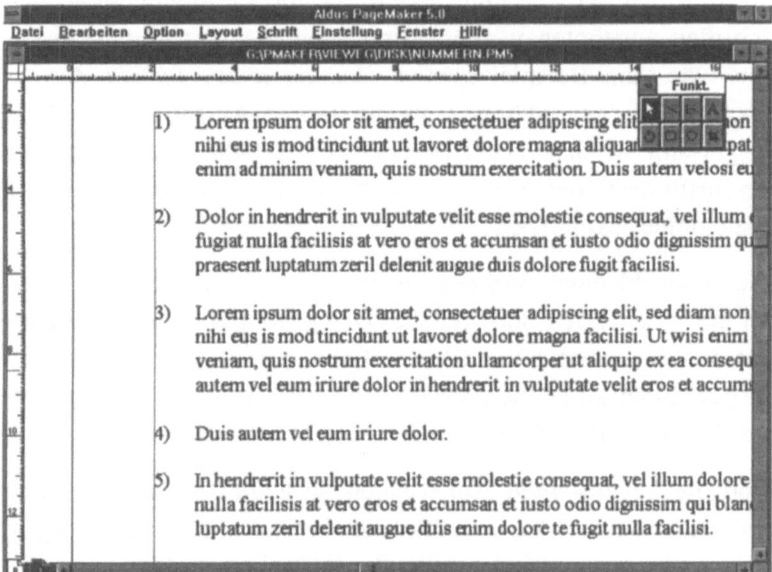

Abbildung 10.8.: Numerierter Text

Im Eingabefeld *Ab* wird durch Eingabe einer Zahl festgelegt, mit welcher Ziffer die Numerierung beginnen soll.

Textgestaltung

Genau wie beim Einfügen von Aufzählungszeichen behält der betreffende Text auch bei einer Numerierung seine ursprünglichen Formatierungsmerkmale bei. Eine manuelle Anpassung des linken Einzugs und des Erstzeileneinzug muß also auch hier erfolgen. Auch eine entsprechende Tabstopposition muß ggf. festgelegt werden, damit der Text ordentlich ausgerichtet wird.

Numerierung entfernen

Auch die Vorgehensweise beim Entfernen einer bestehenden Numerierung unterscheidet sich in keiner Weise vom Löschen von Aufzählungszeichen. Nachdem die erforderlichen Einstellungen in bezug auf den Bereich vorgenommen wurden, wird die Schaltfläche [Löschen] angeklickt. Das entgültige Entfernen einer Numerierung erfolgt erst nach Bestätigung der Sicherheitsabfrage.

10.1.2 Alle Textabschnitte

Die Funktion *Alle Textabschnitte* läßt sich mit einem Satz erklären. Nach dem Aufruf wechselt PageMaker vom Layout- in den

Texteditor und öffnet dort alle Textblöcke des aktuellen Dokuments, jeweils als eigenständiges Bearbeitungsfenster.

10.1.3 Autom. Vorlagenerstellung ...

Zum Lieferumfang von PageMaker 5.0 gehören einige Mustervorlagen, die über die Funktion *Autom. Vorlagenerstellung...* im Untermenü *Option - Aldus Additions* als Basis für eine neue Satzdatei aufgerufen werden können. Nach dem Funktionsaufruf wird ein Dialogfeld auf dem Monitor eingeblendet, das nicht nur die Auswahl eines Layouts erlaubt, sondern auch das vorherige Ansehen einer ausgewählten Mustervorlage ermöglicht.

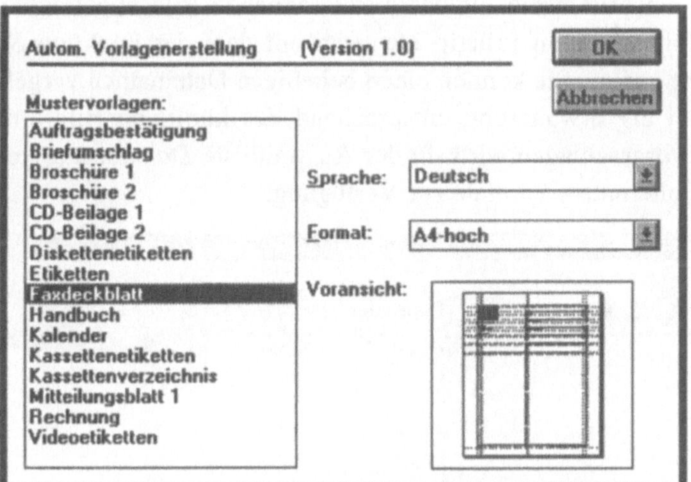

Abbildung 10.9.:
Dialogfeld zur
Auswahl eines
Musterlayouts

Möchten Sie zum Beispiel Briefumschläge bedrucken oder ein Fax schreiben, dann wählen Sie in der Liste *Mustervorlagen* das entsprechende Layout aus, und bestätigen Sie Ihre Auswahl durch Drücken der Taste ⏎ oder durch Anklicken der Schaltfläche [OK]. PageMaker legt ein neues Dokument an und lädt das ausgewählte Layout.

10.1.4 Bild importieren ...

Mit der Additions-Funktion *Bild importieren...* lassen sich Bilder direkt aus PageMaker heraus einscannen, sofern ein Scanner am Computer angeschlossen ist. Außerdem muß der Scanner Twain unterstützen, wofür es in PageMaker einen Importfilter gibt. Als

weitere Voraussetzung muß auf der Festplatte eine Scanner-Software unter Windows installiert sein. Wird nur eins dieser Kriterien nicht erfüllt, wird nach dem Funktionsaufruf folgende Meldung ausgegeben.

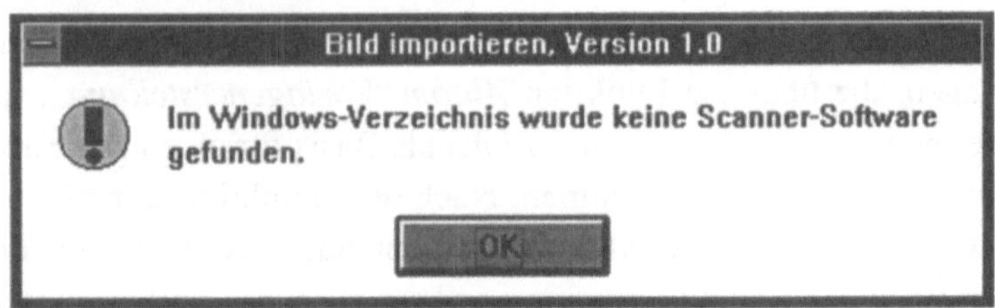

Abbildung 10.10.: Meldung bei Nichtauffinden einer Scanner-Software

Findet PageMaker eine Scanner-Software, wird in einem Dialog-feld ein Dateiname für das einzuscannende Bild abgefragt. Das Dialogfeld ist im Prinzip identisch mit dem der Funktion *Speichern unter...* Sie können einen beliebigen Dateinamen vergeben, wobei als Erweiterung entsprechend des künftigen Bildformats TIF vorgeschlagen wird. In der Auswahlliste *Dateiformat* stehen aber alternative Formate zur Verfügung.

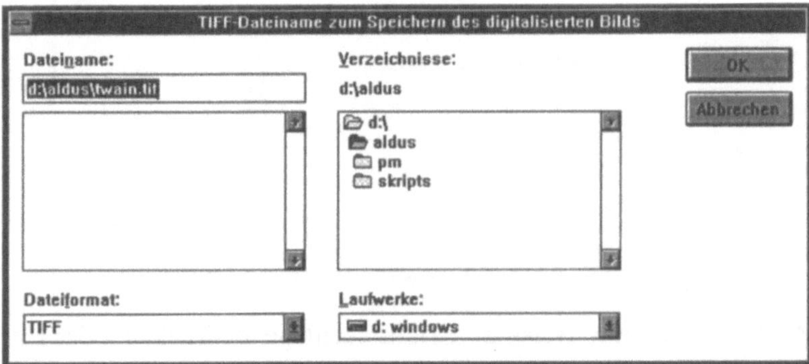

Abbildung 10.11.: Dialogfeld zum Anlegen einer Bilddatei

Sobald hier ein Dateiname vergeben ist und der Dialog bestätigt wurde, wird PageMaker kurzfristig verlassen und die Scanner-Software aufgerufen. Da es verschiedene Scanner-Software gibt, wird das Fenster dieses Programm unterschiedlich aussehen. Die nachfolgende Abbildung ist deshalb nur ein Beispiel.

Der Scanner ist nun bereit. Auf die Bedienung der Scanner-Software und des Scanners kann ich an dieser Stelle nicht eingehen, weil es hier eine Vielfalt in bezug auf Hardware und Software gibt. Sollten Sie hier Fragen haben, dann muß ich Sie bitten, in Ihrem Scanner-Handbuch nachzuschlagen.

Ist ein Bild vollständig eingescannt, wird die Scanner-Software auf normale Weise geschlossen. Das eingescannte Bild muß nicht extra gespeichert werden, weil diese Aufgabe jetzt von Page-Maker übernommen wird.

Abbildung 10.12.: Fenster einer Scanner-Software mit eingescanntem Bild

Wird die Scanner-Software geschlossen, werden Sie automatisch wieder in PageMaker zurückgeführt. Der Mauszeiger bekommt dort die Form, die Sie schon beim Importieren von Grafikdateien kennengelernt haben. Bewegen Sie diesen Mauszeiger an die Einfügeposition und klicken dort mit der linken Maustaste an.

Abbildung 10.13.: Eingescanntes Bild in PageMaker

Parallel zum Import wird die Bilddatei im zuvor ausgewählten Verzeichnis unter dem vergebenen Dateinamen gespeichert, ohne diesen Vorgang auf dem Monitor direkt angezeigt zu bekommen.

Eingescannte Bilder lassen sich innerhalb von PageMaker nur bedingt bearbeiten. Sie haben einerseits die Möglichkeit, mit dem Schneidewerkzeug überflüssige Bildanteile an den Rändern abzuschneiden, und andererseits können Sie mit der Funktion *Bild nachbearbeiten...* im Menü *Einstellung* die Helligkeit und den Kontrast regeln. Weitere Bildbearbeitungen müssen in dafür vorgesehenen Programmen erfolgen.

10.1.5 Datei-Info...

Diese Funktion besitzt lediglich informativen Charakter. Nach ihrem Aufruf im Untermenü *Option - Aldus Additions* werden in einem Fenster Informationen über Schriftarten, Schriftauszeichnungen und Verknüpfungen der aktuellen Datei ausgegeben. Im Bedarfsfall läßt sich die Ausgabe in eine Datei umleiten.

Abbildung 10.14.: Informationsfenster der Funktion *Datei-Info*

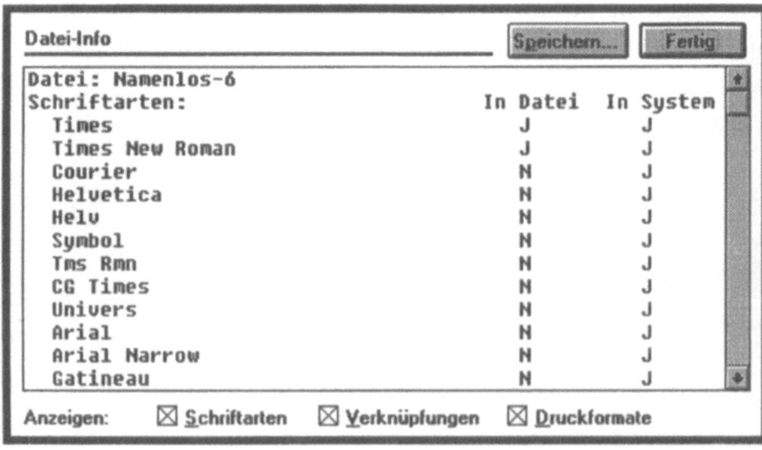

Ausgabeliste

Standardmäßig enthält die Liste alle denkbaren Informationen. Sie können aber zwecks einer besseren Übersichtlichkeit die Ausgabe in *Schriftarten*, *Verknüpfungen* und *Druckformate* trennen. Wählen Sie im unteren Teil des Infofensters die gewünschte Option.

Haben Sie ausschließlich die Option *Schriftarten* ausgewählt, werden Sie eine Ausgabe entsprechend der obigen Abbildung auf dem Monitor haben. In der linken Spalte sind alle Schriften aufgelistet, die unter Windows verwaltet werden. Ganz rechts in der Spalte *In System* wird mit einem »J« (Ja) angezeigt, daß diese Schriften theoretisch verfügbar sind, während in der Spalte *In Datei* links daneben angezeigt wird, welche Schriften im aktuellen Dokument verwendet wurden. Die Standardschriftart wird dabei grundsätzlich als vorhanden angezeigt.

Schriftenliste

Entfernen Sie das Kreuz bei der Option *Schriftart,* und aktivieren Sie stattdessen die Option *Verknüpfungen,* zeigt PageMaker alle Verbindungen zu anderen Dokumenten. Es handelt sich hier um Dateien, deren Inhalte in das aktuelle PageMaker-Dokument importiert wurden.

Verknüpfungen

Abbildung 10.15.: Infofenster mit Ausgabe von Verknüpfungen

Die dritte Dokumentinformation betrifft Druckformate. Aktivieren Sie die dritte Option *Druckformate,* um im Infofenster eine Liste aller zur Verfügung stehenden Druckformatvorlagen angezeigt zu bekommen.

Druckvormate

Durch Anklicken der Schaltfäche [Fertig] oder durch Drücken der Taste ⏎ wird dieses Infofenster wieder ausgeblendet.

Möchten Sie die Infoliste in eine atei speichern, dann klicken Sie die Schaltfläche [Speichern...] an. Als Dateiname wird der gleiche Dateiname vorgeschlagen, unter dem auch die PageMaker-Datei gespeichert ist. Lediglich die Erweiterung ändert sich in

In Datei speichern

INF (Information). Möchten Sie den Dateinamen ändern, müssen Sie diesmal auch die dreistellige Erweiterung manuell hinzufügen. Dabei muß es sich aber nicht zwingend um die Standarderweiterung INF handeln, sondern Sie können auch die üblichen Erweiterungen für Textdateien verwenden, zum Beispiel DOC oder TXT. Dateien dieser Art lassen sich ausschließlich im ASCII-Format speichern.

10.1.6 Druckerformate ...

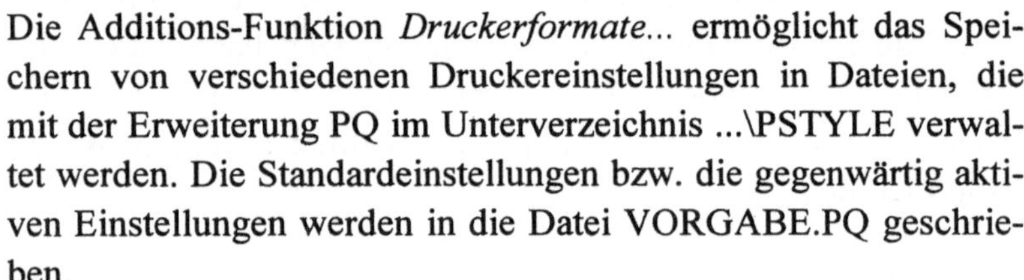

Die Additions-Funktion *Druckerformate...* ermöglicht das Speichern von verschiedenen Druckereinstellungen in Dateien, die mit der Erweiterung PQ im Unterverzeichnis ...\PSTYLE verwaltet werden. Die Standardeinstellungen bzw. die gegenwärtig aktiven Einstellungen werden in die Datei VORGABE.PQ geschrieben.

Neben dem Speichern von Druckereinstellungen erlaubt die Funktion *Druckerformate...* auch das Zusammenstellen einer Dateiliste, deren Dateien im Stapeldruck in einem Arbeitsgang ausgedruckt werden. Dabei kann jedem Dokument eine eigene PQ-Datei zugewiesen werden.

Da der Umgang mit dieser Funktion bereits in den Kapiteln »Leichter Umgang mit langen Publikationen« und »Drucken« ausführlich behandelt wurde, verzichte ich an dieser Stelle auf wiederholte Erläuterungen. Schlagen Sie bitte in den genannten Kapiteln nach. Im Kapitel »Drucken« finden Sie ausführliche Beschreibungen in den Abschnitten »Druckereinstellungen speichern« und »Mehrere Dokumente gleichzeitig drucken«.

10.1.7 Druckformate aufführen

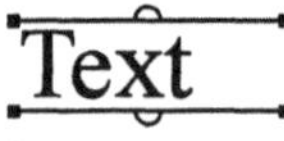

Diese Funktion hat ausschließlich informative Aufgaben. Wird sie aufgerufen, nachdem ein Textblock mit dem Positionierwerkzeug aktiviert wurde, fügt PageMaker rechts neben dem Textblock einen neuen ein, der die Namen der verwendeten Druckformatvorlagen enthält. Neben jedem dieser Namen steht eine Ziffer, die die Häufigkeit der Anwendung wiedergibt.

10.1.8 Farbensammlung erstellen...

Im Kapitel »Farben« haben Sie kennengelernt, wie Sie eigene Farben mischen können. Die Funktion *Farbensammlung erstellen...* aus der Bibliothek *Aldus Additions* ist eine Ergänzung zum Anlegen neuer Farben. Alle aktuellen Farben, die Sie in der Farbpalette sehen, lassen sich mit dieser Funktion in einer Datei speichern. So können Sie sich verschiedene Farbpaletten anlegen und bei Bedarf auf die ein oder andere zurückgreifen.

Rufen Sie die Funktion *Farbensammlung erstellen...* im Untermenü *Option - Aldus Additions* auf, so daß Sie folgendes Dialogfeld auf Ihrem Monitor sehen.

Abbildung 10.16.: Dialogfeld zum Anlegen neuer Farbdateien

Im ersten Eingabefeld dieses Dialogfeldes wird ein beliebiger Name für die zu speichernde Farbpalette eingetragen. Bis zu 30 Zeichen darf der Name lang sein. Es ist aber nicht zu empfehlen, die zulässige Anzeil Zeichen auszunutzen, weil der Palettenname sonst in der Auswahlliste *Bestände* im Dialogfeld *Farben bearbeiten* nicht mehr vollständig angezeigt werden kann und somit eine Auswahlentscheidung erschwert wird. Beschränken Sie sich besser auf nur 15 Zeichen, die sicherlich für eine vernünftige Namensfindung ausreichen werden.

Palettenname

Im zweiten Eingabefeld ist der Dateiname BENUTZER.BCF als Vorgabe angegeben. Diese Palettendateien sind im Verzeichnis ...\DEUTSCH\FARBE gespeichert. Wechseln Sie in das Eingabefeld *Dateiname* durch Drücken der Tabulatortaste ⇥ oder durch einen Doppelklick in diese Eingabezeile. Die Vorgabe ist

Dateiname

dann markiert und kann somit überschrieben werden. Tragen Sie den gewünschten Dateinamen ein. Der Pfad und die Erweiterung kann bei der Eingabe entfallen. Die neue Datei erhält automatisch die Erweiterung BCF, und sie wird automatisch im richtigen Verzeichnis gespeichert. Natürlich können Sie auch den vorgeschlagenen Dateinamen beibehalten.

Vorgaben

Im mittleren Teil des Dialogfeldes läßt sich in zwei Eingabefeldern festlegen, wie die Farbpalette in bezug auf Spalten und Zeilen aufzubauen ist. Diese Einstellungen wirken sich später beim Öffnen einer solchen Datei aus, aber lediglich auf die Monitordarstellung, nicht auf die Handhabung. Die Multiplikation der beiden Zahlenwerte muß mindestens die Anzahl der Farben ergeben, die Sie in dieser Datei speichern wollen.

Kommentare

Zum Schluß steht Ihnen ein großes Eingabefeld zur Verfügung, in dem Sie eine Information zur Farbpalette eingeben können. Hierbei kann es sich um einen beliebigen Text handeln, der so lang sein darf, wie Platz im Eingabefeld zur Verfügung steht.

Übungsbeispiel

Im Kapitel »Farben« hatten Sie die Grundfarben Cyan, Magenta und Gelb Ihrer Farbpalette hinzugefügt, so daß Sie die Grundfarben beider Mischverfahren (Additiv und Subtraktiv) zur Verfügung haben. So ließe sich jetzt diese Palette unter der Bezeichnung »Grundfarben« speichern. Rufen Sie die Funktion *Farbensammlung erstellen...* auf. Tragen Sie im Eingabefeld *Name* den Begriff »Grundfarben« ein und im Feld *Dateiname* den Namen GRUND.BCF. Als Bemerkung tragen Sie ein: »Enthält die Grundfarben Cyan, Magenta, Gelb sowie Rot, Grün, Blau«.

Abbildung 10.17.: Ausgefülltes Dialogfeld zum Speichern einer Palettendatei

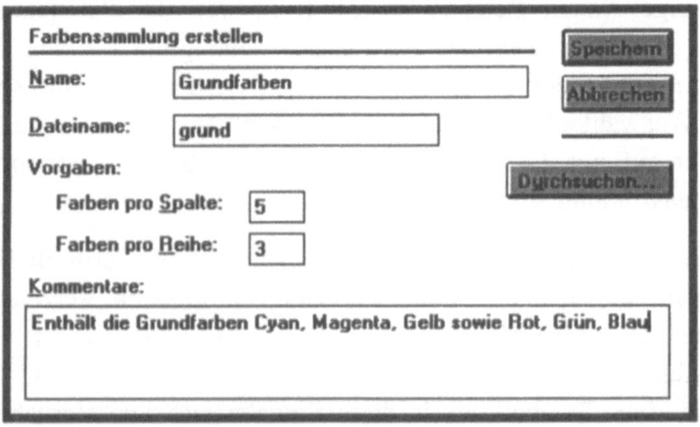

Klicken Sie die Schaltfläche [Speichern] an. Die Datei wird daraufhin im Farbverzeichnis von PageMaker gespeichert.

Es werden nur die Farben aus der aktuellen Farbpalette in die Farbensammlung aufgenommen.

Sollten Sie später eine gespeicherte Farbpalette erweitern oder bearbeiten wollen, können Sie dies jederzeit tun. Mischen Sie eine Farbe neu, und rufen Sie wieder die Funktion *Farbensammlung erstellen...* im Untermenü *Option - Aldus Additions* auf. Füllen Sie das Dialogfeld wie kennengelernt aus. Wechseln Sie zuletzt in das Eingabefeld *Dateiname,* und klicken Sie die Schaltfläche [Durchsuchen...] an.

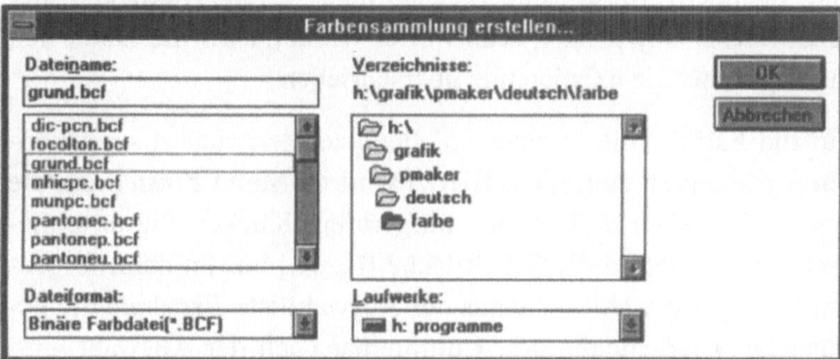

Abbildung 10.18.: Dialogfeld zur Auswahl einer bestehenden Palettendatei

Wählen Sie in diesem Dialogfeld die Datei aus, die Sie verändern möchten, und bestätigen Sie Ihre Auswahl durch Anklicken der Schaltfläche [OK] oder durch Drücken der Taste ⏎. Sie kehren dann in das vorherige Dialogfeld zurück. Der ausgewählte Dateiname ist jetzt im Eingabefeld *Dateiname* eingetragen.

Abbildung 10.19.: Dialogfeld zum Anlegen einer Palettendatei

Klicken Sie die Schaltfläche [Speichern] an, um die Palettendatei neu anzulegen. PageMaker wird feststellen, daß es eine Datei mit diesem Namen im Verzeichnis ...\FARBE bereits gibt und eine Sicherheitsabfrage ausgeben, bevor die Datei überschrieben wird.

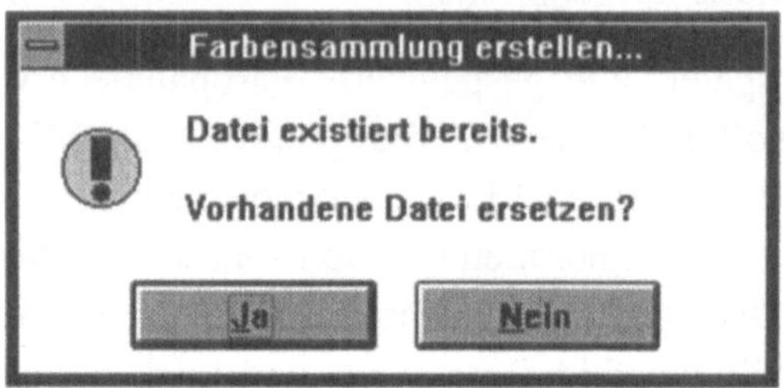

Erst nachdem diese Sicherheitsabfrage durch Anklicken der Schaltfläche [Ja] positiv beantwortet wurde, wird die Datei neu angelegt bzw. die existierende überschrieben.

Auf die Farben, die in einer Palettendatei gespeichert sind, können Sie jederzeit zugreifen. Hierzu wird im Menü *Einstellung* die Funktion *Farben definieren...* aufgerufen. Klicken Sie anschließend im Dialogfeld die Schaltfläche [Neu...] an. Im dann folgenden Dialogfeld wählen Sie aus der Auswahlliste *Bestände* die gewünschte Palettendatei aus. Unmittelbar nach der Auswahl wird der Inhalt der ausgewählten Palette angezeigt.

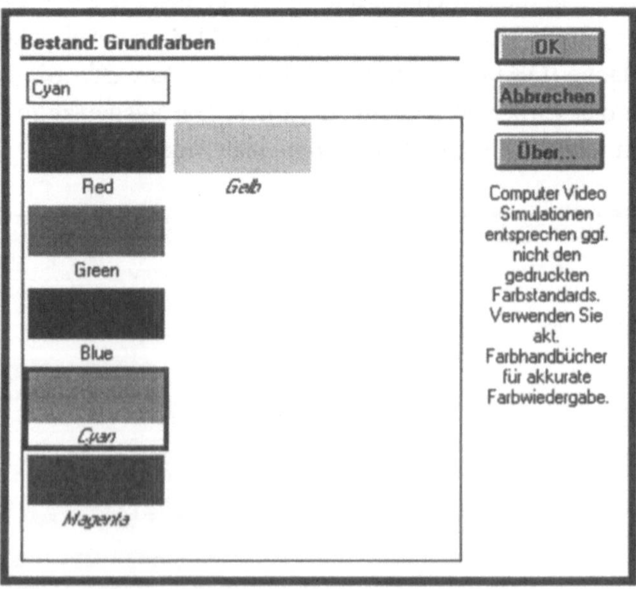

Wenn Sie in diesem Auswahlfenster durch Anklicken die Farbe oder die Farben aus, die Sie in die gegenwärtig aktive Palette aufnehmen möchten. Nach dem Anklicken der Schaltfläche [OK] wird diese Farbe in das Bearbeitungsfenster übertragen, wo sie jetzt weiterbearbeitet werden kann, falls dies Ihr Wunsch ist.

Wird die Schaltfläche [Über...] angeklickt, blendet PageMaker ein kleines Infofenster ein, in dem der Kommentar ausgegeben wird, den Sie beim Anlegen der Farbensammlung eingegeben haben.

Abbildung 10.22.:
Infofenster zur
Palettendatei

Für das Löschen einer Farbensammlung ist in PageMaker keine Funktion vorgesehen. Da ohnehin schon unter Windows gearbeitet wird, bietet sich hierfür der Dateimanager von Windows an. Wechseln Sie in den Dateimanager, und markieren Sie im PageMaker-Verzeichnis ...\FARBE die zu löschende Palettendatei. Drücken Sie die [Entf] - Taste, und beantworten Sie die Sicherheitsabfrage entsprechend.

Löschen einer
Farbensammlung

10.1.9 Fortsetzung ...

Die Funktion *Fortsetzung...* wird eingesetzt, um bei einem geteilten Textblock den Anschluß zu definieren, damit der Leser keine Mühe hat, die Fortsetzung eines Textes zu finden. Jeder hat schon einmal in einer Zeitschrift einen Artikel gelesen, in dem es plötzlich hieß: *Fortsetzung auf Seite 39.* Und auf der Seite 39 beginnt die Fortsetzung des Textes mit den Wörtern: *Fortsetzung von Seite 3.* Genau solche Informationen lassen sich mit dieser Funktion in einen Textblock automatisch einsetzen, wenn dafür Bedarf ist. Auch hierfür gibt es im Übungsverzeichnis eine vorbereitete Datei, in der ein geteilter Textblock existiert. Öffnen Sie bitte das Dokument FORTSTZG.PM5.

Im oberen Drittel auf der ersten Seite befindet sich ein Teil eines Textblocks, dessen Fortsetzung auf der letzten Dokumentseite positioniert ist. Anhand dieses Blocks können Sie die Funktion *Fortsetzung...* ausprobieren. Wählen Sie in der Funktionenbox das Positionierwerkzeug, und klicken Sie den oberen Textblock auf Seite 1 an. Danach rufen Sie im Untermenü *Option - Aldus Additions* die Funktion *Fortsetzung...* auf.

Abbildung 10.23.:
Dialogfeld der
Funktion
Fortsetzung

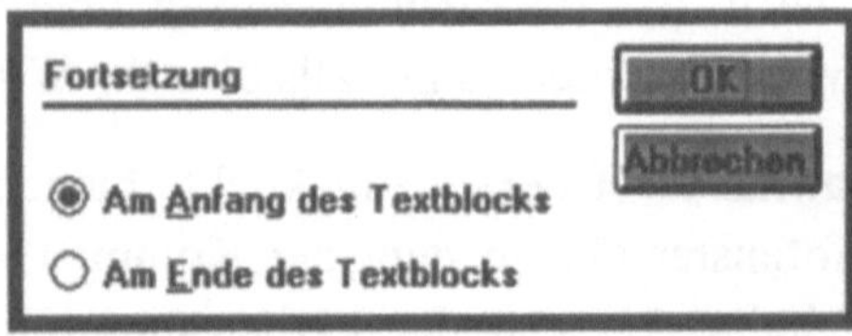

Im Dialogfeld stehen lediglich zwei Optionen zur Auswahl, die die Lage eines Fortsetzungshinweises festlegen. Im ersten Teil des geteilten Textblocks muß der Hinweis natürlich nach der letzten Zeile eingetragen werden. Deshalb muß hier die zweite Option *Am Ende des Textblocks* ausgewählt werden. Nach Bestätigung des Dialogs wird unterhalb des Textblocks ein unabhängiger Block eingefügt, der einen rechtsbündig ausgerichteten Hinweistext enthält: »Fortsetzung auf Seite 7«.

Abbildung 10.24.:
Erster Teil eines
geteilten
Textblocks

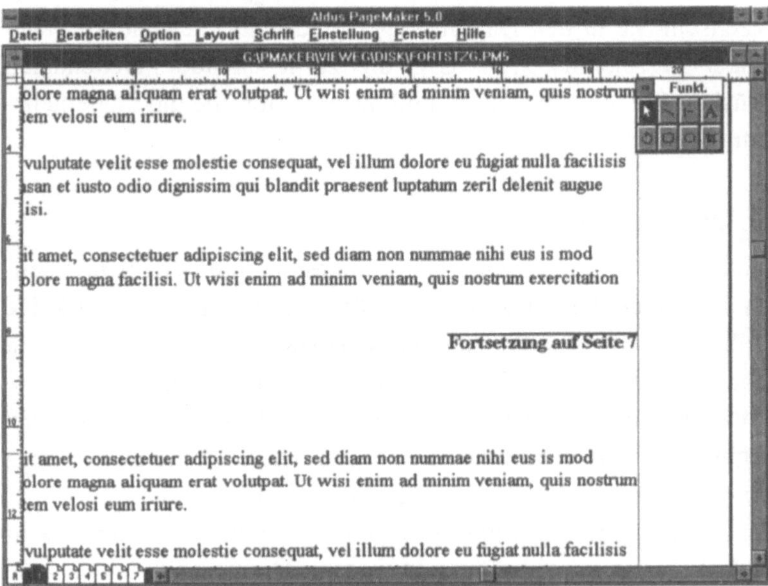

Das Verfahren wiederholt sich beim zweiten Teil des geteilten Textblocks. Wechseln Sie auf Seite 7, und klicken Sie dort mit dem Positionierwerkzeug den Text an. Auf dieser Seite gibt es nur diesen einen Textblock. Rufen Sie die Funktion *Fortsetzung...* wieder auf, und belassen Sie es diesmal bei der

Standardeinstellung *Am Anfang des Textblocks*. Über der ersten Zeile wird der Hinweis »Fortsetzung von Seite 1« eingetragen.

Die Fortsetzungshinweise werden in eigenständigen Textblöcken in das Dokument eingetragen. Dadurch lassen sie sich wie jeder anderer Textblock auch entfernen, falls sie nicht mehr benötigt werden. Klicken Sie die Fortsetzungshinweise mit dem Positionierwerkzeug an, und drücken Sie die Taste [Entf].

Entfernen von Fortsetzungshinweisen

Sollten Sie nachträglich Seiten in Ihr Dokument einfügen, wird der Hinweis auf eine Fortsetzungsseite nicht mehr stimmen. PageMaker aktualisiert derartige Verweise nicht. Entfernen Sie in einem solchen Fall den nicht mehr stimmenden Hinweis, und führen Sie die Funktion *Fortsetzung...* erneut aus.

Fortsetzungshinweise aktualisieren

10.1.10 Initiale...

Diese Funktion erfordert das Arbeiten mit dem Textwerkzeug, aber es muß kein Text markiert werden. Es reicht aus, wenn der Cursor in den zu bearbeitenden Absatz geklickt wird. Das Ziel dieser Funktion ist es, den ersten Buchstaben des aktuellen Absatzes als Initial herauszustellen.

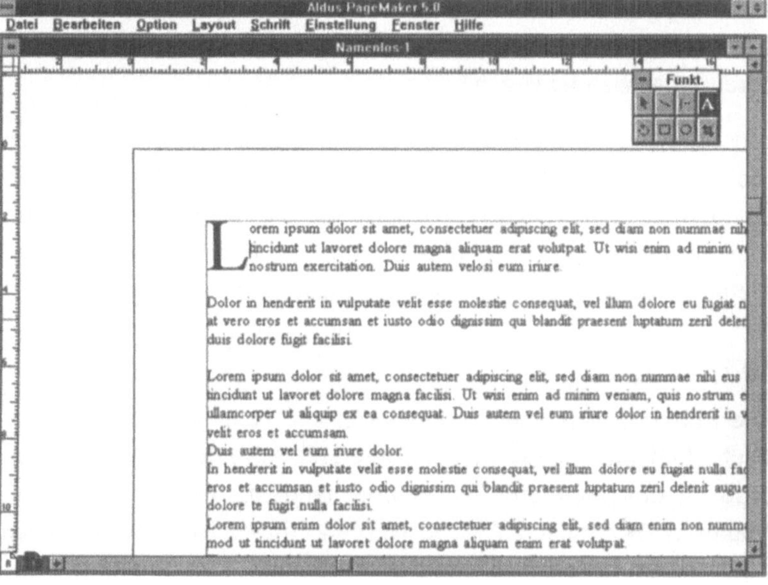

Abbildung 10.25.: Initialbuchstabe am Beginn eines Absatzes

Nach dem Aufruf der Funktion *Initiale...* im Untemenü *Option - Aldus Additions* wird ein Dialogfeld eingeblendet, in dem die größe des Initials festgelegt wird.

Im Eingabefeld *Größe* wird die Anzahl der Zeilen festgelegt, über die sich der Initialbuchstabe erstrecken soll. Standardmäßig werden drei Zeilen vorgeschlagen, was auch die übliche Größe für einen Initialbuchstaben ist. Sie sollten es bei dieser Vorgabe belassen.

Sobald die Schaltfläche [Anwenden] angeklickt wird, trennt PageMaker den ersten Buchstaben des aktuellen Absatzes aus dem Text heraus und fügt ihn vergrößert vor den ersten drei Zeilen des betreffenden Absatzes wieder ein. Das Dialogfeld wird nicht geschlossen, so daß Sie die Möglichkeit haben, einen weiteren Absatz zu bearbeiten. Erst nach Anklicken der Schaltfläche [OK] wird der Dialog beendet.

Mit den beiden Schaltflächen [Voriger] und [Nächster] lassen sich die jeweils benachbarten Absätze bearbeiten, ohne daß extra die Funktion verlassen werden muß, um den Cursor in einen anderen Absatz zu bewegen.

Möchten Sie einen Initialbuchstaben wieder entfernen, müssen Sie erneut die Funktion *Initiale...* aufrufen. Im Dialogfeld befindet sich die Schaltfläche [Löschen], die Sie für diesen Zweck anklicken müssen. Der Initialbuchstabe wird daraufhin wieder verkleinert und an seine ursprüngliche Position zurückgesetzt.

10.1.11 Kasten...

Die Funktion *Kasten...* kann sowohl auf Text- als auch auf grafische Objekte angewendet werden. Bei den grafischen Objekten muß es sich nicht nur um solche handeln, die mit den Page-Maker-Werkzeugen angelegt wurden. Importierte Zeichnungen oder Bilder lassen sich ebenso bearbeiten. Das Ergebnis einer Bearbeitung ist ein Rahmen um das zuvor aktivierte Objekt.

Rufen Sie die Funktion *Kasten...* im Untermenü *Option - Aldus Additions* auf, nachdem Sie zuvor ein Objekt mit dem Positionierwerkzeug aktiviert haben. In einem kleinen Dialogfeld lassen sich verschiedene Einstellungen vornehmen, die die Gestaltung eines Rahmens beeinflussen.

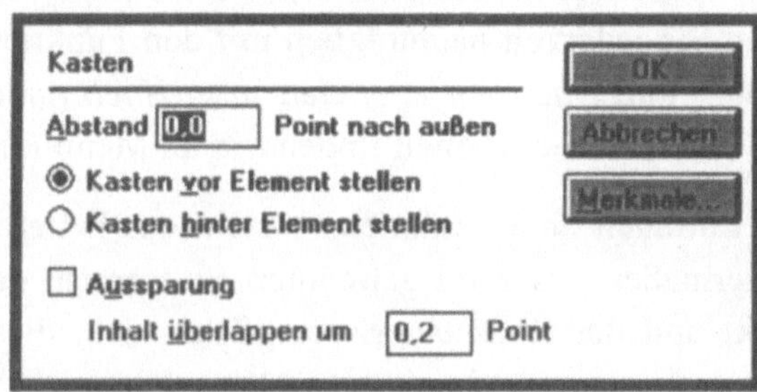

Abbildung 10.27.: Dialogfeld zum Festlegen von Rahmeneigenschaften

Die wichtigste Einstellung ist die Definition eines Rahmenabstandes zum Objekt. Beim erstmaligen Aufruf dieser Funktion ist im Eingabefeld *Abstand* der Wert »0,0« eingetragen, also kein Abstand. Wird dies beibehalten, wird ein Rahmen ohne Abstände um das betreffende Objekt gezogen, was meistens wenig praktikabel ist. Sinnvoller ist es, einen Abstand größer als Null einzutragen. Zur Anwendung kommt hier die Maßeinheit *Punkt,* wie sich auch bei der Typografie verwendet wird.

Abstände

Sie haben im Kapitel »Bildbearbeitung« kennengelernt, daß mehrere Objekte aufeinander liegen können. Ein Rahmen, der mit der Kasten-Funktion gesetzt wird, ist nichts anderes als ein normales Viereck, das Sie auch mit dem entsprechenden Werkzeug der Funktionenbox selber zeichnen könnten. Demzufolge wird der Rahmen auch in die normale Schichtung von Objekten aufgenommen, hat also keinen eigenen Status. Mit den Optionen *Kasten vor Element stellen* bzw. *Kasten hinter Element stellen* können Sie entscheiden, ob der Rahmen vor oder hinter dem aktiven Objekt angeordnet werden soll, was bei Anwendung von Füllungen relevant wird.

Lage eines Rahmens

Möchten Sie einen Rahmen individuell gestalten, dann klicken Sie die Schaltfläche [Merkmale...] an. PageMaker wechselt in das Dialogfeld, das Sie unter der Funktion *Linie und Füllung* schon kennengelernt haben. Hier lassen sich eine Füllung und eine Linienart auswählen und farblich gestalten. Wählen Sie eine Füllung aus, so daß der Rahmen nicht mehr transparent ist, muß im vorherigen Dialogfeld unbeding die Option *Kasten hinter Element stellen* ausgewählt werden, damit das eingerahmte Objekt später noch zu sehen ist.

Eine Gestaltung des Rahmens und eine Veränderung der Schichtung können Sie jederzeit nachträglich mit den Funktionen *Linie und Füllung...* und *Nach vorne stellen* bzw. *Nach hinten stellen* bearbeiten. Alle drei Funktionen finden Sie im Menü *Einstellung*.

Gruppierung

Nach dem Einfügen eines Rahmens besteht das betreffende Objekt gewissermaßen aus zwei getrennten Elementen, das eigentliche Objekt und der Rahmen. Es empfiehlt sich, diese beiden Elemente zu gruppieren, damit beim Verschieben nicht versehentlich der Rahmen an der ursprünglichen Position zurückbleibt. Lesen Sie weiter unten in diesem Kapitel nach, wie mehrere Objekte zu einer Gruppe zusammengefaßt werden können.

10.1.12 Kopf-/Fußzeilen ...

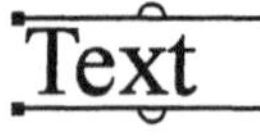

Die Funktion *Kopf-/Fußzeilen...* aus der Additions-Bibliothek erzeugt Kolumnentitel, die dem ausgewählten Text entnommen werden. Voraussetzung für das Arbeiten mit dieser Funktion ist das Speichern des betreffenden Dokuments. Gibt es noch keinen Dateinamen, wird folgende Meldung ausgegeben.

Abbildung 10.28.:
Fehlermeldung
beim Aufruf der
Funktion *Kopf-
/Fußzeilen*

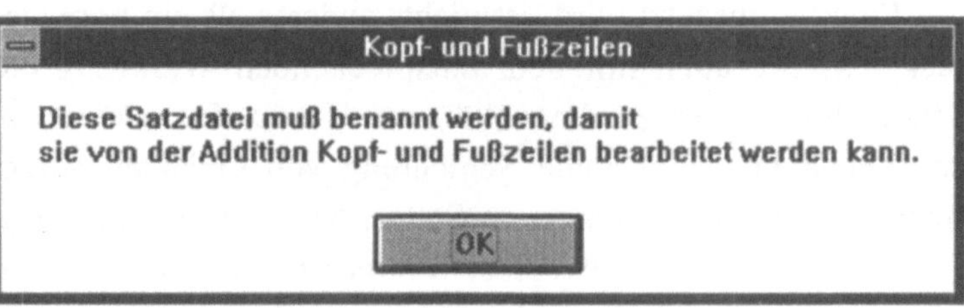

Nehmen Sie in einem solchen Fall die Meldung zur Kenntnis, und schließen Sie das Infofenster durch Anklicken der Schaltfläche [OK]. Speichern Sie anschließend das Dokument, und rufen Sie die Funktion *Kopf-/Fußzeilen...* im Untermenü *Option - Aldus Additions* erneut auf. Diesmal werden Sie folgendes Dialogfeld erhalten, sofern Sie zuvor einen Textblock mit dem Positionierwerkzeug aktiviert haben.

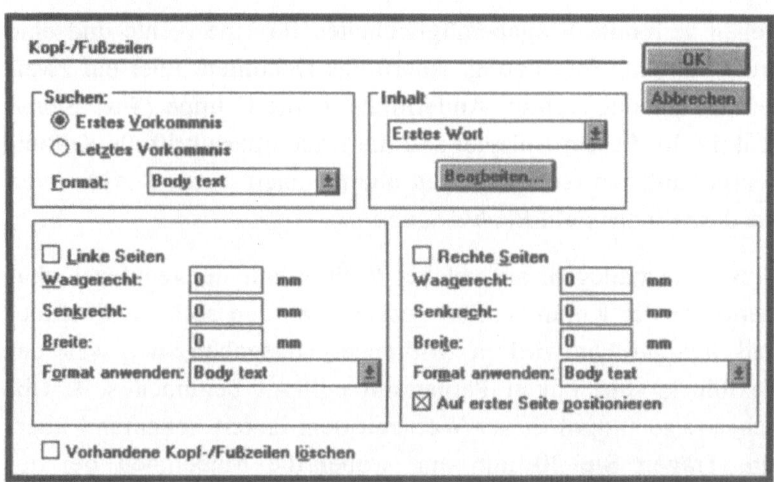

Abbildung 10.29.: Dialogfeld der Funktion *Kopf-/Fußzeilen*

Wenn Sie den Umgang mit dieser Funktion anhand eines praktischen Beispiels nachvollziehen möchten, sollten Sie jetzt die Datei KOLUMNE.PM5 aus Ihrem Übungsverzeichnis öffnen, den Textblock auf Seite 1 mit dem Positionierwerkzeug anklikken und die Funktion *Kopf-/Fußzeilen...* aufrufen.

Übungsbeispiel

Der Umfang des Dialogfeldes läßt erkennen, daß hier diverse Einstellungen zu tätigen sind. Es beginnt mit der Rubrik *Suchen* links oben. PageMaker wird im aktiven Text nach dem angewendeten Druckformat suchen, daß in der Liste *Format* auszuwählen ist. Entscheiden Sie durch Auswahl einer der beiden Optionen *Erstes Vorkommnis* oder *Letztes Vorkommbis*, ob PageMaker den ersten oder den letzten gefundenen Absatz, der mit dem betreffenden Druckformat gestaltet ist, für einen Kolumnentitel heranziehen soll. Meistens handelt es sich um Überschriften, die für diesen Zweck weiterbearbeitet werden. Wählen Sie die Option *Erstes Vorkommbis* und das Druckformat *Headline*.

Suchen

Unter der Rubrik *Inhalt* wird festgelegt, welcher Teil eines in Frage kommenden Absatzes als Kopf- oder als Fußzeile zu übernehmen ist. In der Auswahlliste bietet PageMaker eine Reihe von Möglichkeiten an. Wählen Sie die Option *Ganzen Absatz*.

Inhalt

In den unteren beiden Rubriken im Dialogfeld der Additions-Funktion *Kopf-/Fußzeilen* wird festgelegt, an welcher Position ein Kolumnentitel in das Dokument eingefügt werden soll. Ihnen

Position

stehen getrennte Eingabemöglichkeiten für eine rechte und eine linke Seite zur Verfügung, sofern das Dokument über ein zweiseitiges Layout verfügt. Andernfalls ist die Gruppe *Linke Seiten* deaktiv. In diesem Beispiel soll die Hauptüberschrift als Kolumnentitel auf den rechten Seiten übernommen werden. Aktivieren Sie deshalb das Feld *Rechte Seiten*.

Nun ist festzulegen, an welcher Position auf der rechten Dokumentseite der Kolumnentitel gedruckt werden soll. Im Eingabefeld *Waagerecht* wird in Millimeter angegeben, wie weit der Textblock vom linken Papierrand entfernt beginnen soll. Üblicherweise stimmt dieser Wert mit dem linken Seitenrand überein. Tragen Sie 20 mm ein, wobei die Maßeinheit bei der Eingabe entfällt.

Die senkrechte Position legt ebenfalls in Millimeter die Lage der typografischen Grundlinie fest, gemessen von der oberen Papierkante aus. Tragen Sie hier den Wert 15 mm ein. Lassen Sie bei der Eingabe wieder die Maßeinheit weg.

Im dritten Eingabefeld kann die Breite des einzufügenden Textblocks in Millimeter bestimmt werden. Bleibt es hier bei 0 mm, wird der Textblock so breit angelegt, daß er mit dem Satzspiegel übereinstimmt.

Sollten Sie über ein Druckformat für Kolumnentitel verfügen, können Sie dieses aus der Liste *Format anwenden* auswählen. Im Übungsdokument ist für diesen Zweck ein solches Druckformat angelegt worden. Es wird unter dem Namen *Kopfzeile rechts* verwaltet. Wählen Sie dieses Druckformat aus.

Abschließend finden Sie in der Gruppe *Rechte Seite* ein Kontrollfeld, daß die Ausgabe des Kolumnentitels auf der ersten Dokumentseite steuert. Möchten Sie auf der ersten Seite keinen Kolumnentitel drucken, was normalerweise üblich ist, dann muß diese Option deaktiviert sein. Im Beispieldokument soll es aber so sein, daß auch auf der ersten Seite eine Kopfzeile entsteht. Lassen Sie den Parameter als aktiv.

Damit sind alle Einstellungen für eine Kopfzeile vorgenommen. Vergleichen Sie jetzt noch einmal Ihr Dialogfeld mit der folgen-

den Abbildung, bevor Sie den Dialog durch ⏎ oder durch Anklicken der Schaltfläche [OK] bestätigen.

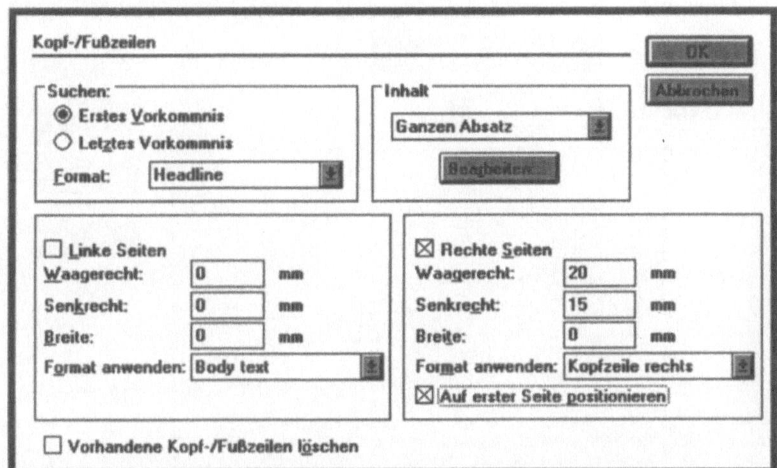

Abbildung 10.30.:
Dialogfeld *Kopf-
/Fußzeilen* mit
Einstellungen

Die Bearbeitung wird abhängig von der Dokumentlänge etwas
Zeit beanspruchen.

10.1.13 Laufweite bearbeiten...

Im Rahmen der Textbearbeitung haben Sie bereits Funktionen
kennengelernt, die die Laufweite einer Schrift verändert. Gemeint
sind Zeichenabstände, die mit den Funktionen *Sehr weit, weit,
normal, schmal* und *sehr schmal* im Untermenü *Schrift - Laufweite* eingestellt werden können. Derartige Veränderungen beziehen sich ausschließlich auf den zuvor markierten Text.

Mit der Additions-Funktion *Laufweite bearbeiten...* haben Sie
nun die Möglichkeit, die Laufweite einer bestimmten Schrift
dauerhaft zu verändern, so daß entsprechende Einstellungen automatisch nach Anwendung der betreffenden Schriftart zum Tragen
kommen.

Da eine Veränderung mit dieser Funktion dauerhaft ist und nicht
rückgängig gemacht werden kann, ist sicherheitshalber zuvor die
Datei zu kopieren, in der die Laufweiten gespeichert werden. Es
handelt sich um die Datei TRAKVALS.BIN, die im Verzeichnis
...\DEUTSCH gespeichert ist. Kopieren Sie diese Datei in ein
anderes Verzeichnis.

Haben Sie die Additions-Funktion *Laufweite bearbeiten...* aufgerufen, steht Ihnen folgendes Bearbeitungsfenster zur Verfügung.

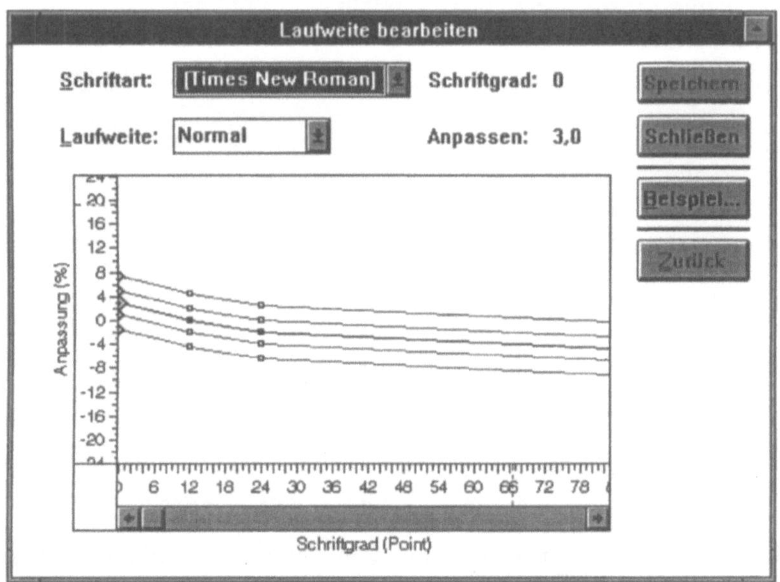

Im oberen Teil des Dialogfeldes gibt es eine Auswahlliste für Schriftarten. Wählen Sie dort die Schrift aus, deren Laufweite Sie verändern möchten. Darunter können Sie in einem weiteren Auswahlfeld eine der gängigen Laufweiten auswählen, die Sie als Basis verwenden möchten.

Die eigentliche Arbeit steht das Diagramm zur Verfügung. Einzelne Linien stellen die Laufweiten pro Schriftgrad dar. Den Schriftgrad können Sie in der X-Achse ablesen, während in der Y-Achse die Werte der Laufweite enthalten sind. Auf den Linien sind Knotenpunkte vorhanden, wobei dieser auf nur einer Linie schwarz sind. Diese Linie zeigt die Laufweite, die im Auswahlfeld *Laufweite* ausgewählt ist. Diese Knotenpunkte lassen mit der Maus bei gedrückter linker Maustaste nach oben (positiv) und nach unten (negativ) verschieben. Eine positive Veränderung bewirkt, daß die Laufweite größer wird, während eine negative Veränderung die Laufweite schmaler macht.

Haben Sie eine Laufweite verändert, läßt sich das Ergebnis in einem Beispieltext anzeigen. Hierzu wird die Schaltfläche [Beispiel...] angeklickt.

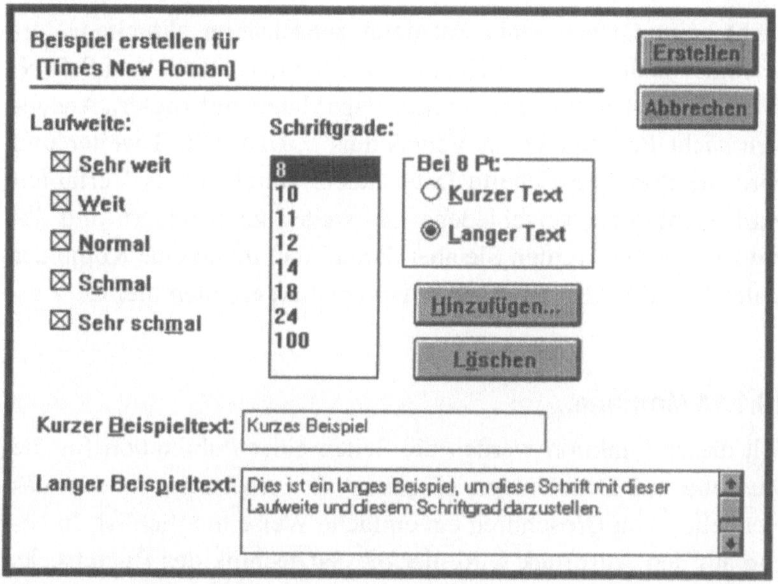

Abbildung 10.32.:
Dialogfeld
Beispiel

Unter den Parametern *Laufweite* können Sie auswählen, für welche Standardlaufweiten Sie einen Beispieltext stehen möchten. Rechts daneben sind die Schriftgrößen aufgelistet, für die ein Beispieltext erstellt wird. Möchten Sie hier weitere Schriftgrößen hinzufügen, klicken Sie die Schaltfläche [Hinzufügen...] an. Analog dazu läßt sich durch Anklicken der Schaltfläche [Löschen] ein zuvor ausgewählter Schriftgrad aus der Liste entfernen.

Sobald Sie die Schaltfläche [Erstellen] angeklickt wird, erstellt PageMaker eine Beispieltext, was einen Moment dauert. Bei der mir vorliegenden PageMaker-Version bleiben die Beispieltexte jedoch unformatiert, so daß anschließend die jeweiligen Schriftgrade und Laufweiten manuell zugewiesen werden müssen. Auch die erstellten Druckformatvorlagen wiesen keine Unterschiede auf.

Änderungen der Laufweite für eine Schriftart, die mit der Additions-Funktion *Laufweite bearbeiten...* ausgeführt werden in der Datei TRAKVALS.BIN zurückgespeichert. Diese Datei ist im Verzeichnis ...\DEUTSCH gespeichert. Wenn Sie die Laufweiten für nur eine bestimmte Satzdatei verändern wollen, sollten Sie die veränderte Datei in das gleiche Verzeichnis verschieben, in dem auch die entsprechende Satzdatei gespeichert ist. PageMaker

TRAKVALS.BIN

sucht beim Öffnen einer Satzdatei zunächst im aktuellen Verzeichnis nach einer Datei mit dem Namen TRAKVALS.BIN. Wird sie dort gefunden, arbeitet PageMaker mit dieser. Ansonsten sucht PageMaker im Verzeichnis ...\DEUTSCH weiter und wird die dort gespeicherte Datei laden. Durch dieses Verfahren wird es möglich, verschiedene Laufweiten zu speichern und damit zu arbeiten. Achten Sie aber darauf, daß Ihnen eine Kopie der Datei TRAKVALS.BIN immer unverändert erhalten bleibt.

10.1.14 Montage...

Mit dieser Funktion werden die Seiten einer Publikation für die Ausgabe auf Druckbögen (Signaturen) vorbereitet, so daß das Herstellen von Broschüren ein einfache Weise möglich ist. In bezug auf den Ausdruck wird hier die Satztechnik des Buchdrucks berührt, denn auf dem Papier müssen die Seiten so angeordnet sein, daß nach der späteren Bindung die Seiten noch fortlaufend sind. Soll zum Beispiel eine DIN-A5-Broschüre hergestellt werden, müssen jeweils zwei Seiten pro DIN-A4-Seite nebeneinander gedruckt werden. Die fertigen Druckseiten werden aufeinandergelegt und in der Mitte geheftet. So kommt es, daß je nach Umfang auf einer DIN-A4-Seite links vielleicht die Seite 8 gedruckt wird und rechts daneben die Seite 25. Nach der Heftung stimmt die fortlaufende Seitennumerierung wieder.

Ausschießen

Um dies etwas durchsichtiger zu machen, werde ich einen Blick in die Werkstatt eines Buchdruckers werfen. Hier werden gewöhnlich acht Buchseiten auf eine Seite eines Papierbogens gedruckt. Das Problem, daß die Seiten später noch passen, verfielfältigt sich also. Fachleute sprechen vom Ausschießen, wenn es darum geht, die Seiten auf dem Druckbogen richtig anzuordnen. Bei normaler Größe eines Druckbogens passen 8 Buchseiten auf die Vorderseite des Bogens (Schöndruck) und 8 Seiten auf die Rückseite (Widerdruck oder Gegendruck). Der fertig bedruckte Bogen wird später mehrfach gefalzt, gebunden und die Seiten werden aufgeschnitten, so daß ein Blättern im Buch möglich wird. Die nachfolgende Abbildung zeigt ein solches Druckschema.

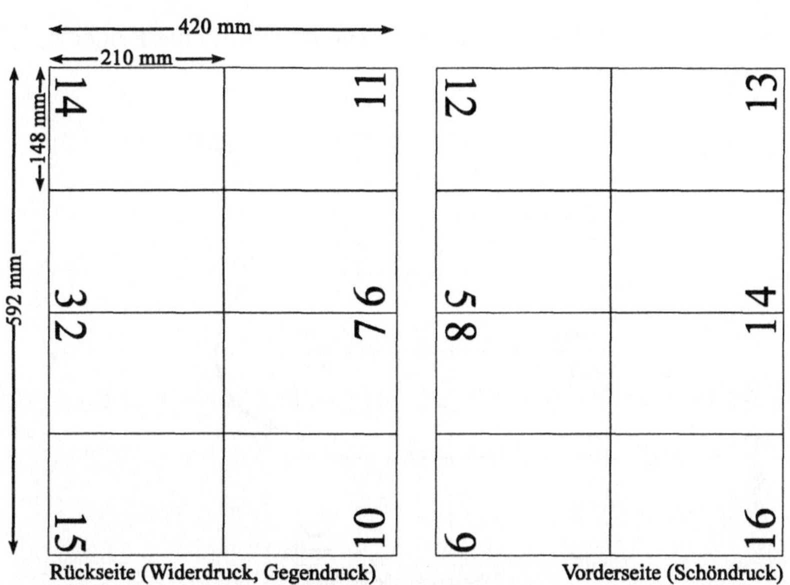

Abbildung 10.33.: Druckschema eines 16seitigen Druckbogens

Bei einem 16seitigen Druckbogen spricht ein Buchdrucker von einem »Nutzen«. Der Bogen wird einmal genutzt. Abhängig von der Papierstärke ist es denkbar, daß beim Drucken ein doppelt so großer Bogen verwendet wird, auf dem also insgesamt 32 Seiten angeordnet werden können. In einem solchen Fall spricht man von einem doppelten Nutzen oder einem 2fach-Nutzen. Die Papierstärke spielt hier eine wichtige Rolle, weil der Bogen nach dem Drucken gefalzt werden muß, damit die Seiten gebunden werden können. Ist die Papierstärke zu dick, läßt sich ein Bogen nicht mehr problemlos falzen.

Nutzen

Ist ein Druckbogen auf der Vorder- und auf der Rückseite bedruckt, wird er als Vorbereitung für das Binden mehrfach gefalzt. Die Reihenfolge und die Richtung des Falzens ist entscheidend, daß später die gebundene Broschüre oder das gebundene Buch eine korrekte Reihenfolge der Seiten aufweist. Zum Ausprobieren sollten Sie sich auf der Vorder- und auf der Rückseite eines DIN-A4-Bogens das oben abgebildete Druckschema aufzeichnen. Schreiben Sie auch die Seitenzahlen auf die jeweiligen Felder. Nehmen Sie diesen Testbogen so in die Hand, daß Sie die Vorderseite ansehen und sich die späteren Seiten 12 und 13 oben befinden. Falten Sie die DIN-A4-Seite in der Mitte, und nehmen Sie

Falz

den Bogen anschließend so in die Hand, daß Sie die Felder 8, 1, 9 und 16 ansehen.

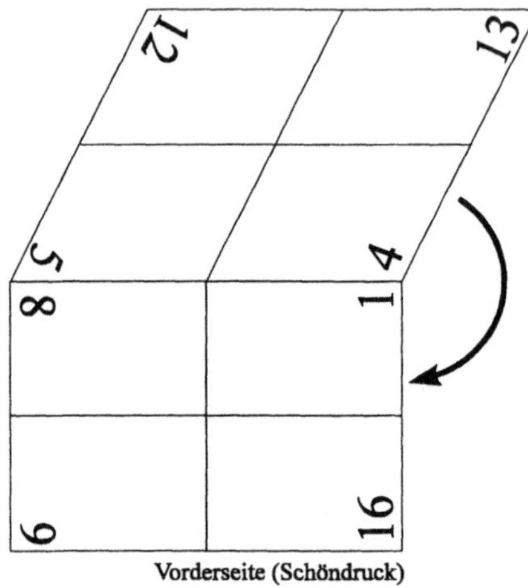

Drehen Sie den gefalteten Bogen jetzt um 90° gegen den Uhrzeigersinn, so daß Sie in der linken oberen Ecke das Feld mit der späteren Seitenzahl 1 sehen. Wieder wird das Papier in der Mitte nach hinten gefalzt.

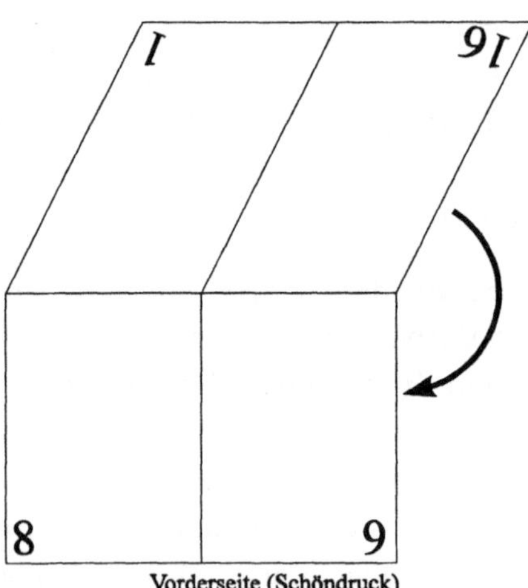

Nehmen Sie das auf A6-Maß gefaltete Blatt so in die Hand, daß Sie links die spätere Seite 1 und rechts die Seite 16 sehen. Die Seiten werden auf dem Kopf stehen. Drehen Sie nun das Blatt um 90° im Uhrzeigersinn, und falten Sie es zum letztenmal in der Mitte nach hinten.

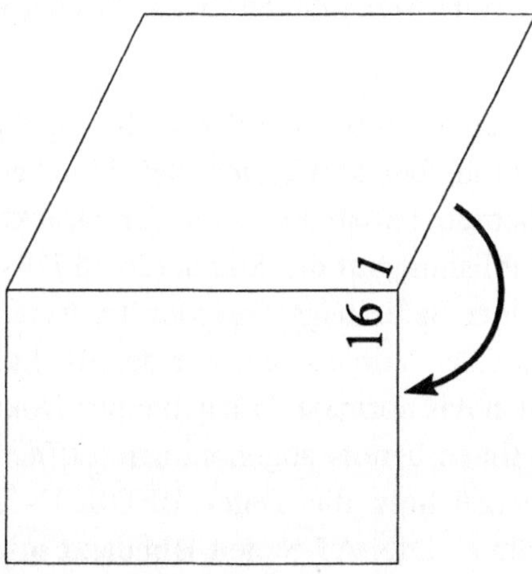

Abbildung 10.36.:
3. Falz

Wenn Sie nun den gefalteten Bogen an der Falz zwischen den
Seiten 16 und 1 mit Heftklammern binden und außen herum auf-
schneiden, ist die kleine Broschüre fertig. Sie werden sehen, daß
die Seiten fortlaufend angeordnet sind.

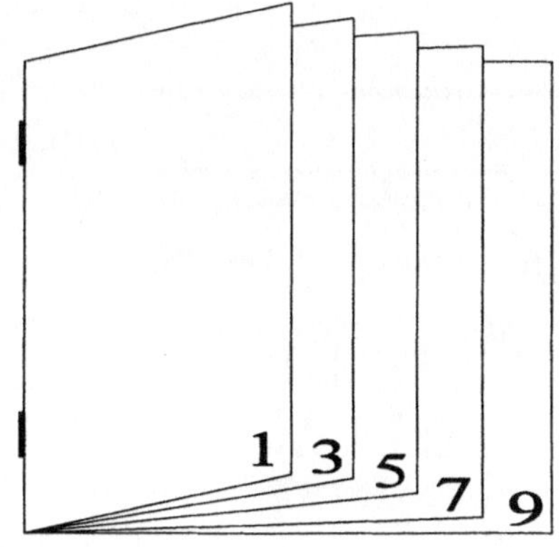

Abbildung 10.37.:
Fertig geheftete
Broschüre

Das hier gezeigte Modell ist nur ein Beispiel, um den Sinn und
die Arbeitsweise der PageMaker-Funktion besser verstehen zu
können. In der Praxis gibt es für die Anordnung der Druckseiten
und das Falzen verschiedene Methoden. Wenn Sie mit Page-
Maker eine Broschüre für den späteren Ausdruck in einem Druk-
kereibetrieb vorbereiten möchten, sollten Sie sich vorher bei Ihrem Drucker erkundigen, nach welcher Methode er arbeitet, da-

mit Sie entsprechende Maßnahmen in PageMaker ergreifen können.

Als Beispiel werden Sie jetzt eine Broschüre im Format DIN-A5
herstellen. Anders als bei proffessionellen Druckausgaben in einem Druckereibetrieb beschränkt sich der Druckbogen im Bereich Desktop Publishing auf das Standardmaß DIN-A4. Das Ziel
ist es also, auf einer Seite insgesamt vier Textseiten zu drucken,
je zwei Seiten auf der Vorder- und auf der Rückseite. Der erste
Schritt ist natürlich das normale Anlegen eines Dokuments. Diese
Arbeit habe ich Ihnen bereits abgenommen. Öffnen Sie bitte aus
Ihrem Übungsverzeichnis die Datei BROSCH-1.PM5. Dieses
Dokument enthält 17 DIN-A5-Seiten Blindtext mit fortlaufender
Seitennumerierung.

Haben Sie ein fertiges Dokument auf dem Monitor, so wie jetzt
die Datei BROSCH-1.PM5, wird im Menü *Option* die Funktion
Aldus Additions aufgerufen. Im Untermenü finden Sie den Befehl
Montage..., der für die Herstellung von Drucknutzen herangezogen wird. In einem Dialogfeld ist nun die gewünschte Zielsetzung
festzulegen.

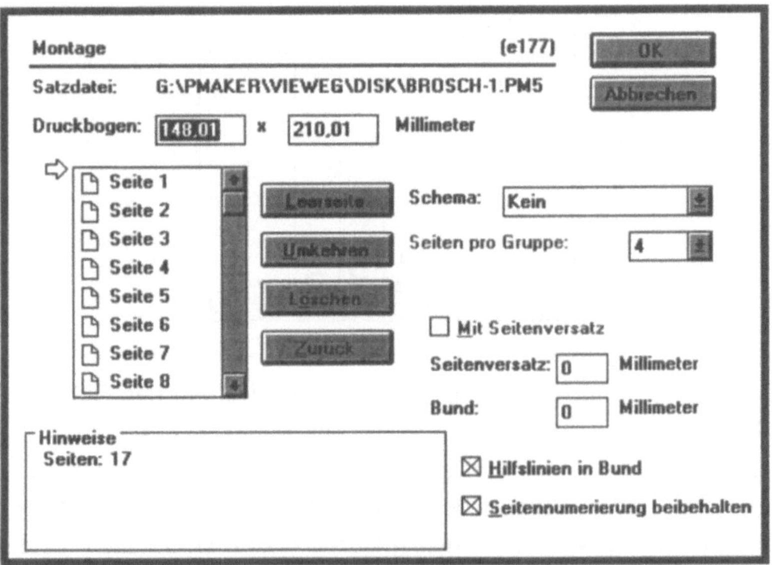

Im Kopf des Dialogfeldes wird angezeigt, welches Dokument gegenwärtig bearbeitet wird und welches Seitenformat in dieser Datei eingestellt ist. Unten links ist ein Info-Fenster enthalten, in

dem augenblicklich nur die Anzahl der Seiten angegeben ist. Später werden hier weitere Informationen bzw. Aufforderungen ausgegeben. Darüber befindet sich eine Seitenliste.

Die erforderlichen Einstellungen beginnen mit der Auswahl eines Schemas, also eines Druckbogens. Hierfür gibt es im rechten Teil des Dialogfeldes eine Auswahlliste. Nach Aufruf der Funktion ist dort der Eintrag *Kein* eingetragen, also ist zur Zeit kein Schema ausgewählt. In der Auswahlliste sind alle für den DTP-Bereich wichtigen Nutzen enthalten.

Schema

Wählen Sie das Schema *2 Seiten, Rückstichheftung* aus. Im Infofenster unten links wird jetzt angezeigt, daß drei leere Seiten in diesem Dokument benötigt werden, um den Nutzen korrekt aufbauen zu können. An welcher Position im Dokument diese Seiten einzufügen sind, bleibt dem Anwender überlassen. Links neben der Seitenliste befindet sich ein Pfeil, der auf die Liste zeigt. Wird der Mauszeiger dorthin bewegt, bekommt dieser die gleiche Form.

Abbildung 10.39.:
Feld *Schema*
aus dem Dialog-
fenster *Montage*

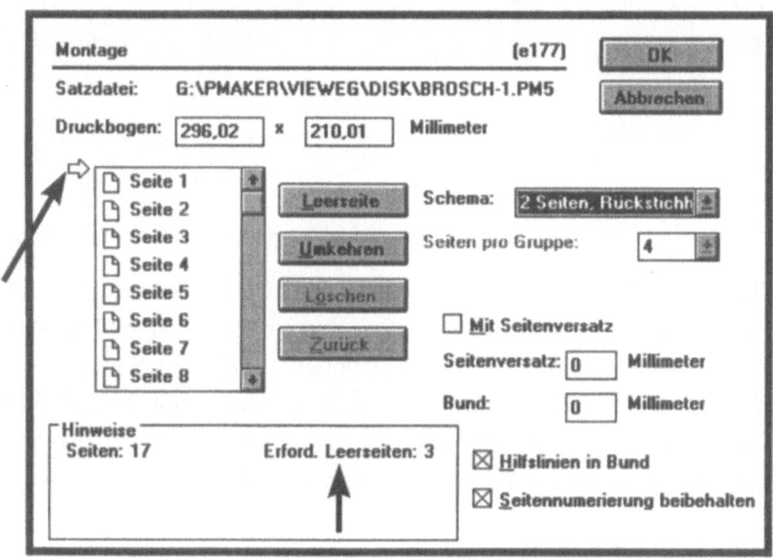

Abbildung 10.40.:
Dialogfeld
Montage

Der Pfeil (Mauszeiger) wird zwischen die beiden Seiten bewegt, wo Sie eine leere Seite einfügen möchten. Ein Mausklick sorgt dafür, daß der Positionierungspfeil dorthin springt. Da in diesem Beispieldokument die erste Seite eine Titelseite ist und der Text gewöhnlich auf einer rechten Seite beginnt, bietet es sich an, nach der ersten Seite eine leere Seite einzufügen. Klicken Sie also zwischen den Seiten 1 und 2 an. Anschließend wird die Schaltfläche [Leerseite] angeklickt. An der gewünschten Position wird eine leere Seite in die Liste aufgenommen. Im Infofenster ändert sich sofort der Hinweis auf erforderliche leere Seiten. Jetzt werden noch zwei solche Seiten benötigt, die Sie am besten am Ende des Dokuments einfügen. Blättern Sie an das Ende der Seitenliste, und fügen Sie dort zwei leere Seiten ein. Ihr Dialogfeld sollte jetzt wie folgt aussehen.

Abbildung 10.41.:
Dialogfeld
Montage

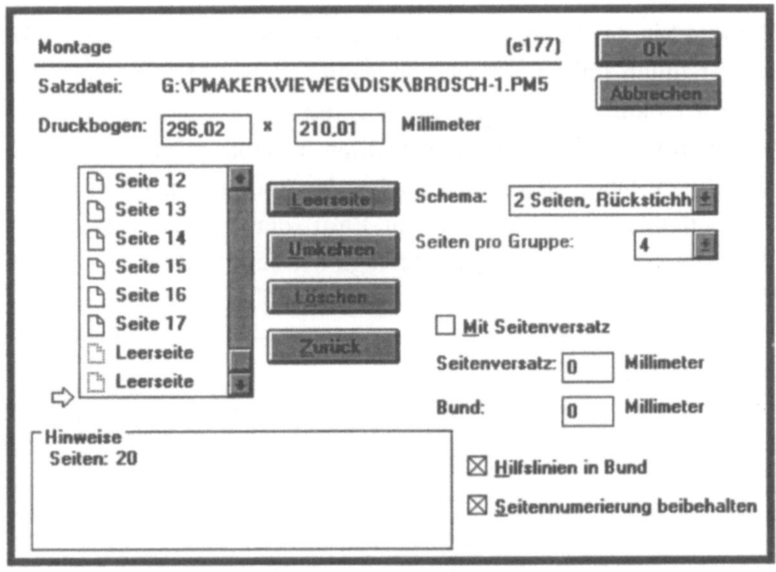

Seitennummern
beibehalten

Die Funktion wird die gegenwärtig fortlaufende Anordnung der Seiten dem Drucknutzen entsprechend umsortieren und jeweils zwei DIN-A5-Seiten auf eine querliegende DIN-A4-Seite setzen. Dabei ist es wichtig, daß die Seitennumerierung beibehalten wird. Überzeugen Sie sich deshalb, ob im Dialogfeld unten rechts die Option *Seitennumerierung beibehalten* aktiv ist.

Ist dies der Fall, sind keine weiteren Veränderungen mehr erforderlich. Bestätigen Sie den Dialog durch Drücken der Taste ⏎ oder durch Anklicken der Schaltfläche [OK]. PageMaker wird zuerst eine Kopie des aktuellen Dokuments anlegen und das Original schließen. Grundsätzlich gibt das Programm eine Abfrage aus, ob das Original zuvor gespeichert werden soll, auch wenn die letzte Fassung bereits gespeichert wurde. Beantworten Sie diese Rückfrage durch Anklicken einer der Schaltflächen [Ja] oder [Nein]. Wenn Sie Zweifel haben, ob die letzte Fassung wirklich gespeichert ist, sollten Sie besser die Schaltfläche [Ja] anklicken.

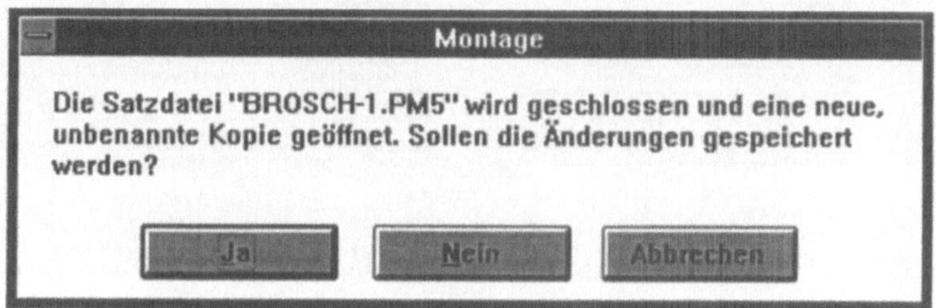

Abbildung 10.42.: Sicherheits abfrage vor dem Schließen der Originaldatei

Anschließend wird eine Kopie der Originaldatei angelegt, in der dann der Nutzen aufgebaut wird. Das Originaldokument bleibt also unverändert erhalten. Der gesamte Vorgang kann je nach Länge des Dokuments einige Minuten dauern. In einem Informationsfenster werden Sie permanent über den Stand der Arbeit in Kenntnis gesetzt. Außerdem läßt sich auf dem Bildschirm innerhalb des Layout verfolgen, welche Arbeitsschritte von Page-Maker automatisch ausgeführt werden.

Erschrecken Sie nicht, wenn am unteren Monitorrand plötzlich fast 40 Seiten angezeigt werden, das Dokument also anscheinend viel länger geworden ist. Die Seiten legt PageMaker selbständig an und benutzt sie gewissermaßen als Ablage, um das Sortieren der Druckseiten besser ausführen zu können. Ist die Arbeit abgeschlossen, werden überzähligen Seiten automatisch wieder entfernt.

Zum Schluß bleibt das Funktionsfenster auf dem Monitor stehen und enthält eine Information, daß der Vorgang erfolgreich abgeschlossen wurde. Nehmen Sie diese Meldung zur Kenntnis, und schließen Sie die Funktion durch Anklicken der Schaltfläche [OK] oder durch Drücken der Taste ⏎ ab.

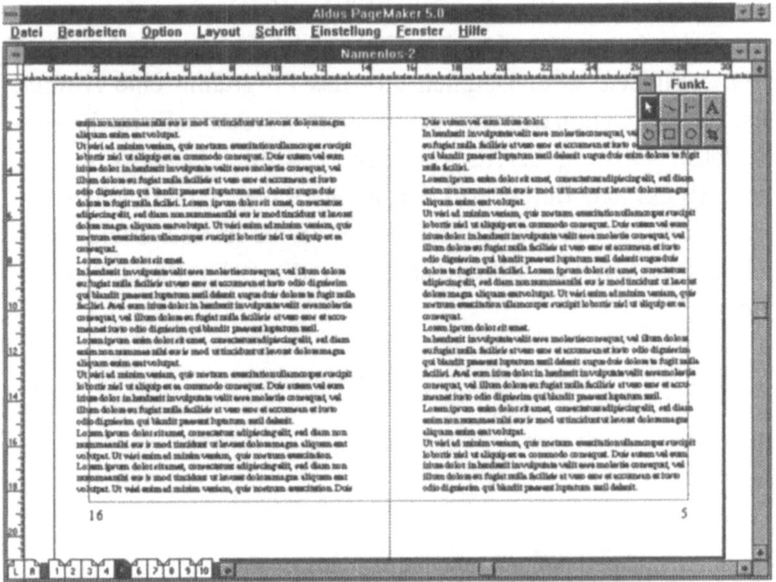

Abbildung 10.43.: Beispiel einer Druckbogenseite

Broschüre drucken

Bleibt nur noch der Ausdruck der umsortierten Druckseiten. Rufen Sie die Druckfunktion im Menü *Datei* auf, und entscheiden Sie im Dialogfeld, daß ausschließlich die ungeraden Seiten gedruckt werden. Nehmen Sie den Papierstapel aus Ihrem Drucker, wenn der Druckauftrag erledigt ist. Legen Sie das Papier so in den Drucker wieder ein, daß der nächste Ausdruck paßgenau auf die Rückseite der Druckseiten gedruckt wird. Rufen Sie erneut die Druckfunktion auf, wählen Sie diesmal die Option *Gerade* und zusätzlich die Option *Umg. Reihenfolge*. Ist auch dieser Druckauftrag abgeschlossen, wird der Papierstapel umgestapelt, in der Mitte gefaltet und geheftet. Damit ist die DIN-A5-Broschüre fertig.

einseitige DIN-A5-Publikation

Eine häufige Gestaltungsform ist ein einseitiges DIN-A5-Layout. Bei älteren PageMaker-Versionen war eine solche, doch recht banale Anforderung schon ein kleines Problem. Um Papier zu sparen bietet es sich an, auf einer querliegenden DIN-A4-Seite zwei A5-Seiten nebeneinander anzuordnen, die nach dem Ausdruck auseinandergeschnitten werden. Doch wer jetzt noch auf eine automatische Seitennumerierung nicht verzichten wollte, stieß an die Grenze der Leistungsfähigkeit älterer Versionen. Eine Seitennumerierung war nur pro Dokumentseite möglich, so daß als Folge ein A5-Seite-Layout angelegt wurde. Papier sparen war dann aber nicht mehr möglich.

Bei der vorliegenden PageMaker-Version gibt es solche Mängel nicht mehr. Die Broschüren-Funktion wird auch hier helfen. Zunächst ist beim Anlegen einer solchen Publikation nichts besonderes zu beachten. Bei der Seiteneinrichtung wird eine einseitige DIN-A5-Seite mit den gewünschten Randeinstellungen festgelegt. Die Publikation wird erstellt und mit einer automatischen Seitennumerierung versehen. Ein vorbereitetes Dokument finden Sie im Übungsverzeichnis unter dem Namen BROSCH-2.PM5. Öffnen Sie dieses Dokument, um die folgenden Arbeitsschritte nachvollziehen zu können.

Rufen Sie die Funktion *Aldus Additions* im Menü *Option* auf, wenn Sie das zu bearbeitende Dokument im aktiven Fenster auf dem Monitor haben. Im Untermenü wählen Sie den Befehl *Montage...* auf, so daß Sie folgendes Dialogfeld auf dem Bildschirm sehen.

Druck-
vorbereitung

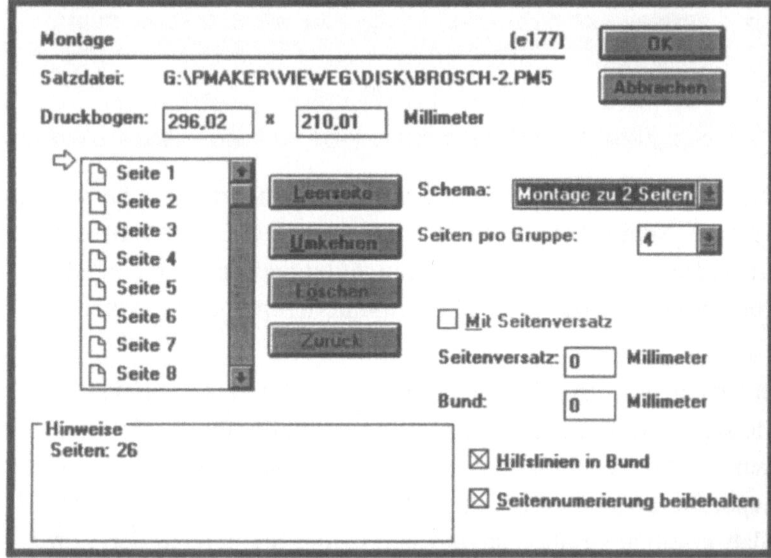

Abbildung 10.44.: Dialogfeld Montage

In der Abbildung ist bereits das erforderliche Layoutmodell ausgewählt worden: *Montage zu 2 Seiten*. Leerseiten werden diesmal nicht angefordert. Wichtig ist auch hier die aktive Option *Seiten-numerierung beibehalten*. Bestätigen Sie den Dialog durch Drük-ken der Taste ⏎ oder durch Anklicken der Schaltfläche [OK].

Auch diesmal wird erst eine Kopie des Dokuments angefertigt, in der dann die Seiten für die Druckausgabe umsortiert werden, was einen Moment dauert. Das Ergebnis ist eine Datei mit einem querliegenden Seitenlayout mit den Abmessungen einer DIN-A4-Seite. Auf jeder Seite sind fortlaufend zwei Textseiten ange-ordnet.

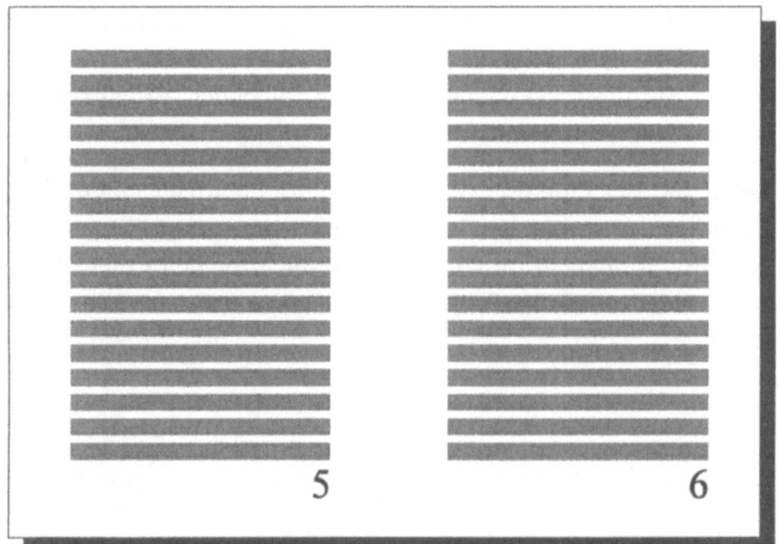

Abbildung 10.45.:
Ergebnis einer
Druckseite

Die gedruckten Seiten müssen nun lediglich getrennt und sortiert werden. Somit konnte auch eine einseitige DIN-A5-Broschüre mit Hilfe der Additions-Funktion *Montage...* papiersparend und trotzdem mit fortlaufender Seitennumerierung gedruckt werden.

Leporellofalzung   Das nächste Beispiel soll die Druckausgabe eines Faltblatts sein. Meistens handelt es sich um DIN-A4-Publikationen, die im Zick-zack-Verfahren gefaltet werden. In der Fachwelt wird von einer Leporellofalzung gesprochen. Üblicherweise wird das DIN-A4-Blatt zweimal gefaltet, so daß sich je drei Spalten auf der Vorder- und auf der Rückseite ergeben. PageMaker erlaubt aber auch eine vierspaltige Anordnung. In einem solchen Fall wird ein Druck-bogen größer als DIN-A4 vorgesehen, weil sonst die einzelnen

Spalten zu schmal werden. Öffnen Sie aus Ihrem Übungsverzeichnis die Datei BROSCH-3.PM5, um das Verfahren wieder
praktisch kennenlernen zu können.

Das Seitenlayout dieser Datei entspricht dem Ausmaß einer Spalte, also 99 mm breit (1/3 DIN-A4) und 210 mm hoch. Das Dokument umfaßt sechs solche Seiten, entsprechend der möglichen
Anzahl Spalten. Nach Aufruf der Funktion *Montage...* im Untermenü *Option - Aldus Additions* wird im Dialogfeld das Schema
Montage zu 3 Seiten ausgewählt.

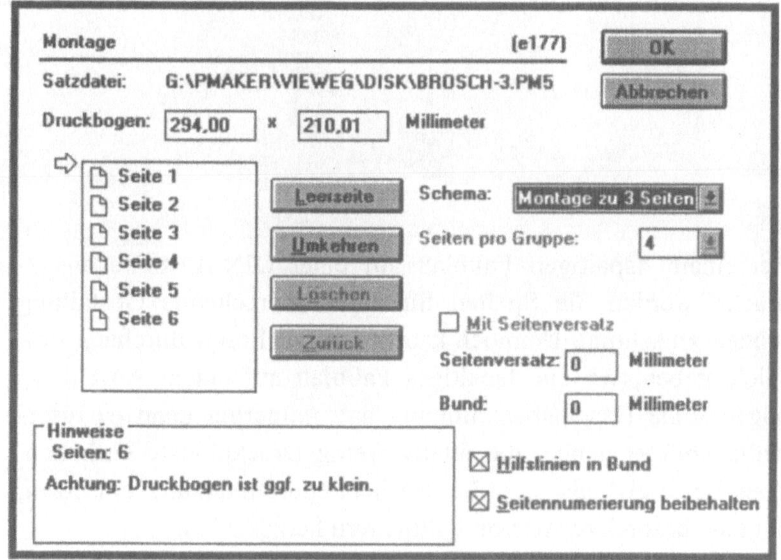

Abbildung 10.46.:
Dialogfeld
Montage

Im Informationsfenster wird jetzt eine wichtige Meldung ausgegeben. PageMaker warnt, daß die gewählte Seitengröße ggf. zu
klein sein könnte, obwohl die Spaltenbreite rechnerisch korrekt
eingestellt wurde. In einem solchen Fall wird die Anordnung der
Seiten trotzdem funktionieren. Wer aber sicher gehen möchte,
muß die Funktion durch Anklicken der Schaltfläche [Abbrechen]
oder durch Drücken der Taste Esc abbrechen und die Seiteneinrichtung verändern. Stellen Sie die Breite der Dokumentseite um
zwei Millimeter schmaler ein, also auf 97 mm. Das richtige Maß
kann nur durch Ausprobieren ermittelt werden. Rufen Sie anschließend die Montagefunktion nochmals auf, und wählen Sie
wieder das Schema *Montage zu 3 Seiten*. Die Warnmeldung wird

nicht mehr ausgegeben. Haben Sie beide Dokumentseiten nach der Montage ausgedruckt, wird der Druckbogen entsprechend der folgenden Abbildung gefalzt.

Abbildung 10.47.: Falzen eines 3spaltigen Faltblatt nach dem Leporelloverfahren

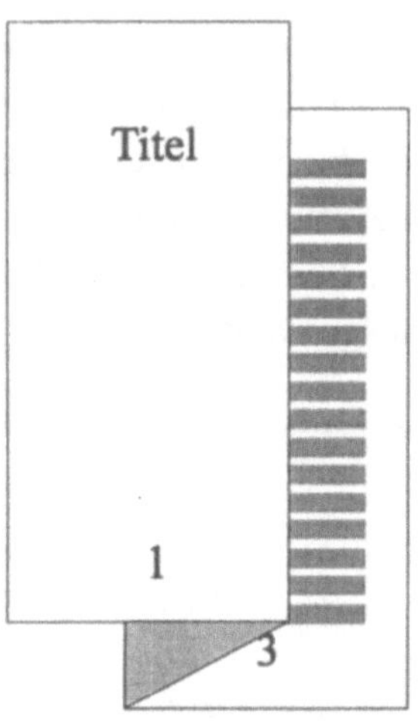

4spaltiges Faltblatt

Bei einem 4spaltigen Faltblatt auf einer DIN-A4-Seite ausgedruckt, werden die Spalten für eine ansprechende Gestaltung schnell zu schmal. Dennoch kann es in der Praxis durchaus Beispiele geben, wo ein 4spaltiges Faltblatt auf einem A4-Druckbogen seine Daseinsberechtigung hat. Immerhin kann es Informationsblätter geben, die relativ wenig Druckobjekte enthalten. Zum Beispiel ließe sich die 3fache Leporellofalzung einsetzen, um eine besondere Art von Faltblättern herzustellen.

Öffnen Sie bitte die Datei BROSCH-4.PM5 aus Ihrem Übungsverzeichnis. Das Seitenlayout dieses Dokuments ist eine viertel DIN-A4-Seite quer. Am Kopf jeder Seite ist eine schräge Linie gezeichnet, an der später der Druckbogen geschnitten wird. Außer dieser Besonderheit ist diesmal die Lage der Seiten anders. Die Titelseite befindet sich am Ende des Dokuments, also hinter der siebten Textseite. Alle anderen Seiten sind fortlaufend angeordnet. Sie können dies beim Anlegen eines solchen Faltblatts berücksichtigen, oder aber die Additions-Funktion *Seiten sortieren...* benutzen, die Sie weiter unten in diesem Kapitel kennenlernen werden. Rufen Sie die Funktion *Montage...* im Untemenü *Option - Aldus Additions* auf, wählen Sie das Schema *Montage zu 4 Seiten,* und fügen Sie die angeforderte Leerseite nach der Seite 4 ein. Ihr Dialogfeld muß danach wie folgt aussehen.

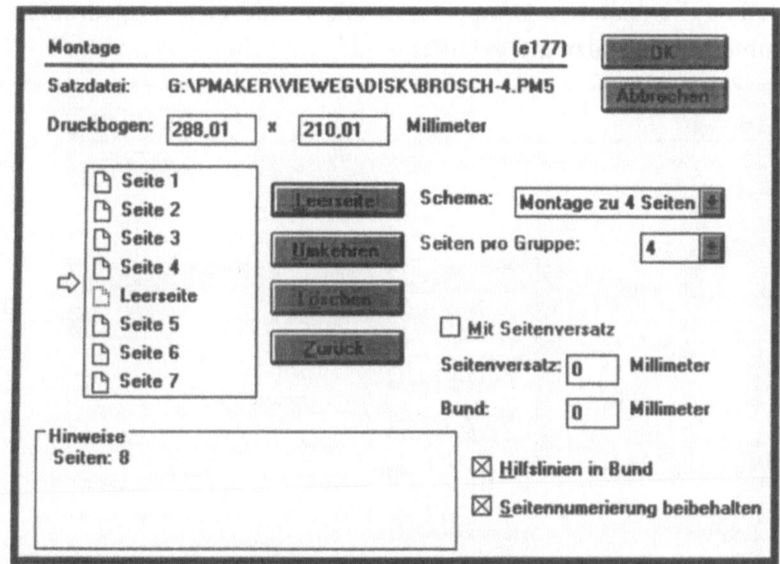

Abbildung 10.48.: Dialogfeld *Montage*

Starten Sie nun die Funktion, indem Sie die Schaltfläche [OK] anklicken oder die Taste ⏎ drücken. Nach einem kurzen Moment wird der Druckbogen fertig sein, der dann seitenweise ausgedruckt wird. Die schrägen Linien werden nach dem Drucken eine durchgehende Linie quer über den Druckbogen bilden. Schneiden Sie an dieser Linie entlang, bevor Sie den Bogen gemäß der folgenden Abbildung falzen.

Abbildung 10.49.: 4fache Leporellofalzung

Im rechten Teil des Dialogfeldes der Montagefunktion finden Sie Parameter und Eingabefelder für einen Seitenversatz. Diese Einstellmöglichkeiten werden interessant, sobald eine ausgedruckte Publikation gefalzt und geheftet wird.

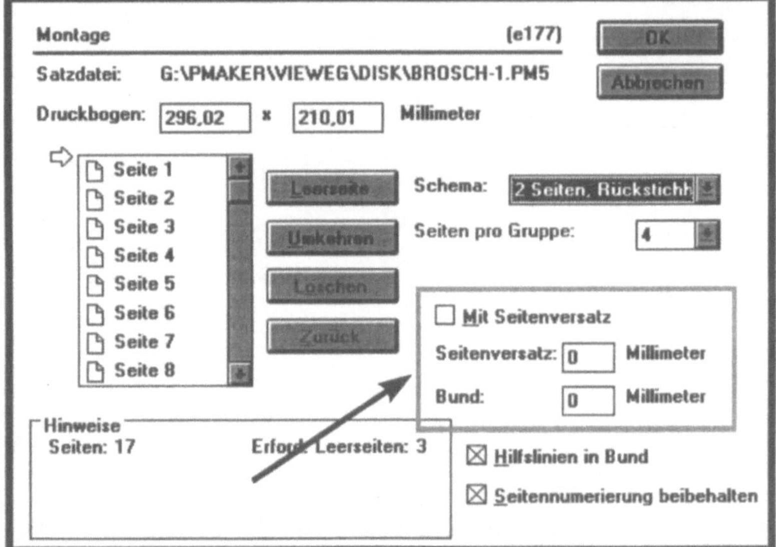

Wenn Sie mehrere Druckbögen falzen und ineinanderlegen, werden die inneren Seiten jeweils um die Papierstärke nach außen versetzt sein. Auf dem ersten Blick läßt sich dieses Problem leicht lösen, indem nach dem Heften oder Klebebinden die überstehenden Papierränder der inneren Seiten einfach gleichmäßig abgeschnitten werden. Die Seitenränder zwischen Text und Schnittkante werden jedoch zur Mitte der Broschüre hin immer kleiner. Zur Lösung dieses Problems dient der Parameter *Mit Seitenversatz*, der mit Millimeterwerten individuell festzulegen ist.

Das Maß des Seitenversatzes läßt sich nicht ausrechnen, sondern nur durch Ausprobieren ermitteln. Nehmen Sie einen entsprechenden Papierstapel des Papiers, auf dem der spätere Ausdruck erfolgt, und falzen Sie die Bögen. Schneiden Sie anschließend die äußeren Seitenränder bündig ab. Die einzelnen Seiten haben jetzt eine unterschiedliche Breite. Messen Sie die Differenz aus, und tragen Sie diese als Seitenversatz in das Eingabefeld ein.

Im Dialogfeld der Montagefunktion lassen sich die einzelnen Seiten des Dokuments in ihrer Reihenfolge bearbeiten. Durch Anklicken mit der linken Maustaste lassen sich die einzelnen Einträge in der Seitenliste markieren. In Verbindung mit der ⌷Strg⌷-Taste ist eine mehrfachauswahl möglich. Wollen Sie eine markierte Seite an eine neue Position verschieben, dann halten Sie die ⌷Alt⌷-Taste gedrückt, während Sie mit der Maus die betreffende Seite an die gewünschte Position verschieben.

Durch Anklicken der Schaltfläche [Umkehren] lassen sich die Seiten rückwärts anordnen. Es beginnt also mit der letzten Seite und endet mit der ersten Seite. Bei bestimmten Falzmethoden kann diese Anforderung gestellt werden.

Seiten umkehren

Ist eine Seite in der Liste markiert, läßt sich diese durch Anklicken der Schaltfläche [Löschen] aus der Liste entfernen. Im Original-Dokument bleibt die betreffende Seite aber erhalten. Sie wird nur bei der Montage nicht berücksichtigt. Natürlich kann es sich auch um Leerseiten handeln, die auf diese Weise wieder entfernt werden.

Seiten entfernen

Haben Sie Veränderungen in der Seitenliste vorgenommen, können Sie durch Anklicken der Schaltfläche [Zurück] den alten Zustand wiederherstellen.

Veränderungen rückgängig

10.1.15 PS Gruppieren

Mit der Additions-Funktion *PS Gruppieren* lassen sich mehrere Objekte zu einer Gruppe zusammenfassen. Dabei kann es sich um grafische Elemente handeln, aber auch um Texte, die mit dem Positionierwerkzeug aktiviert wurden. Die zu gruppierenden Objekte müssen gemeinsam aktiviert werden, bevor die Funktion *PS Gruppieren* im Untermenü *Option - Aldus Additions* augerufen wird. Nach dem Funktionsaufruf wird ggf. folgendes Infofenster eingeblendet werden, bevor die Funktion ausgeführt wird.

Abbildung 10.51.: Infofenster der Funktion *PS Gruppieren*

Der Meldetext weist darauf hin, daß nach der Gruppierung bei nichtpostscriptfähigen Druckern eventuell Qualitätseinbußen zu beklagen sind. Möchten Sie diese Meldung künftig übergehen, dann aktivieren Sie den Parameter *Diesen Hinweis nicht mehr einblenden*, bevor Sie durch Anklicken der Schaltfläche [OK] oder durch Drücken der Taste ⏎ das Gruppieren ausführen.

Durch die Gruppierung werden im gleichen Verzeichnis, in dem die betreffende Satzdatei gespeichert ist, zwei neue Dateien angelegt. Die Benennung der Dateien richtet sich nach dem Namen der Satzdatei. Die ersten vier Zeichen des Dateinamens werden übernommen und eine vierstellige Numerierung hinzugefügt, die mit 0000 beginnt. Die Erweiterungen sind BMP und PMG. Die Dateinamen könnten zum Beispiel sein: TEST0000.BMP und TEST0000.PMG. Wird in der gleichen Satzdatei eine weitere Gruppierung vorgenommen, heißen die Dateien TEST0001.BMP und TEST0001.PMG. Diese Dateien sind mit der Satzdatei verknüpft und dürfen nicht gelöscht werden.

Die Anwendung der Funktion *PS Gruppieren* kann nur in gespeicherten Satzdateien erfolgen. Ist eine Datei noch nicht gespeichert, wird nach dem Aufruf dieser Funktion folgende Fehlermeldung ausgegeben.

Abbildung 10.52.: Fehlermeldung bei Anwendung der Funktion *PS Gruppieren* in einer ungespeicherten Datei

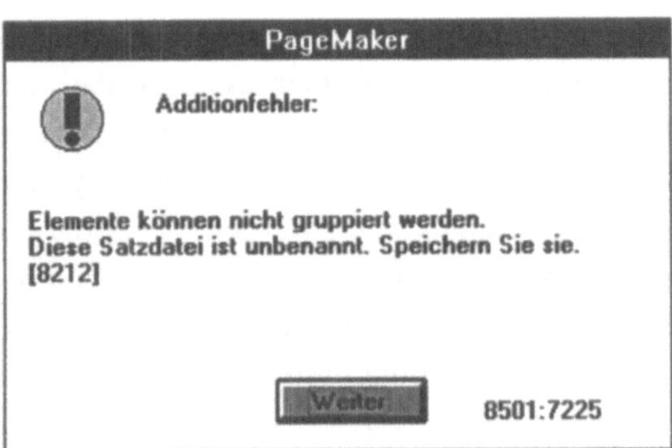

10.1.16 PS Gruppieren rückgängig

Möchten Sie eine Gruppierung wieder aufheben, so daß die gruppierten Objekte anschließend wieder Einzelelemente sind, dann ist nach vorheriger Aktivierung des gruppierten Objekts die

Additions-Funktion *PS Gruppieren rückgängig* aufzurufen. Auch hier wird zunächst ein Infofenster eingeblendet, bevor die Funktion ausgeführt wird.

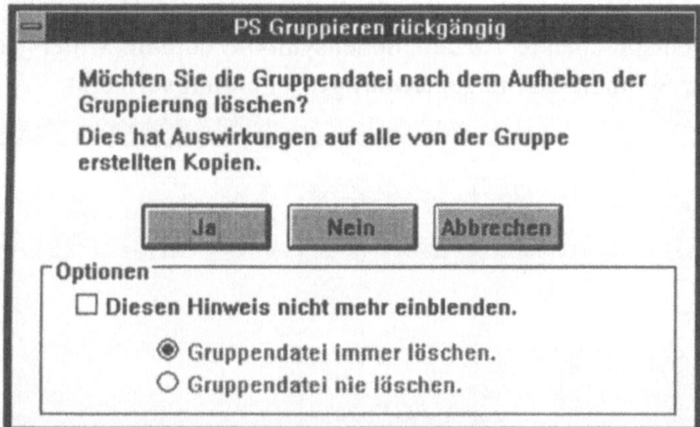

Abbildung 10.53. Infofenster vor dem Ausführen der Funktion *PS Gruppieren rückgängig*

Sie werden gefragt, ob die für die Gruppierung erstellten Dateien gelöscht werden sollen. Existieren keine Kopien des gruppierten Objekts, ist das Löschen zu empfehlen, weil die Dateien dann nicht mehr benötigt werden. In der Optionsgruppe gibt es auch hier einen Parameter *Diesen Hinweis nicht mehr einblenden.* Aktivieren Sie diesen Parameter, um dieses Fenster künftig zu übergehen, ist parallel durch Auswahl einer der Optionen *Gruppendatei immer löschen* oder *Gruppendatei nie löschen* pauschal zu entscheiden, wie mit den Gruppendateien künftig zu verfahren ist. Da man im voraus nicht weiß, ob nicht Kopien von gruppierten Objekten existieren werden, für die Gruppendateien weiterhin benötigt werden, sollte besser die Option *Gruppendatei nie löschen* aktiviert werden. In diesem Fall sollten Sie allerdings von Zeit zu Zeit prüfen, ob alle existierenden Gruppendateien wirklich noch benötigt werden und ggf. die überflüssigen manuell von Ihrer Festplatte entfernen.

10.1.17 Seiten sortieren ...

Mit dieser Funktion lassen sich die Seiten einer fertigen Publikation umsortieren. Vielleicht enthält ein Dokument einzelne, unabhängige Seiten, die Sie in eine bessere Reihenfolge bringen möchten. Oder das korrekte Ergebnis einer Nutzenberechnung erfordert das Umstellen einzelner Seiten. Da sich diese Funktion

auf das gesamte Dokument auswirkt, ist das gegenwärtig ausgewählte Werkzeug unwichtig und es muß auch kein Text aktiviert
werden. Rufen Sie im Untermenü *Option - Aldus Additons* die
Funktion *Seiten sortieren...* auf. Sie erhalten ein Dialogfeld, das
eine entsprechende Anzahl Seitensymbole enthält. Unter jedem
dieser Symbole ist die gegenwärtige Seitenzahl vermerkt.

Abbildung 10.54.:
Dialogfeld zum
Verschieben von
Seiten

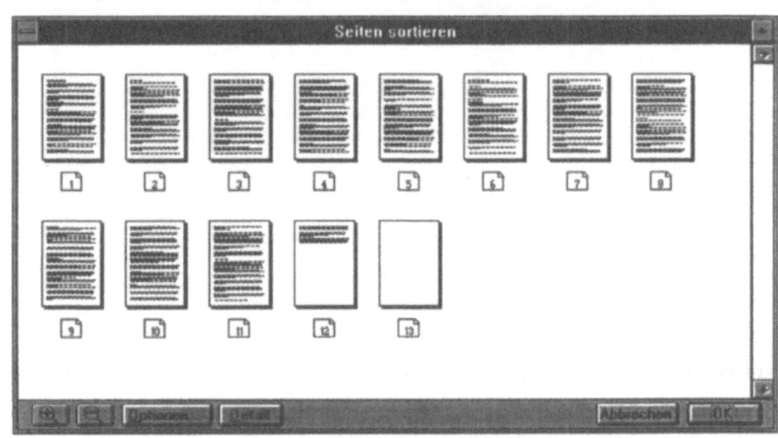

Unten links befinden sich im Dialogfeld zwei kleine Schaltflächen, auf denen jeweils eine Lupe mit einem Plus- bzw. einem
Minuszeichen abgebildet sind. Mit diesen Schaltflächen lassen
sich die Ausmaße der Seitensymbole entsprechend verändern.
Mehrfaches Anklicken des gleichen Symbols ist zulässig, um
weitere Vergrößerungs- bzw. Verkleinerungsfaktoren zu erzielen.

Vergrößer die Seitensymbole

Verkleinert die Seitensymbole

Optionen

Wird die Schaltfläche [Optionen...] angeklickt, öffnet sich ein
Dialogfeld, in dem weitere Darstellungsformen auswählbar sind.

Abbildung 10.55.:
Dialogfeld
Optionen der
Seitensortierung

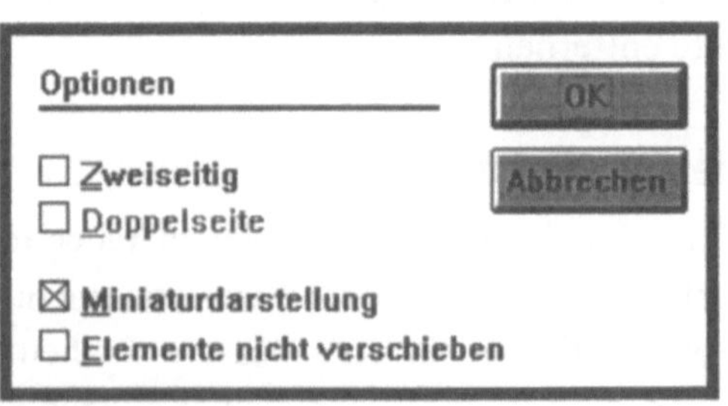

Zweiseitig

Wird diese Option aktiviert, zeigt PageMaker im Dialogfeld *Seiten sortieren* bei den Seitenzahlen an, daß es sich um ein doppelseitiges Layout handelt. Die »Eselsohren« an den kleinen Symbolen (Seitenzahlen) zeigen an, ob es sich um eine rechte oder eine linke Seite handelt.

Doppelseite

Ist die Option *Zweiseitig* aktiv, steht auch die Option *Doppelseite* zur Verfügung. Sie wird die Darstellung der Seitensymbole so verändern, daß gegenüberliegende Seiten als Doppelseiten erkennbar sind.

Miniaturdarstellung

Mit dieser Option läßt sich festlegen, in welcher Weise die Seitensymbole dargestellt werden. Wird dieser Parameter deaktiviert, zeigt PageMaker die Seitensymbole als graue Flächen. Wird der Parameter hingegen aktiviert, wird der Inhalt einer jeden Seite skizziert.

Wird ein Seitensymbol mit der linken Maustaste angeklickt, aktiviert sich gleichzeitig die Schaltfläche [Detail], die nach Anklikken nur das markierte Seitensymbol detailliert darstellt. Eine Zurücknahme der so gewählten Darstellungsform ist nicht möglich.

Detail

Das Umsortieren der Seiten erfolgt durch einfaches Ziehen der Seitensymbole bei gedrückter linker Maustaste. Möchten Sie zum Beispiel die Seite 3 Ihres Dokuments künftig als Seite 6 haben, dann ziehen Sie das Seitensymbol der Seite 3 zwischen die Seiten 6 und 7 und lassen Sie dort die Maustaste los.

Seiten sortieren

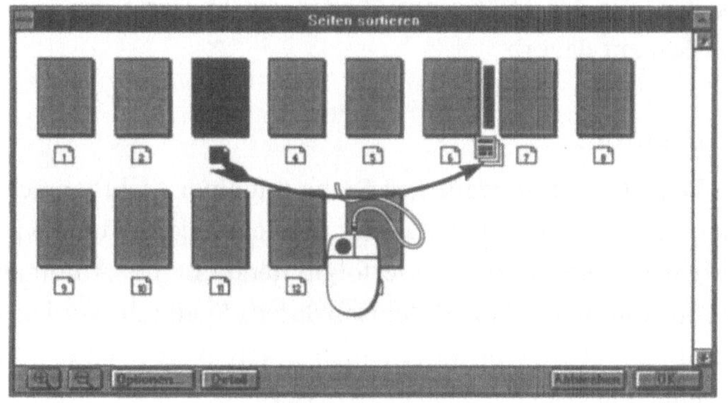

Abbildung 10.56.: Ziehen eines Symbols an eine neue Position

Sobald die Seite 3 von ihrer ursprünglichen Position weggezogen wird, rücken die übrigen Seitensymbole auf, obwohl dies nicht gleich angezeigt wird. Die Seite 4 wird also Seite 3, die Seite 5 wird Seite 4 usw. Deswegen muß die Seite 3 hinter die Seite 6 verschoben werden, wenn diese Seitenzahl künftig für die ursprüngliche Seite 3 zutreffen soll. Die angezeigte Seite 6 ist im Moment des Verschiebens ja bereits die Seite 5. Ist die verschobene Seite an ihrer neuen Position abgelegt, ändert sich die Darstellung der Seitenzahlen.

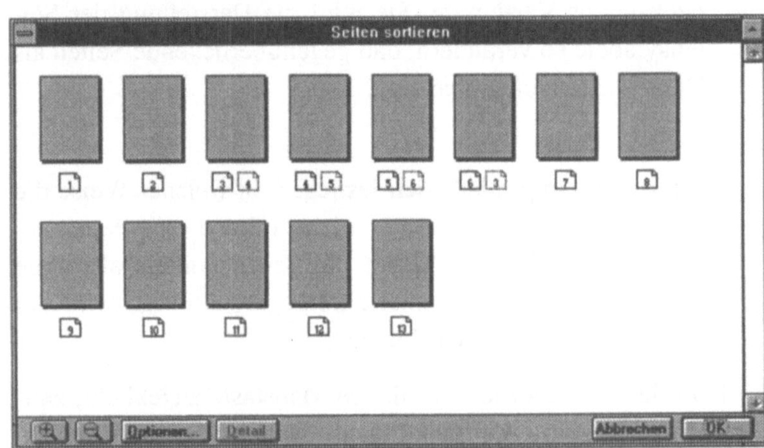

Abbildung 10.57.:
Verschobene
Seite 3

Bei den betroffenen Seiten werden jetzt zwei Seitennummerierungen angezeigt. Jeweils links steht die laufende, aktuelle Seitenzahl, während rechts daneben die ursprüngliche Seitenzahl aufgeführt ist. Wird durch erneutes Verschieben die ursprüngliche Seitenreihenfolge wiederhergestellt, werden die doppelten Seitenzahlen wieder entfernt. Nach Anklicken der Schaltfläche [OK] oder nach Drücken der Taste ⏎ wird die veränderte Anordnung der Seiten auf das Dokument übertragen. Dieser Vorgang kann einen Moment dauern.

10.1.18 Skript ...

Diese Funktion ist im weitesten Sinne mit einer Makrosprache zu vergleichen. Zumindest wird eine ähnliche Zielsetzung wie bei der Makroprogrammierung verfolgt, nämlich die Automatisierung von umfangreichen Befehlsabläufen. Dadurch werden zeitaufwendige Arbeitsschritte lediglich durch Aufruf eines Skripts ausgeführt, PageMaker arbeitet gewissermaßen selbständig.

Für Skripte steht im Programmverzeichnis von PageMaker ein eigenes Unterverzeichnis ...\SKRIPTS zur Verfügung. Die Dateien dürfen aber in beliebigen Verzeichnissen gespeichert werden. Wechseln Sie nach Aufruf der Additions-Funktion *Skript...* in das betreffende Verzeichnis, so daß Sie in der Dateiliste alle zur Verfügung stehenden Skripte angezeigt bekommen.

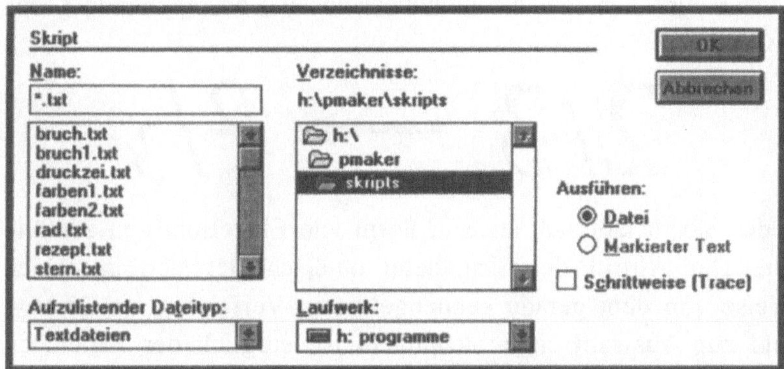

Abbildung 10.58.: Dialogfeld der Skript-Funktion

Bei den Skripten handelt es sich um normale Textdateien mit der Erweiterung TXT, die im ASCII-Format gespeichert sind. Einige solcher Dateien gehören zum Lieferumfang von PageMaker 5.0 und sind im Verzeichnis ...\SKRIPTS gespeichert, zum Beispiel die Datei RAD.TXT. Nach Aufruf dieser Datei mit der Skriptfunktion wird auf der Arbeitsfläche ein Rad zeichnen.

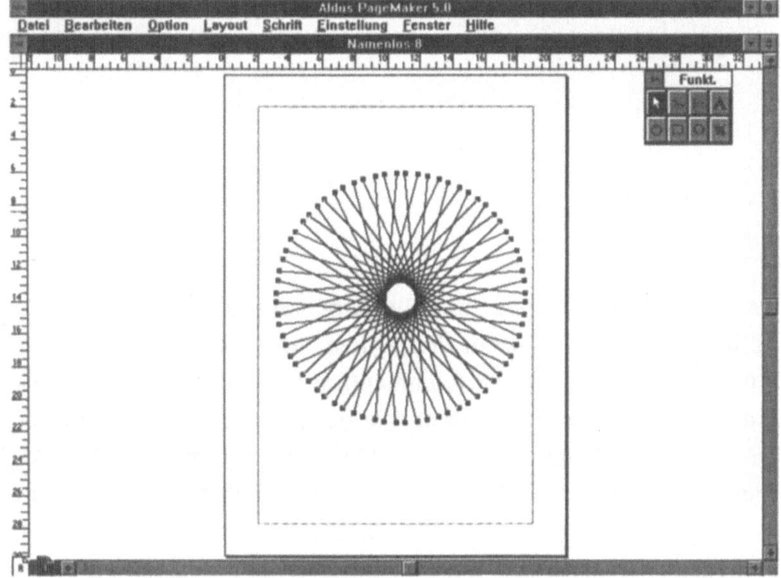

Abbildung 10.59.: Mit dem Skript RAD.TXT gezeichnetes Rad

Um ein weiteres Beispiel kennenzulernen, schreiben Sie bitte mit dem Textwerkzeug auf der Arbeitsfläche einen Bruch, zum Beispiel 2/3. Lassen Sie nach dem Schreiben den Textcursor hinter der Ziffer »3« stehen, und rufen Sie die Additions-Funktion *Skript...* auf. Wählen Sie im Verzeichnis ...\SKRIPTS die Skriptdatei BRUCH.TXT aus, und bestätigen Sie Ihre Auswahl. Page-Maker wird den Bruch automatisch in eine ansprechende Form ungestalten.

Abbildung 10.60.:
Umwandlung
eines Bruchs

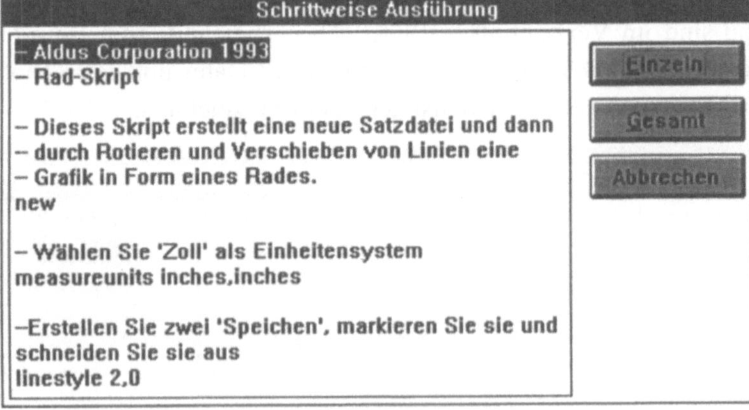

Einzelschritt · Jedes Skript läßt sich auch in Form von Einzelschritten ausführen. Der Aufruf der Skriptdatei unterscheidet sich in keiner Weise von dem gerade kennengelernten Verfahren. Im Dialogfeld zur Auswahl einer Skriptdatei ist lediglich der Parameter *Schrittweise (Trace)* zu aktivieren. Nach Bestätigung des Dialogs wird im Fall des Skripts RAD.TXT folgendes Fenster eingeblendet.

Abbildung 10.61.:
Dialogfeld zur
schrittweisen
Ausführung eines
Skripts

Im Infoteil des Fensters sind alle Arbeitsschritte des Skripts aufgeführt, wobei es sich bei den Zeilen mit einem vorangestellten Bindestrich lediglich um Kommentare handelt. Eine Zeile bzw. ein Befehlsabschnitt ist immer markiert. Dieser Befehl wird ausgeführt, sobald die Schaltfläche [Einzeln] angeklickt wird. Auf diese Weise läßt sich bequem ein Fehler suchen, oder aber die Wirkungsweise von noch unbekannten Skriptbefehlen nachvollziehen.

Klicken Sie während einer schrittweisen Ausführung die Schaltfläche [Gesamt] an, werden alle noch verbleibenden Befehle automatisch ausgeführt. Das Fenster bleibt jedoch offen, bis alle Skriptbefehle abgearbeitet sind.

Ein Skript läßt sich auch in PageMaker schreiben und direkt ausführen, ohne es in einer separaten Datei zu speichern. Der Skript-Textblock wird mit dem Textwerkzeug vollständig markiert und anschließend die Additions-Funktion *Skript...* aufgerufen. Diesmal wird keine Datei ausgewählt, sondern im Dialogfeld die Option *Markierter Text* ausgewählt und bestätigt.

Zum Ausprobieren haben Sie zwei Skripts ausgeführt und die jeweilige Wirkungsweise verfolgt. Sehen Sie sich jetzt einmal an, welche Befehle in einem solchen Skript gespeichert sind.

RAD.TXT

```
new
measureunits inches,inches
linestyle 2,0
line 0 0 6 0
line 0 0.75 6  0.75
selectextend 1
cut
paste
nudge 1.5 5.5
rotate center 5
paste
...
```

Aus Platzgründen beschränke ich mich auf die Wiedergabe von Befehlen. Kommentarzeilen lasse ich weg. Sie erkennen solche Zeilen an zwei Bindestrichen, die eine Zeile einleiten, zum Beispiel

```
-- Kommentar
```

new

Eine neue Satzdatei wird angelegt.

Skript in
PageMaker

Beispielskript

measureunits inches,inches

> Legt die Maßeinheit für die Lineale fest, entsprechend der Rubrik *Layoutmodus* im Dialogfeld der Funktion *Vorgaben wählen.*

linestyle 2,0

> Legt eine Linienart fest, in diesem Fall die Strichstärke 0,5 Punkt. Der Befehl entspricht dem Untermenü *Linie* im Menü *Einstellung.*

line 0 0 6 0

> Zeichnet eine Linie. Die vier Ziffern beschreiben die Koordinaten dieser Linie. Die ersten beiden Zahlen sind die XY-Koordinaten der Startposition, während die letzten beiden Ziffern die Zielposition beschreiben.

line 0 0.75 6 0.75

> Eine zweite Linie wird gezeichnet.

selectextend 1

> Ein Objekt wird ausgewählt.

cut

> Das ausgewählte Objekt wird ausgeschnitten und in den Zwischenspeicher von Windows übertragen.

paste

> Das ausgeschnittene Objekt wird eingefügt.

nudge 1.5 5.5

> Verschiebt das aktive Objekt an eine neue Position. Die beiden Zahlen definieren die horizontale und die vertikale Verschiebung.

rotate center 5

> Das aktive Objekt wird um 5° gedreht, wobei die Drehachse im Zentrum des Objekts liegt.

paste

Das zuvor ausgeschnitte Objekt wird erneut eingefügt.

Ab hier wiederholen sich alle Arbeitsschritte, bis das vollständige Rad gezeichnet ist.

Sie sehen, daß die Skriptbefehle in englischer Sprache geschrieben sind, obwohl mit der deutschen PageMaker-Version gearbeitet wird.

PageMaker stellt mehr als 130 Skript-Befehle zur Verfügung. Es würde den Rahmen dieses Buches sprengen, wenn ich an dieser Stelle detailliert auf jeden einzelnen Befehl eingehen würde. Die Firma Aldus hält aber für registrierte PageMaker-Anwender ein separates Handbuch mit dem Titel »Script Language Guide« bereit. Es beschreibt alle Skriptbefehle und zeigt jeweils ein Beispiel. Außerdem sind Skriptbeispiele enthalten und es wird beschrieben, wie Skripts geschrieben werden.

Wenden Sie sich an die Firma Aldus, und lassen Sie sich dieses Handbuch zuschicken. Hier ist die Adresse:

> Aldus Software GmbH
> Hans-Henny-Jahnn-Weg 76
> 22085 Hamburg

10.1.19 Spaltenausgleich...

Diese Funktion wird eingesetzt, um mehrere nebeneinander angeordnete Textblöcke vertikal zueinander auszurichten. Voraussetzung ist, daß vor dem Aufruf des Befehls *Spaltenausgleich...* im Untermenü *Aldus Additions* mindestens zwei Textblöcke mit dem Positionierwerkzeug aktiviert wurden. Halten Sie die Strg - Taste gedrückt, während Sie die betreffenden Textblöcke mit der linken Maustaste einzeln anklicken.

Nach dem Funktionsaufruf wird auf dem Monitor ein kleines Dialogfeld eingeblendet, in dem verschiedene Ausrichtungsmethoden festgelegt werden können.

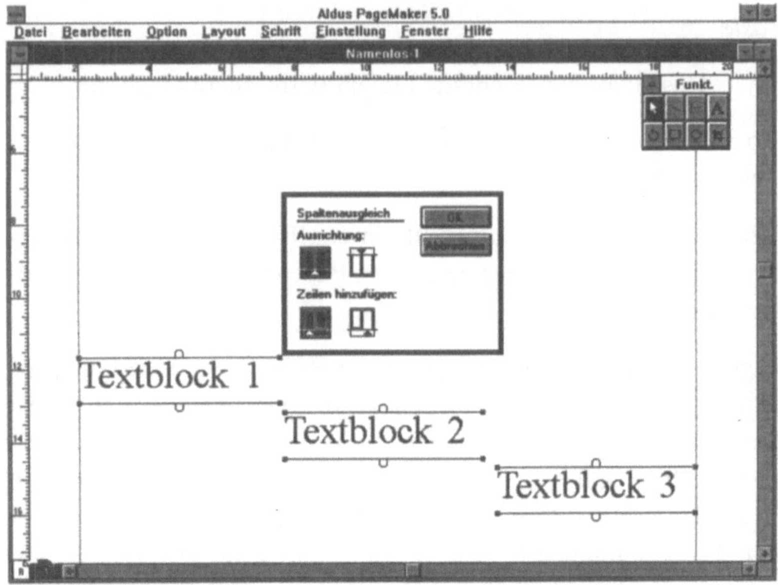

Als Beispiel sollen die drei abgebildeten Textblöcke nach Aus-
führung dieser Funktion auf einer einheitlichen Höhe stehen, und
zwar ausgerichtet an der oberen Begrenzungslinie des linken
Textblocks. Für die Entscheidung, ob die obere oder die untere
Begrenzung maßgebend ist, sind im Dialogfeld die oberen beiden
Symbole da, die jeweils zwei Spalten symbolisieren.

Die kleine Pfeilspitze unterhalb der symbolisierten Spalten zeigt an, daß die Textblöcke an den unteren Begrenzungslinien ausgerichtet werden.

Beim zweiten Symbol befindet sich die Pfeilspitze über
den Spalten. Die Ausrichtung wird sich also an den
oberen Begrenzungslinien orientieren.

Parallel zur vertikalen Ausrichtungsmethode ist zu entscheiden,
an welchem Textblock sich die übrigen orientieren sollen. Dabei
kann es sich ausschließlich um eine der äußeren Textblöcke handeln. Sind zum Beispiel drei Spalten auszurichten, ist eine Ausrichtung am mittleren Textblock nicht vorgesehen. Wird eine solche Zielsetzung verfolgt, ist eine manuelle Ausrichtung vorzunehmen. Die Entscheidung, ob der linke oder der rechte Textblock als Grundlage dient, wird mit den unteren beiden
Symbolen im Dialogfeld festgelegt.

Wenn Ihnen zwei Arbeitsschritte nicht zu umständlich sind, können Sie für die Ausrichtung von drei Textblöcken am mittleren Block trotzdem die Additions-Funktion anwenden. Richten Sie erst den linken Textblock am mittleren aus und anschließend den rechten am mittleren. Je mehr Textblöcke zueinander ausgerichtet werden müssen, desto öfter muß die Funktion *Spaltenausgleich...* ausgeführt werden. Es ist die Frage, ob in einem solchen Fall die Ausrichtung durch manuelles Verschieben der Textblöcke an eine Hilfslinie nicht schneller zum Ziel führt.

Die Pfeilspitze im Symbol zeigt auf die linke Spalte. Dieser Textblock wird also an seiner gegenwärtigen Position stehen bleiben, während alle anderen aktiven Textblöcke sich an dieser Position ausrichten.

Im zweiten Symbol zeigt die Pfeilspitze auf die rechte Spalten. Diesmal erfolgt also eine Ausrichtung am äußeren Textblock rechts.

Die Auswahl der gewünschten Ausrichtungsmethoden erfolgt durch einfaches Anklicken der betreffenden Symbole mit der linken Maustaste. Das jeweils aktive Symbol ist schwarz markiert. Das Beispiel sollte so sein, daß die Textblöcke an der oberen Begrenzungslinie auf einheitlicher Höhe stehen sollen, und daß die Ausrichtung am linken Textblock erfolgt. Die Einstellung muß in diesem Fall der folgenden Abbildung entsprechen.

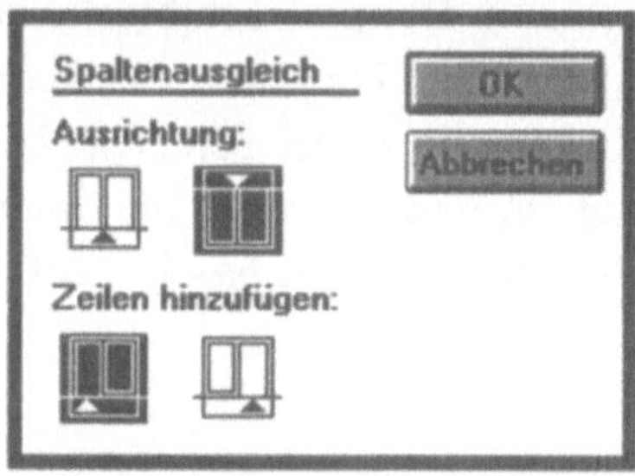

Abbildung 10.63.:
Dialogfeld
Spaltenausgleich

Wird die Auswahl mit ⏎ oder durch Drücken der Schaltfläche [OK] bestätigt, werden die aktiven Textblöcke auf dem Monitor automatisch verschoben, bis das gewünschte Ergebnis erzielt ist.

Abbildung 10.64.:
Ergebnis einer
Ausrichtung

10.1.20 Textabschnitt-Info ...

Diese Funktion ist mit der zuvor vorgestellten Funktion gleichbedeutend. Diesmal werden lediglich Informationen zum aktuellen Textblock ausgegeben und nicht zum gesamten Text, falls
dieser aus mehreren Textabschnitten besteht.

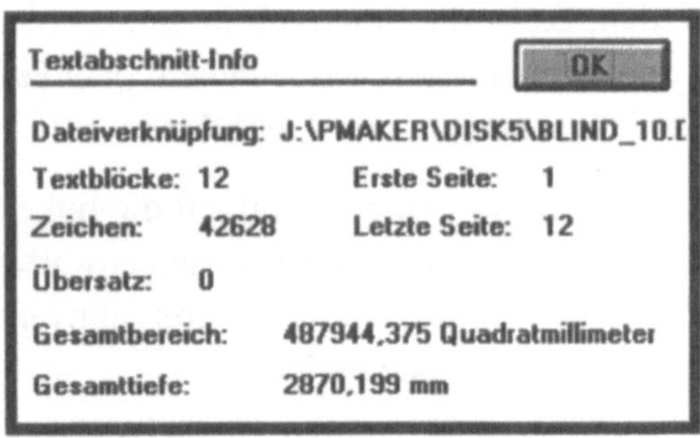

Abbildung 10.65.:
Textblockinfo

10.1.21 Textblock ...

Bei längeren Publikationen ist es durchaus denkbar, daß sich ein
Text in mehrere Textblöcke aufteilt. Dabei muß es sich nicht nur
um normale Seitenumbrüche handeln, sondern es kann auch sein,
daß ein Text zum Beispiel erst fünf Seiten später weiterfließt. In
einem solchen Fall hilft die Additions-Funktion *Textblock...*, um
die Anschlüsse von Textblöcken leicht zu finden. Mit dieser
Funktion lassen sich zum Beispiel Textblöcke ausfindig machen,
die anschließend mit der Funktion *Fortsetzung...* bearbeitet
werden sollen. Klicken Sie einen geteilten Textblock mit dem
Positionierwerkzeug an, und rufen Sie im Untermenü *Utilitiels -
Aldus Additions* die Funktion *Textblock...* auf. Sie erhalten folgendes Dialogfeld.

Abbildung 10.66.:
Dialogfeld
Textblocks

Vier Optionen stehen Ihnen zur Festlegung von Suchkriterien zur Verfügung.

Erster Block

> Wählen Sie diese Option aus, um den ersten Textblock des aktiven Textes zu finden.

Voriger Block

> Wählen Sie diese Option aus, um den vorherigen Textblock des aktiven Textes zu finden.

Nächster Block

> Wählen Sie diese Option aus, um den nächsten Textblock des aktiven Textes zu finden.

Letzter Block

> Wählen Sie diese Option aus, um den letzten Textblock des aktiven Textes zu finden.

Wird ein Textblock entsprechend des gewählten Suchkriteriums gefunden, wechselt PageMaker auf die betreffende Seite und zeigt den gefundenen Textblock im vergrößerten Modus an. Wird kein Textblock gefunden, gibt PageMaker eine entsprechende Meldung aus.

Abbildung 10.67.: Meldung, wenn kein Textblock gefunden wurde

10.1.22 Textblock-Info ...

Mit dieser Funktion lassen sich Informationen zu einem Text abrufen. Ein Textblock wird mit dem Positionierwerkzeug ange-

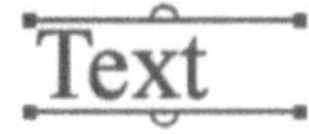

klickt und anschließend wird die Funktion *Textblock-Info...* im Untermenü *Option - Aldus Additions* aufgerufen. In einem Infofenster zeigt PageMaker diverse Informationen zum aktuellen Textblock an, z. B. die Anzahl der Textabschnitte, auf welchen Seiten der erste der letzte Block positioniert sind.

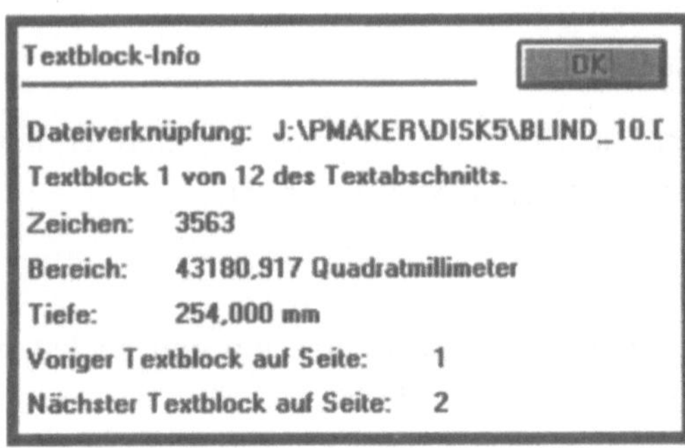

10.1.23 Übersatz suchen

Mitunter kann es sein, daß in einer Publikation ein Textelement enthalten ist, das nicht vollständig in das Dokument eingeflossen ist. Dies kann durch typografische Bearbeitung oder durch nachträgliches Hinzufügen von Texten passieren. Die Größe eines Textblocks wird zu klein, so daß der Text dadurch nicht mehr vollständig angezeigt wird. Man spricht von Übersatz. Oftmals wird soetwas übersehen, und damit kommt ein unvollständiges Dokument zum Ausdruck. Wer schon Erfahrungen mit älteren PageMaker-Versionen hat, wird dieses Problem kennen. Doch jetzt ist dies kein Problem mehr.

Lassen Sie Ihr Dokument nach unterdrückten Textstellen durchsuchen, indem Sie die Funktion *Übersatz suchen* im Untermenü *Option - Aldus Additions* aufrufen. Dies ist eine Funktion, die sofort ausgeführt wird. Es wird also kein Dialogfeld auf dem Monitor eingeblendet. Findet PageMaker einen Übersatz, wird das Ende dieses Blocks auf dem Monitor angezeigt. Nochmaliger Funktionsaufruf sucht im Dokument weiter.

10.1.24 Zeichenausgleich ...

Die Funktion *Zeichenausgleich...* aus der Aldus-Additions-Bibliothek betrifft die Typografie. Vor dem Funktionsaufruf im Untermenü *Option - Aldus Additions* ist also der zu bearbeitende Text mit dem Textwerkzeug zu markieren. PageMaker wird den markierten Text unter Berücksichtigung einer Schriftgröße optimal unterschneiden und somit für ein professionelles Erscheinungsbild des Textes sorgen.

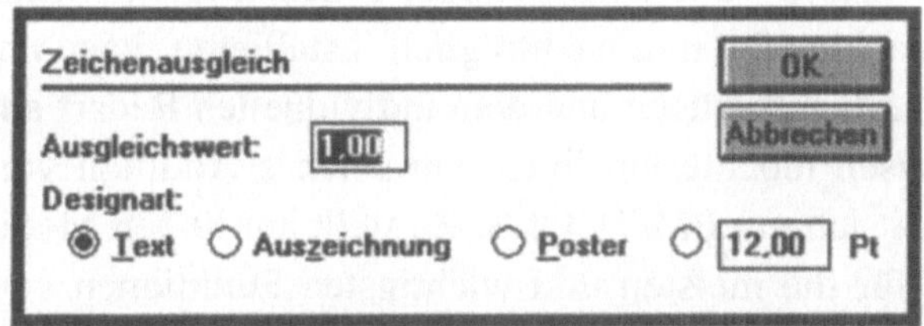

Abbildung 10.69.:
Dialogfeld
Zeichenausgleich

Wählen Sie unter vier Optionen aus, für welche Schriftgröße PageMaker das optimale Maß einer Unterschneidung berrechnen und ausführen soll. Die Option *Text* ist die Standardschriftgröße von 12 Punkt, die Option *Auszeichnung* steht für 36 Punkt und die Option *Poster* bedeutet 72 Punkt. Darüberhinaus steht eine vierte Option zur Verfügung, bei der in einem Eingabefeld die Schriftgröße des Originals eingetragen werden kann. Geben Sie hier den Schriftgrad ein, der bei der Herstellung der Schrift verwendet wurde. Ist die Herkunft nicht bekannt, ist die Option *Text* zu verwenden. Nach Bestätigung des Dialogs beginnt die Berechnung, die je nach Länge des Textes etwas Zeit in Anspruch nehmen kann.

Bearbeiten Sie eine Adobe-Schrift, wird die Funktion ohne Unterbrechung vollständig ausgeführt. Bei einer True-Type-Schrift hingegen wird zwischendurch folgende Information ausgegeben.

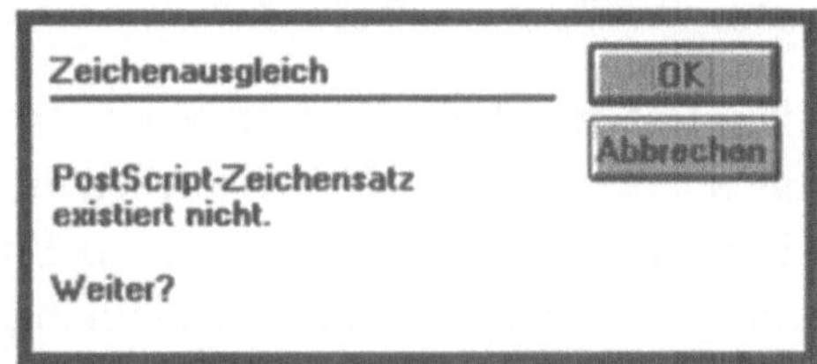

Abbildung 10.70.:
Information bei
Nicht-Postscript-
Schriften

Beantworten Sie diese Rückfrage mit ⏎ oder durch Anklicken der Schaltfläche [OK]. Die Ausführung wird problemlos fortgesetzt. Im Ergebnis werden Sie einen kleinen Unterschied dahingehend feststellen, daß eine Adobe-Schrift etwas stärker unterschnitten wird als eine vergleichbare True-Type-Schrift.

10.1.25 Weitere Additions

Neben den Additions, die zum Lieferumfang von PageMaker 5.0 gehören, wird es weitere als Zubehör geben. Diese können Sie als Module nachkaufen und nachträglich installieren. PageMaker 5.0 wird dadurch aufgerüstet und dem individuellen Bedarf angepaßt. Exemplarisch möchte ich Ihnen ein solches Addition vorstellen. Es handelt sich um PM TOOLS. Es stellt am linken Monitorrand Symbole für die meisten und wichtigsten Funktionen von PageMaker zur Verfügung, so daß der Umgang mit dem Programm komfortabler wird.

Abbildung 10.71.: PM-Monitor mit eingeblendeter Symbolleiste von PM TOOLS

Über Schaltflächen lassen sich so normalerweise schwer zu erreichende Funktion ausführen oder Sonderzeichen in das Layout einfügen. Zum Beispiel gibt es ein Button für das Einfügen einer Seitennumerierung, die sonst nur durch Anwendung der Tastenkombination [Strg][⇧][3] gesetzt werden kann.

Außerdem stellt PM TOOLS im Menü *Fenster* eine neue Funktion *Show-Font* zur Verfügung, mit der ein Auswahlfenster für Sonderzeichen eingeblendet wird. Dieses Fenster ist von der

Handhabung her mit der Zeichensatztabelle von Windows vergleichbar.

Eine weitere Neuheit nach dem Installieren von PM TOOLS ist die Möglichkeit, kontext-sensitive Popup-Menüs aufzurufen. Solche Menü passen sich der jeweiligen Programmsituation an und enthalten demzufolge nur ausgesuchte Befehle. Aufgerufen wird ein solches Menü durch Anklicken mit der rechten Maustaste bei gedrückter ⏵Strg⏴-Taste. Popup-Menüs werden auf der Arbeitsfläche an der Position eingeblendet, an das Anklicken erfolgt.

Bei Fertigstellung des Manuskripts zu diesem Buch waren folgende Additions angekündigt.

zu erwartende Additions

Datashaper

> Stellt eine direkte Verbindung zu Datenbanken her, so daß aus PageMaker heraus Daten beeinflußt und abgerufen werden können.

Fraemz Library

> Fraemz Library ist eine Bibliothek von 100 dekorativen Rahmen, die sich zum Beispiel für Einladungskarten verwenden lassen.

Import that

> Dies ist eine Sammlung weiterer Importfilter für Grafiken.

PM Tools

> PM Tools ist ein Zusatzprogramm, daß Symbole für die wichtigsten Befehle von PageMaker zur Verfügung stellt, eine Zeichensatztabelle anbietet und Popup-Menüs ermöglicht. Weiter oben in diesem Abschnitt finden Sie hierzu eine nähere Beschreibung und eine Abbildung.

VH-Addition

> Mit diesem Additions lassen sich Schriftgrößen über die Versalhöhe in Millimeter angeben. Sicherlich eine hilfreiche Funktion, da das sonst übliche Maß Punkt für Laien schwer verständlich ist.

Wörterbücher

Hier handelt es sich um zusätzliche Wörterbücher für die Sprachen Französisch, Deutsch, Italienisch, Spanisch, Portugiesisch, Holländisch, Schwedisch, Norwegisch, Dänsich, Britisch (jurist. und med. Fachausdrücke).

Zephyr Dispatch

Mit diesem Addition läßt sich erhöhter Speicherbedarf von Dateien auffinden und reduzieren.

Zephyr SmartAlign

Hiermit lassen sich Objekte präzise zueinander ausrichten und positionieren.

Das ist nur ein kurze Liste der Additions, die zum Zeitpunkt der Buchherstellung bekannt waren. Die meisten davon gab es schon für die Macintosh-Version PageMaker 4.2, sollen aber auch für die Windows-Version PageMaker 5.0 auf den Markt kommen. Ein weiterer Ausbau des Angebots soll erfolgen. Vertrieben werden diese Additions von der Firma Impressed in Hamburg. Hier die Adresse:

> Impressed
> Computer Technologie Vertriebs GmbH
> Herlingsburg 14
> 22529 Hamburg

10.2 Sammelpalette

Die Funktion *Sammelpalette* ist im Prinzip auch ein Addition, wird aber nicht im Untermenü *Aldus Additions* verwaltet, sondern im Menü *Fenster*. Es handelt sich um eine Symbolbibliothek, die individuell angelegt werden kann. Sie erhalten also die Möglichkeit, häufig benötigte Bilder in einer gesonderten Datei zu speichern und diese über eine Palette abrufbar zu machen.

Library-Verzeichnis

Da Sie mehrere solcher Dateien anlegen können, scheint es sinnvoll zu sein, hierfür ein eigenes Unterverzeichnis im Programmverzeichnis von PageMaker anzulegen. Ich habe mich entschlossen, ein solches Verzeichnis unterhalb ...\ADDITION mit dem Namen »Library« anzulegen. Wie dieses Verzeichnis heißt und wo es angelegt wird ist für den späteren Umgang mit dieser Bibliothek nicht relevant. Ebenso können Sie auch jedes beliebige Verzeichnis zum Speichern solcher Dateien verwenden.

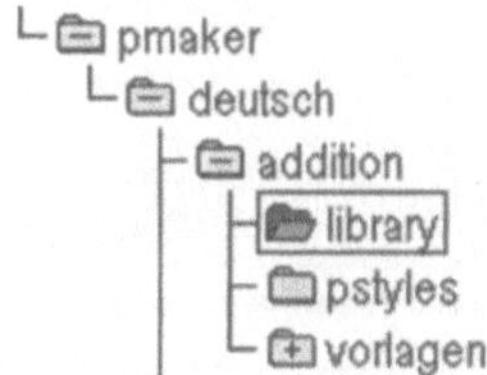

Abbildung 10.72.: Beispiel für ein Library-Verzeichnis

Für das bessere Kennenlernen der Funktion *Sammelpalette* habe ich eine PageMaker-Datei angelegt, die verschiedene kleine Symbole enthält. Dieses Dokument ist im Übungsverzeichnis unter dem Dateinamen LIBRARY.PM5 gespeichert.

Nach der Installation von PageMaker steht noch keine Sammelpalette zur Verfügung, so daß zunächst eine solche angelegt werden muß. Hierzu wird im Menü *Fenster* die Funktion *Sammelpalette...* aufgerufen. Sie erhalten ein Dialogfeld zum Öffnen einer einer Bibliothekdatei.

Anlegen einer Sammelpalette

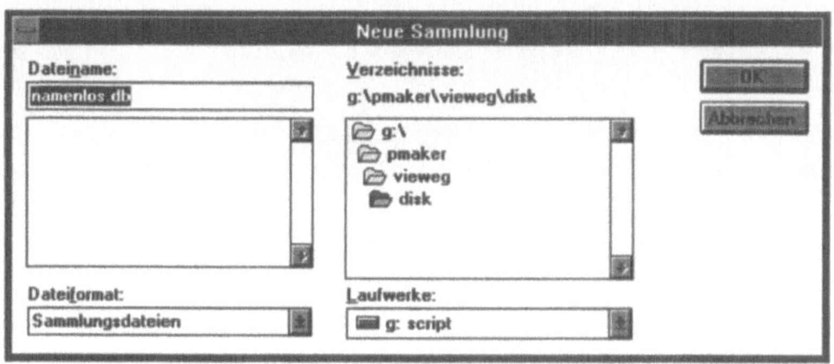

Abbildung 10.73.: Dialogfeld zum Öffnen einer Sammlungsdatei

Wechseln Sie in der Laufwerksliste auf das Laufwerk, auf dem Sie PageMaker installiert haben, und suchen Sie sich dort das für die Bibliothek angelegte Verzeichnis. Tragen Sie den Dateinamen SPORT in die Eingabezeile ein, wobei die hier zweistellige Erweiterung DB entfallen darf. Bestätigen Sie Ihre Eingabe mit ⏎ oder durch Anklicken der Schaltfläche [OK]. Da PageMaker die genannte Datei im aktuellen Verzeichnis nicht finden wird, erfolgt eine Abfrage, ob diese Datei neu angelegt werden soll.

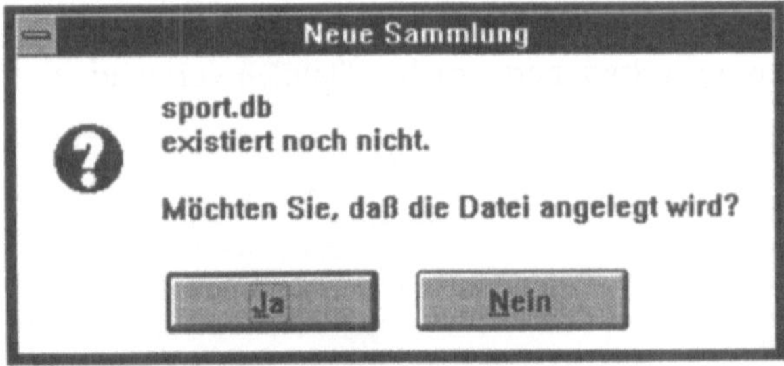

Abbildung 10.74.: Abfrage zum Anlegen einer neuen Sammlungsdatei

Beantworten Sie diese Frage durch Drücken der Taste ⏎ oder durch Anklicken der Schaltfläche [Ja]. Die Datei wird angelegt und gleichzeitig eine leere Palette auf dem Monitor eingeblendet.

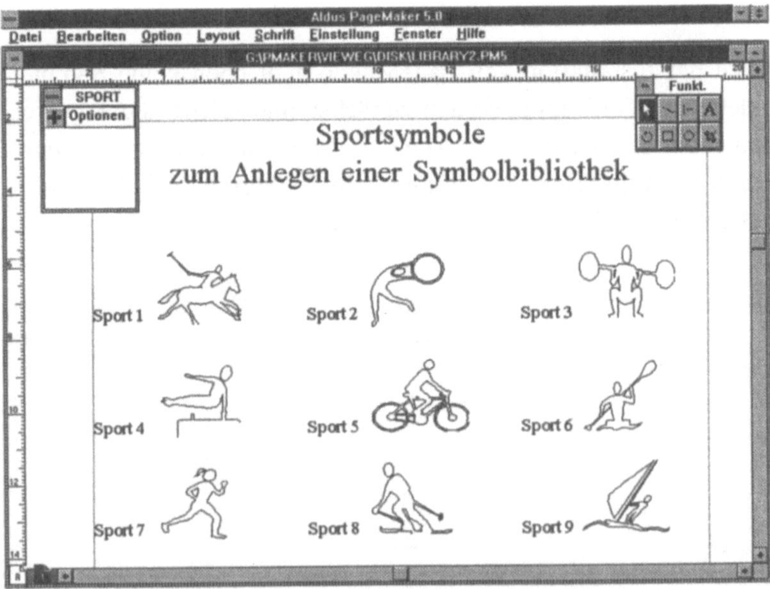

Abbildung 10.75.: Monitor mit eingeblendeter Sammelpalette

Symbole in die Palette aufnehmen

Die nächste Aufgabe besteht darin, Symbole in die neu angelegte Sammelpalette aufzunehmen. Dazu wird zunächst das aufzunehmende Symbol mit dem Positionierwerkzeug angeklickt, so daß die Knotenpunkte des Objekts zu sehen sind. Anschließend wird mit der linken Maustaste das Pluszeichen in der Sammelpalette angeklickt.

Abbildung 10.76.:
Schaltfläche zum
Aufnehmen
neuer Symbole

Nach dem Anklicken dieser Schaltfläche wird folgendes Dialogfeld auf dem Monitor eingeblendet.

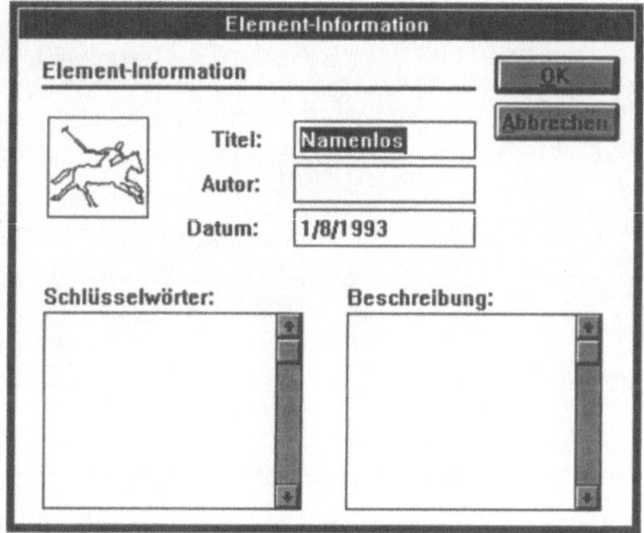

Abbildung 10.77.:
Dialogfeld zur
Aufnahme von
Symbolen

Tragen Sie im Eingabefeld *Titel* einen Namen für das neue Symbol ein. Dieser Name wird später in der Sammelpalette aufgelistet sein. Darunter können Sie Ihren persönlichen Namen in die Eingabezeile *Autor* eintragen, falls Sie das Symbol selber hergestellt haben. Im dritten Eingabefeld wird das Aufnahmedatum des Symbols eingetragen, wobei hier immer das aktuelle Tagesdatum vorgeschlagen wird.

Im unteren Teil des Dialogfeldes finden Sie zwei Eingabefelder, die längere Texte aufnehmen können. Das linke dieser beiden Felder ist für die Eingabe von Schlüsselwörtern vorgesehen, die später für das schnelle Auffinden von bestimmten Symbolen herangezogen werden können.

Schlüsselwörter

Beschreibung   Im rechten Feld wird eine Beschreibung des Symbols eingetragen, damit später leichter nachvollziehbar ist, um was es sich bei den Einträgen in der Sammelpalette im einzelnen handelt. Sowohl die Schlüsselwörter als auch die Beschreibungen sind für die Funktionalität nicht zwingend erforderlich. Es erleichtert aber den Umgang mit der Symbolbibliothek, wenn Sie entsprechende Einträge vornehmen. Die nachfolgende Abbildung zeigt ein Beispiel eines vollständig ausgefüllten Dialogfeldes.

Abbildung 10.78.:
Dialogfeld zum
Aufnehmen
neuer Symbole

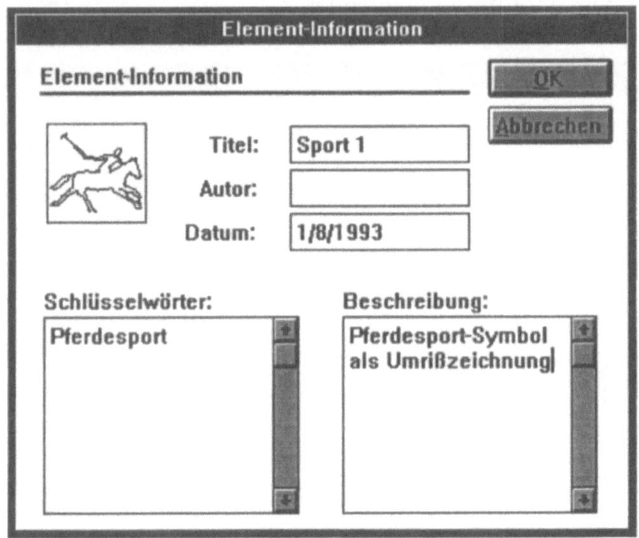

Sobald das Dialogfeld durch Drücken der Taste ⏎ oder durch Anklicken der Schaltfläche [OK] bestätigt wird, übernimmt Page-Maker das aktive Symbol in die Bibliothek und fügt es in das Palettenfenster ein.

Abbildung 10.79.:
Sammelpalette
mit Eintrag

Übungsbeispiel   • Nehmen Sie alle in der Übungsdatei enthaltenen Symbole in die Bibliothek auf. Verwenden Sie dabei folgende Namen, Schlüsselwörter und Beschreibungen.

Name	Schlüsselwort	Beschreibung
Sport 1	Pferdesport	Pferdesport-Symbol als Umrißzeichnung
Sport 2	Gymnastik	Gymnastik-Symbol als Umrißzeichnung
Sport 3	Gewichtheben	Gewichtheben-Symbol als Umrißzeichnung
Sport 4	Turnen	Turn-Symbol als Umrißzeichnung
Sport 5	Radsport	Radsport-Symbol als Umrißzeichnung
Sport 6	Rudern	Ruder-Symbol als Umrißzeichnung
Sport 7	Laufen	Lauf-Symbol als Umrißzeichnung
Sport 8	Skilauf	Skilauf-Symbol als Umrißzeichnung
Sport 9	Surfing	Surf-Symbol als Umrißzeichnung

Die folgende Abbildung zeigt eine Sammelpalette, in der alle oben genannten Symbole aufgenommen wurden.

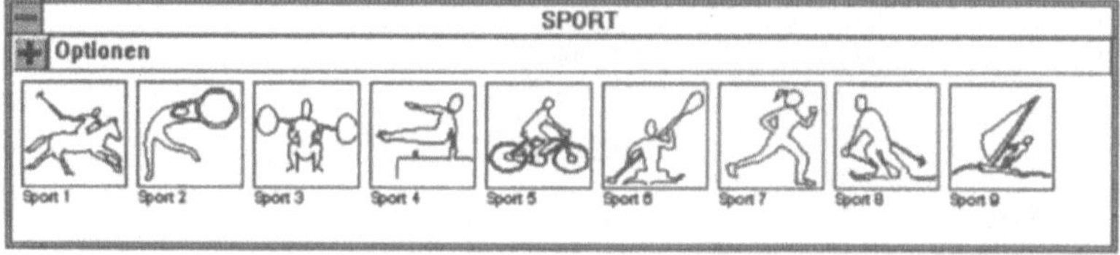

Abbildung 10.80.: Sammelpalette mit mehreren Symbolen

Das Übertragen eines Symbols aus der Sammelpalette auf eine Dokumentseite ist mit der Maus sehr einfach und schnell ausgeführt. Klicken Sie einfach auf das gewünschte Symbol im Palettenfenster, und ziehen Sie das Symbol bei gedrückter linker Maustaste in das Layout. Das Bild wird in der gleichen Größe aufgebaut, die es auch bei Aufnahme in die Symbolbibliothek hatte. Verkleinern oder vergrößern Sie das Symbol proportional auf die

Anwenden von Symbolen

gewünschten Ausmaße, und schieben Sie es an die vorgesehene Position im Layout.

Optionen

Die Palette verfügt über ein eigenes Menü, das durch Anklicken des Feldes *Optionen* aufgeklappt wird. Hier stehen verschiedene Befehle zur Verfügung, die für den Umgang mit der Symbolpalette von Bedeutung sind.

Abbildung 10.81.:
Aufgeklapptes
Menü der
Sammelpalette

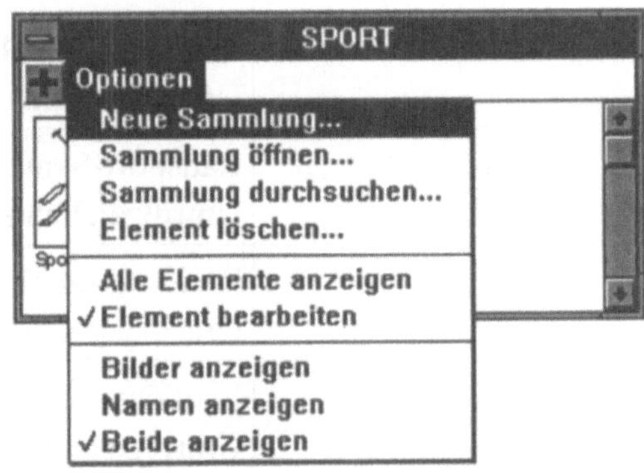

Symboldatei
anlegen

Mit dem Befehl *Neue Sammlung...* läßt sich eine neue Bibliotheksdatei anlegen. Das Dialogfeld ist mit dem identisch, das Sie am Anfang dieses Abschnitts schon kennengelernt haben.

Abbildung 10.82.:
Dialogfeld zum
Neuanlegen
von Bibliotheks-
dateien

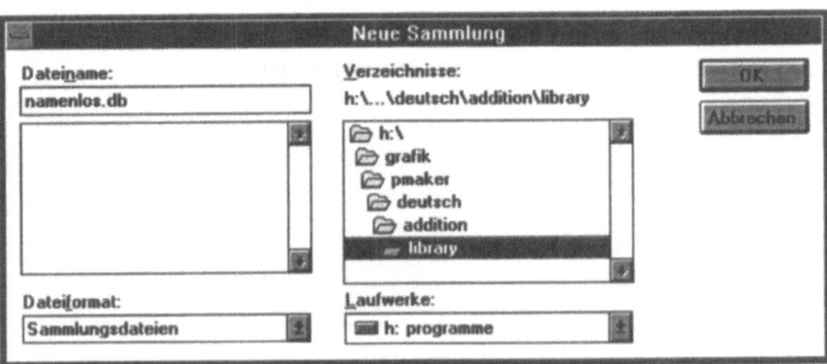

Tragen Sie in das Eingabefeld *Dateiname* einen neuen Namen unter Beachtung der DOS-Konventionen ein, und bestätigen Sie den Dialog. PageMaker erkennt, daß es eine Datei mit dem eingetragenen Namen noch nicht gibt und wird in einer Rückfrage die Antwort abverlangen, ob diese Datei neu anzulegen ist.

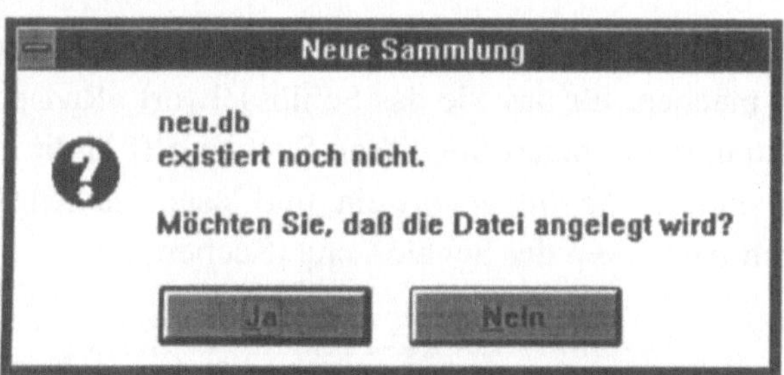

Die zweite Funktion *Sammlung öffnen...* ist im Prinzip mit dem ersten Befehl gleichzusetzen. Es wird das gleiche Dialogfeld eingeblendet, diesmal jedoch mit einer Liste aller im aktuellen Verzeichnis gespeicherten Symboldateien. Wählen Sie in dieser Liste die gewünschte Datei aus, und bestätigen Sie den Dialog. Auch hier könnte ein nicht existierender Dateiname manuell eingetragen werden, um eine neue Bibliotheksdatei anzulegen.

Die Funktion *Sammlung durchsuchen...* wird wohl die sein, die im Umgang mit der Symbolbibliothek am häufigsten angewendet wird. Sie ermöglicht das Suchen nach bestimmten Symbolen innerhalb der aktiven Symboldatei. Ist eine Symbolbibliothek einmal sehr umfangreich geworden, wird das manuelle Suchen nach einem bestimmten Bild zeitaufwendig sein, oder es wird vielleicht garnicht gefunden. Die Suchfunktion wird in einem solchen Fall weiterhelfen. Beim Aufnehmen neuer Symbolen haben Sie die Möglichkeit, neben einem Namen auch ein oder mehrere Schlüsselwörter einzugeben. Diese Angaben lassen sich für das Suchen nach bestimmten Symbolen heranziehen.

Möchten Sie zum Beispiel das Symbol für den Radsport schnell ausfindig machen, für das Sie das Schlüsselwort »Radsport« vergeben hatten, dann tragen Sie diesen Suchbegriff in die Eingabezeile *Suchen nach Schlüsselwort* ein, und lösen Sie den Suchvorgang durch Anklicken der Schaltfläche [Suchen] aus.

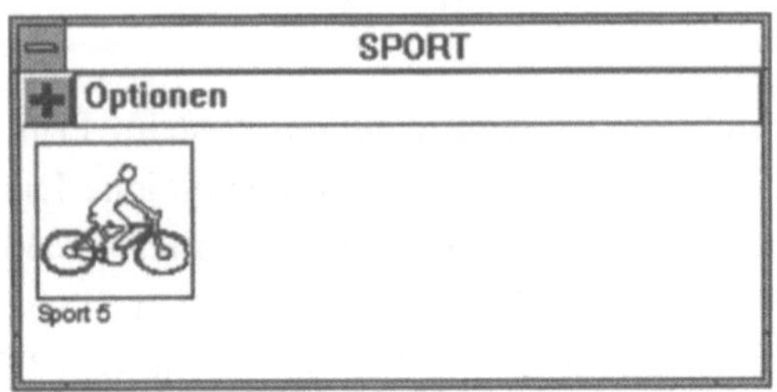

Abbildung 10.85.:
Gefundenes
Symbol in der
Palette

In der Palette wird nach dem Suchen ausschließlich das Symbol angezeigt, das über das betreffende Schlüsselwort verfügt. Es kann sich dabei natürlich auch um mehrere Symbole handeln.

Suche nach zwei
Schlüsselwörtern

In dem Dialogfeld zum Festlegen von Suchkriterien lassen sich zwei Schlüsselwörter eintragen. Zwischen den beiden Eingabezeilen ist in einem solchen Fall aus der Auswahlliste eine Option auszuwählen, die die Wirkung der beiden Suchkriterien steuert.

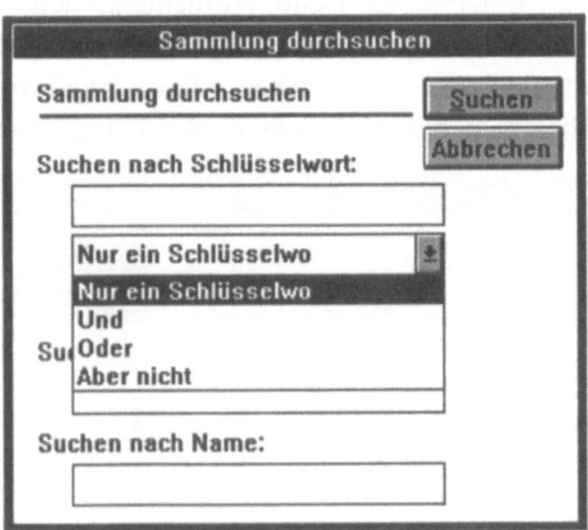

Abbildung 10.86.:
Dialogfeld für das
Festlegen von
Suchkriterien

Nur ein Schlüsselwort

Es wird nur ein Schlüsselwort für die Suche festgelegt.

Und

> Es werden nur die Symbole gefunden, die über beide Schlüsselwörter verfügen.

Oder

> Es werden die Symbole gefunden, die entweder das erste oder das zweite Schlüsselwort enthalten.

Aber nicht

> Hier wird nur in der zweiten Eingabezeile ein Schlüsselwort eingetragen. Das erste Feld bleibt leer. In einem solchen Fall werden alle Symbole angezeigt, mit Ausnahme der Symbole, die das zweite Schlüsselwort enthalten.

Möchten Sie nach einem Suchvorgang wieder alle Symbole angezeigt bekommen, dann rufen Sie im Palettenmenü die Funktion *Alle Elemente anzeigen* auf. Das gleiche Ziel wird auch erreicht, wenn die Suchfunktion angewendet wird, ohne Eintragungen im Dialogfeld vorzunehmen.

Alle Symbole anzeigen

Wird ein Symbol nicht mehr benötigt, sollte es aus der Symbolpalette entfernt werden, damit diese entlastet wird, was letztendlich der Übersichtlichkeit dient. Klicken Sie einfach das betreffende Symbol in der Palette an, so daß es eingerahmt wird. Öffnen Sie das Palettenmenü, und rufen Sie die Funktion *Element löschen* auf. Beantworten Sie die folgende Sicherheitsabfrage, um das Symbol endgültig aus der Bibliotheksdatei zu entfernen.

Symbol löschen

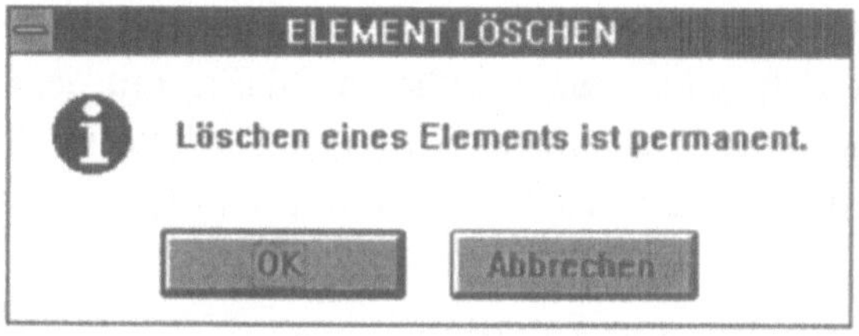

Abbildung 10.87.: Sicherheitsabfrage vor dem Löschen von Symbolen

Die Darstellungsform der Symbole in der Palette ist variabel. Sie können sich ausschließlich die Bilder oder die Namen anzeigen lassen und als dritte Variante beides zusammen. Die Auswahl einer Anzeigeform erfolgt über das Palettenmenü. Wählen Sie eine der letzten drei Funktionen aus.

Anzeigeform in der Palette

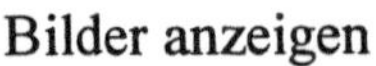

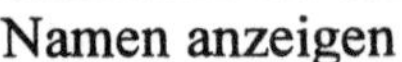

Bilder anzeigen   Namen anzeigen   Beides anzeigen

10.3 Arbeiten mit dem Tabelleneditor

Es gibt zwei Methoden, um Tabellen in PageMaker zu erfassen
und zu bearbeiten. Eine dieser Methoden ist die Erfassung direkt
im Layout, wobei die Ausrichtung der Spalten durch Setzen von
Tabstopps realisiert wird. Den Umgang mit Tabstopps haben Sie
im Kapitel »Textbearbeitung« kennengelernt. Eine weitere Methode ist die Nutzung des Tabelleneditors, der als eigenständiges
Programm zum Lieferumfang der Windows-Version von Page-
Maker gehört.

Tabelleneditor

Im Programm-Manager von Windows wird der Tabelleneditor
mit einem eigenen Symbol verwaltet. Sofern Sie Windows nicht
individuell organisiert haben, finden Sie das rechts abgebildete
Symbol in der Programmgrupp »Aldus«. Führen Sie einen Doppelklick auf dieses Icon aus, um den Tabelleneditor zu starten.

Recorder

Innerhalb des Programms PageMaker gibt es keinen Befehl, der
direkt den Start des Tabelleneditors ausführt. Der Weg über den
Programm-Manager von Windows ist also normalerweise nicht
zu umgehen. Wenn Sie häufig den Tabelleneditor nutzen möchten, bietet sich jedoch an, hierfür ein Makro mit dem Recorder
von Windows aufzuzeichnen. Schlagen Sie bitte in Ihrem Windows-Handbuch nach, wie hier zu verfahren ist.

10.3.1 Einrichten von Tabellen

Bevor die erste Tabelle eingerichtet wird, sollten Sie nachsehen,
ob der Tabelleneditor zufriedenstellend eingestellt ist. Rufen Sie
im Menü *Bearbeiten* die Funktion *Vorgaben wählen...* auf. Im
Dialogfeld wird die Standardmaßeinheit festgelegt. Hierzulande
sollten natürlich Millimeter eingestellt sein. Außerdem ist es zu

empfehlen, im Eingabefeld *Skizzieren unter* die Vorgabe »9« durch den Wert »4« zu ersetzen. Dadurch wird auch schon ein kleinerer Schriftgrad auf dem Monitor besser dargestellt.

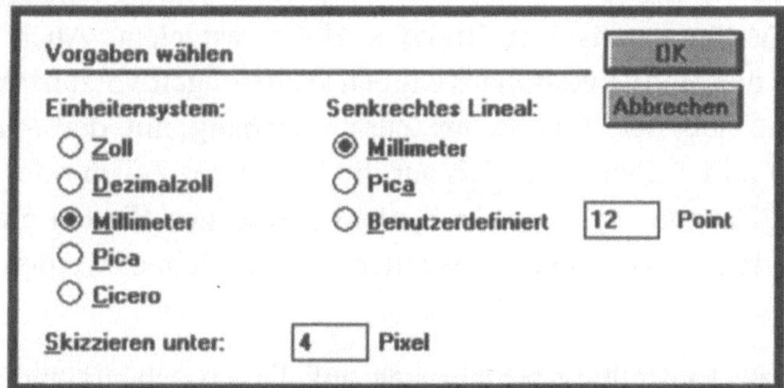

Abbildung 10.89.: Dialogfeld zur Einstellung von Maßeinheiten mit empfohlenen Einstellungen

Ansonsten lassen sich im Tabelleneditor, genauso wie in Page-Maker, verschiedene Voreinstellungen definieren, solange keine Tabelle geöffnet ist. Zum Beispiel können Sie im Menü *Schrift* eine Standardschrift auswählen oder im Menü *Einstellung* eine Standardlinienart und ein Standardfüllmuster. Die Arbeitsweise unterscheidet sich in keiner Weise von der in PageMaker.

Um eine neue Tabelle anzulegen, wird im Menü *Datei* die Funktion *Neue Datei...* angelegt. Ähnlich wie in PageMaker wird ein Dialogfeld eingeblendet, in dem das Layout der neuen Tabelle festgelegt wird. Im Schwerpunkt handelt es sich hier um die Festlegung der Anzahl Spalten und Zeilen.

Tabelle anlegen

Abbildung 10.90.: Dialogfeld zur Einrichtung einer neuen Tabelle

Tragen Sie in die Eingabefelder *Spaltenanzahl* und *Zeilenanzahl* jeweils die Anzahl ein, die Sie für Ihre Tabelle benötigen. Sollten Sie noch nicht genau übersehen können, wie Umfangreich Ihre Tabelle wird, dann tragen Sie jeweils eine geschätzte Anzahl ein.

Nachträglich lassen sich jederzeit neue Spalten und Zeilen einfügen oder nicht benötigte wieder entfernen.

Die Tabellengröße wird in den Eingabefeldern *Tabellengröße* durch Millimeterangaben Breite x Höhe festgelegt. Auch hier besteht die Möglichkeit, nachträglich Änderungen vorzunehmen. Das Ausmaß der Tabelle im Zusammenhang mit der Anzahl Spalten und Zeilen wirkt sich auf die Größe der Zellen oder Felder der Tabelle aus. Je mehr Spalten und Zeilen Sie bei gleichbleibenden Außenmaßen einstellen, desto kleiner werden die Zellen.

Die letzte Einstellung bezieht sich auf die Zwischenräume zwischen den einzelnen Zellen. Tragen Sie in den Eingabefeldern *Steg in mm* den Millimeterwert ein, der als Spalten- bzw. Zeilenabstand einzuhalten ist.

Nachdem die gewünschten Einstellungen vorgenommen wurden und der Dialog bestätigt wurde, baut der Tabelleneditor das Layout einer Tabelle auf. Solange die Standardeinstellungen nicht verändert wurden, entspricht Ihr Monitorbild der folgenden Abbildung.

Abbildung 10.91.:
Monitor-
darstellung einer
leeren Tabelle

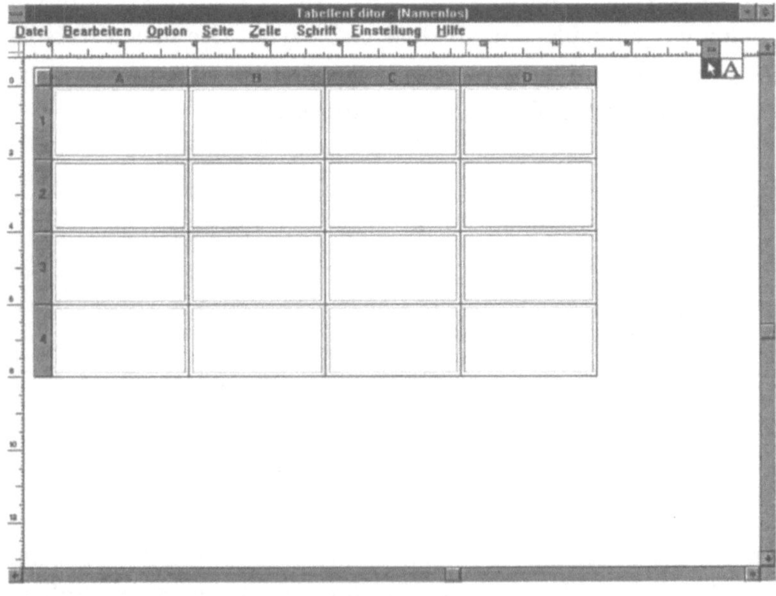

Spalten- und
Zeilenköpfe

Wer Erfahrungen mit einem Tabellenkalkulationsprogramm unter Windows hat, zum Beispiel mit Excel, wird sich jetzt heimisch fühlen. Jede Spalte und jede Zeile verfügt auch hier über einen Spaltenkopf und einen Zeilenkopf. Innerhalb dieser Köpfe stehen Zahlen oder Buchstaben, die die Zeile oder die Spalte benennen. Dadurch wird die Orientierung in der Tabelle leichter. Ist zum Beispiel von der Zelle B3 die Rede, handelt es sich um das Feld, das im Schnittpunkt der Spalte B und der Zeile 3 liegt.

Der Tabelleneditor verfügt, ebenso wie PageMaker, um eine Funktionenbox, jedoch nur mit zwei Werkzeugen, das Positionierwerkzeug und das Textwerkzeug wobei das Positionierwerkzeug hier besser »Bearbeitungswerkzeug« genannt werden sollte.

Funktionenbox

Tabellen lassen sich natürlich als Datei auf einem Datenträger speichern. Der Umgang mit der Speicherfunktion unterscheidet sich in keiner Weise von der in PageMaker oder anderen Windows-Programmen. Sie finden im Menü *Datei* die bekannten Funktionen *Speichern* und *Speichern unter...*, die entsprechend des Dokumentstatus einzusetzen sind. Besteht also noch kein Dateiname, muß die Funktion *Speichern unter...* aufgerufen werden, während beim wiederholten Speichern die Funktion *Speichern* angewendet werden kann.

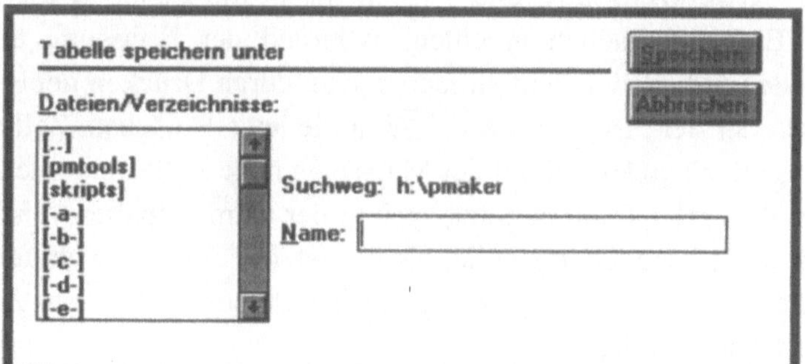

Speichern und Öffnen

Abbildung 10.92.: Dialogfeld *Speichern unter*

Tragen Sie in das Eingabefeld *Name* nach Aufruf der Funktion *Speichern unter...* einen beliebigen Dateiname unter Einhaltung der üblichen DOS-Konventionen ein. Die dreistellige Erweiterung kann auch hier entfallen. Der Tabelleneditor fügt automatisch die Erweiterung TBL hinzu.

Gespeicherte Dateien lassen sich mit der Funktion *Datei Öffnen...* im Menü *Datei* wieder aufrufen. Wählen Sie im Dialogfeld das Verzeichnis aus, in dem Ihre Tabellen gespeichert sind. In der

Dateiliste werden die gefundenen TBL-Dateien automatisch angezeigt und stehen zur Auswahl zur Verfügung. Genau wie in PageMaker lassen sich die Dateien als Original oder als Kopie öffnen. Wählen Sie die Option *Kopie* aus, wird lediglich der Inhalt der betreffenden Datei in eine neue Tabelle übertragen. Ein versehentliches Überschreiben ist dadurch ausgeschlossen, weil ein neuer Dateiname beim Speichern festzulegen ist.

Von PageMaker und anderen Windows-Programmen sind Sie es mittlerweile gewöhnt, daß mehrere Dokumentfenster gleichzeitig im Arbeitsspeicher verwaltet werden können. Beim Tabelleneditor ist dies anders. Hier läßt sich nur eine Tabelle zur Zeit bearbeiten. Wird eine neue angelegt oder eine gespeicherte geöffnet, wird die gegenwärtig aktuelle Tabelle automatisch geschlossen.

10.3.2 Daten erfassen und korrigieren

Daten erfassen

Eine Datenerfassung im Tabellenkörper erfolgt grundsätzlich in der Zelle, in der sich der Textcursor befindet. Wählen Sie also das Textwerkzeug aus, und klicken Sie in die Zelle, in der Sie eine Eingabe machen möchten. Während der Erfassung einer Tabelle wird es vielleicht einfacher sein, durch Drücken der ⏎ - Taste oder der Tabulatortaste ⇥ in die jeweils nächste Zelle zu wechseln, als jedesmal mit der Maus eine neue Zelle anzuklicken. Wird die ⏎ - Taste benutzt, springt der Cursor spaltenweise in die jeweils benachbarte Zelle, bis das letzte Feld in der aktuellen Spalte erreicht ist. Von dort springt der Cursor in die erste Zelle der nächsten Zeile.

Übungsbeispiel

- Legen Sie sich eine neue Tabelle an, die aus 5 Spalten und aus 8 Zeilen besteht. Die Größe der Tabelle belassen Sie zunächst beim Standard, weil das endgültige Ausmaß erst bei einer fertig erfaßten und gestalteten Tabelle ersichtlich ist.

- Erfassen Sie die nachfolgend abgebildete Tabelle.

	A	B	C	D	E
1	km-Abrechnung Woche 27				
2		Dienstlich	Privat	Gesamt	km-Geld
3	Montag	52	12		21,84
4	Dienstag	48	19		20,16
5	Mittwoch	32	21		13,44
6	Donnerstag	39	8		16,38
7	Freitag	45	13		18,9
8	Gesamt				

Abbildung 10.93.: Zu erfassende Tabelle

Berechnungen

Die Leistungsfähigkeit des Tabelleneditor darf nicht mit der einer Kalkulationstabelle verglichen werden. Was Berechnungen anbelangt, ist lediglich eine Summenbildung möglich, was aber vielfach schon ausreicht. Sollten andere Berechnungen erforderlich sein, ist die Tabelle in einem Kalkulationsprogramm anzulegen und von dort entweder in den Tabelleneditor oder direkt in PageMaker zu importieren. Lesen Sie im nächsten Abschnitt nach, wie eine Tabelle importiert wird.

Zellen markieren

Markieren Sie die Zellen mit dem Bearbeitungswerkzeug, in dem zu addierende Zahlenwerte stehen. Im Beispiel der gerade erfaßten Tabelle sind dies einmal die Zellen B3 bis B7. Ziehen Sie die Maus bei gedrückter linker Maustaste über die betreffenden Zellen, nachdem Sie zuvor das Bearbeitungswerkzeug ausgewählt haben. Die Zellen werden schwarz markiert, wobei das erste Feld als aktive Zelle weiß bleibt, jedoch mit einem schwarzen Rahmen.

Summe bilden

Sind die zu addierenden Zahlen markiert, wird im Menü *Zelle* die Funktion *Summe* aufgerufen, die ausschließlich bei markierten Zellen zur Verfügung steht. Der Mauszeiger signalisiert anschließend durch die Zeichenfolge +=, daß die Summe der markierten Zahlenkolonne gewissermaßen am Mauszeiger »klebt«. Führen Sie diesen Mauszeiger in die Zelle, in der das Berechnungsergebnis stehen soll, und klicken Sie einmal mit der linken Maustaste. Das Ergebnis wird daraufhin in dieser Zelle eingetragen.

- Bilden Sie die Summen der Zahlen in Spalte B und in Spalte C und anschließend die Summen der Zellen B3/C3, B4/C4 usw. Addieren Sie abschließend die Zahlenwerte in Spalte E. Vergleichen Sie anschließend Ihre Tabelle mit der folgenden Abbildung.

Abbildung 10.94.: Berechnungsergebnisse in der erfaßten Tabelle

	A	B	C	D	E
1	km-Abrechnung Woche 27				
2		Dienstlich	Privat	Gesamt	km-Geld
3	Montag	52	12	64	21,84
4	Dienstag	48	19	67	20,16
5	Mittwoch	32	21	53	13,44
6	Donnerstag	39	8	47	16,38
7	Freitag	45	13	58	18,9
8	Gesamt	216	73	289	90,72

10.3.3 Tabellen bearbeiten

Nach der Erfassung einer Tabelle steht die Bearbeitung an. Hierunter ist im Schwerpunkt die Gestaltung einer Tabelle zu verstehen, obwohl die Summenbildung genau genommen auch schon eine Bearbeitung und keine Erfassung war. Bearbeitet wird grundsätzlich nur die Zelle, die zuvor mit dem Bearbeitungswerkzeug angeklickt wurde und somit einen breiten Rahmen hat, den sogenannten Zellzeiger. Möchten Sie mehrere Zellen gleichzeitit bearbeiten, werden diese zuvor markiert. Alle Gestaltungsmerkmale lassen sich über das Bearbeitungswerkzeug zuweisen, auch wenn es sich um typografische Gestaltungsmerkmale handelt.

Typografie

Das Gestalten des Schriftbildes erfolgt über das Menü *Schrift*. Dort finden Sie Funktionen, wie sie bereits aus PageMaker bekannt sind. Auch der Umgang mit diesen Funktionen unterscheidet sich in keiner Weise von der Arbeitsweise in PageMaker.

Wollen Sie eine Gestaltung vornehmen, die sich auf alle Zellen der Tabelle auswirkt, dann muß logischerweise der gesamte Tabellenkörper markiert werden. In einem solchen Fall ist es aber nicht erforderlich, alle Zellen bei gedrückter linker Maustaste zu überfahren. Klicken Sie einfach in das Feld neben den Spaltenköpfen und über den Zeilenköpfen. Der Tabelleneditor markiert ausnahmslos alle Zellen.

Ganze Tabelle, Spalten oder Zeilen markieren

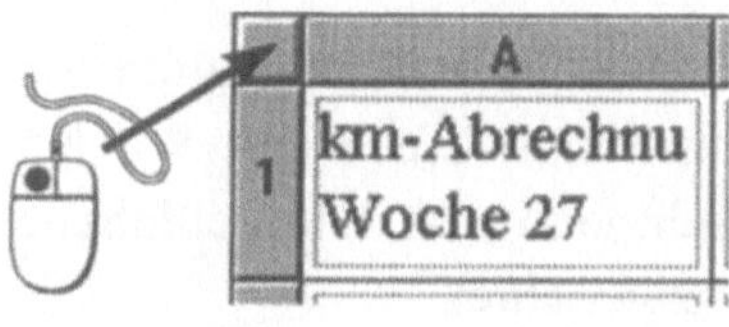

Hier anklicken, um ...						... alle Zellen zu markieren

Abbildung 10.95.: Markieren einer vollständigen Tabelle.

Wollen Sie eine vollständige Spalte oder eine vollständige Zeile markieren, ist der betreffende Spalten- bzw. Zeilenkopf anzuklicken.

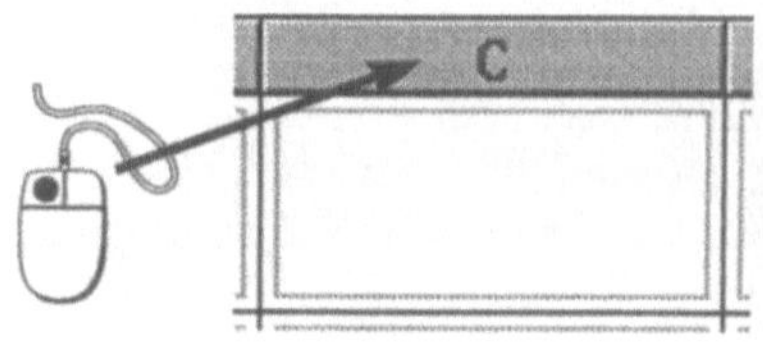

Hier anklicken, um ...						... eine Spalte zu markieren

Abbildung 10.96.: Markieren von Spalten oder Zeilen

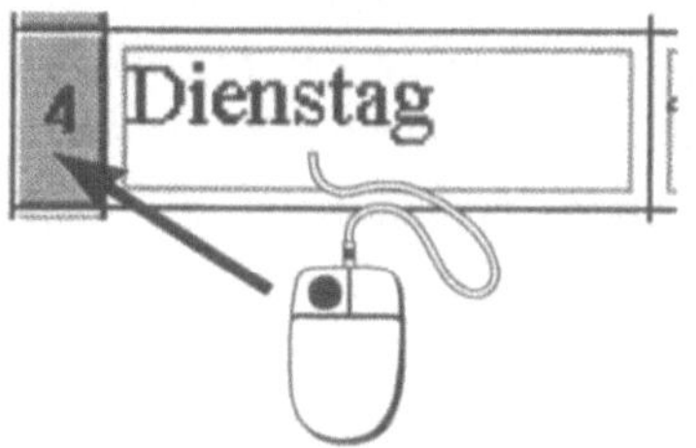

Hier anklicken, um ...						... eine Zeile zu markieren

*   Weisen Sie allen Zellen die Schriftgröße 14 Punkt zu.

Übungsbeispiel

Ausrichtungen

Die Zellinhalte lassen sich wie normaler Text ausrichten, jeweils bezogen auf die Abmessungen einer einzelnen Zelle. Abweichend zu normalen Texten kommen hier jedoch vertikale Ausrichtungsmöglichkeiten hinzu. Markieren Sie in Ihrer Tabelle die Spalten B bis E. Die Zellinhalte dieser Spalten sollen horizontal zentriert ausgerichtet werden. Rufen Sie im Menü *Schrift* die Funktion *Ausrichtung* auf, und wählen Sie im Untermenü die Option *Zentriert* aus.

Markieren Sie anschließend die gesamte Tabelle, und rufen Sie wieder die Funktion *Ausrichtung* im Menü *Schrift* auf. Wählen Sie diesmal die Option *Mitte* im Untermenü aus. Die Zellinhalte werden daraufhin vertikal zentriert ausgerichtet.

Zellen gruppieren

Häufig werden Tabellen erstellt, die mehrere Spalten unter einer gemeinsamen Überschrift enthalten. Zum Beispiel ein Bereich »Jahr«, der sich in die vier Spalten »1. Quartal«, »2. Quartal«, »3. Quartal« und »4. Quartal« aufteilt.

Abbildung 10.97.: Spaltenbereich unter einer gemeinsamen Überschrift

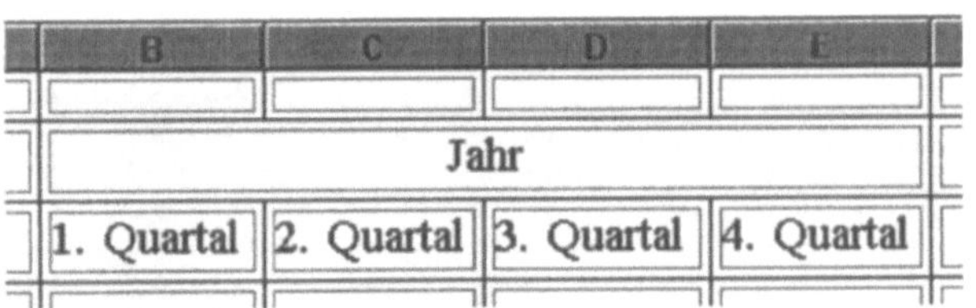

Für eine solche Zielsetzung gibt es die Funktion *Gruppieren* im Menü *Zelle*. Voraussetzung ist, daß vor dem Funktionsaufruf die zu gruppierenden Zellen markiert werden. Im Beispiel der obigen Abbildung sind das die Zellen B2 bis E2. Der Eintrag »Jahr« steht in der Zelle B2. Die markierten Zellen werden zusammengefaßt und künftig als ein Feld verwaltet. Jetzt läßt sich der Zellinhalt zentrieren, so daß er exakt im Zentrum der vier betreffenden Spalten angeordnet wird, so, wie in der obigen Abbildung gezeigt.

Übungsbeispiel

- Im Übungsbeispiel sind die Zellen A1 und B1 zu gruppieren, so daß der Zellinhalt von A1 nicht mehr zweizeilig ausgegeben wird.

	A	B	C	D	E
1	km-Abrechnung Woche 27				
2		Dienstlich	Privat	Gesamt	km-Geld
3	Montag	52	12	64	21,84
4	Dienstag	48	19	67	20,16
5	Mittwoch	32	21	53	13,44
6	Donnerstag	39	8	47	16,38
7	Freitag	45	13	58	18,9
8	Gesamt	216	73	289	90,72

Abbildung 10.98.:
Übungsbeispiel
mit gruppierten
Zellen A1/B1

Für das Gestalten von Zahlen stehen eigene Formatierungsmerkmale zur Verfügung, die mit der Funktion *Zahlenformat...* im Menü *Zelle* zugewiesen werden. Im Dialogfeld dieser Funktion werden einige Zahlenformate in Form von Modellen angeboten.

Zahlenformate

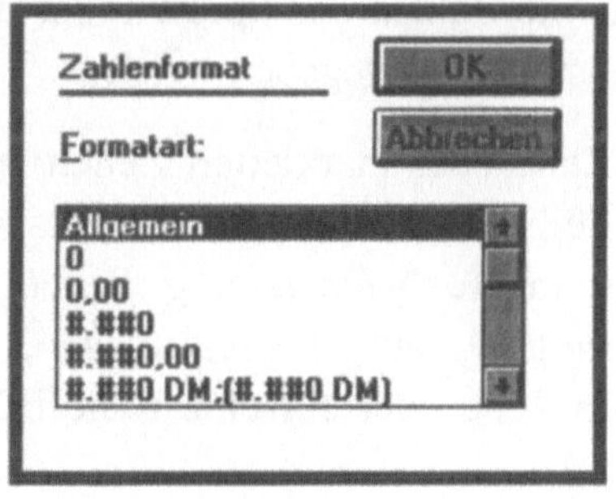

Abbildung 10.99.:
Dialogfeld zur
Auswahl von
Zahlenformaten

Allgemein besagt, daß die Zahlen entsprechend der Eingabe ausgegeben werden, wobei eine Null als letzte Stelle hinter dem Komma unterdrückt wird, wie es in Zelle E7 passiert ist. Die speziellen Zahlenformate bewirken eine Zahlenausgabe entsprechend der Modelldarstellung im Dialogfeld. Eine Null bedeutet, daß diese Stelle grundsätzlich ausgegeben wird, auch wenn hierfür eine tatsächliche Null eingegeben wird. In einer Zelle wird dann also zum Beispiel die Zahl 0,50 stehen, wenn das Zahlenformat *0,00* ausgewählt wurde. Die Null vor dem Komma besagt lediglich, daß eine einzelne Null an dieser Stelle ausgegeben wird. Geben Sie einen Wert mit einer Zehnerstelle und höher ein, wird natürlich die vollständige Zahl gezeigt.

Wird ein Tausenderpunkt gewünscht, muß zum Beispiel das Zahlenformat #.##0,00 ausgewählt werden. Die Nummernkreuze bilden in einem solchen Fall Bedarfstellen. Eine Stelle vor dem Komma wird durch den Wert »0,« grundsätzlich ausgegeben, während Zehner-, Hunderter- und Tausenderstellen nur im Bedarfsfall ausgegeben werden.

Wenn Sie in der Liste der Zahlenformate weiter nach unten blättern, werden Sie auch Formate mit Währungszeichen finden und solche, bei denen ein zweites Modelle in Klammern eingetragen ist. Diese Zahlenformate werden einen negativen Wert in Klammern ausgeben. Am Ende der Liste werden Sie zwei Zahlenformate für Prozentwerte finden, die das Prozentzeichen der formatierten Zahl hinzufügen. Denken Sie daran, daß das Prozentzeichen den Status 1/100 hat, was Sie bei der Eingabe einer Zahl berücksichtigen müssen. Geben Sie den Wert 15 ein, werden Sie in der Zelle 1500% stehen haben. Geben Sie jedoch 0,15 ein, erhalten Sie die erwartete Ausgabe 15%.

Übungsbeispiel • Gestalten Sie die Zahlen der Spalte E so, daß grundsätzlich zwei Dezimalstellen ausgegeben werden.

Grafische Gestaltung Jeder einzelnen Zelle oder markierten Zellen lassen sich Randlinien und auch Füllmuster zuweisen. Die entsprechenden Funktionen finden Sie im Menü *Einstellung*. Rufen Sie zunächst die Funktion *Einfassungen...* auf, um festzulegen, ob ein geschlossener Rahmen pro Zelle oder einzelne Randlinien gebildet werden sollen.

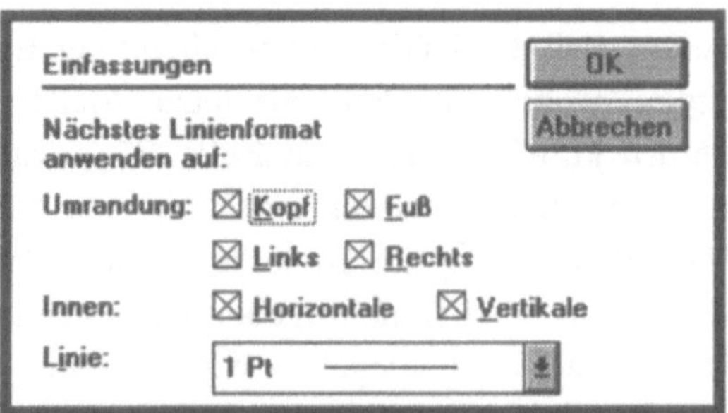

Abb. 10.100.: Dialogfeld zur Festlegung von Randlinien

Im gleichen Dialogfeld können Sie in der Auswahlliste *Linie* eine Linienart auswählen, die nach dem Bestätigen des Dialogs der aktiven Zelle oder dem aktiven Zellbereich zugewiesen wird. Ansonsten läßt sich eine Linienart auch nachträglich mit der Funktion *Linie* im Menü *Einstellung* auswählen und zuweisen. Füllmuster werden mit der Funktion *Füllung* im Menü *Einstellung* ausgewählt. Im wesentlichen ist der Umgang mit diesen Gestaltungsmöglichkeiten mit PageMaker zu vergleichen.

- Gestalten Sie Ihre Tabelle entsprechend der folgenden Abbildung.

Übungsbeispiel

km-Abrechnung Woche 27			
	Dienstlich	Privat	Gesamt	km-Geld
Montag	52	12	64	21,84
Dienstag	48	19	67	20,16
Mittwoch	32	21	53	13,44
Donnerstag	39	8	47	16,38
Freitag	45	13	58	18,90
Gesamt	216	73	289	90,72

Abb. 10.101.: Fertige Tabelle

10.3.4 Tabellen aus Fremdprogrammen importieren

Der Tabelleneditor kann nicht nur dafür genutzt werden, um Tabellen zu erfassen, sondern es lassen sich auch fremde Tabellen importieren. Im Übungsverzeichnis ist für diesen Zweck eine Tabelle unter dem Namen KMABRECH.XLS gespeichert, die mit dem Kalkulationsprogramm Excel angelegt wurde. Inhaltlich handelt es sich um die gleiche Tabelle, wie die, die Sie gerade selber angelegt haben. Rufen Sie im Menü *Datei* die Funktion *Importieren...* auf, um diese Datei öffnen zu können.

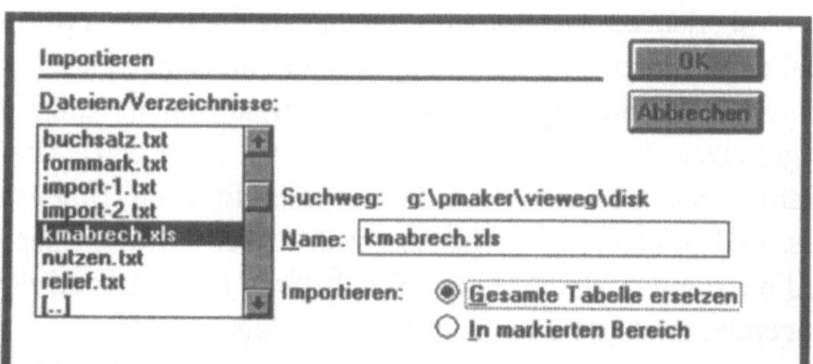

Abb. 10.102.: Dialogfeld zum Importieren einer Tabellendatei

Ist die Importoption *Gesamte Tabelle ersetzen* aktiv, wird für die ausgewählte Datei eine neue Tabelle im Tabelleneditor angelegt. Zuvor wird jedoch abgefragt, welcher Teil der fremden Tabelle zu importieren ist.

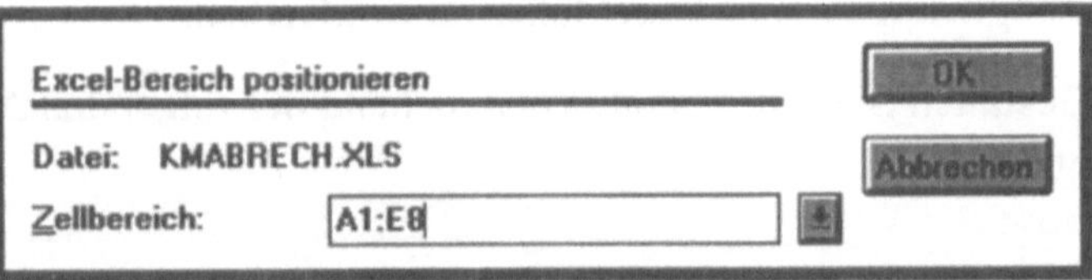

Abb. 10.103.: Abfrage nach einen Importbereich

Tragen Sie in die Eingabezeile *Zellbereich* den betreffenden Zellbereich der Tabelle ein. In diesem Beispiel beginnt die Tabelle in Zelle A1 und endet im Feld E8. Der Doppelpunkt in der abgebildeten Eingabe definiert also für einen *von...bis*-Bereich. Sie können aber auch einen Teilbereich festlegen, zum Beispiel C1:C8, um nur die Zeile C der Tabelle zu importieren. Sind in der zu importierenden Tabelle bestimmte Zellbereiche mit einem Namen belegt, sind diese in der Auswahlliste enthalten und lassen sich anstelle eines normalen Zellbezugs auswählen.

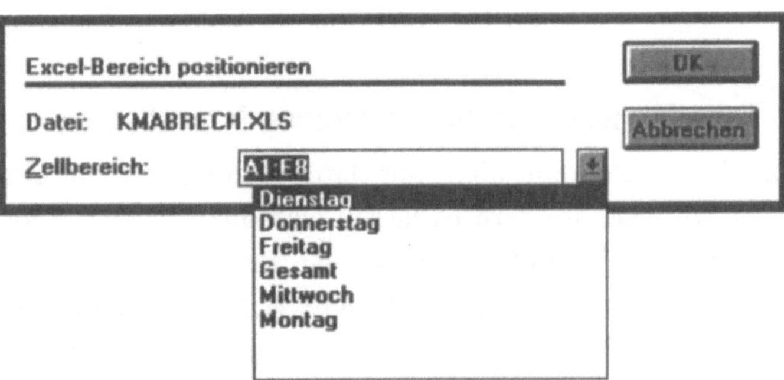

Abb 10.104.: Abfrage-Dialog mit aufgeklappter Auswahlliste *Zellbereich*

Import ins PageMaker-Layout

Sofern Sie eine importierte Tabelle nicht noch weiterbearbeiten möchten, gibt es keinen zwingenden Grund, eine Tabelle erst in den Tabelleneditor zu importieren und sie dann von dort in Page-Maker zu übertragen. In einem solchen Fall schlage ich vor, den Import direkt im PageMaker-Layout vorzunehmen. Rufen Sie in PageMaker die Funktion *Positionieren...* im Menü *Datei* auf. Wählen Sie im Dialogfeld die zu importierende Tabellendatei aus, und bestätigen Sie Ihre Auswahl durch Drücken der Taste ⏎ oder durch Anklicken der Schaltfläche [OK]. Daraufhin wird folgendes Dialogfeld auf dem Monitor eingeblendet.

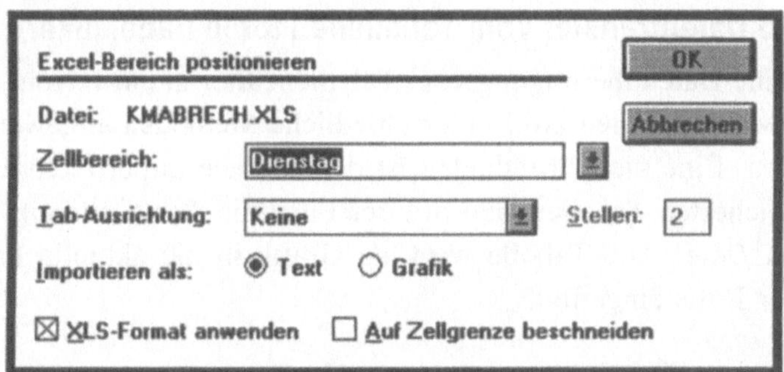

Abb. 10.105.: Dialogfeld zum einstellen von Importoptionen

Auch in diesem Dialogfeld ist der zu importierende Zellbereich einzutragen oder auszuwählen. Zusätzlich wird in der Auswahlliste *Tab-Ausrichtung* eine Ausrichtung für Tabstopps eingestellt, sofern die Importoption *Text* aktiv ist. Belassen Sie es bei der Vorgabe *Keine*, wenn Sie die Ausrichtungen der Originaldatei übernehmen möchten.

Die Tabelle wird also als Text importiert, während sie als Bild einfließt, wenn die alternative Option *Grafik* ausgewählt wird. Im letzteren Fall läßt sich der Inhalt einer importierten Tabelle in PageMaker nicht bearbeiten. Dafür werden aber grafische Gestaltungsmerkmale mitimportiert.

Abb. 10.106.: Als Text importierte Tabelle

als Text importierte Tabelle

km-Abrechnung Woche 27				
	Dienstlich	Privat	Gesamt	km-Geld
Montag	52	12	64	21,84
Dienstag	48	19	67	20,16
Mittwoch	32	21	53	13,44
Donnerstag	39	8	47	16,38
Freitag	45	13	58	18,9
Gesamt	216	73	289	90,72

10.3.5 Datentransfer vom Tabelleneditor in PageMaker

Datei importieren

Für eine Datenübertragung vom Tabelleneditor in ein Layout von PageMaker können zwei unterschiedliche Methoden angewendet werden. Eine dieser Methoden ist das normale importieren einer gespeicherten Tabellendatei mit der Funktion *Positionieren...* im Menü *Datei*. Die Tabelle wird als Grafik in die aktuelle Page-Maker-Datei eingefügt.

Übungsbeispiel

- Für das Importieren einer TBL-Datei ist im Übungsverzeichnis die Datei KMGELD.TBL gespeichert. Importieren Sie diese Tabelle in ein PageMaker-Layout.

Abb 10.107.: Importierte TBL-Datei

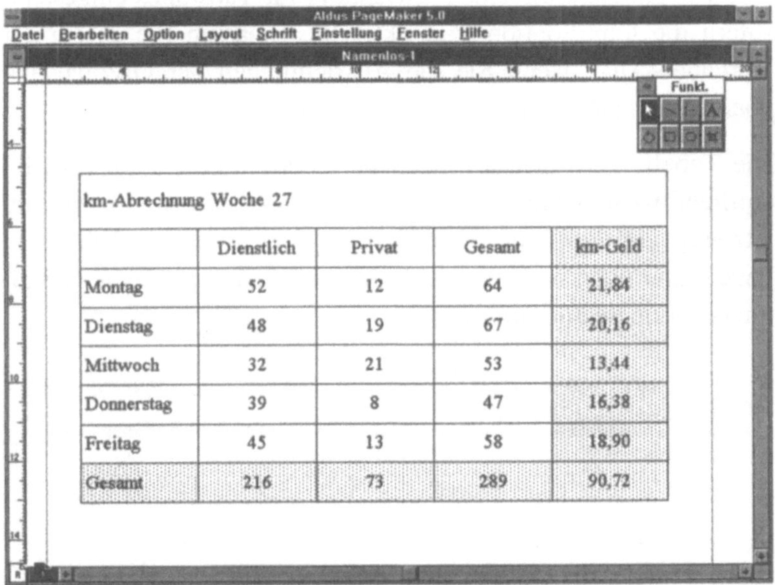

	Dienstlich	Privat	Gesamt	km-Geld
Montag	52	12	64	21,84
Dienstag	48	19	67	20,16
Mittwoch	32	21	53	13,44
Donnerstag	39	8	47	16,38
Freitag	45	13	58	18,90
Gesamt	216	73	289	90,72

Import über den Zwischenspeicher

Auch der Windows-Zwischenspeicher kann genutzt werden, um eine Tabelle vom Tabelleneditor in ein PageMaker-Layout zu übertragen. Markieren Sie im Tabelleneditor die gesamte Tabelle, und klappen Sie das Menü *Bearbeiten* auf. Sie werden zwei Kopierfunktionen im Menü vorfinden, *Kopieren* und *Bild kopieren*. Wählen Sie die erstgenannte Funktion aus, um die Tabelle als Text zu übertragen. Die zweitgenannte Funktion wird die Tabelle als Bild einschließlich grafischer Gestaltungsmerkmale übertragen.

10.4 Dynamischer Datenaustausch

Seit es die grafische Benutzeroberfläche Windows in der Version 3.1 gibt, ist der dynamische Datenaustausch, kurz DDE (Dynamic Data Exchange), eine Funktion, auf die kaum noch verzichtet werden kann. Die Aufgabe des dynamischen Datenaustausches ist eine automatische Aktualisierung importierter Daten, wenn sich diese in der Originaldatei verändert haben. Demzufolge besteht eine ständige Verbindung zwischen Original und Zieldokument. Öffnen Sie die PageMaker-Datei DDE.PM5, um den dynamischen Datenaustausch an einem praktischen Beispiel kennenzulernen.

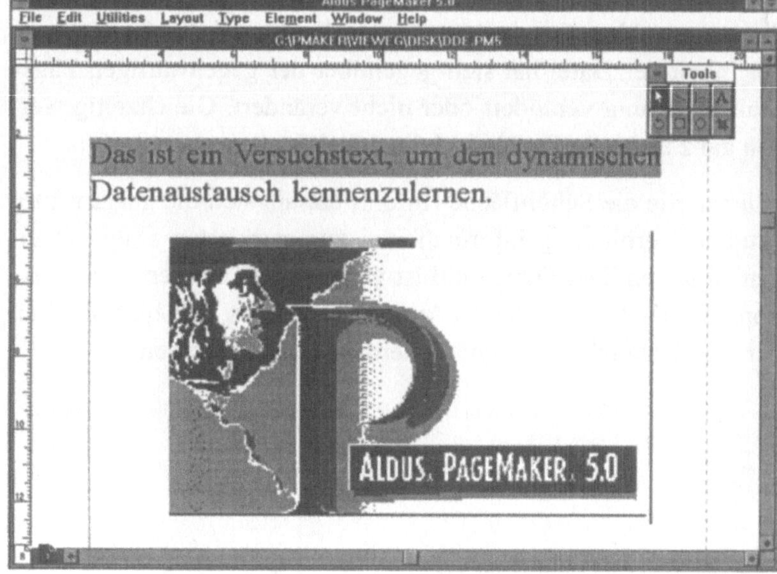

Abb 10.108.: PageMaker-Dokument vor der Auswirkung von DDE

Mit der Funktion *Verknüpfungen...* im Menü *Datei* läßt sich abfragen, zu welchen Dateien das aktuelle PageMaker-Dokument Verbindungen unterhält. In der Spalte Datei sind alle Fremddateien namentlich aufgeführt. In der Spalte *Art* ist jeweils angegeben, um welche Art Dateien es sich jeweils handelt. In der dritten Spalte wird angezeigt, auf welcher Dokumentseite der Inhalt dieser Dateien positioniert ist.

Verbindungsoptionen

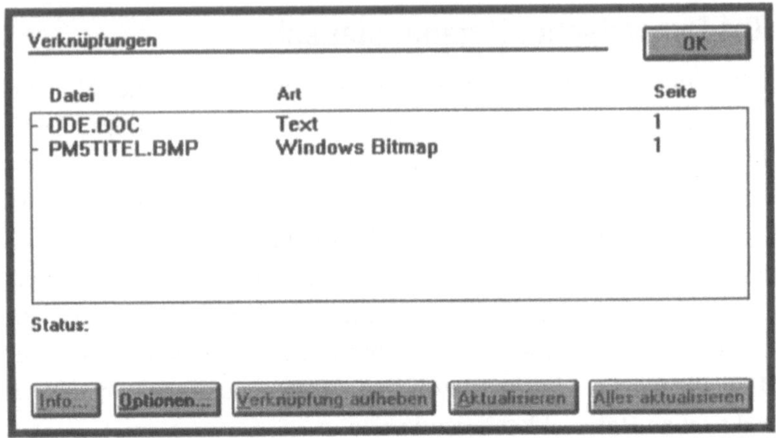

Status

Sobald Sie eine der aufgeführten Dateien durch Mausklick markiert haben, zeigt PageMaker unterhalb der Dateiliste den Status
der ausgewählten Originaldatei an. Es kann zwei Zustände geben:
der Inhalt der Datei hat sich gegenüber der gegenwärtigen Page-
Maker-Fassung verändert oder nicht verändert. Gleichzeitig werden ganz unten im Dialogfeld die Schaltflächen aktiv.

Info...

Klicken Sie die Schaltfläche [Info...] an, um sich die gegenwärtig
aktuelle Verbindungsinformationen zur markierten Datei anzeigen zu lassen. Das Dialogfeld ist vom Aufbau her dem der Funktion *Datei - Öffnen* gleich. Anders ist jedoch, daß rechts neben
der Verzeichnisliste Informationen ausgegeben werden.

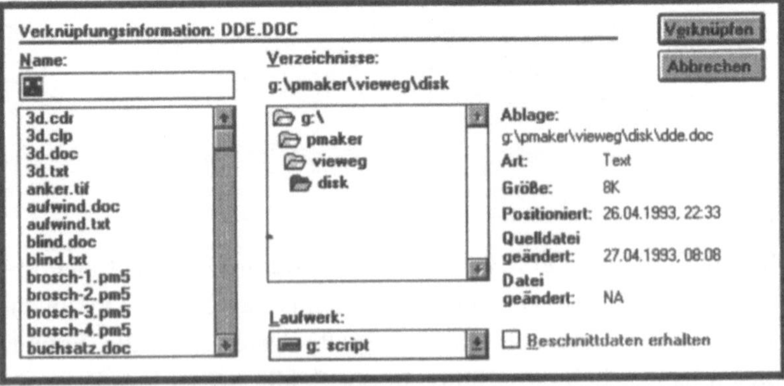

Verknüpfen

Sie haben jetzt die Möglichkeit, in der Dateiliste ein anderes Dokument auszuwählen. Klicken Sie anschließend die Schaltfläche
[Verknüpfen] an oder drücken Sie die Taste ⏎, wird die neu

ausgewählte Datei anstelle der bis dahin markierten Originaldatei in die Liste der verbundenen Dateien aufgenommen. Wird auch das vorherige Dialogfeld bestätigt, also zum Dokument zurückgekehrt, tauscht PageMaker das betreffende Objekt im Layout automatisch aus.

Die Schaltfläche [Optionen...] führt in ein Dialogfeld, das die augenblichen Verbindungsoptionen zur ausgewählten Datei anzeigt.

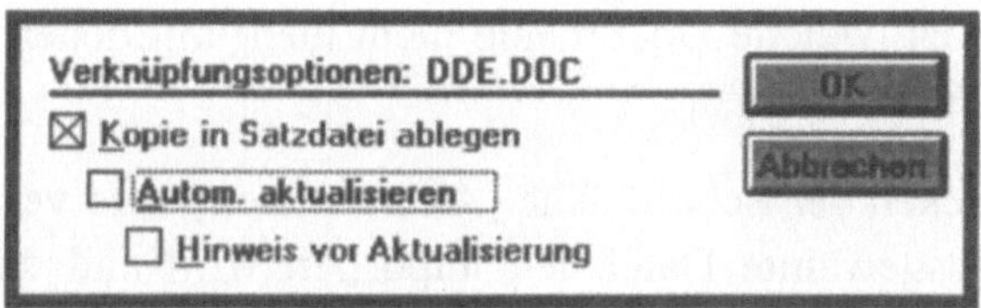

Abb. 10.111.: Verbindungsoptionen

Hier läßt sich die Arbeitsweise des dynamischen Datenaustausches einstellen. Dieses bzw. ein ähnliches Dialogfeld werden Sie noch an einer anderen Stelle im Programm finden, wo die Verbindungsoptionen pauschal für das gesamte Dokument festgelegt werden. Hier gelten Sie nur für die ausgewählte Datei.

Kopie in Satzdatei ablegen

> Die Option wird bei Bilddateien aktiv sein und bedeutet, daß von der Grafik lediglich eine Kopie innerhalb von PageMaker angelegt wird. Die Originaldatei bleibt also erhalten.

Autom. aktualisieren

> Mit diesem Parameter wird die DDE-Funktion ein- bzw. ausgeschaltet.

Hinweis vor Aktualisierung

> Ist das Feld *Autom. aktualisieren* aktiv, wird auch der Parameter *Hinweis vor Aktualisierung* auswählbar sein. Wird er ebenfalls aktiviert, fragt PageMaker vor dem Aktualisieren nach, ob dieser Vorgang tatsächlich ausgeführt werden soll.

Möchten Sie eine Verbindung aufheben, so daß im PageMaker-Layout keine Aktualisierung des betreffenden Objekts mehr stattfindet, dann klicken Sie nach Auswahl der betreffenden Datei die

Schaltfläche [Verknüpfung aufheben] an. Die ausgewählte Datei wird aus der Liste entfernt.

Sind in der Liste Dateien enthalten, deren Inhalte sich gegenüber der jeweils gegenwärtigen Fassung in PageMaker verändert haben, werden auch die Schaltflächen [Aktualisieren] und [Alles aktualisieren] aktiv sein. Letztgenannte Schaltfläche jedoch nur dann, wenn mehr als eine veränderte Datei gefunden wurden. Zusätzlich kennzeichnet PageMaker veränderte Dateien mit einem Pluszeichen vor dem Dateinamen, damit in der Übersicht schon erkennbar ist, welche Dokumente nicht mehr mit denen in PageMaker übereinstimmen.

Das Anklicken der Schaltfläche [Aktualisieren] wird veranlassen, daß die ausgewählte Datei neu importiert wird und das betreffende Objekt in PageMaker ersetzt. Dabei bleiben natürlich die Position und die Abmessung erhalten. Wollen Sie die Objekte alle veränderten Dateien pauschal ersetzen, dann klicken Sie die Schaltfläche [Alles aktualisieren] an. Auf diese Weise lassen sich Objekte manuell aktualisieren.

Automatische Aktualisierung

Die Stärke von DDE ist die automatische Aktualisierung von veränderten Objekten. Bevor Sie dies ausprobieren, sehen Sie sich bitte die Verbindungsoptionen an. Rufen Sie hierzu im Menü *Einstellung* die Funktion *Verknüpfungsoption...* auf. Sofern zuvor kein Objekt markiert wurde, erhalten Sie folgendes Dialogfeld für das Einrichten von Verbindungsoptionen für künftige Importobjekte.

Abb. 10.112.: Pauschale Verbindungsoptionen eines Dokuments

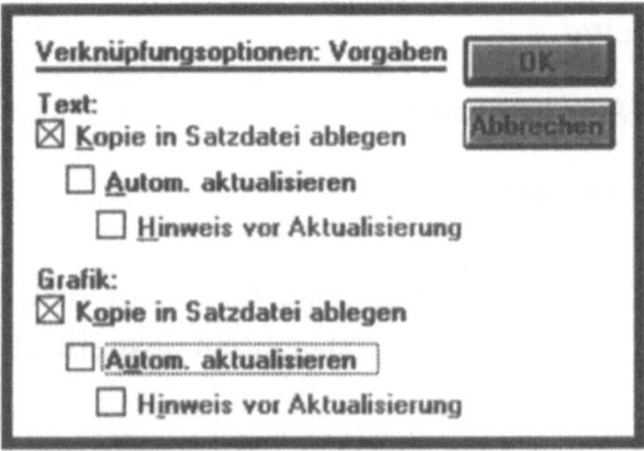

Getrennt für Text- und Bildobjekte lassen sich hier die Verbindungen steuern. Im Fall der obigen Abbildung sind die Verbindungen deaktiv. Eingeschaltet werden sie erst, wenn die Felder *Autom. aktualisieren* aktiviert werden. Sobald Sie dort Kreuze in die Felder klicken, werden auch die Felder *Hinweis vor Aktualisierung* eingeblendet. Möchten Sie vor einer automatischen Aktualisierung eine Sicherheitsabfrage eingeblendet bekommen, sind diese Felder ebenfalls zu aktivieren. Ansonsten wird PageMaker nicht rückfragen, sondern eine Aktualisierung selbständig ausführen, sobald DDE eine Veränderung meldet. Die Abfrage von DDE-Verbindung erfolgt bei jedem Öffnen einer PageMaker-Datei und beim Drucken.

Möchten Sie für bereits importierte Objekte die Verbindungsoptionen ändern, sind die betreffenden Elemente mit dem Positionierwerkzeug zu aktivieren, bevor das Dialogfeld der Verbindungsoptionen aufgerufen wird.

- Aktivieren Sie sowohl für Textelemente als auch für grafische Objekte die automatische Aktualisierung.

- Aktivieren Sie auch beide Felder *Hinweis vor Aktualisierung*.

- Speichern Sie das PageMaker-Dokument zurück.

Übungsbeispiel

Der im Übungsdokument enthaltene Text ist als WinWord-Datei unter dem Dateinamen DDE.DOC im Übungsverzeichnis gespeichert. Öffnen Sie diese Datei in WinWord, falls Sie dieses Textverarbeitungsprogramm zur Verfügung haben. Verändern Sie den Text nach Ihrem Ermessen, und speichern Sie die Datei unter gleichem Namen im gleichen Verzeichnis zurück.

Verfahren Sie ebenso mit der Grafik. Es handelt sich um die Datei PM5TITEL.BMP, die mit dem Windows-Zubehör Paint-Brusch angelegt wurde. Starten Sie dieses Malprogramm, öffnen Sie die genannte Datei, und führen Sie auch hier eine markante Veränderung aus. Speichern Sie die Datei ebenfalls unter gleichem Namen im gleichen Verzeichnis zurück. Beide Originaldateien können Sie dann einschließlich der Programme schließen.

Schließen Sie auch das PageMaker-Dokument DDE.PM5, und öffnen Sie es anschließend wieder. PageMaker wird die DDE-Verbindung abfragen und feststellen, daß sich Veränderungen ergeben haben. Sofort die Option *Hinweis vor Aktualisierung* für die Objekte aktiviert wurde, wird folgende Abfrage eingeblendet werden.

Abb. 10.113.:
Abfrage vor
Aktualisierung

Sie können nun entscheiden, ob das betreffende Objekt aktualisiert wird oder nicht. Möchten Sie, das alle weiteren Objekte automatisch aktualisiert oder ignoriert werden, ist eine der Schaltflächen [Alles aktualisieren] oder [Alles ignorieren] anzuklicken.

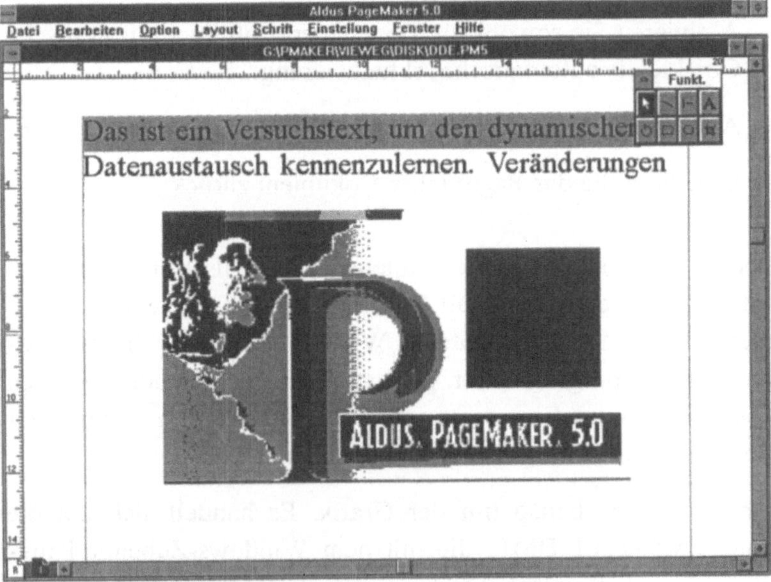

Abb. 10.114.:
Dokument nach
der Auswirkung
von DDE

10.5 Objekt Linking

Objekt Linking ist eine Funktion, die zwar auch schon so alt ist wie Windows 3.1, aber PageMaker unterstützt sie erstmalig. Objekt Linking ist eher unter dem Kürzel OLE bekannt, was im Klartext »Objekt Linking and Embedding« heißt, ins deutsche übersetzt: »Objekt verknüpfen und einbetten«. OLE ist also auch eine Verbindung von zwei Dateien, zwischen denen ein Datenaustausch stattgefunden hat. Während bei DDE nur eine Aktualisierung im Zieldokument erfolgt, also gewissermaßen zwischen Quell- und Zieldatei eine »Einbahnstraße« existiert, kann eine OLE-Verbindung in beide Richtungen genutzt werden. Das bedeutet, aus dem Zieldokument heraus kann zur Bearbeitung eines Bildes direkt in die Quellsoftware gewechselt werden.

Leider wird OLE noch immer nicht von allen Programmen unterstützt. Es ist also denkbar, das die folgenden Arbeitsschritte nicht funktionieren, wenn Sie mit älteren Programmversionen arbeiten. Das hier verwendete Beispiel stellt eine OLE-Verbindung zwischen PageMaker 5.0 und CorelDraw 3.0 dar.

Öffnen Sie bitte in PageMaker das Dokument OLE.PM5, das im Übungsverzeichnis gespeichert ist. In dieser Datei wurde ein Bild aus dem Zeichenprogramm CorelDraw importiert. Wenn Sie dieses Bild mit dem Positionierwerkzeug anklicken, wird im Menü *Bearbeiten* die ursprüngliche Funktion *Original bearbeiten* gegen *CorelDraw! Grafik Objekt* ausgetauscht.

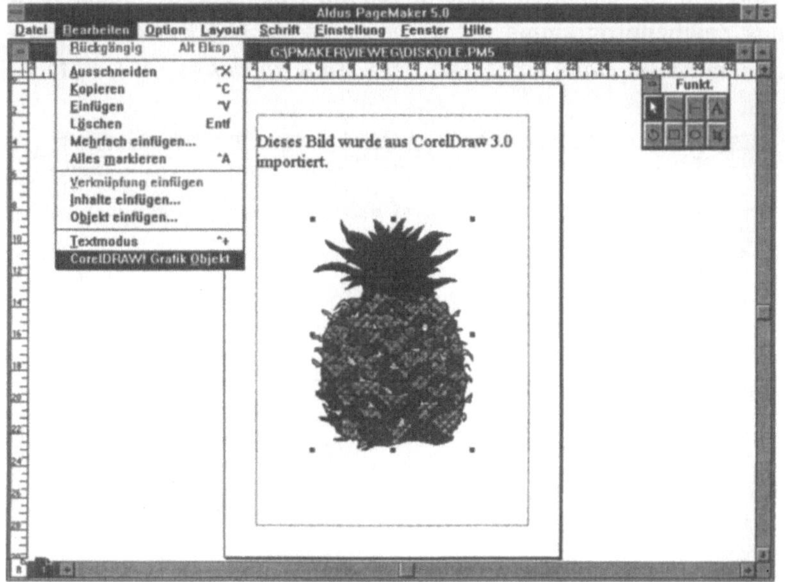

Abb. 10.115.: Funktion *CorelDraw! Grafik Objekt* im Menü *Bearbeiten*

Wird diese Funktion aufgerufen, erfolgt ein automatischer Start des entsprechenden Programms und gleichzeitiges Übertragen des markierten Bildes, um es im Zeichenprogramm bearbeiten zu können. Ein Doppelklick mit der linken Maustaste auf ein solches Bild führt zum gleichen Ergebnis.

Abb. 10.116.: Durch OLE gestartetes Programm CorelDraw

Sind alle gewünschten Änderungen am Bild vorgenommen, wird das Zeichenprogramms wieder geschlossen. Die Funktion *Beenden* im Menü *Datei* heißt jetzt *Beenden & zurück zu OLE.PM5*.

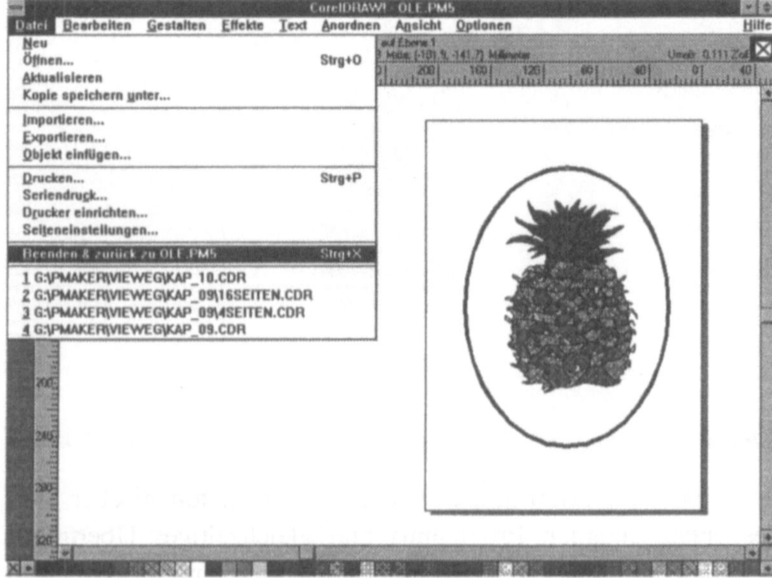

Abb. 10.117.: Verändertes Bild in CorelDraw

Nach dem Aufruf der Funktion wird in einem Fenster darüber informiert, daß die OLE-Verbindung jetzt wieder aufgehoben wird. Desweiteren fragt das Programm an, ob die Veränderung des Bildes in die Zieldatei übertragen werden soll. Antworten Sie durch Anklicken der Schaltflächen [Ja], um eine Aktualisierung auszuführen.

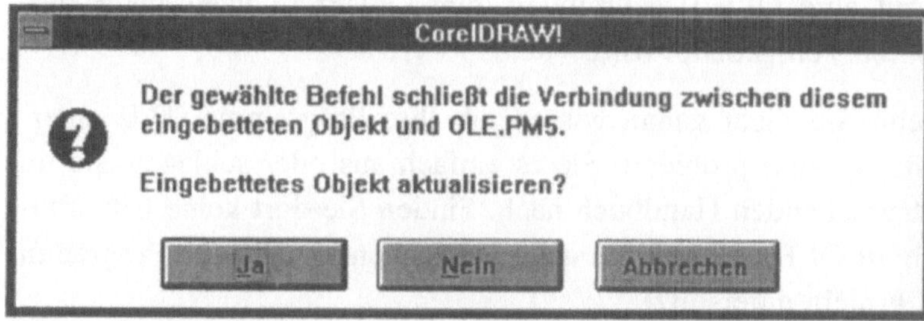

Abb. 10.118.: Abfrage vor dem Schließen einer OLE-Verbindung

Wird mit »Ja« geantwortet, werden die Änderungen in PageMaker übertragen. Andernfalls bleibt es bei der ursprünglichen Fassung des Objekts. Drücken Sie die Taste ⏎, ist dies mit der Schaltfläche [Ja] gleichbedeutend, sofern Sie nicht zuvor durch Drücken der ⇆ - Taste eine andere Schaltfläche aktiviert haben. Wird die Schaltfläche [Abbrechen] angeklickt, verbleiben Sie im Zeichenprogramm.

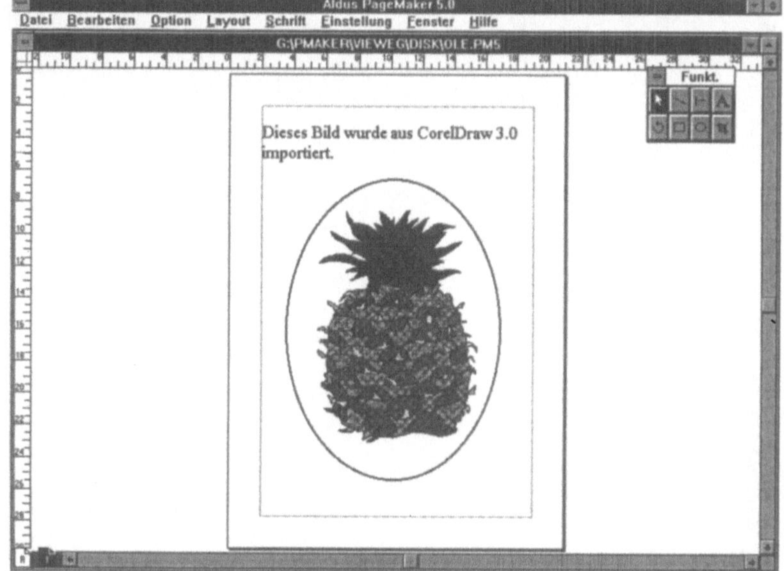

Abb. 10.119.: Aktualisiertes Objekt in PageMaker

Zwischen-
speicher

Wird ein Objekt über den Zwischenspeicher von Windows in PageMaker importiert, wird gewöhnlich keine OLE-Verbindung zur Verfügung gestellt. Ist das betreffende Objekt bzw. das Programm OLE-fähig, wird das Menü *Bearbeiten* automatisch durch die Funktion *Verknüpfung einfügen...* erweitert. Das Einfügen aus dem Zwischenspeicher muß jetzt mit dieser Funktion erfolgen, damit eine OLE-Beschreibung zum Objekt in PageMaker (unsichtbar) eingebettet wird.

Wenn Sie nicht genau wissen, ob Ihre Programme OLE unterstützen, dann probieren Sie es einfach aus oder schlagen Sie im entsprechenden Handbuch nach. Finden Sie dort keine Erklärungen zu OLE, können Sie davon ausgehen, daß dieses Programm OLE nicht unterstützt.

Die OLE-Funktion haben Sie exemplarisch am Beispiel eines CorelDraw-Objekts kennengelernt. In gleicher Weise läßt sich der Umgang mit OLE auf andere Windowsprogramme übertragen. Sollten Sie also das Grafikprogramm CorelDraw nicht zur Verfügung haben, dann probieren Sie die Arbeitsschritte mit einem beliebigen anderen Objekt aus.

Kapitel 11

Kleines PageMaker-Lexikon

11 Kleines PageMaker-Lexikon

Dieses letzte Kapitel soll Ihnen noch einmal eine kurze Übersicht aller Funktionen geben, die in alphabetischer Reihenfolge mit jeweils einer Kurzbeschreibung aufgeführt sind. Darüberhinaus soll Ihnen ein kleines DTP-Lexikon häufig verwendete Fachausdrücke im Bereich Desktop Publishing erklären.

11.1 Übersicht der Funktionen

Absatz - Ein mit dem Textwerkzeug aktivierter Absatz wird mit   A
Absatzformatierungen gestaltet.

Aldus Additions - In einem Untermenü werden Zusatzprogramme zur Verfügung gestellt.

Alles markieren - Alle Objekte der aktiven Seite werden mit dem Positionierwerkzeug aktiviert. Oder es wird ein vollständiger Textabschnitt mit dem Textwerkzeug markiert.

Alte Fassung - Im aktiven Dokument wird die Fassung der letzten Speicherung wiederhergestellt.

Ansicht - Die Bildschirmdarstellung eines Dokumentfensters wird eingestellt.

Ausrichtung - Die Zeilen eines Absatzes werden zueinander ausgerichtet, zum Beispiel im Blocksatz.

Ausschneiden - Makierte Objekte werden entfernt und die Zwischenablage von Windows übertragen.

Autom. Textanschluß - Bei Import von langen Texten werden automatisch Seitenumbrüche ausgeführt.

Beenden - Die Arbeitssitzung mit PageMaker wird beendet und   B
das Programm geschlossen.

Bild nachbearbeiten - Importierte Bilder lassen sich in der Helligkeit und im Kontrast bearbeiten.

Buch - Mehrere PageMaker-Dokumente werden zu einem Buch zusammengefaßt und somit gemeinsam verwaltet.

Buchstabenbreite - Die Breite der Schriftzeichen wird verändert.

D   **Datei öffnen** - Ein gespeichertes PageMaker-Dokument wird als Fenster geöffnet.

Datei schließen - Ein PageMaker-Dokument wird geschlossen.

Drucken - Ein PageMaker-Dokument wird ausgedruckt.

Druckformate - In einem Untermenü werden alle existierenden Druckformatvorlagen zur Auswahl angeboten.

Druckformate definieren - Druckformate lassen sich neu anlegen, bearbeiten oder löschen.

Druckformatliste - Auf dem Monitor wird eine Auswahlpalette mit Druckformatvorlagen eingeblendet.

E   **Einfügen** - Der Inhalt der Windows-Zwischenablage wird in das Layout eingefügt.

Einzüge/Tabs - Absatzeinzüge und Tabstopps lassen sich definieren, verändern oder löschen.

Ersetzen - Im Textmodus lassen sich Texte gegen neue austauschen.

Exportieren - Texte werden in eine Textdatei exportiert.

F   **Farbpalette** - Auf dem Monitor wird eine Auswahlpalette für Farben eingeblendet.

Füllung - Ein gezeichnetes Objekt wird mit einer Füllung oder einer Farbschattierung gefüllt.

Funktionen - Auf dem Monitor wird die Funktionenbox eingeblendet.

Index erstellen - Es wird ein Stichwortverzeichnis zusammen-   I
gestellt.

Indexeintrag - Ein markiertes Wort wird als Index gekennzeichnet, damit es später in ein Stichwortverzeichnis aufgenommen
werden kann.

Inhalt - Inhaltsverzeichnis der Hilfefunktion

Inhalte einfügen - Fügt den Inhalt des Windows-Zwischenspei-
chers als Verknüpfung in das Layout ein.

Inhaltsverzeichnis erstellen - Aus Kapitelüberschriften wird ein
Inhaltsverzeichnis erstellt.

Kontrollpalette - Auf dem Monitor wird eine Kontrollpalette zur   K
Bearbeitung von Texten und Objekten ein.

Konturenführung - Objekte werden mit einer Konturenführung
bearbeitet, damit Texte um das Objekt herumfließen können.

Kopieren - Markierte Objekte oder Texte werden in die Zwischenablage von Windows kopiert.

Kurzbefehle - In einem Hilfefenster werden alle Tastenschlüssel
von PageMaker angezeigt.

Laufweite - Die Zeichenabstände eines markierten Textes   L
werden verändert.

Layoutmodus - Aus dem Textmodus wird in das Layout umgeschaltet.

Lineale und Hilfslinien - Einstellungen der Lineale und der
Hilfslinien werden vorgenommen.

Linie - In einem Untermenü werden verschiedene Linienarten
und Strichstärken angeboten.

Linie und Füllung - In einem Dialogfeld lassen sich Linien und
Füllungen eines Objekts gemeinsam bearbeiten.

Löschen - Markierte Objekte werden aus dem Layout entfernt, jedoch nicht in die Zwischenablage von Windows übertragen.

M **Mehrfach einfügen** - Der Inhalt der Windows-Zwischenablage wird beliebig oft in das Layout eingefügt.

N **Nach hinten stellen** - Ein aktiviertes Objekt wird in der Objekt-Hierarchie in den Hintergrund gestellt.

Nach vorne stellen - Ein aktiviertes Objekt wird in der Objekt-Hierarchie in den Vordergrund gestellt.

Nächstes Suchen - Im Textmodus wird ein Suchvorgang wiederholt.

Nebeneinander - Zwei oder mehr Dokumentfenster werden nebeneinander auf dem Monitor angeordnet.

Neue Datei - Eine neues Dokumentfenster wird angelegt mit einer namenlosen Datei.

O **Objekt einfügen** - Grafische Objekte lassen sich aus Fremdprogrammen in PageMaker übertragen.

Original bearbeiten - Ein aktiviertes Objekt läßt sich in der jeweiligen Originalsoftware bearbeiten.

P **PageMaker 5.0 lernen** - Das Lernprogramm von PageMaker 5.0 wird ausgeführt, sofern es installiert ist.

Positionieren - Fremdobjekte werden importiert und positioniert.

R **Rechtschreibung** - Im Textmodus wird eine Rechtschreibkontrolle ausgeführt.

Rückgängig - Die zuletzt ausgeführte Aktion wird rückgängig gemacht, sofern dies noch möglich ist.

Sammelpalette - Auf dem Monitor wird eine Auswahlpalette für   S
Objekte eingeblendet oder eine neue Symboldatei angelegt.

Schriftart - In einem Untermenü werden verschiedene Schriftarten angeboten.

Schriftfestlegung - In einem Dialogfeld lassen sich alle Zeichenformatierungen einem zuvor markierten Text zuweisen.

Schriftgrad - In einem Untermenü werden verschiedene Schriftgrößen zur Auswahl angeboten.

Schriftschnitt - In einem Untermenü werden verschiedene Auszeichnungen angeboten, wie zum Beispiel Fettdruck.

Seite anzeigen - Über ein Dialogfeld läßt sich auf eine andere
Seite im aktiven Dokument wechseln.

Seite(n) einfügen - In das aktive Dokument werden leere Seiten
eingefügt.

Seite(n) löschen - Nicht benötigte Seiten lassen sich aus dem
aktiven Dokument entfernen.

Seiten einrichten - Die Seiteneinrichtung des aktiven
Dokuments läßt sich verändern.

Silbentrennung - Optionen der Silbentrennung lassen sich einstellen.

Spaltenhilfslinien - Das Layout des aktiven Dokuments läßt sich
mehrspaltig einrichten.

Speichern - Das aktive Dokument wird unter gleichem Namen
erneut zurückgespeichert. Wird das Menü *Datei* bei gedrückter
⇧-Taste aufgeklappt, speichert diese Funktion alle geöffneten
Dokument in einem Arbeitsgang.

Speichern unter - Ein namenloses Dokument wird gespeichert,
oder ein Dokument, dessen Namen sich verändern soll.

Standardhilfslinien kopieren - Die Hilfslinien der Stammseite
werden in das Layout kopiert.

Standardseitenelemente anzeigen - Die auf der Stammseite positionierten Objekte werden auf der aktiven Dokumentseite ein- oder ausgeblendet.

Suchen (Hilfe) - Suchoption in der Hilfefunktion.

Suchen (Option) - Im Textmodus läßt sich nach einem bestimmten Text suchen.

Symbole anordnen - Sind Dokumentfenster auf Symbolgröße verkleinert, lassen sich diese sauber auf dem Monitor anordnen.

T   **Textmodus** - Aus dem Layout wird in den Textmodus umgeschaltet.

U   **Über PageMaker** - Infofenster zum Programm PageMaker.

Über PageMaker Hilfe - Hilfefenster zur Handhabung der Hilfefunktion.

Überlappend - Mehrere Dokumentfenster lassen gefächert auf dem Monitor darstellen.

V   **Verknüpfung einfügen** - Objekte werden aus dem Zwischenspeicher von Windows mit DDE- und OLE-Verknüpfung in das Layout eingefügt.

Verknüpfungen - In einem Fenster werden pauschale Verknüpfungsinformationen des aktuellen Dokuments angezeigt.

Verknüpfungsinformationen - Zu einem aktivierten Objekt werden Verknüpfungsinformationen angezeigt. Ein anderes Objekt läßt sich alternativ zuweisen.

Verknüpfungsoption - Pauschal oder objektbezogen lassen sich Optionen zur Arbeitsweise von DDE-Verbindungen einstellen.

Verwandlung löschen - Gedreht Objekte lassen sich wieder geradestellen.

Vorgaben wählen - Es lassen sich globale Einstellungen vornehmen.

Zeilenabstand - Die Abstände der Zeilen lassen sich verändern.   Z

11.2 Übersicht der Tasten- u. Tastenkombinationen

PageMaker bietet eine ganze Reihe von Tasten und Tastenkombinationen an, die für bestimmte Zielsetzungen anzuwenden sind, zum Beispiel Strg ⇧ 3 für das Setzen einer Seitennumerierung. Welche Tastenschlüssel es gibt und welche Bedeutung diese haben, läßt sich in der Hilfefunktion nachlesen. Öffnen Sie das Hilfemenü, und rufen Sie dort die Funktion *Kurzbefehle...* auf. Sie erhalten folgendes Hilfefenster.

Abbildung 11.1.: Hilfefenster *Kurzbefehle*

Die Schaltflächen am unteren Fensterrand gliedern die Tasten- und Tastenkombinationen in übersichtliche Gruppen. Klicken Sie eine der Schaltflächen an, um die zu diesem Thema gehörenden Tastenschlüssen angezeigt zu bekommen. Das oben abgebildete

Beispiel zeigt die Tastenkombinationen zum Einfügen von druckbaren Sonderzeichen.

11.3 DTP-Lexikon

Dieser Abschnitt ist ein kleines Nachschlagewerk, in dem Sie die Bedeutung verschiedener Begriffe nachlesen können, die aus den Bereichen Desktop Publishing, Typografie, Layout und Papier stammen. Es handelt sich hier nur um eine kleine Auswahl aller Fachbegriffe, die in diesen Breichen gebräuchlich sind. Deshalb darf die folgende Liste nicht als vollständig betrachtet werden. Die Begriffe sind alphabetisch sortiert.

A

Absatz - Teil eines längeren Textes, der einheitliche Gestaltungsmerkmale aufweist.

Akzent - Betonungszeichen für Buchstaben.

Andrucke - Probeausdruck für eine Qualitätskontrolle und für Korrekturabzüge.

AP-Papiere - (Papier). Aus Altpapier hergestellte Papiersorten, die überwiegend für Verpackungsmaterialien und Hygienepapiere verwendet werden. AP-Papiere werden aber auch schon für Druck- und Schreibpapiere verwendet.

ASCII-Zeichen - American Standard Code for Information Interchange. Zeichensatztabelle für Computerprogramme.

Auflage - Anzahl der Druckexemplare.

Auflösung - Maximale Anzahl von Elementen, die ein System erkennen und verarbeiten kann.

Ausgleichen - Korrektur von Zeichenabständen.

Ausschießen - Herstellung eines Druckbogens.

B

Beschichtete Papiere - (Papier). Durch Beschichtungen veredelte Papiere, die im Lebensmittelbereich verwendet werden oder bestimmten technische Anforderungen erfüllen müssen, zum Beispiel Fotopapiere.

Beschnitt - Nach dem Drucken werden die Druckbögen beschnitten und die Seiten somit auf ein einheitliches Maß gebracht.

Bézier-Kurven - Kurvenverläufe, die an zwei Endpunkten und Angelpunkten berechnet werden.

Blindtext - Text, der anstelle des endgültigen Textes in ein Layout eingefügt wird.

Bundsteg - Abstand zwischen Satzspiegel und Innenrand einer Bindung.

Büropapiere - (Papier). Hierunter fallen Papiersorten, die überwiegend im Geschäftsbereich eingesetzt werden, wie zum Beispiel Banknotenpapier, Büttenpapier, Durchschlagpapier, Löschpapier, Schreibpapier sowie Wasserzeichenpapier.

Cicereo - Typografisches Maß für 12 Punkt oder ca. 4,5 mm. C

Computerpapier - (Papier). Staubarmes und reißfestes Papier für den Einsatz in Druckern und Kopiergeräten.

Copyright - Urheberrechte an einer Publikation.

De-Inking - (Papier). Chemisches Entfernen von anorganischen D
Bestandteilen und Druckfarben. Dadurch wird vermieden, daß Recycling-Papier keine graue Oberfläche erhält.

Desktop Publishing - Herstellung einer Publikation mit einem Personal Computer. Kurzwort: DTP.

dpi - dots per inch oder übersetzt Punkte pro Zoll.

Druck- und Pressepapiere - (Papier). Globaler Begriff für alle bedruckbaren Papiere, die für Zeitschriften, Magazine, Kataloge, Prospekte, Bücher und sonstige Drucksachen verwendet werden.

DTP - Herstellung einer Publikation mit einem Personal Computer. Langwort: Desktop Publishing.

Durchschuß - Zwischenraum zwischen zwei Zeilen.

E   **Einfließen** - Importieren von Texten oder Grafiken in ein Layout.

F   **Falzen** - Falten von Druckbögen

Farbauszüge - Aufteilung eines farbigen Bildes in seine Grund-farben, um entsprechende Druckplatten herstellen zu können.

Flattersatz - Unterschiedliche Zeilenausnutzung bei linksbündig oder rechtsbündig gesetzten Texten.

G   **Gemeine** - Kleinbuchstaben einer Schrift.

Gestrichene Papiere - (Papier). Mit einer Streichfarbe versiegelte Papiere, die dadurch eine geschlossene Oberfläche erhalten. Damit wird eine bessere Bedruckbarkeit erzielt, was sich namentlich beim Einsatz in Tintenstrahldruckern positiv auswirkt.

Geviert - Freiraum in einem Schriftsatz, der so breit ist, wie die Schriftgröße hoch ist.

Grammatur - (Papier). Angabe des Papiergewichts in g/qm. Schreibpapier hat zum Beispiel eine Grammatur von 70-80 g/qm. Zeitungs- und Zeitschriftenpapier liegt bei 40-60 g/qm und Karton bei 150-225 g/qm. Das leichteste Papier ist Japanpapier mit einer Grammatur von etwa 10 g/qm.

Grundlinie - Schriftlinie einer Schrift.

H   **Holzfreie Papiere** - (Papier). Bei der Herstellung werden Zell-stoff-Fasern mit einem Anteil von mindestens 95 % verarbeitet, wodurch das Papier nicht und nur kaum vergilbt.

Holzhaltige Papiere - (Papier). Bei der Herstellung wird lignin-haltiger Holzstoff beigegeben, wodurch eine starke Vergilbung verursacht wird. Durch Versiegeln der Oberfläche mit Streich-pigmenten wird der Vergilbung entgegengewirkt.

Hurenkind - Einzelne letzte Zeile eines Absatzes, die alleine auf einer neuen Seite steht.

Impressum - Angaben über Urheberrechte, Erscheinungsjahr, Verlag, ISBN-Nummer, Grafiker usw.

Initial - Großer Buchstabe am Beginn eines Absatzes, der sich meistens über drei Zeilen erstreckt.

ISBN - Abkürzung für Internationale Standard-Buchnummer.

Iso-Weiße - (Papier). Internationale Maßeinheit für Papierweiße, die in einem Prozentwert angegeben wird. Diese Prozentzahl sagt aus, in welchem Ausmaß eingestrahltes blaues Licht vom Papier reflektiert wird. Je höher dieser Wert ist, desto heller wirkt das Papier.

Japanpapier - (Papier). Leichtgewichtiges Papier mit einer Grammatur von nur 10 g/qm. Vergleichsweise hat Zeitungs- und Zeitschriftenpapier eine Grammatur von 40-60 g/qm, Schreibpapier 70-80 g/qm und Karton von 150-225 g/qm.

Kopierpapier - (Papier). Hitzebeständiges (100° bis 175° C) und festes Papier, das sich nicht elektrostatisch auflädt.

Leporello - Zickzackartig gefaltetes Dokument.

Ligaturen - Verbindungen zwischen zwei Buchstaben.

Lumbecken - Buchbindeverfahren, bei dem die Seiten geleimt werden.

Majuskel - Bezeichnung für Großbuchstaben.

Marginalie - Randbemerkungen neben dem eigentlichen Satzspiegel.

Massendruckpapiere - (Papier). Sammelbegriff für Papiere, die für große Druckauflagen verwendet werden. Hierzu zählen Offsetpapier, Tiefdruckpapier, Zeitungs- und Zeitschriftenpapier.

Moiré - Überlagerung zweier Raster, die nicht deckungsgleich aufeinander liegen.

N **Nicht wiederverwertbare Papiere** - (Papier). Papiersorten, die nicht für das Recycling geeignet sind. Hierzu zählen selbstdurchschreibende Papiere, Faxpapier, gewachstes Papier, beschichtetes Papier und Zigarettenpapier.

O **Offsetpapier** - (Papier). Besonders für den Offsetdruck geeignete Papiersorten. Sie müssen staubfrei, rupffest und stabil sein. Es kann sowohl holzfreies als auch holzhaltiges Papier verwendet werden.

P **Paginierung** - Lateinischer Ausdruck für eine Seitennumerierung.

PostScript - Programmiersprache für das Ansteuern von Druckern, meistens Laserdruckern.

R **Recycling** - (Papier). Aufbereitung von Altpapier, das mit Hilfe von Wasser, Chemikalien und Wärme zerlegt und zu einem Papierbrei verarbeitet wird. Die Druckfarbe wird von den Fasern abgelöst (siehe hierzu auch De-Inking).

Registerhaltigkeit - Übereinstimmung der Zeilenlage auf Vorder- und Rückseite einer Druckseite.

S **Schöndruck** - Erste zu druckende Seite, Rückseite des Widerdrucks.

Schreibpapier - (Papier). Holzfreies oder holzhaltiges Papier mit einer Grammatur von 70-80 g/qm. Die Oberfläche ist häufig geglättet.

Schusterjunge - Einzelne erste Zeile eines Absatzes, die alleine auf der alten Seite steht.

Tiefdruckpapiere - (Papier). Für hohe Druckgeschwindigkeiten geeignete Papiere mit einer gleichmäßigen Aufnahmefähigkeit von Farben. Illustrierte, Kataloge, Prospekte und Beilagen in hoher Auflage sind typische Druckerzeugnisse.

Versalien - Großbuchstaben einer Schrift.

Widerdruck - Rückseite des Schöndrucks, manchmal auch Gegendruck genannt.

Wiederverwertbare Papiere - (Papier). Papiere, die nicht plastikhaltig, gewachst oder beschichtet sind, zum Beispiel Schreibpapier, Fotokopierpapier, Computerpapier, Zeitungen usw.

Wysiwyg - Abkürzung für What you see is what you get. Das bedeutet, die Monitordarstellung gleicht dem späteren Ausdruck.

Zeitungspapier - (Papier). Stark holzhaltiges Papier von minderer Qualität in bezug auf optisches Ausshehen, Bedruckbarkeit und Vergilbung.

Zusammentragen - Sortieren und Stapeln von gefalzten Druckbögen.

Anhang
Beantwortung der Fragen zu den Kapiteln

Anhang

Fragen aus Kapitel 2

1. Im Menü *Datei* wird die Funktion *Neue Datei...* aufgerufen und im folgenden Dialogfeld *Seite einrichten* werden die gewünschten Einstellungen vorgenommen.

2. Im Menü *Datei* wird die Funktion *Datei öffnen...* aufgerufen und im Dialogfeld wird das gewünschte Dokument ausgewählt.

3. Erstmaliges Speichern erfolgt mit der Funktion *Speichern unter..* im Menü *Datei*.

4. Eine Satzdatei ist ein normales Dokument. Eine Musterdatei hingegen dient als Grundlage für eine Satzdatei. Eine Mustervorlage ist gewissermaßen ein Dokument mit einem vordefinierten Inhalt.

5. Seitenart, Formatlage, einseitiges oder mehrseitiges Dokument, Stegbreite.

6. Die Arbeitsfläche ist durch Seitenrandlinien eingegrenzt. Die übrige Fläche des Monitors ist die Montagefläche.

7. Entweder erfolgt eine Vergrößerung durch Anklicken mit der rechten Maustaste oder durch Auswahl eines Vergrößerungsmodus im Menü *Seite*.

Fragen aus Kapitel 3

1. Desktop Publishing heißt wörtlich übersetzt »Schreibtisch Herausgabe«. Im Bereich der Computeranwendung wird darunter das Herstellen von Publikationen verstanden, bei denen typografische Belange und Layoutgestaltung eine Rolle spielen.

2. What You See Is What You Get. Die Monitordarstellung zeigt ein mit dem späteren Ausdruck übereinstimmendes Bild, namentlich bei Schriftzeichen.

3. Die Typografie ist die Schriftenlehre. Hierunter fällt alles, was mit Schriftgestaltung zu tun hat, zum Beispiel die Auswahl von Schriftarten und Schriftgraden, sowie die Auszeichnung von Schriften.

4. Grob lassen sich die Schriftarten in drei Gruppen einteilen: Serifenschriften, Serifenlose Schriften und Dekorative Schriften.

5. Texte lassen sich im Layout und im Textmodus erfassen und bearbeiten. Wird im Layout gearbeitet, ist in der Funktionenbox das Textwerkzeug auszuwählen. Das Umschalten in den Textmodus erfolgt mit der Menüfunktion *Bearbeiten - Textmodus*.

6. Die Elemente eines Textblocks haben folgende Bezeichnungen:

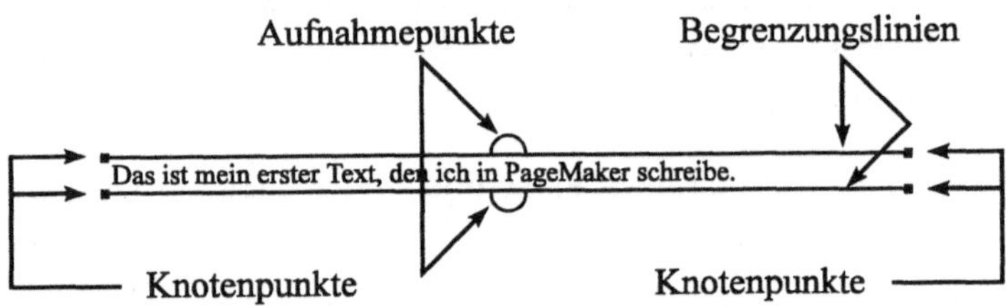

7. Beim manuellen Textanschluß muß ein Seiten- oder Spaltenumbruch von Hand ausgeführt werden, während beim automatischen Textanschluß dies von PageMaker selbständig übernommen wird.

8. Die wichtigsten Absatzformatierungen sind die Ausrichtungen *Linksbündig, Rechtsbündig, Zentriert* und *Blocksatz*, sowie Einrückungen und Abstände.

9. PageMaker hat Layoutprobleme in diesen Zeilen festgestellt. Meistens handelt es sich um eine nicht optimale Zeilenausnutzung.

10. Als »Schusterjungen« und »Hurenkinder« werden einzelne Zeilen bezeichnet, die durch einen Seitenumbruch vom übrigen Absatz abgetrennt wurden.

Fragen aus Kapitel 4

1. In der Funktionenbox wird zunächst das gewünschte Werkzeug ausgewählt, zum Beispiel das Viereck. Anschließend wird der Mauszeiger zur Startposition geführt und die Maus von dort bei gedrückter linker Taste bis zur Zielposition bewegt.

2. Das Viereck wird mit dem Positionierwerkzeug aktiviert und im Dialogfeld *Eckenrundung* aus dem Menü *Einstellung* ein Radius ausgewählt.

3. Mit der Kontrollpalette, die über das Menü *Fenster* ein- und ausgeblendet werden kann.

4. Bei gedrückter linker Maustaste lassen sich waagerechte und senkrechte Hilfslinien aus den jeweiligen Linealen herausziehen. Zum Entfernen wird eine Hilfslinie ebenfalls bei gedrückter linker Maustaste aus dem Monitor hinausgeschoben.

5. Im Menü *Datei* wird die Funktion *Positionieren...* aufgerufen. Im folgenden Dialogfeld wird die gewünschte Importdatei ausgewählt und bestätigt. Der Mauszeiger wird anschließend an einer Einfügeposition angeklickt.

6. Eine Pixelgrafik setzt sich aus Bildpunkten zusammen, während eine Vektorgrafik aus Kurven besteht.

7. Mit einer Vektorgrafik.

8. Eine Vektorgrafik läßt sich beliebig skalieren oder verzerren, ohne die geringsten Qualitätsverluste zu erfahren.

9. Eine Größenänderung muß bei gedrückter Tastenkombination [Strg][⇧] erfolgen.

10. Moirés sind gewissermaßen Schatten in einem Bild, wenn Bild- und Druckraster nicht mehr deckungsgleich aufeinanderliegen. Soetwas passiert, wenn eine Pixelgrafik beliebig in seiner Größe verändert wird.

Fragen aus Kapitel 5

1. Ein Layout ist ein Gestaltungsentwurf für Text- und Bildmontage.

2. Ein Satzspiegel ist der Bereich einer Seite, der nach Festlegung der Seitenränder mit Text und Bildern belegt wird.

3. Sobald ein zu kleiner Schriftgrad gewählt wird, so daß mehr als 10 Wörter oder mehr als 50 bis 60 Zeichen pro Zeile gedruckt werden.

4. Das betreffende Objekt wird nur einmal auf der Stamm- oder Musterseite positioniert.

5. Eine automatische Seitennumerierung wird mit der Tastenkombination [Strg][⇧][3] erzielt, wobei die Taste [3] aus dem Schreibmaschinenblock zu verwenden ist.

6. Mit der Funktion *Seite(n) einfügen...* im Menü *Layout.*

7. Ja, mit der Funktion *Standardseitenelemente anzeigen* im Menü *Layout.*

8. Eine Einrahmung mehrerer Objekte ist nur dann vertretbar, wenn die betreffenden Objekte zu weit voneinander entfernt sind und dadurch keine Zusammengehörigkeit erkennen lassen. Wird eine Zusammengehörigkeit sowieso schon deutlich, stören Einrahmungen das ästhetische Gesamtaussehen der Publikation.

9. Um eine Vergrößerung von bis zu 800 % zu erzielen, wird die Maus bei gedrückter linker Maustaste und gleichzeitig gedrückter Tastenkombination [Strg][Leer] diagonal über das betreffende Objekt gezogen.

10. Die Überschrift muß die Absatzformatierung *In Inhaltsverzeichnis aufnehmen* erhalten.

11. Ein Inhaltsverzeichnis wird mit der Funktion *Inhaltsverzeichnis erstellen...* im Menü *Option* zusammengestellt.

Fragen aus Kapitel 7

1. Zur Farbzuweisung wird im Menü *Fenster* mit der Funktion *Farbpalette* ein Auswahlfenster auf dem Monitor eingeblendet. Dort sind Farbmuster enthalten, die durch Mausklick einem markierten Objekt zugewiesen werden.

2. Bei der Farbmischung wird zwischen den Modellen RGB (Rot, Gelb, Blau) und CMYK (Cyan, Magenta, Yellow, Schwarz) unterschieden.

3. Das Modell CMYK.

4. Eine Farbseparation ist das Zerlegen eines Farbbildes in seine Farbanteile. Es werden Farbauszüge hergestellt, von denen in einem Druckereibetrieb Druckplatten hergestellt werden können.

5. Paßkreuze werden bei Farbauszügen mitgedruckt, um später ein paßgenaues Drucken zu gewährleisten. Sie dienen als Kontrollpunkt für absolut deckungsgleiches Drucken der Farbauszüge.

6. Im Menü *Einstellung* wird die Funktion *Farben definieren...* aufgerufen und in anschließenden Dialogfeld wird die Schaltfläche [Neu] angeklickt. Im folgenden Dialogfeld stehen Einstellfelder für die einzelnen Farbanteile zur Verfügung.

7. Bei der Farbmischung darf kein Dokumentfenster geöffnet sein, damit die neuen Farben als Voreinstellung gespeichert werden, anstelle dokumentbezogen.

Fragen aus Kapitel 8

1. Eine automatische Seitennumerierung wird mit dem Textwerkzeug auf der Stammseite eines Dokuments festgelegt. Der Textcursor wird an die gewünschte Position geklickt und dort die Tastenkombination [Strg] [⇧] [3] gedrückt.

2. Eine Buchzusammenstellung erfolgt mit der Funktion *Buch...* im Menü *Datei*.

3. Im Dialogfeld der Druckfunktion muß der Parameter *Alle Satzdateien im Buch drucken* aktiviert werden.

4. Im Menü *Option* ist die Funktion *Inhaltsverzeichnis erstellen* aufzurufen.

5. Mit der Funktion *Indexeintrag...* im Menü *Option*.

6. Im Menü *Option* ist die Funktion *Index erstellen...* aufzurufen.

7. Ja, durch Aufruf der Funktion *Index anzeigen...* im Menü *Option*.

8. Druckformate für Inhaltsverzeichnisse sind mit den Buchstaben »IHV« gekennzeichnet, während die Druckformate für Stichwortverzeichnisse an dem Begriff »Index« erkannt werden.

Fragen aus Kapitel 9

1. Mit der Funktion *Drucken...* im Menü *Datei*.

2. Im Dialogfeld der Druckfunktion wird im Eingabefeld *Seiten* der Eintrag »5,8,14« vorgenommen.

3. Ein Ausdruck, der nicht in Originalgröße erfolgt. Im Dialogfeld der Druckoptionen wird im Eingabefeld *Größe* die gewünschte Prozentzahl in bezug auf die Originalgröße eingetragen.

4. Beschnittmarken sind Markierungen, die auf dem Druckbogen mitgedruckt werden, um die Seite später leichter schneiden zu können.

5. Druckerformate sind im voraus festgelegte Druckereinstellungen, die in einer separaten Datei gespeichert werden.

Literaturnachweis

Desktop Publishing - Typografie und Layout
Hans D. Baumann, Manfred Klein
Falkenverlag Niedernhausen/Ts. 1990/1992
ISBN 3-8068-4330-9

Grundwissen Buchhandel - Verlage, Bd. 5, Herstellung
Hubert Blana
K.G. Sauer Verlag München, 1991
ISBN 3-598-20058-7

Eine Anleitung zum Gebrauch von Farben
Hewlett Packard
Beipack zum Farbdrucker HP Deskjet 500/550C

Zeitschrift PAGE
MACup Verlag Hamburg
ISSN 0935-6274

Schlußwort des Autors

Wieder einmal ist es soweit, daß ein Buch fertig ist. Und wieder liegt ein schönes Stück Arbeit hinter mir. Ich brauche wohl nicht mehr extra betonen, daß mir das Schreiben sehr viel Spaß macht, denn sonst hätte ich nicht schon wieder ein Buchprojekt vollendet. Aber diesmal hat mir die Arbeit noch mehr Spaß gemacht, weil ich erstmals nicht einfach nur den Umgang mit einer Software beschrieben habe, sondern mich auch mit dem sehr interessanten Gebiet des Desktop Publishing auseinandergesetzt habe. So war dieses Buch für mich eine besondere Herausforderung. Und ich hoffe, daß mir eine verständliche Mischung aus DTP und PageMaker 5.0 gelungen ist.

An dieser Stelle möchte ich mich gern bei allen bedanken, die mir beim Schreiben dieses Buches mit Rat und Tat zur Seite gestanden haben. Ganz besonders bedanke ich mich bei den Firmen Aldus und Impressed, die mich durch Ihre ungewöhnliche Hilfsbereitschaft aus mancher Sackgasse befreit haben. Desweiteren gilt mein Dank denen, die mein Manuskript kritisch auf sachliche Richtigkeit und in bezug auf Verständlichkeit geprüft haben. Ich habe erstmals Laien und vorbelastete PageMaker-Anwender mit meinem Manuskript arbeiten lassen, um zu sehen, ob es für beide Personenkreise ansprechend ist.

Bis zum nächsten Buch

Ihr Autor *Wolfgang Müller*

Bremen, im August 1993

Sachwort-verzeichnis

Sachwortverzeichnis

Das Vieweg-Buch
zu FoxPro für Windows

Grundlagen, Anwendung, Programmierung

von Dieter Staas

1993. X, 484 Seiten mit Diskette. Gebunden.
ISBN 3-528-05315-1

Aus dem Inhalt: Einführung in interaktive Anwendungen – Grundlagen relationaler Datenbanksysteme – Indexverwendung - Prozedurkonzept - Report- und Maskengeneratoren – Entwicklung von Datenbankanwendungen – Erstellung netzfähiger Anwendungen – SQL-Abfragen – benutzerdefinierte Funktionen.

Dieses Buch ist für Anwender und Programmierer geeignet, die mit FoxPro für Windows komplette datenbankgestützte Anwendungen erstellen wollen. Zunächst wird der interaktive Umgang mit der Benutzeroberfläche vorgestellt. Der Schwerpunkt des Buches liegt jedoch bei der Entwicklung umfangreicher Anwendungen. Die Sprachelemente werden thematisch gegliedert dargestellt. Der Leser findet Kapitel über die Programmierung von Fenstern und Menüs, über die Verwendung von Kontrollstrukturen, das „GET/READ-Konzept" und vieles andere mehr. Für Anwender und Entwickler gleichermaßen interessant sind die Kapitel zur Theorie relationaler Datenbankkonzepte, zu den Grundlagen der Indexverwaltung und zum Prozedurkonzept. Auf der beiliegenden Diskette befinden sich zwei Datenbankanwendungen: Ein Kontaktmanager für die Verwaltung von Geschäftskontakten und eine kleine Fakturierung. Eine Funktionsbibliothek mit ca. 20 „Benutzerdefinierten Funktionen" demonstriert die Programmierung wiederverwendbarer Module.

Über den Autor: Dieter Staas ist in der Software- und Datenbankentwicklung in einem großen Softwareunternehmen tätig.

Verlag Vieweg · Postfach 58 29 · 65048 Wiesbaden

Der Multimedia PC

Ein Navigator durch die Multimedia-Welt

von Armin Müller

1993. XII, 153 Seiten. Gebunden.
ISBN 3-528-05353-4

Aus dem Inhalt: Begriffe und Abgrenzungen – TV-Normen (PAL, NTSC, SECAM, HDTV) – Speicherformate für Bild und Ton – SCSI-Schnittstelle – Speichermedien – Wichtige Peripheriegeräte – MPS-Spezifikationen – Multimedia-Entwicklungs-Tools – Software-Überblick.

Mit diesem Buch verschafft sich der Leser einen kompakten Überblick über Verfahren, Technologien und Komponenten des Multimedia-PC. Das Buch stellt die wesentlichen Bauteile und Peripheriegeräte eines multimedia-tauglichen Rechnersystems vor und erläutert deren Funktionsweise und Bedeutung. Es beschäftigt sich ferner mit Speicherverfahren, notwendigen Datenformaten und den aus heutiger Sicht noch bestehenden Grenzen von Multimedia. Neben den hardwareorientierten Aspekten des Multimedia-PC kommen auch Entwicklungswerkzeuge für Multimedia-Anwendungen sowie heute am Markt verfügbare multimediale Applikationen zur Sprache. Schließlich wagt das Buch auch Ausblicke für die Entwicklung dieser zukunftsweisenden Technologie.

Über den Autor: Armin Müller ist im Bereich der Entwicklung von Software und Multimedia-Systemen tätig.

Verlag Vieweg · Postfach 58 29 · 65048 Wiesbaden